Imprimerie de BOURGOGNE ET MARTINET, rue Jacob, 30.

PRÉFACE.

Ce livre est un mémoire couronné par l'Académie des sciences morales et politiques. Avant de le présenter au public, j'ai dû reprendre, sur les observations du savant rapporteur, M. Barthélemy Saint-Hilaire, tous les points qu'un premier travail, trop rapide, m'avait fait négliger dans le programme tracé par l'Académie.

Voici ce progamme :

1° Faire connaître, par des analyses étendues et approfondies, les principaux monuments de l'école d'Alexandrie, depuis le IIe siècle de notre ère, où elle commence avec Ammonius Saccas et Plotin, jusqu'au VIe siècle, où elle s'éteint avec l'antiquité philosophique, à la clôture des dernières écoles païennes, par le décret célèbre de 529, sous le consulat de Décius et sous le règne de Justinien ;

2° Insister particulièrement sur Plotin et sur Proclus ;

Montrer le lien systématique qui rattache l'école d'Alexandrie aux religions antiques, et le rôle qu'elle a joué dans la lutte du paganisme expirant contre la religion nouvelle ;

HISTOIRE CRITIQUE

DE L'ÉCOLE

D'ALEXANDRIE

PAR

E. VACHEROT,

Directeur des études à l'École normale.

OUVRAGE COURONNÉ PAR L'INSTITUT

(ACADÉMIE DES SCIENCES MORALES ET POLITIQUES).

TOME PREMIER.

PARIS.

LIBRAIRIE PHILOSOPHIQUE DE LADRANGE,

19, QUAI DES AUGUSTINS.

1846.

HISTOIRE CRITIQUE

DE L'ÉCOLE

D'ALEXANDRIE

—

TOME PREMIER.

3° Après avoir reconnu les antécédents de la philosophie d'Alexandrie, en suivre la fortune à travers les écoles chrétiennes du Bas-Empire et du moyen-âge, et surtout au xvie siècle, dans cette philosophie qu'on peut appeler philosophie de la renaissance;

4° Apprécier la valeur historique et la valeur absolue de la philosophie d'Alexandrie;

5° Déterminer la part d'erreur et la part de vérité qui s'y rencontre, et ce qu'il est possible d'en tirer au profit de la philosophie de notre siècle.

De quelque manière que l'on juge l'école d'Alexandrie, on ne peut méconnaître en elle tous les caractères d'une grande philosophie. École remarquable par ses origines, par le génie de ses penseurs, par la richesse et la profondeur de ses doctrines, par sa longue durée, par son rôle historique, par son influence sur les écoles du moyen-âge et de la renaissance, elle mérite une place à part dans l'histoire de la philosophie, à côté du Platonisme et du Péripatétisme; et la critique moderne qui, depuis quelque temps, s'est exclusivement occupée de Platon et d'Aristote, ne pouvait oublier la doctrine qui fut le dernier mot de la philosophie grecque.

Avant de commencer ce travail, il convenait d'en déterminer rigoureusement l'objet, d'en énumérer les diverses parties, d'en indiquer le plan.

L'école d'Alexandrie, ou le Musée, ne doit point être confondue avec l'école philosophique qui porte le même nom. Le Musée, dont la fondation remonte, à ce qu'il semble, au premier des Lagides, comprenait toutes les sciences connues et tous les exercices de la pensée, philosophie, mathématiques, physique, médecine, philologie, littérature. Toutes les écoles grecques y coexistaient et y travaillaient chacune dans le sens de ses principes et de ses traditions. C'était, en un mot, un véritable Institut et non une école. Un même esprit, une même pensée générale ne servait point de centre à ces directions diverses. Le seul caractère commun aux écoles qui composaient cette grande société littéraire et scientifique, c'est qu'elles avaient toutes apporté et conservaient religieusement l'esprit grec au milieu d'une ville orientale. Il est à remarquer que le Musée demeura toujours fidèle à son origine, et ne se laissa jamais absorber par les écoles d'origine orientale, avec lesquelles il eut de nombreuses communications. Ainsi jamais il ne laissa s'altérer la pureté de son esprit au contact de l'école juive et de l'école chrétienne, et des sectes gnostiques; il réagit au contraire énergiquement dans toutes les parties de la science et de la littérature contre les tendances et les traditions de l'Orient.

Non seulement l'école d'Alexandrie n'est pas tout le Musée, mais elle ne comprend même pas les écoles philosophiques qui s'y trouvaient réunies. Ces écoles représentaient presque toutes les directions du mouvement philosophique qui avait commencé à Thalès et fini à Zénon, le Pythagorisme, le Platonisme, le Péripatétisme, le Pyrrhonisme, et le Stoïcisme. Or il ne s'agit ici que d'une école et d'une doctrine qui a toujours conservé l'unité de ses principes et de son esprit dans les diverses phases de son long développement, et qui, en changeant de théâtre et de fortune, est toujours restée au fond la même, à Alexandrie, à Rome et à Athènes, dans ses jours de force et de triomphe, comme dans ses jours de décadence et d'adversité. C'est cette philosophie qui fera l'objet de notre travail.

Mais où commence et où finit-elle? Tous les historiens s'accordent à en considérer Ammonius Saccas comme le vrai fondateur. Nous ne voyons pas qu'il y ait lieu de s'écarter de l'opinion générale. Sans doute Ammonius n'est pas le premier philosophe chez lequel se rencontre cet esprit de conciliation entre les principales doctrines de la philosophie grecque, qui caractérise la philosophie d'Ammonius. Plutarque, Alcinoüs, Cronius, Numénius surtout, et, dans un autre ordre de traditions, Philon, avaient déjà essayé de mêler, sinon d'accorder les diverses doctrines, soit philosophiques, soit religieuses. Mais s'il est raisonnable de voir dans ces essais un précédent pour Ammonius et Plotin, ce serait aller beaucoup trop loin que d'y reconnaître le principe même et le fond de la philosophie alexandrine, telle que ces grands esprits l'ont constituée. Ce qui est certain, c'est qu'avant Ammonius il n'y a encore que des écoles philosophiques professant chacune une doctrine particulière plus ou moins exclusive; celle-ci le Pythagorisme, celle-là le Platonisme, telle autre le Péripatétisme, telle autre encore le Stoïcisme. Avec Ammonius seulement commence cette philosophie qui bientôt absorbe toutes les écoles et toutes les doctrines.

PRÉFACE.

La fin de l'école alexandrine n'est pas moins connue. Il est évident que Damascius et Simplicius sont les derniers philosophes Alexandrins. De même que cette philosophie est préparée par des tentatives analogues antérieures, de même elle ne disparaît pas de la scène philosophique sans laisser des traces dans les écoles du Bas-Empire. Mais ces traces vont se perdre dans la grande religion qui vient de s'élever sur les ruines de l'antiquité. Jean Philopon, Jean de Damas, Michel Psellus, Boèce, Cassiodore, sont des chrétiens encore pénétrés des idées néoplatoniciennes ; ce ne sont plus des Alexandrins.

L'école d'Alexandrie commence donc vers 193 et finit vers 529. Pendant une période de plus de trois siècles, elle change, dans le cours de son développement, de situation, de rôle et de théâtre ; elle garde invariablement ses principes et son esprit, tout en subissant l'influence des hommes et des circonstances. Essentiellement rationnelle avec Ammonius, Plotin et Porphyre, elle dégénère en pratiques théurgiques avec Jamblique, Chrysanthe, Maxime et Julien ; puis, elle reprend une forme plus sévère et un esprit plus platonicien à Athènes avec Syrianus, Proclus et Damascius. Ces variations peuvent être ramenées à trois périodes distinctes :

1° Période de développement et de formation. Ammonius Saccas fonde une tradition que Plotin et Porphyre convertissent en doctrine écrite.

2° Période de décadence et de corruption. C'est alors que Jamblique, Chrysanthe, Maxime, Julien, appliquent la philosophie de l'école à la théurgie, et en font une doctrine politique et religieuse.

3ᵉ Période de régénération. Tel est le caractère de l'école d'Athènes, laquelle s'efforce de restituer au Néoplatonisme sa rigueur spéculative et ses tendances platoniciennes.

Avant de transporter brusquement le lecteur dans l'analyse des monuments de cette école, il nous a semblé nécessaire, 1° de remonter aux origines du Néoplatonisme; 2° de retracer les circonstances philosophiques, politiques, religieuses, qui en ont précédé ou accompagné l'apparition. Cette dernière partie de l'introduction n'était point indiquée dans le programme de l'Académie, et ne figurait pas dans le mémoire; mais elle se rattachait trop intimement au sujet pour ne pas trouver place dans le livre. Pour saisir le rôle que joue l'école d'Alexandrie dans ce grand drame de l'esprit humain, dont le triomphe du Christianisme fut le dénouement, il fallait évoquer toutes les grandes écoles qui y figurent à la suite de Platon, telles que Philon, la Gnose, la philosophie des Pères de l'Église. Ici, nous le déclarons sans hésiter, notre profond respect pour le Christianisme n'arrêtera ni ne gênera jamais le développement de notre pensée. La philosophie doit être libre dans l'histoire comme dans la science pure; elle n'a pas, comme la politique, ses questions délicates et réservées. Son droit, comme son devoir, est de tout comprendre, de tout expliquer, de tout juger dans la mesure des forces que Dieu a départies à l'intelligence humaine. Tel est l'esprit de ce livre, dans l'histoire aussi bien que dans la critique des doctrines. Toute étude qui peut jeter quelque lumière sur le sujet en fait nécessairement partie ; à ce titre, ni la philosophie des Pères de l'Église, ni le Christianisme, ne pouvaient être oubliés.

On connaît la destinée historique de l'école d'Alexandrie. Elle essaya de ranimer de son souffle encore puissant, une religion morte et une civilisation expirante. Elle s'assit sur le trône avec Julien, le dernier héros de la noble antiquité. Mais l'ancienne société qu'elle voulut défendre et transformer, l'entraîna bientôt dans sa chute, et l'ensevelit encore vivante sous ses ruines. La destruction du Sérapéum, le massacre d'Hypathie, l'exil des derniers philosophes de l'école d'Athènes, sont les tristes épisodes de sa défaite. La clôture des écoles païennes, par l'édit de Justinien, anéantit l'école d'Alexandrie, mais non ses doctrines. Le Néoplatonisme, recueilli dans d'obscures compilations, passa à travers les Écoles du Bas-Empire dans la philosophie du moyen-âge, et inspira tous les esprits rebelles au joug d'Aristote et de la Scolastique, les mystiques, comme Scot, Erigène, Hugues et Richard de Saint-Victor, Gerson ; puis à la renaissance, cette philosophie, retrouvée tout entière dans ses principaux monuments, devint la source de toutes les doctrines idéalistes ou mystiques du XVIe siècle. Nous suivrons cette longue et profonde trace des idées néoplatoniciennes depuis les premières écoles chrétiennes jusqu'aux temps modernes.

Cela fait, il reste à apprécier toute cette philosophie. Qu'y a-t-il de solide au fond de ses spéculations hardies ? Qu'y a-t-il de fécond dans ses subtilités ? Dans une doctrine dont les méthodes et le langage répugnent tant à nos habitudes modernes de rigueur et de précision, discerner le vrai du faux, dégager la pensée des formes qui en voilent l'immortelle vérité, devient une tâche difficile.

Ce plan, qui n'est que le développement du programme de l'Académie, comprend donc quatre parties bien distinctes : l'Introduction, l'Analyse, l'Histoire et la Critique. Les deux volumes que je publie contiennent l'Introduction et l'Analyse ; le troisième comprendra l'Histoire et la Critique.

Qu'il me soit permis de rappeler en terminant combien ce livre doit aux conseils de M. Damiron, aux savants travaux de M. Cousin sur l'École d'Alexandrie, aux critiques de MM. Barthélemy St-Hilaire et Ravaisson, et surtout à la science profonde de M. Berger, maître de conférences à l'École normale. De toute cette science dont j'ai tant profité, pour l'analyse de la philosophie de Proclus, il est à regretter que le public ne connaisse encore qu'une excellente thèse.

HISTOIRE CRITIQUE

DE

L'ÉCOLE D'ALEXANDRIE.

PREMIÈRE PARTIE.

INTRODUCTION.

LIVRE PREMIER.

CHAPITRE PREMIER.

Platon.

Toute philosophie a des antécédents. Le Néo-Platonisme en a eu de très nombreux et de très importants. Profondément convaincue que la vérité est partout et principalement dans les plus anciennes doctrines, cette école la recherche avec ardeur dans les monuments et les traditions du passé. Elle interroge tour à tour Orphée, Homère, Hésiode, Pythagore, Platon, Aristote, Zénon, et parvient toujours par ses interprétations ingénieuses et subtiles à y découvrir le germe et le fond même de sa propre pensée. Ce serait une erreur grave sans doute de ne voir dans cette grande école qu'un écho de la tradition. C'est le propre des Alexandrins d'unir la spéculation la plus puissante et la plus hardie à la plus vaste érudition qui se soit jamais rencontrée. Mais enfin s'ils ne se bornent pas, comme ils en ont la prétention, à reproduire le passé, s'ils sont vraiment originaux et créateurs ; ils s'inspirent sans cesse de la tradition ; ils ne créent qu'avec des éléments déjà préparés ; ils n'aspirent qu'à reconstituer la philosophie sur la base des deux plus grands systèmes qu'ait engendrés l'antiquité. Qu'ils aient fait tout autre chose que de réaliser cet harmonieux accord de Platon et d'Aristote, c'est ce qu'on ne saurait contester ; mais comme ils en font le point de départ de toutes leurs théories, il est nécessaire de reprendre à son origine cette philosophie socratique dont Platon, Aristote et Zénon sont les principaux interprètes, et dont le Néo-Platonisme peut être considéré, malgré son esprit oriental, comme le profond et légitime développement. Seulement, pour le but qu'on se propose, il suffira de rappeler les principes de ces immortels systèmes, en insistant sur les incertitudes, les obscurités, les lacunes et les difficultés qui, signalées avec force par les écoles postérieures, provoquèrent, avec le concours de certaines circonstances historiques et sur un théâtre étranger, un nouvel et dernier effort de la philosophie grecque.

Dans ses recherches sur le monde et sur le principe du monde, la philosophie antésocratique avait abouti à deux graves erreurs. Toutes les écoles de cette époque, sauf le pythagorisme, qui s'était conservé pur et intact dans l'indépendance et le mystère de ses associations, s'étaient peu à peu fondues en deux doctrines absolument opposées dans leurs méthodes, leurs principes et leurs résultats. L'idéalisme éléatique, proclamant l'unité et l'immobilité de l'*être*, supprimait le mouvement, le phénomène, le multiple, le *devenir*. L'empirisme ionien, professant l'instabilité incessante des choses, supprimait le fond et la substance même du *devenir*, et substituait partout dans le monde l'apparence à l'être. L'école de Mégare [1], issue de l'école d'Élée, s'en écartait en ce point qu'elle reconnaissait les *idées*, c'est-à-dire un certain nombre de principes immobiles; mais elle restait fidèle à son origine, en réduisant le phénomène et le devenir à une illusion des sens. Cette double erreur ne faussait pas seulement la science; elle la rendait impossible. Car, si d'un côté la science a pour objet constant et unique l'*être*, de l'autre elle a pour condition nécessaire la sensation, et partant le *devenir*. La philosophie en était donc venue à un état de crise, d'où elle ne pouvait sortir qu'à la condition de se délivrer également de ces deux systèmes exclusifs : aussi voit-on Platon débuter tout d'abord par une double réfutation. Dans le *Théétète*, il démontre contre Protagoras et les Ioniens qu'il n'y a pas de science de ce qui passe, et que réduire la connaissance à la sensation, c'est l'anéantir [2]. Dans le *Sophiste*, il prouve contre les Éléates que la vraie science admet les contraires en les ralliant à une idée supérieure, et que le mouvement et le repos, tout en s'excluant mutuellement, peuvent coexister dans l'*idée* de l'être [3].

---

[1] Platon, *Sophist.*, p. 160, édit. Ficin. 1590.

[2] Ibid., *Théét.*, passim.

[3] Ibid., *Sophist.*, p. 163. Καὶ μήν τώ γε δύο φαμὲν αὐτοῖν ἀμίκτω πρὸς ἀλλήλω. Τὸ δέ γε ὄν, μικτὸν ἀμφοῖν. Ἐστὸν γὰρ ἄμφω που (στάσις καὶ κίνησις).

Il montre par cet exemple et par d'autres combien est faux le principe sur lequel repose toute l'argumentation des Éléates, à savoir, que l'être et le non-être s'excluent absolument et nécessairement, en sorte que partout où il y a de l'être, il ne peut y avoir de non-être, et réciproquement ; ce qui les conduisait à nier la réalité du devenir et du contingent, et à tout ramener à l'être immobile, absolu et nécessaire de la logique. Il explique clairement comment toute chose participe à la fois de l'être et du non-être, n'étant en soi ni l'être ni le non-être absolu [1]. Mais quelle sera cette vraie science ou plutôt cette vraie méthode, qui concilie le devenir et l'être, la variété mobile et infinie des Ioniens, avec l'unité immobile et absolue des Éléates? C'est la dialectique. La dialectique seule peut résoudre le problème proposé par Socrate comme le point fondamental de la science, le problème de l'essence des choses. En considérant les individus dans ce qu'ils ont de commun et d'invariable [2], elle maintient l'esprit dans la voie de la science, à travers les mille détours de la sensation; elle le ramène sans cesse de la variété à l'unité, c'est-à-dire à la vraie essence des choses [3]. Le général, le

---

[1] Ibid., *Sophist.*, p. 164. Ἔστιν ἄρα ἐξ ἀνάγκης τὸ μὴ ὂν ἐπί τε κινήσεως εἶναι, καὶ κατὰ πάντα τὰ γένη. Κατὰ πάντα γὰρ ἡ θατέρου φύσις, ἕτερον ἀπεργαζομένη τοῦ ὄντος, ἕκαστον οὐκ ὂν ποιεῖ· καὶ σύμπαντα δὴ κατὰ ταῦτα, οὕτως οὐκ ὄντα ὀρθῶς ἐροῦμεν· καὶ πάλιν, ὅτι μετέχει τοῦ ὄντος, εἶναί τε τὰ ὄντα.

[2] Ibid., *Répub.*, p. 511. Βούλει οὖν ἐνθένδε ἀρξώμεθα ἐπισκοποῦντες ἐκ τῆς εἰωθυίας μεθόδου; εἶδος γάρ πού τι ἓν ἕκαστον εἰώθαμεν τίθεσθαι περὶ ἕκαστα τὰ πολλά, οἷς ταὐτὸν ὄνομα ἐπιφέρομεν.

[3] Ibid., *Phèdre*, p. 352. Τούτων δὴ ἔγωγε αὐτός τε ἐραστὴς τῶν διαιρέσεων, καὶ συναγαγών, ἵν' οἷός τε ὦ λέγειν τε καὶ φρονεῖν.

permanent, l'unité : tel est l'objet constant et unique de la dialectique. Soit qu'elle monte ou qu'elle descende, soit qu'elle généralise ou qu'elle divise, elle néglige toujours l'individu [1].

Maintenant la dialectique se réduit-elle à ce procédé de l'esprit qui, partant des individus, s'élève aux espèces et aux genres, et parcourt successivement tous les degrés intermédiaires de l'échelle des notions générales, depuis l'espèce la plus voisine des individus jusqu'au genre suprême? Ce serait une grave erreur de le croire. La dialectique cherche et atteint l'essence même des choses; elle prend les espèces et les genres pour ce qu'ils sont en réalité, c'est-à-dire pour des abstractions, et elle se garde bien d'en faire l'essence et le principe même de la réalité; elle se garde surtout de les convertir en entités véritables, comme on le lui a souvent reproché. La pensée de Platon a plus de profondeur et de portée. Étant donné par la sensation un certain nombre de réalités individuelles, la dialectique les compare et les considère dans ce qu'elles ont de commun et de permanent; puis elle les rapporte à une cause indépendante et séparée [2], à une cause qui existe en soi, et où il faut chercher la raison de cette unité et de cette permanence : c'est cette cause qu'elle appelle *idée*. Dans la pensée de Platon, l'idée n'est pas sim-

---

[1] Ibid., *Répub.*, p. 488. Τὸ δὲ γοῦν οὐδεὶς ἡμῖν ἀμφισβητήσει, λέγουσιν ὡς αὐτοῦ γε ἑκάστου πέρι ὅ ἐστιν ἕκαστον, οὐκ ἄλλη τις ἐπιχειρεῖ μέθοδος ὁδῷ περὶ παντὸς λαμβάνειν.

[2] Arist., *Métaph.*, l. xiii, c. 4. Ἀλλ' ὁ μὲν Σωκράτης τὰ καθόλου οὐ χωριστὰ ἐποίει οὐδὲ τοὺς ὁρισμούς· οἱ δ' ἐχώρισαν, καὶ τὰ τοιαῦτα τῶν ὄντων ἰδέας προσηγόρευσαν.

plement le genre ou l'espèce ; elle est la cause suprasensible de l'un et de l'autre. La dialectique ne réalise pas le genre et l'espèce, et n'en fait pas des êtres à part ; elle se contente de les distinguer des individus, sans les en séparer. Mais au-delà des genres et des espèces, elle conçoit des principes indépendants et supérieurs qui habitent un monde à part, un monde séparé du monde sensible par un abîme : telles sont les idées [1]. La dialectique est une méthode beaucoup plus complexe qu'on ne pense ; elle comprend trois procédés bien distincts : la sensation, l'abstraction et la raison. Par la sensation, elle s'assure un point de départ et une base pour ses opérations ultérieures ; par l'abstraction, elle se fraye un passage à travers les choses sensibles ; par la raison seule, elle atteint les idées, véritable objet de la science. Platon distingue si bien les deux procédés de l'esprit, la simple généralisation et l'intuition rationnelle, qu'il repré-

---

[1] Plat., *Phèdre*, p. 345. Ἡ γὰρ ἀχρωμάτος τε καὶ ἀσχημάτιστος καὶ ἀναφὴς οὐσία ὄντος, οὖσα ψυχῆς κυβερνήτῃ, μόνῳ θεατῇ νῷ χρῆται περὶ ἥν τὸ τῆς ἀληθοῦς ἐπιστήμης γένος τοῦτον ἔχει τὸν τόπον. Ἅτ' οὖν θεοῦ διάνοια νῷ τε καὶ ἐπιστήμῃ ἀκηράτῳ τρεφομένη, καὶ ἁπάσης ψυχῆς, ὅσην ἂν μέλλῃ τὸ προσῆκον δέξεσθαι, ἰδοῦσα διὰ χρόνου τὸ ὄν, ἀγαπᾷ τε καὶ θεωροῦσα τἀληθῆ τρέφεται καὶ εὐπαθεῖ, ἕως ἂν κύκλῳ ἡ περιφορὰ εἰς ταὐτὸν περιενέγκῃ. Ἐν δὲ τῇ περιόδῳ καθορᾷ μὲν αὐτὴν δικαιοσύνην, καθορᾷ δὲ σωφροσύνην, καθορᾷ δὲ ἐπιστήμην, οὐχ ᾗ γένεσις πρόσεστιν, οὐδ' ἥ ἐστί που ἑτέρα ἐν ἑτέρῳ οὖσα, ὧν ἡμεῖς νῦν ὄντων καλοῦμεν· ἀλλὰ τὴν ἐν τῷ ὅ ἐστιν ὂν ὄντως ἐπιστήμην οὖσαν, καὶ τἆλλα ὡσαύτως τὰ ὄντως ὄντα θεασαμένη, καὶ ἑστιαθεῖσα, δῦσα πάλιν εἰς τὸ εἴσω τοῦ οὐρανοῦ, οἴκαδε ἦλθεν.

Ibid., *Phèdre*, p. 346. Δεῖ γὰρ ἄνθρωπον ξυνιέναι κατ' εἶδος λεγόμενον, ἐκ πολλῶν ἰὸν αἰσθήσεων εἰς ἓν λογισμῷ ξυναιρούμενον.

sente celle-ci comme un souvenir que l'âme a rapporté de sa contemplation des idées, pendant son séjour dans le monde intelligible. La théorie des essences intermédiaires (τὰ μεταξὺ, τὰ μαθηματικὰ) exprime avec une clarté parfaite la pensée de Platon sur les genres et les espèces, et montre toute la portée de la dialectique. Ces essences sont, au témoignage d'Aristote [1], « distinctes des objets sensibles, en ce qu'elles sont éternelles et immobiles, et des idées, en ce qu'elles sont plusieurs semblables, tandis que chaque idée est seule de son espèce. » Par exemple, Platon distingue, outre le triangle sensible et le triangle idéal, le triangle *mathématique*. Or, ce triangle qui est distinct du triangle sensible sans en être séparé, cette forme abstraite du triangle qui se retrouve identiquement dans un certain nombre de figures sensibles, qu'est-ce autre chose que l'espèce et le genre, c'est-à-dire l'élément commun et général que la comparaison découvre entre les divers individus?

Maintenant, quelle est la nature propre et le rôle de ce principe supra-sensible? Qu'est-ce que l'idée prise en soi? Qu'est-ce, par rapport au monde sensible? Comment l'idée est-elle un principe d'unité pour les êtres sensibles? Est-ce seulement comme type d'un genre ou d'une espèce, ou bien encore comme centre d'unité et comme principe d'identité pour chaque individu en particulier? En un mot, l'idée platonicienne

---

[1] *Mét.*, l. 1, c. 6. Ἔτι δὲ παρὰ τὰ αἰσθητὰ καὶ τὰ εἴδη τὰ μαθηματικὰ τῶν πραγμάτων εἶναι φησι μεταξύ, διαφέροντα τῶν μὲν αἰσθητῶν τῷ ἀΐδια καὶ ἀκίνητα εἶναι, τῶν δ' εἰδῶν τῷ τὰ μὲν πόλλ' ἄττα ὅμοια εἶναι, τὸ δὲ εἶδος αὐτὸ ἓν ἕκαςον μόνον.

comprend-elle tout principe incorporel et supra-sensible, l'âme qui fait l'unité et la vie des êtres, aussi bien que la raison ou la loi qui en fait l'ordre et la mesure [1] ? Enfin, où existent les idées ? Si c'est en Dieu, comment y existent-elles ? Pour résoudre ces difficiles questions, il ne suffit point d'invoquer les textes souvent vagues et quelquefois contradictoires ; il faut en outre embrasser la pensée générale et pénétrer profondément dans l'esprit même de la philosophie de Platon.

Et d'abord, qu'est-ce que l'idée par rapport au monde sensible ? C'est, on l'a vu, un principe d'unité, d'identité, de mesure, et, par suite, de beauté et de perfection ; car l'unité fait la mesure en toutes choses, et c'est dans la mesure que réside toute beauté et toute perfection. L'idée est, en outre, pour les choses un principe d'essence, en ce sens que c'est à leur participation aux idées que les choses doivent d'avoir une certaine nature qui leur est propre, et qui exclut, jusqu'à un certain point, les contraires. Ainsi, c'est par son rapport à l'idée que la réalité est belle, ou bonne, ou grande, ou vraie. En soi elle n'a ni qualité ni essence, et admet tous les contraires. L'idée est donc pour tout être sensible principe de forme et d'essence à la fois ; elle fait qu'il est, et en même temps elle fait qu'il est plus ou moins beau et plus ou moins parfait ; elle est la loi et le principe d'existence de toute réalité.

Mais qu'est-ce donc que l'idée, pour être ainsi le principe de tout être aussi bien que de toute perfection

---

[1] Voyez Ritter, *Exposé de la doctrine de Platon.*

dans les choses sensibles ? C'est ici qu'il importe de bien saisir toute la pensée de Platon. L'idée n'est pas simplement un principe abstrait, une loi du monde physique ou du monde moral qui, tout en étant supérieure aux phénomènes qu'elle explique, n'aurait d'existence qu'en eux : c'est une essence, et, à parler rigoureusement, le seul être véritable. Les choses individuelles participent de l'être sans le posséder essentiellement : elles en ont plutôt l'apparence que la réalité; l'être n'appartient en propre qu'aux idées. Pourquoi ? C'est ce que Platon explique de la manière la plus nette. Les choses prises en elles-mêmes, et indépendamment de leur participation aux idées, n'ont pas d'essence propre. La preuve en est qu'elles admettent toujours plus ou moins les contraires : ainsi toute réalité sensible est grande et petite, belle et laide, une et multiple, bonne et mauvaise par comparaison. Il n'en serait point ainsi si elle avait une essence quelconque qui lui fût propre, soit la grandeur ou la petitesse, soit la beauté ou la laideur. L'idée seule exclut absolument tout ce qui lui est contraire : le grand en soi, le beau en soi, le bon en soi, le juste en soi, repoussent tout mélange de petitesse, de laideur, de méchanceté et d'injustice. Voilà pourquoi elle est la vraie, la seule essence, dans le sens absolu et rigoureux du mot. Les choses n'ont pas d'essence par elles-mêmes ; elles n'en ont qu'en vertu de leur rapport aux idées [1].

---

[1] Ibid., *Phédon*, p. 396. Τότε μὲν γὰρ, ὦ φίλε, περὶ τῶν ἐχόντων τὰ ἐναντία ἐλέγομεν, ἐπονομάζοντες αὐτὰ τῇ ἐκείνων ἐπωνυμίᾳ· νῦν δὲ περὶ ἐκείνων αὐτῶν, ὧν ἐνόντων ἔχει τὴν ἐπωνυμίαν τὰ ὀνομαζόμενα. Αὐτὰ δ' ἐκεῖνα οὐκ ἄν ποτε φαῖμεν ἐθελῆσαι γένεσιν ἀλλήλων δέξασθαι.

Ainsi les idées sont des êtres, et les seuls véritables êtres, selon la dialectique. Maintenant, à quel titre sont-elles principes d'unité pour les choses sensibles? A en juger par un passage du Théétète, où l'âme est appelée une *idée*, il semble que l'idée soit tout principe d'unité[1]. Mais alors, comme l'âme est une essence individuelle, il s'ensuivrait que l'idée peut être un individu. Or, rien n'est plus contraire à l'esprit même de la dialectique : l'idée qu'elle conçoit est tout l'opposé de l'invididuel ; c'est, sinon le genre ou l'espèce, du moins le type de l'un et de l'autre dans les individus. C'est pour expliquer le général au sein de l'individuel que la dialectique suppose l'idée; si elle la conçoit comme un principe d'unité, c'est de l'unité du genre et de l'espèce qu'il s'agit, et nullement de l'unité de vie et de substance. Sans doute l'idée platonicienne n'est pas seulement la loi et la mesure des choses sensibles : elle en fait aussi l'être ; mais c'est parce que, selon la dialectique, l'être a pour type l'immuable et l'immobile. Non seulement l'idée exclut l'individuel, mais elle l'exclut comme contraire. Soutenir, ainsi qu'on l'a fait, sur une simple expression du Théétète (que d'ailleurs il ne serait pas très difficile d'expliquer autrement), que

---

[1] Ibid., *Théeth.*, p. 132. Δεινὸν γάρ που, ὦ παῖ, εἰ πολλαί τινες ἐν ἡμῖν, ὥσπερ ἐν δουρείοις ἵπποις αἰσθήσεις ἐγκάθηνται, ἀλλὰ μὴ εἰς μίαν τινὰ ἰδέαν, εἴτε ψυχὴν, εἴτε ὃ δεῖ καλεῖν, πάντα ταῦτα ξυντείνει. Platon a pu se servir en cette circonstance du mot ἰδέα pour exprimer simplement un principe d'unité. Sous ce rapport, il n'est pas étonnant qu'il ait employé comme synonymes ἰδέα et ψυχή, l'idée et l'âme ayant cela de commun, qu'elles sont, chacune à sa manière, un principe d'unité.

Platon a fait de l'âme une idée, en raison de son unité et de son identité, c'est méconnaître toutes les tendances de la dialectique platonicienne.

Reste à savoir comment et où existent les idées. Il peut y avoir pour nous une certaine difficulté à concevoir le mode d'existence des idées. Si elles n'existent ni comme individus ni comme genres, quel peut être leur mode d'existence? Pour Platon la chose est fort simple : le type de l'être n'étant ni dans l'individu ni dans le genre, mais dans l'idée, il s'ensuit que l'idée seule existe véritablement. Ce n'est pas l'existence de l'idée qu'il est difficile de concevoir, c'est celle de l'individu [1]. L'idée étant l'être pur et parfait, la raison conçoit facilement qu'elle existe et comment elle existe ; mais il en est tout autrement de la réalité sensible. Comme elle est un mélange d'être et de non-être, elle n'est intelligible qu'à moitié, c'est-à-dire par le côté de l'être. Il est dans la réalité sensible certaines conditions d'existence qui répugnent à son essence, et que la raison ne peut s'expliquer : aussi ne comprend-elle jamais clairement comment existent les individus. Elle comprend mieux comment existent les genres et les espèces, lesquels ont déjà un caractère plus intelligible ; mais les seuls êtres dont elle conçoive parfaitement l'existence et le mode d'existence, ce sont les idées. L'idée, dans la pensée de Platon, existe donc d'une manière qui lui est propre, et qu'aucune exis-

[1] Voyez le *Phèdre*, le *Phédon*, la *République*, l. VII (comparaison de la caverne). Partout en parlant des idées, Platon les nomme les seuls êtres véritables, dont les choses sensibles ne sont que de trompeuses apparences.

tence, ni individuelle ni générale, ne peut faire comprendre. Pour trouver une existence analogue, il faut penser au suprême intelligible, à l'Idée des idées, à Dieu.

Maintenant où existe l'idée? Il est bien clair que ce n'est pas dans le monde sensible; il n'est pas de point plus fréquemment ni plus fortement démontré dans la philosophie platonicienne que l'existence indépendante et séparée des idées, par rapport aux réalités individuelles. Mais faut-il en conclure l'indépendance absolue de l'idée? Pour résoudre cette difficulté, il est nécessaire de s'élever jusqu'au sommet de la théorie. L'essence de la dialectique étant de remonter toujours au général, elle va tout d'abord des individus à l'idée qui les comprend immédiatement. Puis, au-dessus de cette idée, elle atteint une autre idée plus générale et supérieure en vertu de sa généralité, et ainsi de suite, jusqu'à ce qu'elle arrive à l'idée la plus générale, à l'Idée universelle du bien[1]. En sorte que le système des idées, tel que l'a construit la dialectique, forme une échelle hiérarchique dont la base est l'individu, et le sommet l'Idée du bien, et dans laquelle chaque idée dépend de celle qui la précède immédiatement dans l'ordre du général[2]. Et elle n'en relève pas

---

[1] Ibid., *Répub.*, l. vii, p. 487. Οὕτω καὶ ὅταν τις τῷ διαλέγεσθαι ἐπιχειρῇ, ἄνευ πασῶν τῶν αἰσθήσεων, διὰ τοῦ λόγου ἐπ' αὐτὸ ὅ ἐστιν ἕκαστον ὁρμᾷ· καὶ ἐὰν μὴ ἀποστῇ πρὶν ἂν αὐτὸ ὅ ἐστιν ἀγαθὸν αὐτῇ νοήσει λάβῃ, τότε δὴ ἐπ' αὐτῷ γίγνεται τῷ τοῦ νοητοῦ τέλει, ὥσπερ ἐκεῖνος τότε ἐπὶ τῷ τοῦ ὁρατοῦ.

[2] Ibid., *Phédon*, p. 395. Ἐπεὶ δὲ ἐκείνης (τῆς ὑποθέσεως) αὐτῆς δέοι σε διδόναι λόγον, ὡσαύτως ἂν διδοίης, ἄλλην αὖ ὑπόθεσιν ὑποθέ-

seulement comme d'une cause supérieure dont elle
subirait la dépendance, elle en tient la perfection,
l'essence et l'existence même. Prise en soi, elle n'est
point absolument parfaite ; bien plus, elle ne se suffit
pas à elle-même : elle n'est, comme le dit Platon,
qu'une *hypothèse* [1]. L'idée plus générale est, à la
fois, supérieure en extension, et en compréhension.
L'idée du genre, en tant qu'elle comprend toutes les
espèces, contient virtuellement toutes les différences
propres à chaque espèce. Bien plus, de même que les
individus dont se compose une espèce n'en épuisent
pas l'idée, de même toutes les espèces n'épuisent pas
l'idée du genre qui leur reste supérieure. On voit
dès lors pourquoi Platon fait du général le principe de
l'essence et de la perfection dans la comparaison des
idées entre elles : c'est que plus une idée est générale,
plus elle est un type parfait des réalités individuelles
qu'elle contient implicitement. Ainsi l'idée d'animal
comprend à un degré supérieur tout ce qui était déjà
contenu dans l'idée d'homme. L'idée d'être comprend

μεν·ος, ἥτις τῶν ἄνωθεν βελτίςη φαίνοιτο. ἕως ἐπί τι ἱκανὸν ἔλθοις Or,
c'est le bien que Platon entend par l'ἱκανόν. Τί δέ; ἱκανὸν τἀγαθόν,
πῶς γὰρ οὔ ; καὶ πάντων γε εἰς τοῦτο διαφέρει τῶν ὄντων. *Philéb.*,
p. 76.

[1] Ibid., *Répub.*, l. IV, p. 479. Τὸ τοίνυν ἕτερον μάνθανε τμῆμα
τοῦ νοητοῦ λεγοντά με τοῦτο, οὗ αὐτὸς ὁ λόγος ἅπτεται τῇ τοῦ διαλέγεσθαι δυνάμει, τὰς ὑποθέσεις ποιούμενος οὐκ ἀρχάς, ἀλλὰ τῷ ὄντι
ὑποθέσεις, οἷον ἐπιβάσεις τε καὶ ὁρμάς, ἵνα μέχρι τοῦ ἀνυποθέτου ἐπὶ
τὴν τοῦ παντὸς ἀρχὴν ἰών, ἁψάμενος αὐτῆς, πάλιν αὖ ἐχόμενος τῶν
ἐκείνης ἐχομένων, οὕτως ἐπὶ τελευτὴν καταβαίνῃ αἰσθητῷ παντάπασιν
οὐδενὶ προσχρώμενος, ἀλλ' εἴδεσιν αὐτοῖς δι' αὐτῶν εἰς αὐτά, καὶ τελευτᾷ εἰς εἴδη.

à un degré supérieur tout ce qui était contenu dans l'idée d'animal. Enfin l'idée du Bien comprend au suprême degré tout ce que renferme le système entier des idées. C'est en ce sens que Platon a pu soutenir avec une certaine vérité que l'essence est en raison directe du genre, et en raison inverse de la différence. Entendue ainsi, la dialectique ne mérite plus le reproche d'aboutir à de vaines abstractions.

Quoi qu'il en soit, il résulte de tout ceci que les idées sont des hypothèses, sauf l'idée vraiment universelle et suprême du Bien. Les autres idées, mises en regard de l'idée qui les comprend, manifestent un certain caractère de différence et de variété ; elles sont donc, sous ce rapport, à l'Idée suprême ce que les choses sensibles sont aux idées elles-mêmes. Or, comme la dialectique reconnaît la trace de la matière partout où elle rencontre la variété et la différence, c'est une conséquence rigoureuse de la méthode platonicienne qu'aucune idée, prise en soi, sauf l'Idée suprême, n'est absolument pure de matière. Platon avoue explicitement cette conséquence : « En chaque idée, dit-il quelque part, il y a beaucoup d'être et infiniment de non-être[1]. » S'il y a du non-être dans les idées, il y a de la matière ; car qu'est-ce que le non-être, sinon la matière elle-même ? Cette doctrine est confirmée par le témoignage d'Aristote : « Les idées, dit-il, étant les causes des autres êtres, Platon regarda leurs éléments comme les éléments de

---

[1] Ibid., *Soph.*, p. 164. Περὶ ἕκαστον ἄρα τῶν εἰδῶν πολὺ μὲν ἐστι τὸ ὄν, ἄπειρον δὲ πλήθει τὸ μὴ ὄν.

tous les êtres. Sous le point de vue de la matière, les principes des idées sont le grand et le petit ; sous le point de vue de l'essence, c'est l'unité [1]. » Selon Aristote, Platon attribuait donc une matière non seulement aux choses sensibles, mais encore aux idées. En résumé, l'idée du Bien, la seule idée absolument immatérielle, est le siége et le centre du système universel des idées ; toutes ont dans cette idée suprême le principe de leur perfection, de leur essence, de leur existence [2]. Platon exprime formellement cette doctrine quand il dit, dans sa réfutation du scepticisme de Protagoras, que c'est Dieu et non l'homme qui est la mesure de toute vérité. Dès lors la pensée de Platon sur le mode et le lieu d'existence des idées devient parfaitement claire. Les idées ne flottent point dans le vide entre Dieu et le monde ; elles résident dans l'idée suprême du Bien : considérées dans leur sujet, elles sont des pensées de Dieu, et le système entier des idées forme l'entendement divin (λόγος θεῖος, νοῦς θεῖος).

Reste une dernière difficulté. Si les idées sont en Dieu, comment y sont-elles? Y sont-elles distinctes ou confondues entre elles et avec leur principe? Y sont-elles réellement ou seulement en germe? Platon ne pouvait hésiter sur ce point capital sans rouvrir cet abîme de l'unité éléatique que la dialectique avait pré-

---

[1] Arist., *Méta.*, l. 1, c. 6. Ἐπεὶ δ' αἴτια τὰ εἴδη τοῖς ἄλλοις, τἀκείνων στοιχεῖα ἁπάντων ᾠήθη τῶν ὄντων εἶναι στοιχεῖα· ὡς μὲν οὖν ὕλην τὸ μέγα καὶ τὸ μικρὸν εἶναί ἀρχάς, ὡς δ' οὐσίαν τὸ ἕν.

[2] Ibid., l. 1, c. 6. Τὰ γὰρ εἴδη τοῦ ἐστιν αἴτια τοῖς ἄλλοις, τοῖς δ' εἴδεσι τὸ ἕν.

tendu fermer. Le Dieu de la dialectique n'est point une unité vide et ténébreuse dans laquelle l'esprit ne distingue ni forme ni essence : c'est le centre des êtres intelligibles, la raison suprême de toutes les raisons des choses. L'unité éléatique excluait non seulement toute réalité sensible, mais encore toute forme, toute essence même idéale; elle supprimait le monde intelligible aussi bien que le monde sensible. L'unité, telle que la conçoit la dialectique exclut, peut-être le monde sensible (du moins c'est un point à éclaircir) ; mais elle contient nécessairement et explicitement le monde intelligible. Il ne faudrait pas se laisser tromper par les analogies plus apparentes que réelles qui rapprochent les deux doctrines de Parménide et de Platon, et méconnaître la différence profonde des méthodes et des résultats. L'école d'Élée ne part point des choses sensibles; elle débute au contraire par les nier au nom de la raison. Tout ce dont l'expérience atteste la réalité, à savoir : la variété, le mouvement, l'espace, le *devenir* enfin avec toutes ses conditions, les Éléates en démontrent l'impossibilité, et arrivent par une suite de négations et de contradictions à transformer le monde en cet être immuable, immobile, infini, absolu, que la raison conçoit comme le principe de l'univers. La dialectique ne nie point le monde sensible; elle veut seulement l'expliquer. Il est vrai qu'elle ne s'y arrête pas, et même qu'elle en sort par un procédé abstrait qui lui en ferme le retour ; mais enfin elle y a pris pied d'abord, et s'y est appuyée pour s'élever vers un monde supérieur. Ce n'est point par la négation du devenir qu'elle parvient à l'être, comme la méthode éléatique ; tout au contraire, c'est du monde sensible qu'elle part pour s'élever aux idées et des idées à Dieu. En sorte que, si par son sommet elle touche à l'unité immobile et absolue, elle tient par sa base à la réalité multiple et phénoménale. Voilà pour le point de départ. Si on prend les deux théories à leur sommet, on ne trouve pas une moindre différence. L'unité de Parménide n'est que l'être abstrait conçu par opposition au devenir ; au fond elle se résout dans la négation de toutes les conditions du devenir ; il ne contient aucune détermination positive. Ce n'est pas qu'elle soit le pur néant, ainsi qu'on l'a dit ; mais, par son indétermination absolue, elle y ressemble beaucoup. L'unité de Platon est le type des idées, le principe des formes et des essences intelligibles. C'est même à ce titre que Platon la nomme, non l'être, mais le bien. Si elle ne contient pas le monde sensible, elle en comprend du moins les lois, les causes, les raisons finales, en un mot le plan. L'unité de Platon est donc tout autrement intelligible que l'unité de Parménide : l'une n'exprime que la nature abstraite, inaccessible, de Dieu ; l'autre exprime en outre la raison et le principe du monde. Entre le Dieu de Parménide et le monde, aucun rapport, aucun lien possible ; c'est à tel point, que, pour rester conséquente à ses conceptions logiques, l'école d'Élée est condamnée à supprimer le monde. Entre le Dieu de Platon et le monde sensible subsiste un rapport ; c'est le monde intelligible, le système des idées. La dialectique comble l'abîme creusé par la logique des Éléates. C'est à tort, selon nous, qu'on invoque, pour soutenir l'identité des deux doctrines, la théorie de Platon sur la nature indéfinissable et incompréhensible de Dieu. Il est bien vrai que Platon reconnaît que l'Idée suprême est au-dessus de l'intelligence et de l'essence [1], et qu'elle échappe à toute connaissance et à toute définition [2]; qu'étant absolument inintelligible et inaccessible en soi, elle ne se laisse apercevoir qu'à travers ses trois grands symboles [3], l'idée du vrai, l'idée du beau et l'idée de la proportion. Mais cette théorie n'a rien de commun avec la doctrine éléatique, et loin d'être en contradiction avec la dialectique, elle en est le couronnement. En effet, si Dieu est la première des idées, l'idée qui comprend, constitue, explique, définit toutes les autres, par quel principe pourrait-elle être elle-même comprise, définie, expliquée? Si donc le Dieu de Platon est indéfinissable et incompréhensible, ce n'est pas parce qu'il se réduit à une unité vide et abstraite, comme l'unité de Parménide; c'est parce qu'il est *l'idée* des idées et le principe du monde intelligible. Platon ne retombe donc point ici dans les conceptions de l'école d'Élée; il ne fait que pousser sa pensée jusqu'aux dernières limites de la dialectique. Enfin on pourrait demander

---

[1] Plat., *Répub.*, l. vi, p. 479. Τὸ εἶναί τε καὶ τὴν οὐσίαν ὑπ' ἐκείνου αὐτοῖς προσεῖναι· οὐκ οὐσίας ὄντος τοῦ ἀγαθοῦ, ἀλλ' ἔτι ἐπέκεινα τῆς οὐσίας πρεσβείᾳ καὶ δυνάμει ὑπερέχοντος.

[2] Ibid., *Répub.*, l. 6, p. 479. Ἀμήχανον κάλλος λέγεις, εἰ ἐπιστήμην μὲν καὶ ἀλήθειαν παρέχει, αὐτὸ δ' ὑπὲρ ταῦτα κάλλει ἐστίν.

[3] Ibid., *Philèbe*, p. 94. Οὐκοῦν εἰ μὴ μιᾷ δυνάμεθα ἰδέᾳ τὸ ἀγαθὸν θηρεῦσαι, σὺν τρισὶ λαβόντες, κάλλει καὶ συμμετρίᾳ καὶ ἀληθείᾳ, λέγωμεν ὡς τοῦτο οἷον ἓν ὀρθότατ' ἂν αἰτιασαίμεθ' ἂν τῶν ἐν τῇ ξυμμίξει.

pourquoi le Dieu de Platon est le Bien et l'Un, et non pas l'Être, et si, dans cette conception, la dialectique n'est pas en défaut. Ne semble-t-il pas, en effet, que la dialectique, aspirant toujours au plus général, doit s'arrêter au genre suprême, à l'être? Et cette supériorité que Platon attribue au bien et à l'un sur l'être n'est-elle pas contraire au principe même de la méthode et de la doctrine de Platon? Si on en jugeait ainsi, on ne comprendrait pas toute la portée de la dialectique. Une idée est supérieure à une autre non seulement parce qu'elle est plus générale, mais surtout parce qu'elle en est la raison, le principe d'existence et de perfection. Or, l'idée d'être n'est pas la dernière dans l'ordre logique, car l'être a son principe d'essence et de perfection dans le bien. De là la supériorité de l'idée du bien sur l'idée de l'être. Il ne faut jamais oublier que la dialectique ne généralise que dans le but de découvrir l'essence même et la raison des choses [1]. L'idée d'être pouvait être le terme d'une méthode de pure généralisation; mais la dialectique ne devait s'arrêter qu'à l'idée du bien, laquelle explique toutes les autres, sans pouvoir être elle-même expliquée. Telle est la pensée de Platon, pensée qui dérive logiquement de sa méthode, bien qu'il ait dû l'emprunter à la philosophie toute morale de Socrate.

On vient de voir comment Platon s'est élevé, par la dialectique, de la réalité sensible aux idées et des idées

---

[1] Ibid., *Répub.*, l. vii, p. 488. Ἦ καὶ διαλεκτικὸν καλεῖς τὸν λό͜ ͜ν ἑκάστου λαμβάνοντα τῆς οὐσίας;

à Dieu. Tant que sa pensée se maintient dans ce monde tout intelligible, elle est toujours simple, nette, logique. Elle ne commence à se troubler et à s'obscurcir que lorsqu'elle redescend dans le monde sensible, et essaie de rattacher les choses aux idées. En quoi consiste ce *devenir* que la sensation nous atteste ? Est-ce un être réel, bien qu'imparfait, ou une pure apparence ? Qu'est-ce que la matière ? Comment peut-elle participer de l'idée ? Si la matière et les idées sont, comme le veut la dialectique, les seuls principes des choses sensibles, comment expliquer le devenir avec toutes ses conditions, le temps, le mouvement, l'espace ? Que devient la nature, que devient l'âme dans le système des idées ? Ici se montrent toutes les difficultés de la théorie des idées et se trahit l'impuissance de la dialectique. Toutefois il faut reconnaître que Platon fait effort pour résoudre ces divers problèmes, tantôt avec le secours de la dialectique, tantôt en invoquant des principes étrangers à sa méthode. Il importe de le suivre dans ce laborieux travail de sa pensée, et de constater jusqu'à quel point il est resté fidèle à l'esprit général de sa philosophie.

Le principe qui domine toute la dialectique, c'est que le général, en tant que tel, est la raison et l'essence même des individus. Dès lors l'idée est l'être véritable, le seul être à proprement parler ; il n'y a d'être que dans l'idée et par l'idée. Or, qu'est-ce que la réalité sensible ? une copie de l'idée. Donc elle n'est pas l'être, mais il y a de l'être en elle, et ce qu'elle a d'être, c'est précisément de son rapport à l'idée qu'elle le tient. Mais en quoi consiste ce rapport ? Les choses sensibles, dit Platon, participent des idées, et c'est à cette participation qu'elles doivent leur essence. Que faut-il entendre par là? Platon veut-il dire que les idées se mêlent aux choses? Nullement. Il prend soin, au contraire, de séparer absolument les idées des choses sensibles. Si donc les choses participent des idées, ce ne peut être qu'à distance, et sans que les idées subissent un contact ou une impression quelconque des choses. Elles participent des idées comme une œuvre d'art participe de la pensée de l'artiste qui l'exécute : elles sont par rapport aux idées ce que la copie est au modèle, et leur participation se réduit à une pure ressemblance. Or, toute ressemblance suppose un sujet ressemblant. Quand on aura éliminé de la réalité sensible ce rapport aux idées qui en fait l'essence, il restera encore quelque chose, à savoir, ce en quoi la ressemblance se produit, le *substratum*, la matière. Mais, tout être étant dans l'idée, et la matière étant le contraire de l'idée, il s'ensuit qu'elle est le contraire de l'être, c'est-à-dire le *non-être* absolu [1]. C'est ainsi que la dialectique définit la matière. Platon n'admet pas que la matière existe en soi; selon lui, elle n'existe que relativement à l'idée, comme un non-être, par rapport à l'être. Or, qu'est-ce que le non-être? Platon l'explique longuement dans le *Sophiste*. Le non-être, dans chaque chose, est ce en quoi elle est autre que tout ce qu'elle n'est pas. L'être est le *même*, toujours identique à soi-même; le non-être est

---

[1] Ibid., *Soph.*, p. 464. Καὶ τὸ ὂν ἄρ' ἡμῖν, ὅσαπερ ἐστὶ τὰ ἄλλα, κατὰ τοσαῦτα οὐκ ἔστιν· ἐκεῖνα γὰρ οὐκ ὄν, ἓν μὲν αὐτὸ ἐστιν, ἀπέραντα δὲ τὸν ἀριθμὸν τἆλλα οὐκ ἔστιν αὖ.

l'autre. Or, toute chose est déterminée en ce qu'elle est, et indéterminée en ce qu'elle n'est pas ; car elle n'est qu'une fois elle-même, et elle est autre qu'une infinité de choses[1]. Puisque l'idée est le principe d'unité, d'identité et de mesure des choses sensibles, la matière en est le principe de multiplicité, de diversité et de confusion. L'idée étant le fini en soi, la matière ne peut être que l'infini (ἡ δυὰς), l'infiniment grand comme l'infiniment petit (τὸ μέγα καὶ τὸ μικρὸν). Mais pourquoi le non-être à côté de l'être? Pourquoi la matière en regard de l'idée? Pourquoi l'infini en face du fini? Platon n'en a nulle part, dans ses dialogues, exposé la raison logique. Partout il affirme le non-être, l'infini, la matière comme une hypothèse nécessaire, sans l'expliquer rationnellement. La réalité sensible étant le point de départ forcé de la dialectique, il faut bien admettre le principe, sans lequel toute réalité serait inexplicable. Voilà pourquoi Platon déploie tant d'efforts et tant de subtilité dans le *Sophiste* pour prouver que le non-être n'est pas absolument le contraire de l'être ; car si cette opposition absolue était admise, on ne pourrait expliquer le devenir, lequel n'est que la transition du non-être à l'être. Donc, pour que le devenir soit possible, il faut supposer un non-être qui ne soit pas le contraire de l'être, mais qui en diffère seulement[2], une sorte de milieu entre l'être proprement

---

[1] Τὸ μὴ ὂν est le terme dont Platon se sert habituellement pour exprimer la matière.

[2] Plat., *Soph.*, p. 155. Ἡ τῆς θατέρου μορίου φύσεως καὶ τῆς τοῦ ὄντος πρὸς ἄλληλα ἀντικειμένων ἀντίθεσις οὐδὲν ἧττον, εἰ θέμις

dit et le non-être absolu des Éléates, un principe, enfin, qui, sans être absolument positif comme l'idée, ne soit pas une pure négation. Telle est la théorie sur la matière que Platon développe en réponse à l'Éléatisme. Mais, d'un autre côté, s'il ne pouvait se refuser à méconnaître une origine matérielle des choses, il lui répugnait de réaliser une abstraction et d'attribuer à la matière une existence positive. C'est ce qui fit que, ne pouvant ni ne voulant supprimer le monde sensible, il essaya de le réduire à n'être qu'un mélange irrationnel des idées. Par cette hypothèse, il croyait sauver l'existence du monde sensible, sans être condamné à ce dualisme absurde qui pose la matière comme le principe substantiel et élémentaire des choses. Cette explication de la matière est d'ailleurs la conséquence nécessaire de la dialectique, laquelle, considérant l'idée comme le seul être véritable, ne pouvait admettre aucune existence positive en dehors des idées [1].

Mais l'hypothèse dont on vient de parler, si subtile

εἰπεῖν, αὐτοῦ τοῦ ὄντος οὐσία ἐστίν, οὐκ ἐναντίον ἐκείνῳ σημαίνουσα, ἀλλὰ τοσοῦτον μόνον, ἕτερον ἐκείνου.

[1] Ibid., *Répub.*, l. vii, p. 484. Διὰ δὲ τὴν τούτου σαφήνειαν, μέγα αὖ καὶ σμικρὸν ἡ νόησις ἠναγκάσθη ἰδεῖν, οὐ συγκεχυμένα, ἀλλὰ διωρισμένα, τοὐναντίον ἢ ἐκείνη. Οὐκοῦν ἐντεῦθεν ποθὲν πρῶτον μὲν ἐπέρχεται ἔρεσθαι ἡμῖν τί οὖν ποτ᾽ ἐστὶ τὸ μέγα αὖ καὶ τὸ μικρόν. Καὶ οὕτω δὴ τὸ μὲν, νοητὸν, τὸ δ᾽ ὁρατὸν ἐκαλέσαμεν. Ce passage est très significatif. Platon ne veut pas seulement dire que les sens ne nous montrent pas les choses telles qu'elles sont; mais il va jusqu'à prétendre que la réalité sensible n'existe que pour les sens, et que l'objet propre de la sensation n'est qu'une vaine apparence, à laquelle l'entendement doit substituer partout l'être, c'est-à-dire l'idée.

qu'elle soit, ne détruit point la difficulté. En admettant que le monde sensible se réduise à un mélange confus d'idées, d'où vient cette confusion? Pourquoi les idées s'allient-elles sans loi, sans mesure, sans harmonie, elles qui sont essentiellement le principe de toute loi, de toute mesure, de toute harmonie? La difficulté revient donc tout entière, et quelques efforts que Platon ait faits pour atténuer, pour voiler l'existence d'un principe matériel, distinct des idées et absolument nécessaire à l'explication des choses sensibles, cette hypothèse reste comme un principe nécessaire de la réalité. Platon a beau réduire la matière, et la cacher, en quelque sorte, dans quelques phrases obscures et embarrassées de ses dialogues, elle plane sur le monde sensible comme l'ombre qui suit la lumière. Bien plus, elle pénètre jusque dans le monde des idées. En effet, si aucune idée, sauf l'Idée suprême, n'est absolument indépendante, une et parfaite en soi, si aucune ne se suffit à elle-même, d'où vient cette contingence, cette diversité, cette imperfection, cette insuffisance des idées, prises en elles-mêmes, sinon de la matière? Les idées ne sont-elles pas, dans une certaine mesure, à l'Idée du bien, ce que le monde sensible est aux idées, des copies et des images? Platon le reconnaît formellement. Ainsi, l'hypothèse de la matière suit partout la dialectique; elle monte avec elle dans la région des idées, elle atteint les trois sommets du monde intelligible, l'idée du beau, l'idée du vrai, l'idée de l'ordre, et ne s'arrête qu'à l'Idée suprême du bien, seule absolument indépendante, simple, parfaite, et par conséquent seule absolument immatérielle. Telle est au fond la pensée de Platon, conséquence nécessaire de la dialectique. C'est d'ailleurs ce que confirme pleinement le témoignage formel d'Aristote.

Il est vrai que Platon réduit singulièrement la difficulté en attribuant, pour ainsi dire, l'existence de la réalité sensible à une simple erreur des sens. Mais cette solution fait naître une autre difficulté bien autrement grave. Si le monde sensible n'est que le mélange violent et irrégulier des idées opposées, de la grandeur et de la petitesse, de la mollesse et de la dureté, de la légèreté et de la pesanteur, idées que la sensation confond et que la pensée distingue, il n'est plus dès lors qu'une illusion des sens qui disparaît devant le regard de la raison, et fait place au monde purement intelligible. En sorte que dans la pensée de Platon il n'y aurait pas deux mondes réellement existants, mais un seul, le monde intelligible. La distinction de l'idéal et du réel, de l'être et du devenir, de l'intelligible et du sensible, répondrait à une diversité de points de vue, et non à une différence dans la nature même des choses. Le monde des idées seul existerait absolument; le sensible serait encore l'intelligible vu par les sens. Platon retomberait dans la doctrine des Éléates sur le monde : comme eux il supprimerait le *devenir* en le réduisant à une pure apparence, c'est-à-dire à une notion fausse et grossière de l'être. Platon répugne évidemment à cette extrémité; mais la dialectique y aboutit. Dans son impuissance radicale à expliquer l'existence de la réalité sensible, elle est condamnée à la supprimer pour ramener l'unité et la conséquence dans la science.

Et pourtant la ruine du monde sensible ne détruit point encore la difficulté : si la réalité sensible a disparu, la sensation reste, et la dialectique qui l'a prise pour point de départ ne peut la supprimer aussi aisément. Mais alors comment expliquer la sensation sans son objet? Pourquoi et comment y a-t-il sensation, s'il n'y a au fond ni matière ni réalité?

On vient de voir que la dialectique n'explique ni la matière, ni la réalité sensible, ni la sensation. Il est évident qu'elle explique encore moins la nature et l'âme; car puisqu'il n'y a d'être que dans les idées, essences immobiles, le mouvement, l'activité, la vie, qui sont des attributs essentiels de la nature et de l'âme, tombent dans la catégorie du non-être. Ainsi, la dialectique a beau faire de la réalité le point de départ de ses abstractions, telle est l'impérieuse nécessité de son principe, qu'une fois qu'elle a perdu terre, il lui devient impossible d'y revenir autrement que par une inconséquence.

Voilà la doctrine de Platon, telle qu'elle dérive de la dialectique. Est-ce bien là toute sa pensée et toute sa philosophie? Qu'on ouvre le Timée, on y trouvera la doctrine suivante. Dieu est bon, et parce qu'il est bon, il a formé l'univers à son image; il en a fait un Dieu unique, immortel, parfait, bienheureux, se suffisant à lui-même, enfin semblable en tout au monde intelligible qui a servi de modèle à l'artiste suprême. L'univers est composé d'une âme et d'un corps : Dieu a combiné ensemble, pour créer l'âme, le *même* et *l'autre*, c'est-à-dire l'idée et la matière, et en outre une essence mixte ; quant au corps, il l'a formé de quatre éléments combinés d'après certaines proportions numériques et géométriques. Indépendamment de l'âme et du corps du monde, Platon distingue les âmes et les corps individuels. C'est Dieu lui-même qui prend soin de composer les âmes particulières avec les restes de la substance dont il avait formé l'âme universelle. Mais il laisse aux dieux immortels qu'il a créés la formation des corps particuliers. La matière qui sert de base à la création divine est un mélange grossier et confus d'éléments divers, un chaos puissant et fécond, où l'être s'agite dans le désordre et l'excès, attendant du suprême organisateur la mesure et la proportion. Platon suit l'œuvre de la création dans ses plus minutieux détails, distinguant toujours deux causes auxquelles il ramène tout, à savoir, une cause première, unique, uniforme, qui est le bien, et une autre cause, ou plutôt une série infinie de causes secondaires qu'il comprend sous le mot de nécessité, et maintenant toujours le grand et salutaire principe des causes finales au milieu des étranges hypothèses et des bizarres imaginations dont il a semé sa philosophie de la nature.

Qu'a de commun avec la dialectique cette doctrine sur la nature et sur le monde sensible? Ce Dieu vivant et créateur[1], ce Dieu bon qui crée parce qu'il veut créer, qui crée comme un artiste incomparable, les regards fixés sur le modèle des idées, est-ce l'Idée immobile et inaccessible du bien? Selon la dialectique, Dieu ne se distingue pas des idées : il n'en est que le

[1] Ibid., *Tim.*, p. 527. Λέγωμεν δὴ δι' ἥν αἰτίαν γένεσιν καὶ τὸ πᾶν τόδε ὁ ξυνιστὰς ξυνέστησεν. Ἀγαθὸς ἦν, ἀγαθῷ δὲ οὐδεὶς περὶ οὐδενὸς οὐδέποτε ἐγγίγνεται φθόνος.

type suprême, il est l'idée des idées. Dans le Timée, Dieu se distingue des idées [1], comme l'artiste du modèle qu'il a sous les yeux. Aussi Platon ne dit-il pas qu'il est le bien, mais seulement qu'il est bon. Il apparaît plutôt comme un Dieu de second ordre, une sorte de Démiurge, que comme le Dieu suprême [2]. Autre différence : la dialectique avait réduit le monde sensible à une simple apparence, et la matière à un non-être absolu. Dans le Timée, le monde sensible reprend sa réalité [3]; la matière est déjà l'être, l'être primitif s'agitant dans tous les sens, sans jamais pouvoir arriver par lui-même à la forme ni à la mesure. Enfin l'âme, qui ne pouvait trouver place dans ce système d'essences immobiles auquel avait abouti la dialec-

---

[1] Ibid., *Tim.*, p. 526. Εἰ μὲν δὴ καλός ἐςιν ὅδε ὁ κόσμος, ὅ, τε δημιουργὸς ἀγαθός, δῆλον ὡς πρὸς τὸ ἀίδιον ἔβλεπεν. — Ibid., p. 527. Τῷ γὰρ τῶν νοουμένων καλλίςῳ καὶ κατὰ πάντα τελέῳ μάλις' αὐτὸν θεὸς ὁμοιῶσαι βουληθείς, ζῶον ἓν ὁρατὸν, πάνθ' ὅσα κατὰ φύσιν αὐτοῦ συγγενῆ ζῶα ἐντὸς ἔχον ἑαυτοῦ, ξυνέςησε.

[2] Ibid., *Tim.*, p. 533. Ταῦτ' οὖν πάντ' ἐςι τῶν συναιτίων, οἷς θεὸς ὑπηρετοῦσι χρῆται, τὴν τοῦ ἀρίςου κατὰ τὸ δυνατὸν ἰδέαν ἀποτελῶν. Δοξάζεται δὲ ὑπὸ τῶν πλείςων οὐ ξυναίτια ἀλλ' αἴτια εἶναι τῶν πάντων, ψύχοντα καὶ θερμαίνοντα, πηγνύντα τε καὶ διαχέοντα, καὶ ὅσα τοιαῦτα ἀπεργαζόμενα.

[3] Ibid., *Tim.*, p. 535. Ὄν τε καὶ χώραν καὶ γένεσιν εἶναι, τρία τριχῇ, καὶ πρὶν οὐρανὸν γενέσθαι. Τὴν δὲ γενήσεως τιθήνην, ὑγραινομένην καὶ πυρουμένην, καὶ τὰς γῆς τε καὶ ἀέρος μορφὰς δεχομένην, καὶ ὅσα τούτοις ἄλλα πάθη ξυνέπεται πάσχουσαν, παντοδαπὴν μὲν ἰδεῖν φαίνεσθαι· διὰ δὲ τὸ μήθ' ὁμοίων δυνάμων μήτ' ἰσορρόπων ἐμπίπλασθαι, κατ' οὐδὲν αὑτοῖς ἰσορροπεῖν, ἀλλ' ἀνωμάλως πάντῃ ταλαντουμένην, σείεσθαι μὲν ὑπ' ἐκείνων αὐτὴν κινουμένην δ' αὖ πάλιν ἐκεῖνα σείειν. Voilà bien l'image du chaos. Plus bas, Platon ajoute : Καὶ τὸ μὲν δὴ πρὸ τούτου, πάντα ταῦτ' ἔχειν ἀλόγως καὶ ἀμέτρως.

tique, s'explique assez naturellement dans la nouvelle doctrine dont le Timée est l'expression. Elle se compose, dit Platon, du *même*, de *l'autre* et d'une essence mixte. Abstraction faite de cette dernière essence, qui se résout dans les deux autres, il reste comme principes élémentaires de l'âme la matière et l'idée. S'il s'agissait ici de cette matière abstraite que la dialectique conçoit comme un pur non-être, il serait impossible de comprendre comment l'âme, principe de mouvement et de vie, peut sortir de la combinaison de la matière et de l'idée. Mais la matière du Timée, on vient de le voir, étant douée de mouvement, d'un mouvement, il est vrai, aveugle et désordonné, l'âme se trouve par là réunir les deux conditions de l'être, le principe du mouvement par la matière, et le principe de la mesure par l'idée.

Maintenant si du Timée on passe aux dialogues où Platon traite de l'âme, de la vertu et de la justice, on trouve que sa doctrine morale n'est pas plus en harmonie avec la dialectique que ses théories cosmologiques et physiques. Platon y prend au sérieux le monde, la vie humaine, la vertu, la société. A voir avec quel enthousiasme il célèbre la justice, avec quel soin et quel amour il trace le plan de sa république, on ne se douterait guère que la dialectique a réduit le monde sensible à une vaine apparence.

Enfin, même dans les dialogues où Platon se tient sur les hauteurs de la métaphysique, il n'est pas toujours fidèle à la dialectique. Ainsi, dans le Sophiste[1], il

---

[1] Ibid., *Soph.*, p. 163.

soutient que le mouvement participe de l'être aussi bien que le repos[1], et rejette bien loin l'être immobile et vide des Éléates. « Nous persuadera-t-on si facilement que, dans la réalité, le mouvement, la vie, l'âme, l'intelligence, ne conviennent pas à l'être absolu? que cet être ne vit ni ne pense, et qu'il demeure immobile, immuable, sans avoir part à l'auguste et sainte intelligence? »

De ces divers rapprochements on peut déjà conclure que la doctrine de Platon n'est ni simple, ni homogène, ni même conséquente dans toutes ses parties. Ce défaut d'unité éclate sur tous les points capitaux de la doctrine.

1° Sur la méthode. Platon proclame dans vingt dialogues la dialectique comme l'unique voie pour arriver à la vérité ; et d'une autre part, quand il veut démontrer l'existence de Dieu et de l'âme dans le *Phédon* et dans les *Lois*, il a recours au principe de causalité et au principe des causes finales.

2° Sur Dieu. Dans la République, Dieu est conçu comme l'idée du bien ; dans le Parménide, Dieu est l'unité absolue ; dans l'un et l'autre dialogue, c'est le

---

[1] Ibid., *Sophist.*, p. 464. Τὶ δαὶ, πρὸς Διός; ὡς ἀληθῶς κίνησιν. καὶ ζωὴν, καὶ ψυχὴν, καὶ φρόνησιν, ἦ ῥαδίως πεισθησόμεθα τῷ παντελῶς ὄντι μὴ παρεῖναι; μηδὲ ζῆν αὐτὸ, μηδὲ φρονεῖν, ἀλλὰ σεμνὸν καὶ ἅγιον νοῦν οὐκ ἔχον ἀκίνητον, ἐςὼς εἶναι. Soit que Platon ait voulu parler de l'être en général (ce qui paraît vraisemblable dans un dialogue qui n'est qu'une continuelle réfutation des Éléates), soit qu'il ait entendu par ce mot τὸ παντελῶς ὂν le principe suprême des choses, ce passage du *Sophiste* contredit manifestement la dialectique et la théorie des idées.

Dieu immobile, indéfinissable et incompréhensible de la dialectique. Le Dieu du Timée, au contraire, est sinon une âme, au moins une intelligence vivante qui ordonne et gouverne le monde sur le plan des idées : c'est le Démiurge des Alexandrins.

3° Sur les idées. Tantôt il fait résider les idées en Dieu ; tantôt il les en sépare. Dans la République, les idées n'existent point par elles-mêmes ; ce sont de pures hypothèses qui ne subsistent qu'en Dieu et par Dieu. Dans le Timée, les idées sont indépendantes de Dieu, comme le modèle de l'artiste.

4° Sur le monde sensible. Ce monde, presque anéanti, ou du moins réduit à une vaine apparence par la dialectique, reparaît dans le Timée sous la forme d'un Dieu beau, parfait, immortel.

5° Sur la matière. Ce principe est tantôt un non-être, une pure hypothèse inventée pour expliquer, non une réalité, mais une simple représentation ; tantôt c'est le chaos fécond où s'agitent tous les éléments de la création divine.

6° Sur l'âme. D'une part, le sentiment de la réalité conduit Platon à concevoir l'âme comme le principe même du mouvement et de la vie ; de l'autre, la préoccupation de la dialectique l'amène à la considérer comme un principe de mesure plutôt que de mouvement, et à la définir un *nombre*, une *idée*.

7° Enfin sur la vie. Platon, il faut le reconnaître, n'a jamais varié dans son attachement à l'action, à la vertu, à la vie morale et politique ; et pourtant la dialectique, en ne cherchant l'être que dans l'idée, c'est-à-dire dans l'immuable et dans l'immobile, ne conclut-elle pas au dégoût de la vie réelle et au dédain de la vertu pratique?

Il est facile de voir, après ce qui vient d'être dit, que ces contradictions si nombreuses et si graves ne sont point de purs accidents dans la philosophie platonicienne, et qu'elles ont pour cause diverses tendances du génie de Platon. A côté du dialecticien se montrent tour à tour le moraliste, le politique, l'artiste. Si la dialectique emporte le disciple de Socrate dans les plus hautes régions de l'idéalisme, le sentiment moral, le goût de la cité, le sens du beau, le retiennent dans le monde de la vertu, de la justice et des formes. Toutes ces tendances sont également sincères et profondes dans l'esprit de Platon. Les grands dialogues où elles se produisent, le Parménide, le Sophiste, la République, le Timée, le Phèdre et le Phédon ont droit à la même considération dans un examen impartial du platonisme [1]. Mais, si la critique doit reconnaître tous les éléments de cette vaste pensée, elle peut reprocher à Platon de n'avoir pas su réaliser dans la science l'harmonie qui était peut-être au fond de son esprit. Il est évident que chacune des tendances qu'on vient de signaler se développe dans une complète indépen-

[1] Dans le Timée, p. 526, Platon semble reléguer dans le domaine de l'opinion toute connaissance relative au devenir et au monde sensible. « Il n'est permis d'exiger sur un pareil sujet que des récits vraisemblables. » Mais on peut se convaincre en lisant le Timée que cette observation s'applique aux détails et non à l'ensemble de la doctrine cosmologique du Timée. Platon n'élève aucun doute sur le démiurge, sur l'âme universelle, sur la beauté et l'harmonie du monde.

dance de la pensée générale. La philosophie de Platon est un mélange de doctrines diverses, quelquefois contraires et non un système véritable. On ne pourrait ramener cette philosophie à l'unité qu'en la mutilant, comme l'a fait Aristote. La dialectique et la théorie des idées en forment la partie la plus profonde et la plus scientifique. Mais ne tiendra-t-on aucun compte de sa doctrine sur l'âme et sur le monde, parce que la dialectique supprime la vie et la nature? Il faut donc accepter la pensée de Platon tout entière, et telle qu'il nous la présente, c'est-à-dire avec ses incohérences et ses contradictions. Il ne faut pas lui supposer l'harmonie qu'elle n'a point. Il est très vrai que si Platon contient et corrige ses instincts spéculatifs, ce n'est point par un effort systématique et scientifique, mais par la réaction du sens commun et surtout du sentiment moral; il n'échappe à l'erreur que par l'inconséquence.

Mais ce n'est pas là le seul côté par lequel la philosophie de Platon prête à la critique. Lors même qu'on la dégagerait des doctrines adventices et d'origine étrangère qui en viennent altérer l'unité, et qu'on la réduirait à ce qui en fait le principal fond, à la dialectique et à la théorie des idées, il serait impossible d'y voir autre chose qu'un idéalisme vague et indécis. Nulle part la doctrine entière de Platon n'est exposée régulièrement et complétement. On est réduit à en rechercher et à en recueillir les fragments épars dans la totalité de ses écrits; et encore, dans chaque dialogue, présente-t-elle un caractère singulier. Poétique et gracieux dans le Phèdre, psychologique et moral dans le Phédon, sublime dans la République, scientifique dans le Sophiste et dans le Parménide, l'idéalisme platonicien revêt tour à tour la forme et prend la couleur du sujet traité dans tel ou tel dialogue : aussi est-ce à grand'peine et en consultant l'esprit autant que la lettre de la doctrine qu'on peut saisir la vraie pensée de Platon.

D'ailleurs ce système est fort loin d'avoir épuisé toutes les difficultés et sondé toutes les profondeurs de l'idéalisme. En supposant éclaircis tous les doutes qui tiennent au désordre de l'exposition et au vague du langage, que de lacunes que les textes ne peuvent combler, et que de problèmes dont ils ne révèlent pas même le soupçon ! La dialectique, quand elle tente de s'élever de la réalité sensible au monde des idées, est-elle bien sûre de son point de départ et de son but ? Si la réalité sensible s'évanouit devant le système des idées, comment peut-elle servir *à priori* de base à ce système ? La dialectique détruit donc ses fondements de ses propres mains. D'une autre part, comment l'âme peut-elle percevoir les idées ? La doctrine de la réminiscence suffit-elle à expliquer cette communication de l'âme avec le monde intelligible ? Et l'âme, même en la supposant libre et pure de tout contact avec les choses sensibles, peut-elle connaître ce qui est distinct et séparé d'elle-même ? En un mot, toute vraie connaissance n'est-elle pas fondée sur l'identité du sujet et de l'objet, comme le démontreront plus tard les Alexandrins ? Autre difficulté : l'hypothèse des idées admise, comment l'idée peut-elle être le principe unique de l'être, si elle n'est que le type du général? Comment un principe aussi abstrait, aussi exclusivement logique que l'idée platonicienne, peut-elle expliquer toutes les conditions et tous les principes de la réalité, le mouvement comme la mesure, la vie comme l'essence, l'âme comme l'intelligence pure? Mais c'est surtout dans l'explication des rapports des deux mondes que la pensée de Platon devient obscure et insuffisante. Sans doute il entrevoit et soulève dans le Parménide [1] les principales difficultés qui naissent du double rapport des idées entre elles, et des idées au monde sensible ; mais il les laisse sans solution. Même mystère sur la nature de la matière et sur son rôle dans le monde des idées. Enfin, il est difficile à une science un peu sévère d'accepter la solution du grand problème de l'individualité, telle que la donne la dialectique. Comment, en effet, la matière, qui n'est qu'un non-être, peut-elle devenir le principe des individus?

On le voit, si la théorie des idées laisse bien loin derrière elle la théorie des nombres et les doctrines éléatiques, elle renferme trop d'incohérences, de contradictions, de mystères, de lacunes, pour pouvoir être considérée comme le dernier mot de l'idéalisme. Platon pénètre dans cette voie à une profondeur inconnue à ses devanciers ; mais il s'arrête devant le sanctuaire. L'esprit grec seul ne peut aller plus loin : pour entrer dans le saint lieu, il faut qu'il soit initié par l'Orient. La doctrine de Platon n'est pas, comme l'ont pensé beaucoup d'historiens de la philo-

---

[1] Voyez les vingt premières pages du *Parménide*.

sophie, le type même de l'idéalisme, type qui n'aurait fait que dégénérer entre les mains de ses successeurs ; c'est le gérme puissant et fécond, mais le germe seulement, d'un système qui, pour atteindre à son plein développement, a besoin d'un autre théâtre et d'un autre génie.

CHAPITRE II.

Aristote.

La doctrine de Platon ne pouvait satisfaire un esprit aussi rigoureux et aussi précis qu'Aristote. Disciple de Platon pendant trente ans, il avait assisté à la vieillesse de ce puissant génie. Il avait vu, du vivant de son maître, la philosophie, entraînée sur la pente de la dialectique, se perdre déjà dans les formules de l'école pythagoricienne, et la théorie des nombres se substituer peu à peu à la théorie des idées. Aristote avait protesté, sous les yeux de Platon, contre l'invasion de l'esprit pythagoricien; il avait agité, sinon partagé l'Académie, et troublé les dernières méditations de son illustre fondateur. Après la mort de Platon, les tendances pythagoriciennes de son école se développèrent avec rapidité sous l'impulsion de Speucippe, et bientôt Aristote put se plaindre avec raison que la philosophie fût absorbée par les mathématiques. Ce dénouement, conséquence naturelle de la dialectique, ne pouvait être la fin du grand mouvement philosophique provoqué par Socrate. Speucippe n'y était parvenu qu'en exagérant l'idéalisme de Platon. Or, cet idéalisme n'est lui-même qu'un côté de l'esprit socratique. Aristote indique très nettement la différence qui distingue la doctrine de Socrate de celle de Platon. Socrate faisait résider l'essence et le véritable objet de la science dans l'universel, mais sans séparer l'universel de l'individu. Platon avait en outre converti l'universel en idée, c'est-à-dire en un être indépendant et séparé des choses individuelles. Le principe qui domine toutes les écoles issues de Socrate, le péripatétisme et le stoïcisme, aussi bien que le platonisme, le principe socratique par excellence, c'est que les deux procédés de la science, l'induction et la définition, impliquant nécessairement l'universel, l'une comme but et l'autre comme objet, il n'y a pas de science possible de l'individu en tant qu'individu. Voilà tout ce qu'affirme Socrate, et ce que suppose rigoureusement sa méthode [1]. Aristote a eu raison de dire que Socrate ne séparait point l'universel de l'individu ; mais il ne faudrait point en conclure, comme il a l'air de le faire, que Platon, en opérant la séparation, est infidèle à l'esprit socratique. La méthode de Socrate ne va ni si loin, ni si haut ; elle n'admet

---

[1] Arist., *Mét.*, l. xiii, ch. 4. Ἐκεῖνος (Σωκράτης) εὐλόγως ἐζήτει τὸ τί ἐςι. Συλλογίζεσθαι γὰρ ἐζήτει· ἀρχὴ δὲ τῶν συλλογισμῶν τὸ τί ἐςι. Διαλεκτικὴ γὰρ ἰσχὺς οὔπω τότ' ἦν, ὥςε δύνασθαι καὶ χωρὶς τοῦ τί ἐςι τἀναντία ἐπισκοπεῖν, καὶ τῶν ἐναντίων εἰ ἡ αὐτὴ ἐπιςήμη. Δύο γάρ ἐςιν ἅ τις ἂν ἀποδοίη Σωκράτει δικαίως, τούς τε ἐπακτικοὺς λόγους καὶ τὸ ὁρίζεσθαι καθόλου· ταῦτα γάρ ἐςιν ἄμφω περὶ ἀρχὴν ἐπιςήμης. Ἀλλ' ὁ μὲν Σωκράτης τὰ καθόλου οὐ χωριςὰ ἐποίει, οὐδὲ τοὺς ὁρισμούς·· οἱ δ' ἐχώρισαν, καὶ τὰ τοιαῦτα τῶν ὄντων ἰδέας προσηγόρευσαν.

ni ne repousse explicitement la séparation. Elle reste étrangère à toutes les questions qui ont occupé tour à tour Platon et Aristote, et divisé la philosophie grecque en deux grands systèmes[1]; elle n'a d'autre objet et d'autre but que d'établir solidement les conditions et les vrais procédés de la science, méconnus par toutes les écoles antérieures. Pourvu qu'on admette que la science des choses est dans leur essence, et que cette essence est l'universel, on reste disciple de Socrate, qu'on sépare ou non l'universel de la réalité individuelle. L'idéalisme platonicien n'est qu'un premier fruit de la philosophie socratique; et quelles que soient les affinités intimes et profondes qui le rattachent par le côté psychologique et moral à cette philosophie, il n'en est pas un fruit plus légitime ni plus pur que le péripatétisme ou le stoïcisme.

Pour comprendre toute la sévérité de la critique d'Aristote en ce qui concerne le système de Platon, il faut savoir qu'il réduit toute sa méthode à la dialectique, et toute sa doctrine à la théorie des idées. Pour justifier cette sévérité, il est nécessaire d'établir que c'est la dialectique et la théorie des idées qui forment la partie vraiment scientifique de la philosophie de Platon. Il est évident que l'idée n'est pas le seul principe admis par Platon dans ses dialogues : il y parle souvent de l'âme, principe immédiat du mouvement et de la vie; il y parle d'un Dieu, cause

---

[1] Ibid., l. xiii, ch. 11. Ἄνευ μὲν γὰρ τοῦ καθόλου οὔκ ἐςιν ἐπιςήμην λαβεῖν, τὸ δὲ χωρίζειν αἴτιον τῶν συμβαινόντων δυσχερῶν περὶ τὰς ἰδέας ἐστίν.

vivante et intelligente de l'univers, principe et fin suprême de toutes choses. Pourquoi donc Aristote s'obstine-t-il à ne voir dans la doctrine de Platon que l'Un, les idées et la dyade? On s'expliquera facilement cette restriction, si on veut bien se rappeler ce qui a été dit précédemment sur les incohérences et les contradictions du système platonicien. Platon professe la dialectique comme la vraie et l'unique méthode de la science. Or, de toutes les parties qui composent sa philosophie, la théorie des idées, telle que Platon l'expose dans le Sophiste, dans le Parménide, dans la République, est la seule qui dérive logiquement de la dialectique. Cette méthode ne contient d'aucune façon, ni explicitement ni implicitement, la doctrine de l'âme, développée avec tant de force et d'éloquence dans le Phèdre et dans le Phédon ; elle ne contient pas davantage la physique et la cosmologie du Timée. Ce n'est point à dire que ces diverses doctrines ne soient que des hypothèses dans la philosophie de Platon : elles ne viennent pas de la dialectique, mais elles viennent d'ailleurs. Ainsi Platon démontre l'existence de l'âme par le principe de causalité, et celle de la Providence par le principe des causes finales : mais aucune de ces démonstrations ne rentre dans la dialectique. Quant à sa doctrine sur la nature, sur la génération des êtres et sur l'organisation de l'univers, Platon lui-même la tient pour si peu scientifique qu'il la réduit à la simple *opinion* [1]. On comprend comment Aristote a pu, à bon

---

[1] Platon, *Timée*, p. 526. Ὅ, τι γὰρ πρὸς γένεσιν ουσια, τοῦτο πρὸς πίστιν ἀλήθεια. Ἐὰν οὖν, πολλὰ πολλῶν εἰπόντων περὶ θεῶν καὶ τῆς τοῦ πάντος γενέσεως, μὴ δυνατοὶ γιγνώμεθα πάντη πάντως ἂν τοὺς

droit, ne pas reconnaître dans la philosophie de Platon d'autre méthode que la dialectique, ni d'autre doctrine que la théorie des idées, et négliger systématiquement toute doctrine qui, pour être comprise dans l'ensemble de cette philosophie, n'en était pas moins étrangère à sa méthode et à sa doctrine scientifique.

Cela posé, voici les principales objections d'Aristote contre la méthode et la doctrine de Platon.

[1] La dialectique discourt sur les généralités et ne définit pas les choses; elle effleure la vérité sans la posséder intimement, elle tourne autour sans y pénétrer [2]. Elle ne fait pas mieux que la sophistique, à laquelle elle prétend se substituer, comme la vraie méthode de la science [3]; elle n'atteint que l'apparence, l'être lui échappe. Enfin, de même que la sophistique, elle n'est pas une science, mais un art [4].

Que peut être une doctrine issue d'une telle méthode? Un tissu d'hypothèses, d'abstractions vides et de vaines métaphores [5]. Qu'est-ce, en effet, que l'idée,

αὐτοὺς αὐτοῖς ὁμολογουμένους καὶ ἀπηκριβωμένους λόγους ἀποδοῦναι, μὴ θαυμάσῃς.

[1] *Métaph.*, l. III, p. 41. — *Soph. Elench.*, l. XI. — *Analyt. post.*, I, 11.

[2] *Soph. Elench.*, IX. Ὥστε φανερὸν ὅτι οὐδενὸς ὡρισμένου ἡ πειραστικὴ ἐπιστήμη ἐστίν. — *Rhet.*, I, 1.

[3] *De anim.*, I, 1. Διαλεκτικῶς καὶ κενῶς. — *De generat. anim*, II, 8. Οὗτος μὲν οὖν ὁ λόγος καθόλου λίαν καὶ κενός.

[4] Arist., *Mét.*, l. XI, ch. 4. Ἥ γε μὴν διαλεκτικὴ καὶ ἡ σοφιστικὴ τῶν συμβεβηκότων μέν εἰσι τοῖς οὖσιν οὐχ ᾗ δ' ὄντα, οὐδὲ περὶ τὸ ὂν αὐτὸ καθ' ὅσον ὂν ἐστιν.

[5] Ibid., l. I, ch. 7. Τὸ δὲ λέγειν παραδείγματα αὐτὰ εἶναι καὶ μετέχειν αὐτῶν τἆλλα κενολογεῖν ἐστὶ καὶ μεταφορὰς λέγειν ποιητικάς.

sinon une hypothèse? La dialectique donne le général, il est vrai, mais le général dans l'individuel [1]. Quant à l'idée, principe séparé et indépendant de la réalité sensible, elle ne la donne pas, elle ne fait que la supposer. Et pourtant c'est sur l'idée que repose tout le système de Platon. Mais quand par hypothèse on admettrait l'idée, il resterait à savoir de quoi il y a des idées et de quoi il n'y en a pas [2]. Si au-dessus de toute pluralité, il est nécessaire de supposer une unité, principe des ressemblances perçues entre les individus qui composent cette pluralité, de quoi n'y aura-t-il pas des idées ? Il y en aura non seulement des essences, mais aussi des qualités et même des simples accidents. Il y en aura pour tout ce qui n'est pas comme pour tout ce qui est; il y en aura enfin pour les œuvres d'art comme pour les êtres de la nature. Sans doute Platon ne va point jusque là, mais la dialectique y conduit. D'un autre côté, l'existence de l'idée, telle que la pose la dialectique, n'est-elle pas impossible [3] ? Puisqu'elle n'est pas un simple universel, mais l'es-

---

[1] Ibid., l. vii, ch. 16. Ὥστε δῆλον ὅτι οὐθὲν τῶν καθόλου ὑπάρχει παρὰ τὰ καθ' ἕκαστα χωρίς, ἀλλ' οἱ τὰ εἴδη λέγοντες εἶναι τῇ μὲν ὀρθῶς λέγουσι χωρίζοντες αὐτὰ, εἴπερ οὐσίαι εἰσι, τῇ δ' οὐκ ὀρθῶς, ὅτι τὸ ἓν ἐπὶ πολλῶν εἶδος λέγουσιν.

[2] *Mét.*, l. i, ch. 7. Ἔτι δὲ καὶ καθ' οὓς τρόπους δείκνυμεν ὅτι ἔστι τὰ εἴδη, κατ' οὐθένα φαίνεται τούτων· ἐξ ἐνίων μὲν γὰρ οὐκ ἀνάγκη γίγνεσθαι συλλογισμὸν δὲ καὶ οὐχ ὧν οἰόμεθα τούτων εἴδη γίγνεται. Κατά τε γὰρ τοὺς λόγους τοὺς ἐκ τῶν ἐπιστημῶν εἴδη ἔσται πάντων ὅσων ἐπιστῆμαί εἰσι, καὶ κατὰ τὸ ἓν ἐπὶ πολλῶν καὶ τῶν ἀποφάσεων, κατὰ δὲ τὸ νοεῖν τι φθαρέντος τῶν φθαρτῶν· φάντασμα γάρ τι τούτων ἐστίν.

[3] Ibid., *Mét.*, l. vii, ch. 14. Ἢ πῶς οἷόν τε εἶναι τὸ ζῷον οὐσία, τοῦτο αὐτὸ παρ' αὐτὸ τὸ ζῷον; — *Mét.*, l. i, ch. 7. Ἔτι δόξειεν ἂν

sence même des choses, elle ne peut être hors de la réalité dont elle est l'essence. Et pourtant Platon fait de l'idée un principe à part. D'ailleurs l'idée n'est pas seulement impossible. Comment concevoir la nature d'une substance qui n'existe ni comme individu ni comme espèce ou genre [1]? Enfin, quand on admettrait l'idée, malgré toutes ces impossibilités, de quel secours peut-elle être à la science [2]? Au contraire, n'est-il pas évident qu'elle la complique et la surcharge inutilement? Et, en effet, principe unique d'un système qui a la prétention de suffire à tout, l'idée n'explique rien [3], ni l'existence, ni l'essence, ni le mouvement, ni la matière, ni le principe suprême des choses. Quant à l'existence de la réalité sensible, l'hypothèse de la participation ne l'explique point, puisque les idées existent en dehors des objets qui en participent [4].

ἀδύνατον εἶναι χωρὶς τὴν οὐσίαν καὶ οὗ ἡ οὐσία· ὥςε πῶς ἂν αἱ ἰδίαι οὐσίαι τῶν πραγμάτων οὖσαι χωρὶς εἶεν;

[1] Ibid., *Mét.*, l. vii, chap. 16. Αἴτιον δ' ὅτι οὐκ ἔχουσιν ἀποδοῦναι τίνες αἱ τοιαῦται οὐσίαι αἱ ἄφθαρτοι παρὰ τὰς καθ' ἕκαςα καὶ αἰσθητάς.

[2] Ibid., *Mét.*, l. i, ch. 7. Οἱ δὲ τὰς ἰδέας αἰτίας τιθέμενοι πρῶτον μὲν ζητοῦντες τῶνδὶ τῶν ὄντων λαβεῖν τὰς αἰτίας ἕτερα τούτοις ἴσα τον ἀριθμὸν ἐκόμισαν, ὥσπερ εἴ τις ἀριθμῆσαι βουλόμενος ἐλαττόνων μὲν ὄντων οἴοιτο μὴ δυνήσεσθαι, πλείω δὲ ποιήσας ἀριθμοίη.

[3] Ibid., *Mét.*, l. i, ch. 7. Πάντων δὲ μάλιςα διαπορήσειεν ἄν τις, τί ποτε συμβάλλεται τὰ εἴδη τοῖς ἀϊδίοις τῶν αἰσθητῶν ἢ τοῖς γιγνομένοις καὶ χθειρομένοις· οὔτε γὰρ κινήσεως οὔτε μεταβολῆς οὐδεμίας ἐςὶν αἰτία αὐτοῖς.

[4] Ibid., l. i, ch. 7. Ἀλλὰ μὴν οὔτε πρὸς τὴν ἐπιςήμην οὐθὲν βοηθεῖ τὴν τῶν ἄλλων (οὐδὲ γὰρ οὐσία ἐκεῖνα τούτων· ἐν τούτοις γὰρ ἂν ἦν), οὔτε εἰς τὸ εἶναι, μὴ ἐνυπάρχοντά γε τοῖς μετέχουσι.

D'une autre part, l'essence, objet de toute recherche vraiment scientifique, échappe à la théorie des idées. En effet, si l'essence réside dans le général, en tant que général, ainsi que le veut la dialectique, à mesure que la science s'élèvera dans l'échelle des généralités, elle devra pénétrer davantage dans l'essence intime de la réalité, et le genre suprême de toutes choses en sera l'essence par excellence. Or, c'est le contraire qui est vrai. L'essence n'est pas dans le genre, mais dans l'espèce [1] : plus on généralise, plus on perd de vue la vraie essence des choses. Le genre n'est que l'être en puissance ; l'espèce seule est l'être en acte ; entre le genre et l'espèce, il y a toute la différence de la forme et de la matière. Quant au mouvement, l'idée ayant été imaginée précisément pour expliquer ce qu'il y a de fixe, de constant, d'identique, de régulier dans le devenir, ne peut en expliquer les caractères opposés, la variété, le mouvement, la vie ; elle ne peut être le principe des contraires [2]. Pour la fin, la dialectique n'en rend pas compte davantage, quoiqu'elle parle sans cesse du bien. En effet, le vrai bien en toutes choses, c'est la fin : or, il n'y a de fin que pour les êtres qui se meuvent [3] ; par cela même que la dia-

---

[1] Ibid., *Soph. Elench.*, xi. Νῦν δ'οὐκ ἔστιν ὁ διαλεκτικὸς περὶ γένος τι ὡρισμένον, οὐδὲ δεικτικὸς οὐδενός, οὐδὲ τοιοῦτος ὁ καθόλου. Οὔτε γάρ ἐστιν ἅπαντα ἐν ἑνί τινι γένει.

[2] Ibid., *Mét.*, l, 1, ch. 7 Ἐν δὲ τῷ Φαίδωνι οὕτως λέγομεν, ὡς καὶ τοῦ εἶναι καὶ τοῦ γίγνεσθαι αἴτια τὰ εἴδη ἐστί· καίτοι τῶν εἰδῶν ὄντων ὅμως οὐ γίγνεται τὰ μετέχοντα, ἂν μὴ ᾖ τὸ κινῆσον. — Ibid., *Mét.*, l. 1, ch. 6. Ἀκινησίας γὰρ αἴτια μᾶλλον καὶ τοῦ ἐν ἡρεμίᾳ εἶναι φασίν.

[3] Ibid., *Mét.*, l. xii, ch. 10. Οἱ δὲ τοῦτο μὲν ὀρθῶς ὅτι ἀρχήν, ἀλλὰ

lectique supprime le mouvement, elle supprime la fin : elle peut parler du beau, mais non du bien [1]. En un mot, elle expliquerait un monde d'essences immobiles, de formes et de figures, le monde des mathématiques : mais le monde réel et vivant est pour la dialectique une énigme indéchiffrable. La théorie des idées ne rend pas même compte du principe matériel. En le définissant, la dyade du grand et du petit, Platon prend pour la matière même la quantité qui n'en est qu'une forme, il est vrai la plus générale, et ne pénètre pas dans la nature même du principe matériel. Enfin, quant au principe suprême des choses, tous les efforts de la dialectique n'aboutissent qu'à une abstraction [2]. L'un et l'être ne sont pas des essences véritables, les premières de toutes selon Platon, mais de simples attributs de l'essence. Ils s'affirment de tout, mais ils ne constituent l'essence de rien. Ils ne sont pas même des genres, puisqu'il n'y a pas de différence dont ils ne soient les attributs. Telle est l'impuissance de la dialectique. Elle aspire à tout connaître, à tout expliquer;

πῶς τὸ ἀγαθὸν ἀρχὴ οὐ λέγουσιν, πότερον ὡς τέλος ἢ ὡς κινῆσαν ἢ ὡς εἶδος.

[1] Ibid., *Mét.*, l. III, ch. 2. Τίνα γὰρ τρόπον οἷόν τε κινήσεως ἀρχὴν εἶναι τοῖς ἀκινήτοις ἢ τὴν τἀγαθοῦ φύσιν, εἴπερ ἅπαν, ὃ ἂν ᾖ ἀγαθὸν καθ' αὑτὸ καὶ διὰ τὴν αὑτοῦ φύσιν, τέλος ἐςι καὶ οὕτως αἴτιον, ὅτι ἐκείνου ἕνεκα καὶ γίγεται καὶ ἐςι καὶ τἆλλα, τὸ δὲ τέλος καὶ τὸ οὗ ἕνεκα πράξεώς τινός ἐςι τέλος, αἱ δὲ πράξεις πᾶσαι μετὰ κινήσεως· ὥς' ἐν τοῖς ἀκινήτοις οὐκ ἂν ἐνδέχοιτο ταύτην εἶναι τὴν ἀρχὴν οὐδ' εἶναί τι αὐτοαγαθόν.

[2] *Mét.*, l. III, ch. 3. Ὥς' εἴπερ τὸ ἓν γένος ἢ τὸ ὄν, οὐδεμία διαφορὰ οὔτε ὂν οὔτε ἓν ἔςαι. Ἀλλὰ μὴν εἰ μὴ γένη, οὐδ' ἀρχαὶ ἔσονται, εἴπερ ἀρχαὶ τὰ γένη.

et toute vraie connaissance, toute explication sérieuse des choses lui échappe. Depuis le plus humble degré jusqu'au sommet, depuis la matière jusqu'à Dieu, elle poursuit vainement l'être, elle n'en saisit jamais que l'apparence.

Dans cette critique radicale de la philosophie de Platon se révèle déjà le système d'Aristote. On y sent un esprit nouveau qui s'attaque au principe même de la doctrine, à l'idéalisme sorti de la dialectique, et qui édifiera une doctrine nouvelle sur une tout autre base et par une méthode contraire. Il s'agit de suivre le développement systématique de cette doctrine.

Toute science a pour objet la connaissance des causes [1]. L'expérience apprend que telle chose est; la science seule montre pourquoi elle est. L'une donne le fait, l'autre donne la raison du fait. C'est cette raison qui est la cause [2]. Mais toute cause n'est pas l'objet de la science; il faut que ce soit une cause générale : « Savoir, dit Aristote, que tel remède a guéri Callias attaqué de telle maladie, qu'il a produit le même effet sur Socrate et sur plusieurs autres pris individuellement, c'est de l'expérience ; mais savoir que tel remède a guéri toute la classe des malades atteints de telle maladie, c'est de l'art [3]. » Ainsi une cause, et une cause générale, tel

---

[1] *Mét.*, l. 1, *passim*. — *Anal. post.*, ii, 10.

[2] *Mét.*, l. 1, ch. 3. Αἴτιον δὲ καὶ ἀρχὴ τὸ διὰ τί πρῶτον.

[3] Ibid., *Mét.*, l. 1, c. 1. Τὸ μὲν γὰρ ἔχειν ὑπόληψιν ὅτι Καλλία κάμνοντι τηνδὶ τὴν νόσον, τοδὶ συνήνεγκε καὶ Σωκράτει καὶ καθ' ἕκαστον οὕτω πολλοῖς, ἐμπειρίας ἐστί· τὸ δ' ὅτι πᾶσι τοῖς τοιοῖσδε κατ' εἶδος ἓν ἀφορισθεῖσι, κάμνουσι τηνδὶ τὴν νόσον. Ici τέχνη doit être pris comme synonyme d'ἐπιστήμη, Aristote opposant l'art à l'expé-

est l'objet de la science. Mais les causes ne remontent point à l'infini ; autrement il n'y aurait plus de science [1]. Il est donc nécessaire de s'arrêter à des causes premières ; c'est la science de ces causes qui est la philosophie proprement dite.

Maintenant comment existent les causes premières et combien faut-il en distinguer? Selon Aristote, toute science, la philosophie comme les autres, a son point de départ dans la réalité sensible. La science n'a point pour but d'imaginer *à priori* cette réalité, mais simplement de l'expliquer. Or, l'expliquer, c'est la ramener à ses causes ; l'explication n'est complète, et partant la science, qu'autant qu'aucune cause n'a été omise. Si on considère l'être sous tous ses rapports, intérieurement et extérieurement, dans ses conditions comme dans sa nature propre, on aboutit aux dix catégories dont traite la logique. Mais, pris en lui-même [2], l'être ne se présente que sous quatre aspects différents, 1° comme composé, 2° comme possédant une essence propre, 3° comme mobile, 4° comme tendant à une fin dans son mouvement. Chacun de ces caractères de l'être a une raison, une cause : cause matérielle, s'il s'agit des

---

rience. Συνήνεγκεν, οἷον τοῖς φλεγματώδεσιν ἢ χολώδεσιν ἢ πυρέττουσιν καύτῳ, τέχνης.

[1] *Mét.*, l. II, c. 2. Ἀλλὰ μὴν καὶ εἰ ἄπειρά γ' ἦσαν πλήθει τὰ εἴδη τῶν αἰτίων, οὐκ ἂν ἦν οὐδ' οὕτω τὸ γιγνώσκειν · τότε γὰρ εἰδέναι οἰόμεθα, ὅταν τὰ αἴτια γνωρίσωμεν.

[2] *Mét.*, l. I, c. 3. Τὰ δ' αἴτια λέγεται τετραχῶς, ὧν μίαν μὲν αἰτίαν φαμὲν εἶναι τὴν οὐσίαν καὶ τὸ τί ἦν εἶναι, ἑτέραν δὲ τὴν ὕλην καὶ τὸ ὑποκείμενον, τρίτην δὲ ὅθεν ἡ ἀρχὴ τῆς κινήσεως, τετάρτην δὲ τὴν ἀντικειμένην αἰτίαν ταύτῃ, τὸ οὗ ἕνεκα καὶ τἀγαθόν.

éléments dont la réalité se compose ; cause formelle, s'il s'agit de son essence propre ; cause motrice, s'il s'agit de son mouvement ; cause finale, s'il s'agit de ses tendances. Ces quatre causes ne forment point entre elles une série de termes analogues ; au contraire, elles appartiennent à des catégories diverses. Si elles rentrent dans la même science, c'est qu'elles expriment toutes des relations différentes avec une seule et même chose. Elles sont distinctes, mais inséparables des individus [1]. C'est la science seule qui les distingue et les abstrait de la réalité. Sur ce point, la théorie des causes diffère profondément de la théorie des idées. L'idée n'est pas seulement, dans le sens platonicien, logiquement, mais encore substantiellement distincte des individus. La cause, dans la pensée d'Aristote, n'en est distincte que logiquement. En réalité elle n'existe que dans les individus. Voici comment Aristote démontre sa thèse. « Il est impossible, selon nous, qu'aucun universel, quel qu'il soit, soit une substance (ὀυσία). Et d'abord, la substance première d'un individu, c'est celle qui lui est propre, qui n'est point la substance d'un autre ; l'universel, au contraire, est commun à plusieurs êtres, car ce qu'on nomme universel, c'est ce qui se trouve, dans la nature, en un grand nombre d'êtres. De quoi l'universel sera-t-il donc substance ? Il l'est de tous les individus, ou il ne l'est d'aucun ; et qu'il le soit de tous, cela n'est pas possible. Mais si l'universel était la substance d'un individu, tous les autres seraient cet individu, car l'unité de substance et l'unité

[1] *Mét*, l. III, c. 4. — *Phys.*, l. II, c. 111.

d'essence constituent l'unité d'être. D'ailleurs, la substance, c'est ce qui n'est pas l'attribut d'un sujet : or, l'universel est toujours l'attribut de quelque sujet [1]. » Ainsi, tandis que pour Platon il n'y a d'être que dans le général ; pour Aristote, il n'y a d'être que dans l'individu, tout ce qui est existe individuellement, l'être parfait comme l'être imparfait, l'être purement intelligible comme l'être sensible, Dieu comme le moindre des êtres de la nature. Si la science cherche l'être ailleurs que dans l'individu, par exemple dans le général, ainsi que le fait la dialectique, elle s'égare et va se perdre dans l'abîme du possible et de l'infini.

Maintenant est-ce à dire qu'Aristote fait de l'individu le type de l'être, contrairement à la pensée de Platon? Sur ce point, la doctrine d'Aristote n'a pas toujours été bien comprise. Il ne faut pas confondre deux questions bien distinctes dans la philosophie d'Aristote, à savoir, quel est le sujet et quel est le principe de l'être. Selon Aristote, par cela même que l'être n'est pas dans le général, il est dans l'individuel ; et, quelque parfait qu'il soit, il a toujours l'individu pour sujet. Mais quel est le principe et le type de l'être? Ici le problème se complique. Il est bien vrai que l'être n'est ni dans le général, ni dans l'idée, ni dans l'unité abstraite, ni dans

---

[1] *Mét.*, l. vii, c. 13. Ἔοικε γὰρ ἀδύνατον εἶναι ὁτιοῦν τῶν καθόλου λεγομένων. Πρώτη μὲν γὰρ οὐσία ἴδιος ἑκάστῳ ἣ οὐχ ὑπάρχει ἄλλῳ· τὸ δὲ καθόλου κοινόν· τοῦτο γὰρ λέγεται καθόλου ὃ πλείοσιν ὑπάρχειν πέφυκε. Τίνος οὖν οὐσία τοῦτ' ἔσται, ἢ γὰρ ἁπάντων ἢ οὐθενός. Ἁπάντων δ' οὐχ οἷόν τε· ἑνὸς δ' εἰ ἔσται, καὶ τἆλλα τοῦτ' ἔσται· ὧν γὰρ μία ἡ οὐσία, καὶ τὸ τί ἦν εἶναι ἓν καὶ αὐτὰ ἕν. Ἔτι οὐσία λέγεται τὸ μὴ καθ' ὑποκειμένου, τὸ δὲ καθόλου καθ' ὑποκειμένου τινὸς λέγεται ἀεί.

la matière ; qu'il est seulement dans l'individu. Mais peut-on en conclure que c'est l'individu, en tant que tel, qui le constitue? C'est ce qu'Aristote n'a jamais pensé. Étant donné l'individu, sujet unique de l'être, Aristote le décompose en ses deux principes (il ne s'agit encore que de l'être sensible), la matière et la forme. Or, qu'est-ce que la matière par rapport à l'individu? un principe d'indétermination. Qu'est-ce que la forme? un principe de détermination. Par la matière, l'individu n'est que possible ; c'est par la forme seule qu'il est réellement, car il n'est que parce qu'il est tel. La forme n'est pas seulement un des principes de l'être pour l'individu ; elle en est le principe unique. En sorte que si on voulait, comme le dit Aristote [1], comparer sous le rapport de l'être la matière, la forme et le sujet individuel qui en résulte, on trouverait que la forme vient en premier lieu, puis le sujet, puis la matière [2]. Ainsi l'individu comprend l'être sans le constituer ; ce qui le constitue exclusivement, c'est la forme : or, la forme n'est pas elle-même individuelle, comme le sujet, mais générale, puisqu'elle est un principe. Elle n'a de réalité, il est vrai, que dans l'individu, comme tous les autres principes, la matière, le moteur, la cause finale, et elle doit en être considérée comme inséparable ; mais elle n'en est pas moins, dans l'individu même, le principe de l'être [3].

---

[1] *Mét.*, l. vii, c. 6.

[2] *Mét.*, l. vii, c. 3. Καὶ γὰρ τὸ χωριςὸν καὶ τόδε τι ὑπάρχειν δοκεῖ μάλιςα τῇ οὐσίᾳ. Διὸ τὸ εἶδος καὶ τὸ ἐξ ἀμφοῖν οὐσία δόξειεν ἂν εἶναι μᾶλλον τῆς ὕλης.

[3] *Mét.*, l. vii, p. 6. Ἕκαςόν τε γὰρ οὐκ ἄλλο δοκεῖ εἶναι τῆς ἑαυτοῦ

Maintenant le principe de toute essence, la forme est-elle le genre ou l'espèce? Platon et Aristote, fidèles à l'esprit socratique, fondent la science sur l'universel; tous deux ils cherchent dans l'universel l'essence véritable des choses; mais, parvenus à ce point, ils se séparent, et dès lors une opposition profonde se manifeste dans toutes les parties de leur doctrine, dans la méthode, dans les principes, dans les résultats. Platon abstrait et généralise; Aristote définit. L'un se préoccupe des ressemblances, l'autre des différences. Pour Platon, la science consiste surtout à embrasser; pour Aristote, à circonscrire. Le principe des individus est pour celui-ci ce qui les détermine, la forme; pour celui-là, c'est ce qui les contient, l'idée. Tandis que Platon, poursuivant l'essence dans le vague domaine du général, c'est-à-dire du possible, perd de vue la réalité, Aristote s'y attache et s'y maintient, par cela même qu'il s'est tout d'abord enfermé dans les limites précises de l'espèce [1]. Le genre avait éloigné la science de la réalité, l'espèce l'en rapproche, et c'est ainsi que le principe péripatéticien rétablit entre les deux mondes le lien supprimé par le principe platonicien. Mais, pourrait-on dire, la différence est-elle réellement si grande entre le genre et l'espèce, entre l'idée et la forme? Le genre ne devient-il pas espèce,

---

οὐσίας, καὶ τὸ τί ἦν εἶναι λέγεται εἶναι ἡ ἑκάςου οὐσία Ibid., p. 6. Ἐκ τε δὴ τούτων τῶν λόγων ἓν καὶ ταὐτὸ οὐ κατὰ συμβεβηκὸς αὐτὸ ἕκαςον καὶ τὸ τί ἦν εἶναι· καὶ ὅτι γε τὸ ἐπίςασθαι ἕκαςον τοῦτο ἐςι τὸ τί ἦν εἶναι ἐπίςασθαι.

[1] *Met.*, l. vii, c. 12. Εἰ δὴ ταῦτα οὕτως ἔχει, φανερὸν ὅτι ἡ τελευταία διαφορὰ ἡ οὐσία τοῦ πράγματος ἔςαι καὶ ὁ ὁρισμός.

et l'espèce genre, selon le point de vue de l'esprit? Et comment Aristote a-t-il pu traiter avec un tel dédain une doctrine à laquelle il aboutit en dernière analyse? Ce serait mal comprendre la pensée d'Aristote que de ne voir entre l'*idée* et la *forme* que la simple différence logique du genre et de l'espèce. Platon et Aristote diffèrent profondément dans la manière d'entendre l'essence ou l'être. L'essence d'une chose pour Platon est tout ce qui l'enveloppe et la contient ; pour Aristote, c'est ce qui la détermine et la définit. C'est parce qu'elle est un principe d'identité que l'*idée* est pour Platon le principe de l'être, l'être par excellence. Pour Aristote, cette propriété de l'idée est précisément ce qui en fait une pure matière, un non-être. C'est parce que la *forme* est un principe de détermination et de différence qu'elle est l'essence, l'être véritable. Ainsi la différence des deux points de vue est telle que ce qui est l'essence pour Platon est la matière pour Aristote, et réciproquement. Un exemple fera ressortir cette opposition. Soit un homme quelconque, Socrate ou Callias. Pour Platon, l'essence de l'homme sera ce qui le contient et l'enveloppe, l'idée d'*animal*, et plus encore l'idée supérieure d'*être*. Car, selon la dialectique, plus on s'élève dans l'échelle du général, plus avant on pénètre dans l'essence. Pour Aristote, au contraire, l'essence de l'homme sera ce qui le détermine et le distingue des êtres compris sous les genres supérieurs ; ce sera l'attribut ou l'ensemble des attributs qui constituent son caractère *humain*, sa nature d'homme proprement dit, soit l'entendement, la volonté, la raison, en ce qui concerne l'âme, et, en ce qui concerne le corps, tel ou tel caractère propre à son organisation. Ainsi, ce n'est point à l'espèce, en tant qu'espèce, que s'attache Aristote, c'est à l'espèce, en tant que différence. Son procédé constant est la définition. Or, la définition n'expose point la pensée, comme le faisait l'abstraction platonicienne, à se perdre dans le vague et dans l'infini; en la tenant fixée sur la nature propre de l'être qu'elle considère, elle l'empêche de s'égarer dans les attributs trop généraux, ou de s'enfoncer dans les caractères purement accidentels et individuels de cet être. Il n'est point à craindre qu'Aristote se perde dans les singularités, comme Platon s'est perdu dans les généralités. Aristote ne considère pas tout caractère spécifique et différentiel comme l'essence du sujet : « Quand l'élément spécifique n'est qu'accidentel au sujet, comme le blanc ou le musicien, bien qu'il signifie deux choses alors, il n'est pas vrai de dire qu'il est identique avec l'essence du sujet [1]. » Ainsi la définition maintient sévèrement la pensée entre le genre, où elle ne trouverait qu'une science vague, et l'individu, où elle ne peut trouver aucune science. En un mot, le principe d'Aristote, la *forme* ou la *différence*, est un point fixe et parfaitement déterminé ; et la pensée n'est pas condamnée à poursuivre indéfiniment une essence qui,

---

Mét., l. vii, c. 6. Τὸ δὲ κατὰ συμβεβηκὸς λεγόμενον, οἷον τὸ μουσικὸν ἢ λευκόν, διὰ τὸ διττὸν σημαίνειν, οὐκ ἀληθὲς εἰπεῖν ὡς τὸ αὐτό τὸ τί ἦν εἶναι καὶ αὐτό. Ibid., c. iv. Καὶ πρῶτον εἴπωμεν ἔνια περὶ αὐτοῦ λογικῶς, ὅτι ἔστι τὸ τί ἦν εἶναι ἕκαστον ὃ λέγεται καθ' αὑτό. Οὐ γὰρ ἔστι τὸ σοὶ εἶναι τὸ μουσικῷ εἶναι· οὐ γὰρ κατὰ σαυτὸν εἶ μουσικός· ὃ ἄρα κατὰ σαυτόν.

dans la doctrine de Platon, fuit toujours de l'espèce au genre, et d'un genre à l'autre.

Voilà pour la forme. Qu'est-ce que la matière ? Platon et la philosophie antérieure n'avaient pas compris le vrai rapport de l'essence et de la matière. Ils avaient considéré l'un et l'autre principe comme les deux termes extrêmes d'une opposition. Toute autre est la pensée d'Aristote : ce n'est pas la matière qui est le contraire de la forme, c'est la privation [1]. La matière est le sujet des contraires, et comme telle, elle comprend toute transformation, toute contradiction, toute opposition. La forme est nécessairement exclusive, par cela même qu'elle détermine. Là où elle habite, elle ne laisse plus de place pour aucune essence. La privation est une négation de la forme, non pas une négation générale, mais spéciale et déterminée, toujours relative à telle forme ; c'est une forme négative, à parler rigoureusement. Ainsi la maladie est une privation de la santé. La matière, n'étant par elle-même aucune essence déterminée, est capable de tous les contraires. On comprend dès lors le rapport des deux principes, forme et matière, dans le sujet individuel. Ils concourent tous deux, d'une manière différente, à l'existence de la réalité sensible. La forme seule est le prin-

---

[1] *Mét.*, l. VIII, c. 1. Ὅτι δ' ἐςὶν οὐσία καὶ ἡ ὕλη, δῆλον. Ἐν πάσαις γὰρ ταῖς ἀντικειμέναις μεταβολαῖς ἐςί τι τὸ ὑποκείμενον ταῖς μεταβολαῖς, οἷον κατὰ τόπον τὸ νῦν μὲν ἐνταῦθα, πάλιν δ' ἄλλοθι, καὶ κατ' αὔξησιν ὃ νῦν μὲν πηλίκον, πάλιν δ' ἔλαττον ἢ μεῖζον, καὶ κατ' ἀλλοίωσιν ὃ νῦν μὲν ὑγιές, πάλιν δὲ κάμνον. Ὁμοίως δὲ καὶ κατ' οὐσίαν ὃ νῦν μὲν ἐν γενέσει, πάλιν δ' ἐν φθορᾷ, καὶ νῦν μὲν ὑποκείμενον ὡς τόδε τι, πάλιν δ' ὑποκείμενον ὡς κατὰ ςέρησιν.

cipe de l'être ; c'est elle qui fait toute l'essence du sujet individuel. La matière n'est qu'un principe de non-être : si le sujet naît et meurt, s'il change, s'il se corrompt et s'altère, s'il subit l'alternative de la force et de la faiblesse, de la veille et du sommeil, du développement et de la décadence, c'est la matière seule qui en est cause. Mais il n'en est pas moins vrai que dans le monde sensible la matière est une condition nécessaire de la réalité. La forme ne subsiste pas sans la matière, bien qu'elle n'en vienne point. Il n'y a pas plus de forme sans matière que de matière sans forme : la forme s'évanouit toujours avec le sujet. Toutefois, si la matière est inséparable de la forme, il n'en faudrait pas conclure qu'elle est une condition de l'être sensible, en tant qu'être. C'est parce que l'être sensible est imparfait qu'il tient indissolublement à la matière; c'est parce que la forme n'est pas l'être pur qu'elle est toujours plus ou moins engagée dans la matière. L'être véritable est si peu soumis à la condition matérielle qu'il n'est réellement pur et parfait que là où il est indépendant de toute matière, ainsi qu'on le verra plus tard. Mais si la matière ne fait pas l'être, n'est-ce pas elle qui fait l'individu? C'était l'opinion de Platon; Aristote pense le contraire. La matière, n'étant que le possible, est essentiellement générale ; elle ne peut donc constituer l'individu : c'est la forme qui est le principe de l'individualité, parce qu'elle est l'unique principe de l'être. En déterminant le sujet, elle le réalise et l'individualise tout à la fois.

La cause matérielle et la cause formelle sont les deux principes internes de l'être sensible : elles se retrouvent toujours et nécessairement au fond de tous les êtres de la nature. Il n'en est pas de même de la cause motrice et de la cause finale : il est des sujets qui ne les renferment point; il en est qui les renferment. L'être à son plus humble degré, l'être inorganique ne comprend ni la cause de ses mouvements, ni la fin de ses tendances. L'animal possède le principe moteur; l'homme, l'être qui pense, comprend en outre le principe final. Mais, séparés ou réunis, ces quatre principes se supposent mutuellement, et supposent tous un sujet plus ou moins complexe, dans le sein duquel ils existent réellement et substantiellement : telle est la condition nécessaire, constante, de l'existence des causes premières dans le monde sensible.

Maintenant, de même que la réalité sensible n'épuise pas l'être, de même la théorie des quatre principes n'épuise pas la science. Aristote, cherchant l'être, l'a trouvé dans l'espèce et non dans le genre, dans la forme et non dans la matière. Mais la forme n'est pas l'être à l'état de pureté absolue et parfaite. Elle tient à la matière dans le sujet individuel par un lien indissoluble. Essence une et simple, elle n'est point exposée comme le sujet à naître ou à périr par la composition ou la décomposition des éléments; mais elle paraît ou disparaît avec la naissance ou la mort du sujet. Toute forme est dépendante, mobile, éphémère; la nature entière est soumise à cette loi, depuis la forme la plus simple jusqu'à la forme par excellence, l'entéléchie proprement dite. De même que la forme n'est pas le type de l'être, de même la matière n'est pas le type du non-être. Le non-être de la matière et l'être de la forme ont chacun leur raison dans un principe plus simple et plus abstrait qu'il s'agit de dégager. En quoi consiste la nature propre, et en quelque sorte l'essence de la matière? C'est ce que nul n'avait bien vu avant Aristote; tous avaient confondu le principe matériel avec telle ou telle de ses formes, celui-ci avec le corps, celui-là avec la substance élémentaire, tel autre avec la quantité. Aristote ne s'arrête point à ces formes plus ou moins générales, et remonte à l'idée même de la matière. Toutes ces choses, le corps, la substance élémentaire, la quantité, sont matérielles, mais elles ne sont point la matière même, parce qu'elles ont déjà un certain degré de détermination. La matière est l'absolument indéterminé, l'infini, τὸ ἄπειρον. Mais qu'est-ce que l'infini en soi? Qu'est-ce qui fait l'indétermination des choses, et qu'est-ce qui en fait la détermination? La philosophie, en ramenant tous les principes des choses à l'être ou au non-être, s'est condamnée à ne pouvoir expliquer le *devenir* et les phénomènes qui l'accompagnent, le mouvement et le changement. En effet, si le non-être se réduit au pur néant, selon la doctrine des Éléates et des Mégariques, d'où sort tout ce qui commence, tout ce qui devient? Il faut donc distinguer le non-être absolu d'avec le non-être qui aspire à l'être, le néant proprement dit du possible. Or, si le néant n'est le principe de rien, il n'en est pas de même du possible. Le possible est la racine, non de l'être qui n'a pas de racine hors de soi, mais du devenir. Ainsi, telle opération suppose une faculté, telle forme une capacité, telle vertu une virtualité, tel acte une puissance [1]. S'il n'y avait rien entre le néant et l'être, jamais on ne pourrait expliquer comment l'être sort du néant : de là l'impuissance des écoles d'Élée et de Mégare. Mais entre le néant et l'être il y a le possible : c'est le possible qui est le germe du devenir, et qui comble l'abîme qui sépare le néant de l'être. Tel est, selon Aristote, le principe matériel des choses. L'idée, l'essence même de la matière en tout, abstraction faite de toute forme, est le possible, en tant que possible. Il faut dire en tant que possible seulement ; car du moment qu'il est autre chose qu'une pure possibilité, qu'une simple capacité de recevoir toutes les formes contraires, il n'est plus la matière, dans le sens absolu du mot. Ainsi, la *faculté*, la *cause*, la *puissance active*, sont déjà des formes, générales il est vrai, de la matière : sans être encore tel ou tel acte individuel et déterminé, elles y tendent naturellement; elles excluent donc telle forme positive, non point parce qu'elles en ont revêtu telle autre, mais parce qu'elles y inclinent réellement. La nature propre de la vraie matière est de pouvoir tout sans être rien, et d'être absolument indifférente à toute forme. Dans la réalité, la matière n'a point ce caractère de pureté absolue : toute matière incline vers telle forme; toute puissance tend vers tel acte. Ce n'est que par une abstraction de l'esprit qu'on parvient à dégager le principe matériel de toute forme

---

[1] *Mét.*, l. IV, c. 5. Τὸ γὰρ ὂν λέγεται διχῶς, ὥς' ἔςιν ὂν τρόπον ἐνδέχεται γίγνεσθαί τι ἐκ τοῦ μὴ ὄντος, ἔςι δ' ὂν οὔ · καὶ ἅμα τὸ αὐτὸ εἶναι καὶ ὂν καὶ μὴ ὄν, ἀλλ' οὐ κατὰ ταὐτὸ ὄν · δυνάμει μὲν γὰρ ἐνδέχεται ἅμα ταὐτό εἶναι τὰ ἐναντία, ἐντελεχείᾳ δ' οὔ.

et de toute tendance, et à le poser dans toute la pureté de son essence, en le définissant le possible (τὴν δύναμιν). La matière ainsi entendue n'est pas le contraire de l'être : le contraire de l'être, c'est le néant. Elle n'est pas non plus l'être, même à son plus faible degré ; elle n'est même pas une tendance et une aspiration vers l'être. Lorsqu'elle y tend ou y aspire, c'est toujours en vertu d'un principe étranger qui agit sur elle, soit comme moteur, soit comme fin. Qu'est-elle donc alors ? Elle est pour toute chose sensible l'antécédent nécessaire, l'origine, le berceau, sinon le germe, de l'être.

On vient de voir comment Aristote est parvenu à découvrir la vraie nature de la matière et du non-être. C'est par la même méthode qu'il pénètre dans la vraie nature de l'être. L'être est dans la forme et non dans la matière. Pourquoi ? parce que la forme seule est quelque chose de déterminé. Or, rien de ce qui est véritablement n'est indéterminé, et cela seul *est* réellement qui existe d'une manière déterminée. Tout ce qui est cause, puissance, faculté, n'est point une vraie substance, un être véritable. L'essence, l'être n'est que dans l'acte (ἐνέργεια). Tout ce qui n'est pas en acte n'a pas d'existence réelle. C'est ici surtout qu'éclate la différence des doctrines de Platon et d'Aristote. On a vu que, tandis que Platon cherchait vainement l'être dans le général, Aristote le trouvait dans l'individuel ; mais il ne s'arrête point là. L'individu, dans ce monde sensible, est forme et matière, substance et vie, acte et puissance. Pour Aristote, l'être est dans l'acte, dans la vie ; pour Platon, il est dans la substance, dans la puissance vague et idéale des genres et des espèces. Mais, dira-t-on, l'acte ne suppose-t-il pas la puissance? Et s'il la suppose, ne peut-on pas dire qu'il en vient? D'abord il faut bien prendre garde de confondre ici l'*acte* proprement dit avec le mouvement. Le mouvement n'est ni l'être ni le non-être. Ce n'est plus la puissance, et ce n'est pas encore l'acte ; c'est l'intermédiaire réel et nécessaire dans lequel s'opère la transformation de la puissance en acte ; c'est le passage du non-être à l'être, dans le monde sensible. Le mouvement suppose la puissance comme principe, et l'acte comme fin ; il n'est donc pas l'acte lui-même. Il y a plus : l'acte en soi, en tant qu'acte, exclut radicalement la puissance et le mouvement. Si la puissance est pour tous les êtres de la nature l'origine nécessaire de l'acte, ce n'est pas à dire qu'elle en soit la cause ni même l'auxiliaire ; elle n'en est au contraire que l'obstacle. Sans doute dans la nature, qui est le monde du devenir et non de l'être, tout ce qui est en acte a d'abord été en puissance. Mais ce n'est pas l'acte même qui implique la puissance, c'est l'acte imparfait. En effet, toute substance en acte, dans ce monde-là, relève d'un principe étranger, quant à son mouvement ou quant à sa fin. L'âme elle-même qu'Aristote appelle entéléchie, si elle se meut spontanément, se meut vers une fin qui est en dehors et au-delà d'elle. C'est par suite de cette dépendance qu'elle est contingente et qu'elle a commencé par être possible, avant d'être actuellement. Mais le propre de l'acte est précisément d'exclure la puissance et le mouvement ; ce n'est qu'à cette condition qu'il est pur et parfait. Tant qu'il suppose directement ou indirectement une puissance ou un mouvement, il n'est pas encore l'acte dans sa pureté absolue. On le reconnaît à ce signe qu'il est la fin de toutes les puissances et de tous les mouvements, sans avoir d'autre fin que lui-même. Éternel, nécessaire, indépendant de toute cause, se suffisant pleinement à soi-même sous tous les rapports, l'acte pur réunit toutes les conditions de l'être parfait : c'est l'être par excellence.

Mais où trouver l'acte pur, type de l'être parfait ? Dans la vie et dans l'acte le plus éminent de la vie, la pensée. Aristote s'explique catégoriquement sur ce point capital. « Comme toutes les actions qui ont un terme ne sont pas elles-mêmes une fin, mais tendent à une fin (ainsi le but de l'amaigrissement est la maigreur), ces actions sont des mouvements, mais non pas le but du mouvement... On peut voir, concevoir, penser, et avoir vu, conçu, pensé ; mais on ne peut pas apprendre et avoir appris la même chose (en même temps), guérir et avoir guéri. On peut bien vivre et avoir bien vécu, être heureux et avoir été heureux tout à la fois : sans cela, il faudrait qu'il y eût des points d'arrêt dans la vie, comme il peut arriver pour l'amaigrissement ; mais c'est ce qui n'a jamais lieu. On vit et on a vécu [1]. »

---

[1] *Mét.*, l. ix, c. 11. Ἐπεὶ δὲ τῶν πράξεων ὧν ἐςὶ πέρας, οὐδεμία τέλος ἀλλὰ τῶν περὶ τὸ τέλος οἷον τοῦ ἰσχναίνειν ἡ ἰσχνασία αὐτό. Αὐτὰ δὲ ὅταν ἰσχναίνῃ οὕτως ἔςιν ἐν κινήσει, μὴ ὑπάρχοντα ὧν ἕνεκα ἡ κίνησις, οὐκ ἔςι ταῦτα πρᾶξις ἢ οὐ τελεία γε· οὐ γὰρ τέλος, ἀλλ' ἐκείνη ἐνυπάρχει τὸ τέλος καὶ ἡ πρᾶξις· οἷον ὁρᾷ, ἀλλὰ καὶ φρονεῖ καὶ νοεῖ· καὶ νενόηκεν, ἀλλ' οὐ μανθάνει καὶ μεμάθηκεν· οὐδ' ὑγιάζεται καὶ ὑγίασαι. Εὖ ζῇ, καὶ εὖ ἔζηκεν· ἀλλὰ καὶ εὐδαιμονεῖ καὶ εὐδαιμόνηκεν.

Ainsi la vie et la pensée sont des actes, et non de simples mouvements comme les diverses opérations de l'âme ou du corps, car elles ont leur fin en elles-mêmes et non dans autrui. On apprend pour savoir ; on travaille pour être heureux ; mais la vie, la félicité, la pensée sont des actes complets [1]. L'action y est toujours la même, sans repos et sans changement. Elles sont à chaque instant ce qu'elles étaient. Tous les actes de la vie ne sont pas également purs et parfaits ; la pensée seule a ce caractère, étant un acte simple qui ne suppose ni faculté, ni instrument, ni travail. C'est le seul acte dans lequel s'évanouissent la distinction et l'opposition du sujet et de l'objet. Le sens s'oppose à l'objet sensible ; le sujet qui sent et l'objet senti sont des réalités concrètes qui se touchent sans se confondre, sur la limite commune de la sensation [2]. L'entendement est un acte plus simple, sans être d'une absolue simplicité. Bien que dans l'entendement l'objet soit une forme abstraite et immatérielle [3], et le sujet une faculté plus simple et plus voisine de l'acte que le sens, pourtant ce ne sont encore que des puissances qui tendent à l'acte. Il n'en est pas de même de la pensée pure. L'intelligence y est comme l'intelligible, sans matière distincte de la forme, sans puissance cachée sous l'action. Ici entre le sujet

---

[1] Mét., Ibid, c. 11. Τούτων δὴ τὰς μὲν κινήσεις λέγειν, τὰς δ' ἐνεργείας. Πᾶσα γὰρ κίνησις ἀτελής, ἰσχνασία, μάθησις, βάδισις, οἰκοδόμησις. Αὗται δὲ κινήσεις, καὶ ἀτελεῖς γε.

[2] *De Anim.*, l. III, c. 11

[3] *De Anim.*, l. III, c. 8 Οὐ γὰρ ὁ λίθος ἐν τῇ ψυχῇ, ἀλλὰ τὸ εἶδος.

et l'objet de connaissance il n'y a plus de moyen terme. L'intelligence ne reçoit pas l'intelligible en elle comme le sens reçoit la forme de l'objet sensible, ou comme l'entendement reçoit la notion ; l'intelligible est toute l'intelligence et l'intelligence tout l'intelligible. C'est ainsi que dans la pensée pure, l'intelligence et l'intelligible, le sujet et l'objet, la pensée et l'être ne font qu'un [1].

Mais où se trouve cette pensée parfaite, type suprême de la vie et de l'être? Ce n'est pas dans la raison humaine. Notre pensée, bien qu'elle soit un rayon divin émané de la pensée divine, est un acte encore imparfait, qui a ses alternatives de force et de faiblesse, de veille et de sommeil. C'est un hôte passager qui ne visite l'âme humaine que de temps en temps ; c'est un accident heureux dont l'homme ne jouit que par instants ; c'est une faculté extraordinaire et surhumaine [2]. La pensée parfaite ne réside qu'en Dieu. En Dieu la pensée n'est point un accident, ni même un attribut nécessaire ; elle constitue la nature divine. Dieu n'est point le simple sujet de la pensée, ni même la pure faculté de penser : il est la pensée en acte [3].

---

[1] *Mét.*, l. xii, c. 7. Ταὐτὸν νοῦς καὶ νοητόν · τὸ γὰρ δεκτικὸν τοῦ νοητοῦ καὶ τῆς οὐσίας νοῦς. Ἐνεργεῖ δὲ ἔχων. Ce qui veut dire dans l'intelligence pure νοῦς. Recevoir la notion de l'objet et penser sont un seul et même acte. Voilà pourquoi Aristote ajoute : Ἐνεργεῖ δὲ ἔχων.

[2] *Mét.*, l. xii, c. 8. Πρῶτον μὲν οὖν εἰ μὴ νόησις ἐστιν ἀλλὰ δύναμις, εὔλογον ἐπίπονον εἶναι τὸ συνεχὲς αὐτῷ τῆς νοήσεως.

[3] Ibid., c. 8. Αὑτὸν ἄρα νοεῖ, εἴπερ ἐστὶ τὸ κράτιστον, καὶ ἔστιν ἡ νόησις νοήσεως νόησις.

Il ne peut penser que lui-même ; car penser un objet autre et par suite inférieur, serait déchoir. Or, Dieu se pensant lui-même, comme d'ailleurs il est la pensée en acte, il s'ensuit que la pensée divine est la pensée de la pensée. Dans l'acte simple, immuable, éternel de la pensée divine se confondent la suprême intelligence et le suprême intelligible.

Le Dieu d'Aristote a le même nom que le Dieu de Platon. Il s'appelle le Bien. Mais c'est à peu près tout ce qu'il y a de commun entre les deux doctrines. Le Dieu de la dialectique est un universel abstrait, inaccessible, incompréhensible, type suprême de l'immobilité dans un monde d'essences immobiles. Le Dieu d'Aristote, au contraire, est une individualité active et vivante, type de la pensée, c'est-à-dire de la vie et de l'énergie la plus parfaite. Tout esprit humain en contient une image ; la conscience de notre propre nature suffit à nous initier à la science de la nature divine. Le Dieu de Platon, principe de toute lumière et de toute intelligence, est lui-même profondément obscur et inintelligible : le Dieu d'Aristote est aussi pour les choses le principe de toute lumière et de toute intelligence, mais c'est parce qu'il est lui-même la plus pure lumière et la plus parfaite intelligence.

Pour être le type de la vie et de l'énergie, Dieu n'en est pas moins immobile en vertu même de sa nature. Il est dans l'essence de l'acte pur et parfait d'être immobile. Tout mouvement dans l'être est une transition de la puissance à l'acte ; tout être mobile, fût-il mû par une force interne, conserve une trace de *puissance* et de matière ; il n'est point un acte pur et parfait. Dieu est donc essentiellement immobile. Mais il n'en meut pas moins le monde : seulement, il le meut sans sortir de son repos absolu. Comment peut-il le faire? C'est là un des points les plus originaux de la philosophie d'Aristote. Dieu est le Bien ; comme tel, il est la fin suprême de l'univers. Donc tout tend, tout aspire vers Dieu, tout être l'aime et le désire. C'est comme objet de désir et d'amour que le Bien meut toutes choses; son action motrice est une simple attraction. Or, dans le monde sensible, l'objet du désir et de l'amour attire le sujet qui désire et qui aime, sans en subir l'influence [1]. Ce n'est pas notre désir ou notre amour qui fait le bien ou le beau; c'est le bien ou le beau qui fait notre désir ou notre amour. C'est ainsi que Dieu meut le monde ; c'est en vertu d'une simple attraction que, selon l'expression d'Aristote, la Nature tout entière est suspendue à son principe. Le Dieu d'Aristote ne descend pas lui-même au gouvernement du monde; il laisse ce soin à la Nature. Cette conception du moteur divin est aussi remarquable par sa profondeur que par sa simplicité. La philosophie grecque la doit au génie d'Aristote. Flottant jusque là incertaine entre le Dieu abstrait et immobile de la dialectique et le moteur mécanique d'Anaxagore ou du Timée, elle n'avait pu trouver le vrai type de l'action divine, ni le moyen de concilier le mouvement évidemment divin du monde avec l'immobilité du principe moteur.

Dieu meut le monde par attraction. Mais que com-

---

[1] *Mét.*, l. xii, c. 6. Κινεῖ δ' ὡς ἐρώμενον.

munique-t-il au monde par cette attraction? Est-ce simplement le mouvement? Est-ce quelque chose de plus? Est-ce quelque chose de moins? Dieu agissant sur le monde, comme fin suprême, comme bien absolu, n'est-il pas pour tous les êtres de l'univers, soit immédiatement, soit médiatement, principe d'essence et de forme, aussi bien que de mouvement? Enfin, que doit le monde à l'action divine? Sur aucun de ces points Aristote ne s'est nettement expliqué. Heureusement qu'à défaut de textes, on peut trouver la solution de ces problèmes dans l'esprit même de sa doctrine. Au premier abord, rien ne paraît plus clair que la pensée d'Aristote. Son Dieu n'est pas seulement distinct du monde; il en est individuellement séparé. Il est tellement en dehors du monde, qu'il ne le connaît point; il le meut, sans entretenir aucun rapport avec lui. Ne doit-on pas en conclure que le monde ne tient absolument de Dieu que le mouvement? Mais, d'une autre part, le mouvement n'entraîne-t-il pas nécessairement l'essence et la forme? N'est-il pas évident qu'en attirant les êtres à lui, le Bien leur communique quelque chose de son essence et de sa perfection? Et alors cette nature qu'Aristote nous représente comme suspendue tout entière au Bien [1], quand on la considère à part de l'action divine, ne se réduit-elle pas à une simple matière, sans mouvement, sans forme, et même sans essence? Dans cette hypothèse, Dieu serait à la fois pour le monde

---

[1] *De Cæl.*, l. v, c. 9. Ἐκ τοιαύτης ἄρα ἀρχῆς ἤρτηται ὁ οὐρανὸς καὶ ἡ φύσις.

principe de mouvement et d'essence, en tant que principe final ; et comme les choses n'existent réellement qu'autant qu'elles ont une essence déterminée, Dieu serait aussi principe d'existence pour tous les êtres de la nature. Il est difficile de ne point aller jusque là si on admet d'une manière absolue que le monde doit son mouvement à Dieu. Mais là est l'erreur. La nature, dans la pensée d'Aristote, n'est point une substance ou un ensemble de substances inertes qui, pour se mouvoir, attendent l'attraction divine ; c'est encore moins une pure matière, une simple puissance d'être qui n'aurait par elle-même ni forme ni essence positive. La nature [1] possède déjà par elle-même le mouvement et l'essence ; elle est âme et forme. Et, en effet, pour qu'elle tende et aspire vers le bien, pour qu'elle l'aime et le désire, il faut qu'elle soit par elle-même mobile et active. Dieu n'aurait aucune prise sur des essences immobiles ; tout ce qui serait idée pure, ou matière inerte, échapperait à son action. Ainsi, à vrai dire, Dieu ne communique point à la nature le mouvement, et partant la forme, l'essence et l'existence. Elle existerait sans Dieu, et sans Dieu pourrait se mouvoir ; mais c'est Dieu qui, en l'attirant à soi, lui communique la mesure et la perfection. Dans la doctrine d'Aristote, l'univers forme un immense système d'êtres tous indépendants de Dieu, quant à leur existence, à leur essence propre, à leur activité. Dieu n'est que leur fin ; mais par cela même il est pour eux le principe de tout bien

---

[1] C'est une doctrine constamment développée par Aristote dans la Physique.

et de toute perfection. On peut s'étonner qu'Aristote ait ainsi conçu l'univers en dehors de Dieu ; mais il n'en est pas moins vrai que telle est sa pensée. Il n'a jamais compris, et il répugnait à sa méthode et à l'esprit même de sa philosophie de comprendre Dieu comme un principe d'existence et d'essence pour les êtres de l'univers ; il ne le conçoit même pas comme principe moteur, dans le sens absolu du mot. Il ne lui semble pas nécessaire de remonter à une cause étrangère et supérieure pour expliquer l'existence, le mouvement, l'essence même des êtres sensibles ; il trouve cette explication dans l'idée même de la nature, telle que l'expérience la lui a montrée. Une seule chose lui paraît inexplicable, si on ne remonte au-delà de la nature ; c'est l'ordre, l'harmonie admirable, le bien qui éclatent dans l'univers. C'est là seulement ce qui lui fait comprendre la nécessité d'un Dieu. Aussi le représente-t-il vis-à-vis le monde comme un chef au milieu de son armée [1], ou comme un monarque gouvernant son empire.

Quoi qu'il en soit, Dieu meut toute chose dans l'univers par attraction. Par attraction immédiate et directe, il meut les essences pures, immatérielles et parfaites du monde astronomique ; par attraction indirecte et médiate, il meut les êtres du monde sublunaire. En sorte que l'ordre et le bien en toute chose viennent de Dieu, et qu'il n'est pas un être, si humble qu'il soit, dans son vaste empire, qui ne ressente plus ou moins sa puissante action. L'univers forme une

---

[1] *Mét.*, l. XII, c. 9.

immense série d'êtres qui s'échelonnent hiérarchiquement depuis l'étendue jusqu'à l'intelligence. La base de cette échelle majestueuse est la matière ; le sommet en est la pensée pure et parfaite ; entre les deux est la nature, qui, dans le développement progressif de ses puissances, gravit peu à peu d'un pas lent et pénible, mais sûr, tous les degrés de l'être, s'élevant de règne en règne de la simple étendue à la suprême pensée.

Telle est la doctrine d'Aristote, simple, profonde, toujours précise, et conséquente à elle-même dans toutes ses parties ; les résultats y sont en parfaite harmonie avec la méthode. Cette méthode n'est pas, comme on l'a dit tant de fois, exclusivement empirique : c'est l'heureux accord, s'il en fut, de l'expérience et de la raison. Aristote n'a jamais pensé que l'expérience pût se passer de la spéculation rationnelle ; mais ce qui est propre à sa méthode, c'est qu'il ne l'en sépare jamais. Il croit que si la science tient sa forme de la raison, elle tient sa matière de l'expérience, et il ne veut pas plus d'un idéalisme chimérique que d'un grossier et aveugle empirisme. L'expérience n'est plus pour lui, comme pour Platon, un misérable instrument dont la science humaine est condamnée par son imperfection même à se servir, et qu'elle ne saurait trop tôt rejeter : c'est le guide sûr et fidèle de la raison dans toutes ses recherches.

Une telle différence dans les méthodes devait aboutir à des résultats scientifiques tout différents. Pour Platon, la réalité n'est qu'un point de départ que la vraie science ne saurait trop tôt perdre de vue, et où elle ne pose le pied que pour s'élever bien vite dans le monde des idées, le seul vrai et le seul digne de ses recherches. Pour Aristote, la réalité n'est pas seulement un point de départ, c'est l'objet même de la science. C'est pour la définir, la comprendre, l'expliquer, que la raison, toujours soutenue par l'expérience, s'élève aux principes et aux causes. Voilà pourquoi, tandis que Platon ne fait qu'effleurer la réalité, Aristote s'en empare, la tient sous son regard curieux et pénétrant, l'interroge longuement et ne la quitte qu'après lui avoir arraché ses plus intimes secrets. Platon ne s'arrête point à décomposer, à décrire, à définir la réalité : il ne s'attache point à la connaître ; il lui suffit d'en savoir une chose, c'est-à-dire qu'elle est imparfaite et misérable. C'est là tout ce qui le frappe et l'intéresse dans cette variété, dans ce mouvement et cette vie du monde réel. Sa méthode ne pose jamais qu'un problème sur ce monde, à savoir, quelle est l'essence des choses ; et sa doctrine y répond invariablement et identiquement par la distinction du réel et de l'idéal. La tendance constante de Platon est de ramener toute réalité à l'idée comme à son essence. Voulez-vous connaître véritablement les choses, élevez-vous à leurs idées : concevez un type de perfection, un idéal correspondant à chaque genre et à chaque espèce dans le monde réel, et vous aurez la science vraie, complète, absolue de la réalité : méthode illusoire et impuissante quant à la connaissance positive des choses. Sans doute Platon élève, agrandit, éclaire la science, en la transportant dans une sphère supérieure ; mais cette lumière de l'idéal, sublime et vague tout à la fois, ne révèle point les secrets de la réalité. Que la science, après avoir décomposé, décrit, défini, connu sous toutes les faces la réalité, ne se tienne point pour satisfaite, et qu'elle conçoive, en outre, un idéal dont cette réalité ne soit sous toutes ses formes et dans tous ses caractères qu'une copie imparfaite, cela est non seulement légitime, mais nécessaire. Mais cette conception supérieure de l'idéal ne dispense pas la science de connaître à fond le réel : elle l'en dispense si peu qu'elle-même, pour devenir complète, claire et précise, a besoin d'être nourrie et fécondée par la connaissance positive de la réalité. Comment concevoir autrement que d'une manière générale toutes les perfections de l'idéal, si on n'est instruit d'avance de tous les caractères de la réalité? Si par exemple l'homme réel n'est bien connu, à quoi se réduira la conception de l'homme idéal? La doctrine de Platon n'apprend rien sur la réalité, sinon que toute chose a son idée, vis-à-vis de laquelle elle est dans le rapport de la copie à l'exemplaire. Après avoir entendu ses plus admirables discours sur la vertu, sur la perfection, sur Dieu, on reste ignorant de ce qui fait l'essence et la nature propre de chacun de ces objets du monde moral. La science d'Aristote, au contraire, entre profondément dans la réalité, et la décompose, afin de la voir sous toutes ses faces ; elle en considère successivement les éléments, les propriétés spéciales, les mouvements, les tendances. Ce n'est qu'après cette étude qu'elle entreprend d'expliquer la réalité et s'élève aux causes. Sa théorie des quatre principes s'adapte merveilleusement à la réalité; c'est une méthode complète et sûre d'explication, qui, partout où elle passe, ne laisse derrière elle ni obscurité, ni vague, ni lacunes. Tel n'est pas le résultat de la théorie des idées : partout où elle passe, la science reste à faire. Il est évident qu'elle touche à peine à la réalité, et qu'elle a moins pour but de l'expliquer que d'arriver à une science supérieure et étrangère à l'expérience. Platon n'a guère souci que du monde intelligible. Quand il essaie de décrire et d'expliquer la réalité, c'est toujours avec répugnance et dédain; et telle est d'ailleurs l'impuissance de la théorie des idées, en tout ce qui concerne le monde réel, qu'il a recours le plus souvent aux hypothèses les plus bizarres et les plus arbitraires pour combler les lacunes de sa science. L'ordre, l'harmonie, les lois mathématiques de l'univers, les principes externes des choses, voilà tout ce que le système de Platon peut expliquer; quant aux causes internes, aux principes du mouvement, de l'essence et de la vie, quant à la nature et à l'âme, la dialectique, on l'a vu, ne peut y atteindre.

Aristote, au contraire, explique tout sans peine, sans effort, à l'aide de sa théorie des quatre causes ; jamais il n'a besoin de recourir à des principes autres que ceux que lui fournit sa doctrine. Tous les êtres de l'univers, étendue, mouvement, vie, âme, intelligence, trouvent leur explication dans son système ; toutes les parties de la science universelle, mécanique, physique, physiologie, psychologie, logique, etc., etc., y sont représentées. Avant lui, à quoi se réduisait la science de la nature? L'empirisme grossier de l'école ionienne, les théories mathématiques des pythagoriciens, les hypothèses et les imaginations du Timée, ne méritent guère ce nom. Et quand on a lu ces admirables traités de psychologie et d'histoire naturelle où l'expérience s'allie si heureusement à la spéculation, n'est-on pas fondé à dire qu'Aristote a fait mieux que de développer et de perfectionner la science de la nature, qu'il l'a créée véritablement? Et alors, qui ne comprendrait l'orgueil d'Aristote et son dédain pour les tentatives impuissantes ou incomplètes du passé?

Quelle simplicité dans cette méthode si puissante et si riche! La théorie des quatre principes, déjà fort simple en elle-même, se réduit en définitive au dualisme de l'acte et de la puissance. L'univers, contemplé à la lumière de cette formule, se montre dans toute sa grandeur et sa beauté; c'est un système ascendant de puissances qui se développent entre les deux pôles de l'être, entre la matière et la pensée; c'est le véritable Cosmos. Et d'où sort cette formule merveilleuse qui comprend tout, qui atteint tout, la matière, dans ses plus abstraites profondeurs, l'intelligence dans ses hauteurs infinies? Elle n'est point une hypothèse conçue par un effort de la spéculation. Aristote n'a eu qu'à observer la nature et la vie pour y découvrir le principe même de sa doctrine, l'énergie, la pensée. L'observation seule ne lui eût pas sans doute révélé l'énergie parfaite, la pensée pure, telle qu'il faut la concevoir en Dieu. On ne fait pas de telles découvertes dans le champ de l'expérience sans la lumière de la raison; mais, enfin, l'expérience n'en est pas moins la source où Aristote puise tous les éléments de sa métaphysique.

De là la solidité et l'incomparable originalité de cette philosophie ; de là aussi sa faiblesse et son impuissance au-delà de certaines limites. Jamais le génie philosophique n'a interrogé l'expérience avec plus de sagacité et de bonheur. Aristote a demandé toute science à l'expérience, à l'expérience, il est vrai, éclairée par la raison. Il en a tant obtenu, il l'a trouvée si riche et si féconde qu'il a pu croire qu'elle contenait toute vérité. Là est son erreur. L'expérience lui a donné la réalité tout entière, sous toutes ses formes, étendue, mouvement, nature, âme, pensée ; mais elle ne pouvait lui donner les principes mêmes de la réalité. C'est ce qui explique l'insuffisance de sa doctrine sur la matière et sur Dieu. Aristote a pénétré plus avant qu'aucun philosophe dans l'idée même de la matière ; il était impossible de la réduire à une formule plus simple ; mais encore fallait-il en expliquer l'origine. La matière, telle que la conçoit Aristote, n'est qu'une pure possibilité d'être ; mais d'où vient cette possibilité ? Si le principe matériel n'a pas sa raison en lui-même (et qui pourrait le soutenir !), il est nécessaire qu'il l'ait ailleurs, en Dieu par exemple. Aristote en reste donc, comme Platon, au dualisme. Il est vrai que de la *dyade* platonicienne à la *puissance* d'Aristote le progrès est sensible. Mais enfin la raison va plus loin encore et ne s'arrête qu'à l'unité. L'unité, tel est le point faible du péripatétisme. Ce n'est pas seulement le principe matériel, c'est le ciel, c'est la nature tout entière qu'Aristote pose à part et en dehors de Dieu. La nature, dans ce système, possède par elle-même l'être, la forme, le mouvement et la vie ; Dieu ne fait que la conduire au bien par l'attraction. Assurément le Dieu d'Aristote, intelligence solitaire et séparée du monde qu'elle ne connaît point, et que pourtant elle dirige, inspire, illumine, gouverne par l'influence du bien, est une des conceptions les plus rares auxquelles le génie se soit élevé. Mais elle est loin de satisfaire la raison, qui n'y reconnaît pas tous les caractères du principe suprême. La raison conçoit Dieu comme universel et non comme individu. Elle veut qu'il comprenne tout et que tout tienne de Dieu, et conserve en Dieu non seulement le mouvement et la vie, mais encore l'être et la substance. Elle ne peut accepter comme dernier mot de la théologie un Dieu qui ne fait que présider à l'univers, et une doctrine qui n'a d'autre argument à opposer au polythéisme que ce vers d'Homère :

[1] Οὐκ ἀγαθὸν πολυκοιρανίη · εἷς κοίρανος.

Ici le génie d'Aristote s'est laissé enchaîner par l'expérience dans une conception étroite et fausse de la nature de Dieu et de ses rapports avec le monde. Tant qu'il ne s'agit que de la nature, de l'âme et même de l'intelligence, l'expérience guidée par la raison suffit ; mais quand la science aborde le principe même des choses, le principe de la nature, de l'âme et de la pensée, il faut que l'expérience cède la place à la raison. Le principe de l'univers n'est rien, ne ressemble à rien de ce que l'expérience nous fait

---

[1] *Métaph.*, l. xii, c. 9.

connaître ; il n'est ni la nature, ni l'âme, ni l'intelligence, même élevées à leur plus haute puissance. Que le monde puisse être considéré comme une représentation des perfections de la nature divine, et que, dans cette représentation, l'âme, l'intelligence, soient des symboles plus purs et plus éclatants du principe divin que la nature, rien n'est plus vrai. Mais aucun symbole ne contient, je ne dis pas une notion complète, mais l'idée même de Dieu. La science ne parvient aux principes des choses ni par l'expérience, ni par des inductions ou des abstractions tirées de l'expérience ; elle ne monte pas comme par degrés jusqu'à Dieu. Car Dieu est à une distance infinie de l'échelle des êtres ; entre lui et l'être le plus éminent de l'univers, il y a un abîme qu'aucune généralisation de l'expérience ne peut franchir. C'est de prime saut, par une brusque et directe intuition de la raison que la science s'élève à Dieu. Elle conçoit sa nature *à priori ;* elle ne la déduit ni ne l'induit des données de l'observation. Sans doute la doctrine des perfections de Dieu est fondée sur la connaissance empirique des perfections de l'univers ; l'idée de Dieu s'enrichit de toutes les découvertes de la science quant à la nature des êtres et aux lois du monde. Le Dieu d'un monde habité par l'âme et l'intelligence nous apparaît plus grand que le Dieu de la nature et de la vie. Mais, quel que soit le monde sorti de son sein, Dieu est toujours et avant tout le principe simple, infini, absolu, immuable, universel, qui produit et comprend tout. Voilà ce que la raison conçoit tout d'abord. Or, le Dieu d'Aristote, si abstraite et si pure que soit son essence, ne satisfait point aux plus simples exigences de la raison. Il ne produit ni ne contient les êtres ; il n'est donc pas le vrai principe de l'univers.

Maintenant suffirait-il de faire rentrer le monde et la matière dans le Dieu d'Aristote, pour qu'il satisfît pleinement la raison ? Nous ne le pensons pas. La méthode théologique d'Aristote nous semble radicalement vicieuse. Le Dieu de la métaphysique n'est pas une conception pure de la raison ; c'est une induction prodigieusement subtile de l'expérience s'aidant de la raison. Est-ce autre chose qu'une abstraction ? Ce Dieu est la pensée même, l'acte pur de l'intelligence, c'est-à-dire la pensée sans substance et sans sujet. En cela, il est vrai, Aristote est conséquent avec sa théorie générale de l'être, laquelle fait consister l'être parfait dans l'acte même, et considère le sujet comme une condition toute matérielle dont l'être véritable, l'être parfait est exempt. Mais c'est précisément cette conception de l'activité, sans autre base et sans autre fondement qu'elle-même, qui nous semble un mystère incompréhensible. D'une autre part qu'est-ce que l'intelligence, sans l'âme et la vie ? Aristote ne mérite-t-il pas ici le reproche qu'il adresse si souvent à Platon ? Ne réalise-t-il pas des abstractions ? L'expérience lui a montré la pensée dans un sujet, l'intelligence dans l'âme et dans la vie ; et parce que la pensée est supérieure en soi à la vie et à l'âme, Aristote l'en sépare, et en fait un être à part qui se suffit à lui-même, le véritable Dieu de l'univers. L'idéalisme de Platon, fort inférieur à la philosophie d'Aristote en ce qui concerne la science de la réalité, nous semble reprendre la supériorité dans la conception du principe divin et de l'unité du monde. Le Dieu de la dialectique, l'idée suprême, l'idée des idées, comprenant le monde intelligible tout entier, satisfait davantage la raison. Platon et Aristote ont cherché le principe des choses aux deux pôles opposés de l'être. Platon le trouve dans l'idée universelle, vraie substance première qui contient tous les types de l'être à l'état de perfection. Aristote, au contraire, croit le reconnaître dans l'acte, dans la pensée, type de l'individualité. Ces deux points de vue sont vrais, pourvu qu'on ne les sépare pas. L'Idée universelle de la dialectique n'est que le principe du monde ; l'intelligence suprême de la *métaphysique* n'en est que la fin. Le Dieu de Platon est la substance divine, prise en soi ; le Dieu d'Aristote n'est que la plus pure et la plus éminente manifestation de cette substance. Ainsi, pour être vraie, la conception d'Aristote a besoin d'être fondée sur celle de Platon ; pour être précise et réellement féconde, la pensée de Platon a besoin d'être déterminée par celle d'Aristote. Une substance vague, tel est le Dieu de la dialectique ; une pensée sans sujet, tel est le Dieu de la métaphysique. Le Dieu de la raison n'est ni l'un ni l'autre, ou plutôt il est tout à la fois, substance et acte, essence et cause, principe et fin, vie, âme, intelligence.

CHAPITRE III.

Décadence de la philosophie grecque. Le Stoïcisme.

La philosophie grecque avait donné la mesure de sa force dans les grands systèmes de Platon et d'Aristote. Après ce puissant effort, non seulement elle ne tenta point de franchir les limites où l'avait portée le génie de ces deux philosophes, mais elle ne put se soutenir à cette hauteur et déclina rapidement. Le platonisme, entre les mains de Xénocrate et surtout de Speucippe, dégénère en pythagorisme, et la théorie des idées qui, déjà du vivant de Platon, avait affecté les formules mathématiques, va se perdre dans la théorie des nombres. Puis, il s'engage dans la polémique la plus subtile et la plus sophistique, et se confond presque dans les écoles de la moyenne et de la nouvelle Académie, avec le scepticisme dont il a emprunté les armes pour combattre ses adversaires. Tout le génie des académiciens s'épuise en subtilités logiques et ne donne pas dans tout le cours de leurs controverses le moindre signe de vie métaphysique, ni même de vie morale. Alors il devient évident que, s'il reste fidèle à la doctrine de Platon, il en a perdu entièrement l'esprit. Carnéade déploie en faveur du dogmatisme platonicien un art infini et une ardeur infatigable ; mais quel étrange disciple de Platon !

Le génie d'Aristote avait bien pu maintenir sa doctrine entre un idéalisme chimérique et un empirisme aveugle. Mais après lui, le péripatétisme se dégrade ou se transforme entre les mains de ses successeurs. Les uns cultivent exclusivement sa logique et sa physique, et laissent dans l'oubli cette philosophie supérieure dont ils ont perdu le sens. Les autres ne saisissent et ne développent de cette incomparable doctrine que le côté empirique et la rabaissent à un sensualisme grossier. Le véritable esprit péripatéticien se retire des écoles aussi bien que le véritable esprit platonicien ; il semble que, trop supérieurs à leur époque, Platon et Aristote aient emporté avec eux le secret de leur pensée.

C'est un phénomène bien remarquable que cette décadence de la philosophie grecque privée du génie de ses grands hommes. On dirait qu'aussitôt qu'il est abandonné à lui-même, l'esprit grec, malgré ses admirables qualités, se dissipe et s'épuise en vaines subtilités. Après Pythagore, qui l'avait vivifiée par une grande doctrine morale, importée d'Orient; après Parménide, qui, par un puissant effort, l'avait élevée brusquement au sommet de la métaphysique, cette philosophie va se perdre dans les arguties de l'école d'Élée et dans les misères de la sophistique. Socrate la relève par le sens commun et le sentiment moral. Vient ensuite Platon, qui l'emporte sur l'aile des idées dans les plus hautes régions de l'idéalisme, si haut qu'elle y perd de vue le monde sensible. Aristote, sans la faire descendre, la rattache à la nature en élevant l'expérience à la hauteur de la spéculation. Puis, quand le génie de Platon n'est plus là pour l'inspirer, quand elle n'est plus soutenue par la forte direction d'Aristote, la voilà qui retombe dans la dialectique la plus raffinée et la plus stérile. Le stoïcisme la relève de nouveau, moins par un effort systématique que par la puissance du sentiment moral qui l'anime. Il ne faut pas chercher la cause de ces alternatives de force et de faiblesse, de fécondité et de stérilité ailleurs que dans la nature même de l'esprit grec. Il est des qualités que cet esprit ne doit ni au génie des hommes, ni aux lieux, ni aux circonstances, ni aux traditions étrangères, des qualités qui lui sont propres, qui le constituent et le caractérisent véritablement, à savoir : une activité infatigable dans les recherches spéculatives, une prodigieuse sagacité dans le discernement des différences et des moindres nuances de la pensée, une puissance d'analyse qui trouve dans la langue un merveilleux instrument, une ardeur passionnée pour l'argumentation et la polémique, enfin une netteté et une précision de pensée incomparables. La philosophie grecque manifeste ces qualités dans ses plus médiocres comme dans ses plus éminents penseurs, dans ses époques de faiblesse et de décadence aussi bien que dans ses époques de force et de grandeur. On les retrouve également dans les plus divers, dans Platon comme dans Aristote. C'est en vertu de ces qualités que l'esprit grec tend sans cesse à soulever de nouveaux problèmes, à distinguer et à diviser infiniment, à créer des artifices de dialectique et de langage pour exprimer les subtiles combinaisons de sa pensée : or, cela ne suffit point à la philosophie. Il lui faut en outre le sens des grandes et profondes vérités. Si le génie ne venait point élever, agrandir, illuminer, simplifier cette science hérissée de distinctions, de définitions et de formules, elle ne serait bientôt plus qu'un tissu de subtilités et de sophismes. Voilà ce qui explique comment aux grandes ou fortes méditations de l'Académie et du Lycée succéda bientôt cette dialectique stérile et retentissante de la moyenne et de la nouvelle Académie. Pythagore, Parménide, Platon, Aristote, sont plutôt le type que l'expression de l'esprit grec; c'est l'esprit grec élevé à sa plus haute puissance par le génie. L'École atomistique, Zénon d'Élée, le stoïcien Chrysippe, l'académicien Carnéade, le sceptique Pyrrhon, le représentent, sinon plus fidèlement, du moins plus communément.

C'est au milieu des interminables controverses du Péripatétisme et de la nouvelle Académie que survint le Stoïcisme, dernier effort de la philosophie socratique. Toute philosophie qui aspire à remonter au vrai principe des choses, à ce principe au-delà duquel la pensée n'a plus rien à chercher, ne doit point s'arrêter qu'elle ne soit parvenue à l'unité. Or, ni Platon ni Aristote ne satisfont à cette nécessité. Dans la doctrine du premier, deux principes contraires sont posés en face l'un de l'autre, le même et le divers, le bien et le mal, l'être et le non-être, l'idée et la matière ; et telle est l'opposition de ces deux principes, que Platon ne parvient point à en faire comprendre le rapport. La formule d'Aristote détruit cet antagonisme en réduisant la matière à une pure possibilité d'être; mais, outre qu'il n'explique point l'origine de cette possibilité, il crée une difficulté nouvelle, en supprimant la substantialité du principe matériel. D'ailleurs, ni l'une ni l'autre doctrine n'arrive à l'unité : Platon pose la matière à part du monde intelligible et de Dieu ; Aristote fait plus : il laisse en dehors de Dieu la totalité des êtres compris dans l'univers. Enfin tous les deux séparent du monde et relèguent dans une sphère inaccessible le principe suprême des choses. Le Dieu de la *dialectique* est une idée ineffable et incompréhensible ; le Dieu de la *métaphysique* est parfaitement intelligible, puisqu'il est le type de la pensée ; mais c'est une intelligence qui ne pense qu'elle-même, et qui, solitaire et immobile, préside de loin au monde, sans le remplir ni le pénétrer. Le génie des successeurs de Socrate n'avait donc pas épuisé le problème, et léguait à la philosophie ultérieure les difficultés suivantes : 1° Expliquer le concours de la sensation et de la raison dans la connaissance. Platon et Aristote avaient tellement séparé ces deux facultés, qu'il était devenu fort difficile d'en concevoir le rapport. 2° Expliquer la coexistence et les relations de l'âme et du corps, tout en conservant le principe matériel qu'Aristote avait réduit à une abstraction. 3° Rallier ces deux principes à une cause supérieure qui les concilie et les domine. 4° Rétablir la présence et l'action universelles de Dieu dans le monde, sans altérer la nature, ni abaisser la majesté du principe suprême.

Il est très vrai que le Stoïcisme fait descendre la philosophie des hauteurs de la *dialectique* et de la *métaphysique;* mais ce n'est pas pour la renfermer exclusivement dans le cercle des recherches logiques ou morales. Il comprend que la science du juste et du bien repose sur la connaissance du vrai et du divin, et il cherche, comme les doctrines qui l'ont précédé, le principe de sa morale dans la théologie. Mais il ne faut pas oublier que le Stoïcisme, de même que l'Épicurisme, est une réaction contre l'esprit de la philosophie dominante. Aux grands systèmes de Platon et d'Aristote avaient succédé les subtiles et stériles controverses de l'académie et du Lycée. L'Académie avait réduit en formules mathématiques la doctrine de son fondateur; le Péripatétisme avait peu à peu, entre les mains des successeurs d'Aristote, dégénéré en sensualisme. La philosophie, corrompue par une vaine éristique, était tombée dans le scepticisme, ou plus bas encore, dans la sophistique. Dans ces discussions sans fin et sans résultat, elle avait perdu tout à la fois le sens du bien et le sens du vrai. La réaction devait donc avoir pour double caractère le retour de la science à la pratique et au sens commun. En même temps qu'on prit en dégoût les luttes de l'Académie et du Lycée, on prit en défiance les doctrines qui les avaient engendrées. On retrancha de la science l'incorporel et l'intelligible proprement dit; on rejeta les *idées* de Platon et l'*intelligence pure* d'Aristote. Rien au-delà de la nature; plus de science qui dépasse la physique. La dialectique parut une subtilité, et la métaphysique une chimère. A quoi avaient abouti ces deux sciences tant célébrées, sinon à convertir en abstractions les principes substantiels des choses et les choses elles-mêmes? Il fallait ramener enfin la science au point où l'avait laissée Socrate, c'est-à-dire à la morale et au bon sens. Telle fut la double tendance des deux écoles, fort opposées d'ailleurs, qui vinrent remplacer l'Académie et le Lycée. Toutes deux vont également à la pratique, et fondent la science sur le même principe, la sensation. Seulement, comme elles obéissent à des instincts profondément contraires, elles se séparent au point de départ pour ne se plus rencontrer. Épicure s'attache et s'arrête à l'élément passif, extérieur, mobile de la sensation. Pour lui, la sensation est une pure impression du dehors que le sujet reçoit et conserve sans y rien ajouter. La sensation n'est une représentation fidèle de la réalité qu'autant que l'âme n'y mêle rien d'elle-même. Sans doute Épicure n'abandonne point l'âme à toutes les impressions du dehors; il veut qu'elle intervienne et agisse, qu'elle accueille certaines sensations et qu'elle en repousse d'autres. C'est qu'alors il considère la sensation, non plus comme représentative, mais comme affective. Et encore, même dans ce cas, il fait plutôt appel à la prudence de l'âme qu'à son énergie. Le sage d'Épicure s'abstient, mais n'agit pas ; il se dérobe au mal par la fuite, mais il ne le repousse point par un effort. Le repos dans lequel il trouve le bonheur n'est pas le calme de l'athlète qui a vaincu l'obstacle, mais le bien-être que procure le relâchement de toutes les forces de l'âme. Tout vrai repos, pour Épicure, est à ce prix.

De même que le principe de l'Épicurisme est le relâchement (ἀτονία), de même le principe du Stoïcisme est l'effort, la tension (τόνος). On le retrouve dans toutes les parties de leur philosophie, dans leur logique, dans leur physique, comme dans leur morale. Toute substance est force pour les Stoïciens ; toute vie est action. L'âme, la nature, Dieu, sont des forces ; la sensation, l'entendement, la raison, la volonté, sont des actions. Le Stoïcisme bannit du domaine de la réalité toutes les essences dites intelligibles. Ce mot d'incorporel ne comprend que des abstractions de la pensée, comme l'espace, le temps, l'idée générale [1]. La sensation est l'unique source de nos connaissances; toute faculté de perception est un sens; toute chose n'est perçue que par le contact [2]. La sensation n'est pas seulement l'impression produite par l'objet, ni même l'image que cette impression dépose dans l'âme; c'est un acte de l'âme réagissant contre l'impression adventice. Toute sensation suppose une affirmation volontaire; les Stoïciens vont jusqu'à prétendre qu'elle est un consentement de la volonté [3]. Mais si toute vraie connaissance se fonde sur la sensation, est-ce à dire que toute sensation soit vraie? Les Stoïciens ne pouvaient le penser après tout ce qui avait été dit sur les erreurs des sens. Ils ont donc cherché un critérium à l'aide duquel on pût discerner dans quel cas la sensation est une représentation vraie de la réalité, et dans quel cas elle n'est qu'une illusion. Toujours fidèles à leur principe, c'est encore dans l'élément interne de la sensation, dans l'activité de l'âme, qu'ils trouvent ce critérium.

---

[1] Sext. Empir., *Adv. Matth.*, l. VII, p. 38; l. X, p 218. — Diog. Laert., l. VII, p. 140 et 141.

[2] Cicér., *Acad.*, l. II, p. 10. Mens enim ipsa, quæ sensuum fons est atque etiam ipsa sensus est. Stob., *Serm. Append.*, l. XX. p. 9. Οἱ Στοϊκοὶ τήνδε τὴν κοινὴν αἴσθησιν ἐντὸς ἁφὴν προσαγορεύουσι, καθ' ἣν καὶ ἡμῶν αὐτῶν ἀντιλαμβανόμεθα.

[3] Cicér., *Acad.*, l. II, p. 33. Sensus ipsos assensus esse. — Ibid., l. I, p. 11. Sed ad hæc quæ visa sunt et quasi accepta sensibus assensionem adjungit animorum; quam esse vult in nobis positam et voluntariam.

Selon eux, la vérité des représentations sensibles se mesure au degré d'affirmation volontaire qui les accompagne. Plus le consentement de l'âme est ferme, plus la sensation est vraie. Mais, aurait-on pu dire, qu'est-ce qu'un critérium qui repose sur un acte de volonté, et comment une affirmation de l'âme peut-elle garantir la vérité de la représentation? La difficulté avait été prévue et résolue d'une manière fort ingénieuse : le consentement de l'âme est volontaire, mais non arbitraire; c'est une réaction de l'âme qui correspond à l'impression de l'objet, réaction qui, bien que volontaire, est provoquée par l'action de la cause extérieure, et se développe toujours en raison directe de cette action [1]. Les Stoïciens ont même déterminé quel devait être le degré de l'impression adventice pour qu'elle provoquât une affirmation suffisante de l'âme. C'est seulement quand cette impression frappe comme un choc que l'âme consent légitimement, et que la sensation est vraie [2]. Alors, en effet, l'âme résiste et réagit, et la vraie sensation a lieu. Voilà dans quel sens le choc (πληγὴ) est le signe de la vérité des représentations sensibles. Mais puisque l'objet produit un choc, il est donc une force : c'est une force qui perçoit; c'est aussi une force qui est perçue, la réalité extérieure ne se révélant à

---

[1] Cicér., *Acad.*, l. II, p. 10. Mens naturalem vim habet, quam intendit ad ea quibus movetur.

[2] Sext. Emp., *Adv. Math.*, l. VII, p. 257. Αὕτη γὰρ (ἡ φαντασία) ἐναργὴς οὖσα καὶ πληκτική. Cleanth. apud Plutarch., *De Stoic. rep.*, p. 7. Πληγὴ πυρὸς ὁ τόνος ἐςί.

l'âme que par le choc. Le principe de tout le système perce déjà dans la logique.

La sensation, point de départ nécessaire de toute science, n'en est pas le terme, ni même l'objet. La science n'est pas une pure collection de représentations sensibles, même vraies; c'est un enchaînement systématique de notions générales [1]. Qu'entendent les Stoïciens par ces notions (προλήψεις), c'est là le point le plus obscur de leur doctrine. Voici, si nous ne nous trompons, toute leur pensée à cet égard. Ces notions générales ne sont point des principes *à priori*, innés, antérieurs à la sensation, et correspondant à des objets purement immatériels et intelligibles, comme les idées de Platon [2]. Elles ne représentent que les rapports naturels et invariables des choses. Bien qu'elles ne se forment point en nous sans les sens, elles sont l'œuvre de la nature, en ce sens que c'est en elle et non hors d'elle que l'âme les puise. Les Stoïciens, de même qu'Aristote, concevaient l'esprit comme une table rase; mais s'ils ne la dotaient point d'idées innées, ils ne la réduisaient pas à une simple capacité. L'esprit est une force, et comme tout est force dans l'univers, la connaissance des choses, en tant que forces, lui est naturelle. Tel est sans doute le sens des mots ἔμφυτος πρόληψις [3].

La physique des Stoïciens est parfaitement simple et conséquente à leur logique. Il n'y a de réel que ce

---

[1] Plutarch., *De Plac. phil.*, l. IV, p. 11.
[2] Stob., *Ecl.*, l. I, p. 332. Τὰς ἰδέας ἀνυπάρκτους εἶναι.
[3] *De Stoïc.*, p. 17.

que nous percevons par les sens. Dans la doctrine d'Aristote, l'âme est inséparable du corps, parce qu'il n'y a pas de forme sans matière. Mais, outre qu'Aristote reconnaît des êtres purement immatériels, il considère la forme comme tout-à-fait immatérielle en soi. Les Stoïciens pensent, avec Aristote, que l'être est tout ce qui agit, et que l'essence de l'être est l'action. Mais tandis qu'Aristote, dégageant l'activité de toutes ses conditions matérielles, parvient à en découvrir le type dans la seule pensée, le Stoïcisme s'arrête à une manifestation tout extérieure et très imparfaite de l'activité, à l'action proprement dite. Le mouvement est un acte véritable, et l'effort est le type de l'activité. La matière n'était que le sujet de l'être (et encore seulement de l'être sensible) dans la doctrine péripatéticienne ; l'être véritable, l'essence résidait dans la forme. Chez les Stoïciens, la matière est la base et la substance même des choses (οὐσία) [1]. La forme en s'y ajoutant n'en fait que la qualité (ποιότητα). Il est vrai que ces deux mots n'ont pas tout-à-fait ici le même sens que chez Aristote et chez Platon ; dans le langage stoïcien, οὐσία signifie proprement la substance, et ποιότης, l'essence. Quoi qu'il en soit, le corps, qui pour Platon n'est qu'un instrument incommode de l'âme, et pour Aristote une simple condition de l'être, en devient, dans le Stoïcisme, un principe constitutif. L'âme et le corps entrent essentiellement dans l'idée de l'être. Ce n'est pas à dire que les Stoïciens aient attribué une égale dignité à ces deux principes. L'âme est pour eux le

---

[1] Diog. Laert., l. vii, p. 150. — Stob., *Ecl.*, l. i, p. 324.

principe actif, et le corps le principe passif de l'être [1]. Tout être complet, en effet, reçoit et rend, subit et résiste, pâtit et agit. C'est par le corps qu'il reçoit, qu'il subit, qu'il pâtit ; c'est par l'âme qu'il résiste et qu'il agit.

Tout être est double ; la nature divine elle-même n'échappe point à cette loi. Dieu est âme et corps [2]. Pour être âme et corps, Dieu n'en est pas moins un être simple et parfaitement un. Dieu est essentiellement une force. Cette force en expansion, c'est le corps de Dieu, le monde ; cette même force concentrée et recueillie en elle-même, c'est l'âme divine. Le monde fait partie de Dieu, ou du moins il en est la substance. Les Stoïciens varient beaucoup dans leur manière de concevoir le rapport du monde à Dieu. Tantôt ils confondent Dieu avec l'univers, tantôt ils l'en distinguent. La contradiction n'est qu'apparente. En soi, en tant qu'il se concentre dans l'unité absolue et indivisible de son essence, il est simple, immatériel ; il est Dieu. En tant qu'il se produit et se disperse, il est le monde [3]. Les Stoïciens comparent souvent le principe divin à une semence d'où germe et se développe le monde selon un rapport déterminé [4]. Ainsi,

---

[1] Diog. Laert., l. vii, p. 134. Δοκεῖ δ' αὐτοῖς ἀρχὰς εἶναι τῶν ὅλων δύο, τὸ ποιοῦν καὶ τὸ πάσχον. Senec., *Ep.* 65. Dicunt stoici nostri duo esse in rerum naturà, ex quibus omnia fiant, caussam et materiam.

[2] Diog. Laert., l. vii, p. 147. — Cicér., *De Nat. Deor.*, l. ii, p. 17. — Plut., *De Stoic. rep.*, p. 41.

[3] Plut., *De Stoic. rep.*, p. 39. — *Adv. Stoic.*, p. 36.

[4] Stob., *Ecl.*, l. i, p. 114. — Diog. Laert., l. vii, p. 136. Τοῦτον (τὸν θεόν) σπερματικὸν λόγον ὄντα τοῦ κόσμου.

non seulement le monde sort du sein de Dieu, mais il est Dieu lui-même, Dieu considéré dans son développement. La théologie stoïcienne est dans la philosophie grecque la seule doctrine, avec celle d'Héraclite, qui mérite le nom de panthéisme. Le Dieu de Platon et d'Aristote est distinct et séparé du monde, que d'ailleurs il ne produit point. Le Dieu des Alexandrins tire le monde de son sein : néanmoins il en est distinct et séparé, tellement séparé que c'est précisément pour combler l'intervalle qui existe entre Dieu et le monde que cette école imagine son échelle des principes intermédiaires. Seul, à l'exemple d'Héraclite, le Stoïcisme réunit et confond Dieu avec le tout. La distinction qu'on vient d'expliquer est toute logique. L'univers n'est pas Dieu tout entier, sans doute ; il n'en épuise pas l'idée. Mais il fait partie de Dieu, il est Dieu même, considéré dans l'expansion de sa puissance. Un tel Dieu ne se borne point, comme le Dieu d'Aristote, à présider au monde, des hauteurs inaccessibles où il est placé. Il pénètre et remplit tout ; il échauffe de sa flamme, il anime de sa vie cette nature que le Dieu d'Aristote n'éclairait qu'indirectement de ses pâles rayons. Toutes les forces, toutes les puissances de ce vaste univers ne sont que les diverses formes de la vie divine. Le Stoïcisme accepte pour son Dieu tous les noms que la mythologie a pu inventer. C'est un Protée qui, sans forme lui-même et sans état déterminé, revêt toutes les formes et passe par tous les états ; il se rend semblable à tout et se fait tout en tout [1].

---

[1] Posidon. ap. Stob., *Ecl.*, t. 1, p. 58. Θεός ἐςι πνεῦμα νοερὸν καὶ

Il est tour à tour Athéné, Héphestos, Héra, Posidon, Cybèle, Pluton, selon que sa puissance vitale se manifeste dans l'éther, dans le feu, dans l'air, sur la terre, dans les lieux souterrains. Comme cause générale de la vie, il est Zeus, le Dieu suprême qui domine et comprend tous les autres [1].

Tout être est force dans ce monde ; toute vie est action et tension de la force. La nature est un esprit homogène tendu comme une chaîne d'une extrémité de l'univers à l'autre [2]. Toutes ces forces se développent par l'antagonisme. La guerre est une nécessité universelle. Les Stoïciens ont reproduit les images d'Héraclite, comparant l'univers tantôt à une lyre, tantôt à un arc tendu [3]. Chaque être, étant double, est le symbole de la grande lutte du monde ; le principe actif et le principe passif qui le composent y manifestent leur opposition. Mais cette guerre a ses lois ; une harmonie supérieure domine cette lutte de forces contraires. Le principe de cette harmonie, Dieu, gouverne ou plutôt administre le monde, et s'applique à faire triompher partout dans l'ensemble l'ordre et le bien [4]. La néces-

πυρῶδες, οὐκ ἔχον μορφὴν, μεταβάλλον δὲ εἰς ἃ βούλεται καὶ συνεξομοιούμενον πᾶσι.

[1] Plut., *De Plac. phil.*, l. 1, p. 7. — Diog. Laert, l. vii, p. 147.

[2] Plut., *De Plac. phil.*, l. 1, p. 7. Πνεῦμα μὲμ διῆκον δι' ὅλου τοῦ κόσμου.

[3] Ap. Plut., *De Isis et Osir.*, p. 45. Παλίντονος γὰρ ἁρμονίη κόσμου, ὅκωσπερ λύρης καὶ τόξου.

[4] Diog. Laert., l. vii, p. 134. Τὸν δὴ κόσμον οἰκεῖσθαι κατὰ νουν καὶ πρόνοιαν.

sité, le mal, ne prévalent jamais que dans les parties. Le mal n'est d'ailleurs qu'un moyen dont se sert la Providence pour ramener toute chose à l'ordre universel [1]. L'optimisme stoïcien n'est point absolu ; c'est en grand et dans l'ensemble seulement qu'il juge le monde, et le trouve beau et parfait. Si le monde est beau et parfait, celui qui l'a produit et qui le gouverne est lui-même le type de la beauté, de la raison et de la perfection. Mais la sagesse de Dieu ne ressemble en rien à la sagesse humaine qui prévoit par raisonnement et administre avec choix les choses qui lui sont confiées. Elle agit sûrement, par les voies tout intérieures de la nature. La nature, telle que la conçoivent les Stoïciens, n'est pas une puissance aveugle ; c'est une force qui a en elle-même la mesure et la loi de son développement ; c'est une raison en même temps qu'un principe de vie [2] (λόγος σπερματικός). Toute semence, dans le monde, se développe régulièrement ; toute force, en agissant, poursuit une fin. La Providence ou plutôt le Destin (c'est tout un pour les Stoïciens) n'est que l'ensemble des raisons et des lois qui régissent la vie universelle.

Cet exposé sommaire de la pensée stoïcienne nous montre jusqu'à quel point le Stoïcisme a compris et résolu les difficultés auxquelles ni Platon ni Aristote n'avaient satisfait. Au premier abord, il semble que toutes ces difficultés se sont évanouies avec les doctrines

---

[1] Plut., *Adv. Stoic.*, p. 13, 14.
[2] Plut., *De Plac. phil.*, l. 1, p. 7. Πῦρ τεχνικὸν ἐμπεριειληφὸς πάντας τοὺς σπερματικοὺς λόγους, καθ' οὓς ἕκαςα καθ' εἱμαρμένην γίγνεται.

que le Stoïcisme remplace. Dans sa logique, la barrière qui séparait la raison de la sensation disparaît. Au fond, toutes les facultés de l'âme, la sensation, l'imagination, l'entendement, la raison, la volonté, sont de même nature; elles ne diffèrent que par le degré. Toutes sont les affirmations, les énergies diverses d'une même force. La sensation est déjà une raison particulière; la raison est une sensation générale. Entre facultés de même nature, les relations s'expliquent facilement. Dans sa physique, le Stoïcisme n'éprouve pas de peine à expliquer la coexistence et le rapport de l'âme et du corps. Tout est force dans ce système; l'âme et le corps, en tant que forces, ont donc même substance; ils ne diffèrent que par la qualité et la fonction ; l'âme est le principe actif de l'être, le corps en est le principe passif. L'opposition de l'âme et du corps est la loi même de l'être; elle n'apparaît plus seulement comme possible, mais comme naturelle et nécessaire. Dans ce système encore, Dieu produit et comprend tout, les corps aussi bien que les âmes, la matière comme l'esprit. Le principe matériel ne flotte plus dans le vide; il est ramené et fixé en Dieu. Le Stoïcisme aboutit à l'unité de principe et de substance, tandis que Platon et Aristote en étaient restés au dualisme. Enfin le Dieu des Stoïciens est une vraie Providence; il administre dans les détails comme dans l'ensemble cet univers qu'il a tiré de son sein. Le Dieu incompréhensible de Platon, le Dieu solitaire d'Aristote ont fait place au Dieu vivant et universel qui remplit tout de sa présence et pénètre tout de sa propre vie.

Mais en y regardant de près, on trouve que la doctrine stoïcienne n'atteint pas même les difficultés, loin de les épuiser. Elle concilie la sensation et la raison en les transformant l'une et l'autre. Dans cette transformation chacune de ces facultés de l'âme perd son caractère propre; pour qu'elles se rencontrent, il faut que la sensation s'élève et que la raison s'abaisse jusqu'à l'activité volontaire. Il est plus difficile d'expliquer comment la vraie sensation et la vraie raison concourent à la connaissance. Platon et Aristote y avaient échoué; mais ils avaient maintenu la haute dignité de la raison. Le Stoïcisme, en supprimant le problème, supprime tout l'ordre des notions intelligibles. De même, s'il réussit à concilier les deux principes des choses, c'est à la condition de retrancher la partie supérieure de l'âme, l'intelligence. D'ailleurs il prend la réalité, telle que l'expérience la lui montre, sans remonter à ses principes. Platon et Aristote avaient pu se tromper dans l'explication de cette réalité; mais tous deux avaient pénétré au-delà; ils avaient trouvé dans l'intelligence la raison de l'âme, et dans la matière la raison du corps. Aristote surtout avait porté à sa dernière perfection la théorie du principe matériel. Après lui il n'y avait plus qu'à rattacher la matière elle-même au principe suprême et unique de toutes choses. Que fait le Stoïcisme? Il néglige toute cette théorie qu'il ne comprend pas, s'en tient à l'expérience et se renferme dans le cercle de la nature. Le mouvement, la force, tel est pour lui le type de l'être et de la vie; rien au-delà de la physique; la science de l'intelligible et de l'intelligence pure lui reste étrangère.

Qu'es-tce, d'ailleurs, que le Dieu des Stoïciens ? Rien autre chose que le principe de la vie universelle, le centre, sinon l'ensemble des forces du monde. Ce Dieu est plutôt Destin que Providence dans le sens élevé du mot ; il agit plutôt comme une puissance naturelle que comme une intelligence. Tout ce qu'il fait, il ne le fait point par un acte de volonté et d'après un dessein de sa sagesse, mais bien par l'instinct fatal des raisons séminales. Toutes les comparaisons des Stoïciens expriment cette action toute naturelle de leur principe divin. Ce Dieu est comme un germe dont le monde est le développement ; il pénètre et circule partout, comme le miel dans les rayons [1]. C'est le Dieu de la nature et non de l'intelligence. Toute cette théologie n'est que la divinisation systématique des puissances naturelles et ne dépasse guère le Polythéisme. Le Dieu de Platon qui ordonne la matière sans la créer, le Dieu solitaire d'Aristote qui ne fait que mouvoir le monde, ne sont ni l'un ni l'autre l'idéal de la théologie. Mais du démiurge ou de l'intelligence suprême à cette sorte d'âme du monde dont le Stoïcisme fait son Dieu, combien la chute est profonde ! Platon et Aristote, quelque haute que fût leur pensée, avaient encore un degré à franchir. Si la philosophie, après eux, voulait trouver enfin le Dieu qui satisfait à toutes les conditions du principe suprême, c'était au-delà du démiurge, au-delà de l'intelligence qu'il fallait le chercher. Le Stoïcisme le cherche au-dessous ; l'unité à laquelle il arrive ne dépasse point la nature

---

[1] Tertull., *De An.*, p. 44.

et laisse en dehors et au-dessus d'elle tout le monde intelligible proprement dit. Il valait mieux en rester au dualisme de Platon ou d'Aristote.

Au stoïcisme finit le travail dogmatique de la philosophie grecque. Cette philosophie ne tenta plus rien de sérieux pour résoudre les grandes difficultés qui avaient dépassé la portée du Stoïcisme; elle n'alla point au-delà du Dieu de Platon ou du Dieu d'Aristote. C'est un phénomène remarquable que cette impuissance de la pensée grecque à franchir le dualisme. Aucun philosophe grec avant les Alexandrins n'a conçu le véritable Dieu de la raison, le principe d'où tout sort, où tout rentre, et dans lequel tout subsiste. La seule doctrine qui ait paru s'élever jusqu'à l'unité n'a pu aboutir qu'à une unité abstraite et logique dans laquelle le monde se trouve, non pas contenu, mais absorbé et détruit. Quant au Dieu du panthéisme stoïcien, on vient de voir qu'il est fort loin de la suprême unité. L'esprit grec devait s'arrêter là. Pour s'élever plus haut, le génie d'un Platon et d'un Aristote ne lui a point suffi; il lui faudra le secours d'un génie étranger.

Les controverses de la moyenne et de la nouvelle Académie, le scepticisme de Pyrrhon, le dogmatisme épicurien renouvelé de l'école atomistique, le dogmatisme stoïcien renouvelé d'Héraclite, en ce qui concerne la physique, attestaient déjà plus ou moins la décadence de la philosophie grecque. Peu à peu l'ardeur des discussions entre les diverses écoles sceptiques et dogmatiques s'affaiblit et s'éteint; le silence se fait, la vie cesse. Le Stoïcisme seul reste debout et vivant au milieu de ces ruines ; mais ce n'est plus la spéculation, c'est le sentiment moral qui le fait vivre. Les symptômes de mort se manifestent de toutes parts. Le scepticisme redoutable d'Énésidème et de Sextus vient proclamer énergiquement l'impuissance des écoles dogmatiques. Mais cette doctrine ne s'étend guère au-delà d'une école de physiciens et de médecins empiriques. Une autre tendance, beaucoup plus générale, se révèle dans les esprits de cette époque. Les doctrines se rapprochent, se mêlent, se concilient entre elles. La méthode éclectique de Potamon devient plus ou moins la règle de toutes les spéculations philosophiques. Les uns combinent avec art ; les autres confondent sans discernement ; mais tous cherchent à former une doctrine avec des emprunts faits de tous côtés. On ne crée plus, on compose ; l'œuvre systématique a fait place aux recherches de l'érudition.

C'était là un signe de mort bien plus décisif pour la philosophie que le scepticisme. En effet, l'esprit de système, qui est le fond de l'esprit philosophique, se montre encore sous la forme du scepticisme, tandis qu'il s'efface complétement dans le travail tout éclectique dont Potamon donnait l'exemple. Du reste, cette disposition des esprits, très peu philosophique en elle-même, eut une influence immense sur la philosophie ultérieure. Si elle ne produisit immédiatement que des compilations et des commentaires, si elle ne fit d'abord que rapprocher les diverses doctrines de la philosophie grecque d'une manière fortuite et superficielle, elle en prépara, par ce rapprochement, la conciliation systématique et la transformation au sein d'une synthèse supérieure.

Voilà donc où en est la philosophie grecque avant de passer en Orient. Toutes les grandes écoles, non seulement celles qui sont nées du mouvement socratique, mais aussi les écoles antérieures qui avaient reparu dans les derniers temps, occupaient encore la scène ; mais toute ardeur, toute aspiration spéculative avait disparu. Seulement, la vie s'était conservée dans quelques unes, comme le Stoïcisme, le Platonisme et le Pythagorisme, grâce au sentiment moral qui les animait. Ce sentiment gagna peu à peu toutes les écoles, et y succéda au mouvement scientifique. C'est un phénomène digne du plus grand intérêt, et qui n'a point été assez remarqué, que l'absorption graduelle et universelle de toute spéculation dans la vie morale. Cela explique comment des écoles primitivement si diverses présentent toutes vers la fin à peu près le même aspect. La pensée spéculative s'affaiblissant et s'éteignant peu à peu, les différences et les oppositions qu'elle provoquait s'effacent insensiblement, et alors le sentiment moral devient comme le fond commun dans lequel disparaissent toutes les diversités. Ainsi, c'est au moment où la philosophie grecque meurt à la spéculation qu'elle renaît à la vie morale. Elle y renaît, par sa propre vertu, au sortir des arides et sophistiques discussions de la nouvelle académie. Avant que le souffle de l'Orient l'ait touchée, le sentiment moral s'y est déjà manifesté sous toutes les formes, par le Stoïcisme (on pourrait, jusqu'à un certain point dire aussi, par l'Épicurisme), par la recrudescence du spiritualisme platonicien et de l'ascétisme de Pythagore. C'est là, du reste, toute la vie de la philosophie grecque au moment où elle va changer de théâtre. Toute invention et toute inspiration métaphysique ont cessé : cette vaste science hellénique que le génie de ses grands hommes avait successivement dotée de tant de beaux systèmes, n'est plus qu'un cadavre, toujours imposant par ses formes et ses proportions, mais qui menace de tomber en poudre si un génie nouveau et étranger ne vient le ranimer de sa puissante haleine.

LIVRE II.

CHAPITRE PREMIER.

Établissement de la philosophie grecque en Orient. Influence du Platonisme sur la fusion des doctrines grecques et orientales.

Ce ne fut qu'à la suite de la conquête d'Alexandre que la civilisation grecque pénétra en Orient. Jusque là les communications, d'ailleurs fréquentes et étendues que la guerre et le commerce avaient créées entre les deux pays, n'avaient été ni assez intimes ni assez profondes pour amener le contact et l'échange des idées. La Grèce, dans les guerres médiques, avait résisté à l'influence des institutions et des croyances de l'Orient, aussi bien qu'au redoutable choc de ses armées. De son côté, l'Orient avait vu passer, sans s'émouvoir ni s'ébranler, les audacieuses expéditions des Dix-Mille et d'Agésilas. Mais la conquête d'Alexandre eut un tout autre caractère : ce n'est plus seulement une force militaire qui ne se montre à l'Orient étonné que pour le vaincre et le traverser rapidement; c'est la civilisation grecque tout entière qui s'y installe avec Alexandre, et qui, sous ses successeurs, s'établit définitivement dans tous les grands centres de l'immense empire fondé par le conquérant, dans toute l'Asie-Mineure, en Syrie, en Judée, en Chaldée, en

Égypte. Il est vrai de dire que depuis longtemps les relations commerciales et les fréquents voyages des Orientaux et des Grecs avaient préparé les voies à cette invasion de la civilisation grecque. Ce qui le prouve, c'est que le haut Orient, qui jusqu'alors n'avait eu de communication ni avec la Grèce ni avec les autres contrées de l'Asie, resta entièrement fermé aux idées et aux institutions de l'Occident. La civilisation grecque ne pénétra point aussi loin que les armes d'Alexandre : elle effleura la Perse et s'arrêta devant l'Inde. C'est sur les côtes de la Méditerranée, c'est dans l'Asie-Mineure qu'elle prit surtout racine, et se mêla profondément au génie de l'Orient. La Méditerranée devint la grande voie de communication de tous les peuples de l'ancien monde, et Alexandrie en fut le centre principal. Cette grande cité eut une destinée unique dans l'histoire du monde : par sa position géographique, par la composition hétérogène de sa population, par la merveilleuse organisation de son musée, par le génie libéral de ses princes, elle était particulièrement propre à la grande œuvre de fusion des deux sociétés grecque et orientale. Elle ne fut pas seulement le théâtre où se rencontrèrent tous les éléments de cette double civilisation : elle devint encore le foyer puissant où ces éléments vinrent se fondre et se transformer, et d'où sortit cet esprit nouveau qui d'Alexandrie devait rayonner sur tout l'ancien monde. Tous les grands peuples de l'antiquité s'y donnèrent rendez-vous : l'Orient y fut représenté par l'élite des nations de l'Asie et de l'Afrique, par la Judée, la Syrie, la Chaldée, l'Égypte; l'Occident, par la Grèce d'abord, et les villes grecques de l'Archipel et de l'Asie-Mineure, puis par Rome et l'Italie. Le haut Orient seul n'y parut point ; toujours immobile et muet dans ce mouvement et ce concert de tant de peuples divers, ce vieux génie des mystères et des castes vivait retiré dans les profondeurs de ses sanctuaires. Du reste, Alexandrie ne fut pas le théâtre unique des communications entre les peuples de l'Orient et de la Grèce : un grand nombre de villes de l'empire d'Alexandre devinrent des centres importants ; en Grèce, Athènes, qui n'a jamais cessé d'être la cité classique de la littérature et de la philosophie helléniques ; en Asie, Damas, Éphèse, Smyrne, Pergame, Antioche, Séleucie. Partout les deux sociétés se joignent, se pénètrent, se confondent.

La conquête romaine acheva l'œuvre d'unité que la conquête d'Alexandre avait commencée. Le conquérant grec avait réuni la Grèce et l'Orient dans un même empire ; Rome rallia à sa domination tout le monde connu. L'empire romain fit tomber les barrières qui séparaient les nations, en les soumettant au même joug ; par l'unité de législation et de gouvernement, il prépara l'unité de croyances et de mœurs. C'est grâce à cette domination que les doctrines religieuses et philosophiques purent se propager et se développer avec tant de rapidité ; que les dieux de l'Égypte eurent bientôt leurs autels à Rome ; que le Christianisme apparut, après la mort du Christ, presque simultanément en Asie-Mineure, en Égypte, en Grèce, en Italie ; que la philosophie néoplatonicienne, à peine fondée à Alexandrie, eut une école nombreuse à Rome ;

qu'en un mot, les arts, les sciences, les doctrines, les institutions, tout devint universel.

Il ne faut pas croire que cette rencontre des peuples du monde ancien amena tout d'abord l'alliance et la fusion des idées. Même à Alexandrie, sur ce théâtre étroit où se pressaient tant de peuples et tant de principes divers, on se tient d'abord à l'écart, et chacun reste fidèle à son origine et au génie national. L'Orient pratique ses coutumes, et médite ses traditions dans le secret des associations mystérieuses et dans le silence des sanctuaires. L'esprit grec est moins discret; mais s'il enseigne, s'il discute avec bruit, c'est dans l'enceinte des écoles dont se compose le musée. Fier de ses arts, de ses sciences, de sa philosophie, il n'a que du mépris, au premier abord, pour ces rêveries et ces superstitions de peuples *barbares*. Et, de son côté, comment le génie de l'Orient, si grave et si contemplatif, si avare de paroles, n'eût-il pas été profondément choqué de la légèreté, de la subtilité et de l'audace de ces Grecs bruyants et discoureurs qui professaient toutes les doctrines avec la même ardeur ? Cependant peu à peu la Grèce et l'Orient se rapprochent, s'écoutent plus attentivement et se comprennent; à l'indifférence et au dédain succèdent de part et d'autre la curiosité d'abord, et bientôt l'enthousiasme de l'initiation. Alors un commerce intime, profond, continuel, s'établit entre les deux esprits ; et dans ce commerce les doctrines et les traditions se modifient, s'altèrent, s'effacent au profit d'un éclectisme plus ou moins judicieux, qui devient la tendance générale de l'époque. Cette métamorphose ne s'opère pas toutefois sans résistance ; l'éclectisme ne triomphe pas toujours complétement des répugnances énergiques du génie national. On proteste vivement de part et d'autre contre les influences qu'on subit ; on nie la transformation au moment même où elle s'opère. Ainsi le Judaïsme et le Christianisme, tout en embrassant avec ardeur les doctrines grecques, et particulièrement le Platonisme, prétendent n'y retrouver qu'une tradition de Moïse. La philosophie grecque, de son côté, affecte, dans ses élans d'enthousiasme oriental, les allures de la science, comme au temps de Platon et d'Aristote. Mais, en réalité, la transformation des idées est profonde, sinon complète. L'Orient n'absorbe point la Grèce, ni la Grèce l'Orient, quoi qu'en disent l'une et l'autre ; il y a fusion entre les deux esprits, et, par cette fusion, création d'un esprit nouveau, mélange extraordinaire et intempérant de tradition et de science, d'inspiration et de réflexion, d'images et de formules, de méthode et d'extase ; et c'est cet esprit qui seul vit sous les antiques traditions et les vieux systèmes.

Aux œuvres puissantes de ce nouveau génie, on comprend combien les tendances contraires de l'esprit grec et de l'esprit oriental ont dû se prêter appui. C'est merveille de voir comment les traditions de l'Orient élèvent, agrandissent, vivifient la science grecque ; comment la science grecque, à son tour, explique, coordonne, enchaîne les traditions de l'Orient. Si la dialectique des Grecs a besoin d'inspiration, la contemplation des Orientaux a besoin de règle, de méthode, de développement ; car elle est moins une pensée qu'une aspiration forte, mais vague, vers l'invisible et le mystérieux. Muette et solitaire par elle-même, cette contemplation n'eût jamais pu se produire en systèmes et en théories ; elle se perdait en images ou se concentrait en sentences énigmatiques. Il fallait que la science grecque lui servît d'organe et lui déliât la langue en quelque sorte. Et, de son côté, que serait devenue la philosophie grecque sans la puissante influence du génie de l'Orient ? Lorsqu'elle changea de théâtre, elle n'avait plus ni force, ni grandeur, ni vie véritable. N'étant plus soutenue par le génie de ses grands hommes, elle était tombée dans les vaines discussions et les subtiles analyses, et y avait perdu le sens de la haute métaphysique. Ces brillantes qualités de l'esprit grec, cette sagacité et cette souplesse d'intelligence, cette clarté et cette facilité de parole, étaient impuissantes à la relever et à la ranimer. Elle avait besoin du souffle d'un génie étranger, et elle ne pouvait revivre qu'en puisant à cette source antique d'où lui était venu peut-être le germe de ses plus belles doctrines. Elle y a puisé largement, tout en conservant scrupuleusement les formes extérieures de la science grecque. Plotin, Porphyre, Jamblique, Proclus, parlent grec ; mais leur pensée n'est plus l'expression simple et fidèle de l'esprit grec. Le signe caractéristique de cet admirable esprit, le sentiment de la mesure, de la proportion, de la beauté, ne s'y retrouve plus. La grandeur des conceptions, l'éclat des images, l'ardeur et la fougue des tendances contemplatives, révèlent un génie nouveau, plus puissant, mais moins réglé, qui a soufflé sur cette poussière des écoles pour en faire jaillir une pensée nouvelle, pleine de vie et d'originalité. Combien fut féconde cette alliance des deux plus grands types de l'esprit humain, c'est ce qu'on ne saurait trop admirer, quand on songe qu'elle a donné à la science la philosophie de Plotin et de Proclus, à la littérature l'éloquence des Pères de l'Église, au monde le Christianisme.

Mais comment devait s'opérer l'alliance entre des tendances aussi contraires? Comment l'enthousiasme pourrait-il se plier aux formules? Comment la science sévère et didactique irait-elle chercher sa pensée dans les symboles et dans les mystères? Enfin, quel pouvait être le lien d'une pareille union? C'est ici qu'il importe de bien comprendre le rôle de la philosophie de Platon. Sans le Platonisme, il est évident que cette alliance eût été impossible, faute d'un intermédiaire. Les trois grands systèmes de la philosophie socratique, le Platonisme, le Péripatétisme et le Stoïcisme représentent la pensée grecque ; mais tous ne la représentent pas avec une égale pureté. On aurait tort sans doute, ainsi que l'ont fait les Orientaux, de considérer le Platonisme comme une doctrine d'emprunt. C'est bien réellement un produit légitime de l'esprit grec. Mais en est-ce un produit absolument pur? On peut en douter. Platon relève de Pythagore : or, si la théorie des nombres est une conception essentiellement grecque, on ne pourrait en dire autant de la doctrine morale des Pythagoriciens. L'origine de la métempsycose est évidente ; cette doctrine vient de l'Orient, soit qu'elle ait été puisée dans les mystères dont le fond est oriental, soit que Pythagore l'ait empruntée à l'Orient dans ses voyages. On peut donc croire que le Platonisme, qui ne fait, quant à la morale, que développer le principe pythagoricien, se rattache sur ce point capital à une tradition étrangère. Et d'ailleurs, soit qu'on reconnaisse cette origine étrangère, soit qu'on la nie, et qu'alors on explique le Platonisme par le génie particulier de Platon, on ne peut s'empêcher de convenir que cette aspiration constante vers l'idéal et ce souffle vraiment divin qui règne dans toute sa doctrine ne sont point les caractères propres de l'esprit grec. C'est ailleurs qu'il faut chercher la pensée grecque, si on veut la saisir dans toute sa pureté originelle. Les vrais types de l'esprit grec sont Aristote et Zénon. Il n'y avait donc que deux doctrines, dans toute la philosophie grecque, qui pussent servir d'intermédiaire, par leur origine ou leur tendance orientale, entre l'Orient et la Grèce, à savoir, le Pythagorisme et le Platonisme. Et, en effet, l'histoire du syncrétisme de cette époque montre que ce sont là les seules doctrines que l'Orient ait pu comprendre et s'assimiler. Aristote lui reste à peu près étranger ; dans ce commerce universel des esprits, dans cet échange incessant des idées, les formules péripatéticiennes sont comme autant de retraites inaccessibles où se conserve inviolable la plus pure substance de la pensée grecque. Il ne transpira de cette profonde doctrine que quelques idées sur la physique, et encore ces idées ne passèrent-elles dans le domaine de la pensée orientale qu'à la faveur et sous la forme du Stoïcisme. Quant à la doctrine de Zénon, si l'Orient la comprend mieux et se l'assimile davantage, c'est qu'il l'aborde surtout par le côté moral. La métaphysique peu élevée et peu profonde de cette école ne pouvait le séduire ; mais le génie de l'ascétisme devait admirer et aimer l'austérité de la règle et de la vie stoïciennes. Pour Pythagore et pour Platon, c'est tout autre chose. L'Orient les adopte et les imite d'autant plus volontiers que, dans la naïveté de son orgueil, et dans son ignorance de toute tradition profane, il a cru reconnaître en eux ses propres enfants fourvoyés dans les ténèbres du Paganisme ; il étudie et médite les œuvres de Platon comme un commentaire des livres saints. L'hypothèse des Orientaux est absurde ; mais l'affinité des doctrines qui lui sert de point de départ est frappante. C'est en vertu de cette affinité que le Platonisme devint partout le nœud d'alliance de l'Orient et de la Grèce, et le principe de la conciliation de toutes les doctrines philosophiques ou religieuses des deux pays. Le Pythagorisme, tout aussi sympathique à l'Orient, ne pouvait jouer le même rôle, ne formant point, comme le Platonisme, un corps de doctrines clairement développées et sytématiquement coordonnées entre elles. Ses formules et ses sentences, accueillies du reste avec amour par l'Orient, étaient trop obscures et trop incohérentes pour servir de guide et de méthode à l'inspiration orientale. Au contraire, la philosophie de Platon, riche de théories et d'images, pleine de mesure et d'enthousiasme, nette, facile et subtile comme l'est toute science grecque, et souvent sublime comme les livres saints, était merveilleusement propre au rôle de médiateur entre les deux esprits contraires. Aussi, quand elle changea de théâtre, elle ne parut point avoir changé de patrie. A peine eut-elle touché cette terre d'Orient qu'elle se sentit tout-à-coup une force et une vie nouvelles. Tandis que les autres doctrines grecques ne firent que végéter dans l'isolement et l'obscurité sur cette terre d'exil, on vit le Platonisme s'acclimater vite et facilement sur ce nouveau sol. On eût dit une plante indigène qui, après avoir été transportée en Grèce et y avoir fleuri un jour, sous l'influence du génie d'un homme, s'y serait atrophiée comme sur un sol étranger, et n'aurait retrouvé sa sève et son éclat qu'en Orient, sa vraie patrie. Tant ce nouveau développement de l'idéalisme platonicien est naturel, vigoureux, fécond! Tant ses relations et ses alliances nouvelles sont faciles et intimes!

Ce n'est pas à dire toutefois que, dans cette union de l'esprit oriental et de l'esprit grec, la philosophie grecque n'ait été représentée que par le Platonisme. Il était impossible que la présence simultanée et le séjour durable de tant de doctrines dans tous les grands centres de l'Orient, et particulièrement à Alexandrie, n'aboutît pas à un rapprochement d'abord, et enfin à un mélange universel. C'est ce qui eut lieu. Dans les doctrines de cette époque les plus essentiellement orientales, dans le Judaïsme platonicien de Philon, dans la Gnose, dans le Christianisme et jusque dans la Cabale qui doit si peu à l'Occident, on pourrait retrouver des fragments de toute nature de la pensée grecque, des traces non équivoques de Stoïcisme et même de Péripatétisme. Seulement, ces fragments sont quelquefois si difficiles à reconnaître, qu'il est évident qu'ils ont subi une véritable métamorphose avant de passer dans la pensée orientale. Il a fallu que l'esprit platonicien les absorbât et les convertît en sa propre substance pour que l'Orient pût les comprendre et se les assimiler. Par une sorte de pressentiment des conditions de l'alliance, la philosophie grecque se transforme avant de s'unir. Ses cent écoles, si exclusives, si ardentes à la contradiction, si bruyantes dans la polémique, se recueillent et se concentrent peu à peu dans un commun esprit, sinon dans une même doctrine. Le Péripatétisme ne conserve que ce qui peut se concilier avec l'idéalisme platonicien; ce qui signifie qu'il abdique. Le Stoïcisme finit par rattacher sa morale pure et austère, vraiment digne de Platon, à la métaphysique platonicienne. Toutes les écoles s'attirent ainsi et se dénaturent sous l'influence d'un esprit nouveau, et vont se perdre dans le Platonisme, lequel résume et représente à peu près toute la philosophie grecque, au moment où elle rencontre la pensée de l'Orient. Or, Platon et l'Orient avaient trop d'affinités entre eux pour ne pas se comprendre et s'unir; pour cela ils n'eurent qu'à se reconnaître.

Voilà comment le Platonisme devint le lien et pour ainsi dire le verbe d'alliance entre la Grèce et l'Orient. Maintenant quelle fut la cause de cette transformation qui précéda la rencontre et prépara l'union? Ce ne fut point une révolution intérieure, née d'un principe indigène. Il est bien vrai qu'avant de passer en Orient, la philosophie grecque s'était déjà modifiée et que ses diverses écoles s'étaient rapprochées, sous l'empire d'un principe commun. Mais ce principe n'était ni le Platonisme, ni le Pythagorisme, ni une doctrine quelconque ; c'était simplement le sentiment moral. L'idéalisme platonicien ou pythagoricien s'était effacé comme les autres systèmes dans ce sentiment profond et universel. S'il y eut, dans cette révolution, une doctrine qui semblât prévaloir et dominer sur toutes les autres, ce fut le Stoïcisme, doctrine beaucoup moins métaphysique que morale, et qui, sous ce rapport, était un type plus fidèle des tendances de l'époque que le Platonisme. La seule et véritable cause de la transformation de toutes les parties de la philosophie grecque au profit des idées de Platon, fut l'influence de l'Orient. Tant que la pensée grecque n'a pas quitté sa patrie, la lutte est sa vie ; la contradiction et la controverse, sa loi. Si elle se calme et se recueille enfin dans le sentiment moral, c'est l'effet de sa décadence et de son épuisement. Le discrédit des systèmes l'a conduite au dégoût de toute métaphysique et à la recherche exclusive de la vérité morale. Mais à peine a-t-elle touché le sol de l'Orient qu'elle renaît à la vie spéculative, et reprend, sur les ailes du Platonisme, son essor vers les plus hautes régions de la métaphysique. Avant même qu'elle subisse le contact de la pensée orientale, elle se sent déjà saisie d'un esprit nouveau, comme s'il avait suffi de l'influence générale d'une nouvelle atmosphère pour la transformer. C'est qu'en effet elle ne pouvait changer de théâtre, sans perdre subitement les plus essentielles conditions de son génie. Comment vivre en Orient, sans y respirer partout le mysticisme ardent et profond qui est l'âme de la pensée orientale ? Comment la pensée indigène se fût-elle conservée dans ces intelligences grecques, transplantées à Alexandrie et s'y enivrant de toutes les émanations du génie oriental ? Et quand elle eût résisté aux premières influences de ce génie, pouvait-elle dompter la nature contemplative et ascétique des Orientaux qui adoptaient ses propres doctrines? Elle changea donc rapidement de caractère, et se décomposa, sous l'influence générale des lieux, avant même de rencontrer les doctrines de l'Orient. Les tendances diverses plutôt qu'opposées qui luttaient dans son sein et se disputaient l'empire s'absorbèrent promptement dans le principe platonicien; l'esprit grec ne conserva que ce type et cette forme en Orient.

Quelles tendances et quelles doctrines pouvaient sortir de cette alliance de l'esprit oriental et de l'esprit grec réduit à Platon? Quand on a parlé des procédés éclectiques et des tentatives de conciliation de cette époque, on s'est peut-être trop arrêté à la surface des choses. Il est très vrai que cette époque aime à tout rapprocher, à tout mêler, à tout confondre, et qu'en général ses œuvres ont un tel caractère de syncrétisme que tout s'y retrouve dans tout. Mais au fond l'esprit de ce temps n'est rien moins qu'éclectique. Le véritable éclectisme, s'il n'a pas de système, cherche et emprunte partout où l'instinct de la vérité le conduit; s'il a une doctrine arrêtée d'avance, il faut que cette doctrine soit assez large pour lui permettre de puiser à toutes les grandes sources de la vérité. Mais là où se rencontre une doctrine ou une tendance exclusive, quelque grande qu'elle soit, il n'y a plus de place pour l'éclectisme. Or, tel est précisément l'état de l'esprit humain à l'époque qui nous occupe.

Qu'avait apporté l'Orient à l'alliance ? le mysticisme.
Qu'avait apporté la Grèce ? l'idéalisme. Le mysticisme
oriental combiné avec l'idéalisme platonicien ne pouvait engendrer que des doctrines exclusivement idéalistes ou exclusivement mystiques, ou plutôt à la fois
idéalistes et mystiques, puisque ces deux tendances
de l'esprit dérivent de la même source et sont entre
elles dans le rapport de la spéculation à la pratique.
Tout ce qui pouvait arriver, c'est que l'idéalisme fût
plus ou moins modéré et le mysticisme plus ou moins
ardent; mais les principes mêmes de l'alliance con-
damnaient la pensée à ne point sortir de cette voie. Il
y a plus : l'idéalisme grec, à son origine, n'avait point
abouti au mysticisme ; le goût de la vie pratique et le
génie politique propre à l'esprit grec avaient tempéré
dans Platon l'ardeur des tendances contemplatives.
Mais cet idéalisme, quand il passe en Orient, n'y
retrouve ni l'esprit politique du pays où il est né,
ni la forte et constante contradiction des doctrines
opposées. Tout au contraire il tombe au milieu d'un
mysticisme effréné; comment résister ? Ce mysticisme
le saisit bien vite et l'entraîne à sa suite dans la
contemplation et l'extase. Au fond, l'esprit de cette
époque est fort exclusif: il est partout et toujours idéaliste et mystique, plus mystique encore qu'idéaliste.
Comment donc pourrait-il prétendre à concilier toutes
les grandes tendances de la pensée et de la science
humaines, lorsqu'il obéit aveuglément à l'une de ces
tendances ? Et pourtant il semble y travailler sérieusement ; il recueille avec une érudition scrupuleuse, et
rassemble avec effort les fragments de doctrines les

plus disparates, afin de les réunir et de les réconcilier. Mais il ne procède que par l'artifice et la violence. Essentiellement idéaliste et mystique, il est contraint d'altérer, de mutiler, de dénaturer la plupart des systèmes qu'il veut faire rentrer dans sa doctrine de prédilection, et alors il rapproche sans unir, il confond sans concilier. Il faut voir comment il traite le Péripatétisme, le Stoïcisme et en général les doctrines empiriques, comment il en détruit la pensée en en conservant les formules, comment enfin il les transforme et les défigure dans ses interprétations. Qui reconnaîtrait Zénon, Aristote et même Platon, dans les doctrines de Philon, de la Gnose, des Pères de l'Église? Le Néoplatonisme, qui est venu de la philosophie grecque et qui, sur le théâtre même où il se développe, se souvient toujours de son origine, reproduit avec plus d'exactitude et d'étendue les théories péripatéticiennes et stoïciennes; mais il les subordonne constamment au principe platonicien. Dans sa pensée, l'idéalisme de Platon est la seule vraie philosophie à laquelle les doctrines d'Aristote et de Zénon ne font que préparer et introduire l'intelligence. A vrai dire, l'alliance de l'Orient et de la Grèce est loin d'aboutir à une représentation complète et égale des tendances diverses de l'esprit grec et de l'esprit oriental ; car au fond ce n'est pas entre toutes les puissances de l'esprit oriental et toutes les puissances de l'esprit grec qu'elle s'établit ; c'est seulement entre l'Orient et Platon. Aussi dans ce rapprochement forcé et souvent bizarre de toutes les doctrines n'y a-t-il d'union vraiment intime et sincère qu'entre l'idéalisme platonicien et le mysticisme oriental.

Le mysticisme n'est pas seulement à cette époque l'esprit de l'Orient ; il devient l'esprit du monde entier. Si le foyer est en Égypte et dans les grands pays orientaux, les rayons se répandent et pénètrent partout, en Grèce, en Gaule, en Italie, en Espagne, en Afrique. C'est qu'une même domination et, il faut le dire aussi, une commune misère rapprochent et réunissent tous les peuples. Partout la vieille société se meurt d'épuisement et de fatigue ; partout elle aspire au repos et désespère de le trouver dans ces tristes cités agitées par l'anarchie et ruinées par la conquête. La tendance des intelligences vers le monde idéal devient universelle ainsi que l'entraînement des âmes vers la vie solitaire et contemplative. Tous ceux que n'absorbent pas les soins ou les passions de la vie matérielle, toutes les natures élevées, libres, généreuses, tous les grands esprits et les nobles cœurs de cette société en décrépitude, se réfugient soit dans la contemplation de l'éternelle et divine vérité, soit dans l'attente d'un monde meilleur. Ce sentiment ne descend pas sans doute immédiatement des écoles dans les peuples et dans les gouvernements. Il n'y pénétrera qu'à la faveur de la grande révolution religieuse qui doit aboutir au triomphe du christianisme. Mais pendant que les peuples s'agitent dans la souffrance, ou sommeillent dans l'abrutissement, pendant que les gouvernements s'épuisent en efforts inutiles pour rendre la vie à ce cadavre qu'on nomme la cité, l'esprit nouveau, principe de toute vie et de toute société pour l'avenir, se recueille, se développe, se fortifie, s'exalte dans la solitude et le silence, loin des agitations stériles et des intérêts misérables de la cité. Les vieilles écoles sont muettes ; les vieux temples sont déserts. Des écoles philosophiques, des associations religieuses nouvelles, se forment sur tous les points de l'empire, et se pénétrant profondément de l'esprit nouveau, le répandent partout et sous toutes les formes, par les écrits, par l'enseignement, par les prédications. Cet esprit anime toutes les œuvres du temps, et communique la vie à tout ce qu'il touche. Partout où il n'est pas, c'est la mort. Qu'y a-t-il de plus glacé que les hymnes en faveur des anciens dieux, de plus vide que les discours politiques, de plus stérile que la défense des anciennes doctrines ? Si l'enthousiasme reparaît accidentellement dans les temples, si la vie et la parole renaissent dans quelques écoles du passé, ne sait-on pas que c'est grâce à l'inspiration de l'esprit nouveau ? C'est au nom d'un spiritualisme parfaitement ignoré des prêtres d'Homère qu'Apollonius restaure les divers cultes du Polythéisme. Les philosophes alexandrins ne réussissent à remettre un moment les anciens dieux en honneur qu'en les métamorphosant en puissances spirituelles. Est-ce vraiment la religion d'Homère et d'Hésiode que pratiquent Julien et les prêtres qui l'entourent, Maxime, Chrysanthe, quand ils se livrent à toutes les rigueurs de l'ascétisme ? Voilà ce qui explique la vie éphémère de toutes ces imitations et de toutes ces restaurations du passé.

Ce qui vient d'être dit sur l'esprit général de cette époque pourrait sembler un paradoxe, après tous les tableaux qui ont été tracés de l'anarchie et du chaos intellectuel et moral du monde ancien, à l'avénement du

- Christianisme : pourtant rien n'est plus vrai. Seulement, pour être frappé de la profonde unité de sentiments et de tendances qui caractérise ce temps, il ne faut pas s'arrêter à la surface des doctrines; car alors l'esprit humain offre le spectacle d'une variété bizarre et choquante : il n'y a pas de scène plus disparate, ni de concert plus discordant. Mais si on regarde de près, si on écoute à fond, on découvre une admirable unité dans cette scène, une imposante harmonie dans ce concert : c'est la grande lumière de l'idéalisme qui éclaire toutes les doctrines des écoles; c'est la grande voix du mysticisme qui domine tous les chants des temples. Toute philosophie devient la science de l'esprit pur, toute religion en devient le culte. Pour s'en convaincre, il suffit de regarder au fond de toutes les doctrines philosophiques ou religieuses du temps. Qu'est-ce qui fait l'identité ou la différence essentielle de deux doctrines? c'est l'unité de principe dans la spéculation et dans la pratique. Comme ces deux ordres de vérités se tiennent intimement, toute identité ou toute différence essentielles dans la morale entre deux doctrines implique l'identité ou la différence essentielles dans la métaphysique, et réciproquement. Or, si l'on applique ce critérium aux grandes doctrines de cette époque, au Judaïsme de Philon, à la Cabale, à la Gnose, au Christianisme, au Néoplatonisme, au Polythéisme restauré, il sera facile d'y reconnaître l'unité d'esprit à travers la variété des formes extérieures. La doctrine de Philon a conservé toutes les traditions des livres saints, mais en réalité elle n'a retenu du Judaïsme que la lettre; elle interprète, explique, comprend toutes choses à la lumière de l'esprit platonicien. Avec Platon, elle distingue et sépare les deux mondes (τὰ αἰσθητὰ, τὰ νοητὰ); elle distingue et sépare les deux principes de la nature humaine, l'âme et le corps, et déplore la vie actuelle comme un esclavage de l'âme, et un exil dont la mort seule peut la retirer. Et toutes les prescriptions, toutes les pratiques de la loi ne tendent, suivant Philon, qu'à délivrer l'âme et à la préparer à la visite de l'esprit divin. Le Christianisme n'a point souci de la loi ancienne, comme Philon ; c'est au nom d'une loi nouvelle qu'il professe le sacrifice du corps et le culte de l'esprit. Mais la base de la métaphysique chrétienne, telle qu'elle est développée par les Pères de l'Église, n'est-elle pas la doctrine du Verbe compris comme type du monde intelligible, comme l'idée des idées? La base de la psychologie chrétienne n'est-elle pas la distinction des deux substances, et la nécessité d'une séparation, pour que la substance spirituelle arrive à la perfection et à la véritable vie? Le Christianisme, sans doute, de même que le Platonisme, ne méprise point pour cela la vie actuelle, les œuvres de ce monde, l'œuvre morale surtout, la vertu ; mais il proclame bien haut que la vraie fin de la vie est l'amour de Dieu et la contemplation de ses perfections : tout le reste n'est que moyen et introduction. La Gnose va beaucoup plus loin : elle sépare absolument les deux mondes, et élève son Dieu à de telles hauteurs qu'elle ne sait plus expliquer la création que comme une chute. De là le mépris du monde, œuvre misérable d'une puissance inférieure, l'indifférence pour la vie actuelle, pour les œuvres en général, même pour la vertu. C'est l'idéalisme porté à ses dernières limites, et engendrant le mysticisme le plus effréné. Le Néoplatonisme est moins mystique que la Gnose, et même que le Christianisme, en ce sens qu'il considère le monde sensible comme le développement naturel et nécessaire des puissances de Dieu, et qu'il en admire et en célèbre la beauté, l'harmonie, la perfection [1]. Toutefois, la séparation des deux mondes, la séparation des deux substances matérielle et spirituelle dans l'homme, la théorie de la matière conçue, non comme une condition nécessaire et éternelle de la vie, mais comme le degré infime et l'éclipse de la puissance divine parvenue à l'extrême limite de ses forces, enfin la contemplation et l'extase considérées comme la vraie fin de la vie humaine, sont autant de principes qui révèlent clairement le caractère idéaliste et mystique de la philosophie de Plotin, de Porphyre, d'Iamblique et de Proclus. Ainsi le même esprit est au fond de toutes ces doctrines contemporaines, quelles qu'en soient d'ailleurs les différences : toutes sont essentiellement idéalistes et mystiques, bien qu'à des degrés divers ; il n'est pas jusqu'aux vieilles croyances que l'esprit nouveau n'ait gagnées. Le Polythéisme grec a perdu, sous la direction sévère des prêtres de Julien, ses airs de fête et de volupté ; on n'entend plus dans ses temples que les évocations des théurges ou les voix graves des ascètes. La riante mythologie a fait place aux sombres divinités de l'Orient; le culte de l'esprit s'est établi dans les sanctuaires de Bacchus

---

[1] Plot., én. II, l, IX. *Contra Gnosticos.*

et des autres dieux de la nature. C'est dans ce sens qu'Apollonius de Thyane, Plutarque, Apulée, Iamblique, Julien, comprennent et essaient d'accomplir la restauration du Polythéisme. Tel est l'esprit général de l'époque : toutes les grandes doctrines contemporaines partent de la distinction et de la séparation profonde des deux mondes, et aboutissent au mépris de la chair et au culte de l'esprit. L'objet de la foi pour toutes n'est pas ce que les sens atteignent, c'est ce que l'âme sent, et plutôt encore ce que l'intelligence devine : c'est la vérité invisible et intelligible. L'idéalisme dans la spéculation, le mysticisme dans la pratique, sont les deux voies de l'esprit nouveau ; les écoles philosophiques, aussi bien que les sectes religieuses, s'y engagent plus ou moins avant. Quand on représente l'esprit nouveau en opposition complète et en lutte avec la société qu'il doit conquérir, on a raison, s'il s'agit de la société officielle. Celle-là, en effet, est livrée aux intérêts ou aux passions de la matière ; ses pensées ne sont que des impressions sensibles ; ses sentiments ne sont que des appétits. Elle n'a pas le sens de l'intelligible ni du divin ; elle ne comprend ni ce qui est de l'âme, ni surtout ce qui est de l'intelligence. Et comme c'est cette société là qui paraît, qui agit, qui gouverne dans les assemblées et sacrifie dans les temples, l'historien a pu ne rien voir au-delà, et se demander par quelle révolution subite cette société se trouve régénérée et transformée. C'est qu'il n'avait regardé qu'à la surface, et qu'il n'avait pas pressenti sous cette société politique et extérieure, en quelque sorte, une autre société, ou du moins l'esprit vivant d'où doit sortir comme par enchantement une autre société. Quand on a une fois bien reconnu et bien constaté l'existence et la présence universelle de cet esprit, on comprend tout ce qui suit, comment toutes les écoles philosophiques vont se perdre dans une seule grande philosophie, comment toutes les manifestations religieuses aboutissent à une seule grande religion. On ne s'étonne plus qu'une étincelle jaillissant d'un point de l'Orient ait suffi pour embraser le monde : c'est que l'étincelle a rencontré le souffle puissant de l'esprit universel ! Enfin, on reconnaît que pour cette époque de l'histoire comme pour toutes les autres, les grands effets ont de grandes causes, et que dans le gouvernement de la Providence les moyens sont toujours en proportion des desseins.

Mais si toutes les doctrines contemporaines émanent d'un principe commun, d'où viennent les différences qui les distinguent? La raison de ce fait est fort simple : c'est dans l'origine nationale des doctrines qu'il faut la chercher. Le même esprit souffle partout ; mais partout aussi il rencontre des natures diversement préparées à le recevoir. Alors le génie national réagit sur l'esprit général, et les traditions de celui-là se mêlent aux inspirations de celui-ci. Souvent même, tout en subissant l'influence irrésistible de l'esprit nouveau, le génie national prétend l'enchaîner à ses traditions et l'absorber dans ses doctrines. C'est ainsi que l'école juive et les premiers Pères de l'Église essaient de rattacher le Platonisme au Mosaïsme ; c'est ainsi que la Gnose rapporte toute philosophie aux traditions de l'Orient. Ces prétentions sont absurdes ; mais ce qui est vrai, c'est que l'esprit de l'époque se teint partout des couleurs du génie national, au point d'y perdre, en apparence, son identité. Pour reconnaître que c'est le même esprit qui anime Philon, la Gnose, le Christianisme et l'école d'Alexandrie, il faut regarder au fond des doctrines.

Le même principe qui explique la diversité des doctrines de cette époque sert en même temps à les classer. Cet immense développement de l'esprit humain peut être rapporté à deux origines principales, l'Orient et la Grèce ; de là deux grands mouvements dont l'esprit est identique, le mouvement oriental et le mouvement grec. Au premier il faut rattacher : 1° toutes les doctrines de l'école juive, y compris la Cabale ; 2° toutes les doctrines de la Gnose, qu'on pourrait appeler, par opposition à la tradition judaïque, l'école orientale proprement dite ; 3° toutes les doctrines de la philosophie chrétienne. Dans le second mouvement il faut comprendre : 1° les Platoniciens, tels qu'Atticus, Alcinoüs ; 2° les Pythagoriciens, tels qu'Apollonius de Thyane ; 3° les éclectiques, tels que Plutarque, Apulée, Cronius, Numénius. L'école juive, l'école orientale (la Gnose), l'école chrétienne, doivent leur caractère et leur physionomie propre à leur origine. C'est toujours le même esprit au fond, mais se modifiant et se diversifiant sous l'influence des traditions judaïques, syriennes, égyptiennes, chaldéennes et persanes. Quant aux doctrines issues du mouvement grec, on ne peut pas en expliquer la diversité par les origines locales. A l'époque qui nous occupe, le monde hellénique est parfaitement uniforme, au moins en ce qui concerne les traditions nationales ; il ne présente plus, comme l'Orient, divers peuples qui ont conservé chacun la profonde originalité de leur génie et de leurs traditions. Mais il offre des variétés d'un autre genre, très importantes dans l'histoire de la pensée : les écoles dans le monde grec ont leurs traditions, comme les peuples dans le monde oriental. Il est bien vrai que ces écoles tendent à s'effacer et à se perdre dans le mouvement général des esprits, à l'époque dont il s'agit ; mais, enfin, elles ont encore conservé quelque chose de leurs tendances et de leurs doctrines primitives. Le Stoïcisme, le Platonisme, le Pythagorisme, s'assimilent l'esprit nouveau et se transforment chacun à leur manière. Chez le stoïcien, la tendance morale prédomine ; chez le platonicien, c'est la tendance métaphysique ; chez le pythagoricien, c'est la tendance ascétique et théurgique.

C'est un beau et grand spectacle que le tableau de ce double mouvement qui commence par de faibles essais, et aboutit d'une part au Christianisme et de l'autre à la philosophie néoplatonicienne. La première œuvre de fusion entre les idées grecques et orientales, du côté de l'Orient, est tentée avec éclat et avec succès par l'école juive, par Aristobule et surtout par Philon. Mais, dans ce mélange, l'Orient n'est représenté que par le Judaïsme. Vient ensuite la Gnose, qui agrandit l'alliance et y fait entrer tout l'Orient. L'œuvre de la Gnose est hardie, mais chimérique : en métaphysique, elle se perd dans les rêves de la Perse, ou dans les symboles de l'Égypte ; en morale, elle entraîne les âmes dans l'ascétisme le plus exalté et dans le mépris absolu de toutes les vertus de la vie pratique. C'est le Christianisme qui relève l'alliance fort compromise par les excès de la Gnose, en réunissant dans une mesure admirable tout ce que l'Orient offrait de plus sublime et de plus profond dans ses traditions, et tout ce que la Grèce présentait de plus solide et de plus vrai dans sa philosophie. Le mouvement grec commence par un retour timide au Platonisme. Les Platoniciens de cette époque, Atticus, Alcinoüs, Caius, Albinus, ne connaissent point encore cet Orient dont ils ressentent déjà peut-être la vague influence. Puis le Platonisme s'inspire peu à peu des traditions étrangères ; ce mélange se reconnaît dans les écrits de Plutarque, d'Apulée, de Cronius, de Numénius. Enfin, l'alliance de la philosophie grecque avec le génie de l'Orient atteint son plein développement et sa juste mesure dans le Néoplatonisme alexandrin. Le Christianisme et le Néoplatonisme, tels sont les grands résultats de l'alliance féconde de l'Orient et de la Grèce. Tous deux, engendrés du même principe, mais issus d'origine différente, manifestent par leurs ressemblances et leurs diversités cette unité de principe et cette différence d'origine. C'est l'alliance de l'Orient et de la Grèce qui les constitue également ; mais c'est la tradition orientale qui a préparé l'un, et la tradition grecque qui a préparé l'autre ; et, dans la suite de leur développement, ils restent constamment fidèles à leur origine. Dans le Christianisme, le principe oriental domine ; dans le Néoplatonisme, c'est le principe grec. De là, malgré l'identité d'esprit qui anime ces deux doctrines également idéalistes et mystiques, la nécessité d'une opposition et d'une lutte qui ne doit finir que par le triomphe du Christianisme.

CHAPITRE II.

École juive d'Alexandrie. Ses origines. Théologie des Hébreux. La Genèse. Les livres de Salomon. Les livres de la Sagesse et de l'Ecclésiastique. Aristobule et Philon. Influence de la philosophie grecque.

Tous les grands peuples orientaux n'ont point joué un rôle également actif dans ce commerce des idées de l'Orient et de la Grèce. Le haut Orient, on l'a déjà dit, n'y prit aucune part. La riche et sublime pensée de l'Inde resta ensevelie dans le silence et l'obscurité des sanctuaires; de là elle put braver toutes les influences et résister à toutes les communications étrangères. Quant à l'Égypte, centre principal des communications entre les deux pays, elle ne pouvait se préserver entièrement du contact des idées grecques; mais elle y céda beaucoup moins qu'on ne le pense : le vieux génie de l'Égypte, muet et immobile comme le sphinx qui le représente, assista du fond de ses sanctuaires à cette révolution, sans la voir ou du moins sans la comprendre. Iamblique est peut-être le seul philosophe qui ait puisé directement à la source des traditions égyptiennes. La Gnose, qui s'en inspire dans quelques unes de ses doctrines, ne les a connues qu'à travers les doctrines syriennes et chaldéennes. Il en fut de même des idées religieuses de la Chaldée, de la Perse et de la Syrie, lesquelles ne se reproduisirent point dans leur pureté originelle, mais seulement sous la forme de l'esprit judaïque qui leur avait servi d'intermédiaire. On peut juger par l'exemple de la Gnose quelles eussent été les destinées de l'alliance gréco-orientale, si le haut Orient l'eût envahie avec ce panthéisme profond, mais vague, avec cet appareil prodigieux de symboles empruntés aux formes les plus bizarres de la nature.

Le plus actif et presque le seul organe direct du génie oriental dans cette mémorable alliance fut le Judaïsme. Lorsqu'on se représente les situations si diverses et les cruelles épreuves par lesquelles a passé le peuple juif, les guerres, les invasions, les servitudes, les influences étrangères auxquelles l'exposait continuellement sa position géographique, ses révolutions intérieures, son double exil et sa longue captivité à Babylone, ses émigrations fréquentes, après la conquête d'Alexandre et sous la domination romaine, dans tous les pays du monde connu, en Syrie, en Chaldée, en Perse, en Égypte, dans toute l'Asie-Mineure, en Grèce, en Italie ; lorsqu'on le voit conserver, dans toutes les situations et dans tous les lieux, sa religion, ses mœurs et ses lois, on est frappé d'admiration pour une telle fermeté d'esprit et une telle constance de caractère ; mais en même temps on est tenté de prendre à la lettre ce que disait Moïse de ce peuple *au cou raide*, et d'attribuer cette ténacité invincible à un certain esprit étroit, grossier et obstiné, qui n'aurait maintenu ses traditions nationales qu'à force d'ignorance et de préjugés. Ce serait une grande erreur. Bien qu'on ne sache pas parfaitement l'histoire intellectuelle de ce peuple, on en connaît assez de monuments et de fragments pour pouvoir se convaincre que l'esprit juif est aussi actif que tenace, aussi intelligent qu'obstiné, aussi souple que résolu. Les livres saints enchaînent sa croyance, mais non sa pensée ; ferme et inébranlable dans son attachement aux doctrines de ses pères, il les interprète et les développe dans une certaine mesure. Les variations progressives de la Bible, les œuvres de méditation individuelle, telles que le livre de Jésus de Sirach, les écrits d'Aristobule et surtout de Philon, la Cabale et le Talmud, sont autant de témoignages décisifs de l'activité spéculative du peuple juif. En Judée, la théocratie pèse sans doute sur la pensée ; mais elle ne l'immobilise point, comme dans d'autres pays de l'Orient. Dans l'Inde, en Égypte, en Perse, le sentiment religieux n'a qu'un foyer, le sanctuaire, qu'un organe, le prêtre. Toute lumière, toute vie religieuse émane des temples ; le prêtre seul communique avec Dieu ; seul il peut en transmettre les inspirations. Le peuple écoute en silence. C'est dans le temple seulement que la pensée religieuse s'élabore, se développe, se formule ; et si des divisions, des schismes et des révolutions éclatent, le peuple n'en a point le secret. La théocratie des Juifs n'est pas aristocratique à ce point ; le peuple intervient fréquemment dans la personne de ses prophètes. Ceux-ci parlent quand les prêtres restent muets. Pendant que la loi repose dans les profondeurs du sanctuaire, sous la garde de la caste sacerdotale, l'esprit de Dieu, qui est partout, dans la foule comme au temple, au désert comme à Jérusalem, suscite, dans les jours de crise, des hommes inspirés. Isaïe, Jérémie, Ézéchiel, sortent de la foule et non du sanctuaire. Les prophètes n'ont point reçu des prêtres la mission d'enseigner la loi au peuple; ils ne relèvent que de l'Esprit-Saint, dont ils sentent en eux le souffle puissant. Souvent même leur voix proteste contre la tradition sacerdotale. Sortis du peuple, vivant comme lui, vivant avec lui, ils peuvent, mieux que les prêtres retirés au fond de leurs temples, s'inspirer de ses sentiments, de ses besoins, de ses misères et de ses souffrances; et leur profonde sympathie pour le peuple éclate jusque dans leurs plus durs reproches. En général, bien que les prophètes aient été suscités quelquefois par les prêtres eux-mêmes et au profit de leur cause, cette institution est essentiellement démocratique et, qu'on nous passe le mot, libérale; elle représente tantôt la protestation du peuple contre l'aristocratie sacerdotale qui le gouverne, tantôt l'esprit de réforme et de progrès qui vient stimuler l'apathie traditionnelle des prêtres. Toutefois l'enseignement des prophètes n'est pas la principale cause des développements et du progrès de la pensée religieuse chez les Juifs. Leur langage est simple; ils appellent le peuple à l'observance de la loi, mais ils ne dogmatisent guère; ils laissent ce soin aux prêtres. C'est donc plutôt aux influences extérieures qu'il convient de rattacher les innovations et les progrès de la doctrine. On s'exagérerait beaucoup l'attachement de ce peuple à ses traditions, si on croyait qu'il n'a rien imité des institutions ni rien emprunté des doctrines des autres peuples. Sans laisser jamais les idées étrangères absorber ses croyances, il en recueille et en adopte presque toujours quelque chose. C'est tel dogme qu'il doit au voisinage de la Syrie ; tel autre qu'il a rapporté de son exil de Babylone. On ne peut savoir ce qu'il a emprunté à l'Égypte, durant le long séjour qu'il y fit ; mais s'il est vrai qu'il y ait apporté le germe de ses institutions et de ses croyances, nul doute que le contact de la civilisation égyptienne n'ait singulièrement développé et transformé ses traditions primitives. Ces deux causes, à savoir, l'influence tout extérieure des doctrines étrangères et l'intervention toute populaire et tout intérieure des prophètes dans l'enseignement religieux et moral, jointes aux révolutions politiques qui ont agité ce pays, expliquent la variété admirable des livres saints. La Genèse et les autres livres de Moïse établissent d'une part les doctrines théologiques et cosmologiques, de l'autre la loi religieuse, morale et politique, et fondent la tradition qui doit servir de texte et de règle à toutes les inspirations des rois, des prêtres et des prophètes. C'est là ce qui fait l'unité de cette grande épopée dans ses épisodes successifs. Les livres de Job sont les premiers où se révèle une influence étrangère. Ce n'est plus l'esprit de Moïse qui les inspire ; l'imagination de l'Orient éclate dans la description du Léviathan et dans le cantique qui célèbre les merveilles de la création. L'unité de couleur reparaît dans les livres de Josué et des Rois, dans les psaumes de David, œuvres profondément empreintes du génie national.

Puis le souffle de l'Orient revient animer les livres de Salomon. Dans cette brûlante poésie du Cantique des cantiques, dans cette sagesse désespérante de l'Ecclésiaste qui proclame que devant Dieu tout est vanité, se révèle un génie à la fois passionné et contemplatif, qui est d'origine étrangère. Dans les livres d'Esdras et de Néhémias, on retrouve de nombreuses et fortes traces de la captivité de Babylone. Enfin, les livres des Machabées sont des chants de guerre, uniquement inspirés par l'amour de l'indépendance nationale. Ainsi, les livres saints renferment l'histoire intérieure du peuple juif, aussi bien que son histoire extérieure. Ils expriment avec une égale fidélité sa vie intellectuelle et sa vie politique. On y voit tout à la fois les développements qu'a reçus sa doctrine et les modifications qu'ont subies ses institutions.

Mais c'est surtout à l'extérieur que se révèle le génie actif, curieux et intelligent de cette race. Les Juifs deviennent partout, et particulièrement à Alexandrie, les intermédiaires des communications qui s'établissent entre l'Orient et la Grèce. Par eux les Grecs connaissent les idées orientales de la Syrie, de la Perse, de la Chaldée, de l'Égypte; par eux aussi les Orientaux reçoivent les doctrines philosophiques de la Grèce. Et dans cette double transmission des idées grecques et orientales, les Juifs ne se bornent point au rôle d'interprètes passifs. Comme c'est toujours au profit des croyances nationales qu'ils reproduisent les idées étrangères, ils les transforment et les incorporent dans leurs propres traditions. On verra avec quelle sagacité et quelle souplesse Philon introduit les idées grecques dans le sein du judaïsme sans le corrompre ni le détruire.

Où en était la sagesse juive à l'époque où elle entre en commerce avec la philosophie grecque ? c'est ce qu'on ne peut savoir d'une manière complète. Des trois grands monuments de la pensée religieuse des Hébreux, la Bible, la Cabale, le Talmud, la Bible est le seul qui, dans toutes ses parties, soit reconnu antérieur à l'apparition des idées grecques en Orient. Or, il suffit de parcourir ce grand livre pour se convaincre que la doctrine ne s'y est point conservée immobile et pure de toute influence étrangère.

La théologie hébraïque est simple et encore peu profonde dans la Genèse. Dieu y est conçu dans l'expansion de ses diverses puissances plutôt que dans l'unité de sa nature [1] ; il y semble moins le créateur que l'ordonnateur de la matière qu'il aurait trouvée à l'état de chaos [2]. Nulle mention directe ou indirecte d'un second

---

[1] *Genèse*, l. ı, ch. 1. Le mot hébreu qui a été traduit par Dieu exprime la collection des puissances divines. La traduction littérale serait : Lui, les Dieux ; mais elle ne rendrait point la véritable pensée de l'auteur sacré. L'unité de Dieu et la diversité de ses puissances, telle est la double conception qui est au fond du mot hébreu.

[2] Ibid., l. ı, ch. 1. La création décrite dans la Genèse ne paraît guère être autre chose que le débrouillement d'un chaos primitif. La proposition générale : Dieu fit le ciel et la terre, semble le sommaire d'un chapitre dont tout le reste n'est que le développement. Quand l'auteur sacré explique de quelle manière Dieu fit le ciel et la terre, il montre Dieu trouvant sous sa main une matière première, une terre informe, mêlée d'eau, plongée dans les ténèbres,

principe, organe divin de la création. L'*Esprit*, dont parle la Genèse, n'est qu'une puissance naturelle engagée dans la matière cosmique. « Au-dessus des eaux était le souffle divin. » Le premier livre de la Bible où il soit question d'un principe distinct à la fois de Dieu et de son esprit, c'est le livre des Proverbes de Salomon. « Le Seigneur, dit la Sagesse, m'a possédée au commencement de ses voies, avant qu'il créât quelque chose, j'étais dès lors....., j'étais avec lui et je réglais toutes choses. » Voilà la doctrine du Verbe en germe. « Au commencement, dit Salomon, était la Sagesse. [1] » « Au commencement était le Verbe, dira saint Jean. » Cette conception nouvelle est-elle un fruit pur de la méditation des livres saints? N'est-ce pas plutôt une

---

puis séparant les éléments confondus. D'ailleurs le mot hébreu *bara* signifie au propre tailler, couper, et par extension séparer, choisir. Les Septante l'ont traduit par ἐποίησεν, soit qu'ils ne soupçonnassent pas la difficulté, soit qu'ils ne voulussent pas la trancher. Le passage du livre des Machabées n'a paru décisif dans le sens de création que parce qu'il a été inexactement traduit. Le texte grec sur lequel la traduction latine a été faite est : ἐξ οὐκ ὄντων ἐποίησεν αὐτὰ ὁ Θεός. La vraie traduction est : Non entia fecit esse Deus, et non : Ex nihilo fecit illa Deus. Il n'y a pas de mot dans la langue hébraïque, pas plus que dans la langue grecque, pour exprimer une idée, peut-être nécessaire, mais profondément inintelligible et à coup sûr étrangère à l'esprit de ces deux peuples, à savoir, la création *ex nihilo*. L'Orient a conçu la création comme une génération (γεννᾶν) ; la Genèse et le Timée l'ont conçue comme une construction, une formation (*bara* κτίζεῖν, ποιεῖν). L'idée de la création *ex nihilo* est chrétienne ; et encore la doctrine des premiers Pères est obscure et indécise sur ce point.

[1] Salom., *Prov.*, ch. 8.

inspiration de l'Orient? On serait tenté de le croire, en songeant au caractère tout oriental des pensées de Salomon, à cette mystique indifférence pour les œuvres et les choses du monde, à cette contemplation de la grandeur divine, si accablante pour la faiblesse humaine [1]. La doctrine de l'Esprit divin change aussi et se développe dans le cours de la tradition. Dans la Genèse, l'Esprit n'est qu'un souffle qui s'étend sur les eaux ; dans le livre de Job, c'est le principe de la vie universelle. « Si Dieu regardait le monde dans sa rigueur, il attirerait à soi dans l'instant l'Esprit qui l'anime [2]. » Du reste ce livre de Job porte l'empreinte évidente des idées étrangères. La doctrine des bons et des mauvais anges y paraît un emprunt fait aux religions de l'Orient [3]. La captivité de Babylone avait certainement modifié ou du moins enrichi la tradition hébraïque ; la doctrine des enfers indiquée dans le livre d'Esther n'appartient point aux croyances primitives. Dans les livres de Moïse, il n'est question ni de la vie future, ni de l'âme conçue comme distincte du corps. Les peines et les récompenses sont des biens ou des maux corporels. Le triomphe ou la défaite, la conquête ou la captivité, la prospérité ou la misère, telle est l'unique sanction de la loi divine promulguée par Moïse. Du reste, sauf les progrès qui viennent d'être cités, la doctrine hébraïque offre peu d'innovations remarquables dans la suite des livres saints jusqu'aux

---

[1] Ibid., *Ecclesiast.*
[2] Job, ch. 34. *Sur la doctrine des anges et de Satan, passim.*
[3] *Esther*, frag. 2.

livres de la Sagesse[1] et de l'Ecclésiastique [2]. Ces monuments renferment peu de traces des idées grecques dont ils semblent avoir précédé l'invasion en Orient; et comme d'une autre part ils révèlent un développement très remarquable de la doctrine judaïque, il est difficile de les considérer comme l'œuvre de méditations individuelles, et de ne pas les rattacher à cette tradition mystérieuse dont parle Philon.

Le livre de la Sagesse, cité par Aristobule, est un commentaire de la pensée de Salomon, mais un commentaire supérieur où la doctrine encore vague de l'original est développée avec profondeur et précision. Déjà Salomon avait distingué la Sagesse divine de Dieu même, puisqu'il en avait fait l'instrument de la création. Ici on va plus loin; on définit la nature et le rôle de ce principe intermédiaire, et on transforme la pensée vague de Salomon sur la Sagesse en la doctrine du Verbe proprement dit. « La Sagesse est belle et d'une beauté qui ne se flétrit point...... Elle est plus active que les choses les plus agissantes, et elle atteint partout à cause de sa pureté. Elle est la vapeur de la

---

[1] Le livre de la Sagesse est un commentaire des Proverbes et de l'Ecclésiaste; mais il en diffère trop, quant au fond et à la forme, pour qu'on puisse l'attribuer à Salomon. Il doit être même bien postérieur à Zorobabel, auquel l'attribuent certains commentateurs.

[2] Quant au livre de l'Ecclésiastique, qui commente également les livres de Salomon, il est l'œuvre d'un Juif célèbre par sa sagesse, Jésus de Sirach, qui florissait sous le pontificat de Simon I (303— 284 av. J.-C.). Il fut traduit en grec par un autre Juif, petit-fils de Jésus de Sirach, qui vint habiter Alexandrie sous le règne de Ptolémée Évergète.

vertu de Dieu et l'effusion toute pure de la clarté du Tout-Puissant. Elle est l'éclat de la lumière éternelle, le miroir sans tache de la majesté de Dieu, et l'image de sa bonté. N'étant qu'une, elle peut tout, et toujours immuable en elle-même, elle renouvelle toutes choses ; elle se répand parmi les nations et les âmes saintes, et elle forme les amis de Dieu et des prophètes [1]. » Ailleurs : « La Sagesse a tout fait [2]..... Dieu de mes pères, qui avez tout fait par votre parole, qui avez formé l'homme par votre sagesse [3]..... Avec vous est la Sagesse, qui connaît vos ouvrages, qui était présente lorsque vous formiez le monde [4]. » Dans ces passages apparaît clairement la doctrine d'un second principe distinct, mais inséparable de Dieu, dont il émane. Ce second principe a une double manifestation, la Sagesse proprement dite et la Parole ; il a aussi une double fonction, la formation de l'homme réservée à la Sagesse et la création du monde attribuée à la Parole. La Sagesse est évidemment considérée ici comme supérieure à la Parole, en nature et en fonction. Celle-ci ne semble être qu'une image de la Sagesse, laquelle est elle-même représentée comme le simple reflet de la majesté divine. Cette distinction tient évidemment à ce que l'idée du Verbe est encore indécise et incomplète dans la pensée de l'auteur. Le véritable Verbe, tel que nous le retrouverons dans Philon et dans saint Jean, est Sagesse et Puissance tout à la fois ; c'est par

[1] *Sapient.*, ch. 7.
[2] Ibid., ch. 8.
[3] Ibid., ch 9
[4] Ibid., ch.9

lui que Dieu conçoit et crée le monde. D'une autre part, l'auteur du livre confond l'œuvre du Verbe avec celle de l'Esprit, en attribuant au premier l'inspiration prophétique qui n'appartient qu'au second. L'idée du Verbe est donc encore confuse en même temps qu'elle est incomplète dans le livre de la Sagesse ; mais elle y est explicite [1]. Dans Jésus de Sirach la doctrine du Verbe est plus précise. « Toute Sagesse vient de Dieu ; elle a toujours été avec Dieu. Elle a été créée avant tout, et la lumière de l'intelligence est dès le commencement. Le Verbe de Dieu au plus haut des cieux est la source de la Sagesse [2]. » Le second principe des choses reçoit ici son véritable nom, le nom qu'il garde depuis dans la théologie chrétienne ; c'est le Verbe de Dieu, source de la Sagesse elle-même. Il y a loin de cette théologie à celle de la Genèse. Quant à la doctrine de l'Esprit, le progrès, bien que moins sensible, est réel. L'Esprit est considéré dans tous les livres saints comme l'agent intermédiaire qui transmet la vie divine aux êtres créés ; c'est toujours Dieu, mais Dieu présent au monde, et circulant dans toutes les parties de la création. Dans la Genèse l'Esprit de Dieu est surtout une puissance naturelle, un souffle vivifiant ; dans les livres des prophètes, c'est plutôt une puissance morale, un esprit d'inspiration qui remplit les cœurs ($\pi\nu\epsilon\tilde{\upsilon}\mu\alpha$ $\pi\rho o\varphi\eta\tau\iota\kappa\grave{o}\nu$).

La psychologie des Hébreux s'est plus développée encore que leur théologie, de Moïse à Jésus de Sirach.

---

[1] Ibid., ch. 15.
[2] *Ecclesiast.*, ch. 1.

Dans le Livre de la Sagesse, la distinction de l'âme et du corps est souvent et nettement professée! « La Sagesse n'entrera point dans une âme maligne, et n'habitera pas dans un corps assujéti au péché [1]. Nous lisons dans l'Ecclésiastique : «Dieu a créé l'homme de la terre et l'a formé à son image. Il lui a donné un esprit pour penser, et il l'a rempli de la lumière de l'intelligence. Il a créé en eux la science de l'esprit [2].» Dans la Genèse, l'homme est puni pour avoir voulu posséder la science du bien et du mal contre la volonté de son créateur. Ici Dieu donne à l'homme le discernement de la vie et de la mort, du bien et du mal, et le laisse sous la garde de son propre conseil [3]. L'état de l'homme dans la Genèse est la parfaite innocence ; dans le livre de Jésus de Sirach, c'est la vertu, la justice, avec leurs contraires. Dieu fait à sa créature un don plus précieux que la science ; il l'illumine d'intelligence. Il fait plus encore pour le juste : « Celui qui craint Dieu fera le bien ; et celui qui est affermi dans la justice possédera la sagesse. Il marchera heureusement jusqu'à ce qu'il arrive à la vue de Dieu [4]. » Et pour atteindre si haut, que faut-il faire? « J'ai conduit mon âme droit à la sagesse, et je l'ai trouvée dans la connaissance de moi-même [5]. » Le dogme d'une vie future est formellement exprimé dans le livre de la Sa-

---

[1] Liv. *Sagess.*, ch. 1.
[2] *Ecclesiast.*, ch. 17.
[3] Ibid., ch. 15.
[4] Ibid., ch. 15.
[5] Ibid., ch. 51.

gesse : « Les justes vivront éternellement [1] ; c'est par la sagesse que l'homme devient immortel [2].

Enfin, la Genèse et les autres livres de la Bible avaient célébré en termes sublimes l'œuvre de la création et les merveilles qui en sont sorties, mais sans indiquer d'une manière précise soit la nature même de la création, soit les rapports des êtres créés au Créateur. La Genèse, nous l'avons vu, semble avoir conçu l'œuvre de Dieu moins comme une création véritable que comme une organisation du chaos matériel. Le livre de Jésus de Sirach n'est pas explicite sur ce point ; mais il représente sans cesse la création comme un éclat, une sorte de rayonnement de la gloire de Dieu. Ces métaphores rappellent plutôt l'Orient que la tradition hébraïque [3]. Ne semble-t-il pas que la vraie doctrine de la création soit contenue dans ces paroles ? « C'est l'auteur de toute beauté qui a donné l'être à toutes ces choses [4]. » Quant aux rapports de la créature et du Créateur, la Genèse avait seulement dit à propos de l'homme qu'il a été fait à l'image de Dieu. L'auteur de la Sagesse étend cette ressemblance à toute la nature. « La grandeur et la beauté de la créature peut faire connaître et rendre, en quelque sorte, visible le Créateur [5].

En résumé, un premier principe, le Dieu suprême, retiré dans les profondeurs inaccessibles de son es-

---

[1] *De Sapient.*, ch. 5.
[2] Ibid., ch. 8.
[3] *Ecclesiast.*, ch. 42.
[4] *Sapient.*, ch. 13.
[5] *Sapient.*, ch. 13.

sence ; un second principe, émanant de Dieu et co-éternel à Dieu, la Sagesse, le Verbe divin, type et instrument de la création universelle ; un troisième principe, l'Esprit de Dieu, puissance intermédiaire qui transmet à la nature et aux âmes le souffle divin ; l'homme conçu comme une âme distincte du corps et immortelle, possédant, outre le sens et l'imagination, l'entendement et la lumière divine de l'intelligence, et pouvant atteindre jusqu'à la Sagesse, et par la Sagesse jusqu'à Dieu même, dont elle jouira dans une vie future ; le monde expliqué comme un rayonnement de la gloire suprême, et représenté comme une manifestation directe de Dieu : telle est la doctrine à laquelle aboutit la tradition hébraïque dans les deux livres qui en résument le développement. Que cette doctrine soit le fruit de la simple méditation des livres saints, ou, ce qui est plus probable, d'une méditation déjà éclairée et inspirée par une tradition secrète, elle n'en est pas moins un produit pur de la pensée orientale [1].

Cette digression était nécessaire pour comprendre l'école juive d'Aristobule et de Philon. L'œuvre de cette école étant une fusion de la sagesse hébraïque avec la philosophie grecque, il fallait savoir où en était cette sagesse au moment de la communication des doctrines.

Le premier monument qui contienne la trace des

---

[1] Il serait téméraire d'affirmer qu'il n'y a aucune trace de philosophie grecque dans le livre de la *Sagesse*. La Sagesse, principe d'origine tout orientale, y semble revêtir quelques uns des attributs caractéristiques du Dieu des Stoïciens. Mais, sauf quelques détails d'origine douteuse, le fond de la doctrine qui y est exprimée est un fruit de l'Orient.

idées de la Grèce est la traduction des Septante. On y reconnaît déjà l'influence de l'esprit platonicien aux nombreuses altérations du texte original, particulièrement en ce qui concerne les doctrines théologiques et cosmologiques de la Bible. Mais ce n'est que dans les écrits de l'école juive d'Alexandrie que se révèle d'une manière profonde et étendue l'influence de la philosophie grecque sur les doctrines nationales. On ne sait par qui ni en quelle année fut fondée l'école juive : Aristobule en est le premier représentant connu, s'il n'en est pas le fondateur. Ses opinions péripatéticiennes ne durent point altérer son attachement aux croyances nationales ; du reste, on n'en retrouve aucune trace dans les fragments qu'Eusèbe nous a conservés. Ces fragments sont surtout curieux, en ce qu'on y voit un premier essai de cette méthode d'interprétation large et philosophique des Écritures dont Philon d'abord, et, à son exemple, les Pères alexandrins, saint Clément et Origène, ont donné de si hardis exemples. Les Juifs alexandrins qui, comme Aristobule, commencèrent cet échange d'idées entre le Judaïsme et l'Hellénisme qui devait produire de si grands résultats, éprouvaient le besoin de s'expliquer à eux-mêmes et d'expliquer aux étrangers les invraisemblances et les impossibilités de la loi. Ainsi cette loi attribuait à la puissance divine des mains, des bras, un visage ; elle lui prêtait le mouvement, le travail et le repos : il fallait répondre à ces difficultés. Aristobule sacrifie la lettre des livres saints sans hésiter : il veut qu'on prenne la tradition dans un sens *naturel*, et qu'on maintienne la notion de Dieu à la hauteur de l'être dont on parle.

Autrement on tomberait dans une représentation fabuleuse et tout humaine [1]. Les images qui brillent dans les descriptions et dans les récits de Moïse ne sont souvent que des figures. Là où l'imagination ne voit rien de grand, l'intelligence découvre la divine vérité. Quand Moïse parle de la main de Dieu qui a tiré son peuple d'Égypte, qui frappe les Égyptiens, il faut entendre simplement la puissance de Dieu [2]. De même la descente de Jéhovah sur le mont Sinaï ne peut être prise à la lettre ; car Dieu est partout. Cette apparition du Très-Haut au milieu du tonnerre et des éclairs n'est autre chose que la révélation de Dieu par toutes ses puissances [3]. Ailleurs, quand Moïse dit que Dieu se reposa le sixième jour, il n'entend point que Dieu ne créa plus rien, ce qui répugnerait à sa nature essentiellement active et productrice. Ce mot de repos appliqué à Dieu signifie seulement l'accomplissement parfait de l'œuvre de la création. Aristobule applique la même méthode d'interprétation aux mythes de la religion grecque [4] : ainsi Jupiter, c'est la puissance de Dieu, considérée dans son expansion et son action universelles. C'est dans Aristobule qu'on trouve exprimée pour la première fois cette opinion, qui, pour être

---

[1] Aristob., Eusèb. *Præpar. evangel.*, l. viii, ch. 40. Παρακαλέσαι δέ σε βούλομαι πρὸς τὸ φυσικῶς λαμβάνειν τὰς ἐκδοχὰς, καὶ τὴν ἁρμόζουσαν ἔννοιαν περὶ Θεοῦ κρατεῖν, καὶ μὴ ἐκπίπτειν εἰς τὸ μυθῶδες καὶ ἀνθρώπινον κατάστημα.

[2] Eusèbe, *Prépar. évang.*, l. viii, ch., 40. Ὥστε αἱ χεῖρες ἐπὶ δυνάμεως νοοῦνται Θεοῦ.

[3] Ibid., id., id.

[4] Ibid., id.

absurde, n'en fit pas moins fortune dans l'école juive et dans les écoles chrétiennes, à savoir, que la sagesse des Grecs découle des livres saints.

La doctrine de Philon est la première tentative sérieuse et systématique d'une fusion entre les idées grecques et orientales. Œuvre d'un esprit élevé et puissant, étendu et profond, cette doctrine est le point de départ et l'exemple, sinon le modèle, de tous les essais analogues qui furent tentés ultérieurement. C'est en cela surtout qu'elle mérite notre attention. La pensée de Philon est partagée entre deux tendances bien distinctes, qui s'opposent bien plus souvent qu'elles ne se mêlent et se combinent. La tradition orientale et la science grecque sont comme les deux courants parallèles d'un fleuve, qu'on reconnaît facilement à la direction de leur mouvement et à la couleur de leurs eaux. Nous allons suivre à part le développement de chacune de ces tendances dans la doctrine générale du philosophe juif. Écoutons d'abord le sage de la tradition et de l'Orient. Toute vérité et toute connaissance viennent de Dieu [1] ; l'aveu de notre ignorance et de notre folie est la fin de toute science humaine et le commencement de la vraie sagesse. Dieu seul est sage [2] ; l'homme ne possède qu'une sagesse d'emprunt. Toutes nos facultés de connaître, le sens, l'entendement, la raison, peuvent

---

[1] Phil., *De Somn.*, p. 574, éd. Paris 1640. Αὐτὸς (Θεὸς) ἀρχὴ καὶ πηγὴ τεχνῶν καὶ ἐπιστημῶν ἀνωμολόγηται.

[2] Phil., *De Migrat. Abraham*, p. 394. Ὁ δὲ δεικνὺς ἕκαστα, ὁ μόνος ἐπιστήμων Θεός.

faillir. Si elles perçoivent la vérité, c'est malgré leur nature et par une grâce particulière de Dieu [1]. Pour approcher de Dieu, il faut se fuir soi-même. Plus l'homme s'enfonce dans sa propre nature, plus il s'éloigne de Dieu ; le sentiment de son individualité lui fait perdre le sens de l'universel. C'est donc en s'ignorant soi-même, comme individu, qu'il connaîtra l'être véritable [2]. « Si tu cherches Dieu, ô âme, cherche-le hors de toi [3]. » Philon ne cesse de gémir sur l'impuissance de la nature humaine à connaître Dieu. On ne peut atteindre Dieu ni par le raisonnement, ni par la raison, ni par aucune opération de l'âme. Ainsi le spectacle du monde, de ses puissances, de ses perfections, ne peut nous élever vers la cause suprême de toute puissance et de toute perfection. Ceux qui cherchent Dieu à travers le monde n'en rencontrent que l'ombre [4]. Quant à l'âme, même l'âme rationnelle, comment prétendrait-elle connaître Dieu,

[1] Ibid., *De Creat. mund.*, p. 338. Καὶ μὴν σφαλλομένων τε τῶν καθ' ἡμᾶς αὐτοὺς περί τε νοῦν καὶ αἴσθησιν κριτηρίων ἀνάγκη τὸ ἀκόλουθον ὁμολογεῖν, ὅτι ὁ Θεὸς τῷ μὲν τὰς ἐννοίας, τῇ δὲ τὰς ἀντιλήψεις ἐπομβρεῖ καὶ ἔστιν οὐ τῶν καθ' ἡμᾶς μερῶν χάρις τὰ γινόμενα, ἀλλὰ τοῦ δι' ὃν καὶ ἡμεῖς γεγόναμεν, δωρεαὶ πᾶσαι.

[2] Ibid., *Leg. alleg.*, l. II, p. 66. Δυοῖν γὰρ ὄντοιν, τοῦ τε τῶν ὅλων νοῦ, ὅς ἐστι Θεὸς, καὶ τοῦ ἰδίου ὁ μὲν φεύγων ἀπὸ τοῦ καθ' αὐτὸν, καταφεύγει ἐπὶ τὸν συμπάντων. — Ibid., *De Somn.*, p. 574. Ὁ δ' ἀπογνοὺς ἑαυτὸν, γινώσκει τὰ ὄντα.

[3] Ibid., *Leg. alleg.*, l. II, p. 69. Εἰ γὰρ ζητεῖς Θεὸν, ἐξελθοῦσα ἀπὸ σαυτῆς ἀναζήτει.

[4] Ibid., *Leg. alleg.*, l. II, p. 79. Οἱ δὴ οὕτως ἐπιλογιζόμενοι διὰ σκιᾶς τὸν Θεὸν καταλαμβάνουσι διὰ τῶν ἔργων τὸν τεχνίτην κατανοῦντες.

elle qui ne se connaît point soi-même [1]? Nulle parole et nulle pensée humaine ne peuvent atteindre Dieu [2]. Le divin reste-t-il donc inaccessible à l'homme? Philon ne va point jusque là. Il rétablit la communication par une faculté supérieure, l'intelligence pure, véritable grâce de Dieu qui soulève l'âme vers le divin [3]. Du reste, cette vue même surnaturelle de Dieu est toujours obscure et imparfaite. L'âme ne connaît pas Dieu, mais seulement qu'il est ; elle ne le *voit* point même de loin ; elle ne peut que le *comprendre*. « N'espère pas, dit Dieu à Moïse, voir jamais ou moi-même ou aucune de mes puissances. Tu contempleras seulement le spectacle du monde et des choses qu'il renferme, non point des yeux du corps, mais de l'œil vigilant de l'intelligence [4]. » Et comme Moïse insiste pour que Dieu lui laisse voir au moins sa gloire et ses puissances, Dieu lui répond : « Les puissances que tu cherches sont invisibles et seulement intelligibles, comme moi-même [5]. »

L'homme sait de Dieu seulement ce qu'il n'est pas. Il le connaît comme étant absolument simple et

---

[1] Ibid., *Leg. alleg.*, p. 57. Οἳ γὰρ τῆς ἰδίας ψυχῆς τὴν οὐσίαν οὐκ ἴσασι, πῶς ἂν περὶ τῆς τῶν ὅλων ψυχῆς ἀκριβώσαιεν ;

[2] Ibid., *De Cherub.*, p. 115.

[3] Ibid., *Leg. alleg.*, l. 1, p. 47. Οὐ γὰρ ἂν ἐπετόλμησε τοσοῦτον ἀναδραμεῖν ὁ ἀνθρώπινος νοῦς, ὡς ἀντιλαβέσθαι Θεοῦ φύσεως, εἰ μὴ αὐτὸς ὁ Θεὸς ἀνέσπασεν αὐτὸν πρὸς ἑαυτὸν, ὡς ἐνῆν ἀνθρώπινον νοῦν ἀνασπασθῆναι.

[4] Ibid., *De Somn.*, p. 575.

[5] Ibid., *De Monarch*, p. 817. Ἃς ἐπιζητεῖς δυνάμεις, εἰσὶν ἀόρατοι καὶ νοηταὶ πάντως, ἐμοῦ τοῦ ἀοράτου καὶ νοητοῦ.

ineffable [1]. Quel nom, en effet, lui conviendrait, puisqu'il n'a ni forme ni qualité [2] ? Dieu est supérieur à toute vertu et à toute perfection, meilleur que le bien, plus pur que l'unité [3]. Tout ce qu'on appelle le Vrai, le Beau, le Bien, l'Unité, ne sont que des images de Jéhovah. Voilà pourquoi il se définit lui-même : « Je suis celui qui suis. » Comme s'il eût dit : ma nature est d'être, non d'être nommé [4]. Dieu est unique ; de lui seulement on peut dire : Il est bon qu'il soit seul [5]. Il est indépendant, puisqu'il est unique. Il est infini en lui-même et dans ses puissances [6]. Il est immuable dans son être, toujours égal à soi-même, n'étant jamais ni meilleur ni pire [7]. Enfin, Dieu est universel, non parce qu'il est contenu en tout, mais au contraire parce qu'il contient tout [8]. C'est le seul être dont on puisse dire qu'il est partout et nulle part. « Il est à lui-même sa demeure, plein de soi et se suffisant à soi-même ; il remplit et contient le vide et le néant de toutes choses [9]. » Toute cette énumération montre ce que

---

[1] Ibid., *Quod Deus sit immut.*, p. 301.

[2] Ibid., p. 301. Ἀλλ' ἐπιβιβάσαντες αὐτὸ πάσης ποιότητος.

[3] Ibid., *De Vit. contempl.*, p. 890. Ὃ καὶ ἀγαθοῦ, κρεῖττόν ἐςι, καὶ ἑνὸς εἰλικρινέςερον.

[4] Ibid., *De Nomin. mutat.*, p. 1045. Ἴσον τῷ · εἶναι πέφυκα, οὐ λέγεσθαι.

[5] *Leg. alleg.*, l. III, p. 1087.

[6] *De Sacrif. Abel.*, p. 139.

[7] *De Incorrupt. mund.*, p. 950.

[8] *De Confus. ling.*, p. 339. Ὑπὸ δὲ τοῦ Θεοῦ πεπλήρωται τὰ πάντα, περιέχοντος, οὐ περιεχομένου· ᾧ πανταχοῦ τε καὶ οὐδαμοῦ συμβέβηκεν εἶναι μόνῳ.

[9] *Leg. alleg.*, l. I, p. 48.

Dieu n'est pas, mais non ce qu'il est. Philon semble aller plus loin quand il attribue à Dieu le bonheur parfait, et qu'il le représente au sommet de la félicité et de la perfection [1]. Mais au fond sa thèse sur l'impossibilité de connaître Dieu subsiste tout entière. Car que sait l'homme de ce bonheur parfait que possède Dieu? Quant aux autres attributs que Philon prête à Dieu, comme l'activité incessante [2], la bonté, la justice, la providence [3], ils n'expriment pas dans sa pensée la nature même de Dieu, mais ses rapports avec le monde, tels que l'intelligence humaine les conçoit.

Si Dieu restait toujours caché dans les ténèbres de sa nature ineffable et inaccessible, toute communication deviendrait impossible entre le Créateur et la créature; l'intelligence humaine, même aidée de la grâce divine, n'atteindrait point le divin. Dieu n'a pas voulu qu'il en fût ainsi : ne pouvant élever l'âme jusqu'à la hauteur de sa nature infinie, c'est lui qui descend vers elle, et se manifeste à ses regards. L'Écriture dit que Dieu s'est montré au sage, et non que le sage a vu Dieu [4]. Dans cette révélation, Dieu ne dé-

---

[1] *De Cherub.*, p. 122.

[2] *Leg. alleg.*, l. 1, p. 44. Παύεται γὰρ οὐδέποτε ποιῶν ὁ Θεὸς, ἀλλ' ὥσπερ ἴδιον τὸ καίειν πυρὸς καὶ χιόνος τὸ ψύχειν, οὕτω καὶ Θεοῦ τὸ ποιεῖν.

[3] *De Vict. offer.*, p. 850.

[4] *De Abrah.*, p. 364. Ὅς (Θεὸς) ἕνεκεν φιλανθρωπίας ἀφικνουμένην τὴν ψυχὴν ὡς αὐτὸν οὐκ ἀπεστράφη, προυπαντήσας δὲ τὴν ἑαυτοῦ φύσιν ἔδειξε, καθ' ὅσον οἷόντ' ἦν ἰδεῖν τὸν βλέποντα. Διὸ λέγεται, οὐχ ὅτι ὁ σοφὸς εἶδε Θεὸν, ἀλλ' ὅτι ὁ Θεὸς ὤφθη τῷ σοφῷ

couvre point à un œil humain sa face invisible; il ne fait que lui montrer son image, son Verbe. Bien que la théorie de Philon sur le Verbe contienne beaucoup d'éléments empruntés au Platonisme, elle doit être considérée comme un développement naturel et nécessaire de sa doctrine théologique. Le principe qui domine toute cette théorie, c'est que Jéhovah est retiré dans les profondeurs impénétrables de son essence. Dès lors comment expliquer la création du monde? Comment expliquer la communication de Dieu avec les êtres créés, autrement que par un médiateur? Le Verbe est précisément ce médiateur : Philon le représente comme la parole extérieure (λόγος προφορικὸς), l'image [1], la figure de Dieu (πρόσωπον), c'est-à-dire comme la manifestation des puissances cachées dans le sein du principe suprême, Jéhovah. Seulement Philon n'admet pas que le Verbe lui-même soit la représentation parfaite et complète des puissances de Dieu; il n'y voit encore que l'ombre de la lumière divine [2]. Comme première manifestation des puissances divines, le Verbe est le premier né, le premier archange de Dieu [3]; comme type idéal de la nature humaine, c'est l'homme parfait, l'Adam céleste. Dans cette dernière dénomination est contenu le principe d'une grande doctrine, à savoir, l'incarnation du Verbe de Dieu sous forme hu-

---

[1] *Leg. alleg.*, l. ii, p. 89. Ὥσπερ γὰρ ὁ Θεὸς παράδειγμα τῆς εἰκόνος, ἣν σκίαν νυνὶ κέκληκεν, οὕτως ἡ εἰκὼν ἄλλων γίνεται παράδειγμα.

[2] *Leg. alleg.*, l. ii, p. 79. Σκιὰ Θεοῦ δὲ, ὁ λόγος αὐτοῦ ἐςίν.

[3] Euséb., *Prép. évang.*, l. viii, c. 13, p. 323. — Ibid., l. xi, c. 15, p. 533.

maine. Sur ce point important, il faut écouter Philon lui-même. « Pourquoi Dieu dit-il : J'ai créé l'homme à l'image de Dieu, comme s'il s'agissait d'un autre Dieu et non de lui-même ? En effet, ce n'est pas au Dieu suprême, père de l'univers, qu'un être mortel pouvait ressembler, mais au second Dieu, qui est le Verbe de celui-là. Car il fallait que le type rationnel dans l'âme de l'homme fût une empreinte du Verbe divin, puisque le Dieu qui est avant le Verbe est meilleur que toute nature rationnelle : donc rien de mortel ne pouvait ressembler au Dieu supérieur au Verbe, qui réside à part dans l'essence par excellence [1]. » Autre passage décisif : « J'ai entendu un disciple de Moïse (ἑταίρων) prononcer cet oracle : Voilà l'homme dont le nom est *Orient* (ἀνατολή); appellation étrange, si on avait voulu parler de l'homme composé d'une âme et d'un corps. Mais s'il s'agit de cet homme incorporel qui comprend en soi l'idée divine, on avouera sans peine que ce nom d'Orient est le nom qui lui convient le mieux [2]. » Ainsi, dans la pensée de Philon, le Verbe, qui, en regard de

---

[1] Ibid., l. vii, c. 13, p. 323. Θνητὸν γὰρ οὐδὲν ἀπεικονισθῆναι πρὸς τὸν ἀνωτάτω καὶ πατέρα τῶν ὅλων ἐδύνατο, ἀλλὰ πρὸς τὸν δεύτερον Θεόν, ὅς ἐστιν ἐκείνου λόγος. Ἔδει γὰρ τὸν λογικὸν ἐν ἀνθρώπου ψυχῇ τύπον, ὑπὸ θείου λόγου χαραχθῆναι, ἐπειδὴ ὁ πρὸ τοῦ λόγου Θεός, κρείσσων ἐστὶν ἢ πᾶσα λογικὴ φύσις· τῷ δὲ ὑπὲρ τὸν λόγον, ἐν τῇ βελτίστῃ καὶ τινι ἐξαιρέτῳ κατεστῶτι ἰδέα, οὐδὲν θέμις ἦν γεννητὸν ἐξομοιοῦσθαι.

[2] Ibid., l. xi, c. 15, p. 533. Ἐὰν δὲ τὴν ἀσώματον ἐκεῖνον θείαν ἰδίαν φοροῦντα, ἱκανῶς ὁμολογήσεις, ὅτι εὐθυβολώτατον ὄνομα ἐπεφημίσθη τὸ Ἀνατολὴ αὐτῷ. Τοῦτον μὲν γὰρ πρεσβύτατον υἱὸν ὁ τῶν ὅλων ἀνέτειλε πατήρ, ὃν ἑτέρωθι πρωτόγονον ὠνόμασε.

Dieu, est l'image des puissances divines, devient, en regard de la créature, non pas le type vague et universel des choses créées, mais particulièrement le type de la nature rationnelle, et par suite de la nature humaine en ce qu'elle a de rationnel [1]. Philon n'a pas seulement conçu le principe de cette grande doctrine, qui doit servir de base au Christianisme ; il en a entrevu les conséquences morales. Si le Verbe divin est le type de l'humanité, il en est le père, et tous les hommes sont ses fils, selon une filiation immédiate. Ils sont fils du Verbe avant d'être les enfants de Dieu. « Il faut que chacun, tout en se trouvant indigne de porter le nom de fils de Dieu, s'efforce de se perfectionner d'après le Verbe premier né de Dieu, le plus ancien des anges, et qui sous des noms divers est représenté comme un archange. Car il est tour à tour appelé Principe, Verbe, l'Homme exemplaire (ἄνθρωπος κατ'εἰκόνα), le Voyant d'Israël. C'est pourquoi j'ai été conduit depuis peu à louer les vertus de ceux qui disent que nous sommes tous les fils d'un seul homme. Et, en effet, si nous ne méritons point encore d'être comptés pour enfants de Dieu, au moins sommes-nous déjà les fils de son image [2] sans forme, et de son Verbe le plus sacré. »

Le Verbe de Dieu, tel que le conçoit Philon, est tout autre chose que l'intelligence pure d'Aristote ou

---

[1] La même doctrine se retrouve dans la Cabale. Voyez le livre de M. Franck.

[2] Eusèb., *Prép. évang.*, l. XI, c. 15, p. 533. Καὶ γὰρ εἰ μήπω ἱκανοὶ Θεοῦ παῖδες νομίζεσθαι γεγόναμεν· ἀλλά τοι τῆς ἀειδοῦς εἰκόνος αὐτοῦ Λόγου τοῦ ἱερωτάτου·

le λόγος θεῖος de Platon. Philon identifie dans la nature du Verbe l'intelligence et l'âme, l'idée et la puissance, le principe de l'essence et le principe de la vie. « Il faut savoir, dit-il, que le lieu divin, l'espace sacré, est rempli de verbes incorporels : or, ces verbes sont des âmes immortelles [1]. » Ailleurs : « Dieu a recours à ces puissances incorporelles, dont le vrai nom est idée, pour donner à chaque chose sa forme convenable [2]. » On sait qu'il nomme le Verbe le premier des archanges. Cette identification de l'intelligence et de la puissance est le fond même de la doctrine orientale du Verbe. Jamais l'Orient n'a séparé dans le Verbe le principe de l'essence du principe de la vie, ainsi que l'ont fait plus tard les Alexandrins. La distinction de ces deux principes de l'être est propre à la philosophie grecque.

Cette double nature du Verbe explique son double rôle dans la création : il est à la fois le type de la pensée et l'organe de la puissance du Dieu créateur; il fait vivre les choses en même temps qu'il les fait être; il construit et anime l'univers. Du reste, il ne fait tout cela que sous la main de la puissance divine : Dieu seul crée ; le Verbe concourt seulement à la création. Comme l'œuvre même de la création répugnerait à la majesté divine, Philon transporte au Verbe tout ce

---

[1] Phil., *De Somn.*, l. I, p. 21. Εἰδέναι δὲ νῦν προσήκει, ὅτι ὁ θεῖος τόπος καὶ ἡ ἱερὰ χώρα πλήρης ἀσωμάτων ἐςὶ λόγων· ψυχαὶ δὲ εἰσιν ἀθάνατοι οἱ λόγοι οὗτοι.

[2] *De Vict. offer.*, p. 857. Ἀλλὰ ταῖς ἀσωμάτοις δυνάμεσιν, ὧν ἕτοιμον ὄνομα αἱ ἰδέαι, κατεχρήσατο πρὸς τὸ γένος ἕκαστον τὴν ἁρμόττουσαν λαβεῖν μορφήν.

qui dans cette œuvre lui paraît indigne de Jéhovah. Ainsi, c'est bien Dieu seul qui crée; mais sa création se borne à un acte volontaire. Il veut que le monde soit, et rentre ensuite dans son repos, laissant au Verbe le soin d'accomplir sa volonté. Du reste la volonté divine est une puissance féconde : vouloir, pour Dieu, c'est produire. Il est évident que Philon ne s'en tient pas à la doctrine de la Genèse, et qu'il conçoit l'œuvre de Dieu comme une création substantielle, comme une vraie fondation (κτίσιν). Cette doctrine, plus orientale qu'hébraïque, était déjà contenue en germe dans les livres de la Sagesse et de l'Ecclésiastique. « Il fallait, dit Philon quelque part, que, pour faire briller le meilleur par le contraste, le pire fût *engendré* également par la puissance et la bonté de cette cause divine qui est Dieu[1]. » Mais voici une phrase qui ne laisse aucun doute sur la nature de la création divine : « Dieu, en faisant naître les choses, ne les a pas seulement rendues visibles, mais il a produit ce qui auparavant n'existait pas; il n'est pas seulement l'architecte de l'univers, il en est aussi le fondateur[2]. » Le Dieu de Philon est donc créateur

---

[1] *Leg. alleg.*, l. ii, p. 74. Ἔδει γὰρ εἰς τὴν τῶν βελτιόνων δήλωσιν, γένεσιν ὑποστῆναι καὶ τῶν χειρόνων, ὑπὸ δυνάμεως τῆς αὐτῆς ἀγαθότητος τοῦ αἰτίου, ἥτις ἐστὶν ὁ Θεός.

[2] *De Somn.*, p. 577. Ἄλλως τε, ὡς ὁ ἥλιος τὰ κεκρυμμένα τῶν σωμάτων ἐπιδείκνυται, οὕτω καὶ ὁ Θεὸς τὰ πάντα γεννήσας, οὐ μόνον εἰς τοὐμφανὲς ἤγαγεν, ἀλλὰ καὶ ἃ πρότερον οὐκ ἦν, ἐποίησεν, οὐ δημιουργὸς μόνον, ἀλλὰ καὶ κτίστης αὐτὸς ὤν. Il est vrai de dire que Philon emploie quelquefois le mot γεννᾶν comme synonyme de ποιεῖν. Ainsi,

dans toute la force du mot ; il n'ordonne pas seulement l'univers, comme un simple Démiurge, il le produit, il le tire tout entier, non pas du néant, mais de lui-même ; en un mot, il l'engendre (γεννήσας, γένεσιν), et le fonde en soi (κτίστης). Aucun texte ne révèle, dans les livres de Philon, la moindre idée de la création *ex nihilo*. La création n'est pas une œuvre passagère et momentanée, suivant Philon ; c'est un acte nécessaire et perpétuel de la puissance divine. Dieu produit sans cesse parce que sa nature est de produire, comme celle du feu est de brûler [1]. Philon ne voit qu'une figure dans ces mots de la Genèse : « Dieu se reposa le septième jour. » Il est évident, quelque tradition que Philon ait suivie, qu'il se rapproche, dans sa théorie de la création, beaucoup plus de la doctrine orientale de l'émanation que des idées de la Genèse.

Le Verbe divin, dans la pensée du philosophe juif, n'est point un médiateur entre le monde et Dieu. Il manifeste et représente les puissances divines, mais il ne les transporte pas au sein des créatures. En un mot, il n'est pas le véritable organe de communication entre la créature et le Créateur. De là la nécessité d'intermédiaires transmettant aux fils les paroles du père et au père les vœux des fils [2]. Telle est la fonction des anges, ces messagers des paroles divines, ainsi que les nomme Philon. Sa doctrine des anges est assez incohérente : il

---

De Vict. offer., p. 857. Ἐξ ἐκείνης (ὕλης) γὰρ παντ' ἐγέννησεν ὁ θεὸς, οὐκ ἐφαπτόμενος αὐτός.

[1] *Leg. alleg.*, l. 1, p. 41.
[2] Phil., *De Somn.*, p. 586.

comprend sous ce nom des principes fort divers, le Verbe lui-même, les idées qu'il contient et les puissances qui réalisent ces idées ; mais c'est qu'alors il considère comme ange tout principe qui produit ou porte au dehors les puissances cachées dans le sein de Dieu. En ce sens, le Verbe, première manifestation de Jéhovah, est un ange de Dieu, l'archange suprême ; les puissances qui réalisent les idées du Verbe sont aussi des anges, non plus des anges de Dieu, mais seulement du lieu divin, du ciel. Du reste, Philon applique plus particulièrement ce mot aux puissances *célestes* (et non divines) qui se meuvent et se déplacent réellement. Celles-là sont les vrais *messagers* des paroles divines. Le Verbe et les idées sont aussi des puissances, mais des puissances immobiles dont la nature toute divine répugne à un contact immédiat avec la créature.

La doctrine des anges, d'ailleurs pleine d'incertitudes et de contradictions, ne suffisait pas pour expliquer complétement la communication entre Dieu et le monde. Les anges n'opèrent cette communication que par le mouvement et d'une manière accidentelle. Philon conçoit en outre un principe constant, universel, nécessaire de communication, l'Esprit. La pensée de Philon sur ce point, tant qu'elle n'emprunte rien à la science étrangère, ne va guère au-delà de la tradition hébraïque. L'Esprit est conçu par lui comme un principe de vie pour la nature et d'inspiration pour l'humanité. « Dieu excita Bézéléel et le remplit de l'Esprit divin, à savoir, de sagesse, d'intelligence et de science pour tout ce qui concerne la conception des œuvres [1]. » Ainsi l'Esprit de Dieu n'est que la Sagesse divine passant dans les œuvres, l'intelligence à l'état de vie. C'est ce qui fait dire à Philon que l'Esprit habite l'âme et non la raison, qu'il est propre à celle-là et non à celle-ci. Enfin Philon, d'accord en cela avec l'Écriture, représente l'Esprit comme un souffle qui remplit et pénètre les créatures [2], tandis qu'il conçoit plutôt le Verbe ou la Sagesse comme une lumière pure qui éclaire le monde, sans jamais descendre du foyer divin. C'est Dieu qui inspire; l'Intelligence (la Sagesse) transmet l'inspiration; l'Esprit la reçoit et s'en pénètre, de manière à la répandre ensuite sur l'homme et sur la nature [3].

Voilà pour la théologie. La même tendance mystique perce dans sa doctrine sur les causes et la fin des actions humaines. L'âme n'a rien qui lui soit propre, ni pensée, ni action. Elle flotte constamment entre deux nécessités, l'une divine et l'autre matérielle [4], se perfectionnant naturellement et sans art, par la grâce de Dieu. Dieu seul agit dans l'âme; il l'incline comme il lui plaît et où il veut [5]. « Alors cessent les peines, les soucis, les inquiétudes; et sans art, la seule

---

[1] *De Gigant.*, p. 287. Καὶ ἐνέπλησεν αὐτὸν πνεύματος θείου, σοφίας, συνέσεως, ἐπιστήμης, ἐπὶ παντὶ ἔργῳ διανοεῖσθαι.

[2] *De Gigant.*, p. 291.

[3] *Leg. alleg.*, l. ɪ, p. 47.

[4] *De Somn.*, l. ɪɪ, p. 692. Ὁ μὲν γὰρ θεὸς ἑκούσιον, ἀνάγκη δὲ ἡ οὐσία. — Ibid., *Quis hær. rer. div.*, p. 512. Ταῖς σώματος ἀνάγκαις.

[5] *Leg. alleg.*, l. ɪɪ, p. 82. — *De Migrat. Abrah.*, p. 393. Τότε μελέται μὲν καὶ πόνοι καὶ ἀσκήσεις ἡσυχάζουσιν, ἀναδίδοται δὲ ἄνευ

bonté de la nature (divine) nous comble en abondance de toutes ses faveurs. Cette production spontanée de toutes sortes de biens se nomme délassement et repos, parce que l'âme se repose en effet de la fatigue de ses opérations et semble se délivrer elle-même de ses travaux par l'abondance des eaux célestes qui l'arrosent et la vivifient [1]. » La vertu n'est qu'une préparation à la vie parfaite. Au-dessus de la vertu est la contemplation ; au-dessus de la sagesse, l'enthousiasme. Il faut entendre Philon célébrer l'extase. « Tant que brille notre intelligence et que, comme le soleil de midi, elle verse la lumière par toute notre âme, nous demeurons en nous-mêmes. Mais quand elle incline vers son couchant, alors naturellement commence en nous l'extase ; nous sommes possédés, une fureur divine nous saisit. » Mais n'entre pas en extase qui veut. « Nul méchant ne peut devenir l'interprète de la divinité, et nul méchant ne saurait, à vrai dire, être saisi d'une fureur divine. Le sage peut seul la recevoir dans son âme ; car lui seul peut devenir un instrument qui s'ouvre et s'ébranle invisiblement au contact de la main de Dieu [2]. » L'extase n'est pas un don arbitraire, un pur caprice de la faveur divine ;

τέχνης φύσεως προμηθεία πάντα ἀθρόω, πᾶσιν ὠφέλιμα. Καλεῖται δὲ ἡ φορὰ τῶν αὐτοματιζομένων ἀγαθῶν ἄρεσις ἐπειδήπερ ὁ νοῦς ἀφίεται τῶν κατὰ τὰς ἰδίας ἐπιβολὰς ἐνεργεῖων καὶ ὥσπερ τῶν ἑκουσίων ἠλευθέρωται διὰ τὴν πληθὺν τῶν ὑομένων καὶ ἀδιαςάτως ἐπομβρούντων.

[1] *Quis rer. div. hær.*, p. 518.

[2] *Quis rer. div. hær.*, p. 517. Μόνῳ δὲ σοφῷ ταῦτ' ἐφαρμόττει, ἐπεὶ καὶ μόνος ὄργανον Θεοῦ ἐςὶν ἠχοῦν, κρουόμενον καὶ πληττόμενον ἀοράτως ὑπ' αὐτοῦ.

c'est un fruit divin, que la vertu seule peut mûrir. Dieu seul produit cet état ; mais il le produit infailliblement quand l'âme y est dignement préparée. L'extase telle que la décrit Philon a tous les caractères de la contemplation orientale. Elle est entièrement passive ; ce n'est point, comme l'extase alexandrine, un effort de l'âme qui exalte toutes ses puissances pour atteindre jusqu'à Dieu ; c'est un abandon complet de toutes les facultés au sein de la grâce divine. « Je ne rougirai pas de dire ce qui bien souvent m'arrive à moi-même. Résolu à écrire au sujet des doctrines ordinairement admises par les philosophes, et connaissant parfaitement ce que j'avais à dire, j'ai souvent trouvé mon esprit incapable de produire, et je me suis retiré sans avoir rien fait, mais admirant la puissance de celui qui est, et qui ouvre et ferme à son gré la matrice de l'âme. D'autres fois, vide de toute idée, je me suis mis au travail, et soudain je me sentais rempli, les pensées me venaient invisiblement d'en haut et tombaient comme la neige et la semence ; saisi par un Dieu et semblable aux corybantes, j'oubliais le lieu où j'étais, et les personnes présentes, et moi-même, et ce que j'avais dit et écrit [1]. »

Toute cette doctrine est purement orientale. Soit que Philon se soit simplement inspiré de la doctrine des livres saints, soit que, comme il le fait entendre, il l'ait puisée à la source d'une mystérieuse tradition, soit enfin qu'il ait connu et suivi les idées religieuses des autres peuples de l'Orient, on n'aperçoit

---

[1] *De Migrat. Abrah.*, p. 393.

jusqu'ici aucune trace de philosophie grecque. Voici maintenant une seconde doctrine, bien différente de la première quant à l'esprit et à l'origine [1]. Si on se souvient que Philon prescrit à l'âme de chercher Dieu hors d'elle-même, on sera fort surpris de l'entendre professer le γνῶθι σεαυτόν. Il veut que l'âme s'arrache tout d'abord à la contemplation des choses célestes, qu'elle descende du ciel, non pour se laisser distraire par le spectacle de la nature, mais pour se recueillir et se concentrer en elle-même. Ne dirait-on pas un disciple de Socrate ou de Platon? Seulement il entend le γνῶθι σεαυτόν à sa manière. S'il veut que l'âme se recueille, ce n'est pas pour qu'elle se contemple, mais pour qu'elle se méprise et regarde en elle autre chose qu'elle-même. C'est parce que la connaissance de soi-même aboutit à la distinction de l'intelligible et du sensible, du divin et de l'humain, qu'elle inspire à l'âme le dégoût de sa propre nature et l'amour de Dieu [2].

Dans sa doctrine primitive, Philon ne voyait en ce Dieu ineffable et inaccessible que la puissance féconde, la source d'où émanent tous les êtres créés. Maintenant, sous l'influence d'une philosophie étrangère, il conçoit Dieu comme la cause finale de l'univers, comme le Bien. Sa doctrine cosmologique n'a rien de commun avec sa théologie traditionnelle. Il y a deux causes du monde, l'une active, qui est Dieu, l'autre

---

[1] *De Migrat. Abrah.*, p. 416. Μόνους δὲ ἑαυτοὺς, καὶ τὴν ἑαυτῶν φύσιν ἐρευνᾶτε, μὴ ἑτέρωθι μᾶλλον οἰκήσαντες ἢ παρ' ἑαυτοῖς.
[2] *Leg. alleg.*, l. II, p. 66.

passive, qui est la matière. La génération des êtres est la transition du non-être à l'être ; le non-être est la matière. La matière, telle que la connaît Philon, n'est pas une simple capacité, absolument vide de formes et indifférente à tout état [1]. C'est une vraie substance (οὐσία), possédant, comme la matière des Stoïciens, toutes les propriétés passives de l'être. Dieu ne crée point par lui-même, mais par l'intermédiaire de sa sagesse ou de son Verbe. Qu'est-ce que le Verbe de Dieu ? Ici nous allons entendre le disciple de Platon : « Pour parler sans images, le monde intelligible n'est pas autre chose que la Raison de Dieu créant le monde ; et, en effet, cette cité idéale est quelque chose d'analogue au raisonnement de l'architecte songeant à construire en réalité la cité qu'il a élevée dans sa pensée... Il est clair que cette image (par rapport à Dieu) archétype, que nous disons être le monde intelligible, est lui-même l'exemplaire suprême (par rapport au monde), l'idée des idées [2]. » Ainsi la doctrine tout orientale du Verbe (λόγος προφορικὸς) est convertie, sous l'influence de Platon, en la théorie du monde intelligible. Le Verbe n'est plus conçu comme la parole vivante, la puissance manifestée de Jéhovah, mais comme l'archétype des choses, l'unité suprême des idées ou formes primitives du monde

---

[1] *De Mundi creat.*, p. 4.

[2] *De Creat. mund.*, p. 5. Εἰ δέ τις ἐθελήσειε γυμνοτέροις χρήσασθαι τοῖς ὀνόμασιν, οὐδὲν ἂν ἕτερον εἴποι τὸν νοητὸν εἶναι κόσμον, ἢ Θεοῦ λόγον ἤδη κοσμοποιοῦντος. Οὐδὲ γὰρ ἡ νοητὴ πόλις ἕτερόν τι ἐστίν, ἢ ὁ τοῦ ἀρχιτέκτονος λογισμὸς ἤδη τὴν νοητὴν πόλιν κτίζειν διανοουμένου.

créé. C'est le λόγος θεῖος de Platon. Philon expose et explique la théorie des idées dans un langage tout platonicien, et ne paraît plus se souvenir de sa doctrine orientale sur le Verbe. « Quelques uns prétendent que les idées incorporelles sont un mot vain et sans aucune réalité, supprimant ainsi l'essence la plus nécessaire, l'archétype de tout ce qui prend qualité, c'est-à-dire forme et mesure [1]. » Ce Verbe, exemplaire suprême de la création, n'est plus la puissance créatrice ; il est principe d'essence et non de vie pour les êtres. De là la nécessité d'un quatrième principe, qui est le Démiurge. Voilà donc quatre principes bien distincts qui concourent à la création, Dieu ou le Bien, les idées, le Démiurge [2] et la matière. Dans cette nouvelle doctrine, Dieu n'est plus la cause substantielle du monde, mais simplement la cause finale. C'est le Démiurge qui crée, c'est-à-dire qui ordonne le monde, dont la substance matérielle préexiste à la création. Philon redevient dualiste avec Platon et toute la philosophie grecque.

De même que Philon avait converti, grâce au Platonisme, le Verbe en Démiurge ; de même, sous l'influence du Stoïcisme, il le transforme en Ame du monde. « Le Verbe éternel du Dieu éternel est la plus puissante et la plus ferme colonne de l'univers. C'est lui qui, du commencement au milieu, du milieu aux extrémités, provoque et règle le cours incessant de la nature, ralliant et resserrant toutes les parties de

---

[1] *De Victim. offer.*, p. 857.
[2] *De Mundi creat.*, p. 4.

l'univers. Car le Père qui l'a engendré en a fait le lien indissoluble du monde [1]. » Philon, suivant toujours la trace des idées platoniciennes, professe l'éternité du monde, et cherche à mettre d'accord la Genèse et le Timée. Quand Moïse dit qu'au commencement Dieu fit le ciel et la terre, il n'attache point à ce mot un sens chronologique [2]. Le temps ne préexiste pas au monde ; il est inhérent à la chose créée, comme le mouvement à la chose mue ; il existe avec le monde, ni avant ni après. Moïse a voulu seulement exprimer par là la priorité du ciel dans l'ordre logique de la création. Les six jours signifient dans la Genèse les six degrés de la hiérarchie des êtres créés par Dieu. A l'exemple de Platon, Philon fait intervenir la théorie des nombres et des proportions géométriques dans l'explication des formes et des propriétés des êtres, ainsi que des lois de l'univers [3]. Du reste, le nombre ici n'est que la loi des choses sensibles, la raison de l'ordre, de la mesure, de la beauté de ce monde inférieur : c'est un principe, comme le temps et l'espace, inhérent aux choses créées, et auquel le monde intelligible n'est point soumis [4]. Le nombre préside à la combinaison des éléments primitifs. Le quaternaire est le nombre par excellence ; il exprime la perfection. La décade signifie la plénitude et l'universalité de la création divine. De même que Platon, Philon abandonne aux puissances inférieures, aux Anges, la for-

---

[1] Eusèb., *Prép. évang.*, l. vii, c. 13.
[2] *De Mundi creat.*, p. 5, 7.
[3] *De Creat. mundi*, p. 10.
[4] *De Mundi creat.*, p. 10.

mation du corps humain, réservant à Dieu la création de l'âme. Il est vrai qu'il appuie cette doctrine sur un texte de la Bible : « Faisons l'homme à notre image. » Ce qui veut dire, suivant Philon, que Dieu s'est servi d'auxiliaires d'un ordre inférieur pour former le corps humain. Autrement il n'eût pas dit : Faisons, mais je ferai. Voilà pour la cosmologie. Sa psychologie n'est pas moins grecque. Il distingue avec Aristote l'âme végétative, l'âme sensitive, l'âme rationnelle, et considère avec Platon cette dernière comme l'essence même de la nature humaine. Il parle de l'immatérialité de l'âme, de sa séparation d'avec le corps, de ses diverses migrations, de sa vie purement spirituelle dans un autre monde, comme le fait Platon lui-même [1]. Sa morale est toute stoïcienne ; il montre le sage méprisant les biens extérieurs, et n'estimant que la vertu. Avec les Stoïciens, il soutient que dans la vertu seule est la liberté. Il célèbre le régime essénien, empreint, comme on sait, de Stoïcisme [2].

Cet exposé fait ressortir suffisamment l'incohérence du syncrétisme de Philon ; c'est plutôt une juxtaposition qu'une combinaison systématique de doctrines d'origine différente. Ce qui fait l'unité de ce syncrétisme, c'est la prédominance des doctrines et de l'esprit de l'Orient, et non une idée supérieure à laquelle viendraient à la fois se rallier la tradition judaïque et la science grecque. La pensée de Philon est assez libérale pour puiser aux sources profanes ; mais

---

[1] *De Somn.*, p. 592.
[2] *Quod omn. prob. liber.*, p. 873.

elle n'est point assez indépendante pour faire un choix entre les doctrines. La science des Grecs ne devait lui servir qu'à développer ou à démontrer des croyances qui lui étaient chères avant tout. Elle ne figure point dans sa doctrine comme une alliée, mais comme une esclave de la tradition. Ce n'est pas que Philon n'ait un goût profond pour la philosophie grecque; mais ce goût cède toujours à la foi. Du reste, il faut le dire, jamais foi ne fut plus intelligente. La science grecque est partout mise au service de la tradition, avec un tact et une sagacité admirables. Toutes les idées fondamentales de la doctrine de Philon, la notion de Dieu, la conception du Verbe, celle de l'Esprit, la doctrine des anges, appartiennent à la tradition ; mais il n'est aucune de ces doctrines qu'il n'ait démontrée, développée, éclaircie, à l'aide de la science grecque. Ainsi il emprunte à Platon la conception de Dieu, comme cause finale, comme le Bien. L'idée du Verbe est propre à l'Orient, aussi bien que la doctrine du Dieu ineffable; mais cette idée n'est dans la tradition qu'une conception vague, exprimée par un seul mot, λόγος προφορικὸς. En y rattachant la théorie toute grecque des idées, Philon en fait une doctrine philosophique. Ce Verbe divin que l'Orient représentait par des images, qu'il appelait le fils aîné de Dieu, la parole divine, l'ombre de la majesté du Père, devient, grâce au Platonisme, le principe du monde intelligible, la raison suprême des formes et des lois de l'univers, l'idéal du Beau, du Vrai et du Bon. La tradition s'était bornée à concevoir les anges comme les messagers des paroles divines. Philon les fait rentrer, avec le secours de Platon, dans la doctrine toute rationnelle des âmes. Quant à ses doctrines cosmologiques, on a vu que Philon commente sans cesse la Genèse avec le Timée. Enfin, c'est à l'école du Platonisme que le philosophe juif a appris ce spiritualisme presque étranger à la tradition judaïque, l'immatérialité de l'âme et sa vie tout intellectuelle dans un autre monde. Tel est le parti que Philon tire de la science grecque. Il ne craint pas de puiser à toutes les sources de la philosophie : au Platonisme, il emprunte la théorie du monde intelligible, la doctrine des âmes, la méthode psychologique du γνῶθι σεαυτὸν ; au Stoïcisme, il doit la distinction de la cause active et de la cause passive, la théorie d'une substance matérielle douée de certaines propriétés, ses idées morales sur la liberté, sur la vertu, sur le sage ; enfin au Pythagorisme, il emprunte la doctrine des nombres, dont il restreint la portée à l'explication des choses sensibles.

Pour achever de faire connaître le caractère de la tentative de Philon, il reste à donner une idée de son exégèse. Philon croit profondément à la vérité de la tradition dans toutes ses parties; il n'entend en sacrifier ni même en négliger aucune. Mais c'est un croyant trop raisonnable pour s'en tenir à la lettre des livres saints : de là un effort perpétuel d'interprétation. Les exemples les plus significatifs de cette exégèse hardie surabondent dans le *Traité des allégories de la loi*. Partant, dès le début de ce livre, de la distinction du sensible et de l'intelligible, et posant d'ailleurs en principe que la parole sacrée ne peut que contenir la plus haute et la plus profonde vérité, Philon considère tout fait sensible comme la représentation d'une vérité intelligible. Ce n'est pas qu'il traite de purs mythes tous les faits dont l'Écriture contient le récit. Sauf le cas d'absurdité, c'est-à-dire de contradiction manifeste avec la vérité métaphysique, il croit à la réalité historique de ces faits; mais toujours sous le sens matériel il entrevoit un sens spirituel, plus élevé. Voici quelques unes de ses explications : dans ces paroles, « Vous ne vous ferez point à vous-mêmes des dieux d'or et d'argent, » Philon découvre toute une théorie de la nature ineffable de Dieu [1]. Cela veut dire, selon lui, que Dieu est sans qualité, sans essence, immuable, incorruptible. On a déjà vu que, dans ce simple texte, « Dieu s'est montré au sage, » Philon avait découvert toute la doctrine du Verbe. Bézébéel signifie Dieu en ombre : or, l'ombre de Dieu, c'est la parole dont il s'est servi pour créer le monde [2]. On a vu aussi comment sur cet autre texte, « Faisons l'homme à notre image », Philon fonde deux grandes théories : 1° la distinction de Dieu et de son Verbe ; 2° la création du monde par l'intermédiaire de puissances démiurgiques. Par l'autel et le tabernacle, Philon veut qu'on entende les objets invisibles et intelligibles de la contemplation [3]. L'Eden figure la sagesse de Dieu ; les quatre fleuves qui en sortent sont les quatre vertus qui émanent de cette sagesse. La pluie du ciel qui arrose et féconde la terre, c'est l'intelligence qui, comme une source, arrose le sens. Adam qui se cache de Dieu ex-

---

[1] *Leg. alleg.*, l. 1, p. 49.
[2] *Leg. alleg.*, l. 11, p. 79.
[3] *De Chr.*, p 260.

prime l'effet du vice qui nous dérobe la vue du divin [1].
Ces exemples suffisent pour faire apprécier l'exégèse
de Philon. La parole sacrée n'y est point un texte de
critique exacte et positive; c'est seulement le prétexte d'une théorie que développe l'auteur sous forme
de commentaire. L'interprétation de Philon n'a pas
pour but d'éclaircir le sens littéral, mais de convertir
le texte en symbole.

Tel fut le premier essai vraiment sérieux de fusion
entre les idées de l'Orient et de la Grèce. La doctrine
de Philon n'est point un éclectisme impartial; elle
ne consomme point l'alliance parfaite des doctrines
grecques et orientales [1]; elle ne fait encore que développer la sagesse des livres saints, en empruntant
çà et là aux écoles grecques tout ce qui peut lui servir de démonstration et d'explication. C'est le dernier
mot de la sagesse hébraïque, interprétée, il est vrai,
par la science étrangère. Philon est avant tout fidèle
à la tradition nationale; s'il modifie, s'il altère, s'il
transforme même quelquefois les croyances qui lui
sont chères, c'est toujours à son insu et dans un esprit
de mysticisme plus platonicien que grec, et plus oriental que platonicien. Philon est resté juif, autant qu'il
était possible de l'être, au sein d'Alexandrie, avec une
intelligence aussi éclairée et aussi ouverte aux idées
étrangères. C'est ainsi qu'assailli de tous côtés par les
idées et les institutions des plus grands peuples du
monde, le génie indomptable de cette race fait plier
sous sa loi et ses doctrines tout ce qui lui vient du

---

[1] *Alleg. leg.*, l. I, p. 44, 45, 52; l. II, 61.

dehors. Au moment même où l'esprit universel le gagne et le subjugue, il proteste encore de son indépendance, et proclame sa tradition la source de toute sagesse parmi les Gentils. Quel orgueil et quelle foi n'y a-t-il pas dans ces paroles : « Notre loi seule est restée toujours la même, immuable, inébranlable, et comme marquée du signe de la nature depuis qu'elle est écrite ; et il est à espérer qu'elle restera ainsi immortelle pendant tous les siècles futurs, tant que dureront le soleil, la lune, le ciel et le monde entier [1] ? »

L'influence de l'école juive et de Philon sur la pensée philosophique et religieuse de cette époque fut immense. C'est Philon qui ouvre la carrière du syncrétisme aux grandes écoles du temps, aux Gnostiques, aux Pères Alexandrins, aux Néo-Platoniciens. La Gnose puisera largement à une source où les croyances orientales se mêlent déjà à la tradition hébraïque. La théologie chrétienne trouvera dans Philon tout à la fois un commentaire supérieur de la doctrine traditionnelle, une méthode complète d'exégèse, et par dessus tout l'art de faire servir la science grecque au développement ou à la démonstration des croyances religieuses. Saint Clément et Origène citeront fréquemment Philon : c'est à son école qu'ils apprendront à goûter et à mettre en œuvre la science grecque ; le vrai Platon, le Platon grec les eût peu séduits. Et, en effet, malgré l'affinité incontestable des doctrines, la théologie chrétienne se fût difficilement accommodée du Platonisme pur ; mais elle embrassera avec ardeur le

---

[1] *Vit. Mos.*, l. III, p. 656.

Platonisme oriental de Philon. Ainsi l'école juive prépare l'alliance qu'elle n'a pu elle-même accomplir. D'un autre côté, Philon inspirera au moins indirectement la philosophie alexandrine. Plotin, Porphyre, Jamblique, ne paraissent point avoir eu connaissance de ses livres : mais Numénius, le véritable précurseur du Néo-Platonisme, les connaît et les médite; il les admire tellement qu'il est tenté de chercher dans Philon, plutôt que dans Platon, le véritable type du Platonisme. Ainsi par Numénius et par toute l'école syrienne, dont il est le chef, l'influence de Philon va pénétrer jusque dans l'école d'Alexandrie proprement dite. En sorte que d'une part la théologie chrétienne, la Gnose, peut-être la Cabbale, et de l'autre le Néo-Platonisme, c'est-à-dire tout le mouvement oriental et tout le mouvement grec se rattachent plus ou moins directement à la tentative éclectique de Philon.

CHAPITRE III.

Le Christianisme. Doctrine primitive. Saint Mathieu. Saint Paul. Saint Jean.

S'il y a dans l'école juive un homme capable d'allier la philosophie grecque aux traditions religieuses de son pays, c'est Philon, esprit souple, étendu, facile, ouvert à toutes les spéculations, familier avec toutes les méthodes, qui platonise et hellénise avec l'aisance d'un disciple de Socrate, tout en restant fidèle à la religion de ses pères. Et pourtant, même dans l'œuvre de Philon, on a pu voir combien l'alliance est peu naturelle entre les idées orientales et grecques. La philosophie des Pères de l'Église était bien plus en mesure de réaliser cette alliance. Née d'une religion qui eut, il est vrai, la Judée pour berceau, mais qui devait bientôt embrasser le monde dans sa rapide expansion, elle ne se sentait plus enchaînée, comme la philosophie des écoles juives, à la tradition de Moïse. Si l'origine du Christianisme la rattache encore au Mosaïsme, le principe même de la nouvelle religion l'en sépare profondément. Infiniment plus large et plus fécond que la tradition juive, le principe chrétien était assez grand pour tout comprendre, assez puissant pour tout absorber.

On se fait en général une idée fausse du rôle de la philosophie des Pères de l'Église dans le Christianisme. On la considère trop souvent comme la démonstration ou l'explication d'une doctrine primitive parvenue à son complet développement et à sa formule définitive. Elle eut une tout autre importance. Ce fut la philosophie des Pères de l'Église qui, inspirée, il est vrai, par l'esprit de la tradition évangélique et apostolique, fonda, développa, formula la doctrine chrétienne. Pendant les trois premiers siècles de son ère, le Christianisme eut une double tâche à poursuivre; il lui fallut fonder et défendre, développer et diriger, recevoir et exclure. Ce ne fut que lorsqu'il eut fixé son dogme et conquis le monde que, pour assurer la direction des esprits et des âmes, il dut professer, non l'immobilité, mais l'immutabilité de ses dogmes. Dans les premiers temps il se développe et se transforme sans cesse; à mesure qu'il étend son empire, il agrandit et enrichit sa pensée; il sent qu'il ne peut conquérir et dominer le monde qu'avec les forces de l'esprit humain tout entier. Tout ce que la spéculation a conçu de profond et d'élevé en métaphysique, tout ce que le bon sens pratique a trouvé de plus sûr et de plus efficace en morale, le Christianisme s'empresse de le recueillir et de se l'assimiler. On n'a voulu voir le plus souvent dans la philosophie chrétienne que l'origine de toutes les erreurs qui ont infesté l'Église; on aurait dû y voir également la source de toutes les grandes vérités qui composent la partie supérieure et vraiment métaphysique du Christianisme. Si c'est cette philosophie qui engendre les hérésies, c'est elle aussi qui enfante le dogme. Que font les premiers conciles, sinon consacrer les conclusions de cet immense et magnifique mouvement de la pensée chrétienne se développant sous l'influence de la philosophie grecque? Les conciles de Nicée, de Constantinople, de Chalcédoine, tranchent ou délient les plus subtiles et les plus abstraites difficultés d'une métaphysique élaborée par les saint Justin, les Athénagore, les saint Clément, les Origène, les Athanase, les Grégoire de Nysse. Ils n'adoptent pas sans doute toutes les conceptions sorties de ce grand travail; ils en rejettent les erreurs évidentes et les doctrines contraires à l'esprit même du Christianisme; ils en éliminent aussi les spéculations téméraires qui, sans être opposées à l'esprit de la nouvelle doctrine, conviennent mieux à une philosophie qu'à une religion ; mais en définitive ils recueillent et renferment dans les formules du symbole chrétien toute la substance de la philosophie des Pères de l'Église. Ainsi cette philosophie n'est pas moins que la pensée chrétienne elle-même, élevée à sa plus haute puissance ; à ce titre, elle est inséparable du dogme.

Cela étant, il est nécessaire de remonter jusqu'au principe de la philosophie des Pères de l'Église, c'est-à-dire jusqu'à la tradition primitive, si on veut bien juger du caractère de cette philosophie, et discerner les emprunts qu'elle a faits à la science grecque. Où en était la pensée du Christianisme quand les Pères de l'Église grecque s'en emparent pour la développer et la transformer, tel est le premier point à éclaircir. De là la nécessité de reprendre la pensée chrétienne à son berceau.

On connaît l'état de la Judée avant l'avénement du Christ. Pendant longtemps elle avait résisté par les armes aux invasions de ses puissants voisins, les rois d'Égypte et de Syrie. L'insurrection et les victoires des Macchabées ne sont que l'épisode le plus héroïque de cette lutte opiniâtre et presque continuelle. Quand apparut la puissance romaine, la résistance devint impossible, et la Judée céda comme le reste du monde. Mais ce peuple indomptable n'abandonna que son territoire à la conquête romaine : il garda avec une inébranlable constance ses croyances, ses lois et ses coutumes ; il supporta le joug, mais ne s'y résigna jamais. L'espoir d'un avenir meilleur le consolait des misères du présent ; il attendait, en souffrant, un libérateur, un nouveau David, le Messie promis par les prophètes [1]. De temps en temps ce libérateur sortait tout-à-coup de la foule, et, se réfugiant dans les montagnes de la Judée,

---

[1] Voy. *Isaïe*.

appelait le peuple aux armes, et réunissait quelques partisans ; mais, après une résistance facile à dompter, il finissait sa destinée sur la croix, avec les compagnons de sa courageuse entreprise. Ces insurrections partielles, toujours réprimées, mais toujours renaissantes, irritaient le vainqueur et aggravaient la servitude des vaincus. Cela fit que le gouvernement national, d'abord secrètement favorable à ces tentatives, avait fini par les redouter, et les poursuivait avec plus de sévérité que l'autorité romaine elle-même. Ce n'est pas que la nation tout entière, chefs et peuple, ne persistât à croire à l'avénement prochain d'un libérateur. Les promesses de son Dieu étaient formelles et ne pouvaient rester vaines : le peuple choisi devait être, après un temps d'épreuves, infailliblement replacé à la tête des nations. Mais on avait vu l'inutilité de toute résistance par les armes ; pleine du sentiment de son impuissance, la nation juive avait mis toute sa confiance en Dieu. Le Seigneur saurait bien, quand le jour serait venu, sauver et glorifier son peuple. Que fallait-il donc faire? Attendre en silence la justice de Dieu, en observant fidèlement sa loi. Plus on résistait à l'influence des idées et des institutions étrangères, plus on punissait les fauteurs de troubles. Car toute révolte nouvelle fournissait aux vainqueurs le prétexte d'intervenir dans les affaires intérieures de ce peuple infortuné, et de restreindre ou de supprimer les libertés qu'avait respectées la conquête. Tel était le double rôle, au sein de la nation juive, de cette secte fameuse qui fit mettre à mort Jésus. Également attentif à maintenir la paix dans la cité contre les fauteurs de troubles, et à défendre la loi contre les influences étrangères, le Pharisaïsme représente fidèlement l'esprit conservateur de la nation. Pour mieux préserver la loi des atteintes du dehors, il l'enferme dans la lettre, et l'enveloppe de pratiques extérieures, jusqu'à en étouffer l'esprit. Sauver la loi, tel est l'unique préoccupation de cette secte ; telle est aussi, il faut bien le reconnaître, le sentiment général de la nation : c'est ce qui explique la popularité et la puissance du Pharisaïsme. Le peuple juif n'a pas moins horreur des influences extérieures, grecques ou orientales, qui menacent sa doctrine, que de la domination romaine qui lui a ravi sa liberté. Il est vrai que le danger était grand ; l'arche sainte était incessamment battue et minée par le flot toujours croissant des doctrines étrangères. Les Esséniens transformaient la loi en une espèce de règle pythagoricienne ; les Thérapeutes substituaient à la doctrine les illuminations de l'extase orientale. D'autres sectes non moins dangereuses envahissaient la Judée. L'esprit d'interprétation et d'innovation avait pénétré jusque dans le sanctuaire ; le Saducéisme prétendait simplifier et épurer la doctrine, en la dégageant de toutes les croyances orientales qui l'avaient altérée et obscurcie, et en la ramenant à la pure tradition de Moïse. C'est alors que l'esprit de conservation se concentre à Jérusalem, au cœur même de la nationalité juive, qu'il s'organise et se personnifie dans le Pharisaïsme. Le Pharisaïsme n'entend pas qu'on distingue dans la loi, qu'on y ajoute ou qu'on en retranche : tout, à ses yeux, y possède une égale autorité, une égale vertu, la pensée comme la formule, les doctrines adventices comme les traditions primitives et vraiment indigènes, l'accomplissement même de la loi comme les pratiques extérieures qui l'accompagnent. Si le pharisien défend contre le Saducéisme telle croyance d'origine orientale, par exemple la doctrine des anges et des démons, ce n'est point par sympathie pour les idées de l'Orient, c'est uniquement parce que ces idées sont consacrées par l'autorité des livres saints. La loi écrite, rien de moins, rien de plus, telle est la devise des Pharisiens.

Le Pharisaïsme régnait à Jérusalem ; mais bien qu'il étendît son empire dans toutes les parties de la Judée, il était loin d'être aussi puissant dans les provinces. Là l'esprit de localité protestait contre cette aristocratie sacerdotale concentrée autour du temple ; là aussi le formalisme des Pharisiens provoquait les libres inspirations du sentiment religieux. A Jérusalem, dans le temple, au sein des synagogues, la parole des docteurs était souveraine ; mais au désert et sur les bords de la mer, c'était la voix de l'Esprit saint qu'on aimait à entendre, de cet Esprit qui n'avait jamais cessé de visiter le peuple de Dieu, et qui avait suscité tant de prophètes. Le peuple de Galilée se pressait donc autour de ces hommes inspirés, qui sortaient tout-à-coup de la foule ou de la solitude du désert, comme saint Jean-Baptiste ; il écoutait avidement leur parole et les suivait partout la Judée, jusqu'à Jérusalem, où l'autorité romaine, sur les instantes démarches des prêtres, les jetait en prison ou les livrait au supplice.

C'est dans ces circonstances que paraît le nouveau

Messie. Jésus ne vient point comme un simple prophète envoyé par Dieu pour convertir son peuple et lui rappeler sa loi méconnue. Il s'annonce comme le fils de Dieu lui-même, qui est descendu du ciel pour révéler aux hommes la volonté de son père. Tout ce qu'il possède de perfection et de puissance, c'est de son père qu'il le tient. « Pourquoi m'appelez-vous bon? dit-il à ses disciples; il n'y a que Dieu qui soit bon [1]. » Nul ne connaît le Fils que le Père, comme nul ne connaît le Père que le Fils et celui à qui le Fils aura voulu le révéler [2]. Jésus s'annonce en même temps comme fils de David et roi d'Israël. Il ne vient pas simplement pour prédire la délivrance d'Israël, mais aussi pour l'accomplir; c'est lui qui réalisera toutes les promesses faites par Dieu à son peuple. Seulement ces promesses ont été jusqu'ici mal comprises. Le royaume d'Israël, où le peuple de Dieu doit reparaître glorieux et triomphant à la tête des nations, n'est pas de ce monde [3]. La terre de Judée est vouée aux ruines; le fer et le feu passeront de nouveau sur elle. De plus grands malheurs, de plus cruelles humiliations attendent le peuple de Dieu. Il verra détruire sa ville sainte ; il verra tomber son temple ; il assistera à la dispersion de tous les enfants d'Israël. Malheur alors à ceux qui auront méconnu le fils de Dieu. Quant aux fidèles, cette épreuve sera pour eux la dernière. Le royaume des cieux est proche; les Apôtres n'auront point achevé d'instruire toutes les

---

[1] Év. saint Marc, ch. 10, trad. de Lemaistre de Sacy.
[2] Ev. saint Math., ch. 11.
[3] Ev. saint Math., ch. 16.

villes d'Israël avant que le Fils de l'homme vienne sur les nuées [1], à la tête de ses apôtres, juger les nations et inaugurer en même temps l'alliance de tous les peuples de la terre et le triomphe définitif du peuple de Dieu. Et qu'est-ce que ce règne nouveau? Saint Jean et les Pères de l'Église n'y verront qu'un symbole de la vie spirituelle. Mais cette interprétation dépasse la pensée des premiers Évangiles. « Bienheureux ceux qui sont doux, dit saint Matthieu, car ils posséderont la terre [2]. » Il s'agit bien réellement d'un règne nouveau sur la terre, mais sur la terre transfigurée par l'apparition du Christ, après la catastrophe qui doit tout y détruire. Dans ce royaume de justice, de paix, de fraternité universelle, le peuple de Dieu marchera à la tête des nations sous le gouvernement du Christ et de ses apôtres. Tous les hommes mourront pour ressusciter; et après cette résurrection, ils seront immortels, les méchants pour souffrir éternellement, les bons pour jouir de l'éternelle félicité. Les élus auront des corps éclatants de lumière, et seront comme les anges de Dieu dans le ciel [3]. Annoncer cette nouvelle aux Juifs, telle est la mission de Jésus. Du reste, il n'est point venu détruire la loi ni les prophètes, mais les accomplir [4]. Seulement la loi périt sous le formalisme des prêtres; il faut lui rendre l'esprit, la liberté, la vie. Car, comme le dira un apôtre du Christ, la

---

[1] Saint Math., ch. 10.
[2] Saint Math., ch. 5.
[3] Saint Math., ch. 22.
[4] Saint Math.

lettre tue et l'esprit vivifie [1]. La doctrine de Jésus, sa parole, sa vie entière est une continuelle protestation contre le Pharisaïsme. Il prêche rarement dans la synagogue et dans le temple ; et quand il le fait, c'est moins pour dogmatiser que pour confondre les sophismes de la scolastique pharisienne. Il prêche dans le désert, sur la montagne, sur les bords de la mer, ou même au milieu des flots, toujours en présence de cette nature à laquelle il emprunte tour à tour la simplicité ou la majesté de son langage. La pensée de sa prédication est d'une profonde sagesse ; c'est toujours la loi dans son esprit et dans sa vérité. Sa parole rejette les formules comme un vêtement incommode, et se déploie, simple et libre, en paraboles et en récits. Il n'affecte point les subtilités de la science, comme les docteurs de la loi, ni les rigueurs de la plus austère pratique, comme les Pharisiens. Profondément versé dans la science des sages, il recherche le commerce des simples d'esprit et de cœur. « Laissez, dit-il à ses disciples qui écartent les enfants, ces petits venir à moi. » Plus sévère sur la pureté et la chasteté que la loi qui ne condamne que l'acte, sans atteindre le désir et l'intention, Jésus confond dans sa charité toutes les classes, toutes les conditions, toutes les erreurs [2]. Il parle à une Samaritaine ; vit avec des publicains ; sauve la femme adultère par

---

[1] Saint Paul.
[2] Saint Luc, ch. 7. « Le fils de l'homme est venu mangeant et
» buvant, et vous dites : C'est un homme de bonne chère, et qui
» aime à boire du vin ; c'est l'ami des publicains et des gens de
» mauvaise vie. »

une parole sublime, accablante pour les Pharisiens ; guérit les malades un jour de sabbat. Jésus n'enseigne point une doctrine nouvelle ; mais quoi de plus nouveau que sa parole, sa vie, sa personne ? La tradition évangélique est plus qu'un dogme ; c'est un esprit, c'est un principe de vie. La lumière et la science viendront plus tard. Cet esprit nouveau ne détruit pas seulement le formalisme pharisien ; il transforme la loi elle-même. La loi de Moïse était une loi de justice étroite et surtout de crainte ; le Christ l'interprète dans un tel sentiment de bienveillance et de fraternité qu'il la convertit en une loi de dévouement et d'amour [1]. « Aimez Dieu, aimez-vous les uns les autres ; ces deux commandements comprennent toute la loi. » C'est surtout dans le sermon sur la montagne que se montre cette opposition de l'esprit ancien et de l'esprit nouveau de la loi. Là, Jésus relève tout ce que les docteurs méprisent, et méprise tout ce qu'ils honorent ; il réhabilite la simplicité d'esprit et de cœur, l'humilité, la pauvreté. « Si vous ne devenez comme de petits enfants, vous n'entrerez point dans le royaume des cieux [2].... Mon Dieu, tandis que vous avez caché ces choses aux sages et aux prudents, vous les avez révélées aux simples et aux petits.... Bienheureux les pauvres d'esprit, parce que le royaume des cieux est à eux. Bienheureux ceux qui sont doux, parce qu'ils posséderont la terre. Bienheureux ceux qui pleurent, parce qu'ils seront consolés [3]. » Mais qu'y a-t-il de plus

[1] Saint Math., ch. 22.
[2] Saint Math., ch. 17.
[3] Saint Math., ch. 5.

nouveau que ces paroles ? « Vous avez appris qu'il a été dit aux anciens : vous ne tuerez point ; mais moi je vous dis que quiconque se mettra en colère contre son frère méritera d'être condamné par le jugement. Vous avez appris qu'il a été dit aux anciens : vous ne commettrez point d'adultère ; mais moi je vous dis que quiconque aura regardé une femme avec un mauvais désir pour elle a déjà commis l'adultère dans son cœur. Vous avez appris qu'il a été dit : œil pour œil et dent pour dent ; et moi je vous dis de ne point résister au mal qu'on veut vous faire : mais si quelqu'un vous a frappé sur la joue, présentez-lui encore l'autre. Vous avez appris qu'il a été dit : vous aimerez votre prochain, et vous haïrez votre ennemi ; et moi je vous dis : aimez vos ennemis, faites du bien à ceux qui vous haïssent, et priez pour ceux qui vous persécutent[1]. » Jésus défend à Pierre de tirer l'épée contre ceux qui viennent le saisir, et prie sur la croix pour ses bourreaux.

Voilà une loi vraiment nouvelle, étrangère au Judaïsme, inconnue à l'antiquité grecque et romaine. La Grèce et Rome avaient connu et pratiqué la justice, le dévouement, l'égalité, la fraternité, mais seulement dans les limites étroites de la cité. Ce n'était pas dans l'homme, mais dans le citoyen qu'elles voyaient un égal et un frère. L'antiquité a de la pitié et même de la sympathie pour le faible et le pauvre ; mais elle n'a jamais honoré ni aimé la faiblesse et la pauvreté. Si le Grec ou le Romain pardonnent les in-

---

[1] Saint Math., ch. 5.

jures, c'est par sentiment de leur force ou par dévouement à la cité ; mais ils ne vont jamais jusqu'à bénir la main qui les frappe, ou aimer le cœur qui les hait. La morale de Socrate, la plus pure et la plus parfaite qui soit sortie de la société grecque, n'est encore que la morale de la cité. Socrate lui-même, ce type vivant de la perfection antique, est un citoyen pénétré du juste, un artiste épris du beau. La vertu antique, quoi que fassent la religion et la philosophie, se ressent toujours plus ou moins de son origine ; elle est avant tout la force (ἀρετὴ), et le juste de l'antiquité est toujours un héros, c'est-à-dire un athlète. Il faut que cette société, si vaine de ses institutions, si fière de ses vertus politiques, en ait contemplé la misère et l'impuissance pour aspirer enfin vers d'autres vertus et une autre société. Il faut qu'elle meure à la cité pour renaître à l'humanité. Déjà la philosophie stoïcienne commence à comprendre l'unité du genre humain et rêve une république universelle ; elle proclame l'amour des hommes, non comme une loi de l'intérêt, mais comme un sentiment du cœur essentiel à la nature humaine. Les lettres de Marc-Aurèle respirent un profond sentiment de tristesse et d'humanité tout à la fois [1]. La philosophie de Sénèque a de douces paroles pour les esclaves. Mais, sauf de rares exceptions, c'est plutôt le sentiment de la misère commune qui inspire les philosophes et les poëtes de ce temps qu'une sympathie véritable.

 Non ignara mali, miseris succurrere disco.

[1] Marc. Antonin., vii, 12. Ἴδιον τοῦ ἀνθρώπου ἀπὸ καρδίας φιλεῖν τοὺς ἀνθρώπους.

Pour entendre les vrais accents de l'amour et de la fraternité, il faut quitter cette terre orgueilleuse d'Occident, et s'enfermer dans le plus pauvre pays de l'Orient, là où le sentiment religieux d'un peuple opprimé emprunte la voix de l'inspiration prophétique, pour exhaler ses plaintes et ses espérances. Cette race courageuse et pure est le type le plus profond et le plus pathétique de la personnalité. Nul peuple ne sait comme elle la loi morale, parce que nul n'a autant souffert, autant combattu. Toujours faible, elle a appris à détester le règne de la violence ; toujours victime, elle a appris à aimer la justice. Elle en sait plus sur les mystères de la vie que cette heureuse et noble Grèce, riche de toute la sagesse de ses philosophes ; elle en sait plus que le mystique Orient, plongé dans l'ivresse de ses extases. Son histoire n'est qu'une longue passion. Elle a passé sa vie dans les larmes de l'exil ou dans les angoisses de la guerre civile. La Judée est vraiment le cœur de l'humanité, comme la Grèce en est la pensée. C'est au moment où ce cœur souffre d'intolérables douleurs que la voix des derniers prophètes annonce le Messie. Mais cela ne suffit point encore pour l'accomplissement du grand mystère. Ne faut-il voir dans la personne de Jésus que le type de la personnalité juive, dans sa parole que l'inspiration sublime, mais locale des prophètes, dans sa passion que l'idéal de cette tragique histoire dont les livres saints retracent le tableau? Non, la scène a changé dans l'intervalle qui sépare l'Ancien du Nouveau Testament. La Judée n'est plus le sanctuaire impénétrable d'une doctrine exclusive.

L'esprit universel, dont Alexandrie est le grand foyer, l'enveloppe et la pénètre de toutes parts de ses puissants rayons. La Judée, au temps de la conquête romaine, est ouverte à toutes les doctrines et sillonnée par toutes les influences étrangères. Le Pharisaïsme conserve encore la tradition au centre de la nation, à Jérusalem. Mais la fermentation des esprits, sous l'action des idées nouvelles, est extrême dans les provinces. Avant l'avénement du Christ, la Judée a déjà vu se produire des doctrines et des institutions d'un esprit tout nouveau. Déjà une secte célébrée par Philon, les Esséniens, a pratiqué, dans de nombreuses communautés, les maximes du sermon sur la montagne, le mépris des richesses, le pardon des injures, la chasteté des mœurs et des pensées, l'amour, la paix, l'égalité, la fraternité entre les hommes. C'est sur ce théâtre, ainsi préparé pour les desseins de la Providence, que s'accomplit le mystère d'où devait sortir tout un monde nouveau, c'est-à-dire l'incarnation de la Raison universelle dans la personnalité juive. Le jour où cette Raison vraiment divine, qui n'avait jamais cessé d'illuminer le monde, qui avait inspiré toute sagesse à l'Orient et toute science à la Grèce, trouva enfin une âme digne d'elle, elle devint féconde et mit au jour la plus grande des religions.

Pour revenir à l'Évangile, il y a loin encore de la justice stoïcienne, suprême degré de la morale antique, à la loi du Christ, telle que la proclame le discours de la montagne. Dans cette loi, le principe de la vertu est en quelque sorte changé. Ce n'est plus dans l'énergie personnelle, cet attribut des forts, qu'elle réside; c'est dans l'attribut des doux et des faibles, dans l'amour. L'amour devient la source de toute puissance et de toute perfection. Les vertus de l'amour remplacent les vertus de la force; à l'orgueil, à l'impassible fermeté, sont substitués la bonté, la douceur, le dévouement. Le principe de la guerre est détruit; la nouvelle loi doit amener le règne de la paix, de l'égalité et du bonheur parmi les hommes. C'est là toute la doctrine du Christ. Tout ce que le Christianisme contient de métaphysique et de morale, ses profondes doctrines de Dieu et son Verbe, sur le monde, sur l'âme et sa destinée, lui viennent de la tradition hébraïque ou de la philosophie grecque. Mais le sentiment sublime déposé dans le sermon sur la montagne fait l'essence et l'esprit même du Christianisme, esprit immortel, comme l'humanité elle-même, qui survivra à toutes les doctrines et à toutes les institutions. Où est, en effet, la loi morale supérieure à l'amour? Où est la doctrine sociale supérieure au dogme de la fraternité? Bien des doctrines vieilliront et passeront dans l'humanité et dans le Christianisme; mais à cette sublime morale on peut appliquer le mot du Christ lui-même : « Le ciel et la terre passeront, mais mes paroles ne passeront point. » Cette loi d'amour, d'égalité et de fraternité ne s'est point accomplie dans le monde jusqu'ici, malgré les immenses progrès des sociétés humaines. En dépit de l'anathème du Christ, la force a continué de dominer le monde, tempérée par une justice étroite; le règne de paix et de justice universelle est encore à venir. Nul n'en aperçoit aujourd'hui même l'aurore et ne pourrait dire, comme autrefois le Christ : le royaume des cieux est proche [1].

Jésus n'était point venu détruire la loi et les prophètes. Il croyait au Dieu de Moïse, et observait toutes les pratiques de l'ancienne loi. Il priait au temple, jeûnait le jour du sabbat, célébrait la Pâque; mais il était le révélateur et le type d'un esprit nouveau qui devait détruire, avec le Pharisaïsme, le Judaïsme tout entier. Jésus souleva contre lui toutes les puissances de cette société qu'il appelait à une vie nouvelle, l'autorité politique, les prêtres, le peuple. Le gouvernement d'Hérode voyait un perturbateur dans ce prophète qui se disait fils de David et prenait le titre de roi. Le peuple de Jérusalem ne pouvait entendre sans colère prédire la destruction de la ville sainte et la ruine du temple; il attendait pour ce monde et pour cette vie le règne glorieux que Dieu avait promis à son peuple; dans tout Messie nouveau, il rêvait un Macchabée. Quant aux prêtres, Jésus n'était point seulement pour eux un instigateur de troubles (comme ils affectaient de le dire) ou un messie chimérique; c'était un ennemi personnel [2], dont il fallait arracher à tout prix l'arrêt aux scrupules de la justice romaine. Jésus, d'ailleurs, en venant à Jérusalem,

---

[1] C'est dans l'évangile de saint Mathieu, le premier qui ait paru, qu'on trouve l'expression la plus exacte et la plus naïve de la tradition en ce qui concerne la vie et la doctrine de Jésus.

[2] La haine profonde de Jésus pour les Pharisiens éclate en paroles amères et terribles. Il les appelle race de vipères, et les compare à des sépulcres blanchis, au fond desquels il n'y a que pourriture.

courait au-devant du supplice, impatient qu'il était de donner par sa mort et sa résurrection un témoignage éclatant de la vérité de sa mission.

Le Maître n'avait point laissé de doctrine ; mais il avait dit à ses apôtres : « Aussitôt que vous serez plusieurs ensemble, mon esprit sera avec vous. » Et, en effet, ils ne se trouvent pas plus tôt réunis que l'esprit de Dieu les visite et les remplit de confiance et de force. Ils sortent tout-à-coup de leur retraite, se répandent dans la foule, où ils prêchent Jésus ressuscité avec un courage et un enthousiasme qui étonnent le peuple. Ils convertissent à leur croyance une multitude de Juifs et d'étrangers. Bientôt une première communauté de fidèles s'établit à Jérusalem même, à côté de la grande synagogue des Juifs indigènes et des nombreuses synagogues particulières de Juifs grecs, syriens, alexandrins, etc. Cette petite Église, berceau de la grande société chrétienne qui devait comprendre le monde, rayonne bientôt, grâce à l'ardente prédication des apôtres, dans toutes les parties de la Judée et dans les contrées voisines où les Juifs habitaient en grand nombre. Mais tout-à-coup une question agite et divise l'Église de Jérusalem : est-ce aux Juifs seulement, indigènes ou étrangers, qu'est réservée la parole du Christ, ou doit-elle s'étendre aux Gentils ? Les prescriptions du Maître pouvaient paraître contradictoires à cet égard : s'il s'était dit le fils de l'homme, il s'était appelé aussi le fils de David. N'avait-il pas dit d'ailleurs (Évangile saint Mathieu) ? « N'allez point vers les Gentils, et n'entrez point dans les villes des Samaritains ; mais allez plutôt aux brebis perdues de la maison d'Israël. » Pierre tranche la question en imposant les mains à un étranger, et s'en justifie devant l'Église de Jérusalem, en racontant sa vision, et comment la voix céleste lui avait dit : « N'appelez pas impur ce que Dieu a purifié. » Mais Pierre ne va point au-delà : comme l'Église de Jérusalem, il veut qu'on soumette les étrangers à la circoncision et aux diverses pratiques de la loi de Moïse. Saint Pierre et saint Jacques (saint Jacques surtout) sont les deux principaux représentants des tendances judaïques de la nouvelle Église. Pierre ne comprend qu'à demi la sublime doctrine du sermon sur la montagne. S'il prêche l'amour des hommes dans ses épîtres, il prêche aussi la crainte de Dieu, et le respect des puissants de la terre. « Aimez vos frères, craignez Dieu, honorez le roi[1]. » Il prend à la lettre les promesses du Christ : « nous attendons, selon la promesse du Seigneur, de nouveaux cieux et une nouvelle terre, dans lesquels la justice habitera[2]. » Quant à saint Jacques, il ne voit et ne prescrit rien au-delà de la loi. Il recommande surtout les œuvres : « La foi sans les œuvres est morte. » Il maudit les riches et exalte la pauvreté : « [3] Que celui d'entre nos frères qui est d'une condition basse se glorifie de sa véritable élévation, et au contraire que celui qui est riche se confonde dans son véritable abaissement, parce qu'il passera comme la fleur de l'herbe..... Mais vous, riches, dit-il encore, pleurez ; poussez comme des hurlements dans la vue des misères

---

[1] Saint Pierre, *Première épître*, ch. 2.
[2] Saint Pierre, *Troisième ép.*, ch. 3.
[3] *Ep.* saint Jacques., ch. 1.

qui doivent fondre sur vous ¹. » Ainsi l'observance scrupuleuse de la loi de Moïse, la priorité des œuvres sur les doctrines, l'exaltation de la pauvreté, le mépris des richesses, de la science, le royaume de Dieu réservé parmi les hommes, aux Juifs, parmi les Juifs aux pauvres et aux simples, la communauté des biens, tel est l'esprit de l'Église de Jérusalem. « Toute la multitude de ceux qui croyaient n'avait qu'un cœur et qu'une âme; et nul ne considérait ce qu'il possédait comme étant à lui en particulier, mais toutes choses étaient communes entre eux ². » L'Église de Jérusalem, par ses institutions pratiques et ses tendances exclusives, réduisait le Christianisme aux étroites proportions d'une secte juive, comme l'Essénianisme ; la loi du Christ, destinée à la conquête du monde, voulait une interprétation plus large. A moins de s'enfermer et de s'ensevelir dans son berceau, l'Église naissante devait s'attacher moins aux paroles et aux traditions positives qu'au principe et à l'esprit même de cette loi.

C'est alors que le plus redoutable ennemi de la nouvelle société passe dans ses rangs, et après avoir vainement combattu la prédominance de l'esprit judaïque dans l'Église de Jérusalem ³, s'en sépare pour porter la parole de Jésus dans toutes les parties de l'empire. Paul est véritablement l'apôtre des Gentils, non seulement parce qu'il leur enseigne la doctrine nouvelle,

---

¹ *Ép.* saint Jacques, ch. 5.

² *Act. apôt.*, ch. 4.

³ *Ép. aux Galat.*, ch. 2. « Céphas étant venu à Antioche, je
» lui résistai en face parce qu'il était répréhensible. »

mais surtout en ce qu'il les affranchit des pratiques de la loi de Moïse. Le vrai Juif, selon saint Paul, est celui qui l'est intérieurement; la circoncision véritable est celle du cœur : celle-là se fait par l'esprit et non selon la lettre [1]. Qu'on soit circoncis ou non, qu'importe ; le tout est d'observer les commandements de Dieu [2]. Le Dieu des Juifs n'est-il pas aussi le Dieu des Gentils? Tout en étendant aux Gentils la communication de la parole du Christ, saint Paul n'en maintient pas moins la primauté des Juifs. « Considérez, dit-il aux Gentils, que ce n'est pas vous qui portez la racine, mais la racine qui vous porte [3]. » Saint Paul fait plus qu'affranchir le monde du joug de la loi ancienne ; il en dégage et sépare nettement la loi nouvelle. Avant la venue du Christ, les Gentils étaient sans Dieu et sans loi en ce monde [4]. Les Juifs seuls avaient l'un et l'autre ; mais leur loi fût restée impuissante sans la foi. Il fallait, pour rendre cette loi efficace, que Dieu envoyât son propre fils revêtu d'une chair semblable à la chair du péché [5]. Il n'y a qu'un seul Dieu qui justifie par la foi les circoncis, et qui par la foi justifie aussi les incirconcis [6]. Ainsi la foi justifie, comprend, absorbe la loi. Mais qu'est-ce que la foi? Est-ce une tradition, un dogme, un recueil de préceptes? Tout cela n'est qu'une lettre morte. La foi est la croyance en Jé-

---

[1] *Ép. Rom.*, ch. 2.
[2] *Ép. Corinth.*, I, ch. 7.
[3] *Ép. Rom.*, ch. 11.
[4] *Ép. Éphés.*, ch. 2.
[5] *Ép. Rom.*, ch. 8.
[6] Ibid., ch. 3.

sus crucifié, c'est-à-dire en la vérité vivante et incarnée [1] : voilà pourquoi elle seule donne la vie en même temps que la lumière. Dieu, voyant que le monde, aidé de la sagesse humaine, ne l'avait point connu dans les ouvrages de sa sagesse, s'est plu à sauver par la folie de la prédication ceux qui croiraient en lui. Les Juifs et les Gentils cherchent la vérité où elle n'est pas : ceux-là demandent des miracles, et ceux-ci invoquent la sagesse humaine. Les chrétiens ont trouvé cette vérité dans Jésus crucifié, qui est un scandale aux Juifs et une folie aux Gentils [2]. Cette distinction de la loi et de la foi est le principe et le fond de toute la doctrine de saint Paul : partout il oppose la foi à la loi, faisant ressortir l'impuissance de l'une et la vertu de l'autre. La loi était un principe de servitude et de division ; la foi seule affranchit et réunit les peuples. « C'est Jésus-Christ qui fait notre paix, qui des deux peuples (les Juifs et les Gentils) n'en a fait qu'un, qui a rompu en sa chair la muraille de séparation, cette inimitié qui les divisait, et qui a aboli par sa mort la loi chargée de tant de préceptes et d'ordonnances, afin de former en soi-même un seul homme nouveau [3]. »

Ainsi, sans briser absolument la chaîne de la tradition, saint Paul en détache la loi nouvelle, et l'établit fortement sur elle-même. Maintenant en quoi consiste cette loi ? Croire en Jésus-Christ, dit saint

---

[1] *Ép. Corinth.*, ch. 2. « Car je n'ai point fait profession de sa
» voir autre chose parmi vous que Jésus-Christ, et Jésus-Christ
» crucifié. »

[2] *Ép. I Corinth.*, ch. 1.

[3] *Ép. Éph.*, ch. 2.

Paul, c'est croire, non à une doctrine, mais à la vérité elle-même, vivante et incarnée. Quelle est cette vérité? Qu'est-ce que le Christ? La tradition primitive n'expliquait ni la nature du Père, ni celle du Fils, ni les rapports qui les unissent. Jésus avait dit seulement : « On ne connaît mon Père que par moi. » C'est saint Paul qui, le premier, définit la nature et les fonctions du Fils par rapport au Père, et pose le principe de la théologie chrétienne. Un seul Dieu, le Père, de qui toutes choses tirent leur être, et qui a tout fait pour lui ; un seul Seigneur, Jésus-Christ, par qui toutes choses ont été faites [1], médiateur unique entre Dieu et les hommes [2]. Le Christ, né avant toutes les créatures, est le Fils bien-aimé, infiniment supérieur aux anges [3], l'image même du Dieu visible [4], la splendeur de sa gloire, le *caractère* de sa substance [5]. Non seulement il est l'instrument de toute création, mais encore c'est lui qui soutient tout par la puissance de sa parole. Voilà comment la foi en Jésus-Christ, en cette *image visible du Dieu invisible,* devient, dans la pensée de saint Paul, la science de toute vérité, la sagesse universelle. Mais d'où peut venir aux hommes cette foi? Saint Paul le dit clairement : Nul ne peut confesser que Jésus est le Seigneur, sinon par l'Esprit

---

[1] *Ép. Corinth.*, 1, ch. 8.
[2] *Ép. Timoth.*, ch. 2.
[3] *Ép. Héb.*, ch. 1.
[4] *Ép. Coloss.*, ch. 1.
[5] *Ép. Héb.*, ch. 1. « Ὅς ὢν ἀπαύγασμα τῆς δόξης καὶ χαρακτὴρ τῆς ὑποστάσεως αὐτοῦ. » On retrouve dans ces expressions la doctrine du livre de la *Sagesse*.

saint [1]. De même que l'esprit de l'homme seul connaît ce qui est en l'homme, de même il n'y a que l'Esprit de Dieu qui connaisse ce qui est en Dieu [2]. Dieu nous a communiqué sa sagesse par son Esprit, par cet Esprit universel qui pénètre tout [3]. L'Esprit fait connaître le Fils, comme le Fils révèle le Père. L'Esprit seul donne la grâce, et avec la grâce la liberté, la science, la charité, la paix, toute vertu, toute sagesse, toute félicité. Où souffle l'Esprit, la grâce vient, qui rend inutile toute loi et toute doctrine. Saint Paul méprise la loi et exalte la grâce ; il va jusqu'à dire que le salut n'est que pour ceux que la grâce a visités, pour les enfants prédestinés de Dieu. L'Esprit seul vivifie et sanctifie [4]. Toute chair que l'Esprit habite devient sainte, et c'est ce qui fait que le péché d'impureté est une véritable profanation. La communion des fidèles, l'Église, animée par l'Esprit, devient le corps même du Christ [5]. Tous les chrétiens sont membres de ce corps et participent à une même vie [6]. La foi, l'espérance, la charité, sont également des vertus de l'Esprit ; mais la plus excellente est la charité, c'est-à-dire l'amour. La science universelle, même la sagesse des anges, le don de prophétie, la foi qui transporte les montagnes, la bienfaisance, le sacrifice, tout cela n'est rien pour qui n'a pas la charité [7].

[1] *Ép. Corinth.*, i, ch. 12.
[2] *Ép. Corinth.*, i, ch. 2.
[3] *Ép.* ibid., ch. 2.
[4] *Ép. Corinth.*, ii, ch. 3.
[5] *Ép. Corinth.*, i, ch. 12.
[6] *Ép. Rom.*, ch. 12.
[7] *Ép. I Corinth.*, ch. 13.

On voit que l'œuvre de saint Paul est immense dans la fondation du Christianisme. Il porte la parole aux Gentils, et les affranchit des pratiques de la loi de Moïse ; il dégage la loi nouvelle de ses origines, et l'assied sur son propre principe ; il fonde la théologie chrétienne sur une notion nette, bien qu'incomplète, du Père, du Fils, de l'Esprit, considérés quant à leur nature et à leur fonction. Et en même temps qu'il émancipe la doctrine nouvelle, il la maintient contre toutes les innovations qui répugnent à sa raison éminemment pratique. Il condamne également l'ascétisme, qui interdit le mariage et l'usage des viandes [1] ; le mysticisme naissant de la Gnose [2] ; les tendances ultra-démocratiques de certaines sectes chrétiennes de la Judée [3] ; l'inspiration impatiente d'autres sectes qui attendaient chaque jour la résurrection [4]. Voilà ce qu'il fait pour la doctrine. Ce qu'il fait pour l'Église naissante dépasse toute croyance. Il fonde, il organise partout en courant ; sa voix soulève et entraîne les multitudes ; les Églises naissent sous ses pas, et croissent sous sa main comme par enchantement. Quand il meurt, la semence de la parole chrétienne germe partout, en Asie, en Grèce, à Rome ; elle n'a plus qu'à se développer pour devenir l'arbre qui couvrira le monde. Quelle œuvre et quel homme !

---

[1] *Ép. Coloss.*, ch. 2. — *Ép. à Timothée*, ch. 4.

[2] *Ép. I à Timothée*, ch. 6. — *Ép. Coloss.*, ch. 2.

[3] *Ép. Coloss.*, ch. 13. « Que toute personne soit soumise aux » puissances supérieures, car il n'y a point de puissance qui ne » vienne de Dieu. »

[4] *Ep. II à Timothée*, ch. 2.

Une intelligence supérieure et capable de parler aux Grecs le langage de la métaphysique la plus élevée, l'esprit hardi et souple d'un grand novateur qui n'a rien du sectaire, un génie pratique et politique merveilleusement propre à organiser et à conserver les conquêtes de sa parole, une activité prodigieuse, un courage à toute épreuve, une éloquence sublime, saint Paul réunissait tout, et jamais plus grande mission ne fut accomplie par un plus grand apôtre. Quand on a suivi cette vie si laborieuse, si agitée, si pleine d'œuvres, si féconde en résultats, on comprend qu'à la fin de son apostolat le héros du Christianisme rappelle ses services méconnus, avec ce noble orgueil d'un vétéran qui compte ses blessures, et qu'il s'écrie : « Sont-ils ministres de Jésus-Christ? Quand je devrais passer pour imprudent, j'ose dire que je le suis encore plus qu'eux. J'ai plus souffert de travaux, plus reçu de coups, plus enduré de prisons ; je me suis vu souvent tout près de la mort. J'ai été battu de verges par trois fois, j'ai été lapidé une fois, j'ai fait naufrage trois fois, j'ai passé un jour et une nuit au fond de la mer [1]. »

Pendant que la religion nouvelle se répandait dans tout l'empire et fondait partout des Églises, grâce à saint Paul, le génie contemplatif et mystique de saint Jean, inspiré des livres saints et de l'Orient, fécondait par ses puissantes méditations le germe métaphysique déposé dans la tradition primitive. Déjà saint Paul avait défini le rapport du Fils au Père, en le pré-

---

[1] *Ép. II Corinth.*, ch. 11.

sentant comme l'image du Dieu invisible, comme l'instrument de la création universelle et le médiateur entre le Créateur et la créature. Il avait exprimé avec force et profondeur le lien qui unit la créature à Dieu, lorsqu'il avait dit : « C'est en Dieu que nous avons la vie, l'être et le mouvement. » Enfin, par une interprétation toute métaphysique des paroles de la cène, il avait conçu l'Église nouvelle comme le corps même du Christ, et tous les Chrétiens comme membres de ce corps mystique. Cette doctrine forte et précise sur les trois questions vitales du Christianisme, n'était que le début de la métaphysique chrétienne. Elle posait des vérités inébranlables, sans les expliquer. Quelle est la nature de ce Père invisible? Quelle est la nature de ce Fils, organe de création et de médiation? Comment la créature en général et l'humanité en particulier participent-elles de la vie divine? Quels liens rattachent le Christ à son Église? Saint Paul avait affirmé toutes ces choses sans s'élever jusqu'au principe qui les domine et les comprend. Tout préoccupé de l'indépendance et de la vertu propre de la doctrine nouvelle, il avait peu songé à la tradition hébraïque. C'est un autre génie qui va renouer la chaîne traditionnelle interrompue par l'entreprise révolutionnaire de saint Paul ; c'est le mystique auteur de l'Apocalypse. On se souvient des paroles de Salomon sur la Sagesse : « J'ai été établie dès l'éternité et dès le commencement avant que la terre fût créée, les abîmes n'étaient point encore conçus. » Écoutons saint **Jean** : « Au commencement était le Verbe, et le Verbe était avec Dieu, et le Verbe était Dieu. Toutes choses ont été faites par lui, et rien de ce qui a été fait n'a été fait sans lui¹. » L'évangéliste a retrouvé dès le début le grand mot de la tradition que saint Paul semblait avoir oublié, le Verbe. La réminiscence est évidente. C'est dans les livres de Salomon, et surtout dans les deux commentaires postérieurs de ces livres, dans l'Ecclésiastique et le livre de la Sagesse, que saint Jean a puisé sa doctrine du Verbe conçu comme distinct de Dieu, et de la création à laquelle il préexiste et dont il est l'instrument. Mais saint Jean ne s'en tient pas à la tradition. Le Verbe, tel qu'il l'entend, n'est pas seulement coéternel à Dieu, qui l'a engendré de toute éternité, ainsi que l'avaient déjà dit Salomon et Jésus de Sirach : il est Dieu lui-même. Autre progrès. Saint Jean est le premier auteur sacré qui ait conçu le Verbe dans son essence. « En lui était la vie, et la vie était la lumière des hommes². » La tradition ne l'avait considéré jusque là que dans son rapport, soit avec Dieu, soit avec le monde, le représentant tantôt comme l'éclat de la lumière divine, tantôt comme l'instrument de Dieu dans l'œuvre de la création. Dans la pensée de saint Jean, la nature propre du Verbe, c'est la vie. Enfin, lorsque saint Jean ajoute : « Le Verbe était la vraie lumière, qui éclaire tout homme venant en ce monde³, » il énonce une pensée nouvelle, par rapport à saint Paul, qui n'avait pas reconnu d'autre manifestation du Verbe que Jésus-Christ, mais déjà ancienne, si l'on remonte à la tradition. Dans l'*Ecclésiaste*, dans le livre de la *Sagesse*, dans l'*Ecclésiastique*, toute sagesse est

1 *Év. sel. saint Jean*, ch. 1.
2 Ibid., ch. 1.
3 Ibid., ch. 1.

divine ; la sagesse dite humaine n'en est qu'une illumination. Voilà pour la nature du Verbe. Quant au lien qui le rattache à Dieu, saint Jean le conçoit plus intime que saint Paul. Ce n'est pas seulement le Fils qui est dans le Père, c'est aussi le Père qui est dans le Fils. « Je suis en mon Père, et mon Père est en moi. » C'est sans doute en vertu de cette union intime que le Fils participe essentiellement de la nature du Père, et que saint Jean a pu dire, non pas seulement que le Verbe est en Dieu, mais encore qu'il est Dieu.

Le Verbe étant conçu par rapport à la créature comme la lumière qui illumine toute intelligence et comme la vie qui pénètre toute nature, il devient plus facile de comprendre le grand mystère de l'incarnation. Dans saint Matthieu, dans saint Luc, dans saint Paul, Jésus-Christ est proclamé Fils de Dieu. Mais comment est-il Fils de Dieu? Comment la nature divine peut-elle revêtir la forme humaine? C'est un mystère qui ne trouve point son explication dans la doctrine primitive. La doctrine de saint Jean jette un jour nouveau sur le problème. Si déjà le Verbe est mêlé au monde comme lumière et comme vie, si déjà il y est universellement incarné, qu'y a-t-il d'impossible à comprendre une incarnation singulière du Verbe dans la personne de Jésus? Du reste, pour être intelligible, le mystère n'en subsiste pas moins, et saint Jean est bien loin de ne voir dans le Verbe incarné qu'un symbole. Il s'élève fortement contre une certaine opinion qui distinguait et séparait en Jésus-Christ le Dieu et l'homme : « Voici à quoi vous reconnaîtrez qu'un esprit est de Dieu. Tout esprit qui confesse que Jésus-Christ est venu dans une chair véritable est de

Dieu, et tout esprit qui divise Jésus-Christ n'est point de Dieu [1]. »

Saint Jean ne fait pas mention du Saint-Esprit dans le résumé de la doctrine que nous avons cité. Il dit seulement quelque part que Dieu étant esprit et vérité, il faut l'adorer en esprit et en vérité [2]. Faut-il conclure de là que, dans la pensée de saint Jean, l'Esprit saint est, comme le Fils, en Dieu et Dieu lui-même? Ce serait aller trop loin. Tout ce que saint Jean affirme positivement sur l'Esprit saint, c'est qu'il est le consolateur (le paraclet) envoyé par Dieu sur la terre, après la retraite du Christ, pour conserver parmi les hommes le souvenir de la parole divine.

Le point le plus nouveau de la doctrine de saint Jean, c'est la relation de l'homme à Dieu. « Celui qui garde les commandements de Dieu demeure en Dieu et Dieu en lui ; et c'est par l'Esprit qu'il nous a donné que nous connaissons qu'il demeure en nous [3]. » Ailleurs : « Je ne prie pas pour eux seulement, mais encore pour ceux qui doivent croire en moi par leur parole, afin qu'ils soient un tous ensemble, comme vous, mon Père, êtes en moi et moi en vous ; qu'ils soient de même un en nous, afin que le monde croie que vous m'avez envoyé. Je suis en eux, et vous en moi, afin qu'ils soient consommés dans l'unité. Mon Père, je désire que là où je suis, ceux que vous m'avez donnés y soient aussi avec moi [4]. » Il est évident que saint Jean développe et modifie profondément dans

---

[1] *Ép.* saint Jean, ch. 4.
[2] *Év.* saint Jean, ch. 4.
[3] *Ép.* saint Jean, ch. 13.
[4] *Év.* saint Jean, ch. 17.

un sens mystique la doctrine primitive. Jusqu'à lui, la relation de la créature à Dieu avait été conçue comme une simple communication. Saint Paul avait ouvert la voie au mysticisme par la phrase décisive qui a été citée [1]. Mais dans saint Jean, ce n'est pas une phrase seulement, c'est toute la doctrine qui absorbe l'homme en Dieu. Cet esprit mystique transforme essentiellement la tradition primitive ; il change en union intime la communication admise entre Dieu et la créature ; il convertit le royaume promis par Jésus en la vie divine et universelle, dans laquelle tous les hommes seront réunis et ne feront qu'un en Jésus-Christ et en Dieu. Il est un mot dans la doctrine de saint Jean qui définit et explique tout, c'est le mot par excellence du mysticisme, l'amour. L'amour n'y est pas seulement le lien nécessaire des hommes entre eux, comme l'avait compris la doctrine primitive ; il est encore le lien qui unit toutes les créatures entre elles et toutes les créatures à Dieu. L'amour, c'est la vie, c'est la vérité, c'est Dieu lui-même. Écoutez saint Jean : « Celui qui n'aime point ne connaît point Dieu, car Dieu est amour. Nul homme n'a jamais vu Dieu. Si nous nous aimons les uns les autres, Dieu demeure en nous, et son amour est parfait en nous [2]. ..... Dieu est lumière et amour ; celui qui aime son frère est dans la lumière [3]. » On sent dans les pensées et dans les paroles mêmes de saint Jean le souffle d'un esprit nouveau. On y reconnaît à la fois les illuminations de l'extase et les influences de la tradition orientale, le

---

[1] « In Deo vivimus, movemur et sumus. »
[2] *Ép.* saint Jean.
[3] *Ép.* saint Jean.

séjour d'Éphèse et la retraite de Pathmos. Cette conception des relations de la créature et du Créateur devait conduire le mystique évangéliste à une doctrine toute nouvelle sur la vie future. Déjà saint Paul, dépassant la doctrine étroite de saint Pierre et de l'Église de Jérusalem, avait transporté de la terre au ciel le siége de la vie future : « Dieu nous donnera dans le ciel une autre maison. » Mais il n'avait point défini le caractère de la vie bienheureuse. Dans la doctrine de l'amour, l'union intime de l'âme avec Dieu n'est pas seulement naturelle, mais nécessaire. L'amour réunit et confond tout, le Père avec le Fils, le Fils avec son Église, la création universelle avec Dieu. L'unité est la fin suprême du monde et de l'humanité. Jésus n'a-t-il pas dit : « Je suis en eux et vous en moi, afin qu'ils soient consommés dans l'unité [1] ? » Donc l'homme (avec son corps ressuscité et transfiguré) sera ravi dans le sein de Dieu, où il participera de la vie divine.

Le développement et le progrès de la nouvelle doctrine est manifeste de saint Pierre à saint Paul, de saint Paul à saint Jean. Avec saint Pierre la doctrine n'est encore que la loi ; avec saint Paul, elle devient la foi ; avec saint Jean, l'amour. La loi, telle que l'entend l'Église de Jérusalem, est déjà très supérieure au Pharisaïsme et même à la tradition primitive. Jamais l'ancienne loi ne s'éleva à cette morale de justice, d'égalité, de fraternité proclamée dans l'Évangile de saint Matthieu et dans les lettres de saint Jacques et de saint Pierre. La foi n'est plus seulement un sentiment moral sublime, c'est déjà une doctrine

---

[1] *Év.* saint Jean, ch. 17.

métaphysique embrassant les rapports du Père et du Fils. L'amour est la doctrine suprême qui comprend et explique tout, Dieu, le Verbe, l'humanité, le monde. La métaphysique chrétienne n'a pas atteint sa perfection par cette doctrine ; elle n'est encore qu'au début de la magnifique carrière qu'elle doit parcourir sous les auspices de la philosophie grecque ; mais elle n'ira ni plus loin ni plus haut. On pourrait en quelque sorte résumer tous les progrès de la doctrine primitive dans les transformations par lesquelles a passé l'idée du Christ, de saint Pierre à saint Paul et de saint Paul à saint Jean. Pour tous les trois, le Christ est le fils de Dieu : mais pour saint Pierre et l'Église de Jérusalem, le Christ est le type du peuple juif, le fils de David ; pour saint Paul, le Christ est le type de l'humanité, le fils de l'homme, le fils d'Adam ; pour saint Jean, le Christ est le type de la vie universelle, le Verbe de la nature aussi bien que de l'humanité. On voit ainsi la pensée chrétienne s'élever du Judaïsme à l'humanité, et de l'humanité au monde.

Telle est la doctrine contenue dans les premiers monuments du Christianisme, dans les évangiles et dans les actes des Apôtres : le Père, principe de toute création et la source de toute vie ; le Fils, Verbe divin, organe de vie, vérité, lumière suprême, image du Dieu invisible, organe de toute création, principe de médiation entre Dieu et l'homme, lumière éternelle et invisible du genre humain, laquelle s'est concentrée par l'incarnation dans la personne du Christ pour ramener à Dieu cette humanité qui avait méconnu la présence universelle du Verbe en elle-même ; l'Esprit saint envoyé par Dieu pour conserver parmi les hommes le souvenir des paroles du Christ et continuer sa mission ; le royaume promis par Jésus idéalisé et transformé en la vie toute spirituelle et toute divine des hommes réunis dans le sein de Dieu après la fin du monde ; l'amour devenu le principe métaphysique de toute la doctrine, présidant aux relations divines et humaines des hommes, expliquant l'harmonie universelle du monde et la nature même de Dieu[1]. Soit que les fondateurs de la doctrine primitive aient été seulement inspirés de l'Ancien Testament, soit qu'ils aient puisé en outre à la source de traditions ésotériques, analogues à celles qui ont trouvé leur expression dans les livres de la *Sagesse* et l'*Ecclésiastique*, l'origine judaïque de la doctrine chrétienne est manifeste. Quant à savoir quelle part il faut y faire à l'influence des autres traditions religieuses de l'Orient, c'est un mystère impénétrable. On ne peut que soupçonner cette influence lorsqu'on songe aux livres de saint Jean, à la doctrine de l'amour, aux imaginations de l'Apocalypse. Mais ce qui est parfaitement certain, c'est qu'il n'apparaît encore aucune trace de la philosophie grecque dans le Christianisme primitif. Il n'y a aucune raison historique de croire que saint Jean, le grand métaphysicien de la doctrine, ait connu Platon ou même les livres postérieurs de la philosophie platonicienne. Il est d'ailleurs tout-à-fait inutile de le supposer ; car la doctrine du Verbe proprement dit, qu'il ne faut pas confondre avec le Λόγος θεῖος de Platon, est étran-

---

[1] *Év*. saint Jean. « La vie éternelle consiste à vous connaître, » vous qui êtes le seul Dieu véritable. » — Ibid., ch. 12. « Et pour » moi, quand j'aurai été élevé de la terre, j'attirerai tout à moi. »

gère à la philosophie grecque et propre à l'Orient. C'est dans les livres saints, et particulièrement dans les livres de la *Sagesse* et de l'*Ecclésiastique* que saint Jean l'a puisée, à moins de l'avoir empruntée à Philon, qui la tenait certainement de la tradition. Mais il est douteux que saint Jean, qui n'a jamais visité Alexandrie, ait connu les livres du philosophe juif. En toute hypothèse, il est évident que la doctrine primitive du Christianisme découle tout entière des sources orientales, et qu'avant la philosophie des Pères de l'Église grecque, elle ne s'était inspirée ni directement ni indirectement des idées de la Grèce.

— -

CHAPITRE IV.

La Gnose. Caractère général et origine de la Gnose. Simon le Mage. Saturnin. Basilide. Valentin. Danger du Christianisme compris par les Pères de l'Église.

Saint Paul avait ouvert le Christianisme aux peuples; il restait à l'ouvrir aux idées. Il fallait qu'une doctrine, qui devait conquérir le monde et dominer l'esprit humain, puisât à toutes les sources, s'inspirât de toutes les traditions, empruntât à tous les systèmes, et parvînt, par l'assimilation et l'absorption de tous les grands produits de la sagesse antique, à résumer dans une synthèse supérieure tous les éléments organiques de la pensée humaine, au risque de s'altérer ou de se transformer sous des influences diverses et quelquefois contraires. De là les progrès et les erreurs, les développements légitimes et les déviations dangereuses, les doctrines orthodoxes et les hérésies qui signalèrent la formation du dogme chrétien ; de là la Gnose et la philosophie des Pères de l'Église [1].

La Gnose fut le premier et peut-être le plus sérieux danger du Christianisme. Avant de rencontrer le monde grec et romain, la religion nouvelle devait ressentir tout d'abord l'influence des traditions qui entouraient son berceau. Née en Orient, c'est dans les voies du mysticisme oriental qu'elle devait être primitivement entraînée. Déjà le génie de saint Jean l'inclinait de ce côté ; la pente était fatale et irrésistible. Pour bien comprendre l'origine et le caractère du grand mouvement d'idées qui se fit autour du Christianisme naissant, il faut se rappeler à la fois l'origine judaïque et la simplicité de la doctrine primitive. Sans doute, l'esprit nouveau, le principe chrétien, sous la direction de saint Paul et sous l'influence toute mystique de saint Jean, avait manifesté sa vertu propre et sa profonde originalité. Toutefois il était resté fidèle à son origine et avait adopté toutes les traditions qui s'y rattachaient. En outre, la doctrine transmise par les apôtres était encore vague et incomplète ; c'était plutôt un germe fécond et puissant qu'une doctrine. Le génie de l'Orient, bercé en quelque sorte dans le sanctuaire même de la métaphysique, nourri de mysticisme et d'extase, était difficile à satisfaire, d'autant plus difficile que ses doctrines théologiques et cosmologiques l'avaient initié à tous les mystères du monde céleste et à tous les secrets de la création. Il savait le principe

[1] Voyez l'Histoire de la philosophie des Pères de l'Église, par Ritter, et les livres de Néander et de M. Matter sur les Gnostiques. La Gnose florissait au commencement du deuxième siècle de l'ère chrétienne.

suprême des choses ; comment ce principe, sans sortir de son repos, avait engendré toute la hiérarchie céleste, le pléromc divin et les innombrables légions d'archanges, d'anges, de génies et de démons ; il savait comment la chute des anges a produit le monde sensible ; d'où vient la matière, d'où vient le mal. A ce génie rêveur et contemplatif, si riche de traditions, si puissant dans la spéculation, la doctrine primitive du Christianisme ne pouvait suffire. Les grands peuples chez lesquels ce génie s'était déployé avec le plus de grandeur et d'éclat, la Syrie, la Chaldée, la Perse, l'Égypte, pouvaient-ils renoncer à leurs profonds symboles, à leurs conceptions grandioses, pour une croyance aussi simple que la doctrine des Apôtres ? L'Orient ne fit point comme l'initié des mystères, qui se purifie et se dépouille avant de pénétrer dans le sanctuaire même du temple ; il y entra avec tout l'appareil de ses traditions. Dans chaque grand pays de l'Orient où se répandit tout d'abord la doctrine chrétienne, elle s'imprégna des croyances, et se teignit, en quelque sorte, des couleurs du génie national. On la vit en Syrie se prêter à l'enthousiasme mystique ; en Égypte, s'envelopper des symboles du naturalisme égyptien ; en Chaldée et en Perse, s'égarer dans l'antagonisme du bon et du mauvais principe. C'est ce qui explique l'apparition presque simultanée sur tous les points de l'Orient d'un grand nombre de doctrines, également issues du Christianisme, mais d'ailleurs fort diverses. Telle est la double origine de la Gnose chrétienne [1]. Née à la fois d'un besoin d'indépendance et

---

[1] Il parut, dans les premiers temps du christianisme, des doc-

d'un besoin de développement du Christianisme primitif, elle a pour but d'affranchir la doctrine nouvelle du Judaïsme et de l'enrichir des traditions des autres pays de l'Orient. La Gnose n'est point une doctrine, ni une série de doctrines analogues, qu'on puisse rapporter à tel maître ou à telle école : c'est un ensemble de doctrines fort diverses, indépendantes pour la plupart les unes des autres, et qui se produisent presque simultanément dans les grands pays de l'Orient. Sauf Simon et Ménandre, dont on sait peu de chose, tous les organes bien connus des doctrines gnostiques sont à peu près contemporains : Saturnin, Bardesane, Basilide, Marcion, Valentin, ont tous fleuri dans la première partie du deuxième siècle de l'ère chrétienne, dans l'intervalle qui sépare la mission des Apôtres des travaux des Pères alexandrins. Si toutes ces doctrines sont pénétrées du même esprit ; si, malgré les différences qui les distinguent, elles professent les mêmes principes et aboutissent aux mêmes conclusions pratiques, c'est qu'elles ont un point de départ et un but commun. L'identité qu'on y aperçoit ne tient pas à l'unité d'école ; c'est l'effet d'une nécessité puissante et universelle : voilà ce qu'il importe de bien comprendre. Le caractère constant, la mission propre de la Gnose sous toutes ses formes est de détacher la nouvelle doctrine de son origine judaïque pour la rattacher plus ou moins aux autres traditions de l'Orient. Il est des Gnostiques qui se préoccupent surtout de

---

trines gnostiques tout-à-fait étrangères à la tradition évangélique, et qui remontent évidemment à une origine antérieure, par exemple la doctrine de Simon le Mage. Mais il n'est ici question que de la Gnose chrétienne.

l'indépendance de la doctrine chrétienne vis-à-vis du Judaïsme ; il en est d'autres en bien plus grand nombre qui s'appliquent surtout à fondre cette doctrine avec les autres croyances religieuses de l'Orient. Marcion est de tous les Gnostiques celui qui a le moins innové au profit des idées de l'Orient. Sincèrement attaché au Christianisme, et ne voulant point s'en séparer, il crut le servir en brisant les liens trop étroits peut-être qui l'unissaient primitivement au Judaïsme. Dans la réforme qu'il entreprit, il eut constamment pour règle et pour principe ce texte de saint Matthieu : « On ne met point le nouveau vin dans de vieux vaisseaux. » Partant de là, il retrancha du Nouveau Testament tout ce qui lui semblait en contradiction avec l'esprit de la doctrine nouvelle ; il en développa la tendance rationnelle et spiritualiste, et de ces retranchements et de ces additions, il composa un nouvel Évangile. Les autres Gnostiques allèrent plus loin, et transformèrent le Christianisme primitif en un mysticisme tout oriental.

Cela posé, il importe peu de savoir d'une manière précise à quelle époque, où et par qui a commencé la Gnose. Saint Paul parle en plusieurs endroits de ses épîtres d'une fausse sagesse qui aurait déjà séduit quelques membres de l'Église primitive, et oppose à cette fausse sagesse la vraie Gnose, celle qui résulte de la révélation du Christ. « Gardez, dit-il dans sa première lettre à Timothée, le dépôt qui vous a été confié, fuyant les profanes nouveautés et les antithèses de cette fausse sagesse ($\psi\epsilon\upsilon\delta\omega\nu\upsilon\mu\omega\varsigma$ $\gamma\nu\tilde{\omega}\sigma\iota\varsigma$), dont quelques uns, faisant profession, se sont égarés dans la foi chrétienne. » Il recommande « de ne point s'amuser à des fables (mythes) et à des généalogies sans fin, qui servent plus à exciter des disputes qu'à fonder par la foi l'édifice de Dieu. » Saint Paul dit quelque part : « qu'on a vu le plérome de la divinité habiter en Jésus-Chrit. » Quelle était cette Gnose, d'où venait-elle, et quand avait-elle commencé à paraître? On ne le sait pas positivement. Tout ce qui résulte clairement des allusions de saint Paul, c'est qu'elle s'était formée, sinon antérieurement à la doctrine des apôtres, du moins à côté et dans une certaine indépendance de la doctrine évangélique. Les témoignages de plusieurs Pères de l'Église s'accordent à en faire remonter l'origine jusqu'à Simon le Mage, contemporain des apôtres. Il paraît qu'en effet les Gnostiques de Syrie se rattachaient à ce personnage mystérieux. Mais, en admettant qu'ils aient puisé à cette tradition quelques unes de leurs idées, ce qui est douteux, il ne serait pas exact de considérer Simon comme le père des Gnostiques chrétiens. La Gnose, telle qu'elle a été professée par Saturnin, Basilide, Marcion, Valentin, n'est pas une doctrine rivale ou ennemie du Christianisme; c'est une hérésie toute chrétienne, qui se donne pour une interprétation supérieure de la doctrine primitive. La doctrine de Simon est contemporaine et indépendante de la doctrine des apôtres. Simon parut en Samarie en même temps que Jésus en Galilée. Voici, s'il faut en croire les Pères de l'Église [1], quelle aurait été sa doctrine. La loi de Moïse n'est que la révélation d'un Dieu inférieur, dont toutes les créa-

---

[1] Voy. sur cette doctrine saint Irénée, *adv. Hæres.*, l. I, ch. 20, 23. — Saint Épiphane, *Hæres.*, l. II, t. 3, p. 619. — Origène, *cont. Cels.*, l. v, ch. 8; l. vi, ch. 1.

tions trahissent l'impuissance et la faiblesse. Le Christ, qui est venu annoncer une loi supérieure, n'est plus une puissance démiurgique, un ange : c'est Dieu lui-même dans sa seconde manifestation. La première manifestation de Dieu, c'est Simon. La personne du Christ n'avait révélé que le Fils de Dieu ; la personne de Simon a révélé le Père : c'est en ce sens que Simon s'appelait la grande puissance de Dieu. De là l'autorité supérieure de ses révélations. Simon, ou du moins son école, avait conçu entre Dieu et le monde un vaste système de dieux, d'anges et de génies, émanant de Dieu comme d'une source inépuisable. La première de ces émanations est la Pensée (Ἔννοια), le vrai Fils de Dieu, son Verbe. La Pensée est le principe de toutes les puissances qui viennent après elle, et la mère de la création, en ce sens que c'est avec elle et par elle que Dieu a créé le monde. Les Esprits inférieurs, issus de la Pensée, jaloux de sa supériorité, s'emparent d'elle par surprise et l'enferment dans un corps. Une femme que Simon avait retirée de l'esclavage et de la prostitution, Hélène, figurait la Pensée, esclave de la matière, et souillée par le contact de ce principe impur. La Pensée, dans cette triste condition, ne put plus se faire jour dans le monde, ni y répandre la vie, la santé, le bonheur, comme auparavant. Elle se consumait dans une lutte impuissante avec le principe du mal, lorsque parut le Rédempteur qui devait la délivrer. Ce Rédempteur est Simon. On voit que cette doctrine tend à absorber celle du Christ, loin de s'y rattacher, et qu'elle est d'ailleurs trop contraire au principe même du Christianisme pour être comptée au nombre des doctrines gnostiques proprement dites. C'est un pur reflet des idées de la Perse et de la Chaldée.

On ne sait si c'est spontanément ou sous l'influence des idées de Simon le Mage et de son école que la Gnose s'est développée en Syrie. Certains Pères de l'Église rapportent à Simon les doctrines de Saturnin et de Basilide. Mais ce qui est digne de remarque, c'est que ce pays, voisin de la Judée, fut le premier et le principal foyer des idées gnostiques. On ne saurait s'en étonner, si on songe que, bien avant la fondation d'Alexandrie, la Syrie était, par ses communications fréquentes avec tous les autres pays orientaux, le centre de toutes les traditions religieuses de l'Orient. Le père du Gnosticisme en Syrie fut Saturnin. L'inspiration orientale se révèle dans toutes les parties de la doctrine de ce Gnostique. Dieu est unique, inconnu à tous, ineffable, inaccessible [1]. Tous les êtres procèdent de Dieu par émanation. L'intervalle qui sépare Dieu du monde est rempli par un système d'êtres immatériels, dont les ordres divers, archanges, anges, puissances, démons, génies, forment une immense échelle hiérarchique [2]. La puissance suprême de Dieu est la Sagesse ou le Verbe, premier né de Dieu, type idéal sur lequel a été conçue et formée la plus parfaite de toutes les créatures, l'homme [3]. Des puissances supérieures, parmi lesquelles le Dieu des Juifs, ont reçu la mission de créer et de gouverner le monde : ces puissances ont créé l'homme sur le modèle du Verbe ; mais, dans leur faiblesse, elles n'ont

---

[1] Iren., l. 1, ch. 4, par. 2.
[2] Ibid., ch. 4, par. 2.
[3] Ibid., ch. 4, par. 2.

pu réaliser le type divin, l'Adam céleste. L'homme fut donc créé rampant comme le ver de terre. Le Verbe, touché de la misérable condition d'une créature faite à son image, releva l'homme en lui versant un rayon de vie céleste [1]. Mais telle avait été l'imperfection de l'œuvre des dieux subalternes, que le souffle divin dont le Verbe avait animé l'humanité devint impuissant. C'est alors que le Christ apparut avec la mission de supprimer l'action du Dieu des Juifs et de sauver les croyants, c'est-à-dire ceux qui avaient conservé le rayon divin déposé dans le premier homme [2]. Quant aux autres hommes, il n'y a point de salut pour eux. Du moment qu'ils ont perdu la vie céleste par l'influence des mauvais génies, la voie du retour à Dieu leur est irrévocablement fermée [3]. Cette distinction des bons et des méchants est évidemment empruntée à la religion des Perses. Pour que les bons reviennent à Dieu par l'intervention du Sauveur, il faut qu'ils s'aident eux-mêmes dans cette œuvre de Rédemption; il faut que le rayon divin qui fait l'essence de l'humanité se dégage des ombres de la matière, et redevienne pur et éclatant pour retourner au foyer suprême. De là la nécessité d'arracher, par une séparation aussi complète que possible, l'âme aux influences de la matière [4]. L'ascétisme de Saturnin ne va pas jusqu'à prescrire une séparation violente; mais il inspire l'horreur des œuvres matérielles, et condamne le mariage et la procréation. Cette doctrine présente un tout autre carac-

---

[1] Irén., l. i, ch. 4, par. 2. — Saint Épiphane, *Hæres.*, xxiii.
[2] Irén., l. i, ch. 4, par. 2.
[3] Ibid., ch. 4, par. 2.
[4] Ibid., ch. 4, par. 2.

tère que celle de Simon. Partant du dogme fondamental de la doctrine des apôtres, à savoir, la conception du Verbe divin qui descend sur la terre dans la personne du Christ pour racheter les hommes et les rendre à Dieu, elle conserve le principe chrétien, tout en y mêlant des doctrines étrangères ; et même il faut reconnaître que l'introduction des idées de l'Orient est timide et incomplète dans la doctrine de Saturnin. Le dualisme y apparaît sans doute, mais un dualisme indécis. Saturnin n'explique point le mal par l'influence d'un mauvais principe, mais seulement par l'impuissance et la faiblesse des agents inférieurs de la création.

Bardesane, le plus célèbre des disciples de Saturnin [1], combattit d'abord l'hérésie de Marcion, et fut un moment le flambeau de l'Église de Syrie. Mais peu à peu les idées de l'Orient le gagnèrent ; il puisa à cette source plus largement que n'avait fait son maître, et développa un système d'émanations dans lequel il réunit en couples (συζυγίαι) toutes les productions successives du principe suprême. Toutefois, dans la lutte du bien et du mal, Satan n'est point représenté comme principe du mal, mais seulement comme une puissance inférieure, fils de Dieu et de la matière coéternelle à Dieu. Déjà, dans cette distinction de Dieu et de la matière conçue comme principe indépendant, on peut apercevoir la trace des idées grecques.

La doctrine de Basilide manifeste dans toutes ses parties les progrès de l'influence orientale. Il n'y a qu'un principe de tout ce qui est : c'est le Dieu inef-

---

[1] Voyez saint Épiphane et les *Hymnes de saint Éphrème*.

fable, inaccessible, le seul vrai Dieu, le Père [1]. La série des émanations purement divines constitue une échelle hiérarchique dans laquelle on peut distinguer huit degrés [2]. Le premier degré est la Raison, véritable fils aîné, révélation immédiate et tout intérieure du Père. Le deuxième degré est le Verbe, révélation extérieure du Père, production immédiate de la Raison. Le troisième degré est l'Intelligence, fille du Verbe. Puis viennent successivement les puissances engendrées par l'union des premières essences, à savoir, la Sagesse, la Force, la Justice, la Paix [3]. Ces diverses émanations forment l'ogdoade divine, le mystérieux Plérome, c'est-à-dire la manifestation complète des puissances intérieures de Dieu, en un mot, le monde divin proprement dit. Le Plérome épuise la nature de Dieu, mais non sa création ni son action. La création divine engendre toute une hiérarchie de puissances secondaires, archanges, anges, dominations, etc., qui s'échelonnent entre Dieu et le monde, et interviennent soit dans la création, soit dans la conservation des êtres sensibles. La Gnose est la connaissance du Plérome ; elle ne s'obtient que par la foi [4]. La foi est un don que Dieu n'accorde qu'aux âmes qui participent,

---

[1] Saint Irén., l. II, ch. 16, par. 2.

[2] Saint Clém., *Strom.*, IV, 539.

[3] Saint Irén., l. I, ch. 24, par. 3. Noun primo ab innato natum Patre, ab hoc autem natum Logon, deinde a Logo Phronesin, a Phronesi autem Sophiam et Dynamin, a Dynami autem et Sophia Virtutes et Principes et Angelos quos primos vocat et ab iis primum cœlum factum.

[4] Saint Clém. *Strom.*, II, 263. Φύσει τις τὸν Θεὸν ἐπίςαται, ὡς Βασιλείδης οἴεται.

en quelque façon, des vertus du Plérome, et qu'il mesure au degré de participation [1]. La nature humaine n'est cause ni du bien ni du mal qui se produit en elle : le bien est un don de Dieu ; le mal est dû à l'influence des génies malfaisants. On ne voit guère, dans cette doctrine, la part qui reste à la volonté ; toutefois Basilide suppose la liberté, puisqu'il parle de bonnes et de mauvaises actions. Le problème qui a le plus préoccupé Basilide et les Gnostiques en général, c'est l'origine du mal. Déjà on avait vu Saturnin et Bardesane s'efforcer de l'expliquer par l'impuissance des esprits inférieurs qui avaient présidé à la création. Basilide reprend le problème et le traite avec plus d'étendue et de rigueur. Il commence par concilier la justice de Dieu avec l'existence du mal : quand la souffrance s'attache aux méchants, c'est justice, puisqu'ils l'ont mérité ; quand elle tombe sur les bons, c'est justice encore, car, lors même qu'elle ne pèche pas réellement, la nature humaine porte en soi le principe du péché [2]. En ce cas le juste n'est pas puni, mais délivré par la souffrance et la mort du principe du mal : donc le mal est toujours un bienfait. Par là Basilide justifiait Dieu, mais n'expliquait pas le mal. Si le mal ne vient pas de Dieu, d'où vient-il ? Il semble que Basilide ait senti l'insuffisance de cette solution du problème ; car il essaie une autre explication plus profonde et plus

---

[1] Ibid. *Strom.*, II, 363. Φυσικὴν ἡγοῦνται τὴν πίςιν οἱ ἀμφὶ τὸν Βασιλείδην · — ἔτι φασὶν οἱ ἀπὸ τοῦ Βασιλείδου πίςιν ἅμα καὶ ἐκλογὴν οἰκείαν εἶναι καθ᾽ ἕκαςον διάςημα · κατ᾽ ἐπακολούθημα δ᾽ αὖ τῆς ἐκλογῆς τῆς ὑπερκοσμίου τὴν κοσμικὴν ἁπάσης φύσεως συνέπεσθαι πίςιν, κατ᾽ ἀλλήλόν τε εἶναι τῇ ἑκάςου ἐλπίδι καὶ τῆς πίςεως τὴν δωρεάν.

[2] Saint Clém. *Strom.*, IV, 506, 509.

conforme à sa doctrine générale des émanations. Il nie que le mal existe absolument, et le réduit à n'être qu'un amoindrissement du bien [1]. A mesure que les productions divines s'éloignent de leur centre, elles perdent en perfection ; les derniers reflets de la lumière divine pâlissent devant l'éclat de cette lumière à son foyer, et la dernière émanation du Bien n'en est plus que l'ombre. C'est là l'origine du mal et de la matière : ce sont les degrés tout-à-fait inférieurs des effluves divins, les anges qui ont créé le monde. Mais Basilide ne s'en tient point là : dans sa pensée, la matière n'est pas ce sujet inerte et informe, cette pure capacité réceptive de Platon et d'Aristote, c'est une force, ou plutôt un ensemble de forces aveugles, mais vivantes, lesquelles se réunissent pour détruire partout l'action de Dieu et des puissances divines [2]. Basilide personnifie ces forces dans un système de génies malfaisants qui combattent sous la direction d'un chef plus malfaisant, qu'il appelle Satan. Le chaos est l'œuvre du principe du mal, comme le monde est l'œuvre de Dieu. Si la matière, principe du mal, n'est que le dernier effluve de Dieu, elle doit suivre la loi de toute émanation, qui est de revenir à sa source. Le mal n'a donc qu'une durée éphémère ; il semble que la conséquence nécessaire de cette doctrine devait être le salut de tous les êtres de la création. Mais Basilide était trop sous le joug des idées de l'Orient pour arriver à cette conclusion. Au contraire, il pense que les hommes sont par nature bons ou méchants ; le Christ n'est venu que

---

[1] Saint Clém. *Strom.*, 408.
[2] Archel. et Manet. *Disput.*, 55, 276.

pour sauver les bons. La rédemption a pour but de nous unir plus intimement à Dieu et de nous initier à la Gnose [1]. Quand l'âme humaine en est là, elle a franchi toute la hiérarchie des puissances secondaires [1] des archanges et des anges; elle est entrée dans le plérome ineffable, et possède la vie divine.

Dans la doctrine de Basilide, la prédominance des traditions orientales sur la doctrine des Apôtres est évidente. Dans celle de Valentin, l'élément oriental ne prédomine plus seulement, il absorbe le principe chrétien. Le gnostique égyptien puise à flots dans les mystères de l'Égypte, et en général dans toutes les grandes traditions de l'Orient; et en même temps il emprunte à la philosophie grecque, à Pythagore, à Platon, au Stoïcisme. Ce mélange des idées de l'Orient et de la Grèce est propre à Valentin et à son école. La doctrine de Valentin est un syncrétisme puissant, mais intempérant, que le souffle de l'Orient pénètre, remplit, anime dans toutes ses parties. Du reste cette doctrine, étant la dernière et la plus puissante expression du gnosticisme, mérite une analyse un peu plus étendue. Le monde ne peut procéder immédiatement de Dieu. Cette œuvre imparfaite et misérable répugne à sa bonté parfaite, à sa majesté ineffable et inaccessible [2]. La nature de Dieu n'est ni substance, ni être, ni essence déterminée : aussi n'y a-t-il pas de nom qui puisse l'exprimer [3]. Seulement, pour faire comprendre ce que la nature divine a de suprême et d'incompréhensible,

---

[1] Irén., l. ii, ch. 16, par. 4.
[2] Saint Clém., p. 409.
[3] Irén., l. ii, ch 14, par. 1. Ὁ ἀνεννόητος καὶ ἀνούσιος, ὁ μήτε ἄρρεν μήτε θῆλυ.

on l'appelle Proarche, Propator, Bythos [1]. Quand Valentin dit que le Bythos engendre toutes choses dans le Silence, c'est par souvenir de cette parole de l'Écriture sainte : Dieu a fait le monde dans sa sagesse [2]. Mais il n'entend point par là distinguer le *Silence* de la nature divine elle-même ni le poser comme la première manifestation de Dieu. Le *Silence* et l'*Abîme* sont deux dénominations que Valentin rapporte également à la nature divine et par lesquelles il exprime son absolue plénitude. Toutefois, bien qu'ils aient également Dieu pour objet, ces deux mots ne sont point synonymes. Tout principe, toute essence, tout être est conçu comme double dans la doctrine de ce gnostique, depuis Dieu jusqu'au dernier être de la création ; la loi des couples (συξυγιαί) est la loi universelle de l'existence et de la vie. La nature divine est donc double dans son unité. A l'exemple de l'Égypte, qui la représente comme mâle et femelle, de Pythagore, qui la concevait comme unité et variété, Saturnin la considère à la fois comme βυθός et σιγή. Βυθός en exprime l'unité, l'immutabilité, l'immobilité absolue, l'essence intérieure en quelque sorte ; σιγή en exprime le développement, la fécondité, la puissance expansive et créatrice ; mais la σιγή est contenue dans la nature divine, tout aussi bien que le βυθός, et cette dualité logique n'en altère point l'unité. La première production de Dieu est la Raison, qui est en même temps la Vérité [3]. La Raison-Vérité aspire au Bythos, sans jamais l'at-

---

[1] Irén., l. 1, ch. 1, par. 1.
[2] Irén., l. 1, ch. 1, par. 1.
[3] Irén., 1, 1, 1.

teindre et sans jamais en avoir la révélation complète : Dieu seul a la parfaite conscience de lui-même. Le Silence n'a pas même la pleine connaissance du Bythos [1]. C'est par le *Silence* que le *Bythos* se révèle à la Raison. Le premier couple sorti du sein de Dieu comprend la Raison et la Vérité ; le deuxième comprend le Verbe et la Vie ; le troisième l'Homme et l'Église ; l'Homme conçu comme type idéal de l'humanité, comme l'Adam céleste ; l'Église considérée comme l'Esprit universel ou l'Esprit saint[2]. Telle est la première série des émanations divines, l'ogdoade suprême, le plérome divin. La seconde série se compose des essences éternelles ou Éons engendrés des puissances soit séparées, soit unies, du plérome. Le Verbe et la Vie ont engendré cinq couples d'Éons ; la Vie seule en a produit six. Il serait fastidieux de suivre les Valentiniens dans leur interminable énumération des puissances de toute nature et de tout degré qui s'échappent du sein du plérome par voie d'émanation [3]. Il suffit d'indiquer que la théorie des nombres pythagoriciens intervient fréquemment dans ce système : seulement les nombres y sont transformés partout en Archanges, Anges et puissances de toute espèce. Le dernier Éon est la Sagesse[4], qui dans son impuissance a créé le monde et engendré la matière, non pas une matière inerte et purement passive, mais un principe vivant, mélange de matière pure, d'âme et d'esprit. Le monde est à la Sagesse ce que la copie est à son

---

[1] *Didasc. anatol.*, 794.

[2] Irén., l. 1, ch. 1, par. 1.

[3] Irén., l. 1, ch. 2, par. 2.

[4] Irén., 1, 2, 3. Ἀδυνάτῳ καὶ ἀκαταλήπτῳ πράγματι αὐτὴν ἐπιχείρησαν τεκεῖν οὐσίαν ἄμορφον, οἵαν φύσιν εἶχε, θήλειαν.

modèle : c'est une image bien imparfaite d'un type déjà fort imparfait lui-même. Pour le créer, la Sagesse s'est servie du principe *animique*, comme d'un instrument aveugle [1] ; c'est en ce sens que Valentin et son école appelaient le monde l'œuvre d'un Dieu en délire. Ce Dieu n'a pu représenter la Sagesse, c'est-à-dire l'éternel et le divin, selon son essence immuable ; il n'a produit qu'une misérable copie du modèle. Heureusement la Raison a envoyé son Christ et son Esprit pour prévenir la passion de la Sagesse et relever le monde de sa misère. La Sagesse elle-même, ramenée par le Christ vers sa céleste origine, devient un intermédiaire dont le Christ se sert pour rattacher tous les êtres sensibles au monde des Éons. L'homme se compose de trois principes, corps, âme, esprit. Par l'esprit seul, il participe du divin et parvient à la Gnose. Bien que toute nature humaine soit triple, c'est-à-dire matérielle, animique et spirituelle, la prédominance de l'un des trois principes constitue l'essence propre de chaque homme ; en sorte que l'espèce humaine tout entière pourrait être divisée en trois races bien distinctes : 1° les natures spirituelles où domine l'esprit ; 2° les natures animiques où domine l'âme ; 3° les natures matérielles où domine la matière [2]. A la première race correspond le gnostique, ou vrai Chrétien ; à la seconde, le Juif ; à la troisième, le Païen. Valentin ne veut pas dire qu'il suffise d'être né Chrétien, ou Juif ou Païen pour être voué fatalement à la vie spirituelle, ou animique, ou matérielle ; il regarde comme de vrais gnostiques les

---

[1] Irén., I, 5, 3. — Ibid., id., 7.
[2] Irén., I, 7, 5.

sages de la Grèce et les prophètes de l'ancienne loi : il entend seulement par là que le Christianisme ou Gnosticisme, le Judaïsme et le Paganisme ont pour caractère propre, l'un l'esprit, l'autre l'âme, et le troisième la matière. Mais ce que les Valentiniens soutiennent de la manière la plus absolue, c'est que nul homme ne change de nature ; qu'on naît, mais qu'on ne devient pas Gnostique, Juif ou Païen. Les natures purement spirituelles sont destinées irrévocablement à la perfection et à la Gnose : elles ne peuvent déchoir. Les natures matérielles sont condamnées aux œuvres de la chair ; elles ne peuvent s'élever. Il n'y a que les natures *psychiques* qui, en vertu de leur essence intermédiaire, puissent incliner vers la matière ou l'esprit, se corrompre ou s'épurer, déchoir ou s'élever, sans toutefois jamais pouvoir se perdre dans la matière ou se confondre avec l'esprit. Le vrai Gnostique possède la grâce comme un bien propre, inhérent à sa nature. La nature gnostique est semblable à l'or : la fange n'en peut ternir l'éclat. Ce principe explique l'orgueil des sectes gnostiques, leur dédain pour le vulgaire, que la nature, c'est-à-dire la grâce de Dieu, n'a point appelé aux divines perfections de la Gnose, leur indifférence profonde pour les œuvres de la matière et même pour les œuvres de l'âme [1], impuissantes à conduire l'homme à Dieu [2]. Le gnostique rejette avec dégoût et horreur les plaisirs des sens à l'usage des natures grossières ; il se retire par indifférence de la vie pratique, et abandonnant les vertus

---

[1] Irén., I, 6, 2. — 3, 4.
[2] Irén., I, 6, 2. Οὐ γὰρ πρᾶξις εἰς πλήρωμα εἰσάγει.

morales et politiques aux natures médiocres, se réfugie dans la vie contemplative. La contemplation est la seule œuvre digne du Gnostique ; l'extase est le seul culte qui convient à Dieu. Le culte extérieur est un symbole nécessaire à travers lequel l'imagination et l'âme peuvent entrevoir Dieu [1]. Mais pour contempler ce Dieu face à face, l'esprit pur n'a pas besoin d'intermédiaire. Si telle est la loi qui régit l'humanité, qu'est venu faire le Rédempteur ? Il n'est pas venu détruire les lois éternelles de Dieu, ni transformer radicalement les diverses natures humaines. Après comme avant la Rédemption, les hommes sont voués irrévocablement, selon leur nature, à la Gnose, à la vie politique, à la vie matérielle. D'un autre côté, Valentin ne pouvait admettre que les natures spirituelles eussent besoin d'un secours étranger pour retrouver la voie divine qu'elles auraient perdue, car une telle déviation serait contraire à la loi inflexible reconnue par Valentin et son école. Pourquoi donc le Sauveur est-il venu ? Jusqu'à son avénement, les Gnostiques s'étaient montrés isolément et individuellement, les uns comme prêtres, les autres comme prophètes, ceux-là comme rois [2]. La mission du Sauveur a eu pour but et pour résultat de rapprocher et de réunir par le lien puissant de sa parole toutes les natures spirituelles et de les fondre dans un seul et même Esprit universel, et de constituer ainsi une Église ; car ce mot exprime autre chose qu'une collection d'hommes, et il

---

[1] Irén., 1, 6, 2. Οἱ ψυχικοὶ ἄνθρωποι, οἱ δ' ἔργων καὶ πίστεως ψιλῆς βεβαιούμενοι καὶ μὴ τελείαν γνῶσιν ἔχοντες. Εἶναι δὲ τούτους ἀπὸ τῆς ἐκκλησίας ἡμᾶς λέγουσι.

[2] Irén., l. 1, ch. 7, par. 3.

n'est pas donné aux natures matérielles ni même aux natures psychiques de former une Église [1]. L'Église véritable est le Saint-Esprit ; donc les membres de cette Église ne sont ni des corps ni des âmes, mais des esprits.

Ce rapide résumé fait suffisamment ressortir le caractère et les tendances des écoles gnostiques. Née de la tradition des Apôtres qu'elle s'était proposé de développer et d'ériger en doctrine, la Gnose perdit bientôt de vue son origine et sa mission, et se laissa emporter aux plus hardies spéculations de l'Orient. C'en était fait du Christianisme, si elle eût réussi à l'entraîner dans ses voies. Cette conception si haute, mais si abstraite, du principe suprême des choses ; ce grand système des émanations au sein duquel va se perdre l'idée dominante du Christianisme, la notion du Verbe ; ce symbolisme si riche, mais si compliqué que la Gnose emprunte à l'Orient pour en couvrir ses doctrines ; cette cosmologie étrange qui ne voit dans la création que l'acte d'un Dieu en délire, et dans le monde qu'une œuvre de misère, de désordre et de mal ; cette horreur de la matière ; cette indifférence pour les œuvres poussée jusqu'à l'immoralité ; cet orgueil immense qui renouvelle la distinction des castes, et réserve la mission du Rédempteur à une race privilégiée ; ce mysticisme effréné qui prétend, sans le secours de la vertu, emporter l'âme dans le sein de Dieu sur les ailes de la pure contemplation, et qui ne peut franchir les innombrables intermédiaires que le système des émanations a semés entre l'homme et Dieu ; cette métaphy-

---

[1] Irén., l. I, ch. 5, par. 6 ; — ch. 7, par. 4.

sique de rêveurs sublimes, cette morale de solitaires et
d'ascètes, étaient contraires au génie simple, pratique,
profondément social et populaire de la nouvelle doctrine. Le Christianisme pouvait-il accepter une théologie qui, ainsi que le dit Plotin, veut aller au Père
sans passer par le Fils? Pouvait-il accueillir une
psychologie qui professait l'inégalité essentielle des
hommes, et ne prenait souci que de quelques natures
d'élite? Enfin pouvait-il, quelles que fussent ses aspirations vers un autre monde, abandonner au génie
du mal le monde que l'homme habite, au risque de
n'être suivi que par quelques âmes contemplatives?
La Gnose replongeait dans les abîmes du mysticisme
oriental cette éclatante lumière du Verbe qui avait
enfin révélé au monde les mystères de la nature
divine. Le Christianisme en revenait au Dieu impénétrable de l'Orient, au ténébreux Bythos. Cette
doctrine ne faussait pas seulement la pensée chrétienne, elle en ruinait l'avenir, en réduisant aux
proportions d'une secte mystique cette Église naissante
qui devait embrasser tous les peuples du monde, et
confondre dans son sein tous les rangs de la société.
Le Christianisme se garda de ce redoutable écueil :
loin de se laisser captiver par les riches conceptions de
la Gnose, il s'en sépara brusquement et la combattit
à outrance. Ce n'était plus le mystique et symbolique
Orient qui devait désormais inspirer cette religion
sortie de son sein. Après saint Jean, le Christianisme
primitif avait besoin d'une direction ferme et régulière
qui en développât les profondes conceptions, mais
qui en même temps contînt et tempérât les tendances
mystiques que le génie de l'Orient et la Gnose ne

pouvaient qu'exalter : ce devait être l'œuvre de la philosophie grecque. Toutefois il ne faut pas croire que le Christianisme n'ait rien retenu de la Gnose : indépendamment de certains dogmes gnostiques qu'il a gardés, tels que la doctrine de la hiérarchie céleste, la doctrine de la lutte des anges et des démons, il lui dut une intuition plus haute et plus large du monde divin. Quand on aborde les grands fondateurs de la théologie chrétienne, saint Clément et Origène, on reconnaît tout un ordre de conceptions qui ne vient ni de la doctrine primitive ni de la philosophie grecque; on y sent le souffle puissant de la Gnose.

La trace de la philosophie grecque est rare et peu profonde dans la Gnose; toutefois elle se laisse apercevoir dans quelques unes de ses doctrines. Les Gnostiques connaissent pour la plupart les principales doctrines de la Grèce : le Pythagorisme se révèle clairement dans les Syzygies du système de Valentin, et surtout dans l'application des nombres aux doctrines théologiques et cosmologiques de l'Orient. Le Stoïcisme se montre dans la théorie des forces vivantes de la matière développée par Basilide et d'autres Gnostiques. On peut entrevoir le Platonisme dans la psychologie et dans la cosmologie de la Gnose. La distinction des trois principes de la nature humaine, principe matériel, principe animique, principe spirituel, répond assez exactement à la division platonicienne de l'âme en trois parties [1]. Quant à la doctrine de la chute de l'âme du monde, Plotin fait obser-

---

[1] Τὸ αἰσθητικὸν, τὸ ἐπιθυμητικὸν, τὸ νοητικὸν, ou bien encore αἴσθησις, θυμος, νοῦς.

ver qu'elle n'est qu'une interprétation très fausse de la pensée de Platon. Le témoignage de Plotin prouve que les Gnostiques fréquentaient les écoles grecques d'Alexandrie, et s'attachaient à expliquer la philosophie de Platon d'après leurs idées orientales. Il fit un livre contre eux pour réfuter leurs doctrines, et montrer combien ils dénaturaient la doctrine de Platon par leurs interprétations. C'est qu'en effet la Gnose était avant tout une doctrine orientale, et que, fière de son origine, elle n'entendait pas se réduire au rôle modeste de disciple de Platon. Tout ce qu'elle emprunte à la philosophie grecque, elle le modifie et le confond si bien dans la doctrine de l'Orient, qu'il est très difficile de l'y reconnaître.

CHAPITRE V.

Philosophie des Pères de l'Église. Saint Justin. Athénagore. Tatien. Tertullien. École chrétienne d'Alexandrie. Saint Clément. Origène. Influence de la philosophie grecque sur la théologie chrétienne. Athanase. Symbole de Nicée.

Il ne suffisait point au Christianisme d'avoir échappé aux dangers de la Gnose; il fallait qu'il poursuivît le développement de sa doctrine, jusqu'à ce qu'il fût parvenu à satisfaire l'esprit humain sur tous les grands problèmes théologiques, cosmologiques et psychologiques. Il avait bien pu s'inspirer jusqu'à un certain point des riches doctrines de la Gnose; mais il avait dû en repousser les tendances. L'expérience de la Gnose avait été décisive: elle avait montré que ce n'était point de l'Orient que devait venir la direction du mouvement chrétien. Cette mission était réservée à un autre esprit et à d'autres doctrines. Le Christianisme ne pouvait devenir la doctrine universelle, la religion de l'humanité, qu'à la condition d'en représenter toutes les grandes tendances, et de réunir les types éminents de l'esprit humain. La Gnose unie au Christianisme, c'était toujours l'Orient, c'était le génie contemplatif du haut Orient, exaltant le génie moins mystique et plus pratique de la race juive. Mais ces deux tendances, d'ailleurs distinctes, étaient plutôt les degrés divers d'un même esprit que deux esprits différents ; en se réunissant, elles ne pouvaient aboutir à une complète représentation de la pensée humaine. Pour accomplir sa grande destinée, le Christianisme avait besoin d'une autre alliance et d'une autre direction. Il trouva l'une et l'autre sans sortir de l'Orient. Déjà, quand la nouvelle religion se répandit sur les bords de la Méditerranée, la philosophie grecque y était établie depuis longtemps. Le Christianisme s'allia promptement et facilement aux doctrines grecques, et transporta de Jérusalem à Alexandrie le centre de son développement et de son action. Désormais, c'est d'Alexandrie que la lumière et le mouvement rayonneront comme d'un grand foyer sur toutes les Églises chrétiennes, sur Jérusalem, sur Antioche, sur Athènes, sur Rome. La mission de développer, d'expliquer, de formuler et d'enseigner le dogme a passé des Juifs aux Gentils ; les vrais successeurs des apôtres, les vrais docteurs chrétiens seront des philosophes des écoles grecques d'Athènes et d'Alexandrie. La nouvelle religion parle toutes les langues ; mais pendant un certain temps, la langue grecque sera l'organe par excellence, l'organe officiel en quelque sorte de la théologie chrétienne. C'est entre les docteurs grecs seulement que s'agitent les difficultés de doctrine, et c'est Alexandrie qui donne le mot à toute la société nouvelle.

Le Christianisme, en abordant le monde grec, devait y rencontrer des sectateurs et des adversaires également versés dans toutes les parties de la philosophie grecque. Dès lors, en même temps qu'il avait à satisfaire l'esprit curieux et spéculatif des uns, il lui fallait réfuter les objections et les accusations des autres. C'est à cette double nécessité que répondent les écrits des docteurs dits *Apologistes* et *Catéchistes*. Cette distinction ne signifie point que ces docteurs se vouent exclusivement, les uns à la défense et les autres au développement de la doctrine ; elle indique seulement la prédominance de l'apologie ou de l'enseignement dans les livres des écrivains sacrés.

La lettre à Diognète est le premier écrit qui signale l'apparition de la philosophie dans la doctrine religieuse [1]. Cette lettre n'a dû précéder les livres de saint Justin que de quelques années. L'auteur inconnu y condamne toute doctrine et tout culte qui n'a pas pour objet l'invisible et le supra-sensible [2]. Ainsi il enveloppe d'un blâme commun les superstitions des Juifs, le culte des idoles chez les Gentils, et les systèmes philosophiques qui ont représenté sous des attributs matériels le principe divin. Il n'y a de vrai principe que l'âme, la raison, l'intelligence. Le véritable culte du

---

[1] Cette lettre se trouve dans un recueil comprenant les ouvrages de saint Justin, d'Athénagore, de Tatien et de Théophile.

[2] Saint Justin, p. 236. *Lettre à Diognète*.

chrétien, c'est le culte de l'esprit, et sa vraie patrie est le ciel. L'âme fait toute l'essence et toute la nature de l'homme ; son corps n'est qu'un vêtement. Ce que l'âme est dans le corps, l'Église l'est dans le monde [1]. L'âme habite le corps, sans en venir ; de même l'Église séjourne dans le monde, ayant son origine ailleurs. Celle-ci est enchaînée au monde, comme celle-là au corps. L'âme aime la chair qui la hait, et y produit et entretient le mouvement, la chaleur, la vie ; de même l'Église aime, vivifie, conserve, inspire le monde, qui la calomnie et la persécute. Jusqu'ici, pour s'instruire et se diriger dans la voie du bien, les hommes n'avaient eu que la tradition ou la philosophie, reflets plus ou moins éclatants de la vérité, lorsque Dieu fit descendre sur la terre la vérité elle-même, le Verbe, pour qu'il établît à jamais son siége dans le cœur des hommes [2]. Le Verbe n'est pas un simple messager de Dieu, un ange ou un archange : c'est le Fils même de Dieu, le médiateur par lequel Dieu communique à tout l'essence et la vérité, la vie et la lumière. « C'est par lui que Dieu a tout créé, tout déterminé (.ορίζειν) [3]. » Ce Verbe, architecte et Démiurge du monde, est co-éternel à Dieu : seulement ce n'est que lorsque la mesure du mal a été comblée dans le monde qu'il s'est incarné pour racheter les hommes. Dieu ne se révèle que dans son Verbe, et la foi, c'est-à-dire la croyance au Verbe incarné, est le seul miroir où l'âme

---

[1] Ibid., p. 236.
[2] Ibid., p. 237. Ἐγκατεστήριξε ταῖς καρδίαις αὐτῶν.
[3] Ibid., p. 237. Οὐ, καθάπερ ἄν τις εἰκάσειεν, ἀνθρώποις ὑπηρέτην τινὰ πέμψας, ἢ ἄγγελον, ἢ ἄρχοντα..., ἀλλ' αὐτὸν τὸν τεχνίτην καὶ δημιουργὸν τῶν ὅλων.

puisse contempler les profondeurs mystérieuses du Dieu suprême [1]. C'est cette révélation de Dieu par le Verbe qui permet à l'âme de se rapprocher, par l'imitation du Verbe, de la nature divine.

L'esprit philosophique est manifeste dans cette lettre. La philosophie y est considérée comme une introduction à la foi, tout aussi légitime et tout aussi efficace que la tradition; elle est pour les Gentils ce que la tradition est pour les Juifs. Nulle part il n'est fait appel à l'autorité des Apôtres. C'est la vertu morale et pratique de la nouvelle doctrine qui en révèle à l'auteur la divine origine. L'esprit platonicien n'y est pas moins sensible. Cette tendance constante à tout ramener à l'âme, à la raison, à l'intelligence, comme aux seuls vrais principes des choses, cette séparation profonde des deux principes de notre nature, cette imitation de Dieu proposée comme la vraie loi morale, cette conception du Verbe comme architecte et Démiurge du monde, tout y révèle l'inspiration du Platonisme.

Toutes ces idées, indiquées seulement dans la lettre à Diognète, sont reprises et développées avec force par saint Justin, le premier docteur connu de l'Église. L'indépendance philosophique de saint Justin se montre clairement dans ces paroles : « Ce n'est ni Moïse ni la loi qui est le fondement de notre espérance [2]. » C'est la foi en Jésus-Christ. Saint Justin a été conduit à cette foi par la répugnance que lui inspiraient le culte des idoles et toute cette mythologie célé-

---

[1] Ibid., p. 239. Οἱ πιστοὶ λογισθέντες ὑπ' αὐτοῦ ἔγνωσαν πατρὸς μυστήρια.

[2] Tryphon, p. 111. Ἠλπίσαμεν γὲ οὐ διὰ Μωσέως, οὐδὲ διὰ τοῦ νόμου.

brée par Homère et par Hésiode. « Le roi que nous honorons, nous autres chrétiens, ce n'est ni la force du corps, ni la beauté des formes, ni les avantages d'une naissance illustre, mais une âme pure et revêtue de sainteté [1]. » Ces paroles révèlent un sentiment nouveau et tout chrétien. Le spiritualisme de Platon n'excluait, comme on sait, ni le culte de la forme, ni l'enthousiasme de la beauté. Du reste, saint Justin considère la philosophie de Platon comme la seule qui puisse conduire à la foi. Le Péripatéticien fait de la science une pure spéculation; le Stoïcien, plus désintéressé, manque d'élévation et néglige la théologie; le Pythagoricien arrête trop longtemps l'esprit sur des études scientifiques, et veut qu'on sache d'abord la musique, la géométrie, l'astronomie; le Platonisme seul prépare à la vraie contemplation de Dieu, et la doctrine des idées prête des ailes à la pensée [2]. Toutefois, l'intelligence humaine ne peut réellement apercevoir Dieu qu'à travers son Verbe : or, la foi au Verbe n'est point un fruit de la philosophie ni de la tradition ; c'est un don de l'Esprit saint [3], lequel inspire tous les hommes et dans tous les temps, de même que le Verbe les éclaire d'une lumière continuelle et universelle. Le Verbe est la raison intérieure, le principe de vérité et de perfection que tout homme porte en lui-même comme une semence divine. Tout le genre humain a

---

[1] *Orat. ad Græcos*, p. 4. Αὐτὸς γὰρ ἡμῶν (βασιλεύς ἄφθαρτος) οὐ βούλεται σωμάτων ἀλκήν, καὶ τύπων εὐμορφίαν, οὐδὲ εὐγενείας φρόνημα, ἀλλὰ ψυχήν τε καθαράν, ὁσιότητι τετειχισμένην.

[2] *Dialog. avec Tryphon*, p. 103. Καί με ᾔρει σφόδρα ἡ τῶν ἀσωμάτων νόησις, καὶ ἡ θεωρία τῶν ἰδεῶν ἀνεπτέρου μοι τὴν φρόνησιν.

[3] *Tryphon*, p. 105.

toujours participé du Verbe divin, et tous ceux qui ont su vivre constamment dans cette participation sont Chrétiens [1]. Saint Justin appelle à l'héritage des biens éternels les hommes de tous pays, libres ou esclaves, qui ont cru au Verbe et qui ont connu la vérité annoncée par les prophètes et les sages, et compte au nombre des élus de Dieu, Socrate, Héraclite, Musonius aussi bien que les patriarches de l'ancienne loi. Quel est donc l'avantage qui distingue le chrétien du philosophe? C'est que la philosophie n'a jamais connu le Verbe qu'en partie, tandis que la foi nouvelle le comprend tout entier, c'est-à-dire en intelligence, en âme et en corps [2]. Le Christ est la seule révélation complète du Verbe.

Telle est la partie vraiment nouvelle de la doctrine de saint Justin. C'est la philosophie platonicienne appliquée d'une manière ingénieuse au dogme chrétien. Sa notion de Dieu paraîtrait fort remarquable, si on pouvait y voir autre chose qu'une réminiscence de la doctrine de Philon, dont les écrits étaient

---

[1] Apol. prim., p. 71. Τὸν Χριςὸν πρωτότοκον τοῦ Θεοῦ εἶναι ἐδιδάχθημεν, καὶ προεμηνύσαμεν λόγον ὄντα, οὗ πᾶν γένος ἀνθρώπων μετέσχε· καὶ οἱ μετὰ λόγου βιώσαντες Χριςιανοί εἰσι, κἂν ἄθεοι ἐνομίσθησαν· οἷον ἐν Ἕλλησι μὲν Σωκράτης καὶ Ἡράκλειτος, καὶ οἱ ὅμοιοι αὐτοῖς· ἐν βαρβάροις τε Ἀβραὰμ καὶ Ἀνανίας. Cette épithète de *barbare*, appliquée aux patriarches, est remarquable dans la bouche d'un père de l'Église. On voit que ce docteur est un philosophe grec.

[2] Apol. sec., p. 95. Διὰ τοῦτο λογικὸν τὸ ὅλον τὸν φανέντα δι' ἡμᾶς Χριςὸν γεγονέναι, καὶ σῶμα, καὶ λόγον, καὶ ψυχήν· ὅσα γὰρ καλῶς ἀεὶ ἐφθέγξαντο καὶ εὗρον οἱ φιλοσοφήσαντες ἢ νομοθετήσαντες, κατὰ λόγου μέρος εὑρέσεως καὶ θεωρίας ἐςὶ πονηθέντα αὐτοῖς. Ἐπειδὴ δὲ οὐ πάντα τὰ τοῦ λόγου ἐγνώρισαν, ὅς ἐςι Χριςὸς, καὶ ἐναντία ἑαυτοῖς πολλάκις εἶπον.

très familiers aux premières écoles chrétiennes et que saint Justin cite fréquemment. Aucun nom ne convient au principe suprême de l'univers. Dieu, le Père, le Créateur, le Seigneur, ne sont pas des noms qui définissent son essence, mais de simples qualifications tirées de ses bienfaits et de ses œuvres [1]. Ce Dieu ineffable est en soi inaccessible et incommunicable. Il ne crée et ne se révèle que par un intermédiaire qui est le Verbe, son fils premier né, Dieu lui-même engendré par un acte de la volonté divine. Le Verbe est ainsi appelé parce qu'il transmet aux hommes les paroles de son Père [2]. C'est une puissance qui ne peut être détachée ni séparée du Père, pas plus que la lumière sur la terre ne peut être séparée du soleil. Quant au Saint-Esprit, saint Justin n'en parle pas autrement que Philon : c'est l'Esprit prophétique, principe de toute connaissance pour les hommes, comme le Verbe est principe de toute vérité. C'est à la source du Saint-Esprit que le chrétien puise les inspirations de sa foi. Cette théologie reproduit exactement celle de Philon. Dieu, le Verbe, l'Esprit, y sont, non point encore trois hypostases d'une seule et même nature divine, mais simplement trois principes inégaux en nature et en dignité dont le premier seul est Dieu. « Nous plaçons, dit saint Justin, au second rang le Fils du vrai Dieu, et au troisième l'Esprit prophétique [3]. » Il y a loin de là au dogme de la Trinité. Sur la divinité de Jésus-Christ, saint Justin ne s'ex-

---

[1] Apoll., *Secund.*, p. 92.

[2] Tryph., p. 221. Καὶ Θεὸς Θεοῦ υἱὸς ὑπάρχων. Philon n'avait pas considéré le Verbe divin comme Dieu.

[3] Apol., *Prim.*, p. 51.

plique pas formellement. Il affirme bien avec les Évangélistes et saint Paul que le Christ est le Verbe incarné : mais quelle est la distinction des deux natures divine et humaine dans le Sauveur, où finit le Dieu, où commence l'homme? Saint Justin n'a pas même le soupçon de ces difficultés, qui suscitèrent plus tard tant de discussions subtiles et mirent en péril le dogme nouveau. Il se borne à dire que l'incarnation du Christ est un mystère. Tout en affirmant la divinité du Christ, il insiste sur la perfection morale de sa vie, et soutient que, quand même Jésus-Christ ne serait qu'un homme, sa sublime sagesse lui mériterait encore le nom de Fils de Dieu.

Dans la question de la création, le platonicien reparaît, mais toujours à travers les doctrines de Philon. A l'exemple du philosophe juif, qui avait essayé de concilier sur ce point le Timée et la Genèse, saint Justin fonde sur les paroles de Moïse la doctrine d'une matière préexistante à l'œuvre de la création [1]. Selon saint Justin, l'âme n'est point une émanation de Dieu, mais seulement une œuvre de sa puissance. Elle n'est pas la vie, elle ne fait qu'y participer par la volonté de Dieu. Voilà pourquoi les âmes ne sont point immortelles par elles-mêmes ; l'immortalité est un don de la bonté divine [2]. Ces idées n'appartiennent évi-

---

[1] Apol., *Prim.*, p. 78. Après avoir cité Platon et Moïse pour en démontrer l'accord sur la doctrine de la création, saint Justin ajoute : Ὥςε λόγῳ Θεοῦ ἐκ τῶν ὑποκειμένων καὶ προδηλωθέντων διὰ Μωσέως, γεγενῆσθαι τὸν πάντα κόσμον, καὶ Πλάτων, καὶ οἱ ταῦτα λέγοντες. Καὶ τὸ καλούμενον ἔρεβος παρὰ τοῖς ποιηταῖς, εἰρῆσθαι πρότερον ὑπὸ Μωσέως οἴδαμεν.

[2] Tryph., p. 224.

demment ni à Platon ni à Philon ; elles trahissent une origine stoïcienne et une intention manifeste de concilier la doctrine stoïcienne qui nie l'immortalité de l'âme avec le dogme chrétien qui l'affirme. Telle est la doctrine de saint Justin. Bien des origines diverses s'y laissent apercevoir; le théologien s'y montre plus fidèle à la philosophie qu'à la tradition des livres saints : il puise à toutes les grandes sources de la science ; il emprunte à Philon et à la philosophie grecque, qu'il semble n'avoir connue qu'à travers Philon. De même que l'auteur de la lettre à Diognète, ce qui le frappe dans le dogme nouveau, c'est moins son origine que sa vertu morale et pratique. Au reste, ce mélange d'idées philosophiques et traditionnelles n'aboutit point à une doctrine ferme et systématique. Tantôt le philosophe considère la philosophie comme une émanation directe et légitime du Verbe, aussi bien que la tradition de Moïse et des prophètes ; tantôt le chrétien rapporte toute sagesse humaine aux livres saints.

Athénagore porte dans le dogme le même esprit philosophique que saint Justin, avec une érudition supérieure. Il est plus explicite et plus précis sur la Trinité : « Pour nous qui faisons peu de cas de cette vie, et qui ne sommes guidés que par le désir de connaître Dieu et son Verbe, et quelle est la communication du Fils avec le Père, et ce que c'est que l'Esprit, quelle est l'union des trois, et la distinction dans l'union de l'Esprit, du Fils et du Père[1], etc. » Le principe des choses, Dieu, est unique, inengendré, éternel, invisible, impassible, infini, incompréhensible[2]. L'intelligence hu-

[1] Athénag., *Leg. pro Christ.*, p. 288.
[2] Ibid., p. 286-287.

maine ne le contemple que dans ses manifestations, c'est-à-dire dans son Verbe et dans son Esprit. Le Verbe est la lumière qui illumine le monde; l'Esprit est la puissance qui l'inspire et le vivifie. Dieu crée, forme, conserve tout par son Fils. L'union intime du Père et du Fils fait que le Père est dans le Fils, et le Fils dans le Père. Et si, par un effort d'intelligence, on cherche comment le Verbe est le Fils de Dieu, on trouvera qu'il est le premier-né du Père : ce qui ne veut pas dire qu'il en ait été engendré un tel jour ; car Dieu, étant une intelligence éternelle, contient en lui-même son Verbe de toute éternité [1]. Par la génération du Fils, il faut entendre seulement la production, la manifestation de la nature simple et immuable de Dieu. Quant à ce principe opérateur que les prophètes nomment l'Esprit saint, il doit être conçu comme une émanation de Dieu, s'échappant de son foyer et y retournant comme la lumière au soleil [2]. Cette doctrine marque un progrès sensible dans le dogme de la Trinité ; car elle essaie déjà de définir avec précision les rapports du Père et du Fils, leur distinction et leur union. Toutefois elle est encore fort loin de la formule précise et complète à laquelle la théologie chrétienne atteindra plus tard. Dans toutes les parties cosmologiques de la doctrine d'Athénagore, c'est le Stoïcisme qui domine. Dieu crée le monde par un acte libre de sa

---

[1] Athenag., *Leg. pro Christ.*, p. 287. Πρῶτον γέννημα εἶναι τῷ πατρὶ οὐχ ὡς γενόμενον, ἐξ ἀρχῆς γὰρ ὁ Θεὸς, νοῦς ἀΐδιος ὤν, εἶχεν αὐτὸς ἐν ἑαυτῷ τὸν λόγον, ἀϊδίως λογικὸς ὤν.

[2] Ibid., p. 287. Καί τοι καὶ αὐτὸ τὸ ἐνεργοῦν τοῖς ἐκφωνοῦσι προφητικῶς ἅγιον πνεῦμα, ἀπόρροιαν εἶναί φαμεν τοῦ Θεοῦ, ἀπορρέον καὶ ἐπαναφερόμενον, ὡς ἀκτῖνα ἡλίου.

volonté : il n'en avait pas besoin, lui qui comprend tout, et qui est tout à la fois lumière inaccessible, verbe parfait, esprit, raison, puissance [1]. Athénagore conçoit le monde tantôt comme l'œuvre de Dieu, tantôt comme sa substance même et son corps [2]. Il attribue l'origine du mal à la matière, et emprunte aux Stoïciens leur théorie du principe matériel considéré comme un ensemble de forces vivantes, s'agitant en désordre et luttant contre le principe de l'ordre et du bien, la raison [3]. Dans sa doctrine, les démons ne sont que les puissances aveugles de la matière : seulement Athénagore en fait des créatures de Dieu, tandis que le Stoïcisme les regarde comme inhérentes à la matière. Enfin Athénagore est le premier Père de l'Église qui ait exposé dans un livre spécial une démonstration philosophique de la résurrection des corps. Ce qu'il y a de plus remarquable dans cette théorie, c'est l'habileté avec laquelle il sait faire servir à sa thèse les idées stoïciennes. Il tire ses principaux arguments tantôt de la fin de l'homme, tantôt de sa nature. Ainsi l'homme, ayant une fin par lui-même, ne peut périr ni dans son âme ni dans son corps [4]. Ou bien encore, l'homme, étant une nature mixte, n'est ni âme ni corps exclusivement ; donc, s'il est immortel,

---

Athenag., p. 291. Ὁ γέ κόσμος, οὐχ' ὡς δεομένου τοῦ Θεοῦ γέγονεν. Πάντα γὰρ ὁ Θεὸς ἐστιν αὐτὸς αὑτῷ, φῶς ἀπρόσιτον, κόσμος τέλειος, πνεῦμα, δύναμις, λόγος.

[2] Ibid., p. 292. Εἴτε (ὡς Πλάτων φησὶ) τέχνη τοῦ Θεοῦ, θαυμάζων αὐτοῦ τὸ κάλλος, τῷ τεχνίτῃ πρόσειμι · εἴτε οὐσία καὶ σῶμα (ὡς οἱ ἀπὸ τοῦ περιπάτου).

[3] Ibid., p. 302.

[4] Ibid , p. 324-328.

il l'est également dans son âme et dans son corps. Du reste, c'est le sentiment profond de l'unité de l'âme et du corps dans la personne humaine qui fait le fond de toute cette démonstration : or, ce sentiment est contraire au Platonisme, et propre aux doctrines péripatéticienne et stoïcienne [1].

Les relations du Christianisme avec la société des Gentils et avec leur philosophie devaient puissamment concourir à l'accomplissement de ses hautes destinées. Elles ouvraient à la pensée chrétienne des horizons nouveaux ; elles enrichissaient la tradition primitive des démonstrations et des théories de la science grecque. Mais en même temps ces relations exposaient le Christianisme à un double danger. En le forçant d'accommoder sa règle aux mœurs et aux institutions de la société grecque, elles pouvaient en affaiblir et en énerver la vertu morale ; en enrichissant son dogme d'idées philosophiques, elles tendaient à le modifier, à le dénaturer, à le convertir en pure philosophie, et à le livrer aux discussions et aux contradictions des écoles. C'est ce que comprirent tout d'abord un certain nombre de Pères de l'Église, surtout ceux qui, n'étant point Grecs de naissance ou d'origine, n'avaient pas hérité des instincts de l'esprit grec et des traditions des écoles. Il s'opéra de bonne heure contre l'influence des mœurs et des idées de la société grecque une réaction dont Tatien, saint Irénée, Tertullien, peuvent être considérés, à divers titres, comme les principaux organes.

Tatien ne trouve pas la règle commune, telle que

---

[1] Ibid., p. 324-328.

l'avait modifiée le contact du Chistianisme avec les Gentils, assez sévère, ni la vie ordinaire des Chrétiens de son temps assez pure. Il proscrit le mariage et professe l'ascétisme le plus violent[1]. D'un autre côté, loin de reconnaître avec saint Justin la participation universelle et perpétuelle des hommes au Verbe divin et à l'Esprit-Saint, il n'admet, même depuis l'avènement du Christ, qu'un petit nombre de privilégiés dans la véritable communion chrétienne ; les autres hommes n'en sont pas dignes. L'Esprit divin souffle où il veut. Ceux-là seuls qui en sont inspirés méritent le nom d'hommes [2]. Une pareille doctrine ramenait le Christianisme à la Gnose [3] et le faisait dégénérer en une secte d'ascètes et d'illuminés : elle ne devait point prévaloir. La mission particulière de saint Irénée fut de combattre et de détruire ces funestes tendances dans l'Église nouvelle [4]. L'homme est bon ou méchant, non par nature, comme l'avait soutenu Tatien, mais par choix. Par conséquent, toute nature humaine est capable du bien, et peut participer du Verbe et de l'inspiration de l'Esprit-Saint. Mais, d'un autre côté, saint Irénée n'est pas plus favorable que Tatien aux innovations dont saint Justin et Athénagore avaient donné l'exemple[5]. Il veut bien qu'on use de la philosophie, mais discrètement et sans modifier en rien la doctrine primitive. Ainsi il ne pense pas, comme saint Justin et

---

[1] Julien, p. 246.
[2] Ibid., p. 254. Πνεῦμα δὲ τοῦ Θεοῦ παρὰ πᾶσιν μὲν οὐκ ἔστι.
[3] Saint Irénée mentionne Tatien comme chef d'une secte gnostiques, les Encratides, qui se propagea surtout en Syrie.
[4] Irén., *Adv Hær.*, l. I, *procem*.
[5] Ibid., l. II, *passim*.

Athénagore, que le Verbe ait été communiqué à tous, aux Grecs aussi bien qu'aux Juifs ; il fait de la création un acte libre de la volonté divine qui tire le monde du néant, et il supprime l'hypothèse de la matière préexistante, sur laquelle ses prédécesseurs avaient paru hésiter. En un mot, saint Irénée est un esprit plein de mesure et de sagesse, s'appliquant à maintenir le Christianisme entre deux tendances contraires qui pouvaient également compromettre sa destinée, l'une en l'isolant du monde grec, l'autre en l'y absorbant. Mais enfin il n'en est pas moins un organe de la réaction dont Tatien avait donné le signal ; il y prend part, tout en la modérant.

Le grand apôtre de cette réaction, c'est Tertullien. Dès le début de sa doctrine se révèlent énergiquement les répugnances de cet esprit ardent et étroit, mais puissant et original. Nul ne participe à la vérité sans Dieu ; nul ne connaît Dieu sans le Christ ; nul ne connaît le Christ sans l'Esprit-Saint et la Foi. Or, de toutes ces choses les sages ne savaient rien. Leurs poëtes, leurs sophistes et leurs philosophes ont puisé à la source des prophètes ; mais ils n'ont su en tirer qu'une vérité obscure et incomplète. La philosophie est superflue ou dangereuse [1] : c'est l'œuvre des démons [2]. Après Jésus-Christ, toute curiosité devient insensée ; après l'Évangile toute science devient inutile [3]. La foi suffit à tout, à tel point que celui qui la possède

---

[1] Tertull., *Apol.*, p. 47.

[2] *De Anim.*, c. 1, p. 3. Philosophis patriarchis, ut ità dixerim, hæreticorum.

[3] *De Præsc. hær.*, p. 8. Nobis curiositate opus non est post Christum Jesum, nec inquisitione post Evangelicum.

ne désire ni lire l'Écriture, ni même recevoir le baptême. Si la philosophie aveugle, l'interprétation des Écritures égare ; rien n'est plus incertain que le canon des Écritures, et il n'est pas d'erreur qui n'ait sa racine dans les livres saints [1]. Tant que l'homme est abandonné à son libre arbitre, il peut et doit se tromper. Les hérésies tirent leur nom du choix qu'elles supposent. Le Chrétien n'a point à choisir ; il faut que la règle de sa foi soit simple, évidente, inflexible, impérative. Le Chrétien ne peut la trouver que dans la doctrine des Apôtres, dans la tradition orale plutôt que dans la tradition écrite. Et encore la vérité a beau frapper les yeux de l'esprit, les organes de la perception de la vérité sont trop imparfaits pour ne pas l'altérer en la recevant. Les regards fixés sur l'éclatante lumière de l'Évangile, l'homme peut encore se tromper. La foi est la seule source de connaissance et la seule règle de croyance [2].

Il semble qu'en ramenant à la foi tout moyen de connaissance et tout principe de certitude, Tertullien condamne la doctrine à une absolue immobilité. C'est ici que se révèle dans sa profonde originalité l'esprit de Tertullien. Il entend que la doctrine se développe et se perfectionne ; mais ce ne sera point par la science, qui ne peut que la corrompre et l'étouffer sous la fausse richesse de ses théories ; ce ne sera pas davantage par l'interprétation des textes, qui engendre les divisions et les hérésies ; ce sera par l'inspiration, don spécial de Dieu et de l'Esprit-Saint. La foi, telle que la com-

---

[1] *De Resurr. carn.*, p. 63.
[2] *Adv. Psych.*, p. 1. — *Adv. Marc.*, c. IV, p. 22.

prend Tertullien, n'est pas la croyance passive à une lettre morte ; c'est le travail le plus énergique et le plus fécond de la pensée humaine possédée de l'Esprit-Saint. L'inspiration véritable s'empare de l'âme, la ravit à son sens intime, à sa conscience, pour l'élever et l'unir à Dieu [1]. C'est alors que l'âme contemple les choses du monde divin. Cette contemplation nourrit la foi et développe sans cesse la doctrine, et devient la source toujours féconde d'une révélation intime et d'un progrès incessant [2]. Dieu a envoyé le Paraclet aux hommes pour les faire avancer dans la sagesse ; mais toutes les natures humaines n'ont point été jugées dignes de le recevoir. Tertullien croit, avec les Montanistes, que le don d'inspiration est réservé à un petit nombre d'âmes privilégiées qu'il plaît à l'Esprit-Saint de visiter [3].

La foi ne nous instruit que des choses révélées : après la foi, la nature aussi est une source pure de vérité et une règle certaine de jugement. Tertullien défend avec énergie le témoignage des sens contre le scepticisme de l'Académie ; en tout ce qui concerne le monde sensible, et même Dieu, l'âme que nous tenons de la nature nous atteste la vérité. Le sens intime du divin est plus ancien que la révélation des prophéties, et la conscience d'un Dieu est la dot originelle de

---

[1] *Adv. Marc.*, c. IV, p. 22. In causa novæ prophetiæ gratiæ ecstasin, id est amentiam, convenire.

[2] *Adv. Psych.*, p. 1. Cum propterea Paracletum miserit Dominus, ut, quoniam humana mediocritas omnia semel capere non poterat, paulatim dirigeretur et ordinaretur et ad perfectum perduceretur disciplina ab illo vicario Domini, Spiritu Sancto.

[3] *Adv. Psych.*, p. 1.

l'âme [1]. Plus son sentiment est simple, intelligible, universel; plus il est sûr et vrai. La nature est la maîtresse, et l'âme est l'élève; Dieu est le maître de l'une et de l'autre [2]. La nature est le premier degré de connaissance; la foi en est le dernier, c'est-à-dire le suprême. La nature est identique avec la raison; tout ce que Dieu a créé est animé et raisonnable. La nature, l'âme, la raison, sont des termes synonymes dans la doctrine de Tertullien comme dans le Stoïcisme. Il est déjà évident que cet esprit si original, cet adversaire si obstiné de toute philosophie, subit sur ce point l'influence irrésistible des idées grecques. On va retrouver des traces non moins manifestes de cette influence dans les autres parties de sa doctrine.

Dieu est le principe de tout; il est le seul être que l'on puisse concevoir, indépendamment de toute relation avec l'espèce et le monde [3]. Tertullien lui attribue la raison et la conscience [4]. Dieu en soi est le Dieu caché, inaccessible; il s'est révélé aux hommes dans la personne du Verbe. Cette révélation n'est pas adéquate à la nature même de Dieu, mais elle est proportionnée aux forces de l'intelligence humaine. C'est un Dieu-Homme qui s'est révélé dans le Fils de Dieu, de

---

[1] *Adv. Marc.*, c. 1, p. 10. Ante anima, quam prophetia. Animæ enim a primordio conscientia Dei dos est, eadem, nec alia et in Ægypticis et in Syris et in Ponticis.

[2] *De Test. anim.*, p. 5. Magistra natura, anima discipula. Quidquid aut illa edocuit aut ista perdidicit, a Deo traditum est, magistro scilicet ipsius magistræ.

[3] *Adv. Prax.*, p. 5. Ante omnia enim Deus erat, solus, ipse sibi et mundus et locus et omnia.

[4] Ibid., p. 5. Habebat enim secum, quam habebat in semetipso, rationem suam scilicet, quæ ratio sensus ipsius est.

même que le soleil, trop éclatant pour être vu dans sa substance même, se laisse apercevoir dans ses rayons [1]. Dieu a créé le monde de rien, par sa libre volonté, selon les archétypes de sa raison [2]. Le Verbe n'est pas la raison même de Dieu; il en est, comme l'indique le mot, l'expression, la production extérieure [3]. Mais si le Verbe est distinct de la raison divine, il n'en est point séparé; Dieu le contient de toute éternité, comme il contient d'ailleurs toute chose dans son sein. Dieu crée par un acte de volonté; le Verbe réalise la création voulue par Dieu. Le monde est fait pour l'homme, non pour Dieu. Déjà Tatien avait émis cette idée originale.

Tertullien rejette la distinction entre l'âme et l'esprit : l'intelligence de Tertullien n'admettait guère que ce qu'elle pouvait imaginer; l'esprit, objet de pensée pure, et non d'imagination, était pour elle une chimère. Avec l'esprit, Tertullien rejette tout cet ordre de facultés supérieures par lesquelles le mysticisme de la Gnose et l'idéalisme alexandrin expliquent la communication de la nature humaine avec le divin. Tertullien entend bien que l'âme communique avec Dieu

---

[1] *Adv. Prax.*, p. 14. Ut invisibilem patrem intelligamus pro plenitudine majestatis, visibilem vero filium agnoscamus pro modulo derivationis; sicut nec solem nobis contemplari licet, quantum ad ipsam substantiam summam, quæ est in cœlis, radium ejus toleramus oculis pro temperatura portionis quæ in terram inde porrigitur.

[2] *Adv. Herm.*, c II, p. 8, 9, 10. — *De Anim.*, p. 43. Deus et alias nihil sine exemplaribus in sua dispositione molitus. paradigmate platonico plenius.

[3] *Adv. Prax.*, p. 5.

et les puissances du ciel; mais ce ne peut être que par une inspiration de l'esprit; en sorte que ce n'est pas l'homme qui s'élève, mais Dieu qui descend. L'homme est tout entier dans l'âme; l'âme est nécessairement corporelle, bien que le corps n'en soit pas l'essence. Tout en étant corporelle, l'âme est simple, uniforme, identique, indivisible, et enfin immortelle [1]. Le dogme de la résurrection des corps, si difficile à concilier avec le spiritualisme platonicien de certains Pères de l'Église, devient la conséquence simple et naturelle d'une telle psychologie. Tertullien ne concevait pas l'existence purement spirituelle de l'âme, pas plus dans la vie future que dans la vie actuelle. « Comment pourrons-nous chanter les louanges de Dieu, si nous ne conservons le sentiment et le souvenir de son bienfait [2] ? » Quant au mystère de la résurrection, il se l'explique d'autant mieux qu'à son sens le renouvellement de la nature est une véritable résurrection [3].

Ce n'est pas la chair qui est cause du mal, c'est l'âme, par l'abus qu'elle fait de la chair. Tertullien rejette bien loin toutes les idées gnostiques sur la chute des âmes, sur l'origine du mal, sur l'opposition des deux principes. Ne pouvant nier la chute du premier homme et le péché originel, il soutient que le péché, pour avoir obscurci la perfection primitive de l'homme, ne l'a point détruite, et que l'homme peut toujours la retrouver par les seules forces de sa nature [4]. Le

---

[1] *De Anim.*, p. 14.

[2] *De Monog.*, p. 10. Quomodo gratias Deo in æternum canemus, si non manebit in nobis sensus et memoria debiti hujus?

[3] *De Resurrect. carn.*, p. 12.

[4] *De Anim.*, p. 41.

Christ est venu moins pour relever l'homme d'une déchéance radicale que pour l'élever plus haut, et le porter plus loin dans la voie de la perfection absolue. La révélation est un nouveau sens que Dieu a donné à l'homme pour atteindre la vérité.

Ce résumé rapide des idées de Tertullien suffit pour faire comprendre dans quelle réaction ce génie ardent entraînait le Christianisme. Si la nouvelle doctrine eût suivi ce mouvement, elle n'eût pas seulement rompu tous les liens qui l'attachaient à la philosophie grecque, elle eût abandonné les grandes voies de l'idéalisme pour un véritable sensualisme à peine relevé par le sentiment religieux. La doctrine de Tertullien était au Christianisme ce que le Stoïcisme avait été à la philosophie socratique, élevée si haut par Platon. Il abaissait et mutilait la pensée chrétienne, et, en prétendant l'émanciper du joug des idées grecques, lui coupait les ailes, et l'enfermait dans un naturalisme étroit. Au fond, ce qui domine dans les traités de Tertullien, c'est beaucoup moins l'antipathie pour les doctrines grecques en général que la répugnance invincible pour les idées platoniciennes et pour toute espèce d'idéalisme. Malgré son mépris pour la philosophie, il puise largement aux sources stoïciennes ; il en tire sa théorie de la connaissance, sa doctrine de l'identité de la raison et de la nature, sa psychologie, sa physique. Il est à croire qu'il en eût tiré aussi sa théologie, s'il lui eût été permis d'être conséquent. L'esprit de Tertullien est net, ferme, puissant par la logique, mais il manque de souplesse, de délicatesse et d'élévation. Il ne conçoit rien qui ne puisse se représenter ; il nie toute réalité qui n'a pas forme et couleur, et la substance lui échappe partout où il ne voit pas un corps : c'est une imagination plutôt qu'une intelligence. Mais quelle imagination! quelle passion dans la polémique! quelle éloquence dans les pensées morales! quel éclat, quelle vigueur dans les descriptions de la nature! N'est-il pas, malgré toute sa barbarie, le plus grand écrivain de la primitive Église? Antipathique au Christianisme par le côté sensualiste de sa doctrine, Tertullien était dangereux par le côté mystique; cet ennemi de la philosophie était au fond un hardi novateur dans son entreprise de réaction. Il supprimait à peu près toutes les sources de connaissances légitimes ou illégitimes, profanes ou sacrées, et y substituait une seule chose, la foi, non la foi enchaînée à un texte, mais la foi libre, intime, soudaine, comme l'inspiration qui la donne. Voilà donc la doctrine de l'Église livrée à tous les caprices de la méditation individuelle! Voilà le mysticisme de la Gnose qui renaît avec ses sectes d'inspirés et d'illuminés! Le Montanisme de Tertullien était un bien autre danger pour l'Église que l'influence des doctrines grecques.

La réaction qui s'était déclarée contre la philosophie grecque ne devait point prévaloir, parce qu'elle était prématurée. Le jour n'est point encore venu où le Christianisme, ayant atteint à peu près son développement complet, n'aura plus qu'à préserver ses dogmes du contact des doctrines étrangères. Pour le moment, il a plus besoin de se développer que de se défendre, de s'étendre que de se restreindre, d'embrasser que d'exclure. Les premiers Pères de l'Église, saint Justin, Athénagore, Théophile, saint Irénée, avaient introduit quelques idées grecques dans la doctrine sainte;

mais ils l'avaient fait sans méthode et sans système. Ces emprunts semblent plutôt des souvenirs d'esprits cultivés qui ont passé des écoles grecques au Christianisme qu'une combinaison savante et profonde d'idées d'origine différente. D'ailleurs, ces Pères avaient laissé bien des problèmes à résoudre dans toutes les parties de la doctrine, en théologie, en cosmologie, en psychologie. Le dogme primitif distinguait nettement trois principes dans le divin, le Père, le Fils et l'Esprit ; mais il n'avait déterminé d'une manière précise ni la nature propre ni les attributs de chacun. Quelle est la nature du Père par rapport au Fils, et réciproquement? Comment le Verbe est-il médiateur et créateur? Comment révèle-t-il Dieu au monde et relie-t-il le monde à Dieu? C'est ce qui restait à expliquer. Quant au Saint-Esprit, la doctrine des apôtres n'avait guère fait que le nommer. Sur l'homme, le Christianisme primitif était encore moins explicite. Il professait la résurrection des corps et l'immortalité des âmes, mais sans indiquer les rapports de l'âme et du corps, sans énumérer les facultés qui dans l'homme se rapportent à l'une et à l'autre substance, sans déterminer quelles sont les facultés propres à l'âme, et par quelle faculté l'âme communique avec Dieu. Enfin, sur l'origine du monde et sur le principe du mal, le dogme primitif se réduisait à peu près aux récits de la Genèse. Tout ce qu'il y avait ajouté, c'est que le Verbe concourt à la création divine comme instrument. Mais en quoi et comment le Verbe seconde-t-il le Père dans cette œuvre? Qu'est-ce que la matière? D'où vient la chute de la créature? Est-elle propre à l'homme seulement ou commune à tous les êtres créés? Est-elle un simple accident de la liberté ou une nécessité résultant de la nature même de la créature ? Toutes ces difficultés et bien d'autres attendaient une solution. Cette grande œuvre de développement et de perfectionnement de la doctrine n'était point la seule à accomplir. La nouvelle religion se trouvait alors en butte aux attaques de deux sortes d'adversaires. Pendant que les philosophes païens tournaient en dérision les récits de l'Ancien Testament, les Juifs affectaient un profond dédain pour toute cette exégèse chrétienne, fondée sur la traduction grecque des Septante. Dans un livre étendu, dont Origène nous a conservé de nombreux fragments, Celse parcourait les livres saints, relevant avec soin tout ce qui prêtait à la critique ou au sarcasme, et signalant au mépris des Grecs ce qu'il appelait les grossières superstitions d'un peuple barbare. D'un autre côté, les Juifs de la grande synagogue d'Alexandrie se vantaient de posséder seuls les vraies traditions de cette sagesse divine, que les Chrétiens n'avaient pu puiser qu'à la source impure d'une traduction étrangère. Déjà, il est vrai, les docteurs de la nouvelle religion avaient essayé de détruire ce redoutable argument, en couvrant la traduction des Septante de l'autorité toute divine du Saint-Esprit. Mais cette tactique, toute-puissante sur les croyants, demeurait sans effet sur les philosophes et sur tous les esprits éclairés parmi les Gentils. Où était la preuve de l'inspiration du Saint-Esprit dans cette œuvre récente ? Et comment lui attribuer des modifications dans lesquelles l'influence de l'esprit grec était manifeste ? Donc, pour des raisons diverses, ni les Juifs ni les Grecs ne pouvaient attribuer les altérations des livres sacrés à l'inspiration du Saint-Esprit.

Le Christianisme courait ainsi un double danger. Par la critique des philosophes, il risquait d'être confondu avec des traditions que la raison des Gentils traitait de superstitions ; par le dédain des Juifs, il pouvait perdre le prestige de son origine divine. Il fallait donc, pour répondre aux philosophes, faire accepter à la raison des Gentils cette tradition sacrée, objet des dédains et des sarcasmes de la critique philosophique. Mais comment y parvenir autrement que par une interprétation libérale et philosophique de textes, laquelle s'attacherait moins à la forme qu'à la pensée, moins à la lettre qu'à l'esprit ? D'une autre part, il fallait, pour répondre aux Juifs, tout en maintenant la traduction des Septante comme la seule base légitime de l'exégèse chrétienne, pouvoir la comparer avec le texte original, et montrer que les variantes expriment toujours au fond la même pensée que le texte hébreu primitif, ou même une pensée supérieure. Telle était la triple tâche imposée aux défenseurs du Christianisme : 1° fonder la doctrine en comblant les lacunes et en expliquant les difficultés ; 2° établir l'exégèse chrétienne sur la connaissance des textes hébreux ; 3° réconcilier la tradition hébraïque avec la raison et la philosophie. L'œuvre était digne du génie des Pères alexandrins.

L'école chrétienne, fondée, dit-on, par saint Pantène, se développa rapidement au sein du grand mouvement philosophique et religieux dont Alexandrie était le centre principal. Sous la direction élevée de saint Clément et d'Origène, on la vit entrer en communication avec toutes les grandes écoles et les grandes doctrines d'Alexandrie. Origène assiste aux leçons du fondateur du Néo-Platonisme, et, d'un autre côté, des philosophes platoniciens vont entendre Origène. C'est à tel point que dans cette mêlée générale les doctrines s'effacent et les écoles se reconnaissent à peine. Il se rencontre nombre de docteurs dont on ne sait s'ils sont chrétiens ou philosophes. Origène connaît à fond toutes les doctrines anciennes et nouvelles du Platonisme. « Il vivait, dit Porphyre, dans un commerce intime avec Platon. Les écrits de Numénius, de Cronius, d'Apollophane, de Longin, de Modératus, de Nicomaque, et des principaux Pythagoriciens, ne quittaient pas ses mains [1]. » Ces communications intimes et profondes entre toutes les écoles et toutes les doctrines nous expliquent l'origine, le caractère et la portée des doctrines des Pères alexandrins. Si on veut bien comprendre saint Clément et Origène, il faut penser toujours à la Gnose, à Philon et au Platonisme; car ce sont là les trois sources auxquelles ils puisent généralement. Quant aux premiers Pères de l'Église, à saint Justin, Athénagore, etc., il ne paraît pas qu'ils aient exercé une influence notable sur la pensée des Pères alexandrins ; saint Clément et Origène ne citent jamais leurs écrits. Le mouvement qui se fait à Alexandrie les attire et les préoccupe exclusivement. Qu'avaient-ils besoin de porter leurs regards au-delà? Alexandrie, en ce moment, c'était le monde entier.

Ce qui frappe tout d'abord dans les livres de saint Clément, ce sont les efforts qu'il tente pour émanciper le dogme chrétien du Judaïsme et pour le rattacher à

---

[1] Eusèb., *Hist. eccl.*, c. IV, p. 19.

la philosophie. « La plupart, dit-il, redoutent la philosophie grecque comme les enfants les spectres, craignant qu'elle ne les détourne de la religion à son profit [1]. » Déjà on a vu saint Justin et Athénagore, et en général les apologistes, rechercher les traces de la parole divine dans les poëtes et les philosophes de l'antiquité. Saint Clément s'engage plus profondément dans cette voie ; il rejette énergiquement la thèse qui considère la philosophie grecque comme l'œuvre du démon [2], et cite en témoignage de sa haute origine la vie pure et sévère des anciens philosophes. Il fait remonter, il est vrai, cette philosophie à la source hébraïque [3] ; mais il est loin de croire qu'elle ait corrompu ou même altéré le germe divin en le développant. Cet heureux larcin de la philosophie est une œuvre providentielle. Ainsi considérée, la science grecque est une préparation à la foi tout aussi légitime et aussi efficace que la tradition hébraïque [4]. C'est le même Dieu qui a été reconnu et adoré par les Grecs, les Juifs et les Chrétiens : seulement, il n'a été donné qu'aux derniers de le connaître en esprit. C'est le même Dieu qui a inspiré les deux Testaments et doté les Grecs de la philosophie ; en sorte que l'éducation des trois sociétés judaïque, grecque et chrétienne, bien qu'elle ait été faite avec des instruments

---

[1] S. Clém., *Strom.*, I, vi, c. x, p. 780. Οἱ πολλοὶ δὲ, καθάπερ οἱ παῖδες τὰ μορμολύκεια, οὕτως δεδίασι τὴν Ἑλληνικὴν φιλοσοφίαν· φοβούμενοι μὴ ἀπαγάγῃ αὐτούς.

[2] *Strom.*, l. I, c. xvii, p. 366.

[3] Ibid., l. xi, c. i, p. 429.

[4] *Strom.*, l. vi, c. i, p. 761.

divers, a le même principe et le même maître au fond [1]. Avant la venue du Christ, la philosophie était nécessaire aux Grecs ; depuis, elle leur est encore utile pour l'intelligence des choses divines. S'en tenir à la foi simple et nue, sans toucher ni à la métaphysique, ni à la logique, ni à la physique, c'est vouloir cueillir le raisin sans avoir cultivé la vigne [2]. La philosophie ne prépare pas seulement à la foi par les connaissances qui lui sont propres ; elle éclaire de son esprit et dirige par sa méthode le chrétien dans l'explication et l'interprétation de la parole sainte, laquelle est obscure, équivoque, semée de paraboles. La dialectique est d'ailleurs nécessaire pour la démonstration des vérités sacrées.

Quand saint Clément parle de la philosophie, il n'entend pas tel ou tel système en particulier. Malgré sa prédilection pour la doctrine de Platon, il accueille avec impartialité toutes les doctrines et professe l'éclectisme [3]. En effet, la vérité est une et l'erreur multiple. Semblables aux Bacchantes qui ont dispersé les membres de Penthée, les diverses sectes de philosophie, soit grecque, soit barbare, éparpillent en fragments l'indivisible lumière du Verbe divin [4]. Donc,

---

[1] *Strom.*, l. vi, c. v, p. 761. Διαφόροις δὲ παιδευμένων διαθήκαις, τοῦ ἑνὸς κυρίου ὄντως, ἑνὸς κυρίου ῥήματι.

[2] *Strom.*, l. i, c. ix, p. 344.

[3] *Strom.*, c. i, p. 338. Φιλοσοφίαν δὲ οὐ τὴν στωικὴν λέγω, οὐδὲ τὴν Πλατωνικὴν ἢ τὴν Ἐπικούρειον τε καὶ Ἀριστοτελικήν, ἀλλ' ὅσα εἴρηται παρ' ἑκάστῃ τῶν αἱρέσεων τούτων καλῶς, δικαιοσύνην μετ' εὐσεβοῦς ἐπιστήμης ἐκδιδάσκοντα, τοῦτο σύμπαν τὸ ἐκλεκτικὸν φιλοσοφίαν φημί.

[4] *Strom.*, l, i, c. ix, p. 348. Μιᾶς τοίνυν οὔσης τῆς ἀληθείας· τὸ γὰρ ψεῦδος μυρίας ἐκτροπὰς ἔχει· καθάπερ αἱ Βάκχαι τὰ τοῦ Πενθέως

pour contempler pleinement le Verbe parfait, il faut recueillir et réunir tous ces fragments [1]. Du reste, l'esprit libéral de saint Clément fait concourir, comme préparation à la foi, toutes les sciences aussi bien que tous les systèmes philosophiques, la musique, l'arithmétique, la géométrie, l'astronomie, montrant pour quelle part et dans quelle mesure chacune d'elles peut contribuer à la science suprême [2]. Quelle est cette science? Dès le début de la doctrine de saint Clément, l'origine gnostique de l'école alexandrine se manifeste. La fin dernière de la philosophie et de la religion, de la science et de la tradition, c'est la Gnose. Le gnostique est celui qui parvient à ressembler à Dieu dans la mesure des forces humaines [3]. La Gnose est un idéal auquel l'âme n'arrive que par degrés; elle part de la sensation, et passe par la philosophie et la tradition comme par une démonstration nécessaire pour parvenir à la Foi. Qu'est-ce que la Foi? Sur ce point, la pensée de saint Clément, bien qu'obscure et incertaine, est très remarquable. La Foi est l'intuition des principes, la perception de ce qui est supérieur à la démonstration [4]; toute science démonstrative a sa

---

διαφορήσασαι μέλη, αἱ τῆς φιλοσοφίας τῆς τε τοῦ βαρβάρου, τῆς τε Ἑλληνικῆς αἱρέσεις, ἑκάστη ὅπερ ἔλαχεν, ὡς πᾶσαν αὐχεῖ τὴν ἀλήθειαν· φωτὸς δ' οἶμαι, ἀνατολῇ πάντα φωτίζεσθαι.

[1] Ibid., l. I, c. IX, p. 349.
[2] *Strom.*, l. VI, c. X, p. 780.
[3] *Strom.*, l. III, c. XIX, p. 480. Ὁ μιμούμενος τὸν Θεὸν καθόσον οἷόν τε.
[4] *Strom.*, l. II, c. II, p. 432. Πίστις δὲ, ἣν διαβάλλουσι κενὴν καὶ βάρβαρον νομίζοντες Ἕλληνες, πρόληψις ἑκούσιός ἐστι, θεοσεβείας συγκατάθεσις, ἐλπιζομένων ὑπόστασις, πραγμάτων ἔλεγχος οὐ βλεπομένων.

racine dans la Foi [1]. L'existence de Dieu est un objet de foi et non de science [2]. La Foi est une grâce, non de la nature, mais de la raison divine ; c'est une vertu supérieure par laquelle Dieu se fait sentir à nous. La philosophie et la tradition ne peuvent seules nous conduire à la Foi. Sans la pratique et le sentiment moral, toute science, philosophique ou religieuse, est vaine. Nous ne comprenons la volonté de Dieu qu'en l'accomplissant [3]. Si élevée que soit la Foi, elle n'est pas encore la Gnose. Toutefois elle n'en diffère pas essentiellement ; elle en est le premier degré. L'une et l'autre connaissent le Fils. Mais la Foi croit à l'incarnation, à la passion, à la rédemption du Fils. La Gnose connaît le Fils comme Fils de Dieu, et par le Fils connaît la nature du Père [4]. Mais tout de même que le Fils n'est pas sans le Père ni le Père sans le Fils, de même la Foi n'est pas sans la Gnose ni la Gnose sans la Foi ; car si la Foi prépare la Gnose, la Gnose suit nécessairement la Foi [5].

La Gnose est le suprême degré auquel l'âme humaine puisse atteindre. Celui qui s'est élevé jusqu'à

---

[1] Ibid., l. ii, c. iv, p. 435. Ἡ μὲν γὰρ ἐπιστήμη, ἕξις ἀποδεικτική· ἡ πίστις δὲ, χάρις ἐξ ἀναποδείκτων εἰς τὸ καθόλου ἀναβιβάζουσα τὸ ἁπλοῦν, ὃ οὔτε σὺν ὕλῃ ἐστὶν, οὔτε ὕλη, οὔτε ὑπὸ ὕλης.

[2] Ibid., l. iv, p. 635. Ὁ μὲν οὖν θεὸς ἀναπόδεικτος ὢν οὐκ ἔστιν ἐπιστημονικός.

[3] Ibid., l. i, c. vii, p. 338. Δωρεὰ γὰρ ἡ διδασκαλία τῆς θεοσεβείας· χάρις δὲ ἡ πίστις. Ποιοῦντες γὰρ τὸ θέλημα τοῦ θεοῦ, τὸ θέλημα γινώσκομεν.

[4] Strom., l. v, c. i, p. 643.

[5] Strom., l. v, c. i, p. 643. Ἤδη δὲ οὔτε ἡ γνῶσις ἄνευ πίστεως, οὐδ' ἡ πίστις ἄνευ γνώσεως. Οὐ μὴν οὐδὲ ὁ πατὴρ ἄνευ υἱοῦ· ἅμα γὰρ τῷ πατρὶ, υἱὸς πατήρ.

la dignité de la Gnose devient égal aux anges. Tout radieux et tout éclatant de perfection, le Gnostique s'élève au saint amour et à la divine quiétude, se plaçant ainsi à côté des apôtres, au-dessus des simples croyants [1]. C'est alors que l'âme s'unit à Dieu et devient Dieu elle-même. En ce sens, le Gnostique est un vrai fils de Dieu, non pas un fils immédiat toutefois, puisque entre Dieu et le Gnostique il y a toujours le Christ. Mais enfin telle est la vertu de la Gnose, qu'elle ravit l'âme dans le sein de Dieu, au-delà de la hiérarchie des anges [2].

Il n'est pas donné à l'intelligence humaine de connaître en soi le principe suprême des choses; nulle définition ne peut le saisir, nulle pensée ne peut l'atteindre. On n'arrive à le concevoir que par abstraction, c'est-à-dire par l'élimination complète de tous les attributs moraux et physiques des êtres créés. De cette façon, si on ne peut dire ce qu'il est, on peut savoir ce qu'il n'est pas [3]. En soi il n'est ni le Bien, ni l'Un, ni

---

[1] *Strom.*, l. vi, c. xiii, p. 792. Ὁ τοίνυν μετριοπαθήσας τὰ πρῶτα, καὶ εἰς ἀπάθειαν μελετήσας· αὐξήσας τε εἰς ὑποίαν γνωστικῆς τελειότητος, ἰσάγγελος μὲν ἐνταῦθα. Φωτεινὸς δὲ ἤδη καὶ ὡς ὁ ἥλιος λάμπων κατὰ τὴν ἐνεργεσίαν, σπεύδει τῇ γνώσει τῇ δικαίᾳ δι' ἀγάπης Θεοῦ ἐπὶ τὴν ἁγίαν μονήν, καθάπερ οἱ Ἀπόστολοι.

[2] *Strom.*, l. iv, c. xiii, p. 797. Οὕτως δύναμιν λαβοῦσα κυριακὴν ἡ ψυχὴ, μελετᾷ εἶναι Θεός· κακὸν μὲν οὐδὲν ἄλλο, πλὴν ἀγνοίας, εἶναι νομίζουσα, καὶ τῆς μὴ κατὰ τὸν ὀρθὸν λόγον ἐνεργείας· ἀεὶ δὲ εὐχαριστοῦσα ἐπὶ πᾶσι τῷ Θεῷ, δι' ἀκοῆς δικαίας καὶ ἀ.αγνώσεως θείας, διὰ ζητήσεως ἀληθοῦς, διὰ προσφορᾶς ἁγίας, δι' εὐχῆς μακαρίας· αἰνοῦσα, ὑμνοῦσα, εὐλογοῦσα, ψάλλουσα, οὐ διορίζεται ποτὲ τοῦ Θεοῦ καθ' οὐδένα καιρὸν ἡ τοιάδε ψυχή.

[3] *Strom.*, c. v, p. 582. Ἀφελόντες μὲν τοῦ σώματος τὰς φυσικὰς ποιότητας, περιελόντες δὲ τὴν εἰς τὸ βάθος διάστασιν.

l'Être, ni l'Esprit, ni le Père. Le nom qui lui convient le mieux, l'Un, ne définit pas son essence, mais exprime seulement la simplicité absolue de sa nature. Quant aux autres dénominations, elles sont toutes empruntées aux rapports que Dieu soutient avec les choses. Lorsqu'on en vient à considérer Dieu sous ce point de vue, on lui attribue la Bonté. Faire le bien est la nature de Dieu, comme c'est la nature du feu d'échauffer et de la lumière d'éclairer [1]. Seulement, Dieu produit le bien librement, tandis que le feu obéit à l'aveugle nécessité [2]. La volonté de Dieu est une œuvre, et cette œuvre est le monde [3]. Dieu étant le Bien, tout ce qu'il produit est bon. La plus infime de ses productions, la matière, est encore bonne : c'est le dernier degré du Bien. On prétend à tort que d'une matière mauvaise sort une nature mauvaise, engendrée par un Dieu vengeur [4]. Si la génération est un mal, il faut dire que le Seigneur qui participe de la génération, que la Vierge qui l'a engendré sont dans le mal [5]. C'est ne pas comprendre Platon que de croire qu'il ait conçu la matière comme le mal absolu, comme le principe même du mal. Que parle-t-on de laideur et de difformité à propos du corps ? Est-il une

---

[1] Ibid., l. I, c xvii, p. 369. Φύσις γάρ, ὡς εἰπεῖν, αὕτη τοῦ Θεοῦ, ὡς τοῦ πυρὸς τὸ θερμαίνειν, καὶ τοῦ φωτὸς τὸ φωτίζειν·

[2] Ibid., l. viii, c. vii, p 855. Οὔτε γὰρ ὁ Θεὸς ἄκων ἀγαθός, ὃν τρόπον τὸ πῦρ θερμαντικόν· ἑκούσιος δὲ ἡ τῶν ἀγαθῶν μετάδοσις αὐτῷ.

[3] *Pædag.*, l. I, p. 114. Ὡς γὰρ τὸ θέλημα αὐτοῦ ἔργον ἐςὶ, καὶ τοῦτο κόσμος ὀνομάζεται.

[4] *Strom.*, l. III, c. III, p. 546. Ἀλλ' οἱ μὲν ἀπὸ Μαρκίωνος φύσιν κακὴν ἔκ τε ὕλης κακῆς, καὶ ἐκ δικαίου γενομένην Δημιουργοῦ.

[5] Ibid., l. III, c. xvii, p. 558.

matière sans forme ? Est-il une chair sans vie et sans âme ? Or, la beauté n'est-elle pas un attribut inséparable de la forme et de l'âme ? Quand on regarde à travers le pur amour, ce n'est point la chair, c'est l'âme qu'on aperçoit, l'âme qui est belle, et alors on admire le corps comme une statue dont la beauté n'est qu'un reflet de l'art de l'ouvrier et du modèle sur lequel il a travaillé [1].

La théorie du Verbe n'est pas moins profonde. Dieu est l'unité absolument simple, et ne peut être conçu dans un rapport quelconque avec la pluralité. C'est qu'il est inaccessible et incommunicable par lui-même. De là la nécessité d'un médiateur qui relie le monde à son divin auteur. Ce médiateur est le Verbe, Fils de Dieu. Le Verbe n'est pas simplement la production extérieure de la pensée divine, comme semblerait l'indiquer le mot, mais bien la sagesse et la bonté même de Dieu dans sa suprême manifestation [2], c'est en quelque sorte la face même de Dieu, co-éternelle et adéquate à sa nature [3]. Le Père et le Fils ne font qu'un et se confondent en un seul Dieu [4]. Philon n'avait conçu le Verbe, ni comme représentation complète, ni comme

---

[1] *Strom.*, c. IV, p. 616. Ἔμπαλιν γὰρ ὁ δι' ἀγάπην τὴν ἀγνὴν προσβλέπων τὸ κάλλος, οὐ τὴν σάρκα ἡγεῖται, ἀλλὰ τὴν ψυχὴν καλὴν, τὸ σῶμα, οἶμαι, ὡς ἀνδριάντα θαυμάσας, δι' οὗ κάλλους ἐπὶ τὸν τεχνίτην καὶ τὸ ὄντως καλὸν αὐτὸς αὑτὸν παραπέμπει.

[2] *Strom.*, l. IV, c. I, p. 646. Ὁ γὰρ τοῦ πατρὸς τῶν ὅλων Λόγος, οὐχ οὗτός ἐστιν ὁ προφορικὸς, σοφία δὲ καὶ χρηστότης φανερωτάτη τοῦ Θεοῦ, δύναμίς τε αὖ παγκρατὴς, καὶ τῷ ὄντι θεία.

[3] *Paedag.*, l. I, p. 132. Πρόσωπον δὲ τοῦ Θεοῦ ὁ λόγος, ᾧ φωτίζεται ὁ Θεὸς καὶ γνωρίζεται. — *Admon.*, p. 86. Ὁ θεῖος λόγος ὁ φανερώτατος ὄντως Θεός, ὁ τῷ δεσπότῃ τῶν ὅλων ἐξισωθείς.

[4] *Paedag.*, p. 1. Ἓν γὰρ ἄμφω, ὁ Θεός.

partie intégrante de la nature divine. Saint Clément ne pouvait s'en tenir aux idées de Philon, sans être infidèle à la doctrine chrétienne. Maintenant quelle est la nature propre du Fils par rapport au Père? Le Père est nommé l'Un; est-ce à dire que le Fils soit multiple? C'est ici que l'influence du Platonisme se laisse apercevoir. Le Père est l'unité absolue; le Fils est aussi l'unité, mais l'unité dans la pluralité. Il est multiple, non comme composé de parties, mais comme tout, ou plutôt comme principe du tout. Comment le Verbe peut-il être un et multiple à la fois? Dans le monde sensible, la pluralité exclut toujours et nécessairement l'unité; mais dans le monde intelligible, il en est tout autrement. La nature propre du Verbe est d'être le type de toutes les idées, la raison suprême de toutes les vérités, le centre d'union de toutes les puissances [1]. C'est ainsi qu'il est un et multiple, un par son essence et multiple par son contenu. Mais cette pluralité tout intelligible n'altère point l'unité du Verbe : seulement, elle le rend accessible à la démonstration et fait qu'il peut être représenté dans la pensée, tandis que Dieu, unité simple, ne peut être que conçu [2]. Considérant le Fils comme représentation adéquate de toutes ses puissances et de toutes ses vertus [3], saint Clément a pu dire : « Tout a été révélé

---

[1] *Strom.*, c. IV, p. 635. Καὶ δὴ οὐ γίνεται ἀτεχνῶς ἓν ὡς ἕν, οὐδὲ πολλὰ ὡς μέρη ὁ υἱός, ἀλλ' ὡς πάντα ἕν. Ἔνθεν γὰρ πάντα. Κύκλος γὰρ ὁ αὐτὸς πασῶν τῶν δυνάμεων εἰς ἓν εἰλουμένων καὶ ἑνουμένων.

[2] *Strom.*, c. IV, p. 635. Ὁ μὲν οὖν Θεὸς ἀναπόδεικτος ὢν οὐκ ἔστιν ἐπιστημονικός· Ὁ δὲ υἱὸς σοφία τέ ἐστι καὶ ἐπιστήμη καὶ ἀλήθεια καὶ ὅσα ἄλλα τούτῳ συγγενῆ· καὶ δὴ καὶ ἀπόδειξιν ἔχει καὶ διέξοδον.

[3] *Strom.*, l. IV, c. 1, p. 646.

au Fils, qui nous a tout enseigné. » Par cet enseignement, le Verbe nous rattache à Dieu, dont la nature nous avait séparés ; il est en même temps notre instituteur (παιδαγωγὸς) et notre Rédempteur. Pour posséder Dieu, il faut donc posséder d'abord le Verbe. L'âme, sur les ailes de la Gnose, s'élève jusqu'au Fils, principe suprême des idées, et ce n'est que dans le Fils, c'est-à-dire au sommet du monde intelligible, qu'elle peut entrevoir, à la lueur des rayons du Verbe, l'impénétrable majesté de Dieu. Il n'est pas donné même à la Gnose de franchir ces limites [1].

Saint Clément développe peu la doctrine du Saint-Esprit. Il se borne à le représenter constamment comme la puissance qui réalise dans le monde, et transmet à l'âme humaine les idées du Verbe divin. Il résume d'ailleurs avec beaucoup de précision la fonction de chacun des principes de la Trinité. Le Père produit, parce qu'il est le Bien ; le Fils contemple la bonté du Père ; le Saint-Esprit, principe créateur et conservateur de l'Univers, image éternelle et visible du Dieu invisible, réalise par son opération les essences pures du monde intelligible [2].

Le Verbe et l'Esprit saint sont coéternels à Dieu, et préexistent à toute création. Depuis que le monde est créé, la lumière du Verbe l'éclaire, et le souffle de l'Esprit l'inspire. Seulement, cette révélation et cette inspiration permanentes et universelles n'ont point suffi

---

[1] *Strom.*, l. VII, c. XVI, p. 893.

[2] *Strom.*, l. V, c. VI, p. 669. Ὄνομα δὲ εἴρηται Θεοῦ· ἐπεὶ, ὡς βλέπει τοῦ Πατρὸς τὴν ἀγαθότητα ὁ υἱὸς, ἐνεργεῖ ὁ Θεὸς Σωτὴρ κεκλημένος, ἡ τῶν ὅλων ἀρχὴ ἥτις ἀπεικόνισται μὲν ἐκ τοῦ Θεοῦ τοῦ ἀοράτου πρώτη καὶ πρὸ αἰώνων· τετύπωκεν δὲ τὰ μεθ' ἑαυτὴν ἅπαντα γινόμενα.

au salut du genre humain. Même avec ces secours divins, l'homme n'eût pu vaincre la puissance du mal. Le mal n'est pas un pur accident dans le monde : il a sa racine dans la nature même de l'âme, dont la passion est un élément nécessaire. La nature humaine se compose de trois principes, corps, âme, esprit : si l'homme n'était que corps, il serait incapable du bien; s'il n'était qu'esprit, il serait incapable du mal. Mais il est essentiellement âme: or, l'âme a son siége dans la nature, à égale distance de la matière et du monde intelligible : c'est ce qui fait qu'elle est capable de bien et de mal, de chute et de progrès. L'éducation antérieure à la venue du Christ, telle que l'ont accomplie la révélation universelle ou les révélations partielles du Verbe, ne fut qu'un exercice et un prélude à la vraie éducation, laquelle ne commence qu'à l'avénement du Christ; Dieu se fit homme alors, afin que le monde apprît comment l'homme se fait Dieu [1]. La révélation du Christ est la seule parfaite et la seule directe. Jusque là Dieu ne s'était révélé qu'indirectement par ses œuvres, par la nature, par la philosophie, par la tradition [2]. L'avénement du Christ n'est que la suite et l'accomplissement de l'œuvre providentielle non interrompue. Par sa bonté, Dieu a créé le monde ; il a créé l'homme, et tout en le faisant libre, il l'a relié à son créateur par la raison, médiateur constant et universel ; puis enfin, pour resserrer ce lien, il lui a envoyé son Verbe, sous forme humaine,

---

[1] *Admonit.*, p. 8. Ὁ λόγος τοῦ Θεοῦ ἄνθρωπος γενόμενος, ἵνα δὴ καὶ σὺ παρὰ ἀνθρώπου μάθῃς, πῇ ποτὲ ἄρα ἄνθρωπος γένηται Θεός.
[2] Ibid., p. 50.

dès que l'homme fut préparé à comprendre la doctrine et à imiter la vie du divin modèle. La rédemption n'est donc point un accident de la bonté divine ; c'est une nécessité de l'ordre universel [1].

Le Christ est venu racheter et sauver tous les hommes : il les a tous également embrassés dans son amour et compris dans son sacrifice ; tous les hommes sont donc égaux et frères en Jésus-Christ. Saint Clément va plus loin : le Verbe sauvera tous les hommes [2] ; sa bonté peut laisser le mal se produire, mais comme un accident éphémère, et non comme un éternel obstacle au salut et à la perfection [3]. Tous les hommes arriveront au bien et au bonheur après des épreuves plus ou moins longues et plus ou moins cruelles. N'est-ce pas pour sauver les âmes que Jésus-Christ est descendu aux enfers [4] ? Là, comme sur la terre, comme partout, le mal est une peine, c'est-à-dire une expiation. Et ce n'est pas seulement le salut de l'humanité que doit assurer la rédemption du Christ, c'est aussi le salut de tous les êtres de la création. Toute créature a pour fin le bien, et pour condition le progrès, c'est-à-dire le passage du mal au bien ; les anges eux-mêmes sont soumis à cette loi. Ainsi saint Clément fait tomber les barrières qui sépa-

---

[1] *Pædag.*, l. i, init.
[2] *Strom.*, c. vii, p. 832. Σωτὴρ γάρ ἐςιν οὐχὶ τῶν μὲν, τῶν δ' οὔ. — Ibid., p. 833. Πῶς δ' ἂν ἔςι σωτὴρ καὶ κύριος, εἰ μὴ πάντων σωτὴρ καὶ κύριος ; ἀλλὰ τῶν μὲν πεπιςευκότων σωτὴρ, διὰ τὸ γνῶναι βεβουλῆσθαι τῶν δὲ ἀπαςθησάντων, κύριος, ἔς' ἂν ἐξομολογήσεσθαι δυνηθέντες, οἰκείας καὶ καταλλήλου τῆς δι' αὐτοῦ τυπώσει εὐεργεσίας.
[3] *Strom.*, l. i, p 369.
[4] *Strom.*, c. ii, p. 443.

rent les divers ordres de la création, la terre, les enfers, le ciel, et réunit toutes les créatures en une chaîne immense qui s'ébranle à tous ses degrés, et dont tous les êtres, après un voyage plus ou moins long, parviennent enfin à ce monde d'harmonie et de perfection que Dieu remplit tout entier [1]. Quant à l'homme, le but suprême de la Gnose est l'union parfaite avec Dieu et la contemplation de sa nature, toujours par l'intermédiaire du Verbe.

Saint Clément avait élevé la pensée chrétienne au suprême degré de spéculation philosophique. Origène sut la maintenir à cette hauteur ; il développa avec une grande puissance les principes métaphysiques de la doctrine primitive, en même temps qu'il s'appliqua, par une interprétation ingénieuse et profonde des textes sacrés, à établir l'accord de toutes les traditions dont elle se compose. Mais Origène n'était pas seulement un grand esprit ; c'était une âme ardente et mystique par nature. Ce qui fait l'originalité de cet incomparable docteur, c'est qu'on ne peut séparer sa science de sa vie, ni ses doctrines de ses actes ; sous la pensée, on sent l'âme, et sous la lumière qui éclaire, la flamme qui brûle : l'ascète se révèle dans le théologien ; on sait quel tragique défi Origène a porté à la matière. Il est un principe qu'Origène aime à répéter sans cesse, c'est que la foi sans les œuvres est morte. La véritable foi ne se manifeste que par le triomphe de l'âme sur les passions ; la vérité de la doctrine chrétienne réside particulièrement dans sa vertu pratique. L'homme de bien seul est doué d'aperception, et il n'y a que les

---

[1] *Strom.*, c. vii, p. 835. Πρὸς γὰρ τὴν τοῦ ὅλου σωτηρίαν τῷ τῶν ὅλων κυρίῳ πάντα ἐστὶ διατεταγμένα καὶ καθόλου καὶ ἐπὶ μέρους.

cœurs purs qui peuvent connaître Dieu ¹. D'un autre côté, rien n'égale l'ardeur spéculative d'Origène ; il vénère l'obscurité de la doctrine du Christ, parce qu'il y trouve une excitation pour la pensée ². Le mystère n'est point à ses yeux une limite imposée à l'orgueil de la raison ; c'est une carrière infinie ouverte à toutes les hardiesses de la spéculation. Ce qu'Origène cherche dans les textes, c'est moins la lettre que l'esprit, moins l'autorité que l'inspiration. L'érudition sacrée et profane, la science et la tradition, contiennent la vérité, mais sans la manifester : il s'agit de l'en faire jaillir. Sans la lumière du Verbe, sans le souffle de l'Esprit saint, la vérité nous resterait cachée : c'est la révélation immédiate du Christ, c'est l'exaltation de l'Esprit saint en nous, qui nous fait parvenir jusqu'à la connaissance suprême, ou Gnose. A l'exemple de son maître, Origène considère la Gnose comme le but de toute science et de toute activité : la spéculation, la vertu, la foi, ne sont que des voies diverses pour y atteindre. La Gnose est l'intuition du divin ; si élevé qu'il soit, cet idéal n'est point inaccessible à l'âme humaine, et ce n'est pas en vain que Dieu en a mis le désir en nous.

Origène indique nettement au début de son livre des Principes le but de ses recherches : « Il faut savoir que les saints Apôtres qui ont prêché la foi du Christ ont, sur certains points, déclaré d'une manière claire pour tout le monde, même pour ceux qui sont le moins curieux des études théologiques, tout ce qu'ils ont cru nécessaire, laissant à ceux qui sont dignes des dons

---

¹ Orig., *Cont. Cels.*, c. IV, p. 97 ; c. VI, p. 69.
² *Cont. Cels.*, c. VI, p. 6. Saint Jean, c. XIII, p. 5.

excellents de l'Esprit, et qui jouissent par le Saint-Esprit de la grâce de la parole, de la sagesse et de la science, la tâche de rechercher la raison des choses qu'ils ont avancées. Sur d'autres points, ils se sont bornés à dire que les choses sont; mais comment sont-elles, et pourquoi sont-elles? c'est ce qu'ils se sont abstenus de faire connaître, sans doute afin que les hommes studieux et amis de la sagesse qui viendraient après eux eussent matière à s'exercer et à produire les traits de leur esprit [1]. » Ainsi Origène trouve qu'il est un grand nombre de points dans la foi chrétienne que la doctrine des Apôtres a laissés dans le doute ou dans l'obscurité. Les livres saints ne s'expliquent pas suffisamment sur la distinction et les rapports des trois personnes de la Trinité, sur la nature des âmes, sur l'origine des corps, sur la création. Et le plus souvent, lorsqu'ils paraissent s'être expliqués clairement, la doctrine en semble si contraire à la raison qu'il est impossible de s'arrêter au sens matériel. Quand Origène suit la pensée de saint Clément, il a le double mérite de la rattacher aux textes par un commentaire ingénieux, et de la développer avec profondeur et précision. Mais nous verrons qu'il ne s'en tient pas toujours à cette pensée, et qu'entraîné par ses tendances mystiques, il suit souvent une voie qui lui est propre.

Pour Origène, comme pour saint Clément, le principe suprême des choses, Dieu, est l'unité absolue, supérieure à toute essence, à toute vie et même à toute intelligence, incompréhensible, incommunicable. Tout ce qu'on peut dire de sa nature et de sa puis-

---

[1] *De Princ.*, *Introd*.

sance, c'est qu'elles sont parfaites. Or, la perfection implique la mesure et la fin. Si la puissance divine était infinie, elle ne pourrait se connaître [1]. Déjà saint Clément avait exprimé la même pensée, évidemment empruntée à Platon. Origène s'arrête peu sur la nature abstraite et ineffable de Dieu considéré en soi ; il arrive promptement à le concevoir par rapport à la création. Alors Dieu est le Bien. Le Bien n'est pas pour Dieu, comme pour la créature, un simple attribut; il est la nature même de Dieu. Le bien et l'être se confondent en Dieu comme dans la créature ; de même que le bien est l'être, de même le mal est le néant [2]. La créature participe de l'être au même degré que du bien. Saint Clément n'avait point exprimé aussi nettement l'identité de l'être et du bien. De la bonté et de la puissance de Dieu découle la nécessité d'une manifestation ou révélation éternelle et universelle de la nature divine. Origène admet que cette révélation est volontaire, mais en ajoutant que la volonté divine est nécessaire. La nature de Dieu étant essentiellement active et productive, sa bonté et sa puissance ne pouvaient rester sans effet. Dieu, considéré par rapport à sa manifestation immédiate et suprême, est le Père. Seul il est le Bien [3] ; tout

---

[1] *De Princ.*, l. II, c. IX, p. 4. Πεπερασμένην γὰρ εἶναι καὶ τὴν δύναμιν τοῦ Θεοῦ λεκτέον... ἐὰν γὰρ ᾖ ἄπειρος ἡ θεῖα δύναμις, ἀνάγκη αὐτὴν μηδὲ ἑαυτὴν νοεῖν.

[2] *In S. Joh.*, c. II, p. 7. Οὐκοῦν ὁ ἀγαθὸς τῷ ὄντι ὁ αὐτός ἐστιν· ἐναντίον δὲ τῷ ἀγαθῷ τὸ κακὸν ἢ τὸ πονηρὸν καὶ τῷ ὄντι τὸ οὐκ ὄν· οἷς ἀκολουθεῖ, ὅτι τὸ πονηρὸν καὶ κακὸν οὐκ ὄν.

[3] *De Princ.*, l. I, c. II, p. 13. Οὐκ ὡς ὁ πατὴρ ἀπαραλλάκτως ἀγαθός· Il s'agit du Fils.

le reste des créatures, même le Fils, ne fait qu'en participer; seul il est absolument un, simple, immuable, inaltérable dans son état [1]. Père de toute chose, il est supérieur à tout; Père de la vérité, il est supérieur à la vérité; Père de la sagesse, il est supérieur à la sagesse [2]. Il est au-dessus même de l'idée suprême, de l'idée des idées. Il est le Dieu des dieux (θεός θεῶν), le seul Dieu véritable, parce qu'il est le seul qui soit Dieu par lui-même : le Verbe et l'Esprit ne font que participer de la nature divine [3].

Saint Clément est le premier Père de l'Église qui ait approfondi la notion traditionnelle du Verbe à l'aide des idées platoniciennes. Il ne s'était point arrêté à la conception orientale, laquelle se borne à représenter le Verbe comme médiateur universel entre Dieu et le monde, et comme médiateur particulier entre Dieu et l'humanité. Il avait essayé de définir la nature propre de ce médiateur divin, en regard du Père. Origène s'engage plus avant dans cette voie. Le Verbe est médiateur, en sa qualité d'être intermédiaire entre la nature de l'inengendré et celle des choses engendrées. Comme Fils de Dieu, il est en tout l'image du Père. De là les différences qui l'en séparent et les rapports

---

[1] Com. S. Jean, t. I, § 22. Ὁ Θεὸς μὲν οὖν πάντη ἓν ἐςι καὶ ἁπλοῦν.

[2] Com. S. Jean, c. II, p. 18. Ὧ δὲ λόγῳ ὁ πατὴρ τῆς ἀληθείας Θεὸς πλείων ἐςὶ καὶ μείζων ἢ ἀλήθεια, καὶ ὁ πατὴρ ὢν σοφίας κρείττων ἐςὶ καὶ διαφέρων ἢ σοφία, τούτῳ ὑπερέχει τοῦ εἶναι φῶς ἀληθινόν.

[3] Com. S. Jean, c. II, p. 2. Πᾶν δὲ τὸ παρὰ τὸ αὐτόθεος μετοχῇ τῆς ἐκείνου θεότητος θεοποιούμενον, οὐχ' ὁ Θεὸς ἀλλὰ Θεὸς κυριώτερον ἂν λέγοιτο. — Ibid, c. II, p. 2. Ἑνὸς μὲν ἀληθινοῦ Θεοῦ τοῦ πατρὸς ἀπαγγελλομένου.

qui l'y rattachent. Comme le Père, il est Dieu, non par lui-même, mais par participation ; comme le Père, il est bon, mais seulement en vertu du Père. « Le Verbe est l'image de la bonté ; mais il n'est pas bon d'une manière immuable comme le Père [1]. » De même que le Père, le Fils est un ; mais par son effusion dans le multiple, il devient multiple, tandis que le Père reste absolument un et simple. Les puissances divines, concentrées dans l'unité indivisible du Père, s'épanchent déjà dans l'unité multiple du Fils, avant de se disséminer dans le monde [2]. C'est ce qu'Origène exprime en disant que le Verbe est la pluralité du Bien, tandis que Dieu en est l'unité [3]. Du reste, ce n'est qu'en regard de Dieu que le Verbe peut être représenté à la fois comme image, et comme être multiple. En soi et en regard du monde, le Verbe est un ; car il est la Vérité même, laquelle est une et ne peut avoir qu'une seule expression complète [4]. Comme Vérité suprême, le Verbe est le type des essences intelligibles, le principe de toutes les raisons des choses, la source de toutes les vertus [5], le Verbe universel comprenant

---

[1] *De Princ.*, l. I, c. II, p. 13. Εἰκὼν ἀγαθότητος τοῦ Θεοῦ ἐςιν, ἀλλ' οὐκ αὐτὸ ἀγαθόν. Καὶ τάχα καὶ υἱὸς ἀγαθὸς, ἀλλ' οὐχ ὡς ἄλλως ἀγαθός.

[2] Com. S. Jean, c. VI, p. 22. Οὗτος γὰρ δι' ὅλης πεφοίτηκε τῆς κτίσεως, ἵνα ἀεὶ τὰ γινόμενα δι' αὐτοῦ γίνηται.

[3] Com. S. Jean, c. I, p. 11. Πῶς πλῆθος ἀγαθῶν ἐςιν Ἰησοῦς.

[4] Com. S. Jean, c. II, p. 4.

[5] *Cont. Cels.*, c. V, p. 39. Ἴςωσαν ὅτι τὸν δεύτερον Θεὸν οὐκ ἄλλο τι λέγομεν, ἢ τὴν περιεκτικὴν πασῶν ἀρετῶν ἀρετήν, καὶ τὸν περιεκτικὸν παντὸς οὑτινοσοῦν λόγου τῶν κατὰ φύσιν καὶ προηγουμένως γιγενημένων λόγον. — *De Princ.*, l. I, p. 6. Continens in semetipsa universæ creaturæ vel initia vel formas, vel species.

dans son unité tous les Verbes individuels, comme le genre comprend les espèces, ou les principes les conséquences, enfin l'idée des idées et l'essence des essences [1]. Il est la sagesse même de Dieu manifestée, et connaît toutes les perfections de la nature divine. « Tu chercheras, dit Origène, si dans un certain sens le premier né de la création n'est pas le monde intelligible, en ce sens surtout que la sagesse est un système de pensées. Ce qui le prouverait, c'est l'existence des raisons de toutes choses, selon lesquelles tout se fait par Dieu, dans la Sagesse, comme dit le prophète. En sorte qu'en Dieu résiderait un monde d'autant supérieur en variété et en beauté au monde sensible, que la raison de l'univers pure de toute matière l'emporte sur le monde matériel [2]. »

Origène n'a encore considéré que le principal côté de la nature du Verbe. Le Verbe n'est pas seulement le type du monde intelligible; il est aussi le foyer de la vie universelle. Il est tout à la fois la raison suprême des lois et le principe des forces du monde créé : aussi remplit-il un double rôle dans la création. C'est sans

---

[1] *Cont. Cels.*, c. v, p. 22. Ἀλλ' οἱ περὶ ἑκάςου λόγοι ὄντες, ὡς ἐν ὅλῳ μέρη, ἢ ὡς ἐν γένει εἴδη, τοῦ ἐν ἀρχῇ λόγου πρὸς τὸν Θεὸν Θεοῦ λόγου, οὐδαμῶς παρελεύσονται.

[2] Com. S. Jean, c. xix, p. 5. Ζητήσεις δὲ εἰ κατά τι τῶν σημαινομένων δυνάται ὁ πρωτότοκος πάσης κτίσεως εἶναι κόσμος, καὶ μάλιςα καθ' ὃ σοφία ἐςὶν ἡ πολυποίκιλος· ᾧ γὰρ εἶναι πάντος ουτινοσοῦν τοὺς λόγους, καθ' οὓς γεγενήται πάντα τὰ ὑπὸ τοῦ Θεοῦ ἐν σοφίᾳ πεποιημένα, ὥς φησιν ὁ προφήτης· πάντα ἐν σοφίᾳ ἐποίησας, ἐν αὐτῷ εἴη ἂν καὶ αὐτὸς κόσμος, τοσούτῳ ποικιλώτερος τοῦ αἰσθητοῦ κόσμου καὶ διαφέρων, ὅσῳ διαφέρει γυμνὸς πάσης ὕλης τοῦ ὅλου κόσμου λόγος τοῦ ἐνύλου κόσμου.

doute le Père qui crée [1] ; mais sa création se borne à un acte de volonté : il veut que le monde soit, et laisse au Fils le soin d'accomplir sa volonté. L'œuvre du Verbe est double ; en même temps qu'il conçoit le plan du monde sur le modèle des idées qui font sa propre nature, il le réalise dans la matière par sa puissance [2]. Lors donc qu'Origène donne tour à tour, et même à la fois, au Père et au Fils le nom de créateur, il ne tombe point dans une contradiction ; car, dans sa pensée, chacun des deux principes est vraiment créateur, selon sa nature et son rang. Origène peut très bien dire que le Christ n'a pas créé le monde, et que c'est Dieu qui l'a créé par le Christ et dans le Christ, interprétant en ce sens la parole du Psalmiste : *Vous avez tout fait dans votre sagesse* [3]. » Il ne fait alors que retrancher de l'œuvre du Père tout ce qui répugnerait à sa nature, et le transporter au Verbe, qui devient une sorte de Démiurge. « L'opérateur perpétuel est le Fils, Verbe de Dieu et créateur en quelque sorte du monde. Le Père du Verbe, en confiant à son fils l'œuvre de la création du monde, en reste toujours le premier Créateur [4]. »

Jusqu'ici Origène n'a guère fait que développer les idées de saint Clément sur la nature du Père et sur celle du Fils. On va le voir maintenant essayer de déterminer d'une manière précise les rapports et les différences des trois personnes, et de fonder une théorie de la Trinité. Ce n'est plus seulement un métaphysicien

[1] *Cont. Cels.*, c. vi.
[2] *In S. Joh.*, c. i, p. 40.
[3] *De Princ.*, l. iii, c. ix, p. 4.
[4] *Cont. Cels.*, c. vi.

qui, comme saint Clément, se maintient dans la conception générale de Dieu, du Verbe et de l'Esprit ; c'est un théologien qui pénètre dans tous les détails et dans toutes les subtilités du dogme. Le plus grand reproche que l'Église ait adressé à la théologie d'Origène, c'est d'avoir abaissé devant la majesté du Père la dignité des deux autres personnes. Tel est, en effet, le caractère de la conception théologique de cet illustre docteur. Dans la pensée d'Origène, il n'y a de vrai Dieu que le Père ; le Fils est divin plutôt qu'il n'est Dieu, par cela même qu'il ne fait que participer de la nature divine. La divinité qui est en lui n'est que l'image de la vraie divinité [1]. De même qu'il n'est pas Dieu, il n'est pas le Bien ; il est seulement bon. Le Christ n'a-t-il pas dit : Personne n'est bon que mon Père ? D'un autre côté, le Verbe n'est pas la cause, mais seulement l'instrument de la création. La cause est un plus grand et plus puissant que le Verbe [2]. Voilà donc le Fils inférieur au Père en essence et en puissance. Il l'est aussi en intelligence ; car, si le Père est plus grand que le Fils, lui seul peut se penser complétement [3]. Le Fils ne peut saisir qu'une image imparfaite de la majesté du Père. Ainsi le Fils est inférieur au Père de tout point. L'opinion d'Origène sur la supériorité du Père est si formelle et si claire, qu'on s'étonne qu'elle ait pu devenir un sujet de controverse pour les théologiens. Tous les textes qui ont paru démontrer qu'Origène professait l'égalité sub-

---

[1] Com. S. Jean, c. xiii, p. 36. Καὶ ἡ ἐν αὐτῷ Θεότης εἰκὼν τῆς ἀληθινῆς Θεότητος.

[2] Com. S. Jean, c. ii, p. 6.

[3] *De Princip.*, iv, 35.

stantielle des trois hypostases viennent d'une origine fort suspecte [1]. Un seul texte grec semble favorable à cette opinion : « Le Sauveur n'est pas Dieu par participation, mais par essence [2]. » Mais ce passage, qui ne conclut pas d'ailleurs à l'égalité même du Père et du Fils, est contredit par une multitude de textes d'une parfaite clarté [3]. Du reste, la question n'est plus douteuse si, au lieu de s'enfermer dans quelques textes, la critique s'attache à la pensée générale et à l'esprit même de la théologie d'Origène. L'inégalité substantielle du Père et du Fils est une conséquence nécessaire et évidente de la supériorité du Père sur le Fils. Si, comme le dit avec tant de force Origène, le Père possède la divinité et la bonté par lui-même, tandis que le Fils ne fait qu'en participer, comment le Fils serait-il substantiellement égal au Père ? Et n'y a-t-il pas un abîme entre ces deux natures, dont l'une est Dieu et l'autre divine seulement, dont l'une est le Bien et l'autre seulement bonne ? Maintenant Origène aurait-il, ainsi qu'on le lui a reproché, exagéré l'inégalité substantielle du Fils par rapport au Père jusqu'à en faire une simple créature de Dieu ; c'est ce qu'il est impossible de soutenir sérieusement. Quel est le principe de la théorie du Verbe selon Origène ? C'est que le Verbe

---

[1] Voici la phrase célèbre de Rufin : « Porro autem nihil in Trinitate majus minusve est dicendum », à l'aide de laquelle on a soutenu l'orthodoxie d'Origène. Mais cette phrase est très probablement une addition.

[2] *Select. ex psalm.*, p. 135. Οὐ κατὰ μετουσίαν, ἀλλὰ κατ' οὐσίαν ἐςτι Θεός.

[3] Nous en avons cité quelques uns. Voyez in s. Joh., — II, 4, 3, 4.

est un médiateur entre Dieu et le monde. Mais ce rôle de médiateur implique une nature qui tienne le milieu entre le créé et l'incréé. Origène ne pouvait donc réduire le Verbe à n'être qu'une créature ; car alors comment en eût-il fait un médiateur entre le Créateur et la créature ? Il présente le Verbe comme une manifestation, une révélation de Dieu, mais jamais comme une simple création. Dieu engendre le Fils, mais ne le crée pas ; indivisible en soi et inséparable du Fils, il l'engendre sans le projeter hors de son sein [1]. Origène exprime avec une grande force l'intimité de l'union du Fils avec le Père. Le Fils est coéternel au Père, et ne fait qu'un avec lui. Bien plus, si le Fils n'existe que par le Père, le Père n'est puissant que par le Fils. Le Verbe est nécessaire à l'expansion et à la production des puissances du Père, comme le Père l'est à l'existence et à l'essence du Fils. Origène a recours à une comparaison pour expliquer cette relation intime du Père et du Fils, qu'il est si difficile de définir, sans tomber dans la séparation ou la confusion des personnes. « De même que la lumière n'a jamais été sans éclat, de même le Fils ne peut être conçu sans le Père, dont il est la Sagesse, le Verbe, et dont il figure expressément la substance. Comment donc peut-on dire qu'il fut un temps où le Fils n'était point? C'est ne rien dire, sinon qu'il fut un temps où il n'y avait ni vérité, ni sagesse, ni vie, toutes choses qui constituent la substance de Dieu le Père, par cela même qu'elles n'en peuvent être séparées ni détachées.

---

[1] *De princ.*, iv, 38. Ἀδιαίρετος ὢν καὶ ἀμέριστος υἱοῦ γίνεται πατήρ, οὐ προβαλὼν αὐτὸν, ὡς οἴονταί τινες.

Ces essences, bien qu'elles soient conçues comme multiples par l'intelligence, forment réellement et substantiellement une seule et même chose, et renferment la plénitude de la divinité [1]. » Origène conçoit encore le Père et le Fils comme deux personnes ne formant qu'une pensée et qu'une volonté. « L'image archétype des autres images est le Verbe qui existe primitivement en Dieu, Dieu lui-même, en tant qu'il réside auprès de Dieu, et qui n'y resterait pas, s'il n'était fixé à la contemplation incessante de l'abîme de son Père [2]. »

Telle est la doctrine d'Origène sur le Verbe. Il est très peu explicite sur le Saint-Esprit. On voit du reste par Origène, par saint Clément, par les Pères de l'Église qui précèdent et qui suivent, par la tradition des Apôtres eux-mêmes, que ce troisième principe ne tient pas une grande place dans la théologie chrétienne. Origène conçoit ordinairement l'Esprit saint comme le principe de la vie universelle et comme une sorte d'Ame du monde. Toutefois, il attribuait déjà au Verbe les fonctions de puissance vivifiante. L'idée générale qui ressort des diverses descriptions et définitions qui ont le Saint-Esprit pour objet, c'est qu'il communique au monde la lumière et la vie que le Fils a reçues du Père. L'Esprit, inférieur au Fils et plus encore au Père, est supérieur à tout ce

---

[1] *De Princ.*, IV, 28.
[2] Com. saint Jean, II, 2. Ἀλλὰ πάλιν τῶν πλειόνων εἰκόνων ἡ ἀρχίτυπος εἰκὼν ὁ πρὸς τὸν Θεὸν ἐςι λόγος, ὃς ἐν ἀρχῇ ἦν τῷ εἶναι πρὸς τὸν Θεὸν ἀεὶ μένων Θεός, οὐκ ἂν δ' αὐτὸ ἐσχηκὼς, εἰ μὴ πρὸς τὸν Θεὸν ἦν καὶ οὐκ ἂν μείνας Θεός, εἰ μὴ παρέμεινε τῇ ἀδιαλείπτῳ θέᾳ τοῦ πατρικοῦ βάθους.

que le Père a créé par l'intermédiaire du Fils [1]. Il procède du Père et du Fils ; mais il n'en doit point être considéré comme une créature [2]. Quand l'Écriture dit que tout a été créé par l'intermédiaire du Père, elle n'entend point parler du Saint-Esprit, lequel, par cela même qu'il fait partie de la Trinité, est en dehors des choses créées. S'il n'est point appelé Fils de Dieu, c'est qu'il procède à la fois du Père et du Fils : du Père, quant à son existence ; et du Fils, quant à ses divers attributs. Ainsi du Père il tient l'Être, et du Fils il tient la Sagesse et la Raison [3]. L'Esprit saint, de même que le Fils, connaît toutes les perfections de Dieu [4]. Enfin, tandis que la fonction du Père est de tout engendrer, que celle du Fils est de tout comprendre, la fonction de l'Esprit est de tout pénétrer [5]. Dans le passage suivant, Origène résume avec profondeur et précision toute la doctrine de la Trinité. « Le vrai Dieu, le Père comprenant tout, embrasse tous les êtres, tirant de sa propre substance l'être qu'il communique à chacun ; car il est celui qui est. Inférieur au Père, le Fils ne comprend que les essences purement rationnelles ; car il est le second du Père. Enfin l'Esprit saint, encore inférieur au Fils, n'embrasse que les Saints. En sorte que la puissance du Père est supérieure à celle du Fils et à celle du Saint-Esprit, la puissance du Fils est supérieure à celle du Saint-Esprit, et la puissance du Saint-Esprit est supérieure à celle des autres êtres

---

[1] Com. saint Jean, ii, 6.

[2] Ibid., ii, 6.

Com. saint Jean, ii, 6.

[4] Com. saint Jean, ii, 23.

[5] *In Epist. ad Rom.*, l. vii, 13.

saints. Ainsi les êtres tiennent l'essence du Père, la raison du Fils, la sainteté du Saint-Esprit [1]. »

Jusqu'ici Origène est resté fidèle à la pensée de saint Clément, se bornant à la développer avec une profondeur et une précision supérieures. Maintenant on va le voir, emporté par les tendances mystiques d'une âme ardente, s'engager dans une voie nouvelle, et aboutir à un spiritualisme exalté, aussi contraire aux sages doctrines de saint Clément qu'à la tradition de l'Église, mais où se révélera la puissante originalité de ce grand esprit. La création divine n'est ni un accident, ni une chute de la puissance créatrice ; elle en est un effet volontaire et nécessaire en même temps. Dieu étant le Bien ne pouvait pas ne pas produire. L'œuvre de la création, le monde manifeste Dieu extérieurement ; toutes les beautés, toutes les perfections de la nature divine y rayonnent ; c'est le miroir où l'âme contemple indirectement ce Dieu caché qu'elle ne peut voir face à face [2]. Mais si la création est un acte nécessaire et bon de la puissance divine, comment expliquer le mal ? Le principe du mal ne doit être cherché ni en Dieu ni dans sa création, mais dans la nature même des êtres créés. Dieu n'a rien créé de mauvais ni d'imparfait [3]. Seulement, la perfection, pour les êtres créés, même pour les premiers, n'est pas

[1] *De Princ.*, 1, 3, 5.

[2] *De Princ.*, 1, 4, 6. Ita ergo quasi radii quidam sunt Dei naturæ, opera divinæ providentiæ et ars universitatis hujus, ad comparationem ipsius substantiæ et naturæ. Quia ergo mens nostra ipsum per seipsam Deum sicut est non potest intueri, ex pulchritudine operum et decore creaturarum parentem universitatis intelligit.

[3] Com. saint Jean, xiii, 37.

inhérente à la créature, comme elle l'est au Créateur. Elle est sans doute pour la créature plus qu'un accident ; elle lui est naturelle, en ce sens que la créature tend irrésistiblement à la perfection et finit toujours par l'atteindre ; mais enfin cette perfection n'est pas pour la créature comme pour Dieu une absolue nécessité. Nul être créé n'est Fils de Dieu par nature, comme le Christ ; la créature a reçu seulement la faculté de le devenir [1], et le devient librement. Ce n'est pas parce que l'homme est libre qu'il peut le mal ; car Dieu est libre aussi et ne peut que le bien. Mais en Dieu la nature est identique avec la perfection, tandis que dans l'homme elle s'en distingue. Cette différence fait que la liberté humaine admet la possibilité du mal. C'est en ce sens qu'elle doit être considérée comme l'origine du mal. Mais en même temps elle est la condition du bien pour les êtres créés ; il faut dire la condition plutôt que le principe, car le salut est moins l'œuvre de l'homme que de Dieu [2]. Telle est la loi des êtres créés ; la vertu leur est propre, comme la perfection à Dieu. Si on détruit la liberté, on détruit l'essence même de la vertu [3]. Et comment les natures libres et raisonnables pourraient-elles se plaindre de leur condition? Envieraient-elles la destinée des animaux, esclaves des représentations sensibles et des mouvements de la chair

---

[1] Com. saint Jean, xx. 27. Ὅτι γὰρ καθόλου οὐδείς ἀνθρώπων ἀρχῆθεν υἱός ἐςι Θεοῦ, δῆλον μὲν καὶ ἐκ τοῦ · ἤμεθα τέκ.α φύσει ὀργῆς.

[2] *De Princ.*, III, 1, 18. Οὕτω καὶ ἡ ἡμετέρα τελείωσις οὐχὶ μηδὲν ἡμῶν πραξάντων γίγνεται, οὐ μὴν ἀφ' ἡμῶν ἀπαρτίζεται, ἀλλὰ Θεὸς τὸ πολὺ ταύτης ἐνεργεῖ.

[3] *Cont. Cels.*, IV, 3. Ὅτι ἀρετῆς μὲν ἐὰν ἀνέλῃς τὸ ἑκούσιον, ἀνεῖλες αὐτῆς καὶ τὴν οὐσίαν.

et incapables de bien, comme de mal [1]? En cherchant dans la liberté seule la cause de la chute des créatures, Origène se montrait conséquent à ses principes théologiques. Si la création est nécessairement parfaite, tous les êtres créés, en sortant des mains du Créateur, devaient être également parfaits et par suite absolument identiques, car en eux la perfection excluait toute diversité. En créant primitivement tout ce qu'il voulait créer, c'est-à-dire les natures purement rationnelles, Dieu n'eut pas d'autre raison de créer que sa propre nature, c'est-à-dire sa bonté. Puis donc qu'il est l'unique cause des choses à créer, et que sa nature ne comportait ni variété, ni changement, ni défectuosité d'aucune sorte, il dut créer égaux en perfection tous ceux qu'il créa [2]. Mais les essences rationnelles créées par Dieu ont abusé de leur liberté et ont fait le mal; de là leur chute. Cette explication n'épuisait point la difficulté. La liberté n'est pas la vraie cause du mal, pas plus que du bien; elle n'en est que la condition. La vraie cause du bien ou du mal est ailleurs. Ce n'est pas parce que la créature est libre qu'elle fait le mal ou le bien; c'est parce qu'il y a au fond de sa nature un principe de bien et un principe de mal. Pour l'homme, le principe du bien est la raison ; le principe du mal est la passion et l'appétit. Seulement, si l'homme n'était pas libre, il obéirait invariablement à la raison ou à la passion, et serait incapable de vertu et de vice. Or les natures créées par Dieu étant, comme le suppose Origène, purement rationnelles, on ne comprend pas que, quoique libres,

---

[1] *De Princ.*, III, 1, 6.
[2] *De Princ.*, II, 7.

elles puissent mal faire et déchoir, n'ayant aucun principe, soit intérieur, soit extérieur de mal, et se trouvant au contraire sous l'action continuelle et toute puissante de Dieu, près duquel elles habitent.

Quoi qu'il en soit, la liberté a amené la chute. Primitivement les essences rationnelles, les seules que Dieu pût créer, vivaient dans le monde intelligible, sans aucune relation avec les corps. Leur chute les ayant entraînées à la rencontre de la matière, elles prirent une forme corporelle, et tombèrent de plus en plus dans l'imperfection et le mal. Ici on retrouve la doctrine de Platon, avec une différence notable toutefois. Origène ne pouvait adopter entièrement le spiritualisme de Platon, sans se mettre en opposition avec la doctrine des Apôtres, laquelle ne séparait point l'âme du corps, dans l'autre vie aussi bien que dans celle-ci. Origène professe donc ouvertement l'union constante et éternelle de l'âme et du corps comme la condition même de toute vie [1]. Avant de tomber dans la matière, les natures rationnelles créées par Dieu n'étaient pas tout-à-fait de purs esprits, comme les âmes de Platon ; elles avaient des corps immatériels, auréole lumineuse qui (semblable aux véhicules, ὀχεύματα, des Néo-Platoniciens), entourait les âmes, et les représentait extérieurement [2]. Dans leur chute, les essences rationnelles perdirent ce glorieux vêtement, et s'enveloppèrent d'une

---

[1] *De Princ.*, ii, 2, 2. Materialem vero substantiam opinione quidem et intellectu solum separari ab eis et pro ipsis vel post ipsas (naturas rationabiles) effectam videri, sed nunquam sine ipsa vel vixisse vel vivere.

[2] *De Princ.*, ii, 10, 3.

matière épaisse et grossière. D'où vient cette matière ? Est-ce une création de Dieu ? Est-ce un principe préexistant à la création divine, comme dans Platon ? Jusqu'à saint Clément et à Origène, la doctrine de l'Église était restée obscure et douteuse sur ce point. Déjà dans saint Clément le principe matériel apparaît clairement comme un produit infime de la puissance de Dieu. Origène est encore plus explicite et plus net : « Dieu a créé toutes choses du néant [1]. Il accuse d'impiété ceux qui prétendent que la matière est engendrée et coéternelle au Dieu inengendré. La matière est la dernière création de Dieu dans l'ordre hiérarchique des créatures ; elle a été créée immédiatement après la chute des âmes, au moment où, entraînées loin de leur centre commun par l'abus de leur liberté, elles couraient risque de diverger indéfiniment, et de détruire par ces divergences l'unité et l'harmonie du monde [2]. La matière fut alors un obstacle nécessaire à l'éparpillement des essences sorties du sein de Dieu, et le corps ténébreux que l'âme habite devint une prison salutaire ; en sorte que là encore s'est révélée la bonté du Créateur

---

[1] Com. saint Jean, ι, 18. Τρίτον δὲ τὸ ἐξ οὗ οἴονται ἐξ ὑποκειμένης ὕλης; ἀρχὴ παρὰ τοῖς ἀγεννήτων αὐτὴν ἐπιξαμένοις, ἀλλ' οὐ παρ' ἡμῖν τοῖς πειθομένοις ὅτι ἐξ οὐκ ὄντων τὰ ὄντα ἐποίησεν ὁ Θεός. Ces derniers mots ont un sens équivoque ; mais la première partie de la phrase ne laisse aucun doute sur l'opinion d'Origène. S'il pense autrement que ceux qui regardent la matière comme inengendrée, c'est qu'il admet la génération de la matière. — Ailleurs, *Princ.*, ιι, 1, 4. Cum ipsi quoque similem culpam impietatis incurrant, ingenitam dicentes esse materiam Deoque ingenito co-æternam.

[2] *Princ.*, ιι, 1, 2. Ne scilicet tam immensum mundi opus dissidiis solveretur animorum.

qui ne fait rien de mal. Cette nécessité ne change ni la nature, ni la destinée des essences rationnelles, mais en change le mode d'existence. Avant d'habiter un corps, ces essences vivaient dans une perfection constante. Depuis, elles ne possèdent plus, même par accident, la perfection ; elles y aspirent. Le travail, le mouvement, le progrès, sont la loi de leur existence sensible. Mais leur destinée n'en est pas moins d'atteindre un jour cette perfection vers laquelle elles tendent sans relâche ; car ainsi le veut leur nature, que la matière peut bien gêner et appesantir, mais non étouffer. Toute essence créée doit parvenir, après un temps plus ou moins long, à la perfection : partie de Dieu, il faut qu'elle y revienne, quelles que soient les vicissitudes de force ou de faiblesse, de chute ou de retour, par lesquelles elle passe [1].

Le dogme de la chute n'est point propre à la doctrine d'Origène : il fait essentiellement partie de la tradition chrétienne. Mais Origène est le premier docteur de l'Église qui l'ait fondée philosophiquement sur le Platonisme. Ce qu'il y avait de grave dans cette explication, c'est qu'elle tendait à substituer à la psychologie chrétienne le spiritualisme pur, tel que Platon l'avait professé dans le Phèdre et le Phédon. La doctrine d'Origène sur l'âme est en effet fortement empreinte de ces idées. La nature humaine se compose de trois principes, l'esprit, l'âme sensible ou vitale, et le corps. L'esprit est le principe divin de la nature humaine ; c'est le côté de l'âme par lequel elle communique avec le Saint-Esprit, et par le Saint-Esprit avec

[1] Com. saint Jean, xx, 20, 24.

le Verbe et Dieu ¹. L'esprit constitue l'essence même de l'âme humaine : c'est l'âme, telle qu'elle est sortie des mains du créateur ; le corps et l'âme sensible ne sont que des accidents de sa chute ; l'esprit seul, ou l'âme rationnelle, est immortel. L'âme déchue de sa céleste origine aspire à y remonter du fond de sa prison ; mais, bien que telle soit sa destinée, elle n'y serait point parvenue par ses seules forces. Il fallait à sa raison incertaine la pure lumière du Verbe, à sa faible volonté, la grâce vivifiante de l'Esprit saint. De là la nécessité de la révélation du Verbe ; s'il s'est fait chair, c'est afin d'instruire les hommes de chair. L'incarnation du Verbe qui réalise la révélation dans la nature humaine est un mystère ; mais ce mystère, accompli par la volonté de Dieu, ne saurait être contraire à la nature des choses ². Si le miracle de l'incarnation blesse les lois du monde physique, il est conforme aux lois d'un monde supérieur, et rentre dans l'ordre universel. Du reste, l'incarnation de Jésus n'est pas la seule forme sous laquelle le Verbe se soit révélé. Le Christ a revêtu autant de formes diverses qu'il y avait d'ordres différents de créatures à sauver ; mais c'est toujours le même Christ qui est apparu dans le ciel, sur la terre et aux enfers. La rédemption du Christ a pour fin et pour résultat le salut et le retour à la perfection de tous les êtres créés. L'ordre entier des créatures de Dieu jouissait, avant leur chute, d'une harmonie parfaite dans le sein de l'unité suprême. La mission du Rédempteur a été de rétablir

---

¹ Com. saint Jean, xxx, 11. — Ibid., ii, 15. — *De Princip.*, ii, 8, 4. — Ibid., iii, 4, 2.

² *Cont. Cels.*, v, 23.

cette harmonie brisée par la chute des créatures, et de ramener le monde à l'unité. La volonté de Dieu est que le mal soit passager et la déchéance provisoire. Non seulement Dieu n'accomplit point le mal lui-même, mais encore il ne le laisse subsister que dans une certaine mesure et pour un temps limité. Il a voulu que la créature, à peine déchue, aspirât aussitôt à se relever. Les travaux qu'il lui impose ne sont que des épreuves; les punitions qu'il lui inflige, même dans les enfers, ne sont que des expiations dont le but et le terme est le retour au bien et à Dieu [1]. La bonté divine ne souffre pas qu'aucune créature [2] aille se perdre dans l'abîme du néant, et sa Providence est sans cesse occupée à réduire l'empire du mal. Tant qu'il restera une âme à sauver, nulle créature ne jouira de la suprême félicité. Le règne de Dieu ne commencera que lorsque toute la création, y compris Satan lui-même, sera rentré sous l'empire du bien. Origène fait remonter jusqu'aux anges, jusqu'au Christ lui-même, cette solidarité sublime qui fait de la perfection et du bonheur de tous la condition de la perfection et du bonheur de chacun [3].

C'est la rédemption qui est le principe du salut; mais c'est par l'effet de sa libre volonté que l'âme

---

[1] *De Princ.*, ii, 5, 1.
[2] *Cont. Cels.*, iv, 10.
[3] *Hom. in hæres.*, vii. 2. Quod si tibi, qui membrum es, non videtur esse perfecta lætitia si desit aliud membrum; quanto magis Dominus et Salvator noster, qui caput et auctor est totius corporis, non sibi perfectam dicit esse lætitiam, donec aliquid ex membris deesse corpori suo videt? — Ibid., vii, 2. Salvator meus lætari non potest donec ego in iniquitate permaneo.

humaine y arrive. Or, si, pendant sa chute, le corps se trouve sur son passage, comme une nécessité salutaire, il n'en est pas moins un obstacle au retour. Il faut qu'elle s'en sépare pour s'unir au divin [1]. On sait jusqu'où Origène a poussé l'ascétisme. Dieu ne recevra l'âme qu'autant qu'elle lui reviendra pure et libre de toute servitude matérielle. Dans cette vie nouvelle, terme suprême de ses épreuves et de ses efforts, l'âme ne conserve rien de sa vie sensible; elle a laissé dans ce monde misérable, avec l'enveloppe matérielle, tous les plaisirs, impressions, souvenirs, imaginations qui s'y rattachent, et ne goûte plus dans le divin séjour que la pure félicité des esprits. Elle y possède un corps sans doute, puisque dans toutes les créatures de Dieu, même chez les anges, l'âme est revêtue d'une enveloppe corporelle. Mais cette enveloppe n'est plus qu'une forme pure, une éclatante auréole qui manifeste l'âme, et en fait rayonner les puissances et les beautés intérieures. L'univers, destiné comme l'âme humaine à remonter à son principe, est soumis à la même loi. Il faut que toute la matière qu'il contient rentre dans le néant, avant qu'il aille se confondre dans le sein de Dieu [2]. Quand cette destruction de la matière sera consommée, et que l'univers sera complétement purifié, alors le règne de la perfection et de l'harmonie universelles, interrompu par la chute des créatures de Dieu, reprendra son cours; tout sera en Dieu, et Dieu sera tout [3]. Toutes les créatures retrouveront, dans ce règne, l'égalité primitive absolue que

---

[1] *De Princ.*, I, 7, 5. — Ibid., II, 3, 2.

[2] *De Princ.*, I, 7, 5. — Ibid., II, 3, 2.

[3] *De Princ.*, III, 6, 1. Erit Deus omnia in omnibus, ut universa

le contact de la matière avait momentanément effacée en elles ; toutes jouiront dans le sein de Dieu de la connaissance parfaite du Père, aussi bien que le Fils. La communication de l'Esprit saint ne sera plus partielle et individuelle, mais entière et universelle ; elle unira l'âme à Dieu. Cette union, dans la pensée d'Origène, n'aboutira point à l'absorption ni à l'anéantissement des puissances humaines de l'âme, mais à une contemplation immédiate, incessante et parfaite de la nature divine [1]. Origène, on le voit, ne va pas jusqu'à l'extase. « Dieu sera tout dans chaque créature, en ce sens que toute nature rationnelle, pure des souillures du vice et dégagée des ténèbres du mal, ne peut sentir, comprendre, contempler, posséder que Dieu, et que Dieu est le principe et la mesure de tous les mouvements de sa vie ; et ainsi Dieu sera tout ; et l'opposition du bien et du mal aura disparu, parce qu'il n'y aura plus de mal [2]. »

Il nous reste à dire un mot de l'exégèse d'Origène. Il n'est pas le premier qui ait distingué dans les livres saints la vérité matérielle et la vérité spirituelle. Cette méthode d'interprétation remonte aux chefs de l'école juive, Aristobule et Philon, et fut pratiquée avec plus ou moins d'étendue par tous les Pères de l'Église qui ont précédé Origène. Mais personne avant lui, si ce n'est Philon, n'avait songé à nier la réalité historique des récits contenus dans les livres saints, quand elle se trouvait en opposition avec la vérité métaphysique

---

natura corporea redigatur in eam substantiam quæ omnibus melior est, in divinam scilicet.

[1] Com. saint Jean, xix, 1.
[2] *De Princ.*, iii, 6, 3.

et la raison. Ce fut là l'audacieuse originalité de l'exégèse d'Origène. Il énonce fort nettement ses principes à cet égard : « Je ne reproche pas, dit-il, aux Évangélistes d'avoir modifié d'une certaine façon, en vue de la considération mystique des choses, ce qui, si l'on suit l'histoire, s'est passé tout autrement : leur méthode consiste à unir la vérité matérielle à la vérité spirituelle, toutes les fois que cela se peut, et quand cela ne se peut pas, à préférer le côté spirituel au matériel, conservant de cette manière, si l'on peut ainsi parler, la vérité spirituelle dans le sein du mensonge matériel [1]. » Origène use de cette méthode avec une entière liberté. A le voir sourire ou s'indigner tour à tour, à propos de certaines histoires ridicules ou étranges de l'Ancien Testament, on le prendrait pour un ennemi de la religion nouvelle, si on ne savait qu'il n'insiste tant sur l'absurdité du texte pris dans le sens littéral, que pour en faire ressortir la profonde vérité métaphysique. Sauf les intentions, c'est la critique de Celse et de Porphyre. Origène montre avec force le danger d'une foi aveugle qui, en s'attachant à la lettre, prendrait de Dieu la plus fausse idée : « Les gens simples qui se font gloire d'appartenir à l'Église estiment, à la vérité, que le Créateur est au-dessus de tout ; mais ils arrivent à s'imaginer sur son compte ce qu'il ne serait pas même permis de soupçonner du plus injuste et du plus cruel de tous les hommes. Quel est l'homme d'un esprit sain qui pourrait croire que le premier, le second et le troisième jour, que le soir et le matin furent sans

[1] Com. saint Jean, x.

soleil, sans lune et sans étoiles; qu'un jour, qui est nommé le premier, il n'y avait point de ciel? Qui serait assez idiot pour se représenter Dieu plantant, à la façon d'un agriculteur, un jardin à Éden, dans un certain pays d'Orient, et y plaçant un arbre de vie, arbre tombant sous la vue et les sens, enfin tel que celui qui, avec les dents, goûterait matériellement, recevrait la vie? Et lorsqu'on lit ensuite que Dieu, vers l'heure de midi, vint se promener dans son jardin, et qu'alors Adam se cacha derrière un arbre, il me semble qu'il ne peut demeurer douteux pour personne que, sous une histoire qui matériellement ne s'est jamais réalisée, ce sont certains mythes qui sont indiqués en figure. Mais à quoi bon en dire davantage, lorsque chacun, s'il n'est dénué de sens, peut sans difficulté relever une multitude innombrable de choses analogues que l'Écriture raconte, comme si elles étaient véritablement arrivées, mais qui, à les prendre textuellement, n'ont jamais eu de réalité [1]? » De même Philon avait dit : « A Dieu ne plaise qu'une telle impiété envahisse notre raison, de soupçonner que Dieu laboure la terre et plante les jardins ! Le monde entier ne serait pas une habitation digne de Dieu [2]? » L'histoire d'Abraham, livrant au roi Abimélech la chasteté de sa femme, blesserait les plus saintes lois de la morale, si on la prenait à la lettre. « Si l'on s'attachait au texte, dit à ce propos Origène, et que l'on acceptât, comme le font les Juifs et le vulgaire des fidèles, tout ce qui est écrit dans la loi, je rougirais de dire et d'a-

---

[1] *De Princ.*, IV.
[2] *Leg. alleg.*, I, 48.

vouer que Dieu ait jamais pu dicter de telles lois. En effet, les lois humaines, et je citerai celles de Rome, d'Athènes, de Lacédémone, me paraîtraient à la fois plus raisonnables et plus dignes de la cité[1]. » Il ne faut pas croire qu'Origène restreigne à l'Ancien Testament l'application de son principe d'exégèse. « Le Saint-Esprit n'a pas employé ce procédé seulement à l'égard des choses qui sont antérieures à la venue du Christ; mais, étant toujours le même esprit d'un Dieu unique et toujours le même, il a dû agir de la même manière dans les Évangiles et dans les écrits des Apôtres. Ces écritures ne renferment donc pas non plus, selon le sens matériel, l'histoire exacte des choses qui, bien qu'y étant rapportées, n'ont cependant jamais eu lieu; et elles ne contiennent pas non plus des lois et des préceptes qui soient constamment d'accord avec la raison [2]. » Il cite à l'appui de cette conclusion un très grand nombre d'exemples, entre autres l'histoire de Jésus transporté par le diable sur le sommet d'une montagne. Ce n'est pas tout. A l'aide d'une comparaison suivie entre les quatre Évangiles, Origène fait ressortir les contradictions et la discordance des textes primitifs, et démontre par là la nécessité de s'élever au-dessus de la lettre, si on veut échapper à ces contradictions. « De deux choses l'une : ou bien on confessera qu'il n'y a là de vérité que dans le sens spirituel, ou bien, tant que les discordances ne seront pas levées, on refusera créance aux Évangiles comme n'étant ni dictés par le Saint-Esprit, ni divins, ni

---

[1] Hom., VII in *Lév.*
[2] *De Princ.*, IV.

rédigés de la meilleure manière [1]. » Origène étendait ce principe d'exégèse aux traditions religieuses de tous les pays. « N'y a-t-il donc qu'aux Grecs, demande-t-il à Celse, qu'il ait été permis d'envelopper dans un voile leurs vérités philosophiques ; ou donnera-t-on encore le même droit aux Égyptiens et aux autres nations barbares, qui se glorifient de posséder la vérité dans le fond de leurs mystères ? Et n'y aura-t-il que les Juifs qui mériteront d'être regardés, sans excepter ni leur législateur ni leurs écrivains, comme les plus stupides de tous les hommes [2]. » Dans sa polémique contre Celse, Origène ne se borne point à rétorquer les arguments du philosophe païen, en le renvoyant aux invraisemblances et aux absurdités de la mythologie grecque ; il reconnaît une profonde vérité cachée sous les fables du Polythéisme, et fait ressortir l'analogie frappante de certains mythes grecs avec la tradition hébraïque. Celse s'était moqué du mythe d'Ève ; Origène lui répond par la fable de Pandore. Enfin ce docteur ne voit dans le texte sacré qu'une perpétuelle allégorie, où chaque mot est un mystère, où chaque figure est un symbole. Les Saintes-Écritures sont un abîme sans fond, où Dieu a comme enfoui les trésors de sa sagesse infinie. Plus le texte est obscur, plus profonde est la pensée qu'il recèle. Dans le symbole transparent, l'esprit d'interprétation trouve un guide et une limite ; c'est seulement quand le texte est inintelligible que la pensée peut se donner carrière et s'élever aux plus hautes spéculations. L'absurde dans les livres saints est le signe de la plus sublime sagesse.

[1] *De princ.*, IV
[2] *Cont. Cels.*, IV.

La double influence de Philon et de la Gnose sur la philosophie des Pères alexandrins est manifeste. Saint Clément et Origène connaissent Philon, puisqu'ils le citent. D'ailleurs les affinités de doctrines sont nombreuses et remarquables. C'est la même pensée et le même langage sur Dieu, sur le Verbe, sur l'Esprit, sur l'homme et sa destinée. C'est aussi la même méthode d'interprétation des livres saints ; l'exégèse d'Origène ne se distingue de celle de Philon que par une plus grande hardiesse. Quant à l'influence de la Gnose, elle n'est pas moins évidente ; les Pères alexandrins réfutent fréquemment les erreurs et les exagérations des Gnostiques, mais ils adoptent le principe et le langage même de leur doctrine. Comme eux, ils font de la Gnose le but et le terme de toute vie morale ; et si saint Clément, plus fidèle à l'esprit du Christianisme, maintient le médiateur, le Verbe, dans toute communication de l'âme humaine avec Dieu, Origène semble supprimer l'intermédiaire divin, et aboutir à l'union directe et immédiate de la créature avec le Créateur dans la vie future. C'est à l'école des Gnostiques qu'Origène a sans doute appris à abaisser le Verbe et l'Esprit devant la majesté du Père ; c'est de là aussi qu'il tient cet ascétisme outré qui proscrit la chair. On voit, dans les critiques dont la Gnose est l'objet, que ses hypothèses théologiques et ses conséquences pratiques répugnent beaucoup moins aux Pères alexandrins que ses tendances exclusives. Ils acceptent la Gnose comme la fin suprême de l'activité pratique, mais ils l'étendent à tout le genre humain.

L'influence de Philon et des Gnostiques tendait à ramener le Christianisme au mysticisme oriental :

or, rien n'était plus contraire au véritable esprit de la doctrine primitive qu'une telle déviation. Le fond et l'essence même de cette doctrine, c'est l'idée du médiateur, du Verbe ; c'est par le Verbe qu'elle explique la création du monde, toute connaissance du divin, et toute communication de l'homme avec Dieu. Que sait-on et que peut-on dire du Père, sinon qu'il est le principe inaccessible et ineffable de toutes choses? Le Verbe, au contraire, est présent et manifeste partout, et sous toutes les formes; il est la parole féconde d'où sort l'univers, le foyer de toute lumière, la source de toute sagesse, le Logos fait homme. C'est le Dieu vivant qui se montre à la raison de l'humanité, et se fait sentir à son amour. Le Dieu nouveau que le Christianisme annonçait au monde n'était point Jéhovah, connu primitivement de l'Orient; c'était le Verbe, le Verbe incarné dans Jésus de Nazareth. Saint Paul avait réduit toute la doctrine à la foi en Jésus-Christ : la théologie vraiment chrétienne pensa toujours comme ce grand Apôtre; elle s'appliqua particulièrement à développer et approfondir la notion du Verbe, ne considérant dans le *Père* que le principe nécessaire, mais abstrait et inaccessible de toute création et de toute génération. C'est là ce qui explique la profonde sympathie des théologiens alexandrins pour la philosophie grecque. Cette philosophie avait généralement conçu le principe suprême comme une intelligence, une raison, une âme. Le Dieu des Stoïciens remplit et pénètre toute la nature. Le Dieu des Platoniciens crée et gouverne le monde, selon le plan conçu par la Sagesse éternelle. Le Dieu abstrait de la dialectique était resté dans les profondeurs du Platonisme primitif, d'où devaient le tirer plus tard les philosophes alexandrins. La théologie chrétienne, un moment éblouie par le mysticisme de la Gnose, retrouvait son principe dans les doctrines de Platon et de Zénon. Par une métamorphose facile et naturelle, le Verbe devint la raison divine, l'idée suprême, le principe du monde intelligible; l'Esprit saint devint l'âme du monde. Ainsi, grâce à la science grecque, les Pères alexandrins convertirent en une véritable théorie la vague doctrine des Écritures sur le Père, le Fils et l'Esprit saint. La notion de Dieu, déjà complète dans la doctrine primitive, puisqu'elle embrassait tous les moments de la nature divine, fut approfondie, expliquée, définie avec une précision supérieure dans toutes ses parties. Dieu fut enfin conçu dans son être, dans sa création, dans son expansion universelle. La pensée orientale ne savait pas descendre du Dieu suprême au monde autrement que par l'hypothèse d'une chute; la pensée grecque ne pouvait s'élever jusqu'au premier principe des choses. La théologie des Pères alexandrins réunit les deux points de vue, le Dieu abstrait de l'Orient et le Dieu vivant de la Grèce; elle confondit dans une même unité les trois moments nécessaires, inséparables de la nature divine, et prépara, sans le formuler encore, le dogme de la Trinité. Jusqu'à saint Clément et Origène, ce dogme n'existait qu'en germe. Les éléments de la Trinité étaient contenus dans la doctrine primitive; le Père, le Verbe, l'Esprit saint sont des conceptions fort anciennes, et qui se retrouvent déjà dans la tradition hébraïque; mais nulle part l'Esprit ni même le Verbe n'y sont conçus comme faisant partie de la nature divine. Dieu est tout entier dans le Père; le Fils et l'Esprit sont en Dieu, sont de Dieu, mais ne sont pas Dieu lui-même : ce nom suprême ne convient qu'au Père. Les docteurs alexandrins furent les premiers qui exprimèrent avec netteté la nécessité logique de chacune des hypostases de la Trinité. Dans leur conception, bien que le Fils soit engendré du Père, et que l'Esprit saint en procède, le Père, le Fils et l'Esprit s'impliquent réciproquement. Dieu, pour être embrassé dans la totalité de sa nature, veut être conçu à la fois dans son essence, dans son intelligence créatrice, dans sa puissance vivifiante. Sans le Fils et l'Esprit, le Père ne pourrait ni créer ni se manifester : ce serait un Dieu immobile et impuissant. Sans le Père, principe nécessaire de toute substance créée et de toute nature engendrée, on ne saurait concevoir même l'existence du Verbe et de l'Esprit. Le vrai dogme de la Trinité maintient que le Fils est engendré du Père, et que l'Esprit en procède; mais il proclame en même temps la nécessité de cette génération et de cette procession, et en fait le complément de la nature divine. C'est ainsi que l'entendent les Pères alexandrins; dans leur doctrine, le Fils et l'Esprit ne sont pas de simples créatures de Dieu; ils font partie du plérome divin, pour parler le langage de l'Orient.

Les Pères alexandrins ont le mérite incomparable d'avoir enrichi la théologie chrétienne de toutes les grandes vérités de la philosophie grecque; mais ils n'atteignent point encore la vraie formule de la Trinité. Tout en considérant le Fils et l'Esprit comme faisant partie de la nature divine (ὁμοούσιοι), Origène professe nettement l'inégalité substantielle des trois hypostases et la supériorité du Père sur les deux autres. Il se garde bien, quoi qu'on en ait dit, de confondre le Verbe et l'Esprit avec les *créatures* du Père; mais il lui semble logiquement impossible de soutenir l'égalité substantielle de trois hypostases dont l'une est le Père ou le principe des deux autres. Il affirme donc l'infériorité du Fils et du Saint-Esprit, quant à l'essence et à la puissance, et va même jusqu'à prétendre que le Père seul est le vrai Dieu. Si la théologie chrétienne en fût restée là, elle retombait infailliblement dans le mysticisme de la Gnose. La doctrine d'Origène, en subordonnant à ce point le Verbe et le Saint-Esprit au Père, tendait à concentrer toute la nature divine dans la première hypostase. Dès lors, Dieu redevenait impénétrable et inaccessible à l'humanité. Or le Christianisme fonde toute connaissance et toute communication du divin sur la *révélation* du Verbe et sur l'*inspiration* de l'Esprit; si l'un et l'autre sont essentiellement inférieurs au Père, s'ils n'ont point tout-à-fait la même nature, comment peuvent-ils représenter ou communiquer réellement une nature qui leur est étrangère? Pour que le Fils révèle le Père, pour que le Saint-Esprit communique le Père et le Fils, il est nécessaire que les trois hypostases aient absolument la même nature divine, que le Fils et l'Esprit soient Dieu au même titre et au même degré que le Père, qu'enfin il y ait non pas identité, mais égalité parfaite entre les trois hypostases. La logique retint les Pères alexandrins dans la doctrine de l'inégalité des hypostases divines, et l'Église hésita quelque temps, à la suite de ces grands docteurs. Les hérésies d'Arius et de Macédonius la tirèrent de ses incertitudes en lui montrant le danger. Ces deux théologiens ne se bornaient point, comme Origène, à subordonner le Fils et l'Esprit au Père ; ils les faisaient rentrer dans l'ordre de ses créatures. Par là ils créaient un abîme entre la première personne et les deux autres, et réduisaient singulièrement l'efficacité du médiateur divin. Si l'Arianisme et la doctrine de Macédonius sur le Saint-Esprit eussent prévalu, le Dieu chrétien cessait d'être le Dieu vivant, le Dieu de l'humanité et de la nature qu'il illumine par son Verbe et pénètre par son Esprit ; il rentrait dans les profondeurs inaccessibles de son essence, laissant à la première et à la seconde de ses créatures la tâche de créer, de conserver et de vivifier le monde. Plus Arius et Macédonius rapprochaient le Verbe et l'Esprit des êtres créés, plus ils en éloignaient Dieu ; ils supprimaient toute communication entre Dieu et le monde, par cela même qu'ils détachaient entièrement le Verbe et l'Esprit saint de la nature divine. Une telle doctrine ne pouvait aboutir qu'à deux excès également contraires au véritable esprit de la théologie chrétienne ; elle menait au polythéisme, si l'on s'arrêtait à la cause immédiate du monde ; au mysticisme, si l'on voulait s'élever jusqu'au principe inaccessible et incommunicable des choses. Le concile de Nicée le comprit et s'émut à la voix d'Athanase. Il sauva la doctrine et l'Église nouvelles en proclamant l'égalité substantielle des trois hypostases. Ce grand débat entre les premiers docteurs de l'époque, tout hérissé de subtilités théologiques qui en dissimulent la gravité à des esprits peu attentifs, contient le plus haut et le plus profond problème de métaphysique qui ait été agité. C'est l'alternative proposée au monde entre le Dieu abstrait et mystérieux de l'Orient, et le Dieu vivant et *humain* en quelque sorte de la philosophie grecque. Il s'agissait de savoir si le Dieu intelligible, c'est-à-dire le Verbe, si le Dieu vivant, c'est-à-dire l'Esprit, iraient se confondre avec la multitude des créatures du Dieu suprême, lequel resterait alors seul en possession de la nature divine. Cette Raison qui éclaire tout homme venant en ce monde, source de toute vérité et de toute sagesse, est-elle réellement la lumière divine, ou n'en est-ce qu'un pâle rayon séparé de son foyer? Cet Esprit saint qui remplit et inspire tous les cœurs est-il vraiment le souffle de Dieu, ou n'en est-ce qu'une émanation lointaine et affaiblie? Le monde et l'humanité participent-ils réellement du divin? Enfin Dieu habite-t-il ce monde, en Verbe et en Esprit, comme le vrai Christianisme l'avait toujours soutenu? La présence ou l'absence de Dieu, la science ou l'ignorance du divin, la possession ou la privation de la véritable grâce divine, telles étaient les conséquences engagées dans le débat. Le concile de Nicée acheva l'œuvre entreprise par les Pères alexandrins. En proclamant l'égalité substantielle des trois hypostases, il constitua définitivement le dogme de la Trinité qu'Origène n'avait fait que préparer. Dans son mémorable symbole, en même temps qu'il distingua et définit les trois hypostases, il les réunit en une seule et même nature. Il reconnut au Fils et au Saint-Esprit la même divinité qu'au Père. C'est ainsi qu'il maintint la théologie chrétienne à égale distance du mysticisme oriental qui ne voulait point descendre de son Dieu abstrait, et du polythéisme grec qui ne pouvait remonter au-delà de ses Dieux de la nature.

L'influence de la philosophie grecque sur la doctrine des Pères alexandrins ne se borne point à la théologie ; on en retrouve des traces nombreuses et profondes dans leur cosmologie, leur psychologie et leur morale. C'est à l'aide des idées platoniciennes et stoïciennes que saint Clément et Origène expliquent comment le Verbe conçoit l'œuvre du monde voulue par le Père, et la réalise, avec le concours de l'Esprit, dans les plus secrètes profondeurs de la matière. A l'exemple de Philon, ils interprètent la Genèse à l'aide du Timée. Quant à leurs opinions psychologiques, elles révèlent un spiritualisme tout platonicien. Origène pense comme Platon sur la distinction et la séparation des deux principes dont l'homme est composé ; il explique par la même hypothèse l'origine des âmes, leur chute, leur retour ; sauf le dogme des corps transfigurés qu'il idéalise autant que possible, il entend d'une façon tout aussi mystique la vie future et la réunion des âmes en Dieu. Il n'est pas jusqu'à l'admirable doctrine du salut universel des âmes qu'on ne puisse rapporter à la philosophie grecque. Pythagore et Platon avaient déjà considéré le mal comme une expiation, et assigné pour terme aux migrations des âmes la perfection et le retour à Dieu. La doctrine psychologique d'Origène n'était point contraire à l'Esprit même du Christianisme, bien qu'elle ait soulevé plus d'opposition dans l'Église que les autres parties de sa doctrine. L'esprit chrétien ne pouvait qu'accueillir avec une sympathie profonde toutes ces idées platoniciennes sur la distinction et la séparation des deux substances, sur la vie purement spirituelle de l'âme après la mort, sur l'extinction absolue de la matière et la transfiguration des corps, sur la chute des âmes et le retour à Dieu de tous les êtres créés. Mais cette doctrine n'en était pas moins une grave innovation. Plus de damnation éternelle, plus d'enfer ! Jésus-Christ était venu sauver Satan lui-même, l'éternel damné, l'implacable ennemi du genre humain ! Quel idéal ! Mais le monde pouvait-il atteindre à ces hauteurs ? En élevant ainsi la doctrine, Origène et saint Clément n'énervaient-ils pas la règle ? Enfin le Christianisme primitif avait promis une résurrection positive du corps, par laquelle chaque homme devait retrouver ses membres, les vrais compagnons de l'âme dans ce dur voyage de la vie terrestre. Ce spiritualisme qui substituait à la triste enveloppe que l'âme traîne ici-bas après elle une auréole éclatante, pouvait sourire à ces mystiques exaltés qui, comme Origène, avaient la matière en horreur ; mais il blessait profondément ce besoin inné d'immortalité qui réclame à la fois chez la plupart des hommes pour le corps et pour l'âme. Enfin la doctrine des Pères alexandrins, bien qu'infiniment supérieure à la Gnose, engageait la morale chrétienne dans les voies solitaires d'un ascétisme violent, et par là semblait plus propre à fonder une Thébaïde qu'à conquérir la vieille société. L'Église comprit le danger, et prononça l'anathème contre Origène et son parti [1].

Le développement de la théologie chrétienne sous l'influence des idées grecques ne s'arrête point à Origène. Athanase, Grégoire de Nysse, saint Basile, continuent avec plus de mesure et moins d'éclat ce travail d'éclectisme intelligent ; les Pères alexandrins

[1] Voyez le texte de la condamnation des doctrines d'Origène par les conciles d'Alexandrie et de Constantinople.

avaient développé le dogme, en le fécondant par la pensée grecque ; les Pères qui viennent après eux le fixent à l'aide des formules de cette philosophie. Quand le dogme est arrêté au moins sur tous les points fondamentaux, c'est-à-dire après le second concile de Constantinople, l'œuvre des Pères grecs est finie. La direction des destinées du Christianisme passe entre les mains de l'Église latine ; saint Augustin, saint Jérôme, saint Ambroise et beaucoup d'autres docteurs moins célèbres défendent le dogme avec une éloquence que n'a point connue l'Église grecque, d'ailleurs si supérieure en théologie. Puis enfin Rome s'empare du mouvement chrétien pour le gouverner. C'est ainsi que la Providence devait faire servir à l'accomplissement de son dessein tous les grands organes de l'humanité. L'Orient, la Grèce, Rome, c'est-à-dire les trois grandes puissances du monde, concourent à l'œuvre de la révolution chrétienne. La nouvelle doctrine naît à Jérusalem sous l'inspiration des plus sublimes traditions de l'Orient, se développe et se forme à Alexandrie sous l'influence de la philosophie grecque, se fixe et se formule à Nicée, à Constantinople, sous la présidence des Empereurs, et vient à Rome prendre possession de l'empire du monde par l'institution de la papauté. Génie contemplatif de l'Orient, génie philosophique de la Grèce, génie politique de Rome, rien n'a manqué au Christianisme, et l'on peut dire que c'est avec toutes les forces de l'humanité qu'il a conquis le monde.

Les conciles de Nicée et de Constantinople résument toute la philosophie des Pères de l'Église grecque, et consacrent l'alliance définitive de la théologie orientale et de la théologie grecque. Ni l'une ni l'autre n'avait jusque là compris la nature divine tout entière. Le mysticisme oriental cachait son Dieu dans des profondeurs impénétrables, et le séparait du monde par un abîme ; le naturalisme grec, faisant intervenir le sien partout et sous toutes les formes, finissait par le confondre avec l'univers. Un moment dégagé des liens du monde sensible par le génie de Platon et d'Aristote, le Dieu de la Grèce avait apparu libre et pur ; mais bientôt le Stoïcisme l'avait fait rentrer dans la nature, d'où la philosophie grecque seule était désormais impuissante à le retirer. De son côté, la théologie orientale, abandonnée à son propre génie, en restait au Dieu inaccessible et ineffable. La tradition juive, la moins mystique des doctrines de l'Orient, par cela même qu'elle distinguait en Dieu la *Sagesse* et l'Esprit, rapprochait le principe divin de son œuvre. En développant cette distinction, Philon l'exagéra et la convertit en une véritable séparation. La *Sagesse*, dans sa doctrine, n'est plus Dieu même, mais la première créature, l'archange suprême de Dieu ; l'Esprit est une autre créature de Dieu, inférieure à la Sagesse. En laissant un abîme entre le Créateur et la première des créatures, Philon replongeait Dieu dans les ténèbres de son incompréhensible essence, et par là supprimait ou du moins rendait inexplicable la communication du monde avec son principe. Le Christianisme primitif accepta la théologie juive sans y rien changer. Il conserva la triple conception de Dieu, du Verbe et de l'Esprit saint, en y ajoutant seulement l'incarnation du Verbe divin en Jésus-Christ, et la communication spéciale de l'Esprit saint à son Église. Le Dieu de la religion nouvelle était donc encore le Dieu abstrait et mystérieux de l'Orient. Le monde avait toujours connu son Verbe et son Esprit ; mais ni le Verbe ni l'Esprit n'étaient Dieu même. Le monde avait récemment vu et entendu le Verbe incarné, le Christ ; il avait avidement recueilli le souffle divin de la bouche des Apôtres : mais le Fils et le Saint-Esprit n'étant Dieu ni l'un ni l'autre, la figure de l'un ne pouvait être qu'une image, et l'inspiration de l'autre qu'un écho de Dieu. Dieu n'est point présent lui-même à son œuvre ; il s'y fait seulement représenter par des organes. C'est par des intermédiaires qu'il crée, conserve, illumine, inspire, vivifie le monde ; pour lui, il reste enfermé dans la solitude et le mystère de son existence ineffable. La théologie chrétienne était encore loin de la Trinité proprement dite ; tant qu'elle resta soumise aux influences de l'Orient, elle maintint le Verbe et l'Esprit saint en dehors de la nature divine, et ne put comprendre la consubstantialité du Père, du Fils et de l'Esprit. On a vu comment les Gnostiques faillirent la ramener au mysticisme de l'Orient : la Gnose plaçait Dieu si haut et si loin du monde qu'il lui devenait impossible de combler la distance qui l'en sépare, même en y jetant sa myriade de puissances surnaturelles. Et quand elle y serait parvenue, ce système d'émanations successives, propre à toutes les théologies de l'Orient, par cela même qu'il représentait la puissance divine s'affaiblissant par degrés, et aboutissant enfin dans la matière à une éclipse complète, tendait à obscurcir et à effacer la trace du Créateur dans son œuvre. Le Christianisme étouffa, il est vrai, cette dangereuse tendance née dans son sein, mais il l'étouffa par la vertu des instincts nouveaux qu'il venait de puiser dans une source étrangère à son origine. Tous les grands adversaires des Gnostiques, saint Irénée, saint Épiphane, saint Clément, Origène, sont plus ou moins versés dans la philosophie grecque. Ce qui démontre surtout la puissante influence de cette philosophie sur le développement ultérieur de la théologie chrétienne et sur la formation du dogme de la Trinité qui le résume, c'est que toutes les sectes purement orientales du Christianisme se refusèrent obstinément à reconnaître la consubstantialité des trois hypostases de la nature divine, même après l'arrêt des conciles de Nicée et de Constantinople. Jamais les Chrétiens de la Judée ne purent comprendre cette profonde doctrine d'un Dieu en trois personnes, dont chacune possède au même titre et au même degré la nature divine ; ils s'en tinrent au Dieu de Moïse, et ne voulurent voir dans le Fils et le Saint-Esprit que de simples organes de la puissance de Dieu. Le dogme de la Trinité leur sembla un retour au polythéisme. Ce dogme répugna toujours au génie monothéiste de l'Orient, et ne put définitivement s'y acclimater, malgré les efforts du Christianisme. On s'y égara dans le mysticisme de la Gnose, ou bien on rentra dans la théologie juive. L'établissement du Mahométisme est une preuve décisive de cette antipathie. Le berceau du dogme de la Trinité est une ville grecque, et le héros de cette grande polémique qui aboutit au symbole de Nicée est un Alexandrin. Athanase finit l'œuvre commencée par d'autres Alexandrins, saint Clément, Origène. Ce grand symbole résume toute la théologie orientale et toute la théologie grecque. Le Père, le Fils, l'Esprit, y sont conçus comme les moments nécessaires, les trois hypostases égales en essence et en puissance d'une seule et même nature divine. Chaque hypostase prise à part est une représentation incomplète de la divinité; mais elle n'en est ni un élément, ni un fragment. La nature divine étant absolument simple et indivisible, chaque hypostase implique logiquement les deux autres, et en ce sens, il est vrai de dire que Dieu est tout entier dans le Fils et dans l'Esprit, aussi bien que dans le Père. Un seul Dieu en trois hypostases, toujours triple dans son unité, toujours un dans sa triplicité, substance, cause et vie, puissance ineffable, intelligence créatrice et ordonnatrice, âme universelle tout à la fois, substance et puissance en tant que Père, cause et intelligence en tant que Verbe, âme et vie en tant qu'Esprit : telle est la Trinité chrétienne. Dans le Dieu du Symbole de Nicée, l'Orient et la Grèce reconnaissent également leur Dieu; l'Orient retrouve Bythos et Jéhovah dans le Père; dans le Fils, le Platonisme retrouve la Raison divine ($\lambda\acute{o}\gamma o\varsigma\ \theta\varepsilon\tilde{\imath}o\varsigma$), le Démiurge; dans le Saint-Esprit, le Stoïcisme et le Polythéisme revoient le Dieu qui remplit et pénètre le monde de son souffle fécond. Toute la science des écoles et toute la sagesse des traditions, Moïse, Philon et la Gnose d'un côté, Platon et Zénon de l'autre, l'Orient et la Grèce, se réunissent enfin au sommet de la pensée chrétienne. Mais l'alliance ne s'arrête point à la théologie; elle embrasse toutes les parties de la doctrine, cosmologie, psychologie, morale. Sur tous les points, la philosophie grecque prête à la tradition ses distinctions, ses définitions, ses démonstrations, son langage. Elle sert au Christianisme d'instrument et d'organe pour le développement et la détermination de ses idées, en même temps qu'elle lui devient une source féconde d'inspirations. La philosophie des Pères de l'Église réalise réellement pour la première fois l'alliance des tendances et des idées contraires de l'Orient et de la Grèce. Philon avait plutôt juxtaposé que combiné les deux éléments dans son syncrétisme plein d'incohérences et de contradictions. La Gnose avait corrompu et transformé dans son mysticisme tout oriental les rares conceptions qu'elle avait puisées aux sources grecques. Dans l'œuvre des Pères de l'Église, la tradition orientale domine la philosophie grecque sans l'absorber. Le Christianisme s'assimile la science des écoles et la convertit en sa propre substance, mais sans trop l'altérer. Plus libéral que le Judaïsme et la Gnose, il cherche un complément nécessaire dans cette philosophie. Destiné à l'empire du monde, il commence par se dégager de son origine, et, fort de son principe, s'inspire de toutes les traditions, s'instruit à toutes les écoles, sans se laisser jamais dominer ni absorber. Voilà ce qui fait que l'entreprise éclectique des Pères alexandrins n'a point dégénéré en syncrétisme, comme l'œuvre de Philon ou des Gnostiques. Si dans cette variété de conceptions empruntées aux diverses écoles règne une admirable unité, c'est moins au génie systématique de ces grands théologiens qu'il faut l'attribuer, qu'à l'autorité déjà puissante de la doctrine primitive. Assurément la théologie chrétienne était loin d'être achevée au point où saint Justin, saint Clément et Origène la trouvent ; ils le comprennent et énumèrent eux-mêmes les lacunes qu'il s'agit de combler. Mais ils sont soutenus dans leur œuvre par une croyance ; ils avancent dans cette vaste carrière un flambeau à la main. Une tradition venue de Judée leur apparaît comme le principe de toutes leurs spéculations et le centre de toutes leurs recherches ; ils y rallient et y subordonnent toute la science humaine. Le Christianisme, c'est-à-dire l'Orient, domine donc encore dans l'œuvre des Pères alexandrins ; plus libérale, plus grecque, plus philosophique que le syncrétisme de Philon et des Gnostiques, cette œuvre n'en révèle pas moins l'influence absorbante du principe oriental.

LIVRE III.

CHAPITRE PREMIER.

Écoles grecques. Transformation du Platonisme. Tendance éclectique. Influence de l'Orient. Alcinoüs. Plutarque. Numénius. Potamon.

Pendant que la théologie orientale, dans Philon et dans les Pères de l'Église grecque, essayait de descendre des hauteurs de son mysticisme et de retrouver le monde à l'aide d'un double intermédiaire, le Verbe et l'Esprit, la théologie grecque tendait à remonter de la nature jusqu'au principe suprême, à travers l'âme et l'intelligence. Pour la première, qui prenait son point de départ en Dieu, l'explication de l'existence du monde était le problème difficile ; pour la seconde, qui partait de la nature, c'était la conception du vrai Dieu. La théologie orientale n'avait que deux manières de résoudre la difficulté en persistant dans son principe ; il lui fallait, ou nier l'existence réelle du monde et le réduire à une vaine apparence, ou bien tirer le monde et la matière du sein de Dieu, sauf à concevoir cette production inférieure comme une chute et une dégradation de la divinité. Dans l'une et l'autre solution se révélait l'impuissance radicale de l'Orient à se rendre compte du fini. D'une autre part, si la théologie grecque restait fidèle à son principe, elle était condamnée à reconnaître l'existence indépendante et absolue de la matière, et à ne pas dépasser la nature dans sa conception du divin. Cette doctrine décelait une ignorance invincible de l'infini. Il y avait donc nécessité pour les deux théologies de se prêter un mutuel secours, si elles voulaient atteindre, l'une le monde, l'autre Dieu.

La philosophie avait fait de grands et heureux efforts pour élever l'esprit grec à la conception de l'infini. Pythagore et son école avaient dépassé le naturalisme des théologiens antiques et des physiciens de l'école d'Ionie. Ils avaient conçu Dieu comme une Raison parfaite et une Providence supérieure à la Nature qu'elle règle et gouverne ; mais ils n'avaient pas complétement dégagé le principe divin des conditions de l'existence physique. En le considérant comme le sujet de toutes les métamorphoses de la nature, ils lui en imposaient les imperfections. Ils n'avaient point encore nettement compris la limite qui sépare la physique de la théologie. L'école d'Élée, détruisant la distinction de Dieu et du monde, supprime le problème au lieu de le résoudre. De Pythagore à Platon, le progrès de la théologie grecque est immense. Le Dieu du Timée est indépendant de toute condition de l'existence physique, et pur de tout attribut sensible. C'est une intelligence immatérielle, libre, et ayant conscience de tout ce qu'elle pense et de tout ce qu'elle fait, qui crée, c'est-à-dire ordonne le monde par un acte de sa volonté et pour une fin préconçue. Mais est-ce bien là le Dieu suprême ? N'y a-t-il rien, dans la sphère divine, au-dessus du Démiurge, déjà fort supérieur à l'âme du monde ? Platon le soupçonne et fait effort pour s'élever au-delà. Dans la République, on trouve que le Bien surpasse l'intelligence et l'être, dont il est la source commune. Dans une lettre, qui est l'œuvre, sinon de Platon, du moins de son école, il est question mystérieusement de trois Rois ou de trois Principes, présidant, l'un, l'ordre universel dont il est la fin, et les deux autres, des ordres inférieurs. Le premier Roi y est considéré comme principe de la beauté; donc il lui est supérieur. Dans une autre lettre, au-dessus du Dieu qui gouverne toutes choses présentes ou futures, on fait apparaître le Père et le Seigneur suprême. Maintenant quel est ce Roi, ce principe de toute intelligence, de toute essence, de toute beauté? C'est l'Un. Aristote le nomme en exposant la doctrine de son maître. Quant aux deux autres principes, il est trop clair qu'il s'agit de l'intelligence et de l'âme. Voilà donc les trois principes, dont on retrouvera plus tard la théorie complète dans la philosophie alexandrine, déjà conçus par Platon, dans leur vrai rapport logique, l'Un engendrant l'intelligence, et celle-ci l'âme du monde. Mais la doctrine de l'unité est encore indécise dans le Platonisme. Platon n'indique qu'énigmatiquement le principe suprême auquel l'a conduit la dialectique. D'ailleurs, à côté et en dehors de ce principe, père de l'intelligence et de l'âme, il maintient l'existence indépendante de la matière. D'une autre part, Platon ne sépare pas constamment le second principe du troisième. Dans le Sophiste et dans le Timée, il déclare qu'il n'y a pas d'intelligence sans âme. La doctrine des trois principes n'est donc encore qu'un germe dans le Platonisme, germe qui est resté caché dans les profondeurs de la dialectique, jusqu'à ce que l'école d'Alexandrie vînt le produire au jour et le développer. La théologie grecque descend d'un degré avec Aristote. Le Dieu de la métaphysique, la Pensée parfaite, est fort supérieur au Démiurge du Timée, quant à son essence et quant à son action. Il n'est pas sujet au mouvement, ni inséparable de l'âme ; et d'un autre côté, il meut et gouverne le monde par l'attrait du bien, sans mettre la main à l'œuvre, comme le Démiurge. C'est la plus pure, la plus libre, et la plus parfaite essence que la philosophie ait jamais conçue ; mais c'est encore une essence, c'est-à-dire un principe au-delà duquel la raison peut encore remonter. La dialectique avait plus approché que la métaphysique du Dieu suprême. Avec le Stoïcisme, la théologie grecque décline encore, et retombe au dernier degré de la nature divine, à l'âme universelle. Le Dieu des Stoïciens est une Raison et une Providence, mais une Raison (λόγος σπερματικός) qui n'agit pas autrement que les puissances de la nature, une Providence tellement mêlée au mouvement du monde qu'elle se réduit presque au Destin. Le Stoïcisme a ramené la philosophie au Dieu suprême du Polythéisme.

La théologie grecque en était là, lorsque le Platonisme, épuisé et presque éteint dans les écoles de la Grèce, se ranima au contact de l'Orient, et, reprenant son essor vers les régions supérieures de la dialectique, tendit à dépasser l'âme et l'intelligence. Mais, dans cette aspiration nouvelle, le Platonisme avait forcément changé de point de départ. La dialectique n'était plus le seul guide des nouveaux Platoniciens ; les principes de la métaphysique aristotélique et de la physique stoïcienne avaient profondément pénétré dans toutes les écoles. Les premiers essais du nouveau Platonisme furent un mélange assez confus de toutes les grandes doctrines de la philosophie grecque. Un Pythagoricien, Apollonius de Thyane, commence ce mouvement. La doctrine métaphysique de ce personnage extraordinaire se trouve résumée dans une lettre fort importante que nous a transmise Philostrate. C'est la théorie pythagoricienne du principe universel du monde, considéré comme sujet de toutes les métamorphoses de la nature, théorie que le Stoïcisme avait fait revivre en la développant. Rien ne meurt ni ne naît qu'en apparence. Toute chose préexiste déjà dans le sein de la substance universelle. La naissance n'est qu'un passage de l'*essence* à la nature ; la mort n'est qu'un retour de la nature à l'essence [1]. En réalité, rien n'est engendré ni détruit ; tout se réduit pour l'être à devenir visible ou invisible ; visible à l'état de nature, invisible à l'état d'essence. Ce changement ne provient pas d'une modification externe, mais de la simple séparation du tout en parties, ou de la réunion des parties au tout. La substance des choses est toujours la même, et ne diffère jamais que par le mouvement et le repos. Le mouvement sépare ou réunit, produit la rareté et la densité de l'essence, et la rend ainsi tantôt latente, tantôt manifeste. Là est le principe de toutes les formes et de tous les états de l'être. Ce qui est plein devient visible par sa densité ; ce qui est vide devient invisible par sa rareté [2]. La substance

---

[1] Apol. Thyan., *Epist.*, f. 25-26.
[2] Ibid. Θάνατος οὐδεὶς οὐδενὸς ἢ μόνον ἐμφάσει, καθάπερ οὐδὲ γένεσις

universelle est comme le vase éternel d'où s'écoule la matière par un mouvement perpétuel. C'est une profonde erreur de croire à la causalité réelle des agents de la nature. La terre n'engendre pas ce qui sort de son sein ; le père ne donne pas l'être au fils qui procède de lui. Le père, la terre, les agents naturels ne sont que des antécédents dans le mouvement immense et incessant de la génération ; la vraie cause génératrice, la seule source de l'être et de la vie, c'est la substance universelle. La modification des êtres visibles n'appartient en propre à aucune cause individuelle ; il faut la faire remonter au seul Être universel, sujet unique des métamorphoses de la nature, principe de l'harmonie et de l'unité du monde, Dieu suprême, que la raison retrouve toujours un et toujours le même sous la variété des noms et des représentations qui en altèrent l'essence propre[1]. Si la mort n'est que le retour de l'individu à l'Être universel, elle ne doit point être une source de deuil, mais au contraire un objet d'amour et de respect. Pourquoi gémir sur la perte d'un fils, qui d'homme redevient Dieu par la mort[2]? A travers toutes ces vicissitudes de la vie et de la mort, l'homme

οὐδενὸς, ἢ μόνον ἐμφάσει. Τὸ μὲν γὰρ ἐξ οὐσίας τραπὲν εἰς φύσιν ἔδοξε γένεσις, τὸ δὲ ἐκ φύσεως εἰς οὐσίαν κατὰ ταὐτὰ θάνατος, οὔτε γιγνομένου κατ' ἀλήθειαν τινὸς οὔτε φθειρομένου ποτὲ, μόνον δὲ ἐμφανοῦς ὄντος ἀοράτου τε ὕςερον τὸ μὲν διὰ παχύτητα τῆς ὕλης, τὸ δὲ διὰ λεπτότητα τῆς οὐσίας... Ὁ πληρωθὲν μὲν ἐφάνη διὰ τὴν τῆς παχύτητος ἀντιτυπίαν, ἀόρατον δ' ἐςίν, εἰ κενωθὲν, διὰ λεπτότητα τῆς ὕλης.

[1] Ibid. Ἡ δὲ (ἡ πρώτη οὐσία) μόνη ποιεῖ τε καὶ πάσχει, πᾶσι γινομένη πάντων θεὸς αἴτιος, ὀνόμασι δὲ καὶ προσώποις ἀφαιρουμένη τὸ ἴδιον ἀδικουμένη τε.

[2] Ibid. Τότε δὲ κλαίεταί τις ὅταν θεὸς ἐξ ἀνθρώπου γένηται τόπου μεταβάσει, καὶ οὐχὶ φύσεως.

perd telle forme, mais jamais le fond même de son essence toute divine. On retrouve dans cette doctrine la physique toute mathématique du Pythagorisme, c'est-à-dire la théorie des métamorphoses de la nature expliquées par la composition et la décomposition des principes élémentaires.

La tendance nouvelle de la théologie grecque se montre pour la première fois dans un Pythagoricien du premier siècle de l'ère chrétienne, Modératus de Gadès, qui cherchait à fondre en une seule doctrine le Pythagorisme et le Platonisme. Ce philosophe comptait avec la matière trois principes des choses, la première unité supérieure à l'être et à toute essence, la seconde unité qui est le véritable être, l'intelligible, les idées, la troisième unité qui est l'âme, et, comme telle, participe de l'unité et des idées [1]. Quant à la matière, Modératus essayait de la rattacher au principe divin. Dieu, selon lui, aurait séparé la quantité, en s'en retirant et en la privant des formes et des idées dont il est le type suprême. Cette quantité, divisée et dispersée à l'infini, sans idée, c'est-à-dire sans forme et sans unité, différente de la quantité idéale et primitive qui subsiste en Dieu, était la matière proprement dite [2]. C'était là un point de vue nouveau dans le Platonisme, et un progrès assez considérable pour

---

[1] Simplic. in *Phys.*, f. 50 b. Οὗτος γὰρ κατὰ τοὺς Πυθαγορείους τὸ μὲν πρῶτον ἓν ὑπὲρ τὸ ὂν καὶ πᾶσαν οὐσίαν ἀποφαίνεται· τὸ δὲ δεύτερον ἕν, ὅπερ ἐςὶ τὸ ὄντως ὂν καὶ νοητόν, τὰ εἴδη φησὶν εἶναι· τὸ δὲ τρίτον, ὅπερ ἐςὶ ψυχικόν, μετέχειν τοῦ ἑνὸς καὶ τῶν εἰδῶν.

[2] Ibid. Ὅτι βουληθεὶς ὁ ἑνιαῖος λόγος, ὥς πού φησιν ὁ Πλάτων, τὴν γένεσιν ἀφ' ἑαυτοῦ τῶν ὄντων συςήσασθαι, κατὰ ςέρησιν αὐτοῦ ἐχώρησε τὴν ποσότητα, πάντων αὐτὴν ςερήσας τῶν αὐτοῦ λόγων καὶ εἰδῶν.

qu'on doive regretter de n'en point connaître l'origine et tous les développements.

La transformation des idées platoniciennes est déjà visible dans l'introduction d'Alcinoüs, philosophe à peu près contemporain. Alcinoüs y résume avec beaucoup de méthode et de précision la philosophie de Platon, en y mêlant partout les idées et les formules d'Aristote. Dans ce mélange des deux doctrines, la théorie des idées subit une modification grave : les idées ne sont plus, comme les avait conçues Platon, des principes subsistant par eux-mêmes et distincts, sinon séparés de Dieu, les modèles d'après lesquels Dieu fait le monde, et les types de sa pensée; elles sont ses propres pensées et les actes mêmes de son intelligence [1]. Trois principes suffisent à tout expliquer, l'âme du monde, l'intelligence, et Dieu. L'intelligence habite et gouverne l'âme, dont elle est inséparable [2]. Cette trinité n'est point encore le germe de la théologie alexandrine : le premier principe y communique, il est vrai, comme le Bien de Platon, la lumière à l'intelligible pour être pensé, et l'intelligence à l'âme [3]; mais ce Dieu suprême, source de lumière et de pensée, est lui-même encore une intelligence [4]. Toutefois Alcinoüs dépasse déjà la métaphysique. L'âme du monde n'est intelligence qu'en puis-

---

[1] Alcin., *Introd. in Plat. dogm.*, ch. 9. Ἔςι δὲ καὶ ἡ ἰδέα, ὡς μὲν πρὸς θεὸν, νόησις αὐτοῦ, ὡς δὲ πρὸς ἡμᾶς, νοητὸν πρῶτον, ὡς δὲ πρὸς τὴν ὕλην, μέτρον, ὡς δὲ πρὸς τὸν αἰσθητὸν κόσμον παράδειγμα.

[2] Ibid., ch. 14. Ἴσως οὐχ οἷόν τε ὄντος τοῦ ἄνευ ψυχῆς ὑποςῆναι.

[3] Ibid., ch. 10. Ἐμπέπληκε πάντα ἑαυτοῦ, τὴν ψυχὴν τοῦ κόσμου ἐπεγείρας καὶ εἰς ἑαυτὸν ἐπιςρέψας, τοῦ νοῦ αὐτῆς αἴτιος ὑπάρχων.

[4] Ibid., ch. 10. Οὗτος ὁ νοῦς, ὁ πρῶτος νοῦς.

sance ; l'intelligence qui la gouverne est seule en acte ; c'est la pensée pure et parfaite, le Dieu d'Aristote. Mais à cette pensée, Alcinoüs reconnaît une cause, intelligence suprême, qui domine à la fois l'intelligence en puissance et l'intelligence en acte ; et cette cause est le premier Dieu [1]. Dans la partie cosmologique de son introduction, Alcinoüs, voulant concilier Platon et Aristote sur la question de l'origine du monde, prête au premier l'opinion que le monde est éternel, aussi bien que l'âme qui le fait vivre, et que Dieu n'a point créé cette âme, mais l'a seulement ornée de ses dons [2]. Déjà se révèle ici cette interprétation hardie dont les Alexandrins abuseront plus tard. Selon Alcinoüs, quand Platon a parlé de la génération du monde, il a voulu dire, non pas qu'il y ait eu un temps où le monde n'était pas encore, mais qu'il est à l'état de génération perpétuelle [3]. Enfin, dans sa morale, Alcinoüs professe la supériorité de la vie contemplative sur la vie pratique, à l'imitation d'Aristote [4]. En somme, cet essai de conciliation plus éclectique que systématique entre Platon et Aristote est assez remarquable comme phénomène précurseur de la

---

[1] Ibid. Ἐπεὶ δὲ ψυχῆς νοῦς ἀμείνων, νοῦ δὲ τοῦ ἐν δυνάμει ὁ κατ' ἐνέργειαν πάντα νοῶν καὶ ἅμα καὶ ἀεί, τούτου δὲ καλλίων ὁ αἴτιος τούτου, οὗτος ἂν εἴη πρῶτος θεός, αἴτιος ὑπάρχων τοῦ ἀεὶ ἐνεργεῖν τῷ νῷ τοῦ σύμπαντος οὐρανοῦ.

[2] Ibid., ch. 14. Καὶ τὴν ψυχὴν δὲ ἀεὶ οὖσαν τοῦ κόσμου οὐχὶ ποιεῖ ὁ θεός, ἀλλὰ κατακοσμεῖ.

[3] Ibid., ch. 14. Ὅταν δὲ λέγῃ γεννητὸν εἶναι τὸν κόσμον, οὐχ οὕτως ἀκουστέον αὐτοῦ ὡς ὄντος ποτὲ χρόνου ἐν ᾧ οὐκ ἦν κόσμος· ἀλλὰ διότι ἀεὶ ἐν γενέσει ἐστί.

[4] Ibid., ch. 2.

grande entreprise d'Ammonius Saccas ; mais il n'annonce point encore définitivement la tendance orientale qui doit emporter la théologie grecque bien au-delà du Dieu d'Aristote.

Un tel mélange des idées de Platon et d'Aristote provoqua une réaction dans les écoles platoniciennes. Un certain nombre de Platoniciens, Calvisius Taurus, Albinus, Caius, et à leur tête Atticus, protestèrent en faveur du Platonisme pur. Atticus, dans un long fragment que nous a conservé Eusèbe, fait ressortir avec force et clarté la différence profonde des deuxdoctrines sur tous les points essentiels. En morale, Platon croit que la vertu suffit pleinement au bonheur, tandis qu'Aristote pense qu'il y faut joindre dans une certaine mesure les biens extérieurs [1]. Atticus voit là une différence radicale. Sur la Providence, le désaccord n'est pas moindre ; Platon la fait partout intervenir dans les choses de ce monde, tandis qu'Aristote la supprime entièrement : sur ce point Atticus assimile la doctrine d'Aristote à celle d'Épicure [2]. En cosmologie, Platon soutient la génération, et Aristote l'éternité du monde. Le premier n'a-t-il pas dit, en parlant des dieux : vous êtes nés, et vous êtes immortels ? Aristote, au contraire, pose en principe que tout ce qui est né doit périr, et que, pour que le monde ne finisse point, il faut qu'il n'ait pas commencé [3]. Sur la destinée de l'âme, l'ac-

---

[1] Eusèb., *Prép. évang.*, p. 797.

[2] Ibid., p. 779. Ὁ δὲ τὴν δαιμονίαν ταύτην φύσιν ἐκποδὼν ποιούμενος, καὶ τήν γε εἰσαῦθις ἐλπίδα τῆς ψυχῆς ἀποτέμνων, τήν τε ἐν τῷ παρόντι πρὸς τῶν κρειττόνων εὐλαβείαν ἀφαιρούμενος, τίνα πρὸς Πλάτωνα ἔχει κοινωνίαν;

[3] Ibid., p. 802.

cord de Platon et d'Aristote n'est qu'apparent. Tous deux réservent l'immortalité à l'âme rationnelle : mais, pour Platon, l'âme rationnelle, c'est l'essence de la nature humaine, c'est l'âme elle-même ; pour Aristote, ce n'est qu'un rayon de la pensée divine qui illumine l'âme humaine par instants, mais qui ne l'habite point constamment, qui surtout ne la constitue pas. Aristote détruit l'âme véritablement humaine en la réduisant à l'immobilité de la pensée pure, et en attribuant à la nature tous ses mouvements et toutes ses opérations [1]. Enfin sur l'âme du monde, Aristote ne s'accorde pas mieux avec Platon ; car il n'admet pas un principe à la fois simple et universel qui comprenne toute la nature. Qu'est-ce que la φύσις, sinon la collection des substances vivantes [2]? C'est la vie elle-même et non le principe de la vie. D'ailleurs que viendrait faire l'âme du monde dans un système où chaque être a en soi son principe d'existence et d'essence. Enfin comment supposer l'harmonie possible entre Platon et Aristote, quand on sait avec quel dédain Aristote traitait la théorie des idées? La conclusion de toute cette polémique, c'est qu'Aristote excelle dans la physique, et qu'il est le vrai secrétaire de la nature, dont il a surpris tant de secrets [3], mais qu'il n'a rien compris à la métaphysique. Proclus reproduit dans son commentaire du Timée un certain nombre d'opinions d'Atticus, qui révèlent toutes un disciple fidèle de Platon. Ainsi Atticus admet la génération du monde, la double essence de

---

[1] Ibid, 810. Οὐ γὰρ ἡ ψυχὴ, φησὶν, ἀλλ' ὁ ἄνθρωπός ἐστιν ὁ τούτων ἕκαστον ἐνεργῶν, ἡ ψυχὴ δὲ ἀκίνητος·

[2] Ibid., 814.

[3] Ibid., 808. Ὁ τῆς φύσεως γραμματεύς.

l'âme, la préexistence de la matière mue primitivement par une âme malfaisante [1].

Chez tous ces philosophes, aucune trace des idées de l'Orient ne se laisse encore apercevoir; le retour de la philosophie au Platonisme y est manifeste; mais rien n'y révèle le génie mystique et les tendances théologiques de l'Orient. Chez les Platoniciens qui vont suivre, comme Plutarque, Apulée, Cronius, et surtout Numénius, l'influence orientale est visible. Plutarque est plutôt un érudit qu'un penseur. Ses opinions philosophiques sont moins le fruit de la réflexion et de la critique, que l'effet d'une curiosité infatigable qui recherche tout. Ce n'est pas que cette curiosité soit aussi aveugle qu'on l'a prétendu. Mais si elle n'est pas sans intelligence, elle manque de critique en philosophie, aussi bien qu'en histoire, et Plutarque ne doit être consulté que comme un écho qui répète les opinions les plus diverses, sans discernement et sans choix. Non seulement l'ensemble de ses idées ne forme point un système, mais il ne constitue pas même une doctrine. Tout ce qui apparaît clairement dans ce pêle-mêle de croyances et de traditions, c'est que Plutarque est Platonicien. Malgré ces défauts, les écrits philosophiques de Plutarque n'en sont pas moins remarquables, en ce qu'ils expriment une pensée de transition et d'alliance. D'ailleurs Plutarque n'est pas seulement un philosophe, c'est un voyageur avide de tout voir et qui raconte tout ce qu'il a vu; c'est aussi un prêtre qui interroge avec la curiosité d'un initié les traditions et cherche à sonder

---

[1] Extraits de Proclus com. Tim., p. 119, 84, 99, 116, 187.

les mystères des cultes étrangers. Dans toutes ses excursions philosophiques et mythologiques, Plutarque reste toujours Platonicien et Grec ; le philosophe n'oublie pas plus la doctrine de Platon, au sein de son érudition, que le prêtre ne néglige le culte national au milieu de ses voyages. En général, il n'expose guère les traditions religieuses des autres peuples que pour faire ressortir la supériorité de la religion grecque, de même qu'il subordonne et ramène au Platonisme toutes les doctrines des autres écoles. Toutefois on entrevoit déjà dans ses écrits une tendance mystique et des idées théologiques qui ne viennent point de Platon. Ainsi jamais Platon n'avait professé au même degré que Plutarque l'impuissance de la raison humaine et la nécessité de l'intervention divine dans le fait de la connaissance de Dieu. « Les âmes des hommes, dit Plutarque, enveloppées qu'elles sont par les corps et les impressions sensibles, ne peuvent avoir aucun commerce véritable avec Dieu. Tout ce qu'elles peuvent faire, c'est de le toucher légèrement comme en songe, par le moyen de la philosophie [1]. » Platon n'a reconnu nulle part dans ses dialogues un Dieu invisible et ineffable, et un autre Dieu visible, un Verbe révélateur des puissances du premier. Cette distinction de trois natures divines que Numénius et les Néoplatoniciens ont cru apercevoir dans Platon ne repose sur aucun texte. Tout ce qu'on peut remarquer dans la doctrine de Platon, c'est que Dieu y est conçu de

---

[1] Plut., *De Is. et Os.*, éd. Reiske, t. 7., p. 504. Ἀνθρώπων δὲ ψυχαῖς ἐνταυθοῖ μὲν ὑπὸ σωμάτων καὶ παθῶν περιεχομέναις οὐκ ἔςι μετουσία τοῦ Θεοῦ, πλὴν ὅσον ὀνείρατος ἀμαυροῦ θιγεῖν νοήσει διὰ φιλοσοφίας.

diverses manières, tantôt comme l'Un, tantôt comme le Bien, tantôt comme le Démiurge du monde ; distinction qui a pu servir plus tard de texte à l'école d'Alexandrie pour établir sa doctrine théologique. Plutarque parle d'un premier Dieu qui voit sans être vu et dont l'essence est absolument impénétrable [1]. Il y a donc un second Dieu. Le germe de la notion du Verbe semble clairement indiqué dans une interprétation ingénieuse des mystères égyptiens. Selon Plutarque, Isis est un nom grec, ainsi que Typhon, l'ennemi de cette déesse. Gonflé d'ignorance et d'erreur, Typhon dissipe et efface la sainte parole que la Déesse rassemble et donne à ceux qui aspirent à se déifier en observant continuellement une vie sage [2]. La fin de ces austérités est la connaissance de l'Être premier, distinct, mais inséparable d'Isis [3]. Plutarque appelle Isis la Sagesse [4] et la Justice, et la représente comme le médiateur universel entre l'Être premier et le monde. C'est Isis qui rallie et ramène tout au divin. Plutarque explique les mystères égyptiens par les idées de Platon et de la philosophie grecque. Osiris

---

[1] *De Is. ac Os.*, t. 7, p. 498. Ὥστε βλέπειν μὴ βλεπόμενον, ᾧ τῷ πρώτῳ θεῷ συμβέβηκεν. — *De Pyth. orac.*, t. 7. p. 591. Καθ' ἑαυτὸ γὰρ ἄδηλον ἡμῖν.

[2] Ibid., t. 7, p. 387. Ἑλληνικὸν γὰρ ἡ Ἶσις ἐστι, καὶ ὁ Τυφὼν πολέμιος τῇ θεῷ, καὶ δι' ἄγνοιαν καὶ ἀπάτην τετυφωμένος, καὶ διασπῶν καὶ ἀφανίζων τὸν ἱερὸν λόγον, ὃν ἡ θεὸς συνάγει καὶ συντίθησι, καὶ παραδίδωσι τοῖς τελουμένοις θειώσεως.

[3] Ibid., t. 7, p. 387. Ὧν (ἀποχῶν) τέλος ἐστὶν ἡ τοῦ πρώτου καὶ κυρίου καὶ νοητοῦ γνῶσις, ὃν ἡ θεὸς παρακαλεῖ ζητεῖν παρ' αὐτῇ καὶ μετ' αὐτῆς ὄντα καὶ συνόντα.

[4] Ibid., p. 387. Διὸ καὶ τῶν Ἑρμουπόλει Μουσῶν τὴν προτέραν Ἶσιν ἅμα καὶ δικαιοσύνην καλοῦσι σοφίαν καὶ δεικνύουσαν τὰ θεῖα.

est le principe du Bien, la monade des Pythagoriciens, le *même* de Platon, l'intelligence; Typhon est le principe du Mal, la dyade, l'*autre*, la matière; Isis est le principe qui relie le monde à l'unité première, l'âme. « Dans l'âme, dans la raison et dans l'entendement, qui est le guide et le maître de tout, ce qui est bien, c'est Osiris. Dans la terre, dans les vents, dans les eaux, dans les astres, tout ce qu'il y a de sain, de bien ordonné et de fermement établi, soit dans les saisons, soit dans les températures, soit dans les révolutions périodiques, est un écoulement et une image visible d'Orisis. Typhon, au contraire, est ce qu'il y a dans l'âme de passionné, de violent, de déraisonnable, d'insensé, et dans le corps de mauvais, de maladif, de désordonné, et de sujet aux troubles, tels que les intempéries, les obscurcissements du soleil et les éclipses de lune [1]. » Plutarque croit aux Dieux et aux démons, mais seulement dans la mesure de ses doctrines philosophiques. En général, il ramène aux doctrines grecques, par une explication plus ou moins philosophique, toutes les traditions religieuses, étrangères ou nationales. Son éclectisme consiste particulièrement à rechercher partout la philosophie, dans les institutions, dans les croyances populaires, dans les mystères comme dans les écoles. Les poëtes, les législateurs, les philosophes sont également les organes de la vérité : seulement ils se dédaignent et s'excluent réciproquement. Les uns ne veulent point reconnaître Dieu sous les formules philosophiques, telles que les idées, les nombres; les autres refusent de le voir sous

---

[1] Ibid, t. 7, *De Is. ac Os.*, p. 462.

des symboles [1]. Plutarque s'applique à le découvrir et à le montrer partout et sous toutes les formes.

Cronius avait commenté dans un esprit tout philosophique et tout platonicien les mythes du Polythéisme. On lisait beaucoup ses livres dans l'école d'Ammonius Saccas. Porphyre, qui nous apprend ce fait, cite fréquemment Cronius dans un petit traité mythologique qui nous est resté [2]. Voilà tout ce que nous savons de ce Platonicien contemporain de Plutarque et de Numénius. Quant à ce dernier, il occupe une place à part dans l'histoire des doctrines intermédiaires qui rattachent le Platonisme pur au Néoplatonisme. On sait qu'une opinion assez accréditée du temps de Porphyre rapportait au philosophe d'Apamée toute la doctrine de Plotin. Porphyre a fait justice de cette opinion [3] ; mais elle n'en reste pas moins comme une preuve certaine, non seulement de l'analogie des deux doctrines, mais encore de l'influence de la philosophie de Numénius sur celle de Plotin. D'ailleurs Porphyre dit lui-même qu'on lisait perpétuellement les livres de Numénius dans l'école de son maître. Il importe donc de reconnaître dans les fragments qui nous ont été conservés par Eusèbe et dans les passages cités par Proclus cette transformation graduelle des idées platoniciennes dont le mysticisme alexandrin devait être le terme suprême. D'une autre part, Numénius, Syrien d'origine et habitant l'Orient, n'est pas moins versé dans la connaissance des traditions religieuses de la Syrie, de la Judée et de la Perse, que dans la science des doctrines

---

[1] Amat., t. 9, p. 59.
[2] Porph., *De Antro nympharum*.
[3] Porph., *Vie de Plotin*, ch. 17 et 18.

philosophiques de la Grèce. Il est très familier avec les écrits de Philon, et l'admire au point de demander si c'est Philon qui platonise, ou Plotin qui philonise ; il appelle Platon un Moïse attique. Si les doctrines de Philon ont pu pénétrer dans la philosophie grecque qui ne les a point connues directement, c'est par Numénius, le père de cette école de Syrie, d'où Amélius et Porphyre vinrent au Néoplatonisme.

La tendance orientale du philosophe se révèle dans ces paroles : « Il faut que celui qui traite du Bien, et qui a scellé sa doctrine des témoignages de Platon, remonte plus haut et se rattache aux doctrines de Pythagore. Il faut qu'il en appelle aux nations célèbres et qu'il produise les cérémonies, les dogmes et les institutions qui, ayant été établies par les Brahmes, les Juifs, les Mages et les Égyptiens, se trouvent d'accord avec les doctrines de Platon [1]. » Numénius s'engage hardiment dans la voie ouverte au nouveau Platonisme ; il prétend retrouver toute sa doctrine dans Platon. La théologie est toute faite ; elle est tout entière dans les Dialogues ; mais comme elle y est dispersée, il s'agit de la réunir. Ainsi, dans le Timée, Platon parle du Démiurge, et dit que son essence est d'être bon ; dans la République, il met en avant un autre Dieu bien supérieur, le Bien, l'idée du Bien, voulant dire par là que le Bien fait l'essence du Démiurge, puisque celui-ci n'est bon qu'autant qu'il participe du Bien. C'est donc de Platon que Numénius croit tenir sa doctrine du premier Dieu et du second. Cette interprétation du Platonisme est légitime dans une certaine me-

---

[1] Eusèbe, l. viii, ch. 7, *De Bono*.

sure. Le germe de la distinction des deux principes divins est réellement dans Platon : sa conception de Dieu varie d'un dialogue à l'autre; le Dieu créateur et ordonnateur du Timée, et le Dieu abstrait de la République, appartiennent à deux points de vue théologiques fort différents. Mais aucun texte n'autorise à penser que Platon ait séparé ces deux points de vue, et qu'il en ait fait deux principes, deux Dieux, comme Numénius le suppose. Le philosophe platonicien fait donc jusqu'à un certain point violence à la doctrine du maître, en lui attribuant la distinction formelle et systématique des deux principes divins. Quoi qu'il en soit, Numénius remonte au-delà du Démiurge, parce que l'opération démiurgique lui semble indigne de la suprême divinité. Au-dessus du Dieu qui crée, est son Père, le premier Dieu : ce Dieu seul est simple et habite tout entier en soi; le second Dieu, un en lui-même, se laisse emporter et disperser par le mouvement de la matière, principe du multiple. S'il l'unit, elle le divise. Tant qu'il regarde son principe, il demeure simple et immobile en soi-même; mais lorsqu'il abaisse ses regards sur le monde sensible, le désir le gagne et l'entraîne hors de sa propre essence; il tombe dans les puissances de la matière [1]. Ainsi, le premier Dieu ne fait aucune œuvre; il est vraiment *Roi*, tandis que le Dieu qui gouverne en parcourant le ciel,

---

[1] Eusèb., *Præp. ev.*, xi, ch. 18. Ὁ Θεὸς ὁ μὲν πρῶτος, ἐν ἑαυτῷ ὤν, ἐστὶν ἁπλοῦς διὰ τὸ ἑαυτῷ συγγινόμενος δι' ὅλου μήποτε εἶναι διαιρετός· ὁ Θεὸς μέντοι ὁ δεύτερος καὶ τρίτος ἐστιν εἷς, συμφερόμενος δὲ τῇ ὕλῃ δυάδι οὔσῃ ἑνοῖ μὲν αὐτὴν σχίζεται δὲ ὑπ' αὐτῆς, ἐπιθυμητικὸν εἶδος ἐχούσης καὶ ῥεούσης.

comme dit Numénius, n'est que le ministre suprême [1]. Le premier Dieu est immobile ; le second se meut. L'un ne contemple que l'intelligible ; l'autre regarde l'intelligible et le sensible [2]. Ce que le laboureur est à la plante, le premier Dieu l'est au Démiurge. Celui-ci, étant la semence de toute âme (de toute vie), pénètre indistinctement toutes les choses qui participent de lui. Celui-là, en vrai législateur, cultive, distribue et transporte avec discernement dans chacun de nous les semences jetées au hasard [3]. Enfin, le premier Dieu est le Bien, tandis que le second est le Bon, c'est-à-dire l'image du Bien dont il ne fait que participer [4]. Les deux principes divins sont distincts par leurs œuvres comme par leur nature. L'essence et l'idée, étant intelligibles, ne peuvent avoir pour cause qu'un principe qui leur soit supérieur, c'est-à-dire l'intelligence, le Bien suprême. Le Bien seul est principe de l'essence, comme le Démiurge est cause de la génération. Le Dieu créateur du monde imite le Bien, de même que la génération imite l'essence [5]. Ainsi le premier Dieu, selon Numénius, n'est pas seule-

---

[1] Ibid., l. xi. ch. 18. Τὸν μὲν πρῶτον θεὸν ἀργὸν εἶναι ἔργων ξυμπάντων καὶ βασιλέα, τὸν δημιουργικὸν δὲ θεὸν ἡγεμονεῖν δι' οὐρανοῦ ἰόντα.

[2] Ibid., ch. 18. Δηλονότι ὁ μὲν πρῶτος θεὸς ἔσται ἑστώς, ὁ δὲ δεύτερος ἔμπαλιν ἔστι κινούμενος, ὁ μὲν οὖν πρῶτος περὶ τὰ νοητὰ, ὁ δὲ δεύτερος περὶ τὰ νοητὰ καὶ αἰσθητά.

[3] Ibid., ch. 18.

[4] Ibid., l. xi, ch. 22. Ὁ μὲν πρῶτος θεὸς, αὐτοάγαθον· ὁ δὲ τούτου μιμητὴς, Δημιουργὸς ἀγαθός.

[5] Ibid., l. xi, ch. 22. Καὶ γὰρ εἰ ὁ μὲν Δημιουργὸς θεός ἐστι γενέσεως ἀρχή, τὸ Ἀγαθὸν οὐσίας ἐστὶν ἀρχή. Ἀνάλογον δὲ τούτῳ μὲν ὁ Δημιουργὸς θεός, ὢν αὐτοῦ μιμητής, τῇ δὲ οὐσίᾳ ἡ γένεσις, εἰκὼν αὐτῆς οὖσα καὶ μίμημα.

ment l'essence intelligible, mais le principe de cette essence. N'est-ce pas là le Dieu de la dialectique platonicienne, l'idée suprême, principe de la beauté, de l'essence et de l'intelligence? La théologie de Numénius n'atteint pas tout-à-fait si haut : son premier Dieu, tout supérieur qu'il est à l'essence et au monde intelligible, est encore intelligence. Au reste, Platon avait déjà dit : « L'intelligence que vous soupçonnez n'est pas la première intelligence ; il en est une autre plus ancienne et plus divine [1]. »

Numénius vient de parler des œuvres du premier Dieu; mais si la nature propre de ce Dieu est d'être absolument simple et immobile, comment peut-il produire? Il produit toujours sans sortir de son repos. Seulement le repos est fécond; c'est un mouvement simple, uniforme, inné, d'où découlent, pour se répandre sur le monde, l'ordre, l'éternelle stabilité, le salut [2]. Le Bien a beau produire, il ne perd rien de sa propre Bonté; le propre des choses divines est de rester inséparables du principe d'où elles proviennent; c'est comme un flambeau allumé à un autre flambeau, recevant la lumière sans que celui-ci la perde, mais seulement parce que la matière du premier s'est embrasée au feu du second [3]. Voilà comment Numénius explique le rapport du principe supérieur au principe

---

[1] Ibid., ch. 18.

[2] Ibid., ch. 18. Ἀντὶ γὰρ τῆς προσούσης τῷ δευτέρῳ κινήσεως, τὴν προσοῦσαν τῷ πρώτῳ ϛάσιν, φημὶ εἶναι κίνησιν σύμφυτον· ἀφ' ἧς ἥ τε τάξις τοῦ κόσμου, καὶ ἡ μονὴ ἡ ἀΐδιος, καὶ ἡ σωτηρία ἀναχεῖται εἰς τὰ ὅλα.

[3] Τὰ δὲ θεῖα ἐςιν, οἷα μεταδοθέντα, ἐνθενδὲ ἐκεῖθεν γεγενήμενα, ἐνθενδέ τε οὐκ ἀπελήλυθε. — Infra : Οἷον ἂν ἴδοις ἐξαφθέντα ἀφ' ἑτέρου

inférieur. Il exprime en très belles paroles l'action incessante et le gouvernement de la Providence. « Pendant que Dieu (le Démiurge) nous regarde, et se tourne vers chacun de nous, il arrive que la vie et la force se répandent dans nos corps échauffés de ses rayons, Mais s'il se retire dans la contemplation de soi-même, alors tout s'éteint dans le monde sensible [1]. Le pilote ballotté en pleine mer, assis au-dessus du gouvernail, dirige le navire, appuyé sur la barre. Ses regards et son intelligence atteignent au plus haut de la voûte céleste, et poursuivent leur course dans le ciel, pendant que le pilote traverse les mers. De même, le Démiurge, pour ne pas briser la matière, ou pour qu'elle ne se brise pas elle-même, après qu'il l'a unie par les liens de l'harmonie, s'y assied comme au gouvernail, ainsi qu'un pilote sur un vaisseau battu par la tempête ; il dirige cette harmonie en la gouvernant par les idées, et au lieu de regarder les astres du ciel, il regarde le Dieu d'en haut, qui a de son côté les yeux attachés sur lui [2]. »

De même que Platon, Numénius proclame l'impuissance de la raison humaine à connaître ce Dieu, supérieur au monde intelligible dont il est le principe. Mais il réserve cette connaissance ineffable à une faculté extraordinaire et tout-à-fait mystique dont Platon

λύχνου λύχνον, φῶς ἔχοντα, ὁ μὴ τὸ πρότερον ἀφείλετο, ἀλλὰ τῆς ἐν αὐτῷ ὕλης πρὸς τὸ ἐκείνου πῦρ ἐξαφθείσης.

[1] Ibid., ch. 18. Βλέποντος μὲν οὖν καὶ ἐπεςραμμένου πρὸς ἡμῶν ἕκαςον τοῦ Θεοῦ, συμβαίνει ζῆν τε καὶ βιώσκεσθαι τότε τὰ σώματα, κηδεύοντά τοῦ Θεοῦ τοῖς ἀκροβολισμοῖς· μεταςρέφοντος δὲ εἰς τὴν ἑαυτοῦ περιωπὴν τοῦ Θεοῦ, ταῦτα μὲν ἀποσβέννυσθαι.

[2] Ibid., ch. 18.

n'a jamais parlé, et qui reparaîtra fréquemment dans l'histoire du Néoplatonisme. « Nous pouvons connaître les corps, soit par les signes de l'analogie, soit par les propriétés distinctives qu'ils renferment. Quant au Bien, il n'y a aucun moyen de le connaître, ni par l'analogie du sensible, ni par la présence d'aucun objet. Mais de même qu'un homme, assis à un lieu d'observation, atteint de ses regards perçants un frêle navire lancé en pleine mer, une simple barque de pêcheur, nue, solitaire et couverte par les flots; de même celui qui s'est retiré loin des choses sensibles s'unit au Bien seul à seul, dans un commerce où il n'y a plus ni homme, ni animal, ni corps grand ou petit, mais une solitude ineffable, inénarrable et divine, que remplissent tout entière les mœurs, les habitudes, les grâces du Bien, et dans laquelle se tient le Bien au sein de la paix et de la sérénité, gouvernant avec bienveillance et veillant sur l'essence [1]. Et celui qui, adonné tout entier aux choses sensibles, s'imaginerait y recevoir la visite du Bien, et croirait le rencontrer au sein d'une grossière sensualité, celui-là se tromperait tout-à-fait; car, en réalité, il faut un art divin et non vulgaire pour parvenir au Bien. Et le meilleur moyen est d'abandonner les choses sensibles, de s'appliquer fortement aux mathématiques, et de contempler les

---

[1] Ibid., ch. 22. Οὕτω δή τινα ἀπελθόντα πόρρω ἀπὸ τῶν αἰσθητῶν ὁμιλῆσαι τῷ Ἀγαθῷ μόνῳ μόνον, ἔνθα μήτέ τις ἄνθρωπος, μήτέ τι ζῶον ἕτερον, μηδέ σῶμα μέγα, μηδὲ σμικρὸν, ἀλλά τις ἄφατος καὶ ἀδιήγητος ἀτεχνῶς ἐρημία θεσπέσιος, ἔνθα τοῦ Ἀγαθοῦ ἤδη, διατριβαί τε καὶ ἀγλαΐαι, αὐτὸ δὲ ἐν εἰρήνῃ, ἐν εὐμενείᾳ, τὸ ἤρεμον, τὸ ἡγεμονικὸν, ἵλεων, ἐποχούμενον ἐπὶ τῇ οὐσίᾳ. On retrouvera la même théorie, avec les mêmes termes, dans les *Ennéades*.

nombres, jusqu'à ce qu'on arrive à la science supérieure, qui consiste à savoir ce que c'est que l'Un [1]. »

Cette doctrine des deux principes divins, le Bien et le Démiurge, n'est point contredite par la prétendue trinité que Proclus attribue à Numénius dans son commentaire sur le Timée [2]. Des trois termes de cette trinité, le Père, le Démiurge et le monde, le dernier n'est point un véritable principe, bien que Numénius lui donne le nom de Dieu.

Indépendamment de la théologie, Numénius avait modifié le Platonisme sur d'autres points importants. Platon et son école n'admettaient que deux ordres de substances, les idées et les choses sensibles qui en participent. Numénius reconnaît, outre les choses sensibles, certains intelligibles qui participent des idées : aussi Proclus lui reproche-t-il de supposer des images, même parmi les intelligibles [3]. Cette opinion passa dans l'école de Numénius, et fut soutenue par le plus célèbre de ses disciples, Amélius. Quels sont ces intelligibles que Numénius interposait entre les idées et les choses sensibles ? C'est ce qu'il faudrait savoir pour pouvoir juger de la valeur et de la portée de sa théorie. Ce qu'on trouve de plus remarquable après sa théologie dans les fragments conservés par Eusèbe, c'est une doctrine fort développée sur l'identité de l'être et de l'incorporel, et sur le rapport de l'âme et du corps. Déjà la philosophie grecque s'était préoccupée de ce

---

[1] Ibid., 22.

[2] Procl., Com. Tim., p. 93. Νουμήνιος μὲν γὰρ τρεῖς ἀνυμνήσας θεοὺς, πατέρα μὲν καλεῖ τὸν πρῶτον, ποιητὴν δὲ τὸν δεύτερον, ποίημα δὲ τὸν τρίτον.

[3] Ibid., in Tim., 249.

double problème. Platon avait fréquemment et solidement établi que le corps, chose instable et fugitive, ne possède pas l'être, et qu'il n'y a de véritable être que l'intelligible et l'incorporel, l'idée et l'âme. D'une autre part, les Stoïciens avaient conçu l'âme par rapport au corps, comme le contenant par rapport au contenu. L'âme, selon eux, enveloppe, enchaîne, maintient les parties du corps. Ces deux principes constituent le fond même de la doctrine de Numénius ; mais, par la rigueur et la précision de ses développements, il en fait une véritable théorie, qui passera dans le Néoplatonisme alexandrin, et dont voici la substance. On ne tarde pas, en contemplant l'être véritable, à s'apercevoir que la distinction du passé et du futur ne lui convient pas [1]. Il est toujours présent, ou plutôt il est éternel. Le passé, en nous fuyant, a disparu sans retour, tandis que le futur n'est pas encore, et s'annonce seulement comme pouvant arriver à être. Il n'est donc pas raisonnable de penser que l'être n'existe pas d'une seule manière, et que tantôt il n'est plus et tantôt il n'est pas encore. Ce serait croire que la même chose est et n'est pas tout ensemble. Or, si l'être lui-même ne possède pas l'existence absolue, il serait difficile que rien pût réellement exister ; car le propre de l'être est d'être éternel, immuable, immobile, uniforme, ne pouvant naître ou périr, croître ou décroître, augmenter ou diminuer [2]. Par conséquent, le mouvement local, et toute espèce de mouvement,

---

[1] Eusèb., *Præd. ev.*, l. xi, ch. 10.

[2] Ibid., ch. 10. Εἰ δὲ οὕτως ἔχει, σχολῇ γ᾽ ἂν ἄλλο τι εἶναι δύναιτο, τοῦ ὄντος αὐτοῦ μὴ ὄντος κατὰ αὐτὸ τὸ ὄν. Τὸ γὰρ ὄν, ἀΐδιόν τε, βέ-

même le mouvement circulaire, répugne à la nature de l'être en soi [1]. Après avoir défini les caractères essentiels de l'être, Numénius montre qu'ils conviennent à l'incorporel, et établit ainsi l'identité de ces deux principes. Le vrai nom de l'incorporel est l'essence et l'être. La raison en est que l'être n'est sujet ni à la génération ni à la corruption ; qu'il n'est susceptible ni d'altération ni de perfectionnement ; qu'il répugne à tout mouvement et à tout changement ; qu'il est simple et invariable, persistant toujours dans la même essence, et ne sortant jamais de cette absolue identité que par sa volonté propre ou par l'intervention d'une cause étrangère. Si tel est l'être, il est nécessairement incorporel et ne peut être saisi que par la raison. Le corps, qui s'écoule et change sans cesse, n'est qu'une ombre de l'être [2]. Après ces considérations générales sur l'être et l'incorporel, Numénius examine les divers principes matériels, et démontre qu'aucun d'eux ne possède réellement l'être. Aucun des quatre éléments, la terre, l'eau, l'air et le feu, ne contient l'être en propre, puisque chacun est susceptible de mille métamorphoses. La matière est encore plus loin de le posséder ; fleuve au cours rapide et infini, elle n'est pas même une apparence de l'être : c'est le non-être absolu.

βαιόν τί ἐςιν, ἀεὶ κατὰ ταυτὸν καὶ ταυτὸν, καὶ οὐδὲ γέγονε μὲν, ἐφθάρη δέ.

[1] Ibid., ch. 10.

[2] Ibid., ch. 10. Ἀλλὰ μὴ γελασάτω τις, ἐὰν φῶ, τοῦ ἀσωμάτου εἶναι ὄνομα, οὐσίαν καὶ ὄν· ἡ δὲ αἰτία τοῦ ὄντος ὀνόματός ἐςι, τὸ μὴ γεγονέναι μηδὲ φθαρήσεσθαι, μηδ' ἄλλην μήτε κίνησιν μηδεμίαν ἐνδέχεσθαι· εἶναι δὲ ἁπλοῦν καὶ ἀναλλοίωτον, καὶ ἐν ἰδέᾳ τῇ αὐτῇ, καὶ μήτε ἐθελούσιον ἐξίςασθαι τῆς ταυτότητος, μήτ' ὑφ' ἑτέρου προσαναγκάζεσθαι.

Où faut-il donc chercher l'être, sinon dans l'incorporel? Le corps, chose mortelle, inerte, mobile, irrégulière de sa nature, a besoin d'un principe qui l'anime, le conserve, le règle, le contienne tout à la fois. Or, ce principe ne peut être qu'incorporel. Quel corps serait capable de tels effets sans le secours de Jupiter conservateur [1]?

En empruntant au Stoïcisme ses idées sur la communication de l'âme avec le corps, Numénius était fort loin de considérer avec les Stoïciens l'âme et le corps comme les deux principes essentiels, inséparables, indissolubles de l'être. Sa doctrine psychologique annonce au contraire un retour marqué au Platonisme, sous ce rapport. Il oppose constamment l'incorporel au corporel, à l'exemple de Platon, et ne voit dans le corps qu'un obstacle à la vie pure et parfaite de l'âme. S'il faut en croire Jamblique, il aurait exagéré le principe platonicien à tel point que le mysticisme alexandrin lui-même aurait trouvé son spiritualisme excessif. La phrase de Jamblique est très curieuse : « Les Platoniciens diffèrent entre eux d'opinion : les uns, comme Plotin et Porphyre, rapportant à un seul ordre et à une seule idée les fonctions et les facultés diverses de la vie ; les autres, comme Numénius, les opposant pour la lutte, et d'autres enfin, comme Atticus

---

[1] Ibid., l. xv, ch. 17. Ἐπεὶ δὲ τὰ σώματά ἐςι φύσει τεθνηκότα, καὶ νεκρά, καὶ πεφορημένα, καὶ οὐδ'ἕν ταὐτῷ μένοντα, ἆρ' οὐχὶ τοῦ καθέξοντος αὐτοῖς δεῖ; παντὸς μᾶλλον. Εἰ μὴ τύχοι δὲ τούτου, ἄρα μείνειεν ἄν; παντὸς ἧττον· τί οὖν ἐςι τὸ κατασχῆσον; εἰ μὲν δὴ καὶ τοῦτο εἴη σῶμα, Διὸς σωτῆρος δοκεῖ ἄν ἐμοὶ δεηθῆναι αὐτὸ παραλυόμενον καὶ σκιδνάμενον.

et Plutarque, qui de la lutte font sortir l'harmonie [1]. » Numénius apparaît dans ce passage comme un mystique qui, croyant impossible l'harmonie des deux natures, tend à une séparation violente. Cette conjecture s'accorde parfaitement avec d'autres opinions de notre philosophe sur l'origine du mal et sur la destinée de l'âme humaine. Selon Jamblique, Numénius fait sortir le mal de la matière [2], et considère comme mauvaise toute incorporation des âmes [3]. Platon professait déjà énergiquement cette doctrine. L'âme, selon lui, ne pouvait trop tôt se détacher du corps pour se rapprocher, libre et pure, de Dieu. Numénius va plus loin, la ressemblance ne lui suffit pas ; dans son mysticisme ardent, il rêve déjà l'union et l'identité de l'âme avec ses principes [4].

La doctrine de Numénius, à en juger par les fragments qui nous en ont été conservés, ne contient pas encore même en germe la philosophie alexandrine, mais elle l'annonce et la prépare. Sa psychologie dépasse le spiritualisme de Platon et aboutit à l'extase. Sa théologie n'atteint pas le suprême degré de

---

[1] Stob., *Eclog.*, éd. Heeren, p. 894. Ἤδη τοίνυν καὶ ἐν αὐτοῖς τοῖς Πλατωνικοῖς πολλοὶ διαστασιάζουσιν. Οἱ μὲν εἰς μίαν σύνταξιν, καὶ μίαν ἰδέαν τὰ εἴδη καὶ τὰ μόρια τῆς ζωῆς, καὶ τὰ ἐνεργήματα συνάγοντες, ὥσπερ Πλωτῖνός τε καὶ Πορφύριος· οἱ δὲ εἰς μάχην ταῦτα κατατείνοντες, ὥσπερ Νουμήνιος.

[2] Ibid., p. 896. Τὸ κακὸν ἀπὸ μὲν τῆς ὕλης Νουμηνίου καὶ Κρονίου πολλάκις.

[3] Ibid., p. 910. Οὐκ ἔχοντες δὲ σκοπὸν τῆς διαφορότητος, εἰς ταὐτὸ συγχέουσι τὰς ἐνσωματώσεις τῶν ὅλων, κακάς τε εἶναι πάσας διϊσχυρίζονται, καὶ διαφερόντως οἱ περὶ Κρόνιόν τε καὶ Νουμήνιον.

[4] Ibid., p. 1066. Ἕνωσιν μὲν οὖν καὶ ταυτότητα ἀδιάκριτον τῆς ψυχῆς πρὸς τὰς ἑαυτῆς ἀρχὰς πρεσβεύειν φαίνεται Νουμήνιος.

la spéculation ; elle s'arrête à un principe vague et qui flotte entre le Démiurge et le Dieu de la dialectique. Mais enfin elle élève le Platonisme à la limite extrême, au sommet du monde intelligible, et le dépose sur le seuil même du ciel inconnu où pénétrera la théologie des Alexandrins. Du reste, l'influence des idées orientales proprement dites ne se laisse guère apercevoir que dans sa doctrine de l'extase. S'il est vrai, comme il semble lui-même le dire, qu'il ait puisé abondamment à cette source, il n'est resté aucun des traités ou des fragments qui portent l'empreinte d'une telle imitation. La théologie de Numénius est toute grecque ; son premier Dieu rappelle à la fois le Dieu de Platon et le Dieu d'Aristote, le Bien, tel que le conçoit la dialectique, et l'Intelligence, telle que la définit la métaphysique. Son second Dieu n'est que le Démiurge du Timée ; il n'est ni Verbe ni médiateur, et ne ressemble en rien à l'Archange suprême de Philon. Syrien de naissance et profondément épris de la sagesse orientale, Numénius n'en appartient pas moins à la philosophie grecque. Il est dans le mouvement philosophique qui devait aboutir au Néoplatonisme, le plus considérable intermédiaire de la transition. A ce titre, sa doctrine est un des plus curieux phénomènes à observer, dans l'histoire des transformations du Platonisme.

Toutes ces doctrines annoncent une double tendance de la philosophie grecque. Elle cherche déjà à reconstituer les diverses écoles dans le sein du Platonisme, et, en outre, à l'aide de Platon, elle aspire à franchir les limites de la théologie grecque. Réduite à ses propres forces, elle n'y peut réussir ; elle rapproche les doctrines, sans recomposer l'unité de la philosophie ; elle dépasse la théologie d'Aristote et même de Platon, mais sans atteindre encore à la suprême unité. Pour accomplir cette double tâche, il fallait un tout autre génie et un plus puissant effort.

Alexandrie, à l'époque où Ammonius Saccas commença d'enseigner, était devenue le sanctuaire de la sagesse universelle. Asile des vieilles traditions de l'Orient, elle était en même temps le foyer des nouvelles doctrines. L'école de Philon y représentait le Judaïsme hellénisant. La Gnose y résumait toutes les traditions de la Syrie, de la Chaldée, de la Perse, mêlées au Judaïsme, au Christianisme et même à la philosophie grecque. L'école des Pères alexandrins élevait la pensée chrétienne à une hauteur qu'elle ne devait point dépasser, et qui effraiera l'orthodoxie des conciles. Une vie puissante circulait dans toutes ces écoles et fécondait toutes leurs discussions. Philon, Basilide, Valentin, saint Clément, Origène ouvraient à la pensée des perspectives nouvelles, et lui révélaient des mystères que le génie d'un Platon ou d'un Aristote n'avait jamais sondés. La philosophie grecque, si abstraite dans les Éléates, si haute dans Platon, si profonde dans Aristote, s'était montrée impuissante dans le problème capital des premiers principes des choses. Elle n'avait pu s'élever jusqu'à la conception de l'unité absolue, source de toute existence et principe de toute création, et en était restée à la doctrine des deux principes co-éternels et indépendants l'un de l'autre, quant à leur substance. Le Dieu du Timée n'est qu'un Démiurge qui ordonne la matière sur le plan des idées, sans la créer. Le Dieu d'Aristote n'est qu'un moteur incomparable qui meut par attraction, sans sortir de son repos. Le Dieu de la logique éléatique et de la dialectique platonicienne est une unité abstraite dans laquelle le monde se trouve, non pas compris, mais supprimé. Ce n'est point là le vrai Dieu au sein duquel tout est, tout vit, et tout se meut. Quant au Dieu des Stoïciens, il contient la matière en soi, non comme une expansion de sa puissance, mais comme un élément intégrant de sa nature intime. En faisant rentrer la matière en Dieu, les Stoïciens avaient supprimé la difficulté ; mais en la rattachant comme une condition nécessaire de son existence, ils créaient une autre difficulté plus grande. Le génie de l'Orient n'hésitait point sur ces redoutables questions. On l'a vu, dans Philon, dans la Gnose, dans Origène, embrasser dans toute son étendue et pénétrer dans toute sa profondeur le principe des choses ; on l'a vu se transporter au sommet des essences, s'établir en quelque sorte dans le sein de Dieu, et contempler de là les émanations mystérieuses de sa nature et les merveilles de sa puissance. Tout se trouvait expliqué dès lors, la création, la matière, la chute des êtres créés, leur destinée future. De même, sur les rapports de l'homme et du monde à Dieu, la pensée grecque n'avait jamais été bien profonde. Le Platonisme et le Stoïcisme décrivaient et célébraient la Providence dans un fort beau langage ; mais tout préoccupés des rapports moraux, ils ne songeaient pas à expliquer les rapports métaphysiques qui unissent la créature au Créateur. Or, il ne suffisait point de représenter le principe suprême des choses comme le Père et le roi de l'univers répandant sur les êtres ses faveurs et ses dons, et veillant à la fois sur l'ensemble et sur les détails de son empire. Il fallait montrer en Dieu le principe de l'être et de la substance des choses, et comment la nature et l'humanité existent dans la nature divine sans se confondre avec elle. C'est ce que la philosophie grecque ne pouvait faire, n'ayant pas su comprendre le principe divin dans toute son étendue. Enfermée dans le dualisme, la pensée d'Aristote et même de Platon ne pouvait expliquer ni la communication constante et intime, ni surtout l'union de l'âme avec Dieu. Dans la théologie orientale, au contraire, rien n'était plus simple que la participation de la nature et de l'humanité au divin. Du moment que Dieu est conçu comme l'unité qui comprend tous les êtres, comme l'abîme d'où tout sort et où tout rentre, la communication nécessaire, intime des êtres avec leur principe, devient non seulement naturelle, mais nécessaire métaphysiquement, et le mysticisme oriental peut dire en toute vérité, *in Deo vivimus, movemur et sumus*. L'union en Dieu n'est plus une faveur miraculeuse de la bonté divine ou un effort incompréhensible de la vertu humaine ; c'est la loi et la fin de toute destinée.

Sur tous ces problèmes que la philosophie grecque avait à peine osé soulever, les écoles de l'Orient apportaient des solutions puissantes, originales, où la fiction se mêlait à la vérité, où le génie de l'hypothèse suppléait à l'impuissance de la raison. Mais plus ces doctrines étaient hardies, plus elles convenaient au tempérament des intelligences orientales, qui avaient moins le goût de la mesure que de la grandeur, et chez lesquelles le sentiment du sublime et la passion du merveilleux dominaient l'amour du vrai et du beau. Tel était le bruit, tel était l'éclat de ces écoles qu'on distinguait à peine dans le silence et l'obscurité du Musée les mouvements et les luttes des vieilles écoles grecques. Pendant que l'Académie, le Lycée, le Portique s'y livrent des combats sans gloire et sans résultats, l'école juive, l'école chrétienne, la Gnose agitent l'Orient par leurs discussions et l'illuminent de leurs doctrines. Ces écoles n'éclipsent pas seulement la pensée grecque par la splendeur de leurs traditions; elles tendent en outre à l'absorber. Les belles conceptions du génie grec à son apogée, après avoir traîné si longtemps dans la poussière des écoles, reparaissent, avec l'éclatante auréole de l'imagination orientale, dans les doctrines de Philon, de la Gnose et des Pères alexandrins. Les écoles de l'Orient prennent à la philosophie grecque sa pensée et son langage tout à la fois. L'idéalisme de Platon, perdu depuis longtemps dans des spéculations abstraites sur les nombres, retrouve dans Philon, dans Origène, dans Valentin, son charme puissant et ses riches couleurs. L'enthousiasme des Orientaux prête à la pensée grecque des formes nouvelles d'une ampleur et d'une magnificence incomparables. L'esprit platonicien semble se complaire dans cette transformation, et s'empresse de déserter ce sol aride des écoles grecques pour reprendre la vie et la force dans les écoles de l'Orient. Philon, saint Clément, Origène, deviennent les vrais héritiers de Platon; ils en parlent avec tant d'éloquence et d'inspiration qu'ils semblent en avoir dérobé le secret aux Grecs eux-mêmes. Tout ce que la philosophie contenait de vrai et de fécond, la théorie des *idées*, la doctrine de l'âme et de la vie spirituelle, la théorie des facultés propres à l'âme, la doctrine de l'intelligence pure, passent aux Orientaux, qui ne laissent aux Grecs que leurs discussions sophistiques et leurs vaines subtilités. Devenue ainsi la proie des écoles nouvelles qui s'en partagent les lambeaux, il semble que la philosophie grecque touche à sa fin, et que ce brillant héritage doit tomber irrévocablement en des mains étrangères. Et encore, si ces nouveaux disciples de Platon conservaient et développaient les doctrines de Platon dans toute sa pureté primitive, la philosophie grecque pourrait se consoler d'avoir changé de maîtres et de patrie, n'ayant pas changé d'esprit. Mais ses nouveaux maîtres lui font une tout autre destinée. Ils réduisent cette philosophie, si orgueilleuse de ses souvenirs, si confiante en ses doctrines, à être l'organe des doctrines étrangères. Philon, Origène, les Gnostiques font servir ses théories et ses formules à la démonstration et à la définition d'idées qui lui sont antipathiques. On a vu dans Philon et dans Origène comment la théorie platonicienne du monde intelligible se transforme en la doctrine tout orientale du Verbe; comment l'âme universelle de Platon et des Stoïciens devient l'Esprit de vie qui pénètre le monde et l'humanité; comment le Timée sert de commentaire à la Genèse. La philosophie grecque est traitée par ces étrangers comme une esclave; il faut qu'elle se plie à toutes les exigences d'une foi impérieuse. C'est une ennemie vaincue que l'Orient traîne à la suite de ses traditions, pour servir d'ornement à son triomphe. Ainsi elle n'est pas menacée seulement de changer de patrie; elle est en voie de transformation complète et d'absorption, en péril de mort. C'est alors que paraissent Ammonius et Plotin. La mission de ces grands esprits fut de relever la philosophie grecque, et de la soustraire aux influences absorbantes de l'Orient. Pour atteindre ce but, il y avait trois choses à faire : d'abord rétablir dans son intégrité la pensée grecque corrompue par les fictions de l'Orient, et montrer aux barbares qu'ils comprennent mal ces doctrines dont ils parlent sans cesse ; ensuite la reconstituer par l'alliance systématique des principales doctrines dont elle se compose ; enfin la féconder, l'agrandir, l'élever, par la puissance d'un principe nouveau, jusqu'à la hauteur des plus sublimes conceptions de l'Orient. C'est ce que comprirent admirablement les fondateurs du Néoplatonisme. L'origine grecque de cette philosophie est manifeste ; elle ne se distingue pas seulement des doctrines orientales, elle se pose en adversaire et en ennemie de tout ce qui ne vient pas de la Grèce. Dans le cours de son développement, l'école néoplatonicienne s'attaque particulièrement au Christianisme, parce que de ce côté le danger est imminent ; mais dans le principe, elle confond dans son antipathie tout ce qui vient de l'Orient, le Judaïsme et la Gnose, comme le Christianisme pur. Pleine de dédain pour les mystères de la sagesse orientale, elle professe un véritable culte pour les doctrines philosophiques et les traditions religieuses de la Grèce ; elle n'entend pas suivre d'autres guides, que les vrais et purs organes de la pensée grecque, Pythagore, Parménide, Platon, Aristote, Zénon ; et, si elle subit l'influence des doctrines de l'Orient, c'est à son insu et malgré elle. Il faut entendre Plotin dans sa polémique contre les Gnostiques : « Que dirai-je de certains états qu'ils attribuent à l'âme? Ils parlent d'exils, d'empreintes, de regrets. S'ils veulent exprimer par là, soit les regrets de notre âme en péché, soit la nécessité où elle se trouve de voir les images des choses avant les choses elles-mêmes, c'est là un vain langage inventé pour donner du corps à leur secte; car, c'est pour n'avoir pu atteindre jusqu'à l'antique sagesse des Grecs qu'ils imaginent ces fictions. Les Grecs avaient parlé avant eux avec clarté et simplicité des efforts de l'âme pour sortir de la caverne et pour s'élever insensiblement à une contemplation plus vraie. Des dogmes qui composent la doctrine de ces novateurs, les uns sont dérobés à Platon; les autres, qui constituent leur doctrine propre, sont des innovations contraires à la vérité. C'est ainsi que les jugements et les fleuves des enfers et les transmigrations des âmes, les trois principes du monde intelligible, l'Être, l'Intelligence et le Démiurge, l'Ame elle-même, sont empruntés aux paroles de Platon dans le Timée....... C'est à Platon qu'il faut rapporter toutes ces doctrines, si on veut être dans le vrai. Quant à ceux qui veulent absolument différer de Platon, ce n'est point par des injures et des sarcasmes dirigés contre les anciens qu'ils doivent établir leur propre doctrine dans l'esprit de leurs auditeurs; c'est en montrant ce qui leur appartient, indépendamment de la tradition, et en l'exposant avec une réserve et une bienveillance vraiment philosophiques. Car tout ce que les anciens nous ont transmis sur les choses intelligibles sera toujours regardé comme ce qu'il y a de meilleur et de plus savant par tous ceux qui ne se laissent pas surprendre par l'erreur[1]. » Cette critique ne

[1] Plot., *En.*, II, ix, 6.

s'adresse point à une secte particulière ; elle comprend tous les Gnostiques, Chrétiens, Juifs ou autres, c'est-à-dire toutes les écoles orientales qui ont tenté de mêler les idées grecques à leurs propres traditions : c'est une réaction énergique de l'esprit grec contre les influences de l'Orient.

DEUXIÈME PARTIE.

ANALYSE.

LIVRE PREMIER.

CHAPITRE PREMIER.

Potamon. Ammonius Saccas. Origène. Longin.

Ce n'est point l'éclectisme de Potamon qui pouvait préparer les voies au Néoplatonisme alexandrin. S'il est vrai qu'Ammonius ait suivi l'enseignement de ce philosophe, on n'aperçoit guère de rapport entre l'œuvre mesquine du maître et la grande entreprise du disciple. « Naguère, dit Diogène de Laërte, une école éclectique fut fondée par Potamon l'Alexandrin, lequel choisissait les doctrines qui lui avaient convenu dans chaque école. Il lui parut que le critérium de la vérité est multiple, et comprend d'une part le principe même qui dirige le jugement, et de l'autre le moyen dont se sert la faculté de juger, à savoir, l'image parfaitement claire de l'objet. Quant aux principes de toutes choses, il en distinguait quatre, la matière, la qualité, la création ($\pi o \iota \eta \sigma \iota \nu$) et la position ; car toute chose a pour condition d'existence l'origine, la cause, le comment et le lieu. La fin à laquelle il veut que tout soit rapporté, c'est une vie parfaite, en tant qu'elle renferme toute vertu, même les biens extérieurs et corporels [1]. » Ce passage de Diogène de Laërte, seul document qui nous reste sur la doctrine de Potamon, montre que l'éclectisme de cet Alexandrin avait surtout pour but de concilier les parties inférieures de la philosophie socratique, le Stoïcisme et l'Épicurisme. La logique, la physique, la morale seules y figurent. Dans cet oubli de la métaphysique, on doit reconnaître un philosophe formé à l'école d'Épicure ou à celle de Zénon. Sa théorie du principe des choses est tout ce qui répugne le plus à l'esprit même du Platonisme. Comment pourrait-on voir en Potamon le fondateur ou même le précurseur du Néoplatonisme? Le vrai fondateur est Ammonius Saccas, comme le vrai précurseur est Numénius.

Le Néoplatonisme eut Alexandrie pour berceau, mais se répandit bientôt dans toutes les provinces de l'empire. Ses deux chefs les plus illustres enseignèrent, l'un à Rome, où il attira de nombreux disciples; l'autre à Athènes, où il fonda une école qui a lutté jusqu'au dernier moment contre le Christianisme. D'autres écoles néoplatoniciennes fleurirent à Éphèse et à Pergame. Alexandrie resta sans doute le foyer principal du Néoplatonisme; mais, grâce à cette

---

[1] Diog. Laert., *Introduct.*,. Ἔτι δὲ πρὸ ὀλίγου καὶ ἐκλεκτική τις αἵρεσις εἰσήχθη ὑπὸ Ποτάμωνος τοῦ Ἀλεξανδρέως, ἐκλεξαμένου τὰ ἀρέσαντα ἐξ ἑκάστης τῶν αἱρέσεων. Ἀρέσκει δ'αὐτῷ (κατὰ φησιν ἐν τῇ στοιχειώσει) κριτήρια τῆς ἀληθείας εἶναι, τὸ μὲν, ὡς ὑφ'οὗ γίγνεται ἡ κρίσις, τοῦτ' ἔστι τὸ ἡγεμονικὸν· τὸ μὲν, ὡς δι'οὗ, οἷον τὴν ἀκριβεστάτην φαντασίαν. Ἀρχάς τε τῶν ὅλων, τήν τε ὕλην καὶ τὸ ποιὸν, ποίησίν τε καὶ τόπον. Ἐξ οὗ γὰρ καὶ ὑφ'οὗ καὶ ποῦ καὶ ἐν ᾧ. Τέλος δὲ εἶναι ἐφ'ὃ πάντα ἀναφέρεται, ζωὴν κατὰ πᾶσαν ἀρετὴν τελείαν, οὐκ ἄνευ τῶν τοῦ σώματος κατὰ φύσιν καὶ τοῦ ἐκτός.

unité que la domination romaine venait d'établir dans le monde, l'esprit de l'école alexandrine pénétra partout, inspira toutes les œuvres de la science, et devient l'esprit universel des écoles philosophiques. Cette universalité s'explique aisément, si on songe que partout le sentiment de la vie contemplative et mystique, né du contact de l'Orient et de la situation politique du monde ancien, gagnait les écoles et les préparait à cette transformation que le Néoplatonisme alexandrin vint accomplir. Pour ces raisons, peut-être serait-il plus exact de comprendre les doctrines philosophiques d'Ammonius, de Plotin, de Porphyre, d'Iamblique, d'Hiéroclès, de Proclus, d'Olympiodore, sous le nom de Néoplatonisme, que sous celui de philosophie alexandrine. Cette dénomination semble d'autant plus convenable que la restauration du Platonisme ne fut nullement préparée par le travail des écoles du Musée. On vient de voir à quoi se réduit l'éclectisme de Potamon. On sait, par des témoignages authentiques, que le Platonisme est, de toutes les doctrines de la philosophie grecque, celle qui a le moins fleuri au Musée. Quand Ammonius parut, les écoles du Musée étaient tombées dans la plus triste impuissance ; nul signe de vie, nul symptôme de transformation n'y annonçait une philosophie nouvelle. L'impulsion vint du dehors. Ce fut le spectacle des grandes écoles religieuses de l'Orient en face des misères de la philosophie grecque ; ce fut surtout l'inspiration d'un esprit nouveau qui suscita le Néoplatonisme alexandrin. Loin d'en être l'origine et le principe, c'est à peine si on peut dire que le Musée en fut le berceau.

Ammonius est le vrai fondateur du Néoplatonisme :

tous les témoignages des historiens de cette époque s'accordent à le reconnaître. Né de parents chrétiens, il abandonna la religion de sa famille pour le culte de la philosophie pure. Comme à ce moment la philosophie grecque n'avait point encore confondu sa cause avec celle du Polythéisme, il serait possible qu'Ammonius fût resté bienveillant pour le Christianisme, et même qu'il en eût retenu certaines idées. Alors la guerre n'avait point encore éclaté entre la philosophie et les docteurs chrétiens ; les écoles de philosophie étaient fréquentées par des Chrétiens, et réciproquement. Beaucoup de philosophes passaient au Christianisme, emportant des écoles toute leur doctrine philosophique. Il paraît certain qu'Origène, Héraclas, et un grand nombre de Chrétiens célèbres, ont assisté aux leçons d'Ammonius ; il n'y a pas de raison sérieuse de révoquer en doute à cet égard le témoignage de Porphyre. Mais il faudrait bien se garder d'en conclure qu'Ammonius enseignât le Christianisme. Eusèbe et saint Jérôme (d'après Eusèbe) ont prétendu, contradictoirement au témoignage de Porphyre, cité par Suidas, qu'Ammonius était resté chrétien jusqu'à sa mort. Cette opinion ne soutient pas l'examen ; elle repose sur la confusion d'Ammonius Saccas, fondateur du Néoplatonisme, avec un autre docteur chrétien de ce nom qui vécut vers le même temps et laissa de nombreux ouvrages théologiques, entre autres un livre sur l'accord de Moïse et de Jésus, cité par Eusèbe [1]. Or il est constant, d'après le double témoignage de Longin et de Porphyre, que le fondateur de l'école

---

[1] Eusèb., *Hist. eccl.*, vi, 19.

d'Alexandrie n'avait rien écrit, et que son enseignement n'avait été transmis à ses disciples que par voie de tradition. D'ailleurs, quand nous n'aurions pas le témoignage de Longin et de Porphyre, la tendance bien connue de l'école alexandrine, et le caractère des doctrines qui en sont sorties, suffiraient à nous prouver que la doctrine d'Ammonius était une philosophie essentiellement grecque et parfaitement indépendante de toute foi religieuse. Ammonius a pu se montrer conciliant à l'égard des dogmes chrétiens dans un temps où la religion nouvelle recherchait l'alliance de Platon ; mais il n'est pas permis de croire qu'en quittant le Christianisme pour la philosophie, il ait fait ses réserves en faveur des croyances de sa jeunesse.

Il n'est pas possible de connaître d'une manière précise la doctrine contenue dans l'enseignement d'Ammonius. Vouloir en juger par les livres de Plotin serait tout aussi téméraire que de chercher la doctrine de Socrate dans les dialogues de Platon. Mais si la doctrine d'Ammonius doit rester pour nous un mystère, les témoignages que nous a laissés l'antiquité sur Ammonius nous révèlent clairement le caractère général et l'esprit même de son enseignement. Il importe de réunir sur ce point toutes les lumières de l'histoire de la philosophie. Porphyre est la première autorité et la plus précieuse à consulter sur Ammonius. Dans la vie de Plotin, il caractérise ainsi la méthode de son maître : « Aucun livre ne fixait exclusivement son choix ; il montrait dans la méditation un génie original et indépendant, et portait dans ses recherches l'esprit d'Ammonius. Il se pénétrait promptement des pensées d'autrui, et les expliquant en peu de mots, s'élevait au plus haut point de la contemplation [1]. » Puisque, au témoignage de Porphyre, l'esprit d'Ammonius animait la philosophie de Plotin, il est permis de rapporter au premier tout ce que Porphyre raconte sur la méthode du second, à savoir, l'originalité et l'indépendance de la pensée, l'ardeur et la puissance de la contemplation. Ce témoignage de Porphyre se trouve confirmé dans un fragment du livre d'Hiéroclès sur la Providence, cité plus loin. Enfin on sait qu'Ammonius était considéré par toute son école comme inspiré de Dieu (θεοδίδακτος). Ces passages suffisent pour montrer clairement l'esprit et la méthode de la philosophie d'Ammonius. Ce philosophe n'était point un éclectique, à la manière de Potamon, qui composa une doctrine avec des emprunts faits à toutes les écoles ; c'était un penseur puissant et original, qui voyait de haut les doctrines antérieures, et en discernait facilement le côté vrai (τὸ ἀληθινὸν), mais qui, du reste, cherchait toute vérité à sa source première, à savoir, l'intuition vive et profonde de l'intelligence.

Le caractère général et le but de l'enseignement d'Ammonius ont été indiqués avec non moins de précision par Hiéroclès. « Cette manière de philosopher se maintint dans les écoles philosophiques jusqu'à Ammonius d'Alexandrie, l'inspiré de Dieu. Ce fut lui qui le premier, s'attachant avec enthousiasme à ce qu'il y a de vrai dans la philosophie, et voyant par dessus les opinions communes qui rendaient la philosophie un

---

[1] Porph., *Vie de Plotin*, ch. 4. Καὶ τοῦ Ἀμμωνίου φέρων νοῦν ἐν ταῖς ἐξετάσεσιν.

objet de mépris, comprit bien la doctrine de Platon et d'Aristote, et les réunit en un seul et même esprit, livrant ainsi la philosophie en paix à ses disciples [1]. » Dans le passage suivant, Hiéroclès est encore plus explicite. « Par suite d'un désaccord entre les deux doctrines dont nous venons de parler, les uns se jettent volontairement dans la dispute et l'excès (les opinions excentriques), les autres se laissent asservir par le préjugé et l'ignorance. Et telles étaient les dispositions de la majorité des philosophes, lorsque brilla tout-à-coup la sagesse supérieure d'Ammonius, qu'on célèbre sous le nom d'inspiré de Dieu. Ce fut lui, en effet, qui purifiant les opinions des anciens philosophes, et transformant les rêveries écloses de part et d'autre, établit l'harmonie entre les doctrines de Platon et d'Aristote, dans ce qu'elles ont d'essentiel et de fondamental [2]. » Ainsi le but de l'entreprise d'Ammonius est bien clair. Il se propose de réconcilier les doctrines de Platon et d'Aristote, et par là de reconstituer la philosophie

[1] *Bibl.* Photius, p. 461. Καὶ διέμεινε τοῦτο τὸ πάθος ταῖς φιλοσόφοις διατριβαῖς ἐσκῆψαν ἕως Ἀμμωνίου τοῦ Ἀλεξανδρέως τοῦ Θεοδιδάκτου. Οὗτος γὰρ πρῶτος ἐνθουσιάσας πρὸς τὸ τῆς φιλοσοφίας ἀληθινὸν, καὶ τὰς τῶν πολλῶν δόξας ὑπεριδὼν τὰς ὄνειδος φιλοσοφίᾳ προστριβομένας, ἰδὲ καλῶς τὰ ἑκατέρου (il s'agit de Platon et d'Aristote) καὶ συνήγαγεν εἰς ἕνα καὶ τὸν αὐτὸν νοῦν, καὶ ἀστασίαστον τὴν φιλοσοφίαν παραδέδωκε πᾶσι τοῖς αὐτοῦ γνωρίμοις, μάλιστα δὲ τοῖς ἀρίστοις τῶν αὐτῶν συγγεγονότων Πλωτίνῳ καὶ Ὠριγένει καὶ τοῖς ἑξῆς ἀπὸ τούτων.

[2] Phot., p. 127. Καὶ πολὺν τοὺς ἔμπροσθεν ζῆσαι χορὸν, μέχρις ὅτου ἡ Ἀμμωνίου σοφία διέλαμψεν, ὃν καὶ Θεοδίδακτον ἐπικαλεῖσθαι ὑμνεῖ· τοῦτον γὰρ τὰς τῶν παλαιῶν ἀνδρῶν διακαθάραντα δόξας, καὶ τοὺς ἑκατέρωθεν ἀναφυομένους ἀποσκευασάμενον λήρους, σύμφωνον ἐν τοῖς ἐπικαίροις τε καὶ ἀναγκαιοτάτοις τῶν δογμάτων Πλάτωνός τε καὶ Ἀριστοτέλους τὴν γνώμην ἀποφῆναι.— Ibid., p. 173.

grecque sur ses deux grandes bases. Mais les termes mêmes dont se sert Hiéroclès annoncent une œuvre éminemment systématique : il ne s'y agit pas de rapprocher et de confondre des doctrines disparates dans un syncrétisme aveugle, mais bien de réunir dans une vraie synthèse les doctrines du passé, épurées et transformées par une critique supérieure.

Voilà tout ce qu'on peut connaître clairement du but et de l'esprit de la philosophie d'Ammonius. Quant aux doctrines mêmes dont se composait son enseignement, on sait qu'Ammonius n'avait rien écrit. Il est permis de croire que l'auteur des Ennéades a trouvé dans les leçons de son maître la méthode générale et la substance même de sa philosophie. Porphyre dit quelque part que la doctrine d'Ammonius avait fait pendant longtemps le fond des entretiens de Plotin, au sein de son école [1]. Toutefois l'histoire n'en est pas tout-à-fait réduite à ces vagues indications. Un Néoplatonicien de la fin du IVe siècle, l'évêque Némésius, reproduit deux démonstrations, l'une sur l'immatérialité de l'âme, qu'il attribue à la fois à Numénius et à Ammonius, l'autre sur l'union de l'âme avec le corps, qu'il rapporte exclusivement à Ammonius. Citons d'abord les deux passages. « Il suffira d'opposer les raisons d'Ammonius, maître de Plotin, et de Numénius le pythagoricien, à tous ceux qui prétendent que l'âme est matérielle. Or, voici ces raisons : les corps n'ayant en eux rien d'immuable, sont naturellement sujets au changement, à

---

[1] Porph., *Vie de Plotin*, ch. 3. Ἐκ δὲ τῆς Ἀμμωνίου συνουσίας ποιούμενος τὰς διατριβάς.

la dissolution, et à des divisions infinies ; il leur faut nécessairement un principe qui leur donne de la consistance, qui en lie et en affermisse les parties. C'est ce principe d'unité que nous appelons âme. Mais, si l'âme est aussi matérielle, quelque subtile que soit la matière qui la compose, qui pourra lui donner à elle-même de la consistance, puisque nous venons de voir que toute matière a besoin d'un principe d'unité? Il en sera de même à l'infini, jusqu'à ce qu'enfin nous rencontrions une substance immatérielle [1]. » Voici le second passage : « Ammonius, maître de Plotin, expliquait ainsi la difficulté qui nous occupe. Il disait que les intelligibles ont, en vertu de leur nature, la propriété de s'unir aux choses qui peuvent les recevoir, comme tout ce qui périt par la confusion, mais que, tout en étant unies, elles restent pures et incorruptibles, comme tout ce qui coexiste sans se confondre ; car pour les corps, l'union opère le changement complet des parties qui se rapprochent, puisqu'elles forment d'autres corps. C'est ainsi que les éléments se changent en corps composés, la nourriture en sang, le sang en chair et en d'autres parties du corps. Mais pour les intelligibles, l'union se fait sans qu'il en résulte de changement ; car il répugne à

---

[1] Nemes., *De nat. hom.*, ch. 2, p. 70, éd. Matthæi. Τὰ σώματα τῇ οἰκείᾳ φύσει τρεπτὰ ὄντα καὶ σκεδαςὰ καὶ δι ὅλου εἰς ἄπειρον τμητά, μηδενὸς ἐν αὐτοῖς ἀμεταβλήτου ὑπολειπομένου, δεῖται τοῦ συντιθέντος καὶ συνάγοντος καὶ ὥσπερ συσφίγγοντος καὶ συγκρατοῦντος αὐτά, ὅπερ ψυχὴν λέγομεν. Εἰ τοίνυν σῶμα ἐςὶν ἡ ψυχὴ οἱονδήποτε, εἰ καὶ λεπτομερίςατον, τί πάλιν ἐςι τὸ συνέχον ἐκείνην; ἐδείχθη γὰρ, πᾶν σῶμα δεῖσθαι τοῦ συνέχοντος, καὶ οὕτως εἰς ἄπειρον, ἕως ἂν καταντήσωμεν εἰς ἀσώματον.

la nature de l'intelligible de changer d'essence. Il disparaît ou cesse d'être, mais il ne supporte pas le changement. Or l'intelligible ne peut cesser d'être : autrement il ne serait point immortel ; et, comme l'âme est la vie, si elle changeait dans l'union, elle deviendrait autre chose, et ne serait plus la vie. Que procurerait-elle donc au corps, si elle ne lui donnait pas la vie? L'âme ne change donc pas de nature dans son union [1]. » Ces deux passages de Némésius sont curieux à plusieurs titres. Ils nous révèlent l'identité de pensée de Numénius et d'Ammonius sur deux points essentiels, l'immatérialité de l'âme, et son union avec le corps. Nous pouvions croire jusque là, d'après la ressemblance générale des doctrines, et surtout d'après le témoignage de Porphyre, que Numénius avait exercé une certaine influence sur les fondateurs du Néoplatonisme ; le témoignage de Némésius seul nous apprend qu'Ammonius a puisé sa doctrine psychologique dans les écrits de Numénius.

---

[1] Nemes., *De nat. hom.*, ch. 3, p. 129, éd. Matthæi. Ἔλεγε (Ἀμμώνιος) τὰ νοητὰ τοιαύτην ἔχειν φύσιν, ὡς καὶ ἑνοῦσθαι τοῖς δυναμένοις αὐτὰ δέξασθαι, καθάπερ τὰ συνεφθαρμένα, καὶ ἑνούμενα μένειν ἀσύγχυτα καὶ ἀδιάφθορα, ὡς τὰ παρακείμενα. Ἐπὶ μὲν γὰρ τῶν σωμάτων ἡ ἕνωσις ἀλλοίωσιν τῶν συνιόντων πάντως ἐργάζεται, ἐπειδήπερ εἰς ἄλλα σώματα μεταβάλλεται, ὡς τὰ στοιχεῖα εἰς τὰ συγκρίματα, καὶ αἱ τροφαὶ εἰς αἷμα, τὸ δὲ αἷμα εἰς σάρκα καὶ τὰ λοιπὰ μόρια τοῦ σώματος· ἐπὶ δὲ τῶν νοητῶν ἕνωσις μὲν γίνεται, ἀλλοίωσις δὲ οὐ παρακολουθεῖ. Οὐ γὰρ πέφυκε τὸ νοητὸν κατ' οὐσίαν ἀλλοιοῦσθαι· ἀλλ' ἢ ἐξίσταται, ἢ εἰς τὸ μὴ ὂν φθείρεται· μεταβολὴν δὲ οὐκ ἐπιδέχεται, ἀλλ' οὔτε εἰς τὸ μὴ ὂν φθείρεται. Οὐ γὰρ ἦν ἀθάνατον καὶ ἡ ψυχὴ ζωὴ οὖσα εἰ ἐν τῇ κράσει μετέβαλλετο, ἠλλοιώθη ἂν καὶ οὐκ ἔτι ἦν ζωή. Τί δὲ συνεβάλλετο τῷ σώματι, εἰ μὴ παρεῖχεν αὐτῷ τὴν ζωήν ; οὐκ ἄρα ἀλλοιοῦται ἡ ψυχὴ ἐν τῇ ἑνώσει.

Mais ce qui importe le plus, c'est de savoir si les citations de Némésius nous font réellement connaître un fragment de la pensée d'Ammonius. On ne peut la considérer comme l'expression littérale de la doctrine de ce philosophe, puisqu'il est constant qu'il n'a laissé à ses disciples qu'une tradition orale. Mais le fait attesté par Porphyre infirme-t-il absolument la valeur des passages cités? Ne peut-on pas y voir l'expression de l'enseignement oral transmis par Ammonius? Cette hypothèse soulève beaucoup de difficultés. On peut objecter qu'une tradition, renfermée d'abord si sévèrement dans l'enceinte de l'école, a dû parvenir difficilement jusqu'à Némésius; que d'ailleurs les successeurs immédiats d'Ammonius, Plotin, Amélius, Porphyre, n'en ont absolument rien reproduit dans leurs ouvrages; qu'enfin, s'il est facile de concevoir comment la tradition peut transmettre le caractère général et le principe même d'une doctrine, il l'est beaucoup moins de s'expliquer la transmission, par cette voie, d'une théorie spéciale, d'une démonstration particulière. Ainsi il n'y a pas de raison de récuser le témoignage d'Hiéroclès, signalant dans une histoire rapide des doctrines philosophiques l'esprit général de la réforme accomplie par Ammonius, bien que les contemporains et les successeurs immédiats du chef de l'école d'Alexandrie n'en aient point parlé. Mais comment croire que les démonstrations d'Ammonius sur l'immatérialité de l'âme et sur son union avec le corps aient pu traverser la chaîne des temps et des doctrines, sans se perdre ou du moins s'altérer? Toutes ces raisons n'infirment pas la valeur des citations de Némésius. Le silence des contemporains ou des successeurs d'Ammonius sur sa doctrine psychologique n'est point un argument concluant, parce que rien ne prouve que, dans le grand nombre d'ouvrages perdus, il n'en ait pas été fait mention. D'un autre côté, il est possible de concevoir la transmission d'une doctrine spéciale, à travers les temps, au sein d'une même école. D'ailleurs, si les citations de Némésius n'expriment pas la pensée même d'Ammonius, qu'expriment-elles donc? On ne peut supposer qu'elles soient une pure invention de Némésius, ni même l'écho d'une vague rumeur répandue dans les écoles néoplatoniciennes. Car si un historien peut prêter à un philosophe antérieur une opinion imaginaire, il n'invente point les détails d'une démonstration. Mais ne pourrait-on pas admettre que Némésius, trouvant cette démonstration dans Plotin, l'aurait attribuée à Ammonius, en vertu du rapport des deux doctrines? Cette explication ne vaut qu'autant qu'on retrouvera dans Plotin non seulement la pensée, mais encore les termes mêmes des démonstrations reproduites par Némésius : c'est ce qu'il faut examiner. Sur la question de l'immatérialité de l'âme, Némésius fait dire à Ammonius : « Les corps, n'ayant en eux rien d'immuable, sont naturellement sujets au changement, à la dissolution. Il leur faut un principe d'unité qui leur donne de la consistance, qui en lie et en affermisse les parties. » Écoutons maintenant Plotin : « Il n'y aurait pas même de corps sans la puissance de l'âme; car la nature est sujette à un flux et à un mouvement perpétuel [1]. » Sur la question du rapport de l'âme et du corps, l'analogie

---

[1] Plot., IV, vii, 2.

est encore plus frappante. Ammonius dit : « L'âme est la vie ; si elle changeait dans l'union, elle ne serait plus la vie. » Plotin répète souvent que l'essence de l'âme est d'être un principe de vie ; que l'âme est la vie, et que toute vie est immortelle [1]. Ammonius pose en principe que les intelligibles conservent immuablement leur essence. Plotin affirme que l'âme ne change pas essentiellement dans son contact avec les choses sensibles [2]. En parcourant les traités psychologiques de Plotin, on trouvera une analogie non moins sensible entre les deux doctrines ; mais nulle part on ne rencontrera cette identité parfaite de pensée et de forme, de laquelle seule on pourrait conclure que Némésius n'a fait que prendre dans Plotin les démonstrations qu'il attribue à Ammonius. D'ailleurs, s'il en était ainsi, on ne voit pas pourquoi Némésius, en vertu du rapport intime des deux doctrines, n'a pas cité Ammonius plus fréquemment ; car son livre est plein d'idées et même d'images évidemment empruntées à Plotin. Si donc il n'a cité Ammonius que sur deux points, c'est qu'il avait en vue, non pas un texte, mais une tradition précise attribuée, dans les écoles du Néoplatonisme, au maître de Plotin. Comment cette tradition lui était-elle parvenue ? N'y avait-il pas des témoignages antérieurs au sien ? Jusqu'à quel point la tradition, en la supposant réelle, a-t-elle conservé la pensée d'Ammonius ? C'est ce qu'il est impossible de savoir. Seulement, si on pouvait comparer la citation de Némésius, relative à Numénius et à Ammonius, à l'un des fragments qui nous ont été

---

[1] Plot., IV, vii, 2. — Ibid., 12.
[2] Plot., IV, vii, 9.

conservés de ce dernier, il serait peut-être permis, en voyant le degré de ressemblance qui rapproche les deux passages, de conclure de Numénius à Ammonius. Voici une phrase de Numénius, la seule qui, dans les fragments conservés par Eusèbe, se rapporte à la démonstration de l'âme : « Puisque les corps sont par nature condamnés à la mort, privés de vie, sujets à une agitation perpétuelle, et n'ayant aucune fixité, n'ont-ils pas besoin d'un principe qui les contienne [1] ? » Or la même pensée se trouve exprimée à peu près sous la même forme dans la première phrase de la citation de Némésius sur la question de l'immatérialité de l'âme : « Les corps étant, en vertu de leur propre nature, sujets au changement, à l'entière dispersion et à une division infinie, s'il ne reste en eux rien d'immuable, ont besoin d'un principe qui les contienne [2]. » On voit, par ce rapprochement, que Némésius reproduit fidèlement la pensée de l'auteur qu'il cite. On pourrait trouver dans son livre d'autres exemples très nombreux de cette fidélité. C'est ainsi que, sans jamais citer textuellement, il conserve dans toute leur intégrité les opinions de Plotin, de Porphyre, d'Iamblique, auxquels il fait de fréquentes allusions. Quoi qu'il en soit, trois choses nous paraissent incontestables : 1° que les citations faites par Némésius ne sont point de purs extraits d'Ammonius, lequel n'avait rien écrit ; 2° qu'elles ne sont ni une invention de Némésius ni la simple reproduction des passages de Plotin ; 3° qu'elles supposent pour base une tradition d'Ammonius plus ou moins précise, mais positive,

---

[1] Eusèb., *Præp. ev.*, xv, 17. J'ai cité ce texte, *Introd.*, p. 328.
[2] Voy. p. 347.

concernant les deux questions de la nature de l'âme et de son rapport avec le corps, tradition que Némésius aurait reproduite avec plus ou moins de fidélité.

Voilà à peu près tout ce qu'on peut connaître de la philosophie d'Ammonius. Quant à ses antécédents immédiats, l'une des citations de Némésius nous apprend qu'Ammonius avait puisé dans Numénius les principes de sa doctrine psychologique. Il est probable que l'influence du philosophe pythagoricien s'étendait à toute la philosophie du fondateur de l'école d'Alexandrie; mais on ne peut rien affirmer à cet égard. Potamon est cité par plusieurs historiens comme le maître et le précurseur d'Ammonius; mais cette origine attribuée au Néoplatonisme est fort douteuse. Ce que nous savons de l'esprit, de la méthode et du principe de sa philosophie, ne rappelle en rien les procédés éclectiques et la doctrine mentionnés par Diogène de Laërte. En résumé, on connaît clairement trois points de la tradition d'Ammonius, à savoir : 1° que ce philosophe se proposait de reconstituer la philosophie grecque sur la base d'une alliance systématique entre Platon et Aristote; 2° qu'il préludait à cet éclectisme par une critique supérieure, et puisée à la source d'une forte et ardente méditation; 3° qu'il défendait, avec et d'après Numénius, les doctrines psychologiques de Platon contre Aristote et les Stoïciens. Or ces trois points de la philosophie d'Ammonius se retrouvent identiquement dans le livre qui a servi d'évangile au Néoplatonisme, dans les Ennéades de Plotin. Il est donc hors de doute qu'Ammonius a été le vrai fondateur de l'école d'Alexandrie.

Ammonius eut un grand nombre de disciples, dont les principaux furent Origène, Hérennius, Longin et Plotin. On sait que tous les quatre s'étaient engagés à ne rien écrire, afin de conserver le caractère purement traditionnel de l'enseignement de leur maître. Mais Porphyre raconte qu'Hérennius ayant violé son serment, Origène, Longin et Plotin se décidèrent successivement à publier leurs leçons. Il ne reste rien, ni fragment, ni mention, qui puisse nous donner la moindre idée des doctrines d'Hérennius. Origène, qu'il ne faut pas confondre avec le célèbre docteur chrétien de ce nom, disciple aussi d'Ammonius, avait publié un traité (περὶ δαιμόνων), et un livre adressé à l'empereur Galien, sous le titre fort énigmatique : ὅτι μόνος ποιητὴς ὁ βασιλεύς. Ce titre, si on le prend à la lettre, semble n'exprimer qu'une flatterie pour le chef de l'empire. Runkenius, par une conjecture plus ingénieuse que solide, le métamorphose ainsi : ὅτι νοῦς ποιητὴς καὶ βασιλεύς, et pense que le but de ce livre était de démontrer que l'intelligence seule a créé le monde et le gouverne après l'avoir créé, et de réfuter par là les philosophes qui, comme Plotin, avaient reconnu un principe supérieur à l'intelligence [1]. Quoi qu'il en soit de la conjecture de Runkenius, le point de doctrine qu'elle cherche à établir est confirmé par un témoignage de Proclus. Ce philosophe affirme dans sa théologie de Platon qu'Origène ne reconnaissait pas de principe supérieur à l'intelligence [2]. Nous verrons que Plotin

---

[1] Voyez *Biblioth. Fabric.*, Origène.
[2] Procl., *Theol. Plat.*, l. ii, ch. 4. Καὶ γὰρ αὖ καὶ αὐτός εἰς τὸν

est d'une tout autre opinion. Quelle était sur ce point capital la doctrine d'Ammonius? Est-ce dans Origène, est-ce dans Plotin qu'il faut en chercher l'expression? On ne peut rien savoir à cet égard. Quant à l'origine de l'opinion d'Origène, elle n'est pas douteuse. On sait que Numénius ne distinguait point encore, dans le premier principe, l'Un de l'Intelligence. Du reste, nous ne savons rien de plus sur la doctrine d'Origène. Proclus cite ce philosophe en plusieurs endroits de son commentaire sur le Timée. Il y rapporte la scène assez comique dans laquelle Origène défend avec une singulière exaltation Homère contre Platon [1], l'explication du mythe de l'Atlantide, où Origène retrouve l'opposition des bons et des mauvais démons [2], et enfin l'hypothèse tout astronomique par laquelle Origène explique l'influence du climat d'Athènes sur le génie de ses habitants [3]. Mais aucune de ces citations ne nous fournit la moindre lumière sur la doctrine philosophique d'Origène, le seul point qui ait de l'importance.

Longin, s'il faut en croire l'auteur des *Ennéades*, s'était plutôt livré aux études littéraires et philosophiques qu'à la philosophie [4]. Pourtant il avait écrit un commentaire sur le Phédon, et un autre sur le commencement du Timée. Il avait lu et revu avec soin les ouvrages de Plotin, et une longue lettre

νοῦν τελευτᾷ, καὶ τὸ πρώτιςον ὄν· τὸ δὲ ἓν τὸ πάντος νοῦ, καὶ πάντος ἐπέκεινα τοῦ ὄντος, ἀφίησι.

[1] Procl., *Com. Tim.*, p. 20.
[2] Procl., *Com. Tim.*, p. 24.
[3] Procl., *Com. Tim.*, p. 50.
[4] Procl., *Com. Tim.*, p. 27.

adressée à Porphyre nous fait connaître le jugement qu'il en portait [1]. Ce jugement est plutôt littéraire que philosophique, et ne nous éclaire point sur le fond de la pensée de Longin. Il reproche bien à Porphyre dans cette lettre d'avoir abandonné sur la question des *idées* sa première opinion pour suivre celle de Plotin. Mais quelle était cette opinion, Longin ne l'explique point. Il n'est resté des traités philosophiques de Longin qu'un fragment de son commentaire sur le Phédon conservé par Eusèbe, et quelques passages de Syrien et de Proclus où il est fait mention de quelques unes de ses opinions philosophiques. Le fragment d'Eusèbe porte sur la question de la nature de l'âme. Nous le citons presque entièrement. « Pour parler en général, tous ceux-là me paraissent s'être écartés de la vraie manière de raisonner qui ont soutenu que l'âme est un corps. Car comment peut-on soutenir sans absurdité que ce qui est propre à l'âme ressemble à quelque élément? Comment soutiendra-t-on qu'elle est le produit de mélanges et de fusions? Ces mélanges ayant lieu de plusieurs manières engendrent nécessairement les formes d'un grand nombre d'autres corps dans lesquels on peut voir, sinon immédiatement, au moins de loin le principe élémentaire lui-même, et le travail de transformation qui le fait arriver à un second ou troisième composé. Mais on ne trouve dans les corps aucun indice des choses de l'âme, s'efforçât-on, avec Epicure et Chrysippe, de tourmenter la pierre et d'en extraire toutes les propriétés du corps, pour y chercher l'origine des fonctions de l'âme. Car quel est

---

[1] Porph., *Vit., Plot.*, ch. 18. 66.

le souffle, si subtil qu'on le suppose, qui pourrait expliquer l'imagination et le raisonnement? Quelle est la figure dans les atomes qui aurait, entre toutes les autres, assez de vertus et de souplesse pour engendrer la *Sagesse*, lors même que ces atomes se combineraient pour former un nouveau corps?.... Qui ne s'indignerait à bon droit que Zénon et Cléanthe aient traité l'âme avec assez peu de respect pour soutenir qu'elle n'est qu'une exhalaison d'un corps solide? Qu'y a-t-il de commun, grands Dieux, entre une exhalaison et l'âme? Et comment pouvaient-ils, assimilant ainsi à ce phénomène naturel notre âme et celle des animaux, conserver les imaginations, les souvenirs constants, les désirs et les volontés qui ont pour but l'intelligence des choses? Est-ce que les Dieux aussi et ce Dieu suprême qui pénètre tout de sa vie, les choses terrestres et les choses célestes, seront considérés comme une exhalaison, une fumée, une vaine apparence? Ne respecterons-nous pas les paroles des poëtes qui, bien qu'ils n'aient pas une connaissance exacte des Dieux, guidés par le sentiment universel des hommes et inspirés par les Muses, ont dit sur les Dieux des paroles plus graves, et n'ont parlé ni d'exhalaisons, ni d'air, ni de souffle, ni de pareilles vanités[1]? » Cette démonstration sent plus le rhéteur que le philosophe; on n'y retrouve pas la pensée métaphysique qui fait le fond des démonstrations de Numénius, d'Ammonius et de Plotin, à savoir, la nécessité d'un principe d'unité qui rallie toutes les parties dans l'homme et dans l'univers. Toutefois, la preuve toute psychologique de Longin n'est

---

[1] Eusèb., *Præp. ev.*, l. xv, ch. 21.

pas sans valeur. Nous verrons Plotin descendre des hauteurs de la métaphysique et procéder absolument de même, montrant successivement qu'il n'est pas une faculté intellectuelle proprement dite que l'hypothèse de l'âme matérielle puisse expliquer. Il est donc très probable que la démonstration psychologique de Longin appartient à l'école même d'Ammonius. Un autre problème préoccupait vivement aussi, à ce qu'il paraît, cette école, à savoir, si les *idées* sont, par rapport au Démiurge ou Paradigme, antérieures, postérieures, ou contemporaines. Il résulte d'un passage de Proclus que Plotin se prononçait pour l'existence simultanée des idées et du Démiurge, Porphyre pour l'antériorité des idées, et Longin pour la postériorité. « D'autres plaçaient les idées après le Démiurge, par exemple Longin, lequel demandait si le Démiurge vient immédiatement après l'Un, ou bien si entre eux se trouvent d'autres ordres intelligibles [1]. » Deux autres citations de Proclus indiquent que Longin avait expliqué la doctrine de Platon, sur l'union des âmes aux germes primitifs, mais sans se prononcer sur ce point [2]. Dans un troisième, Proclus expose l'opinion de Longin sur l'influence du climat; le principe de cette théorie serait que le climat agit surtout sur les facultés naturelles de l'homme [3]. Enfin Syrien cite,

---

[1] Procl., *Com. Tim.*, p. 98. Ἐπεὶ γὰρ τῶν παλαιῶν, οἱ μὲν αὐτῶν τὸν δημιουργὸν ἐποίησαν ἔχοντα τὰ παραδείγματα τῶν ὅλων, ὡς Πλωτῖνος, οἱ δὲ οὐκ αὐτόν, πρὸ αὐτοῦ μὲν ὁ Πορφύριος, μετὰ αὐτόν τε ὡς Λογγῖνος, ὃς ἠρώτα πότερον ὁ δημιουργὸς εὐθὺς μετὰ τὸ ἓν ἐςίν, ἢ καὶ ἄλλαι τάξεις εἰσὶ νοηταὶ μεταξὺ τοῦ τε δημιουργοῦ καὶ τοῦ ἑνός.

[2] Procl., *Com. Tim.*, p. 16.

[3] Procl., *Com. Tim.*, p. 50.

dans son commentaire sur la métaphysique d'Aristote, une opinion de Longin sur un point très important, et depuis longtemps débattu au sein des écoles. Il s'agit de savoir si les idées subsistent ailleurs que dans l'esprit. « Les idées, dit Syrien, n'existent pas dans l'esprit à la façon des simples notions générales, comme Longin, dit-on, l'aurait avancé [1]. » Cette opinion de Longin s'accorderait parfaitement avec la doctrine que lui attribue Proclus sur l'antériorité du Démiurge, par rapport aux idées. Si les idées n'existent que dans l'esprit du Démiurge, il faut bien qu'elles lui soient postérieures.

Ces rares fragments ne nous font point connaître la philosophie de Longin; mais ils nous fournissent des indications précieuses sur l'esprit général et la tendance de ses doctrines. Sur la question du Démiurge, il ne suit point l'école d'Ammonius dans ses hautes et abstraites spéculations, et paraît se rattacher à la pensée de Platon, lequel n'avait jamais songé à séparer le Démiurge, ni des Idées, ni de l'Un, comme l'ont fait les Alexandrins. Sur la question de la nature de l'âme, il défend, avec Numénius, Ammonius et Plotin, la doctrine de Platon contre Aristote et les Stoïciens ; mais son goût pour la philosophie simple, claire et facile, sa répugnance pour la métaphysique transcendante se révèlent encore dans le caractère tout psychologique de sa démonstration. Sur tous les autres points où il commente la doctrine de Platon, il s'arrête toujours au sens le plus simple et à l'explication la plus

[1] Syrian., *Com. Metaph. Bagolin.*, p. 59. Neque eodem modo quo tenues illæ vulgatissimæ una cum intellectu subsistunt, ut dicebatur Longinus præferre.

naturelle, bien différent en cela des Alexandrins, qui cherchent constamment les explications les plus subtiles et les plus abstraites. Ainsi, autant qu'on peut en juger par les faibles données qui nous restent, Longin était un esprit plein de sens et de mesure, plus judicieux que profond, disciple de Platon beaucoup plus que d'Ammonius, et qui refusait de suivre l'enthousiasme alexandrin au-delà des limites du Platonisme.

CHAPITRE II.

Plotin. Théologie.

Méthode. Théorie de l'Un. Théorie de l'Intelligence. Théorie de l'Ame.

Porphyre nous a transmis dans sa biographie de Plotin les détails les plus intéressants sur l'éducation philosophique de son maître, sur le choix des lectures dont il aimait à se nourrir, sur la nature de son esprit, sur sa méthode de philosopher et d'écrire, sur sa vie mêlée de vertus pratiques et d'extases. Il suffira d'en extraire ce qui peut servir à l'explication de sa doctrine. Plotin commence l'étude de la philosophie à l'âge de vingt-huit ans. Les maîtres les plus estimés d'Alexandrie ne pouvaient satisfaire cet esprit original, impatient de quitter les voies où la philosophie se traînait péniblement ; et il sortait toujours de leur école triste et découragé, lorsqu'un ami, devinant les aspirations de son intelligence, le conduisit auprès d'Ammonius. A peine Plotin a-t-il entendu ce nouveau maître, qu'il s'écrie :

Voilà celui que je cherchais! et ne quitte plus son école. Dans son ardeur infatigable, il eut bientôt dévoré tous les livres qui pouvaient l'instruire dans la science grecque, et se tourna vers les monuments de la sagesse des Perses et des Indiens [1]. Jusqu'à quel point chercha-t-il à pénétrer les profondeurs de cette sagesse mystérieuse, et quel parti en a-t-il tiré pour son propre système, c'est ce qu'il nous sera fort difficile de démêler. Du reste, malgré le charme que l'éclat et la nouveauté de ces doctrines étrangères devaient exercer sur un esprit aussi curieux et aussi enthousiaste, Plotin resta fidèle à la philosophie grecque et à l'enseignement d'Ammonius. La doctrine de Platon devint le principe et le point de départ de ses recherches; mais Porphyre nous apprend qu'il ne négligeait aucune des grandes sources de la science grecque. Les doctrines stoïciennes et péripatéticiennes se confondent dans les profondeurs de son système, et telle était la puissance de transformation de ce génie original que les emprunts ne s'y montrent nulle part [2]. Il résume dans sa doctrine toute la métaphysique d'Aristote, en la combinant avec la dialectique de Platon. Dans les conférences de son école, on lisait assidûment les commentaires de Sévère, de Cronius, de Numénius, de Gaius et d'Atticus, philosophes platoniciens; on lisait également ceux d'Adraste, d'Aspasius, d'Alexandre, et autres péripatéticiens qui lui tombaient sous la main [3]. Mais aucun livre ne fixait particulièrement son choix; il montrait, au témoignage de Porphyre, dans la spéculation, un

---

[1] Porph., *Vit. Plot.*, ch. 3.
[2] Porph., *Vit. Plot.*, ch. 14.
[3] Porph., *Vit. Plot.*, ch. 14.

génie original et indépendant, et portait dans toutes ses recherches l'esprit d'Ammonius [1]. Sa méditation était si forte et si profonde que rien ne pouvait la troubler ni la distraire. « En causant avec nous, dit Porphyre, il pouvait à la fois satisfaire aux besoins de l'entretien et poursuivre sans s'interrompre la méditation du sujet qui l'occupait ; il vivait donc tout à la fois avec lui-même et avec les autres. Il ne se reposait jamais de cette attention intérieure ; elle cessait à peine durant un sommeil souvent troublé, par l'insuffisance de la nourriture (car parfois il ne prenait pas même de pain), et par cette concentration perpétuelle de son esprit [2]. » Quand il avait ainsi médité, la pensée jaillissait de son esprit avec une abondance et une force telles qu'il écrivait sa composition tout d'un trait, et semblait ne faire que transcrire d'un livre ce qu'il avait pensé. Plotin était beau, surtout quand il parlait : alors l'intelligence semblait s'échapper des profondeurs de son âme, pour se réfléchir sur son visage et l'illuminer de ses divins rayons. L'inspiration coulait de son front comme une rosée céleste. Naturellement agité, inquiet, timide, au point de rougir au moindre embarras, il oubliait et lui-même et les autres dans l'exaltation de sa pensée, et répondait à tout avec cette majesté douce et tranquille du génie sûr de sa force [3]. Moraliste sévère dans sa doctrine, Plotin montra dans sa conduite toutes les vertus d'un sage. Son goût pour

---

[1] Porph., *Vit. Plot.*, ch. 14. Ἐλέγετο δὲ ἐκ τούτων οὐδὲν καθάπαξ, ἀλλ' ἴδιος ἦν καὶ ἐξηλλαγμένος ἐν τῇ θεωρίᾳ, καὶ τοῦ Ἀμμωνίου φέρων νοῦν ἐν ταῖς ἐξετάσεσιν.

[2] Porph., *Vit. Plot.*, ch. 8.

[3] Porph., *Vit. Plot.*, ch. 12.

la vie contemplative ne lui fit jamais négliger les devoirs de la vie pratique, de même que les tendances mystiques de sa philosophie ne faussèrent jamais les principes de sa morale. Indifférent à tout ce qui le concernait personnellement, il veillait sur la personne et les intérêts d'autrui avec une sollicitude de père [1]. Porphyre nous apprend qu'il était la providence d'un grand nombre de familles privées de leur chef. Plotin regardait la vertu et la contemplation comme le seul culte digne du philosophe, et la vraie voie pour aller à Dieu. L'un de ses disciples, Amélius, l'engageant à s'approcher des Dieux, il lui répond : « C'est à eux de venir à moi [2]. » Cette fière parole révèle une foi médiocre dans la vertu des sacrifices; Plotin y semble dire : qu'a-t-il besoin d'évoquer des Dieux inférieurs, celui que la philosophie élève jusqu'au Dieu suprême?

On sait que ce fut Porphyre qui mit en ordre et corrigea les ouvrages de Plotin. Il procéda à l'égard des écrits de son maître, comme Andronicus le péripatéticien avait fait à l'égard des œuvres d'Aristote; il les divisa par traités en réunissant ensemble tous les sujets analogues [3]. C'est ainsi qu'il partagea toute la philosophie de Plotin en six Ennéades, subdivisant chaque Ennéade en neuf livres. Cette méthode de division ne conservait point l'ordre chronologique historique des productions de Plotin, mais elle reproduisait assez bien l'ordre systématique du développement de sa pensée. La philosophie de Plotin y débute par la psychologie, la morale, la physique, et finit par la

---

[1] Porph., *Vit. Plot.*, ch. 9.
[2] Porph., *Vit. Plot.*, ch. 10.
[3] Porph., *Vit. Plot.*, ch. 24.

théologie. Il est à croire que Porphyre et les autres disciples ou amis de Plotin qui corrigèrent ses œuvres, se sont bornés à en faire disparaître les incorrections, sans toucher à la pensée ni même au style. La pensée de Plotin est tantôt abstraite comme une théorie d'Aristote, tantôt éclatante et animée comme un récit de Platon; tour à tour sèche et surabondante, impétueuse et embarrassée, toujours forte, concise et substantielle. Son style est l'image de sa pensée, obscur, difficile, incorrect, hérissé de formules, mais aussi éblouissant de métaphores, plein de vie et de mouvement. Porphyre l'a caractérisé parfaitement : « Le style de Plotin est vigoureux et substantiel, enfermant plus de pensées que de mots, souvent plein d'enthousiasme et de sensibilité, exprimant plutôt ses propres inspirations que des pensées de tradition [1]. » Ce ne sont point là les caractères du style de Porphyre. Jusqu'à quel point Plotin a-t-il reproduit l'enseignement d'Ammonius? N'a-t-il été que l'interprète fidèle de la pensée du maître? ou bien faut-il voir en lui le Platon d'une doctrine dont Ammonius n'aurait été que le Socrate? Ce sont des mystères qu'on ne peut éclaircir. Il est deux choses hors de doute, à savoir, la puissante originalité de Plotin et l'importance capitale de ses livres. Quand ces livres n'auraient fait, ce qu'il est difficile de croire, que commenter l'enseignement d'Ammonius, ce commentaire plein de génie n'en serait pas moins le premier, le plus brillant et le plus profond monument du Néoplatonisme. Non seulement la pensée alexandrine n'a jamais dépassé le point où

---

[1] Porph., *Vit. Plot.*, c. 14.

l'a élevée Plotin dans ses Ennéades, mais encore elle s'est maintenue rarement à cette hauteur sous les philosophes qui lui ont succédé. Proclus, le plus grand organe de cette école après Plotin, développe et complète la démonstration des doctrines néoplatoniciennes, sans les modifier essentiellement. Dans un travail qui a surtout pour objet de faire connaître à fond la philosophie des Alexandrins, la place de Plotin ne saurait être trop grande, ni par conséquent l'analyse de ses traités trop étendue. Dans cette analyse, nous devrons conserver toujours scrupuleusement les formes de la pensée de l'auteur, et quelquefois le laisser parler lui-même. Plotin n'est pas de ces écrivains dont on puisse espérer de rendre la pensée, en faisant abstraction du style ; le dépouiller de son langage, c'est ôter à sa pensée tout ce qu'elle a de nerf et de vie.

I. MÉTHODE. L'âme aspire au souverain bien ; elle n'y parvient que par la connaissance du vrai et du beau. Dans le monde sensible le vrai et le beau lui échappent ; elle n'en voit que les apparences ; ce n'est que dans un monde supérieur qu'elle peut en saisir la réalité. Trois voies différentes conduisent à ce monde : la musique, l'amour, la philosophie. La musique a pour objet l'harmonie ; l'amour a pour objet la beauté ; la philosophie a pour objet la vérité [1]. Le musicien s'élève au monde intelligible, en faisant abstraction des sons et en cherchant le nombre et la mesure, c'est-à-dire l'idée et le principe même de l'harmonie [2].

---

[1] Enn. I, III, 1, 2, 3, 5, éd. Creutzer.
[2] Enn. I, III, 1.

L'amant s'y élève également, en négligeant les objets beaux pour ne considérer que la beauté en soi, l'idée [1] du beau qui illumine les formes de la nature et les actions de l'homme. Mais ni le musicien ni l'amant ne voient et n'atteignent directement l'intelligible pur ; ils ne font que l'entrevoir à travers les choses sensibles, et toujours l'ardeur et le trouble des sens se mêle dans l'âme du musicien ou de l'amant à l'intuition de la beauté et de l'harmonie [2].

Le philosophe n'est point réduit à entrevoir la vérité à travers de grossiers symboles ; il l'aperçoit directement et dans son essence, sans que la passion ni l'imagination en viennent troubler ou obscurcir la tranquille et pure contemplation [3]. L'âme du philosophe n'a pas besoin de faire effort pour dégager l'idéal des formes concrètes et particulières qu'il revêt : libre de tout contact avec le sensible, elle se place tout d'abord au centre du monde intelligible. La philosophie, prise dans le sens le plus élevé du mot, comprend la métaphysique, telle que la définit Aristote, et la dialectique, telle que l'entend Platon. Elle n'est point une simple méthode servant à disposer des pensées ; elle ne se réduit point à de pures propositions ni à de simples règles logiques ; elle s'occupe des choses en elles-

---

[1] Enn. I, III, 2.

[2] Enn. I, III, 2. Ὁ δὲ ἐρωτικὸς, εἰς ὃν μεταπέσοι ἂν καὶ ὁ μουσικὸς, καὶ μεταπεσὼν ἢ μένοι ἂν, ἢ παρέλθοι, μνημονικός ἐςί πως κάλλους· χωρὶς δὲ ὢν, ἀδυνατεῖ καταμαθεῖν· πληττόμενος δὲ ὑπὸ τῶν ἐν ὄψει καλῶν περὶ αὐτὰ ἐπτόηται.

[3] Enn. I, III, 3. Ὁ δὲ φιλόσοφος τὴν φύσιν ἕτοιμος οὗτος καὶ οἷον ἐπτερωμένος, καὶ οὐ δεόμενος χωρίσεως, ὥσπερ οἱ ἄλλοι οὗτοι, κεκινημένος πρὸς τὸ ἄνω.

mêmes [1]. Mais comment s'en occupe-t-elle ? Les autres sciences aussi, sauf la logique, touchent à la réalité. La morale traite des mœurs, la psychologie de l'âme et des diverses facultés qui lui sont propres, la physique de la nature et de tout ce qui s'y rattache. La philosophie première traite de toutes ces choses, mais en les considérant dans leur essence et leur principe [2]. Elle n'est point la science de telles catégories d'êtres en particulier ; elle n'est même pas la science de tous les êtres pris collectivement ; elle est la science de l'être, en tant qu'être. L'être, le vrai, l'intelligible [3], voilà ce qu'elle poursuit dans toutes ses recherches, quelle que soit d'ailleurs la chose dont elle s'occupe. La réalité morale, physique, n'est qu'une matière pour la philosophie ; son véritable et seul objet est l'être. C'est en ce sens qu'elle connaît tout, les propriétés et les lois de la nature, les opérations logiques de la pensée, les actions et les habitudes de la volonté : elle embrasse toutes les sciences, mais en les dominant [4]. Toujours selon le même point de vue, elle peut être définie, la science des idées, aussi bien que la science de l'être. Elle est en effet la science des idées prises en elles-mêmes, et abstraction faite des choses. Soit qu'elle embrasse le

---

[1] Enn. I, III, 5. Οὐ γὰρ δὴ οἰητέον, ὄργανον τοῦτο (τὴν διαλεκτικὴν) εἶναι τοῦ φιλοσόφου· οὐ γὰρ ψιλὰ θεωρήματα ἐστὶ καὶ κανόνες, ἀλλὰ περὶ πράγματα ἐστὶ, καὶ οἷον ὕλην ἔχει τὰ ὄντα.

[2] Enn. I, III, 4. Ἐπιστήμη περὶ πάντων, οὐ δόξη.

[3] Enn. I, III, 4.

[4] Enn. I, III, 4. Ἡ δὲ διαλεκτικὴ καὶ ἡ σοφία ἔτι καθόλου καὶ ἀΰλως πάντα εἰς χρῆσιν προσφέρει τῇ φρονήσει. Πότερα δὲ ἐστὶ τὰ κάτω εἶναι ἄνευ διαλεκτικῆς καὶ σοφίας, ἢ ἀτελῶς καὶ ἐλλειπόντως ; ἔστι δὲ σοφὸν εἶναι καὶ διαλεκτικὸν οὕτως ἄνευ τούτων·

système entier des idées, ou qu'elle considère chaque idée isolément ; soit qu'elle remonte graduellement des dernières idées à l'idée suprême et au principe des idées, ou qu'elle descende de celui-ci aux dernières idées par la même méthode ; soit enfin qu'elle contemple les idées dans toute la pureté de leur essence, ou qu'elle les suive dans leurs manifestations sensibles, dans la nature, dans la science, dans la vie qu'elles pénètrent et illuminent, elle conserve son caractère propre dans tous ces modes et à tous ces degrés de connaissance, tant qu'elle ne se laisse pas détourner, comme la musique et l'amour, de la contemplation pure des idées, par l'impresion des choses sensibles [1].

On ne voit pas tout d'abord comment la philosophie peut initier l'âme à la communication directe et pure de la vérité. Il semble même que cette communication répugne à la nature de la connaissance, laquelle suppose un sujet et un objet. Comment l'âme peut-elle connaître ce qui est distinct d'elle-même, ce qui est hors de sa sphère? Il est évident que pour être vraie, il faut que la connaissance soit intime et que l'objet connu ne fasse qu'un avec le sujet qui connaît. Toute connaissance dont l'objet sera extérieur et étranger au sujet, est vide de réalité ; donc toute connaissance vraie pour

---

[1] Enn. I, ΙΙΙ, 4. Παύσασα δὲ τῆς περὶ τὸ αἰσθητὸν πλάνης, ἐνιδρύει τῷ νοητῷ, κἀκεῖ τὴν πραγματείαν ἔχει, τὸ ψεῦδος ἀφεῖσα, ἐν τῷ λεγομένῳ ἀληθείας πεδίῳ τὴν ψυχὴν τρέφουσα, τῇ διαιρέσει τῇ Πλάτωνος χρωμένη μὲν καὶ εἰς διάκρισιν τῶν εἰδῶν· χρωμένη δὲ καὶ εἰς τὸ τί ἐστι· χρωμένη δὲ καὶ ἐπὶ τὰ πρῶτα γένη, καὶ τὰ ἐκ τούτων νοερῶς πλέκουσα, ἕως ἂν διέλθῃ πᾶν τὸ νοητόν, καὶ ἀνάπαλιν ἀναλύουσα, εἰς ὃ ἂν ἐπ' ἀρχὴν ἔλθῃ.

l'âme se réduit à une pure conscience d'elle-même ou de ce qui est en elle [1]. Plotin comprend parfaitement toutes les difficultés du problème, il les pose et les résout d'une manière catégorique. L'esprit ne connaît la vérité qu'autant qu'il la possède intimement et la contient en soi-même. Comment, en effet, pourrait-il connaître autrement ? Comment percevrait-il l'objet placé en dehors de lui-même ? D'abord si cet objet lui est réellement extérieur, il est possible qu'il ne le rencontre pas, ou bien que la rencontre étant fortuite et passagère, la connaissance s'envole avec l'objet [2]. Dira-t-on que cette connaissance s'opère par l'union du sujet et de l'objet de la perception ? Mais alors quel sera le lien qui les unit ? Si on admet que la perception est une empreinte de la réalité, il faudra reconnaître qu'elle est purement adventice et accidentelle. Tel est le cas de la sensation, laquelle a son objet en dehors d'elle-même. Mais qui pourrait dire que la sensation atteint réellement son objet ? Il est reconnu qu'elle ne saisit qu'une image, une apparence, et que c'est pour cela qu'elle est une simple opinion et non une véritable science [3]. Si la pensée a son objet en de-

---

[1] Enn. V, III, 2. Καὶ γὰρ αὖ οὕτως οὐδ' ἀποδείξεως δεῖ, οὐδὲ πίςεως ὅτι οὕτως· αὐτὸς γὰρ οὕτως, καὶ ἐναργὴς αὐτὸς αὑτῷ, καὶ εἴ τι πρὸ αὐτοῦ, ὅτι ἐξ αὐτοῦ, καὶ εἴ τι μετ' ἐκεῖνο, ὅτι αὐτὸς, καὶ οὐδεὶς πιςότερος αὐτῷ περὶ αὐτοῦ, καὶ ὅτι ἐκεῖ τοῦτο, καὶ ὄντως. Ὥςε καὶ ἡ ὄντως ἀλήθεια οὐ συμφωνοῦσα ἄλλῳ, ἀλλ' ἑαυτῇ. Καὶ οὐδὲν παρ' αὐτὴν ἄλλο λέγει, καὶ ἔςι, καὶ ὃ ἐςι, τοῦτο καὶ λέγει.

[2] Enn. V, v, 1. Ὁ δὴ νοῦς γιγνώσκων, καὶ τὰ νοητὰ γιγνώσκων, εἰ μὲν ἕτερα ὄντα γιγνώσκει, πῶς μὲν ἂν συντύχοι αὐτοῖς ; ἐνδέχεται μὴ γιγνώσκειν, ἢ τό τε ὅτε συνέτυχε, καὶ οὐκ ἀεὶ ἕξει τὴν γνῶσιν.

[3] Enn. V, v, 1.

hors d'elle-même, comme la sensation, comment sera-t-elle assurée de posséder réellement la vérité? Comment saura-t-elle que cela est véritablement bon, ou beau, ou juste? Si la bonté, la beauté, la justice, lui sont extérieures et étrangères, elle n'aura point en elle les principes de jugement sur lesquels elle puisse établir sa croyance [1].

Mais ce n'est pas seulement sur la nature de la connaissance que Plotin se fonde pour démontrer l'identité du sujet et de l'objet de la pensée; c'est aussi sur la nature de l'intelligible lui-même. On se fait une fausse idée de la vérité quand on se la représente multiple et dispersée dans les choses particulières. S'il en était ainsi, l'intelligence ne pourrait l'embrasser dans cet éparpillement infini, ni la suivre dans ses pérégrinations [2]. La vérité, au contraire, est une, simple, universelle. Il n'y a pas une vérité qu'on nomme la justice, une autre qu'on nomme la beauté; il y a la vérité, laquelle comprend et enveloppe tout, justice, beauté, etc., dans l'unité de son es-

[1] Enn, V, v, 1. Εἰ δὲ συνεζεῦχθαι φήσουσι, τί τὸ συνεζεῦχθαι τοῦτο; ἔπειτα καὶ αἱ νοήσεις τύποι ἔσονται, εἰ δὲ τοῦτο, καὶ ἐπακτοὶ καὶ πληγαί. Πῶς δὲ καὶ τυπώσεται, ἢ τίς τῶν τοιούτων ἡ μορφή; καὶ ἡ νόησις τοῦ ἔξω, ὥσπερ καὶ ἡ αἴσθησις. Καὶ τί διοίσει; ἢ τῷ σμικροτέρων ἀντιλαμβάνεσθαι; πῶς δὲ καὶ γνώσεται, ὅτι ἀντελάβετο ὄντως; πῶς δὲ ὅτι ἀγαθὸν τοῦτο, ἢ ὅτι καλὸν, ἢ δίκαιον; ἕκαςον γὰρ τούτων ἄλλο αὐτοῦ, καὶ οὐκ ἐν αὐτῷ αἱ τῆς κρίσεως ἀρχαὶ, αἷς πιςεύσει, ἀλλὰ καὶ αὗται ἔξω, καὶ ἡ ἀλήθεια ἔχει·

[2] Enn. V, v, 1. Ἤδη γὰρ ἂν καὶ αὐτὰ περὶ ἑτέρων λέγοι, καὶ οὐκ αὐτὰ τὰ ὄντα εἴη, οἷον τὸ δίκαιον καλὸν, ἄλλου τοῦ δικαίου καὶ τοῦ καλοῦ ὄντος. Εἰ δ' ἁπλᾶ φήσουσι, δίκαιον χωρὶς καὶ καλὸν, πρῶτον μὲν, οὐχ ἕν τι οὐδ' ἐν ἑνὶ τὸ νοητὸν ἔςαι, ἀλλὰ διεσπασμένον ἕκαςον.

sence ¹. L'intelligence que n'habite point la vérité n'est ni véritablement ni même simplement intelligence. Chercher la vérité en dehors de l'intelligence, et dire que celle-ci n'en possède que l'image, ce n'est pas seulement détruire la connaissance vraie et intime des choses, c'est détruire l'intelligence elle-même.

Ce principe posé, Plotin interroge successivement toutes les facultés perceptives de l'âme, l'imagination, le raisonnement, la raison, l'intelligence pure, et découvre que cette dernière faculté est la seule qui contienne la condition essentielle de la vraie connaissance, à savoir, l'identité du sujet et de l'objet de la pensée. Ainsi le sens ne peut être considéré comme une source de vraie connaissance ; l'objet de la représentation sensible étant extérieur au sujet, le sens ne connaît point ². Dans l'imagination, l'objet n'étant plus la simple réalité matérielle, mais une forme déjà intelligible de cette réalité, la distinction entre l'objet intelligible et le sujet intelligent n'est plus aussi profonde. Mais enfin cette forme n'est pas un pur intelligible ; elle conserve quelque chose de la réalité extérieure. Il y a dualité dans la connaissance ; il ne peut donc y avoir vérité ³. Quant au raisonnement, sa fonction est de discourir, et non de penser ; loin de replier et de concentrer l'âme sur elle-même, il la disperse

---

[1] Enn. V, v, 1.

[2] Enn. V, v, 1.

[3] Enn. V, III, 2. Τὸ δ' ἐν αὐτῇ ψυχῇ λογιζόμενον, παρὰ τῶν ἐκ τῆς αἰσθήσεως φαντασμάτων παρακειμένων τὴν ἐπίκρισιν ποιούμενον, καὶ συνάγον, καὶ διαιροῦν. ἢ καὶ ἐπὶ τῶν ἐκ τοῦ νοῦ ἰόντων, ἐφορᾷ οἷον τοὺς τύπους, καὶ ἔχει καὶ περὶ τούτους τὴν αὐτὴν δύναμιν·

et la répand au dehors. Il ne peut donc atteindre à la vraie connaissance [1]. L'âme connaît et se connaît en tant que raison. Mais même la raison n'atteint pas directement son objet ; elle ne l'atteint que par l'intermédiaire de l'intelligence, dont elle est distincte et différente. Elle ne se connaît point en soi, mais en tant qu'elle vient d'un principe supérieur ; elle ne se voit qu'à la lumière de l'intelligence, et alors elle se voit comme intelligible et non comme âme ou comme raison [2]. Là encore nous ne trouvons point la connaissance une et simple que nous cherchons.

Ce n'est que dans l'intelligence pure que la connaissance est absolument simple et intime. Là, le sujet qui pense et l'objet pensé se confondent. L'intelligence seule perçoit intérieurement ; l'objet intelligible n'est pas hors d'elle, mais en elle ; elle le comprend et le possède réellement, tandis que l'objet sensible échappe aux prises du sens. C'est là ce qui fait que le sens et tout ce qui s'y rattache, l'imagination, le raisonne-

---

[1] Enn. V, III, 3. Διὰ τί δὲ οὐ τοῦτο νοῦς, τα δὲ ἄλλα ψυχὴ ἀπὸ τοῦ αἰσθητικοῦ ἀρξάμενα; ἢ ὅτι ψυχὴν δεῖ ἐν λογισμοῖς εἶναι· ταῦτα δὲ πάντα, λογιζομένης δυνάμεως ἔργα. Ἀλλὰ διὰ τί οὐ τούτῳ τῷ μέρει δόντες τὸ νοεῖν ἑαυτὸ, ἀπαλλαξόμεθα; ἢ ὅτι ἔδομεν αὐτῷ τὰ ἔξω σκοπεῖσθαι καὶ πολυπραγμονεῖν, νῷ δὲ ἀξιοῦμεν ὑπάρχειν, τὰ ἑαυτοῦ καὶ τὰ ἐν αὐτῷ σκοπεῖσθαι. Ἀλλ' εἴ τις φήσει, τί οὖν κωλύει τοῦτο ἄλλῃ δυνάμει σκοπεῖσθαι τὰ αὐτοῦ, οὐ τὸ διανοητικόν, οὐ δὲ τὸ λογιστικὸν ἐπιζητεῖ; ἀλλὰ νοῦν καθαρὸν λαμβάνει.

[2] Enn. V, III, 4. Ὡς τὸν γιγνώσκοντα ἑαυτὸν διττὸν εἶναι, τὸν μὲν γιγνώσκοντα τῆς διανοίας τῆς ψυχικῆς φύσιν, τὸν δὲ ὑπεράνω τούτου, τὸν γιγνώσκοντα ἑαυτὸν κατὰ τὸν νοῦν ἐκεῖνον γιγνόμενον, κἀκείνῳ ἑαυτὸν νοεῖν αὖ, οὐχ' ὡς ἄνθρωπον ἔτι, ἀλλὰ παντελῶς ἄλλον γενόμενον·

ment, est sujet à l'erreur, tandis que l'intelligence ne l'est point. Elle a de l'intelligible une connaissance vraie et infaillible, parce qu'elle en a réellement conscience [1]. Elle en a conscience, parce qu'elle le porte dans son sein, ou plutôt parce qu'elle est l'intelligible lui-même. Les essences intelligibles, les idées, ne sont ni des principes abstraits de la pensée, ni des êtres supérieurs et extérieurs à l'intelligence ; c'est le fond même de l'intelligence [2]. En les pensant, l'intelligence se pense elle-même. Voilà ce qui fait qu'elle n'a besoin, pour apercevoir les idées, ni de symboles ni de démonstrations ; elle n'a qu'à regarder en elle-même. Elle n'est pas sujette à oubli, ni fortuite ou passagère, comme la mémoire ou l'imagination ; en elle la vérité est immanente et nécessaire, parce qu'elle lui est innée [3]. C'est sa vie, aussi bien que sa pensée. Il ne faut pas chercher les êtres intelligibles hors de l'intelligence, ni dire qu'elle en possède seulement les formes (τύπους). En soutenant qu'elle en ignore l'essence, on la prive de vérité, on la détruit. La vraie intelligence (ἀληθινὸς νοῦς) comprend en soi l'être et la vie ; il n'y a qu'une fausse intelligence qui n'en comprenne que les simulacres [4]. La vérité habite l'intelligence ; elle y est comme le fond même des choses et non comme une simple forme ; elle y vit, elle y

---

[1] Enn. V, v, 1, 2, 3.

[2] Enn. V, v, 2. Οὐ γὰρ δὴ προτάσεις, οὐδὲ ἀξιώματα, οὐδὲ λεκτά·

[3] Enn. V, v, 2. Οὕτω γὰρ ἂν καὶ εἰδείη, καὶ ἀληθινῶς εἰδείη, καὶ οὐδ' ἂν ἐπιλάθοιτο, οὐδ' ἂν περιέλθοι ζητῶν, καὶ ἡ ἀλήθεια ἐν αὐτῷ καὶ ἕδρα ἔσται τοῖς οὖσι, καὶ ζήσεται καὶ νοήσει.

[4] Enn. V, v, 2. Οὐ τοίνυν δεῖ οὔτε ἔξω τὰ νοητὰ ζητεῖν, οὔτε

pense. Pour y croire, il ne faut à l'intelligence ni témoignage, ni démonstration ; car elle la sent en elle, ou plutôt elle se sent elle-même et se reconnaît dans l'intelligible, avec lequel elle ne fait qu'un. Elle voit en elle-même toute vérité; elle se reconnaît dans son principe; elle se retrouve également dans son produit[1]. Qu'a-t-elle donc besoin d'apprendre par d'autres ce qu'elle sent par elle-même?

Dans cette théorie de la connaissance, si profonde et si élevée, Plotin s'est efforcé de démontrer : 1° que la vérité est une, simple, universelle ; qu'il n'y a pas ici une vérité sensible, là une vérité morale, ailleurs une vérité intelligible, mais simplement la vérité, laquelle, comme la lumière, pénètre et éclaire les objets les plus divers, sans cesser d'être la même. 2° Que l'intelligence est la seule faculté de l'âme à laquelle il appartienne de percevoir cette vérité. Maintenant il va rechercher quelle est l'origine de cette faculté qui possède une vertu si merveilleuse. Est-elle humaine? Est-elle divine? Est-elle propre à l'âme ou relève-t-elle d'un principe supérieur? Plotin s'explique clairement sur ce point. L'intelligence n'est pas un simple attribut de l'âme [2] ; elle est tout autre que la raison, et regarde plus haut. Tantôt l'âme en jouit et tantôt elle n'en jouit pas. Elle n'est donc pas absolument nôtre ; car le propre de ce qui est nôtre est de résider en nous d'une manière permanente.

τύπους ἐν τῷ νῷ τῶν ὄντων λέγειν εἶναι, οὔτε τῆς ἀληθείας ἀποςεροῦντας αὐτὸν, ἀγνωσίαν τε τῶν νοητῶν ποιεῖν, καὶ ἀνυπαρξίαν, καὶ ἔτι αὐτὸν τὸν νοῦν ἀναιρεῖν.

[1] Enn. V, v, 2.
[2] Enn. V, iii, 2.

Ainsi la sensation est nôtre [1], l'imagination est nôtre, la raison est nôtre ; l'exercice constant et durable de ces différentes facultés est le signe certain auquel nous reconnaissons qu'elles nous sont propres. L'intelligence, au contraire, est un hôte passager qui nous visite de temps en temps ; la pensée est un acte isolé, un éclair rapide qui brille par moment dans cette nuit épaisse de la vie sensible. L'intelligence est indépendante de nous : ce qui le prouve, c'est que ce n'est pas elle qui incline vers nous, mais nous qui inclinons vers elle. L'âme laisse venir à elle la sensation ; mais elle va chercher l'intelligence, en élevant ses regards en haut : comme le dit Plotin, l'une est notre roi, tandis que l'autre n'est que notre messager [2]. L'intelligence communique sa royale vertu à tout ce qu'elle touche ; c'est par elle que l'âme se connaît, et, de raison qu'elle était, devient intelligence. La lumière qui éclaire nos diverses facultés n'a point son foyer dans les profondeurs de notre nature ; elle vient d'en haut, de l'intelligence pure

---

[1] Enn. V, III, 3. Οὐ γὰρ νοῦς ἡμεῖς· καὶ γὰρ αἰσθανόμενα δι' αἰσθήσεως, καὶ ἡμεῖς οἱ αἰσθανόμενοι. Ἆρ' οὖν καὶ διανοούμεθα οὕτω, καὶ διανοοῦμεν οὕτως, ἢ αὐτοὶ μὲν λογιζόμενοι, καὶ νοοῦμεν τὰ ἐν τῇ διανοίᾳ νοήματα αὐτοί (τοῦτο γὰρ ἡμεῖς, τὰ δὲ τοῦ νοῦ ἐνεργήματα ἄνωθεν οὕτως, ὡς τὰ ἐκ τῆς αἰσθήσεως κάτωθεν)· τοῦτο ὄντες τὸ κύριον τῆς ψυχῆς, μέσον δυνάμεως διττῆς, χείρονος καὶ βελτίονος, χείρονος μὲν τῆς αἰσθήσεως, βελτίονος δὲ τοῦ νοῦ.

[2] Enn. V, III, 3. Ἀλλ' αἴσθησις μὲν ἀεὶ ἡμέτερον δοκεῖ συγκεχωρημένον, ἀεὶ γὰρ αἰσθανόμεθα, νοῦς δὲ ἀμφισβητεῖται, καὶ ὅτι μὴ αὐτῷ ἀεί, καὶ ὅτι χωριστός· χωριστὸς δὲ τῷ μὴ προσνεύειν αὐτόν, ἀλλ' ἡμᾶς μᾶλλον πρὸς αὐτόν, εἰς τὸ ἄνω βλέποντας· αἴσθησις δὲ ἡμῖν ἄγγελος, βασιλεὺς δὲ πρὸς ἡμᾶς ἐκεῖνος.

et suprême [1]. La raison, illuminée par ce principe divin, se change et se transfigure en intelligence ; c'est alors qu'elle se soulève vers les régions supérieures, et y attire la meilleure partie de l'âme [2].

Le caractère propre de l'intelligence est de connaître toute vérité, en se connaissant elle-même ; elle est la seule faculté qui possède cette double vertu. Du reste, penser la vérité et se penser elle-même est pour l'intelligence une seule et même chose ; elle ne pense la vérité qu'autant qu'elle se pense, et elle ne se pense qu'autant qu'elle pense la vérité. Mais il reste à savoir comment l'intelligence se pense elle-même. Est-ce en contemplant une partie d'elle-même, au moyen d'une autre partie, qu'elle se connaît ? En ce cas, elle serait en partie le sujet, en partie l'objet de la contemplation : ce n'est pas là se penser soi-même [3]. Ne serait-ce point que l'intelligence est composée de parties absolument semblables, de telle sorte qu'elle se voit tout entière, en voyant telle ou telle de ses parties ? Ce ne serait pas alors en vertu de l'identité, mais seulement de la similitude de l'objet et du sujet de la contemplation, que l'intelligence se verrait. Cette hypothèse est absurde, par cela seul qu'elle représente l'intelligence comme composée de parties [4]. La diffi-

---

[1] Enn. V. III, 4. Καὶ γινώσκομεν δὲ ἑαυτοὺς τῷ τοιούτῳ ὁρατῷ, τὰ ἄλλα μαθεῖν τῷ τοιούτῳ·

[2] Enn. V, III, 4. Καὶ συναρπάσαντα ἑαυτὸν εἰς τὸ ἄνω, μόνον ἐφέλκοντα τὸ τῆς ψυχῆς ἄμεινον, ὃ καὶ δύναμαι μόνον πτεροῦσθαι πρὸς νόησιν, ἵνα τις ἐκεῖ παρακαταθεῖτο, ἃ εἶδε.

[3] Enn. V, III, 5. Ἆρ' οὖν ἄλλῳ μέρει ἑαυτοῦ ἄλλο μέρος αὐτοῦ καθορᾷ· ἀλλ' οὕτω τὸ μὲν ἔσται ὁρῶν, τὸ δὲ ὁρώμενον· τοῦτο δὲ, οὐκ αὐτὸ ἑαυτό.

[4] Enn. V, III, 5. Ἄτοπος ὁ μερισμὸς αὐτοῦ.

culté reste donc tout entière. Il s'agit toujours de comprendre ce mouvement de la pensée qui se replie sur elle-même, et se pose à la fois comme sujet et comme objet. Comment le sujet de la contemplation se connaîtra-t-il lui-même, s'il s'est placé dans l'objet de la contemplation? On a beau réunir le contemplant et le contemplé dans un même principe, il y aura toujours une dualité impossible à détruire; il semble que le principe pensant ne pourra se connaître à la fois comme sujet et comme objet de la contemplation [1]. Il se connaîtra bien comme intelligible, mais non comme intelligence, et dès lors il ne se saura pas tout entier. Où est la solution de la difficulté? Plotin l'indique d'une manière profonde, mais obscure. Dans la pensée imparfaite, telle que la comporte la nature humaine, l'identité du sujet et de l'objet de la contemplation n'est jamais complète. Cela vient de ce que ni l'un ni l'autre n'est parfaitement en acte. Le sujet est encore une faculté, une puissance; il peut penser, il ne pense pas nécessairement et essentiellement. L'objet n'est également qu'une matière à penser, une simple puissance intelligible, tant qu'il ne tombe pas sous l'action de la pensée. Les deux termes sont par eux-mêmes distincts et séparés; ils ne se réunissent et ne se confondent que dans le résultat de leur rencontre, dans la pensée. Dans la pensée pure et parfaite, au contraire, l'intelligence et l'intelligible sont également en acte [2]. L'intelligence n'attend pas une excitation

---

[1] Enn. V, III, 5.

[2] Enn. V, III, 5. Καὶ γὰρ ἀληθεστάτη νόησις δὲ τοιαύτη καὶ πρώτη οὖσα, καὶ πρώτως νοῦς ἂν εἴη ὁ πρῶτος· οὐδὲ γὰρ ὁ νοῦς οὗτος δυνάμει, οὐδ' ἕτερος μὲν αὐτός, ἡ δὲ νόησις ἄλλο· οὕτω γὰρ ἂν πάλιν

d'en haut pour entrer en action ; l'énergie est sa nature propre. D'un autre côté, l'intelligible n'a pas besoin d'une lumière étrangère pour devenir tel ; il est la vérité, c'est-à-dire la lumière elle-même. L'intelligence parfaite et suprême se pense donc nécessairement ; donc elle est, il ne faut pas dire, elle devient nécessairement intelligible. Comme il est dans sa nature de se penser, il est dans sa nature d'être intelligible. On peut donc dire qu'elle est en même temps, et par une égale nécessité de sa nature, intelligence et intelligible [1] : intelligence en tant qu'intelligible, intelligible en tant qu'intelligence. L'intelligence n'est que l'intelligible lui-même dans son expansion extérieure. Ainsi la pensée de la justice est la justice elle-même rayonnant à l'extérieur. L'intelligible est par rapport à l'intelligence comme une statue qui, sans sortir de son immobilité, projetterait la lumière au dehors [2]. L'intelligence possède l'intelligible plutôt qu'elle ne le contemple [3]. On comprend dès lors comment l'intelligence se pense et se pense tout entière, c'est-à-dire à la fois comme sujet et comme objet. En effet, en vertu de l'identité absolue de l'intelligence et de l'intelligible, l'intelligence se pensera doublement, c'est-à-dire, en tant que pensée,

τὸ οὐσιῶδες αὐτοῦ, δυνάμει. Εἰ οὖν ἐνέργεια καὶ ἡ οὐσία αὐτοῦ ἐνέργεια, ἓν καὶ ταὐτὸν τῇ ἐνεργείᾳ ἂν εἴη, ἐν δὲ τῇ ἐνεργείᾳ τὸ ὂν καὶ τὸ νοητόν· ἓν ἅμα πάντα ἔςαι, νοῦς, νόησις, τὸ νοητόν.

[1] Enn. V, III, 5.
[2] Enn. VI, VI, 6. Ἀλλ' οἷον ἄγαλμά τι νοερὸν, οἷον ἐξ αὐτοῦ ἑστηκὸς· καὶ προφανὲν ἐν αὐτῷ, μᾶλλον δὲ ὂν ἐν αὐτῷ.
[3] Enn. VI, VI, 7. Ἐνορᾷ δὲ αὐτὰ τὰ ἐν τῷ νῷ καὶ τῇ οὐσίᾳ ὁ ἔχων νοῦς, οὐκ ἐπιβλέπων ἀλλ' ἔχων.

et en tant qu'intelligible. C'est donc elle-même que l'intelligence pense tout entière par la pensée [1].

Par cette démonstration Plotin vient de prouver qu'il y a un principe dont l'essence propre est de se penser soi-même [2]. Dans l'âme, ce principe se pense partiellement et en vertu d'une lumière supérieure ; dans l'intelligence pure, il se pense par lui-même et dans la plénitude de sa nature [3]. En voyant l'intelligible, l'intelligence pure se voit elle-même, et se voit tout entière ; en elle, l'intelligence, l'intelligible et la pensée ne font qu'un acte simple et indivisible. La nécessité est le caractère de l'intelligence, tandis qu'au contraire le caractère de l'âme est la foi [4]. Dans notre misérable condition, nous cherchons plutôt la foi, par le raisonnement et le témoignage, que la vérité pure, par la contemplation [5]. Quand nous étions dans la région supérieure à l'âme, notre intelligence ne pensait et n'affirmait qu'elle-même, c'est-à-dire l'intelligible pur ; l'âme vivait en paix, cédant à l'action de l'intelligence [6]. Mais depuis que l'âme est tombée dans ce monde sensible, elle cherche

---

[1] Enn. V, III, 5. Καθ' ἑκάτερον ἄρα ἑαυτὸν νοήσει, καθ' ὅτι καὶ ἡ νόησις αὐτὸς ἦν, καὶ καθ' ὅτι τὸ νοητὸν αὐτός· ὅπερ ἐνόει τῇ νοήσει, ὃ ἦν αὐτός. — Enn., V, III, 6. Νοῦς γὰρ καὶ νόησις, ἕν, καὶ ὅλος ὅλῳ, οὐ μέρει ἄλλο μέρος.

[2] Enn. V, III, 6.

[3] Enn. V, III, 6.

[4] Enn. V, III, 6. Καὶ γὰρ ἡ μὲν ἀνάγκη ἐν τῷ νῷ, ἡ δὲ πειθὼ ἐν ψυχῇ.

[5] Enn. V, III, 6. Ἐπεὶ δὲ ἐνταῦθα γεγενήμεθα, πάλιν αὖ καὶ ἐν ψυχῇ πειθώ τινα γενέσθαι ζητοῦμεν, οἷον ἐν εἰκόνι τὸ ἀρχέτυπον θεωρεῖν ἐθέλοντες.

[6] Enn. V, III, 6.

la foi, et ne regarde plus l'exemplaire que dans la copie.

Ainsi ni le sens, ni l'imagination, ni le raisonnement, ni la raison, ne connaissent véritablement. L'intelligence seule connaît, parce qu'en elle seule se confondent absolument le sujet et l'objet de la connaissance. Pour elle, connaître l'intelligible, c'est se connaître soi-même. Or le monde intelligible se compose des âmes, des idées, et du principe suprême des unes et des autres, Dieu. L'âme peut connaître toute vérité, l'âme universelle et les âmes dont elle est le centre; l'intelligence universelle et les idéees dont elle est le foyer, Dieu enfin, source unique des êtres intelligibles comme des êtres sensibles. Car par l'intelligence, elle se confond avec le monde intelligible tout entier, avec l'âme universelle, avec l'intelligence universelle, avec Dieu même. La science universelle se réduit à la conscience; pour tout connaître, l'âme n'a qu'à regarder en elle : la vraie méthode de la philosophie est le γνῶθι σεαυτόν.

Mais comment expliquer ce merveilleux privilége qu'a notre âme de contempler en elle-même le monde intelligible tout entier? Est-ce parce qu'elle le contient réellement? Est-ce parce qu'elle se confond identiquement avec lui? C'est ici qu'il importe de bien saisir la pensée de Plotin. Évidemment, dans cette pensée, l'âme et l'intelligence humaines diffèrent de l'âme et de l'intelligence universelles; mais elles n'en sont ni séparées, ni même distinctes. La nature humaine est à la fois individuelle et universelle : individuelle par le sens, l'imagination, et tout ce qui tient au corps; universelle par l'âme et l'intelligence[1]. L'homme est distinct et séparé du monde intelligible ; mais l'âme proprement dite et l'intelligence viennent s'y confondre. Toute âme, toute intelligence est un point dans lequel le monde intelligible se reflète tout entier, et une sorte de microcosme intelligible. Voilà ce qui fait que l'âme n'a qu'à regarder en elle-même pour y voir toute vérité. En un mot, l'âme humaine n'est ni simplement l'image du monde intelligible, ni le monde intelligible lui-même ; elle en est une partie inséparable, et c'est sur ce rapport que reposent la vérité et la certitude de la connaissance.

Maintenant, s'il ne faut que regarder en soi pour y découvrir la vérité intelligible, comment reste-t-elle étrangère à la plupart des hommes, et si difficile pour les autres? Comment l'homme possède-t-il de tels principes à son insu? Comment languit-il dans un indigne repos? C'est qu'il est arraché sans cesse au sentiment des choses divines qui sont en lui par les impressions extérieures[2]. La vie humaine est un concert de voix diverses qui s'élèvent en même temps ; dans cette variété de sons qui se disputent son oreille, l'âme souvent n'entend pas les accents de ces voix divines qui retentissent dans les profondeurs de son être, sans pénétrer jusqu'à sa conscience. Il faut donc que l'âme ferme l'oreille aux bruits de l'extérieur, et n'écoute que les sons d'en haut[3]. Issues d'origine

---

[1] Enn. V, v, 12. Ἢ ὅτι παντὶ προσῆλθες, καὶ οὐκ ἔμεινας ἐν μέρει αὐτοῦ, οὐδ' εἶπας οὐδὲ σὺ, τοσοῦτος εἰμί, ἀφεὶς δὲ τοσοῦτον, γέγονας πᾶς, καίτοι καὶ πρότερον ἦσθα πᾶς;

[2] Enn. V, 1, 11.

[3] Enn. V, 1, 12. Οὕτω τοι καὶ ἐνταῦθα δεῖ τὰς μὲν αἰσθητὰς ἀκούσεις ἀφέντα, σκοπεῖν φθόγγων τῶν ἄνω.

divine et filles de Dieu, nos âmes devraient connaître intimement leur principe; mais elles ont dans leur égarement oublié leur origine [1]. Elles ont fait comme les enfants qui, séparés dès leur bas âge de leurs parents, ne connaissent plus leur voix. C'est pour cela qu'il leur faut indiquer la route à suivre pour retrouver la trace perdue ou effacée des essences divines.

La vraie méthode consiste donc à fermer les yeux au monde extérieur et à regarder en nous-mêmes. Bien que le monde sensible soit un symbole du monde intelligible, l'âme aurait beau y regarder, elle n'y pourrait rien voir. La nature ne révèle son origine divine et sa beauté tout intelligible qu'à l'œil habitué par la contemplation intérieure à voir les types mêmes du Beau, du Vrai et du Bien qui se manifestent à l'extérieur; pour tout autre, elle reste muette et obscure. Il faut que l'âme se recueille en elle-même, et s'observe avant tout. Mais il ne suffit pas qu'elle regarde à la surface de son être. Là encore elle ne verrait que le monde des sens et de l'imagination. Il faut qu'elle écarte ces fantômes qui lui cachent sa vraie nature, et descende graduellement jusqu'au fond de son essence. Alors elle verra face à face la lumière intelligible; alors elle entendra cette divine harmonie qu'étouffait tout-à-l'heure la voix des passions. Ainsi, séparer d'abord l'âme du corps, puis l'âme proprement dite de l'âme sensible, pleine de passions et de désirs [2], jusqu'à ce qu'on arrive à cette essence pure et limpide qui laisse voir le monde intelligible tout entier, tel est

---

[1] Enn. V, ɪ, 1.
[2] Enn. V, ɪɪɪ, 9. — V, ɪ, 11.

le premier effort de la méthode philosophique. Mais il faut aller plus loin encore ; il faut que l'âme, parvenue à la connaissance du vrai, s'élève par un nouvel effort jusqu'au principe même du vrai, et jusqu'au sommet du monde intelligible. Quand l'œil veut voir, non plus l'objet lumineux, mais la lumière même, il contracte et resserre ses paupières[1]. De même quand l'âme veut voir, non plus les choses intelligibles, mais l'intelligence suprême qui en est la lumière, il faut qu'elle se contracte, se retire et se concentre dans les profondeurs de son être. Alors elle ne perçoit plus aucun objet même intelligible, mais l'intelligence elle-même dans toute sa pureté et toute sa splendeur[2]. D'où sort cette lumière qui éclaire le monde intelligible? Elle ne vient pas à l'âme; elle ne s'en approche, ni ne s'en éloigne : elle paraît et brille tout-à-coup sans s'annoncer. On ne peut la chercher, car elle n'habite nulle part. Il faut que l'âme l'attende en repos comme l'œil attend le lever du soleil qui, selon les paroles du poëte, s'élance de l'Océan[3]. Le point invisible et à jamais

---

[1] Enn. V, v, 7. Ἦ ὅταν μηδὲν ἐθελήσας τῶν ἄλλων βλέπειν, προβάλληται πρὸ αὐτοῦ τὴν τῶν βλεφάρων φύσιν, τὸ φῶς ὅμως προφέρων, ἢ καὶ πιέσαντος τοῦ ἔχοντος τὸ ἐν αὐτῷ φῶς ἴδῃ· τότε γὰρ οὐχ ὁρῶν ὁρᾷ, καὶ μάλιστα τότε ὁρᾷ, φῶς γὰρ ὁρᾷ· τὰ δ' ἄλλα φωτοειδῆ μὲν ἦν, φῶς δὲ οὐκ ἦν.

[2] Enn. V, v, 7. Οὕτω δὴ καὶ νοῦς αὐτὸν ἀπὸ τῶν ἄλλων καλύψας, καὶ συναγαγὼν εἰς τὸ εἴσω μηδὲν ὁρῶν θεάσεται οὐκ ἄλλο ἐν ἄλλῳ φωτί· ἀλλ' αὐτὸ καθ' ἑαυτὸ μόνον, καθαρὸν ἐφ' ἑαυτοῦ ἐξαίφνης φανέν.

[3] Enn., V, v, 8, 9. Οὐ δεῖ ζητεῖν, πόθεν, οὐ γάρ ἐστι τὸ πόθεν· οὔτε γὰρ ἔρχεται, οὔτε ἄπεισιν οὐδαμοῦ, ἀλλὰ φαίνεταί τε καὶ οὐ φαίνεται· διὰ οὐ χρὴ διώκειν, ἀλλ' ἡσυχῆ μένειν, ἕως ἂν φανῇ, παρασκευάσαντα ἑαυτὸν θεατὴν εἶναι, ὥσπερ ὀφθαλμὸς ἀνατολὰς ἡλίου περι-

inaccessible d'où jaillit la lumière, l'âme peut le deviner sans pouvoir le contempler : c'est le principe supérieur à l'intelligence, c'est le Premier, c'est Dieu. L'âme ne l'apercevoit qu'à travers la lumière qu'elle en reçoit. Ce n'est pas hors de nous que nous devons chercher Dieu, c'est en nous-mêmes. Dans le monde, nous n'en pourrions voir qu'une bien faible image; Dieu est comme le soleil, immobile et fixe au sommet du monde intelligible, partout et nulle part. Quand nous ne le sentons point, ce n'est pas lui qui nous échappe, c'est nous qui le fuyons [1]. Il est présent à tout, mais plus à l'âme qu'à la nature, plus à l'intelligence qu'à l'âme. L'âme donc, par cela même qu'elle porte en soi le monde intelligible, porte Dieu. « Ne cherchez pas Dieu dans les choses extérieures ; là, vous ne trouverez que sa trace [2]. »

Dieu étant l'Un [3], l'âme parvient à la conscience de Dieu par le sentiment de l'unité. Malheureusement, le spectacle des choses extérieures fait perdre à l'âme ce sentiment. Nous ressemblons à ces figures qui, uniformes à l'extérieur et par leur sommet, présentent à l'intérieur un aspect varié. Mais si l'âme pouvait se replier vers l'intérieur de son être, et y pénétrer assez avant pour en sentir la profonde unité, elle retrouverait en soi l'universel et le divin, ou du moins se confondrait tout d'abord tellement dans l'universel et

---

μένει, ὁ δὲ ὑπερφανεὶς τοῦ ὁρίζοντος, ἐξ ὠκεανοῦ φασὶν οἱ ποιηταί, ἔδωκεν ἑαυτὸν θεάσασθαι τοῖς ὄμμασιν·

[1] Enn. V, v, 10. Ἐκεῖνος δὲ ἐκφεύξεται, μᾶλλον δὲ οὐ αὐτόν.

[2] Enn. V, v, 10. Ἀλλὰ σὺ μή μοι δι' ἑτέρων αὐτὸ ὅρα· εἰ δὲ μή, ἴχνος ἂν ἴδοις, οὐκ αὐτό·

[3] Enn. VI, v, 7.

le divin, qu'elle n'aurait plus conscience de son individualité [1].

L'intelligence est présente à l'âme de deux manières : par les lois, principes, et axiomes qui la manifestent, et par elle-même. Dans ce dernier cas seulement, elle pénètre intimement l'âme, et la connaissance est directe. En vertu de cette présence de l'intelligence, l'âme devient intelligence elle-même ; c'est alors seulement qu'elle se connaît [2]. Toutes les fois qu'elle se détourne du spectacle des choses extérieures et qu'elle se replie sur elle-même pour se contempler, elle sort de cette contemplation, transformée en intelligence [3]. Telle est la doctrine de Plotin sur la vérité de la connaissance. L'intelligence seule peut connaître, parce qu'en elle seulement la pensée et l'objet de la pensée ne font qu'un. L'intelligence humaine connaît le monde intelligible, non point par analogie, ni parce qu'elle en est la simple image, mais parce qu'elle en fait partie ; elle le connaît donc intimement et infailliblement. Cela posé, quand la philosophie spécule sur l'âme universelle, sur Dieu, sur un être quelconque du monde intelligible, elle n'a pas

---

[1] Enn. VI, v, 7. Ἔξω μὲν οὖν ὁρῶντες ἢ ὅθεν ἐξήμμεθα, ἀγνοοῦμεν ἓν ὄντες, οἷον πρόσωπα πολλὰ εἰς τὸ ἔξω πολλὰ κορυφὴν ἔχοντα εἰς τὸ εἴσω μίαν. Εἰ δέ τις ἐπιστραφῆναι δύναιτο, ἢ παρ' αὐτοῦ, ἢ τῆς Ἀθηνᾶς αὐτῆς εὐτυχήσας τῆς ἕλξεως, Θεόν τε καὶ αὐτὸν καὶ τὸ πᾶν ὄψεται· ὄψεται δὲ τὰ μὲν πρῶτα, οὐχ ὡς τὸ πᾶν, εἶτ' οὐκ ἔχων ὅπη αὐτὸν ζητήσας ὁρισῖ, καὶ μέχρι τίνος αὐτός ἐστιν ἀφεὶς περιγράφειν ἀπὸ τοῦ ὄντος ἅπαντος αὐτόν, εἰς ἅπαν τὸ πᾶν ἥξει προελθὼν οὐδαμοῦ, ἀλλ' αὐτοῦ μείνας, οὗ ἵδρυται τὸ πᾶν.

[2] Enn. V, iii, 4.

[3] Enn. V, iii, 4.

besoin de sortir de la sphère de la conscience ; elle n'a qu'à s'y enfermer et à y plonger ses regards aussi avant que possible, elle y rencontrera toujours l'objet de ses spéculations. La science de l'être n'est pour l'âme humaine que la conscience de sa propre nature ; la psychologie se confond à une certaine profondeur avec l'ontologie.

La science, cherchant le principe des choses, ne s'arrête point à la nature multiple, aveugle et esclave. La nature regarde et aspire vers l'unité dans son pénible travail, mais elle ne l'atteint jamais complétement [1]. L'âme connaît ; elle est simple, intelligente et libre ; mais elle ne tient pas d'elle-même l'unité [2]. Elle ne fait donc qu'en participer ; elle est une, mais non l'unité même. En soi, elle est multiple, non pas, il est vrai, à la manière des choses corporelles qui ont des parties ; mais elle a diverses puissances, la sensation, l'imagination, le désir, la volonté, la raison [3]. Quand on admettrait qu'elle est simple par essence, que la sensation, l'imagination et le désir ne lui sont point propres, et qu'en soi elle n'est que volonté et raison, il serait encore impossible de s'y arrêter ; car elle ne pense qu'en tant qu'elle participe de l'intelligence. Donc l'intelligence est quelque chose de meilleur que l'âme. Et qu'on ne vienne pas dire que c'est l'âme qui, étant

---

[1] Enn. VI, ix, 1. Καὶ πρὸς τὸ ἓν βλέπουσαν ἓν ἕκαστον ποιεῖν.

[2] Enn. VI, ix, 1.

[3] Enn. VI, ix, 1. Καὶ δὴ καὶ ψυχὴ ἕτερον οὖσα τοῦ ἑνὸς μᾶλλον ἔχει κατὰ τὸν λόγον τοῦ μᾶλλον, καὶ οὕτως εἶναι τὸ μᾶλλον ἕν, οὐ μὴν αὐτὸ τὸ ἕν ψυχὴ γὰρ μία, καὶ συμβεβηκός πως τὸ ἓν καὶ δύο ταῦτα, ψυχὴ καὶ ἕν, ὥσπερ σῶμα καὶ ἕν. — Ibid., infrà. Πολλὴ ἡ ψυχὴ καὶ ἡ μία, κἂν εἰ μὴ ἐκ μερῶν.

moins parfaite que l'intelligence, engendre l'intelligence; car elle ne pourrait l'engendrer que comme la puissance engendre l'acte [1]. Or, l'âme est un acte et non une puissance. D'ailleurs, l'âme subit la passion ; l'intelligence est impassible. Enfin, si l'âme est dans le monde et qu'il existe quelque chose hors du monde, ce quelque chose est supérieur à l'âme [2]. S'il n'y avait rien hors du monde, le monde ne serait ni stable, ni un, ni permanent ; car ce n'est pas l'âme qui fait la stabilité, l'unité et la permanence de la nature : ce sont les raisons séminales dont le principe est l'intelligence. L'âme y répand le mouvement et la vie [3].

Ainsi, dans la recherche du premier principe, la science va de la Nature à l'Ame, de l'Ame à l'Intelligence. Doit-elle s'arrêter là ? Au-dessus de l'Intelligence, sommet du monde intelligible, centre des idées qui illuminent l'Ame, y a-t-il encore quelque chose ? Pour en juger, il reste à considérer de plus près l'intelligence, et à voir si dans sa nature rien ne répugne au caractère de premier principe.

Pour se faire une idée vraie et complète de l'intelligence, il faut la dégager des conditions auxquelles elle se trouve enchaînée sous la forme humaine ; il faut faire abstraction des sens et de l'imagination, qui gênent son libre essor et la condamnent à faire effort pour passer à cet acte qui est sa vie naturelle et

---

[1] Enn. V, ix, 4.

[2] Enn. V, ix, 4. Εἰ δὲ δὴ καὶ ἐμπαθὲς ψυχή, δεῖ δέ τι ἀποθὲς εἶναι,... καὶ εἰ ἐν κόσμῳ ψυχή, ἐκτὸς δὲ δεῖ τι κόσμου εἶναι, καὶ ταύτῃ πρὸ ψυχῆς δεῖ τι εἶναι.

[3] Enn. V, ix, 4.

constante dans l'état de pureté et de perfection qui lui est propre, à la contemplation. L'intelligence pure est simple et libre. Parce qu'elle contemple les idées, qu'on ne croie pas qu'elle se divise et se développe dans cette intuition ; elle les contemple comme un seul et même intelligible et par un acte tout-à-fait simple. Mais même à ce degré de perfection, l'intelligence réunit-elle tous les caractères d'un principe que nous puissions considérer comme premier ? Est-elle absolument simple, absolument indépendante, absolument universelle ?

1° *Simplicité*. — L'intelligence est simple en ce sens qu'en elle le sujet et l'objet se confondent et qu'elle est à la fois l'intelligence et l'intelligible. Mais il n'y a pas simplicité absolue là où on peut distinguer deux termes. Or, l'esprit a beau faire abstraction de l'intelligence humaine et s'élever jusqu'à l'intelligence pure et parfaite, il ne la conçoit point sans intelligible [1]. Il est vrai que cet intelligible, c'est l'intelligence elle-même qui se pense : mais s'il n'y a pas deux êtres distincts, il y a toujours une distinction dans l'être simple qui est à la fois l'intelligence et l'intelligible. L'intelligence n'est donc pas absolument une ; elle participe de l'unité au suprême degré, il est vrai. L'unité est la loi de la pensée ; mais la dualité aussi en est une condition nécessaire. Si l'intelligence et l'intelligible étaient deux essences distinctes et séparées, sans retour à l'unité,

---

[1] Enn. III, viii, 8. Καὶ οὕτως νοῦς καὶ νοητὸν ἅμα, ὥστε δύο ἅμα· εἰ δὲ δύο, δεῖ τὸ πρὸ τοῦ δύο λαβεῖν. Τί οὖν; νοῦς μόνον; ἀλλὰ παντὶ νῷ συνέζευκται τὸ νοητόν· εἰ οὖν δεῖ μὴ συνεζεῦχθαι τὸ νοητόν, οὐδὲ νοῦς ἔσται... Τί οὖν κωλύει τὸ νοητὸν αὐτὸ εἶναι; ἢ ὅτι καὶ τὸ νοητὸν συνέζευκται τῷ νῷ.

il n'y aurait pas de pensée. Si l'unité de l'intelligence et de l'intelligible était telle qu'il ne fût pas possible de les distinguer, il n'y en aurait pas davantage [1]. Sans doute il ne faut pas oublier que c'est de l'intelligence pure et parfaite qu'il s'agit et non de l'intelligence humaine, qui n'en est qu'une ombre. L'intelligence pure ne pense qu'elle-même ; essentiellement une et simple, c'est elle-même qui, dans l'acte de sa pensée, se distingue et se divise ; elle va de l'unité à la dualité [2]. L'intelligence humaine, qui n'est que l'âme illuminée par l'intelligence, pense autre chose qu'elle-même, quand elle pense l'intelligible. Pour qu'elle devienne intelligence, il faut qu'elle se confonde avec l'intelligible qui est au fond de sa propre nature, et qu'elle ne peut dégager que par un effort d'abstraction. En tant qu'âme, elle reste distincte et séparée de cet intelligible ; elle est donc en soi multiple, et quand elle pense, elle va de la dualité à l'unité [3]. En un mot, l'intelligence divine est une unité qui se divise ; l'intelligence humaine est une dualité qui s'unifie. La différence est profonde ; mais la dualité n'en est pas moins la loi de toute pensée parfaite ou imparfaite. Telle est la nature de l'intelligence représentée dans les symboles de l'antique théologie par le règne de Saturne [4] : c'est l'immobilité, l'éternité,

---

[1] Enn. V, vi, 1. Ἡμεῖς μὲν οὖν τῷ λόγῳ ἐκ δύο τὸ πεποιήκαμεν τὸ δ' ἀνάπαλιν ἐξ' ἑνός ἐστι δύο, ὅτι νοεῖ ποιοῦν αὐτὸ δύο, μᾶλλον δὲ οὔ, ὅτι νοεῖ, δύο, καὶ ὅτι αὐτὸ ἕν.

[2] Enn. V, vi, 1.

[3] Enn. V, vi, 1.

[4] Enn. V, i, 4. Ἐπὶ τὸ ἀρχέτυπον αὐτοῦ καὶ τὸ ἀληθινώτερον ἀναβάς, κἀκεῖ πάντα ἰδεῖν νοητὰ, καὶ παρ' αὐτῷ ἴδια, ἐν εἰκών συ-

l'unité, la parfaite sagesse, la pure divinité, la suprême félicité. L'acte de l'intelligence n'est pas multiple ni successif comme l'action de l'âme; il est simple et simultané; mais enfin il n'y a pas de pensée sans différence et sans identité [1]. L'intelligence, en tant qu'intelligence intelligible, est donc à la fois unité et dualité, identité et différence, repos et action.

Mais, dira-t-on, rien n'empêche que le premier principe ne soit multiple. C'est ce qu'on ne peut supposer, le multiple lui-même n'étant pas possible sans l'unité dont il vient et dans laquelle il est [2]. Si l'on dit que l'un coexiste au multiple, il restera toujours à en déterminer le rapport et à expliquer comment ce qui n'est pas simple peut être premier. Si, tout en coexistant au multiple, il en est distinct et indépendant, il existe par lui-même et antérieurement au multiple; s'il est impliqué dans le multiple, il n'existe plus par lui-même ni substantiellement. Donc quelque hypothèse qu'on fasse, on est ramené à l'unité absolue du premier principe [3]. Si l'on objectait qu'il importe peu que l'acte soit multiple dans le premier principe, pourvu que l'essence soit une et simple [4], il serait facile de répondre : ou l'es-

νέσει καὶ ζωῇ, κα τούτων τὸν ἀκήρατον νοῦν προστάτην, καὶ σοφίαν ἀμήχανο, καὶ τὸν ὡς ἀληθῶς ἐπὶ χρόνου βίον, θεοῦ χορον καὶ νοῦ ὄντος.

[1] Enn. V, I, 4. Ἀλλὰ δύο ὄντα, τοῦτο τὸ ἓν ὁμοῦ νοῦς, καὶ ὄν, καὶ νοοῦν, καὶ νοούμενον· ὁ μὲν νοῦς, κατὰ τὸ νοεῖν· τὸ δὲ ὄν, κατὰ τὸ νοούμενον· οὐ γὰρ ἂν γένοιτο τὸ νοεῖν, ἑτερότητος μὴ οὔσης, καὶ ταυτότητος δέ.

[2] Enn. V, VI, 3. Οὐ δύναται γὰρ πολλά, μὴ ἑνὸς ὄντος, ἀφ' οὗ, ἢ ἐν ᾧ, ἢ ὅλως ἑνός.

[3] Enn. V, VI, 3.

[4] Enn. V, III, 12.

sence est identique avec l'acte, ou elle en est distincte. Si elle en est distincte, elle n'est plus qu'une simple puissance ; elle est donc primitivement moins parfaite et ne devient absolument parfaite que par l'acte, ce qui répugne à la nature du premier principe. Si elle se confond avec l'acte, elle est donc multiple elle-même. Dès lors elle n'est plus le premier principe, car le multiple a sa raison dans l'un [1]. Quant au principe de la préexistence de l'un, si on objecte qu'il est vrai pour les nombres qui sont des compositions de l'unité, mais qu'il en est autrement des choses [2] ; nous répondrons que, l'unité ne présidant pas à l'ordre universel, il y aura dispersion de toutes choses et chaos [3]. On peut soutenir, il est vrai, que d'une seule intelligence peuvent provenir des actes multiples; mais alors c'est admettre quelque chose d'un et de simple avant les actes : seulement, ce quelque chose serait l'intelligence. Ensuite il faut supposer que ces actes étant permanents ne sont pas de vraies hypostases. Mais ces hypostases doivent différer de ce dont elles viennent, puisque autre chose est le principe, autre chose sont les actes [4].

2° *Indépendance.* — Le premier principe doit se suffire pleinement à lui-même. Or ni l'intelligence ni l'intelligible ne se suffisent, l'intelligence ne pouvant

---

[1] Enn. V, iii, 12. Ἀλλ' εἰ μὲν αἱ ἐνέργειαι αὐτοῦ μὴ οὐσίαι, ἀλλ' ἐκ δυνάμεως εἰς ἐνέργειαν ἔρχεται, οὐ πλῆθος μὲν, ἀτελὲς δὲ πρὶν ἐνεργῆσαι τῇ οὐσίᾳ. Εἰ δὲ ἡ οὐσία αὐτοῦ ἐνέργεια, ἡ δὲ ἐνέργεια αὐτοῦ τὸ πλῆθος, τοσαύτη ἔςαι ἡ οὐσία αὐτοῦ, ὅσον τὸ πλῆθος.

[2] Enn. V, iii, 12.

[3] Enn. V, iii, 12.

[4] Enn. V, iii, 12.

penser que par l'intelligible, et l'intelligible ne devenant tel que par l'intelligence [1]. Il est donc nécessaire qu'un terme supérieur intervienne pour que l'intelligence se pense. Car ce n'est pas d'elle-même qu'elle se pose comme intelligible ; elle s'aperçoit comme telle en vertu d'une certaine lumière qui vient d'ailleurs. Réduite à elle-même, elle ne se verrait point intelligible ; elle ne serait donc pas intelligence ; car elle n'est intelligence qu'en tant qu'elle se voit intelligible. Donc elle n'est pas absolument indépendante ; elle ne l'est que relativement au monde intelligible et au monde sensible [2].

3° *Universalité.* — L'intelligence n'est pas le premier bien. Il y a encore un bien supérieur à la sagesse, à la vie, à l'intelligence même pure et parfaite. Car tous les êtres désirent le bien, et tous ne désirent pas l'intelligence [3]. Il y a donc un bien plus universel que l'intelligence, et par conséquent celle-ci n'est pas le premier bien. D'ailleurs l'intelligence elle-même aspire et compète au bien, elle s'en nourrit pour le reproduire ensuite ; elle le reçoit pour le rendre [4]. Elle a donc besoin du bien, et pour cette raison lui est

---

[1] Enn. V, vi, 2. Ὅ, τε νοῦς τὸ ἐπιβάλλον τῇ νοήσει κενὸν ἔχει, ἄνευ τοῦ λαβεῖν καὶ ἐλεῖν τὸ νοητόν, ὃ νοεῖ· οὐ γὰρ ἔχει τὸ νοεῖν ἄνευ τοῦ νοητοῦ· τό, τε οὖν τέλεον, ὅταν ἔχῃ.

[2] Enn. V, vi, 2. Ἔδει δὲ πρὸ τοῦ νοεῖν τέλεον εἶναι παρ' αὑτοῦ τῆς οὐσίας· ᾧ ἄρα τὸ τέλεον ὑπάρξει, πρὸ τοῦ νοεῖν τοῦτο ἔσται·

[3] Enn. III, viii, 10. Ὁ μὲν γὰρ νοῦς τοῦ ἀγαθοῦ, τὸ δ' ἀγαθὸν οὐ δεῖται ἐκείνου· ὅθεν, καὶ τυγχάνων τοῦ ἀγαθοῦ ἀγαθοειδὴς γίγνεται, καὶ τελειοῦται παρὰ τοῦ ἀγαθοῦ.

[4] Enn. V, viii, 10. Ὥστε ἐν μὲν τῷ νῷ ἡ ἔφεσις, καὶ ἐφιεμένος ἀεί, καὶ ἀεὶ τυγχάνων·

inférieure. Sans doute, elle est la première, la plus belle et la meilleure des essences ; elle est le type et la lumière du monde intelligible. Mais si elle est première comme essence, elle ne vient qu'en second lieu comme principe. Telle est la nature de l'intelligence ; essence simple, indépendante et universelle, elle n'a pourtant pas cette simplicité, cette indépendance, cette universalité absolue sans lesquelles on ne peut concevoir le premier principe. Pour arriver à Dieu, il faut s'élever encore plus haut.

Quelle est donc la nature du premier principe ? Dire qu'il n'a ni grandeur, ni quantité, ni figure déterminée que l'imagination puisse saisir, qu'il est indivisible, immense, éternel en essence, ce n'est pas le faire connaître en ce qui lui est propre ; car l'âme aussi possède tous ces attributs. Dire qu'il est indivisible, immense, éternel, infini en acte comme en essence, c'est le distinguer de l'âme qui subit la loi du temps, de l'espace et du nombre, dans son développement et son action sur la nature ; mais c'est le confondre avec l'intelligence, qui est également immense, éternelle, infinie, simple en essence et en acte. Il faut aller plus loin pour caractériser la nature propre du premier principe. Il faut s'élever au-dessus de la nature, de l'âme, de l'intelligence, au-dessus de toute essence [1], c'est-à-dire de tout ce qui a un caractère déterminé, quant à l'être ou à l'action [2]. Il faut atteindre jusqu'à l'absolue unité [3]. C'est là le seul prin-

---

[1] Enn. V, III, 13.
[2] Enn. V, v, 6.
[3] Enn. V, v, 4. Ὅτι μὲν οὖν δεῖ τὴν ἀναγωγὴν ποιήσασθαι εἰς

cipe qui soit parfaitement simple, qui se suffise pleinement à lui-même, qui n'existe ni dans autrui, ni par autrui, qui n'ait rien au-dessus de soi ; c'est le principe par excellence [1], le principe au-delà duquel il n'y a plus rien à chercher.

Lui attribuer l'être serait le définir et le limiter [2]. La vie ne peut être non plus considérée comme un attribut de la nature divine ; car elle n'est pas le Bien, mais seulement la première émanation du Bien. Elle n'est donc pas quelque chose de premier et de suprême, quelles que soient l'excellence et la dignité de sa nature. Dès lors elle n'entre point dans la nature même du premier principe des choses. Toute vie, même purement intelligible, n'est encore que l'image du bien, et comme telle, est un principe inférieur à Dieu [3]. La beauté la plus pure, la beauté intelligible, ne convient pas non plus à la nature divine. Dieu est le principe de la beauté, comme il est le principe de l'essence pure et de l'intelligence ; mais il n'est par lui-même ni beau, ni la beauté, car il est absolument ἀνείδεος. Toute forme vient de lui, même la forme par excellence, l'intelligence, mais il n'est lui-même au-

---

ἕν, καὶ ἀληθῶς ἕν, ἄλλα μὴ ὥσπερ τὰ ἄλλα ἕν, ἃ πολλὰ ὄντα μετοχῇ ἑνός ἕν. — Enn., V, iv, 1.

[1] Enn., II, ix, 1. Εἰ οὖν μηδὲ παρ' ἄλλου, μηδὲ ἐν ἄλλῳ, μηδὲ σύνθεσις μηδεμία, ἀνάγκη μηδὲν ὑπὲρ αὐτὸ εἶναι.

[2] Enn., V, v, 6. Ταῦτα δὲ τὰ ὄντα καὶ τὸ ὄν · ἐπέκεινα ἄρα ὄντος ·

[3] Enn. VI, vii, 18. Καὶ γὰρ ἡ ζωὴ ἦν ἀγαθόν, οὐχ ἁπλῶς, ἀλλ' ὅτι ἐλέγετο ἀληθινή, καὶ ὅτι παρ' ἐκείνου, καὶ νοῦς ὁ ὄντως, δεῖ τι τοῦ αὐτοῦ ἐν αὐτοῖς ὁρᾶσθαι.

cune forme [1]. Lui attribuera-t-on l'intelligence? On vient de voir déjà comment et pourquoi elle répugne à la nature du premier principe. Platon, en parlant de l'essence, dit qu'elle pensera, et que, dès lors, elle ne sera point ce qu'il y a de plus excellent. Il y a donc quelque chose qu'il regarde comme supérieur à l'intelligence [2]. Non seulement Dieu ne peut être l'intelligence, ainsi que nous l'avons montré, mais encore il ne peut être intelligent. L'intelligence répugne à la nature divine en acte aussi bien qu'en essence; car, par cela même que Dieu pense, il se distingue et se divise [3]. Le multiple peut bien se chercher lui-même et se recueillir pour avoir conscience de soi; car penser et connaître, c'est pour le multiple revenir à l'unité. Tout être complexe fait effort pour se connaître, et cet effort est un retour au principe simple de sa nature. C'est par la conscience que l'âme retourne à l'intelligence, et l'intelligence à Dieu. Mais comment ce qui est absolument un aspirerait-il vers l'unité [4]? Comment ce qui ne sort pas de l'unité chercherait-il à y

---

[1] Enn. VI, vii, 32. Ἀρχὴ δὲ τὸ ἀνείδεον, οὐ τὸ μορφῆς δεόμενον, ἀλλ' ἀφ' οὗ πᾶσα μορφὴ νοερά. — Infrà, ibid. Δύναμις οὖν παντὸς καλοῦ ἄνθος ἐςὶ κάλλους καλλοποιόν. Καὶ γὰρ γεννᾷ αὐτὸ καὶ κάλλιον ποιεῖ τῇ παρ' αὑτοῦ περιουσίᾳ τοῦ κάλλους, ὥςε ἀρχὴ κάλλους καὶ πέρας κάλλους.

[2] Enn. VI, vii, 39.

[3] Enn. V, iii, 13. Πολὺ γὰρ αὐτὸ ποιοῦμεν γνωςὸν, καὶ γνῶσιν ποιοῦντες, καὶ διδόντες νοεῖν, δεῖσθαι τοῦ νοεῖν ποιοῦμεν.

[4] Enn. V, vi, 5 Ἔτι τὸ πολὺ ζητοῖ ἂν ἑαυτὸ, καὶ ἐτέλοι ἂν συννεύειν καὶ συναισθάνεσθαι αὑτοῦ. Ὃ δ' ἔςι πάντῃ ἕν, ποῦ χωρήσεται πρὸς αὑτό; ποῦ δ' ἂν δέοιτο συναισθήσεως; ἀλλ' ἔςι τὸ αὐτὸ καὶ συναισθήσεως καὶ πάσης κρεῖττον νοήσεως.

rentrer? Que peut être la conscience dans un principe absolument simple? Il est donc évident que toute conscience et toute connaissance, étant un retour du multiple à l'unité, répugne à la nature du premier principe.

Mais quand Dieu pourrait connaître, comment en aurait-il le besoin et le désir? On conçoit que l'intelligence n'étant le premier ni en être ni en dignité, puisque le multiple est inférieur à l'un, aspire nécessairement vers ce qui vaut mieux qu'elle. C'est ainsi qu'elle est provoquée à penser ; car, penser pour elle, c'est se tourner vers le bien [1]. Mais le premier principe, étant comme tel, le bien suprême, n'aspire point vers un bien supérieur ; il n'a donc ni le besoin ni le désir de penser. Le don de l'intelligence paraît avoir été accordé comme un organe nécessaire aux divines essences, qui ne renferment point en elles le principe même de la pensée. Mais si elles possédaient ce principe, à quoi leur servirait l'organe? L'œil sert à l'être privé du principe lumineux, pour communiquer avec la lumière ; mais s'il était la lumière même, l'œil deviendrait inutile : car la lumière ne cherche point la lumière, et n'a pas besoin d'un œil pour voir ce qu'elle ne cherche point [2]. De même le principe suprême étant

---

[1] Enn. V, vi, 5. Τὸ δ' ἐκινήθη τε καὶ εἶδε, καὶ τοῦτ' ἔστι νοεῖν, κίνησις πρὸς ἀγαθὸν, ἐφιέμενον ἐκείνου · ἡ γὰρ ἔφεσις τὴν νόησιν ἐγέννησε, καὶ συνυπέστησεν αὐτῇ.

[2] Enn. VI, vii, 41. Κινδυνεύει γὰρ βοήθεια τὸ νοεῖν δεδόσθαι ταῖς φύσει ταῖς θειοτέραις μὲν, ἐλάττοσι δὲ οὔσαις, καὶ οἷον αὐταῖς τυφλαῖς οὔσαις ὄμμα. Ὁ δ' ὀφθαλμὸς τί ἂν δέοιτο τὸ ὂν ὁρᾶν φῶς αὐτὸς ὤν; ὃ δ' ἂν δέηται δι' ὀφθαλμοῦ, σκότον ἔχον παρ' αὐτῷ, φῶς ζητεῖ.

la lumière intelligible elle-même, ne la cherche point et n'a pas besoin d'un organe, l'intelligence, pour la contempler. Il ne pense rien, parce qu'il n'a ni besoin ni désir d'aucune chose ; il ne se pense pas, parce qu'étant l'unité même, il n'a point à se contracter pour revenir à l'unité [2]. Notre âme a besoin de se connaître, de rentrer en elle, de s'unir avec elle-même en quelque sorte, parce qu'elle n'est pas essentiellement simple et une. Le γνῶθι σεαυτὸν convient à toute nature complexe, parce que toute nature complexe éprouve le besoin et le désir de revenir à l'unité de son être. Mais une nature absolument simple est trop excellente pour aspirer à se connaître et à se sentir [3].

Maintenant peut-on lui attribuer l'activité, la liberté, la volonté, la providence? Ici, il ne suffit pas d'affirmer ou de nier simplement ; il faut user de réserves et de distinctions. De quelque façon qu'on l'entende, l'intelligence répugne à la nature du premier principe, et doit en être niée sans distinction et sans restriction. Mais il n'en est pas de même de l'activité, de la liberté, de la volonté et de la providence. Ces attributs, plus généraux et moins définis que l'intelligence, ne répugnent point absolument à la nature divine. C'est là ce qu'il s'agit de faire voir clairement.

Que faut-il entendre par l'activité du premier principe? Il est évident que, pour créer et pour produire,

[1] Enn. V, vii, 41.
[2] Enn. V, vii, 41. Ἐπεὶ καὶ τὸ γνῶθι σεαυτὸν λέγεται τούτοις, οἳ διὰ τὸ πλῆθος ἑαυτῶν ἔργον ἔχουσι διαριθμεῖν ἑαυτοὺς, καὶ μαθεῖν ὅσα καὶ ποῖα ὄντες, οὐ πάντα ἴσασιν, ἢ οὐδὲν... Εἰ δέ τί ἐστιν αὐτὸ μεῖζονος, ἐστὶν, ἢ κατὰ γνῶσιν καὶ νόησιν καὶ συναίσθησιν αὑτοῦ. Ἐπεὶ οὐδὲ ἑαυτῷ οὐδέν ἐστιν. Οὐδὲν γὰρ εἰσάγει εἰς αὑτὸν, ἀλλὰ ἀρκεῖ αὐτό.

Dieu n'a pas besoin d'agir et n'agit pas réellement ; car toute action, même celle de la pensée pure, répugne à l'absolue simplicité de sa nature. Mais il est la cause des causes [1], le principe et le type suprême de l'action, en un mot l'acte même, l'acte absolument simple, immanent, dans lequel vient se perdre toute distinction de la puissance et du mouvement, de l'essence et de l'action [2]. Dieu n'est pas actif à proprement parler : il est un acte, c'est-à-dire qu'il n'est point une simple puissance qui, pour créer et produire, aurait besoin de passer à l'acte. Donc ce n'est jamais que dans ce sens qu'on peut lui attribuer l'activité. L'activité ou plutôt l'acte n'est point un attribut de la nature divine : il en est le fond et la substance même. En Dieu il n'y a pas lieu de distinguer l'essence et l'attribut [3].

De même il faut prendre garde d'attribuer sans réserve la liberté à Dieu. Dans le sens absolu du mot, la liberté, c'est l'indépendance même d'un être, quant à son essence et quant à son action [4]. C'est ainsi que Dieu est libre : non seulement il est libre, mais il est seul véritablement libre ; car seul il est absolument

---

[1] Enn. VI, vii, 18. Αἴτιον δὲ ἐκεῖνο τοῦ αἰτίου · μειζόνως ἄρα οἷον αἰτιώτατον καὶ ἀληθέστερον αἰτία.

[2] Enn. VI, viii, 18. Καὶ ἔστι δέον οὐχ ' ὡς ὑποκείμενον, ἀλλ' ὡς ἐνέργεια πρώτη · τοῦτο ἑαυτὴν ἐκφήνασα, ὅπερ ἔδει. Οὕτω γὰρ αὐτὸν λέγειν, ἀδυνατοῦντα λέγειν ὅς τις ἐθέλει.

[3] Enn. VI, viii, 20. Οὐ γὰρ δύο, ἀλλ' ἕν · οὐδὲ γὰρ φοβητέον ἐνέργειαν τὴν πρώτην τίθεσθαι ἄνευ οὐσίας · ἀλλ' αὐτὸ τοῦτο τὴν οἷον ὑπόστασιν θετέον. Εἰ δὲ ὑπόστασιν ἄνευ ἐνεργείας τις θεῖτο, ἐλλιπὴς ἡ ἀρχὴ καὶ ἀτελὴς ἡ τελειοτάτη πασῶν ἔσται.

[4] Enn. VI, viii, 7.

indépendant [1] ; l'âme relève de l'intelligence, et celle-ci de Dieu. Mais la liberté s'entend encore d'une autre manière. Être libre, dans le sens humain du mot, c'est être maître de soi-même [2] ; ce qui suppose d'abord une action et une aspiration vers autrui. D'ailleurs, ce pouvoir d'un être sur lui-même suppose deux termes : un principe qui exerce l'empire et un autre principe sur lequel l'empire est exercé, un sujet et un objet de l'action ; il n'est donc pas possible dans un être absolument simple. Pour qu'un être soit réellement maître de lui-même, il faut que, dans sa nature, l'essence et l'activité soient distinctes ; alors il sera libre, si en vertu de son essence il gouverne son activité [3]. La liberté ici n'est donc que le pouvoir de l'essence sur l'activité. Or, en ce sens, évidemment Dieu n'est pas libre. Toute distinction répugnant à la simplicité absolue de sa nature, il n'est point à la fois essence et activité ; il est un acte indivisible et immanent, supérieur à la liberté [4]. Du reste, s'il n'est pas libre, il est principe de toute liberté ; car la liberté étant le pouvoir de l'essence sur l'activité dans un être quelconque, et l'essence étant toujours ou le principe

---

[1] Enn. VI, viii, 7. Πῶς δὴ αὐτὸ τὸ κύριον ἁπάντων τῶν μετ' αὐτὸ τιμίων καὶ ἐν πρώτῃ ἕδρᾳ ὄν, πρὸς ὃ τὰ ἄλλα ἀναβαίνειν θέλει καὶ ἐξήρτηται αὐτοῦ καὶ τὰς δυνάμεις ἔχει παρ' αὐτοῦ, ὥστε δύνασθαι τὸ ἐπ' αὐτοῖς, ἔχειν, πῶς ἄν τις εἰς τὸ ἐπ' ἐμοὶ ἢ ἐπὶ σοὶ ἄγοι;

[2] Enn. VI, viii, 8. Ἀποτιθεμένοις δὲ πάντα καὶ τὸ ἐπ' αὐτῷ ὡς ὕστερον, καὶ τὸ αὐτεξούσιον. Ἤδη γὰρ εἰς ἄλλο ἐνέργειαν λέγει, καὶ ὅτι ἀνεμποδίστως, καὶ ὄντων ἄλλων τῶν εἰς αὐτὰ ἀκωλύτως.

[3] Enn. VI, viii, 12.

[4] Enn. VI, viii, 12. Ὅπου δὲ οὐ δύο, ὡς ἑνός, ἀλλὰ ἕν, (ἢ γὰρ ἐνέργεια μόνον, ἢ οὐδ' ὅλως ἐνέργεια) οὐδὲ τὸ κύριον αὐτοῦ ὀρθῶς.

même d'où vient l'être en question, ou identique avec ce principe, il s'ensuit que toute liberté, pour cet être, lui vient du principe [1] supérieur d'où il relève. Ainsi l'âme est libre en vertu de l'intelligence ; celle-ci, libre par elle-même, est le type et l'idéal de la liberté. Mais l'intelligence vient de Dieu : donc Dieu est le principe de toute liberté [2]. Ainsi Dieu est libre, en ce sens qu'il est indépendant. Il est libre encore en ce sens qu'il est le principe et le type même de la liberté. Mais il n'est pas libre dans le sens humain du mot, c'est-à-dire en tant qu'il serait maître de lui-même et de ses actes.

D'un autre côté, Dieu étant absolument simple, sa nature et sa volonté ne font qu'un ; la nature du Bien est la volonté de Dieu [3]. Or la nature de Dieu est immuable ; donc sa volonté aussi est immuable, et ne peut se révéler, comme la volonté humaine, par le choix, puisque le choix implique le changement. Si Dieu changeait de volonté, il changerait de nature. Dieu ne peut pas faire autrement qu'il ne fait, parce qu'il est le Bien [4]. La volonté et la puissance de Dieu n'admettent pas les contraires ; pour un principe qui est le Bien absolu, la puissance des contraires serait une imperfection. Il faut que l'acte de Dieu soit unique

---

[1] Enn. VI, viii, 4.

[2] Enn. VI, viii, 7. Γίνεται οὖν ψυχὴ μὲν ἐλευθέρα διὰ νοῦ πρὸς τὸν ἀγαθὸν σπεύδουσα ἀνεμποδίστως· καὶ ὁ διὰ τοῦτο ποιεῖ, ἐφ' ἑαυτῇ. Νοῦς δὲ δι' αὑτόν· ἡ δὲ τοῦ ἀγαθοῦ φύσις αὐτὸ τὸ ἐφετὸν, καὶ διὰ τὰ ἄλλα ἔχει, τὸ ἐφ' ἑαυτοῖς, ὅταν τὸ μὲν τυγχάνειν ἀνεμποδίστως δύνηται, τὸ δὲ ἔχειν.

[3] Enn. VI, viii, 13. Ἔστι γὰρ ὅπως ἡ ἀγαθοῦ φύσις θέλησις αὐτοῦ.

[4] Enn. VI, viii, 21.

et toujours le même ; car cet acte est la volonté même de Dieu. Or la volonté de Dieu ne peut être distincte de sa nature ; sans quoi elle serait postérieure à la substance divine, et par suite contingente[1].

Ainsi, quand on parle de la liberté et de la volonté de Dieu, il ne faut rien entendre par là de semblable à la liberté et à la volonté des êtres contingents. Et pourtant il importe d'en parler pour protester contre la doctrine absurde qui soumet Dieu à une aveugle fatalité[2]. Cette doctrine vient surtout de ce qu'on s'obstine à chercher ce que Dieu est et ce qu'il fait, ainsi que la raison de son être et de son action. Une pareille recherche suppose toujours la contingence dans le principe qui en est l'objet. Or Dieu est nécessaire dans sa nature et dans son action, en tant qu'il est le Bien. Il n'y a donc pas lieu de chercher la raison de ce qu'il est et de ce qu'il fait. On ne peut même pas dire qu'il agit nécessairement selon le Bien ; car il est le Bien lui-même[3]. Il est ce qu'il est, il fait ce qu'il fait, non parce qu'il ne peut faire autrement, mais parce qu'il est le Bien. Étant le parfait, il ne peut vouloir tendre au pire. On parle de ce qui arrive ou n'arrive pas à Dieu ; Dieu, n'étant nulle part, échappe à toute contingence. Les

---

[1] Enn. VI, viii, 21. Οὐ γὰρ οὕτω τὸ δύνασθαι ἐκεῖ, ὡς καὶ τὰ ἀντικείμενα, ἀλλ' ὡς ἀστεμφεῖ καὶ ἀμετακινήτῳ δυνάμει, ἢ μάλιστα δύναμίς ἐστιν, ὅταν μὴ ἐξίστηται τοῦ ἕν· καὶ γὰρ τὸ τὰ ἀντικείμενα δύνασθαι ἀδυναμίας ἐστὶ τοῦ ἀρίστου μένειν.

[2] Enn. VI, viii, 9. Οὐ τοίνυν οὕτω συνέβη, ἀλλ' ἔδει οὕτω· τὸ δ' ἔδει τοῦτο ἀρχὴ τῶν ὅσα ἔδει.

[3] Enn. VI, viii, 9. Ἀλλὰ ὄντως βασίλεια καὶ ὄντως ἀρχὴν καὶ τὸ ἀγαθὸν ὄντως, οὐκ ἐνεργοῦντα κατὰ τὸ ἀγαθόν (οὕτω γὰρ ἂν δόξειεν ἕπεσθαι ἄλλῳ)· ἀλλ' ὄντα ὃ, ὅπερ ἐστίν, ὥστε οὐ κατ' ἐκεῖνο, ἀλλ' ἐκεῖνο.

choses lui sont contingentes, mais il n'est point contingent aux choses [1] ; le monde se tourne vers Dieu, mais Dieu ne se tourne point vers le monde. Renfermé dans son absolue et immobile unité, il s'y repose et s'y complaît, en quelque sorte, s'aimant seul, et créant tout ce qu'il crée, par cet amour solitaire [2]. Son acte, c'est lui-même, puisqu'il ne sort pas de sa nature en créant. C'est dire que cet acte n'est pas fortuit et contingent, mais volontaire et nécessaire [3]. Agir, être, vouloir, se confondent dans l'absolue nécessité de la nature divine et du Bien.

Ce n'est pas non plus sans raison qu'on attribue la Providence au premier principe. Dieu étant le Bien est déterminé dans sa volonté et son action par une absolue nécessité. Il ne peut agir ni vouloir selon le Bien, puisqu'il est le Bien lui-même; mais il agit et veut comme Bien [4]. Or, le bien exclut le hasard et la contingence ; tout ce que Dieu crée, l'intelligence, l'âme, le monde, il le crée par la nécessité même du bien. Et c'est cette nécessité qui constitue la liberté et la volonté de Dieu dans sa création [5]. Comment pourrait-on supposer que Dieu obéit au hasard, quand le monde est plein de raisons et de fins? Nous ne rencontrons le hasard et l'accident que dans l'individu ; aussitôt que

---

[1] Enn. VI, viii, 16.

[2] Ὁ δ' εἰς τὸ εἴσω οἷον φέρεται αὐτοῦ οἷον ἑαυτὸν ἀγαπήσας, αὐγὴν καθαρὰν, αὐτὸς ὢν τοῦτο, ὅπερ ἠγάπησε·

[3] Enn. VI, viii, 16. Οὐχ ὡς ἔτυχεν ἄρα ἐστὶν, ἀλλ' ὡς αὐτὸς ἐθέλει, καὶ οὐδ' ἡ θέλησις εἰκῆ, οὐδ' οὕτω συνέβη. Τοῦ γὰρ ἀρίστου ἡ θέλησις οὖσα οὐκ ἔστιν εἰκῆ.

[4] L. vi, c. viii, p. 9.

[5] Enn. VI, viii, 9.

nous nous élevons à l'espèce, la raison et la nécessité apparaissent. Le monde est disposé comme si le conseil et la délibération eussent présidé à sa formation [1]. Dieu a procédé autrement, il est vrai [2]; mais si le monde n'a point été créé par réflexion, il ne faut point y voir l'œuvre du hasard. Il est sorti spontanément de la nature divine, c'est-à-dire du Bien, avec tous les caractères de son principe, beauté, bonté, harmonie. Les causes de cette beauté, de cette bonté, de cette harmonie, sont les raisons séminales qui ont été déposées par l'âme au sein de la matière, et y agissent selon des lois immuables et parfaites. Le principe de ces raisons est l'intelligence, fille de Dieu [3].

Ainsi il faut écarter de la nature divine tous les attributs qu'une fausse analogie y rattache communément, l'intelligence, l'activité, la liberté, la volonté, la Providence; car ces attributs répugnent profondément à la notion même de premier principe. Que peut-on donc affirmer de Dieu? On ne peut pas même dire qu'il est; car tout ce qui est est essence. Or toute essence a une forme soit sensible, soit intelligible, de manière à pouvoir être définie [4]. Mais toute forme est engendrée: donc le premier principe, n'étant pas engendré, ne peut avoir de forme. Ne pouvant avoir de forme, il n'a point d'essence, et ne se prête à aucune définition [5]. Il est ab-

---

[1] Enn. VI, viii, 9.

[2] Enn. VI, viii, 17. Ὥςε ἐπέκεινα προνοίας· τἀκεῖ εἶναι καὶ ἐπέκεινα προαιρέσεως, καὶ πάντα ἀεὶ νοερῶς ἑςηκότα εἶναι, ὅσα ἐν τῷ ὄντι·

[3] Enn. VI, viii, 17.

[4] Enn. V, v, 6.

[5] Enn. V, v, 6.

surde d'essayer de le comprendre et de l'embrasser. C'est le moyen de s'en éloigner davantage; car l'immense ne se laisse point embrasser, et l'infini ne se laisse pas comprendre. Le seul nom qui lui convienne, l'Un (τὸ ἕν), ne signifie pas autre chose que la négation de tout nombre et de toute détermination; c'est en cela qu'il lui convient [1]. Les Pythagoriciens avaient le sentiment de cette impossibilité, lorsqu'ils nommaient Dieu *Apollon*, pour exprimer qu'il ne peut avoir de nom particulier [2].

Dieu n'est ni la monade, ni la dyade, ni aucune unité dans les nombres [3]. S'il n'est ni la monade, ni la dyade, principes des nombres, à plus forte raison n'est-il pas un nombre. Il est le principe suprême des nombres et de leurs principes élémentaires, la monade et la dyade [4]. Dieu n'est pas Bon, mais il est le principe du Bon. S'il ne possède même pas cet attribut, il s'ensuit qu'il n'en possède aucun autre, car la bonté les comprend tous [5]. Si on lui attribue l'essence, la beauté, la vie, l'intelligence, on le mutile et on le rabaisse; car ce n'est pas glorifier Dieu que de lui prêter des attributs inférieurs et contraires à sa nature [6]. On n'enrichit pas

---

[1] Enn., VI ix, 6.

[2] Enn., V, v. 6. Τάχα δὲ καὶ τὸ ἓν ὄνομα τοῦτο ἄρσιν ἔχει πρὸς τὰ πολλά. Ὅθεν καὶ Ἀπόλλωνα οἱ Πυθαγορικοὶ συμβολικῶς πρὸς ἀλλήλους ἐσήμαινον, ἀποφάσει τῶν πολλῶν.

[3] Enn. V, v, 4.

[4] Enn. V, v, 4.

[5] Enn. V, v. 13. Ἔδει δὲ καὶ τἀγαθὸν αὐτὸν ὄντα, καὶ μὴ ἀγαθόν, μὴ ἔχειν ἐν ἑαυτῷ μηδέν, ἐπεὶ μηδὲ ἀγαθόν... Εἰ οὖν μήτε τὸ οὐκ ἀγαθὸν μήτε τὸ ἀγαθὸν ἔχει, οὐδὲν ἔχει.

[6] Enn. VI, vii, 37.

la nature divine en lui prêtant de tels attributs, on la détruit. Elle n'a pas plus besoin de l'intelligence que de la faculté de guérir : elle n'a besoin de rien [1]. Platon avait bien compris cette vérité, lui qui place Dieu avant l'intelligence. Ceux qui lui attribuent l'intelligence font comme si cet attribut devait relever sa dignité, et comme s'il en avait besoin pour être plus saint et plus vénérable [2]. Mais Dieu tire sa dignité de sa propre nature et non de l'intelligence [3]. Quand on veut se faire une idée exacte du premier principe, il faut le concevoir, abstraction faite de toute détermination sensible ou intelligible. Il ne faut pas craindre de retrancher sans cesse, mais plutôt d'ajouter.

Mais si Dieu n'est ni intelligence, ni essence, ni rien de déterminé, comment pouvons-nous en parler [4]? Nous ne pouvons en effet dire ce qu'il est; mais nous pouvons du moins dire ce qu'il n'est pas. Si on veut se faire une idée vraie de Dieu, il faut, après avoir contemplé les êtres du monde intelligible [5] et du monde sensible, le concevoir ensuite par le contraste et la négation même de

[1] Enn. VI, vII, 37,

[2] Enn. VI, vII, 37. Ἀλλ' οὖν ἐκεῖνοι, ἄλλο τιμιώτερον αὐτοῦ οὐχ εὑρόντες, τὴν νόησιν αὐτῷ αὐτοῦ εἶναι ἔδοσαν, ὥσπερ τῇ νοήσει σεμνοτέρου αὐτοῦ ἐσομένου, καὶ τοῦ νοεῖν κρείττονος ἢ κατ' αὐτὸν ὅ ἐςιν ὄντος, ἀλλ' οὐκ αὐτοῦ σεμνύνοντος τὴν νόησιν.

[3] Enn., VI vII, 37.

[4] Enn. V, III, 14. Καὶ γὰρ λέγομεν, ὃ μὴ ἔςιν· ὃ δὲ ἔςιν, οὐ λέγομεν· ὥςε ἐκ τῶν ὕςερον περὶ αὐτοῦ λέγομεν· ἔχειν δὲ οὐ κωλυόμεθα, κἂν μὴ λέγωμεν.

[5] Enn. VI, IX, 7. Εἰ δ' ὅτι μηδὲν τούτων ἐςὶν ἀποριςεῖς τῇ γνώμῃ, ςῆσον σαυτὸν εἰς ταῦτα καὶ ἀπὸ τούτων θεῶ. Θεῷ δὲ, μὴ ἔξω ῥίπτων τὴν διάνοιαν (οὐ γὰρ κεῖταί που) ἐρημῶσαν αὐτοῦ τὰ ἄλλα, ἀλλ' ἔςι τῷ δυναμένῳ θίγειν ἐκεῖ παρόν, τῷ δ' ἀδυνατοῦντι οὐ πάρεςιν.

tous ces êtres. Mais ce n'est point en faisant pénétrer la pensée au-delà qu'on pourra le concevoir; il n'est pas retiré comme l'âme, comme l'intelligence, dans une région isolée, supérieure à l'âme et à l'intelligence. Il est partout dans le monde sensible et dans le monde intelligible, mais partout invisible et insaisissable, parce qu'il contient tout, et n'est contenu par rien [2]. Au reste, de ce que nous n'avons de lui ni connaissance ni intelligence, il ne s'ensuit pas que nous ne le possédions d'aucune manière. S'il ne nous est pas accessible comme intelligible, il nous l'est autrement [2]. Nous sentons sa présence, non par la connaissance que nous en avons, mais par l'impression en nous de quelque chose de plus grand que tout ce que nous connaissons ; nous en sommes véritablement inspirés.

Bien qu'il n'y ait, ainsi que l'a dit Platon, ni parole, ni sens, ni science de Dieu, il est certains noms qu'on lui donne avec raison, non point parce qu'ils expriment sa nature, qui est vraiment ineffable, mais parce qu'ils n'expriment rien qui lui soit contraire. C'est ainsi que le Premier, l'Un, le Bien, l'Absolu (αὐταρκὲς) sont des noms qui conviennent à Dieu. Le *Premier* (τὸ πρῶτον) n'exprime pas la nature même de Dieu, mais son incomparable dignité [3]. L'Un exprime la simplicité absolue de Dieu, sans nous rien apprendre de sa nature intime. Nous savons bien que

---

[1] Enn. VI, ix, 7.
[2] Enn. V, iii, 14. Ἀλλ' ὥσπερ οἱ ἐνθουσιῶντες καὶ κάτοχοι γινόμενοι ἐπὶ τοσοῦτον κἂν εἰδεῖεν ὅτι ἔχουσι μεῖζον ἐν ἑαυτοῖς καὶ μὴ εἰδῶσιν ὅτι ἐξ ὧν δὲ κεκίνηνται καὶ λέγουσι, καὶ ἐκ τούτων αἴσθησίν τινα τοῦ κινήσαντος λαμβάνουσιν, ἑτέρων ὄντων τοῦ κινήσαντος.
[3] Enn. II, ix, 1.

Dieu est l'Un, et que cette unité est absolue, par opposition aux autres unités du monde sensible et du monde intelligible qui ne font qu'y participer [1]; mais nous n'avons aucune idée de ce qu'est en soi cette suprême Unité. Car il faut bien se garder de la confondre soit avec l'individu, soit même avec l'Universel. Le Bien exprime fidèlement le rapport du premier principe avec tous les êtres de l'un et de l'autre monde [2]. Il n'est rien, en effet, qui n'ait une raison et une fin, et pour raison et pour fin le Bien ; le mouvement, la forme, la nature, l'âme, l'être, la vie, l'intelligence, toute essence, en un mot, aspire vers le bien, comme vers sa fin suprême. Ainsi, de même que le Premier exprime que tout vient de Dieu, de même le Bien exprime que tout y retourne. C'est donc encore un simple rapport de Dieu au monde et non sa propre nature que ce mot signifie. On le nomme encore αὐτάρκες, c'est-à-dire qui se suffit à soi-même, en raison de sa simplicité [3].

Cette doctrine sur le premier principe n'est point nouvelle; elle a pour autorité et pour base la tradition [4]. Platon distingue le Père, l'Un, du Démiurge et de l'Ame du monde. Quand il parle de l'Un, c'est toujours en professant l'impuissance où se trouve la philosophie de le définir et même de le nommer. Parménide pose l'Un comme l'être unique, et nie le multiple [5]. On voit même que dans le dialogue de Platon qui porte son

---

[1] Enn. VI, ix, 6.
[2] Enn. VI, vii, 38.
[3] Enn. II, ix, 1.
[4] Enn. V, i, 8.
[5] Enn. V, i, 8.

nom, il distingue l'Un premier, l'Un second, l'Un troisième, ce qui est tout-à-fait conforme à la doctrine de Platon et à la nôtre. Aristote aussi a élevé sa pensée jusqu'au premier intelligible, jusqu'à l'Un premier[1]; mais il en a méconnu la nature, en lui attribuant la pensée et la conscience, car par là il y a introduit la dualité. Empédocle, Anaxagore, Héraclite, ont tous reconnu pour premier principe l'Unité, tout en lui prêtant des attributs qui répugnent à sa nature [2].

Plotin vient de considérer Dieu en soi; il lui reste à le montrer dans ses rapports avec le monde, comme créateur et producteur. Aucun mot ne peut exprimer la fécondité de la puissance divine; on ne peut que faiblement la représenter par des comparaisons. C'est la source qui verse la vie à flots, sans s'épuiser, ni même s'écouler [3]. C'est la racine toujours féconde d'où s'échappent la sève et la vie qui circulent dans cette plante immense appelée la Nature. C'est le foyer qui rayonne dans l'immensité; le soleil qui, de sa lumière, illumine à la fois le monde sensible et le monde intelligible. Mais de quelque image qu'on se serve pour exprimer l'effusion de la vie qui sort du sein de Dieu, pour circuler ensuite partout et sous toutes les formes et dans

---

[1] Enn V, ı, 8.

[2] Enn. V, ı, 8.

[3] Enn. III, vııı, 9. Νοήσου γὰρ πηγὴν ἀρχὴν ἄλλην οὐκ ἔχουσαν, δοῦσαν δὲ ποταμοῖς πᾶσιν αὐτήν, οὐκ ἀναλωθεῖσαν τοῖς ποταμοῖς, ἀλλὰ μένουσαν αὐτὴν ἡσύχως. — Enn. III, vııı, 9. Ἢ ζωὴν φυτοῦ μεγίστου διὰ παντὸς ἐλθοῦσαν, ἀρχῆς μενούσης καὶ οὐ σκεδασθείσης περὶ πᾶν, αὐτῆς οἷον ἐν ῥίζῃ ἱδρυμένης. — Enn. V. ı, 6. Περίλαμψιν ἐξ αὐτοῦ μὲν, ἐξ αὐτοῦ δὲ μένοντος, οἷον ἡλίου τὸ περὶ αὐτὸν λαμπρὸν, ὥσπερ περιθέον, ἐξ αὐτοῦ ἀεὶ γεννώμενον μένοντος.

toutes les directions, il n'en faut pas moins toujours concevoir Dieu lui-même comme simple, indivisible et immobile dans son absolue unité [1]. La création divine n'est ni un acte rapide et subit, ni un effort laborieux, après lequel Dieu rentre dans son repos. Il crée sans cesse et conserve ce qu'il a créé par un acte simple, éternel, immanent, qui ne trouble point son inaltérable quiétude [2].

Que Dieu crée réellement, que l'Un engendre le multiple, le monde tout entier est là pour le démontrer [3]. Car s'il est évident que les choses existent, il ne l'est pas moins qu'elles ont un principe d'existence et que ce principe est l'Un. Mais comment expliquer que l'Un engendre le multiple, voilà le mystère. Connaissant la nature de Dieu qui répugne au besoin et au désir, nous pouvons affirmer tout d'abord que s'il produit, c'est sans sortir de lui-même, sans tendre à quelque chose, sans agir. Car si tout cela était nécessaire pour que Dieu créât, la création ne pourrait avoir lieu, étant incompatible avec la nature divine [4]. S'il produit l'intelligence, ce n'est pas qu'il aime à la voir naître ; le mythe qui représente le Père engendrant son fils avec désir et amour, manque de vérité par rapport à Dieu ; car le désir et l'amour trahissent l'imperfection [5]. Dieu produit sa première hypostase, comme le soleil produit la lumière, par le

---

[1] Enn. V, ι, 6.

[2] Enn. VI, vii. 24. Μᾶλλον δὲ ἐκ τἀγαθοῦ ἐνέργειαν.

[3] Enn. V, iv, 1.

[4] Enn. V, iii, 12.

[5] Enn. V. iii, 12. Οὐδ' αὖ ὅλως προθυμηθῇ (οὕτω τε γὰρ ἦν ἀτελής, καὶ ἡ προθυμία οὐκ εἶχεν ὅτι προθυμηθῇ).

simple rayonnement ; et ce qui rayonne n'est point séparé, mais seulement distinct du Premier [1].

Ce qu'on vient de dire, fait comprendre comment l'Un peut produire le multiple, sans sortir de son unité, mais ne suffit pas pour expliquer la nécessité même de la création [2]. Comment l'Un produit-il? Est-ce parce qu'il fait que toute chose est une, ou parce qu'il produit réellement toute chose? Dans cette dernière hypothèse, qui est la seule que nous puissions admettre, comment s'y prend-il pour produire? Voici l'explication de Plotin. L'Un est toute chose, et aucune chose n'est l'Un ; il est tout, en tant qu'il est principe de tout. En lui tout coexiste déjà virtuellement, mais non actuellement, et c'est parce qu'il n'y a rien en lui positivement, que tout peut en venir [3]. Donc pour passer à l'être, il semble qu'il faudrait que tout ce qui est en lui fût d'abord à l'état de non-être. Mais comment en Dieu le non-être passera-t-il à l'être, puisque Dieu, en tant que parfait, n'a ni besoin, ni désir, ni amour? Si donc il produit, c'est parce qu'il surabonde, et non point parce que, comme une simple puissance, il tendrait à l'acte [4]. Maintenant comment cette surabondance est-elle un acte nécessaire de la nature divine? c'est là le point le plus difficile à expliquer.

Tout ce qui existe en dehors du Premier, en relève,

---

[1] Enn. V, ι, 6.

[2] Enn. V, ιιι, 12.

[3] Enn. V, ιι, 1. Τὸ ἓν πάντα, καὶ οὐδὲ ἕν. Ἀρχὴ γὰρ πάντων οὐ πάντα, ἀλλ' ἐκείνως πάντα, ἐκεῖ γὰρ οἷον ἐνέδραμε · μᾶλλον δὲ οὔπω ἐςὶ ἀλλ' ἔςαι.

[4] Enn. V, ιι, 1, 2. Ὂν γὰρ τέλειον τῷ μηδὲν ζητεῖν μηδὲ ἔχειν, μηδὲ δεῖσθαι, οἷον ὑπερέῤῥύη, καὶ τὸ ὑπερπλῆρες αὐτοῦ πεποίηκεν ἄλλο.

soit immédiatement, soit médiatement, et constitue une série d'essences d'ordres différents, tels que le deuxième ordre puisse être ramené au premier, le troisième au deuxième, etc., etc. Il faut donc qu'au-dessus des essences, il y ait quelque chose de simple et de différent de tout le reste, qui existe en soi-même, et qui, sans jamais se mêler à rien, préside facilement à tout, qui soit véritablement un [1], non de cette unité qui n'est qu'un attribut de l'être ; un principe enfin supérieur même à l'essence, de telle sorte que ni le discours, ni la raison, ni aucune science ne puisse l'atteindre. Car, s'il n'est absolument simple et pur de tout mélange, il aura besoin d'autre chose que lui-même, il aura besoin des éléments qui serviront à le composer, il ne se suffira donc pas à lui-même et ne sera point Premier [2]. Qui dit Premier, dit donc absolument un : s'il existe quelque chose après l'Un, il n'est plus l'Un simple, il ne peut être que l'un multiple. D'où vient cet un multiple ? Du Premier évidemment, car on ne peut supposer qu'il vienne du hasard [3]. Mais comment en vient-il ? Assurément, si le Premier est parfait et le plus parfait de tous, et la première puissance, il faut bien qu'il soit supérieur en puissance à tout le reste, et que les autres puissances ne fassent que l'imiter dans la mesure de leurs forces [4]. Or nous voyons que tout ce qui aspire à la perfection ne peut se reposer stérilement en soi-même, mais tend nécessairement à produire au dehors ce qui

---

[1] Enn. V, iv, 1.
[2] Enn. V, iv, 1.
[3] Enn. V, iv, 1.
[4] Enn. V, iv, 1.

est en lui. Cela se remarque non seulement chez les êtres capables de choix, mais encore chez ceux qui sont privés d'intelligence et même d'âme. C'est ainsi que le feu échauffe et que la neige refroidit [1]. La production est le symbole de la perfection et de la bonté ; tout être du monde, n'étant ni la perfection absolue, ni le bien, ni l'éternel, y tend sans cesse par la génération, et imite ainsi le Premier dans les limites de sa puissance. Or, si la nature produit, comment Dieu, la suprême puissance, serait-il impuissant? D'ailleurs, si rien ne procédait de lui, comment serait-il principe [2]? Dieu engendre donc, parce qu'il est le Bien, c'est-à-dire par une nécessité de sa propre nature.

Maintenant qu'engendre Dieu immédiatement? l'un multiple, l'Intelligence. Comment? C'est ce qu'il s'agit de montrer. Si le principe générateur était l'intelligence, il faudrait que ce qu'elle engendre lui fût inférieur, mais pourtant de manière à s'en rapprocher et à lui ressembler plus que tout le reste [3]. Mais, puisque le principe générateur est supérieur à l'intelligence, le

---

[1] Enn. V, IV, 1. Ὅτι δ' ἂν τῶν ἄλλων εἰς τελείωσιν ἴῃ, ὁρῶμεν γεννῶν καὶ οὐκ ἀνεχόμενον ἐφ' ἑαυτοῦ μένειν, ἀλλ' ἕτερον ποιοῦν· οὐ μόνον ὅ, τι ἂν προαίρεσιν ἔχῃ, ἀλλὰ καὶ ὅσα φύει ἄνευ προαιρέσεως, καὶ τὰ ἄψυχα δὲ μεταδιδόντα ἑαυτῶν, καθ' ὅσον δύναται. Οἷον τὸ πῦρ θερμαίνει, καὶ ψύχει ἡ χιών, καὶ τὰ φάρμακα δὲ εἰς ἄλλο ἐργάζεται, οἷον αὐτὰ, πάντα τὴν ἀρχὴν κατὰ δύναμιν ἀπομιμούμενα, εἰς ἀϊδιότητά τε καὶ ἀγαθότητα.

[2] Enn. V, IV, 1. Πῶς οὖν τὸ τελεώτατον καὶ τὸ πρῶτον ἀγαθὸν ἐν αὑτῷ σταίη, ὥσπερ φθονῆσαν ἑαυτοῦ ἢ ἀδυνατῆσαν, ἡ πάντων δύναμις; πῶς δ' ἂν ἔτι ἀρχὴ εἴη;

[3] Enn. V, IV, 2.

premier engendré est nécessairement l'intelligence [1]. Mais pourquoi ce dont l'acte est la pensée n'est-il pas lui-même l'intelligence ? Parce que la pensée a pour condition l'intelligible. Ce n'est que lorsqu'elle se tourne vers lui et qu'elle le contemple, qu'elle existe réellement. En soi elle n'est qu'une simple puissance de voir, et elle reste à cet état jusqu'à ce que la contemplation de l'intelligible vienne la déterminer, la parfaire et la réaliser [2]. C'est par le sentiment de cette vérité que la tradition engendre le nombre, c'est-à-dire l'essence, d'une dyade indéfinie et de l'Un. En effet, le nombre, c'est-à-dire l'essence ou l'intelligence, n'est pas simple, mais multiple [3]. Les éléments dont se compose l'intelligence sont, il est vrai, intelligibles ; mais elle n'en est pas moins double : elle est intelligence-intelligible. Or, qu'est-ce que cet intelligible, condition de la pensée, sinon le premier principe, lequel engendre l'intelligence, en devenant intelligible [4] ? Ce n'est donc pas en tant qu'Un que le Premier engendre l'intelligence ; si nous en restions à ce point de vue, nous ne comprendrions jamais comment de l'Un peut sortir le multiple ; c'est en tant qu'intelligible [5]. Mais l'intelligible reste en lui-même et n'a pas besoin d'en sortir, comme ce qui voit et ce qui pense ; car la pensée

---

[1] Enn. V, iv, 2. Ἐπεὶ δὲ ἐπέκεινα νοῦ τὸ γεννῶν, νοῦν εἶναι ἀνάγκη

[2] Enn. V, iv, 2. Νόησις δὲ τὸ νοητὸν ὁρῶσα καὶ πρὸς τοῦτο ἐπιστραφεῖσα καὶ ἀπ' ἐκείνου οἷον ἀποτελουμένη καὶ τελειουμένη, ἀόριστος μὲν αὕτη ὥσπερ ὄψις, ὁριζομένη δὲ ὑπὸ τοῦ νοητοῦ.

[3] Enn. V, iv, 2.

[4] Enn, V, iv, 2.

[5] Enn. V, iv, 2. Ἔστι μὲν οὖν καὶ αὐτὸς νοητόν, ἀλλὰ καὶ νοῶν· διὸ δύο ἤδη.

et la vue, étant un mouvement vers autre chose, supposent le besoin et le désir [1]. Comment donc peut-il produire l'intelligence? Il est vrai que l'intelligible se repose en lui-même ; mais il n'est point inerte, ni vide, ni privé de vie. Comme il comprend tout dans sa féconde unité, il produit tout dans son puissant repos, l'être, la vie, l'intelligence [2]. Il est, il ne devient pas l'intelligible, et parce qu'il est l'intelligible, il produit l'intelligence. Alors celle-ci, pensant ce dont elle vient (et elle ne peut pas penser autre chose), devient elle-même intelligible, non plus cet intelligible d'où elle procède et qui lui est antérieur, mais un second intelligible qui n'est plus que l'image du premier [3].

Vient une dernière difficulté. L'Intelligence étant l'acte du premier principe, et l'acte étant identique avec l'essence, comment peut-elle différer de son principe? Ici, il faut distinguer l'acte même de l'essence, et l'acte qui émane de l'essence. L'acte de l'essence ne peut en différer, car il est l'essence même ; mais l'acte qui émane de l'essence en diffère nécessairement. Ainsi autre chose est le feu, autre chose la chaleur qui en émane. Il en est de même de l'intelligence. Elle n'est

---

[1] Enn. V, IV, 2.

[2] Enn., V, IV, 2. Τὸ νοητὸν ἐφ᾽ ἑαυτοῦ μένον, καὶ οὐκ ὂν ἐνδεὲς, ὥσπερ τὸ ὁρῶν καὶ τὸ νοοῦν (ἐνδεὲς δὲ λέγω τὸ νοοῦν, ὡς πρὸς ἐκεῖνο)· οὐκ ἔςιν οἷον ἀναίσθητον, ἀλλ᾽ ἔςιν αὐτοῦ πάντα, ἐν αὐτῷ καὶ σὺν αὐτῷ, πάντη διακριτικὸν ἑαυτοῦ, ζωὴ ἐν αὐτῷ, καὶ πάντα ἐν αὐτῷ, καὶ ἡ κατανόησις αὐτοῦ αὐτὸ, οἷον εἰ σὺν αἰσθήσει, οὖσα, ἐν ςάσει ἀϊδίῳ καὶ νοήσει, ἑτέρως ἢ κατὰ τὴν νοῦ νόησιν.

[3] Enn. V, IV, 2. Ἐπεὶ οὖν ἐκεῖνο μένει νοητὸν, τὸ γιγνόμενον γίγνεται νόησις. Νόησις δὲ οὖσα καὶ νοοῦσα ἀφ᾽ οὗ ἐγένετο (ἄλλο γὰρ οὐκ ἔχει), νοῦς γίγνεται, ἄλλο οἷον νοητὸν, καὶ οἷον ἐκεῖνο, καὶ μίμημα, καὶ εἴδωλον ἐκείνου.

pas l'acte même du Premier; car, en tant que le Premier est un acte, elle se confondrait en lui; elle est seulement l'acte qui en émane, comme la chaleur émane du feu; elle en diffère donc [1]. Voilà comment le premier principe engendre le multiple, l'être et l'intelligible.

L'Un produit l'Intelligence sans mouvement, sans volonté, sans consentement. L'Intelligence s'échappe comme une lumière pure, sans que cette émanation trouble la parfaite quiétude du principe générateur [2]. Comme le soleil produit la lumière, de même tous les êtres, en tant qu'ils persévèrent dans l'être, tirent de leur propre essence et produisent au dehors une certaine nature qui est leur image. Ainsi le feu produit la chaleur, ainsi la neige produit le froid. Tout ce qui est parfait engendre [3]. Ce qui est éternellement parfait engendre éternellement, et ce qu'il engendre est éternel, mais inférieur au principe générateur. Or, que peut engendrer le plus parfait? Ce qu'il y a de plus parfait après lui, c'est-à-dire l'intelligence [4]. Ce qui prouve la dignité de l'intelligence, c'est qu'elle n'aspire que vers l'Un. Il faut donc que le produit d'un principe immédiatement supérieur à l'intel-

---

[1] Enn. V, IV, 2. Ἀλλὰ πῶς μένοντος ἐκείνου γίγνεται ἐνέργεια; ἡ μὲν ἔστι τῆς οὐσίας, ἡ δ' ἐκ τῆς οὐσίας ἑκάστου· καὶ ἡ μὲν τῆς οὐσίας, αὐτό ἐστιν ἐνέργεια ἕκαστον, ἡ δὲ ἀπ' ἐκείνης, ἣν δεῖ παντὶ ἔπεσθαι ἐξ ἀνάγκης, ἑτέραν οὖσαν αὐτοῦ· οἷον καὶ ἐπὶ τοῦ πυρὸς ἡ μὲν τίς ἐστι συμπληροῦσα τὴν οὐσίαν θερμότης, ἡ δὲ ἀπ' ἐκείνης ἤδη γιγνομένη, ἐνεργοῦντος ἐκείνου τὴν σύμφυτον τῇ οὐσίᾳ ἐν τῷ μένειν πῦρ.

[2] Enn. V, I, 6.

[3] Enn. V, I, 6. Καὶ πάντα δὲ ὅσα ἤδη τέλεια γεννᾷ, τὸ δὲ ἀεὶ τέλειον, ἀεὶ καὶ ἀΐδιον γεννᾷ, καὶ ἔλαττον δὲ ἑαυτοῦ γεννᾷ.

[4] Enn. V, I, 6.

ligence soit l'intelligence [1]. Celle-ci est donc le Verbe de Dieu, comme l'âme est le Verbe de l'intelligence [2]. Or le Verbe, c'est-à-dire l'image, contemple sans cesse le modèle. Voilà pourquoi l'Intelligence regarde Dieu, et l'Ame l'Intelligence.

Le second principe, au moment où il s'échappe du sein de l'Un, n'est point encore l'Intelligence. En tant qu'il prend position au-dessous et auprès de l'Un, il reste l'Être, la plus pure image de l'Un; il devient l'Intelligence lorsqu'il se contemple lui-même [3]. Du moment qu'il se fixe pour se contempler, il est à la fois l'Intelligence et l'Être. Du reste, pour devenir la pensée en acte, il ne lui suffit pas de se porter vers l'objet suprême de sa contemplation. Cet effort n'est pas encore la pensée, mais seulement une vue informe, une vague tendance, un simple désir qui pousse l'intelligence à la rencontre de son objet [4]. C'est seulement quand cette rencontre a lieu que commence la contemplation et avec elle la pensée en acte [5]. De ce moment l'intelligence apparaît comme telle. Mais alors même ce n'est pas l'Un qu'elle pense; car l'Un, en

---

[1] Enn. V, 1, 6. Οἷον καὶ ἡ ψυχὴ, λόγος νοῦ · καὶ ἐνεργεία τις, ὥσπερ αὐτὸς (νοῦς) ἐκείνου (τοῦ πρώτου)... Ὡς γὰρ εἴδωλον νοῦ, ταύτῃ καὶ εἰς νοῦν βλέπειν δεῖ · νοῦς δὲ ὡσαύτως πρὸς ἐκεῖνον, ἵνα ᾖ νοῦς.

[2] Enn. V, III, 11. Καὶ ἡ μὲν πρὸς ἐκεῖνο στάσις αὐτοῦ, τὸ ὂν ἐποίησεν, ἡ δὲ πρὸς αὐτὸ θέα, τὸν νοῦν. Ἐπεὶ οὖν ἔστη πρὸς αὐτὸ ἵνα ἴδῃ, ὁμοῦ νοῦς γίγνεται καὶ ὄν.

[3] Enn., V, III, 11. Ὅτε ὥρμησε μὲν ἐπ' αὐτῷ, οὐχ' ὡς νοῦς, ἀλλ' ὡς ὄψις οὔπω ἰδοῦσα.

[4] Enn., V, III, 11. Καὶ οὗτος (νοῦς) ὡς γνοὺς εἶδεν αὐτό, καὶ τότε ἐγένετο ἰδοῦσα ὄψις. Τοῦτο δὲ ἤδη νοῦς, ὅτε ἔχει, καὶ ὡς νοῦς ἔχει · πρὸ δὲ τούτου ἔφεσις μόνον, καὶ ἀτύπωτος ὄψις.

[5] Enn. V, 1, 6.

tant qu'Un, échappe à toute pensée même de la suprême intelligence. C'est elle-même qu'elle contemple, mais elle-même transformée en Intelligible par la lumière de la nature divine. Dieu n'intervient pas dans la contemplation comme objet immédiatement intelligible, mais comme la lumière qui fait que l'Intelligence, se regardant, se voit comme Intelligible, et devient pensée. C'est ainsi du moins que nous entendons la doctrine de Plotin [1].

De ce qui vient d'être dit, il ne faudrait pas conclure que l'Intelligence suprême, comme l'intelligence humaine, est primitivement une simple faculté de penser qui n'arrive à l'acte que par la présence de son objet. En distinguant dans l'Intelligence divine le moment de la puissance et le moment de l'acte, nous avons voulu seulement montrer en quel rapport elle est avec Dieu. Mais la vraie Intelligence (dont l'intelligence humaine n'est qu'une ombre) est un acte simple et imminent, qui n'a jamais commencé par être une puissance [2]. Ce qui fait que l'intelligence humaine n'est qu'une faculté, c'est qu'en elle la pensée est adventice, c'est-à-dire provoquée par la présence d'un objet extérieur et distinct d'elle-même [3]. Mais l'Intelligence suprême se pense elle-même et ne pense qu'elle; elle est ce qu'elle pense et pense ce qu'elle est [4] : en elle, l'essence et l'acte se confondent.

---

[1] Ceci semble plutôt implicitement renfermé dans la doctrine de Plotin que formellement exprimé.

[2] Enn. V, III, 6. Ἀνόητος δὲ νοῦς οὐκ ἄν ποτε εἴη.

[3] Enn. V, III, 3.

[4] Enn. V, III, 6. Ὥστε εἴπερ ἐν ἑαυτῷ ἐστι καὶ σὺν ἑαυτῷ, καὶ τοῦτο ὅπερ ἐστὶ νοῦς ἐστιν, ἀνάγκη συνεῖναι αὐτῷ τὴν γνῶσιν ἑαυτοῦ, καὶ ὅτι

Il ne se peut que l'Intelligence soit antérieure à l'être, ni qu'elle l'engendre ; car l'être véritable, étant un acte et non une puissance, n'admet ni génération ni perfection [1]. Mais, d'un autre côté, on ne peut dire que ce soit l'être qui précède l'Intelligence ; car alors l'Intelligence viendrait s'adjoindre à l'être comme l'acte à la puissance. Or, l'intelligence n'est pas, avant d'être en acte [2].

Tel est le rapport de l'Intelligence avec l'Un. Maintenant il faut la considérer en elle-même, c'est-à-dire comme l'Un-multiple, comme l'Intelligence-intelligible, principe et centre des idées. L'Intelligence ne devient pensée qu'autant qu'elle rencontre le Bien ; mais elle ne le voit pas comme Bien. Dieu ne se montre pas à elle dans l'infinité et la simplicité de sa nature ; il prend une forme finie et multiple ; il lui apparaît comme Intelligible [3]. Or l'Intelligible n'est pas absolument simple ; car, s'il l'était, l'Intelligence, avec laquelle il ne fait qu'un, le serait aussi. Mais si l'Intelligence était absolument simple, elle serait le premier principe. Donc elle est multiple dans son unité. De là la multitude des idées. Mais comment concilier la variété des idées avec l'Unité de l'Intelligence ? Pour expliquer la difficulté, Plotin prend un exemple dans le monde sensible [4]. Les organes d'un être vivant, le

ἐν αὐτῷ οὗτος, καὶ οὐκ ἄλλο αὐτῷ τὸ ἔργον καὶ ἡ οὐσία, ἢ τὸ νῷ μόνον εἶναι.

[1] Enn. V, ix, 8.
[2] Enn. V, ix, 5, 8.
[3] Enn. V, iii, 10. Δεῖ τοίνυν τὸ νοοῦν ἕτερον καὶ ἕτερον λαβεῖν, καὶ τὸ νοούμενον, κατανοούμενον ὄν, ποικίλον εἶναι.
[4] Enn. VI, vii, 14.

nez, les yeux, les oreilles, etc., considérés en tant qu'organes, ne sont pas simplement les parties matérielles d'un tout ; ils n'existent que par rapport à la forme, qu'on appelle le visage. Hors de cette forme, ils ne sont plus rien. Quant à la forme elle-même, loin d'en résulter, c'est elle qui les constitue ; elle les comprend, non comme une totalité, mais comme unité simple et indivisible[1]. De même, les idées ne sont pas des parties dans l'unité intelligible ; elles n'existent que par cette unité et dans cette unité, qui les comprend, sans cesser d'être simple[2]. Là, sans doute, elles se distinguent entre elles et se circonscrivent, mais intérieurement et sans se développer ni se produire au dehors. Dans le monde sensible, la distinction des choses entre elles est extérieure et entraîne la séparation. Dans le monde intelligible, la distinction ne peut être qu'intérieure, quelque réelle et profonde qu'elle soit, et n'empêche en rien la fusion de toutes les idées dans l'unité commune[3]. Ici-bas, c'est la distance qui distingue ; dans le monde des idées, c'est l'essence seulement. Ce monde est le vrai séjour de la lumière et de l'harmonie ; le monde sensible n'est que ténèbres et discorde en comparaison. C'est là qu'habite la félicité parfaite et cette vérité que le Phèdre nous montre comme la mère et la nourrice des Dieux ; c'est là que les Dieux contemplent toutes choses, non pas à

---

[1] Enn. VI, vii, 14.

[2] Enn. VI, vii, 14. Οὕτως ἐν νῷ, ὅτι ἂν ὡς ἓν πολλὰ, οὐχ' ὡς οἶκος εἷς, ἀλλ' ὡς λόγος πολὺς ἐν αὐτῷ, ἐν ἑνὶ σχήματι νοῦ, οἷον, περιγραφῇ, ἔχων περιγραφὰς ἐντὸς καὶ σχηματισμοὺς αὖ ἐντὸς, καὶ δυνάμεις, καὶ νοήσεις καὶ τὴν διαίρεσιν μὴ κατ' εὐθὺ, ἀλλ' εἰς τὸ ἐντὸς ἀεί.

[3] Enn. V, vii, 14.

travers les transformations du *devenir*, mais dans la majestueuse immobilité de l'être, et se contemplent eux-mêmes dans tout le reste [1]. Car dans ce monde toute essence est transparente ; nulle ombre, nul obstacle à la diffusion universelle de la lumière ; les êtres qui l'habitent se voient et se pénètrent dans le plus profond et le plus intime de leur nature [2]. Chaque essence comprend en elle le monde intelligible tout entier, et le voit également tout entier dans une essence quelconque, en sorte que chaque chose y est tout et que tout y est chaque chose. Une lumière universelle y enveloppe et y transfigure tous les êtres ; chaque essence y est un soleil, et le monde intelligible y est un ciel parsemé d'étoiles étincelantes, dont chacune, en même temps qu'elle brille d'un éclat qui lui est propre, réfléchit la lumière de toutes les autres [3]. Là encore règne un mouvement pur, qui est aussi un repos parfait, parce qu'aucun principe d'agitation ne s'y mêle [4]. La beauté s'y montre sans voile et dans toute la pureté de sa nature ; elle n'y est point comme ici-bas enveloppée d'un vêtement grossier ; elle n'y repose point sur une base étrangère ; elle a son origine, son principe, son siége en elle-même,

---

[1] Enn. V, VIII, 4.

[2] Enn. V, VIII, 4. Διαφανῆ γὰρ πάντα, καὶ σκοτεινὸν οὐδὲ ἀντίτυπον οὐδὲν, ἀλλὰ παντὶ φανερὸς εἰς τὸ εἴσω καὶ πάντα· φῶς γὰρ φωτί· καὶ γὰρ ἔχει πᾶς πάντα ἐν αὐτῷ, καὶ αὖ ὁρᾷ ἐν ἄλλῳ πάντα, ὥςτε πανταχοῦ πάντα, καὶ πᾶν πᾶν, καὶ ἕκαςον πᾶν, καὶ ἄπειρος ἡ αἴγλη.

[3] Enn., V, VIII, 4. Καὶ ἥλιος ἐκεῖ, καὶ πάντα ἄςρα· καὶ ἕκαςον ἥλιος αὖ, καὶ πάντα. Ἐξέχει δ' ἐν ἑκάςῳ, ἄλλο, ἐμφαίνει δὲ καὶ πάντα.

[4] Enn., V, VIII, 4. Ἔςι δὲ καὶ κίνησις καθαρά, οὐ γὰρ συγχεῖ αὐτὴν ἰοῦσαν ὃ κινεῖ, ἕτερον αὐτῆς ὑπάρχον· καὶ ἡ ςάσις οὐ παρακινουμένη, ὅτι μὴ μέμικται τῷ μὴ ςασίμῳ.

puisqu'elle est l'Intelligence pure [1]. Dans le monde sensible, les choses sont individuelles, séparées, impénétrables les unes pour les autres. Dans le monde intelligible, les êtres se confondent, se pénètrent et s'éclairent au sein d'une commune lumière ; là où apparaît la partie, le tout se révèle ; le Lyncée de la fable, dont le regard perçait les entrailles de la terre, n'est que le symbole de la vue céleste [2]. Là, l'œil contemple sans travail et sans fatigue, et le désir de contempler est insatiable (en ce sens du moins que la satiété n'amène point le dégoût de l'objet désiré) ; mais c'est plutôt incessant qu'il faut dire, parce que, pour les êtres de ce monde supérieur, le désir ne suppose point un vide à remplir : c'est un état et non un besoin [3]. Là, la vie n'est point un travail ; elle est une énergie pure : c'est la sagesse parfaite. Or la sagesse ne se compose point de raisons laborieusement déduites les unes des autres ; c'est une intuition première, simple, qui embrasse toute vérité sans effort et simultanément. Elle se produit avec l'Intelligence ; ce qui fait dire, par symbole, que la justice siège à côté de Jupiter [4].

Toutefois, la vie intelligible n'est pas encore le

---

[1] Enn. V, viii, 4. Καὶ τὸ καλὸν καλὸν, ὅτι μὴ ἐν τῷ καλῷ.

[2] Enn. V, viii, 4. Φαντάζεται μὲν γὰρ μέρος, ἐνορᾶται δὲ τῷ ὀξεῖ τὴν ὄψιν, ὅλον, οἷον εἴ τις γένοιτο τὴν ὄψιν τοιοῦτος, οἷος ὁ Λυγγεὺς ἐλέγετο, καὶ τὰ εἴσω τῆς γῆς ὁρᾶν, τοῦ μύθου τοὺς ἐκεῖ αἰνιττομένου ὀφθαλμούς.

[3] Enn., V, viii, 4. Τῆς δὲ ἐκεῖ θέας οὔτε κάματός ἐστιν, οὔτ' ἔστι πλήρωσις εἰς τὸ παύσασθαι θεωμένῳ · οὔτε γὰρ κένωσις ἦν, ἵνα ἥκων εἰς πλήρωσιν καὶ τέλος ἀρκεσθῇ.

[4] Enn. V, viii, 4.

Bien [1] : elle n'en est que la plus directe et la plus pure image. Or le Bien lui communique les dons de son ineffable nature, sans y passer lui-même. L'Intelligence ne le reçoit pas tel qu'il est, mais tel qu'elle peut le recevoir. Impuissante à le comprendre dans la plénitude de sa puissance, et à le posséder dans l'unité de sa nature, elle le réfracte et le disperse en le recevant [2]. Qu'on se représente une sphère à mille faces, qui reflète sous toutes les formes la vie qu'elle a reçue du Bien ; qu'on imagine un spectacle à mille aspects placé devant les regards du spectateur [3] ; qu'on se figure encore les âmes pures et parfaites s'élevant toutes d'un commun effort vers un seul sommet, et sur ce sommet, l'Intelligence assise, illuminant, sans sortir de son repos, toutes les régions qu'habitent les âmes. Seulement il faut penser qu'ici le spectacle n'est pas extérieur à ceux qui le contemplent [4]. Dans la contemplation proprement dite, l'Intelligence est à la fois l'objet, l'œil et la lumière. Toutes ces images ne peuvent donner qu'une idée imparfaite de la manière dont l'Intelligence projette en idées l'acte simple, immuable et immanent du Bien. Toutes les idées ne sont que des faces diverses qui réfléchissent la même image, l'image du

[1] Enn. VI, vii, 15.

[2] Enn. VI, vii, 15. Ἦλθε δὲ (τὸ ἀγαθὸν) εἰς αὐτὸν (νοῦν), οὐχ ὡς ἐκεῖ ἦν, ἀλλ' ὡς αὐτὸς ἔσχεν.

[3] Enn. VI, vii, 15. Διὸ καὶ εἴ τις αὐτὸν (νοῦν) ἀπεικάζοι σφαίρᾳ ζώσῃ ποικίλῃ, εἴτε παμπρόσωπόν τι χρῆμα λάμπον ζῶσι προσώποις, εἴτε ψυχὰς τὰς καθαρὰς πάσας εἰς τὸ αὐτὸ συνδραμούσας φαντάζοιτο, οὐκ ἐνδεεῖς, ἀλλὰ πάντα τὰ αὐτῶν ἐχούσας, καὶ νοῦν τὸν πάντα ἐπ' ἄκραις αὐταῖς ἱδρυμένον ὡς φέγγει νοερῷ καταλάμπεσθαι τὸν τόπον, φανταζόμενος μὲν οὕτως ἔξω πως· ἄλλος ὢν ὁρῴη ἄλλον.

[4] Enn. VI, vii, 15.

Bien. L'Intelligence est tout entière dans chacune ; c'est pourquoi, quelle que soit l'idée que l'âme contemple, elle voit l'Intelligence elle-même [1].

Une dernière hypothèse rendra plus frappant ce tableau du monde intelligible. Supposons par la pensée que, dans le monde sensible, chaque être demeure ce qu'il est, tout en se confondant avec les autres [2] dans l'unité du tout ; imaginons ce monde comme une sphère transparente placée en dehors du spectateur, et dans laquelle on puisse voir, en y plongeant le regard, tout ce qu'elle renferme, le soleil, les étoiles, la terre, la mer, les animaux, tout ce qui est en mouvement et tout ce qui est en repos [3]. Maintenant, tout en conservant la forme de cette sphère, supprimez-en la masse, supprimez-en aussi l'espace, écartez toute imagination de la matière, invoquez le Dieu qui a fait ce monde dont vous venez de vous former une image, et suppliez-le d'y descendre [4]. Il viendra pour l'orner avec tous les Dieux qui sont en lui, ce Dieu multiple et un tout ensemble, multiple par les puissances qu'il renferme, un par l'unité de son essence [5]. Chacun de ces Dieux se tiendra à part, sans occuper un lieu distinct, et sans affecter une forme sensible que l'imagination puisse saisir dans ce monde sans masse et sans étendue, et cette multitude de Dieux divers se confondra dans le sein d'un Dieu unique. C'est là le monde intelligible, monde infini qui enve-

[1] Enn. VI, vii, 15.
[2] Enn. V, viii, 9.
[3] Enn. V, viii, 9.
[4] Enn. V, viii, 9.
[5] Enn. V, viii, 9.

loppe et pénètre tout de son infinie puissance, laquelle, bien différente des puissances sensibles dont la production est sujette aux vicissitudes de la vie et de la mort, engendre d'une manière simple, éternelle, immuable et continue[1].

Platon n'eût point désavoué cette magnifique description du monde intelligible : d'accord jusque là avec le Platonisme sur la théorie des idées, Plotin va s'en écarter sur un point capital. Y a-t-il une idée pour chaque individu, ou seulement pour chaque espèce? Platon n'eût pas même soulevé le problème. La dialectique mesurait le nombre des idées sur le nombre des genres et des espèces ; une idée pour chaque genre et chaque espèce, ni plus ni moins. Le général étant le type de l'essence, selon Platon, comment aurait-il pu attribuer l'individualité à l'idée, principe de toute essence? Ce fut contre cette conclusion fondamentale de la dialectique qu'Aristote dirigea surtout sa critique. Il démontra invinciblement que la matière n'explique point la différence qui constitue l'individualité des êtres. C'est sans doute sous l'influence de cette critique que Plotin sentit le besoin de modifier la théorie des idées, et de la concilier avec la doctrine péripatéticienne de l'essence conçue comme individuelle. Voici sa théorie. Il semble que pour une multitude d'individus qui portent le même nom, et rentrent dans une même définition, il ne doive y avoir qu'un seul type dans le monde intelligible. Ainsi Socrate, Pythagore, etc., seraient des copies d'un même exemplaire[2]. Mais il ne faut

---

[1] Enn. V, viii, 9.
[2] Enn. V, vii, 1.

point s'arrêter à cette opinion. Chaque individu a son idée dans le monde intelligible [1]. La raison en est qu'il y a entre les individus d'un même genre ou d'une même espèce des différences essentielles qu'on ne peut expliquer qu'en la rapportant à des types spéciaux. Plotin admet donc dans le monde intelligible autant d'idées que le monde sensible renferme d'individus [2], ou plutôt il en admet bien davantage. Car le monde intelligible, embrassant non seulement le réel dans toute l'éternité, mais encore le possible, contient à la fois les idées qui se réaliseront successivement en individus dans le monde sensible, et celles qui ne s'y réaliseront pas, faute d'une matière convenable. Mais en ce cas, le monde intelligible ne sera-t-il pas multiple et infini comme le monde sensible? Nullement; car toute cette multitude d'idées est contenue dans une indivisible unité [3]. Quand on veut rapporter tous les individus d'une même classe à une seule idée, on est forcé d'expliquer toutes les différences par la matière. Mais telle ne peut être la fonction du principe matériel, qui est avant tout cause de mal, de désordre, et de laideur pour tout ce qui vient à naître dans le monde sensible. Or la variété des individus dans l'espèce est, au contraire, un principe de beauté et de perfection [4].

---

[1] Enn. V, vii, 1. Οὐδὲ ἀρκεῖ ἄνθρωπος πρὸς παράδειγμα τῶν τινῶν ἀνθρώπων διαφερόντων ἀλλήλων, οὐ τῇ ὕλῃ μόνον, ἀλλὰ καὶ εἰ δικαῖς διαφοραῖς μυρίαις. Οὐ γὰρ ὡς αἱ εἰκόνες Σωκράτους πρὸς τὸ ἀρχέτυπον, ἀλλὰ δεῖ τὴν διάφορον ποίησιν ἐκ διαφόρων λόγων.

[2] Enn. V, vii, 1, 2.

[3] Enn. V, vii, 1. Τὴν δὲ ἐν τῷ νοητῷ ἀπειρίαν, οὐ δεῖ δεδιέναι. Πᾶσα γὰρ ἐν ἀμερεῖ, καὶ οἷον πρόσεισιν, ὅταν ἐνεργῇ.

[4] Enn. V, vii, 2.

Donc ce ne peut être la matière qui soit le principe de la différence, en tant que différence; c'est l'idée, source unique de toute beauté. Donc la variété dans le monde sensible implique la variété dans le monde intelligible.

Mais ne pourrait-on pas expliquer autrement la diversité des individus? Lorsque le même mâle et la même femelle peuvent engendrer des individus qui diffèrent entre eux, pourquoi rapporter cette différence à un type spécial, distinct du type général? [1] Ne suffit-il pas de supposer une différence dans la manière de s'unir des deux principes générateurs? D'un autre côté, comment admettre pour des individus jumeaux ou semblables des types différents [2] ? Plotin répond à cette dernière difficulté : 1° Que de types différents peuvent sortir, par un certain concours de circonstances, des individus semblables. L'artiste ne fait-il pas des choses analogues avec des raisons différentes [3] ? 2° Que dans les individus que nous trouvons semblables, il y a des différences essentielles et intrinsèques qui échappent à notre regard, mais qui supposent des types profondément distincts [4]. Quant à expliquer la différence des individus par le degré, ou la proportion des principes générateurs, cela ne suffit pas. Car, quand on l'admettrait, il n'en faudrait pas moins reconnaître que cette différence de proportion et de combinaison a elle-même sa cause dans la différence des types primitifs [5].

[1] Enn. V, vii, 2.
[2] Enn. V, vii, 2.
[3] Enn. V, vii, 2.
[4] Enn. V, vii, 2.
[5] Enn. V, vii, 2.

Reste une dernière difficulté, qui n'a pas moins que la précédente préoccupé les philosophes qui ont admis ou combattu la théorie des idées. Toutes les choses du monde sensible ont-elles leur idée? Lorsque Platon a dit que l'Intelligence contemple les idées dans la vie universelle [1], on n'a pas compris le vrai sens de ses paroles, d'ailleurs assez obscures. Il ne veut pas dire par là que l'Intelligence ne puisse contempler ses idées en elle-même ; car c'est le caractère propre de l'Intelligence de ne penser qu'elle-même et ses idées en elle [2]. Mais Platon a voulu par là exprimer comment l'Intelligence contient virtuellement l'infinité des choses sensibles. Et, en effet, le monde intelligible comprend le monde sensible tout entier ; il le comprend avec tous ses individus et avec toutes ses catégories, essence, qualité, quantité, nombre, lieu, temps, manière d'être, mouvement, repos, etc., etc. : seulement tout ce qui est réalité ici-bas est idée dans le monde intelligible [3]. S'il en est ainsi, non seulement les essences intellectuelles et morales, comme le bien, le beau, l'âme, l'intelligence, la sagesse, la vertu, mais encore les êtres physiques, les corps, comme le feu, le soleil, l'eau, l'air, la terre, les montagnes, les arbres, les pierres, etc., existent en idée [4]. Il n'y a point d'objet dans le monde sensible, si grossier et si vulgaire qu'il paraisse, auquel on ne conçoive une raison, puisque toute chose maté-

---

[1] Enn. VI, ıı, 22.
[2] Enn. VI, ıı, 22.
[3] Enn. VI, ıı, 22. Διὸ καὶ τοῦτο αἰνιττόμενος ὁ Πλάτων εἰς ἄπειρά φησι κατακερματίζεσθαι τὴν οὐσίαν.
[4] Enn. VII, vıı, 11.

rielle a une forme, laquelle n'est que la raison séminale engagée dans la matière [1]. Mais d'où peuvent provenir ces raisons séminales, sinon du monde intelligible? Il y a donc autant d'idées que de raisons séminales et par conséquent de choses sensibles. Quant aux objets de l'art et de la science, on ne peut supposer qu'ils aient leur type dans le monde intelligible. Soit qu'ils imitent la nature, soit qu'ils ne l'imitent pas, ils se rapportent aux mêmes idées qu'elle [2].

Mais, pourrait-on dire, si tout ce qui est dans le monde sensible se retrouve dans le monde intelligible, il y aura inégalité dans les idées comme dans les êtres sensibles [3]. Or cette inégalité se conçoit difficilement dans un monde où partout règne la perfection. Sans doute l'inégalité est réelle dans le monde intelligible, mais elle n'altère en rien la perfection des êtres qui l'habitent. L'infériorité n'est pas l'imperfection, et même ne la suppose en aucune manière [4]. L'imperfection dans les êtres sensibles ne vient pas de l'idée, mais de la matière. Une espèce peut être inférieure à une autre, tout en étant parfaite en soi [5]. Les individus seuls sont imparfaits, soit qu'on les compare entre eux, soit qu'on les rapproche de l'idée qui leur sert de type. Toute idée, la plus humble comme la plus haute, est parfaite en soi et se suffit à elle-même.

---

[1] Enn. VI, vii, 2. Γεγονὸς δὲ οὐκ εἰκῆ οὐδὲν ἂν παραλελειμμένον ἔχοι τοῦ διὰ τί. Ἀλλὰ πᾶν ἔχον ἔχει καὶ τὸ καλῶς ὁμοῦ τῆς αἰτίας.

[2] Enn. V, ix, 11.

[3] Enn. VI, vii, 9.

[4] Enn. VI, vii, 9.

[5] Enn. VI, vii, 9.

L'Intelligence dans son expansion infinie parcourt tous les degrés et épuise toutes les formes de la perfection, sans jamais en sortir ; de là la succession hiérarchique des idées [1]. A mesure que les rayons du soleil intelligible s'éloignent de leur centre, ils perdent en force et en éclat, mais ils conservent toujours leur caractère d'êtres intelligibles, la perfection.

Enfin le monde intelligible comprend-il les idées des choses viles et laides dans la nature? Cette difficulté déjà soulevée dans le Parménide est résolue fort ingénieusement par Plotin. La cause de toute misère et de toute laideur est la matière [2], qui entrave, étouffe, corrompt le développement des raisons séminales. Dans un monde pur de toute influence matérielle, il n'y a rien de vil ni de laid [3]. Il y a des idées des choses viles ou laides, en ce sens que, dans les plus humbles êtres et les plus misérables détails du monde sensible, on retrouve encore un reflet de la lumière intelligible qui rayonne partout ; mais il n'y a point d'idées de choses viles et laides, en tant que viles et laides. Car le vil et le laid, loin d'avoir une idée, a pour principe le contraire de l'idée, la matière.

Ainsi le monde intelligible comprend les idées de tout ce qui possède ici-bas l'être, le mouvement et la vie. Et il ne faut pas croire que ce monde ne soit qu'un

---

[1] Enn. VI, vii, 9.

[2] Enn. V, ix, 14.

[3] Enn. V, ix, 14. Περὶ δὲ τῶν ἐκ σκήψεως καὶ τῶν χαλεπῶν, εἰ κἀκεῖ εἶδος, καὶ εἰ ῥύπου καὶ πηλοῦ λεκτέον, ὡς ὅσα κομίζεται νοῦς ἀπὸ τοῦ πρώτου, πάντα ἄριςα, ἐν οἷς εἴδεσιν οὐ ταῦτα, οὐδ' ἐκ τούτων νοῦς, ἀλλὰ ψυχὴ παρὰ νοῦ λαβοῦσα παρὰ ὕλης ἄλλα, ἐν οἷς ταῦτα.

ensemble de formes sans substance et sans vie [1]. C'est lui, au contraire, qui seul possède vraiment l'être et la vie, dont le monde sensible n'offre que l'image et le simulacre. Là est une nature parfaite et bienheureuse ; là brillent des formes dont les yeux du corps ne pourraient soutenir l'éclat ; là retentissent des sons qu'une oreille divine seule peut entendre [2]. Ici-bas la vie ne se révèle que par le mouvement ; mais le mouvement n'est point la vraie vie ; il n'est que l'effort d'une nature imparfaite qui s'agite pour y parvenir. La vraie vie, c'est l'acte pur et parfait [3], la pensée qui exclut à la fois l'inertie et le mouvement, et concilie l'action et le repos. Le mouvement des corps célestes, si supérieur à l'agitation des choses sensibles, n'est encore qu'une faible image de la vie parfaite dont jouissent les êtres intelligibles. Et pourquoi y aurait-il mouvement dans ces êtres ? Le mouvement est propre à l'être qui, ayant sa fin hors de lui-même, fait effort pour y arriver. Mais tout être intelligible a sa fin en lui-même ; essentiellement parfait, il n'aspire point à le devenir [4]. La raison et la fin de l'être parfait est dans son essence

---

[1] Enn. VI, vii, 12, 13. Ἔςι δ' ἐκεῖ δῆλον, ὅτι καὶ γῆ οὐκ ἔρημος, ἀλλὰ πολὺ μᾶλλον ἐζωωμένη, καὶ ἔςιν ἐν αὐτῇ ζῶα ξύμπαντα, ὅσα πεζὰ καὶ χερσαῖα λέγεται ἐνταῦθα, καὶ φυτὰ δηλονότι ἐν τῷ ζῆν ἱδρυμένα, καὶ θάλασσα δέ ἐςιν ἐκεῖ, καὶ πᾶν ὕδωρ, ἐν ῥοῇ καὶ ζωῇ μενούσῃ, καὶ τὰ ἐν ὕδατι ζῶα πάντα, ἀέρος τε φύσις τοῦ ἐκεῖ παντὸς μοῖρα, καὶ ζῶα ἀέρια ἐν αὐτῷ, ἀνάλογον αὐτῷ τῷ ἀέρι.

[2] Enn. VI, vii, 12, 13. Ἔζωσαν δὲ καὶ ὅσα ἀκοαὶ ἀκούουσι, πάντα μέλη, καὶ ῥυθμὸς πᾶς.

[3] Enn. VI, vii, 12, 13. Νοῦς δὲ κινούμενος κινεῖται μὲν ὡσαύτως, καὶ κατὰ ταὐτὰ, καὶ ὅμοια ἀεί.

[4] Enn. VI, vii, 12, 13.

même ; il est parfait parce qu'il est. On peut toujours chercher la raison finale d'un être sensible dans l'être idéal qui lui correspond. Mais tout ce qu'on peut dire d'un être parfait, c'est qu'il est tel par son essence [1]. Ainsi, dans l'homme sensible, un organe quelconque, l'œil, la bouche, le sourcil, a pour raison la fin même que poursuivent en commun tous les organes, c'est-à-dire la vie et la santé du corps. L'homme idéal étant immortel et impérissable, la raison de chaque organe n'est pas dans la vie et la santé, mais dans sa nature d'être parfait. En sorte que s'il venait à perdre ses organes, il faudrait dire, non pas qu'il ne peut plus atteindre sa fin (ce qui est vrai pour l'homme sensible), mais qu'il a cessé d'être lui-même [2]. Ainsi tout, dans le monde intelligible, a sa fin en soi-même, et il n'y a jamais lieu de chercher une raison.

IV. L'Ame. Le premier principe est l'Un absolument simple. Le second est l'Un multiple, l'Intelligence, le monde des idées ; c'est le principe des types et des formes et des raisons du monde sensible. Mais l'Intelligence est trop pure pour toucher elle-même à la nature sensible et pour s'en revêtir ; elle ne rayonne point au-delà de la sphère intelligible. De là la nécessité d'un troisième principe qui serve de lien aux deux mondes, en transmettant à la réalité sensible la lumière intelligible. Ce principe, c'est l'Ame [3]. La nature et les rapports des trois principes,

---

[1] Enn. VI, vii, 3.
[2] Enn. VI, vii, 4, 3.
[3] Enn. V, ii, 1.

l'Un, l'Intelligence, l'Ame, sont exprimés symboliquement dans le mythe qui comprend Uranus, Saturne et Jupiter. Uranus, mutilé par son fils Saturne, c'est l'Un qui se divise et devient l'un multiple, l'Intelligence intelligible. Saturne enchaîné, c'est l'Intelligence qui demeure dans un repos absolu et inaccessible aux agitations du monde [1]. Jupiter qui détrône Saturne, c'est l'Ame universelle venant se placer entre l'Intelligence et le monde pour former et gouverner celui-ci.

L'Intelligence engendre l'Ame, comme l'Un engendre l'Intelligence. Essence parfaite, elle possède une puissance infinie qui ne peut rester stérile [2]. Elle engendre donc nécessairement, et ce qu'elle engendre est à la fois semblable et inférieur au principe générateur. De même que le produit de l'Un en est l'image, de même le produit de l'Intelligence en est la copie, c'est-à-dire une Raison dont l'essence consiste dans la pensée [3]. Au reste, quand nous disons que l'Un engendre l'Intelligence, et l'Intelligence l'Ame, il ne s'agit point de cette génération qui suppose le temps et le mouvement. L'Ame et l'Intelligence sont contemporaines du Bien dans le sein de l'Éternité [4]. L'Un produit l'Intelligence, et celle-ci l'Ame, comme le soleil produit la lumière [5], sans mouvement et sans changement, par un simple rayonnement de sa puis-

---

[1] Enn. V, viii, 13.
[2] Enn. V, i, 6.
[3] Enn. V, i, 6. Οἶον καὶ ἡ ψυχή, λόγος νοῦ, καὶ ἐνέργεια τις.
[4] Enn. V, i, 6. Ἐκποδὼν δὲ ἡμῖν ἔςω γένεσις ἡ ἐν χρόνῳ, τὸν λόγον περὶ τῶν ἀεὶ ὄντων ποιουμένοις.
[5] Enn. V, i, 6.

sance. L'Ame est l'acte de l'Intelligence, comme l'Intelligence est l'acte du Bien ; elle y puise la vie et la pensée. Entre elle et l'Intelligence, il n'y a point d'intermédiaire ; elle procède directement de l'Intelligence, elle est l'Intelligence même se produisant au dehors [1]. Elle n'en est pas sans doute l'acte intérieur, l'acte de l'essence (pour nous servir d'une distinction déjà faite à propos du rapport de l'Un et de l'Intelligence); elle en est l'acte extérieur, l'acte qui émane de son essence. Comme il y a dans le feu la chaleur latente et la chaleur qui rayonne à l'extérieur, de même il faut distinguer dans l'Intelligence l'essence intelligible qui y demeure et qui en est comme l'âme intérieure, de l'âme rayonnante qui en est le verbe et la manifestation [2]. Car l'Ame, bien que distincte de l'Intelligence, ne s'échappe pas tout entière hors de son sein, dans le rayonnement ; elle y reste en partie. Parfaite en elle-même, elle ne devient imparfaite qu'en regard de l'Intelligence. Mais vue dans son essence et indépendamment du monde sensible auquel elle se mêle, l'Ame est la Raison en acte, le Verbe intelligible, réfléchissant et contemplant sans cesse son divin modèle. La contemplation est le seul acte propre à l'Ame ; les autres actes, moins purs et moins intelligibles qu'on lui attribue, viennent d'un principe étranger [3].

[1] Enn. V, 1, 3.
[2] Enn. V, 1, 3. Καίπερ γὰρ οὖσα χρῆμα, οἷον ἔδειξεν ὁ λόγος, εἰκών τίς ἐστι νοῦ, οἷον λόγος ὁ ἐν προφορᾷ, λόγου τοῦ ἐν ψυχῇ, οὕτω τοι καὶ αὐτὴ λόγος νοῦ· καὶ ἡ πᾶσα ἐνέργεια, καὶ ἣν προΐεται ζωὴν εἰς ἄλλου ἀπόστασιν, οἷον πυρός, τὸ μὲν ἡ συνοῦσα θερμότης, ἡ δὲ ἣν παρέχει.
[3] Enn. V, 1, 3. Οὖσα οὖν ἀπὸ νοῦ, νοερά ἐστι, καὶ ἐν λογισμοῖς ὁ

Tel est le rapport de l'Ame avec l'Intelligence. Plotin va maintenant la considérer tout à la fois dans l'unité de son être et dans la variété de ses puissances individuelles. L'Ame est la dernière essence du monde intelligible [1]. Intelligible par son essence, elle touche par son action au monde sensible. L'Intelligence est absolument indivisible et inséparable. L'Ame, indivisible et inséparable dans sa nature, devient divisible et séparable dans son action sur le monde sensible [2]. C'est ce qu'a entendu Platon dans le Timée, quand il a dit que l'Ame est composée d'une essence indivisible et d'une essence divisible. Si l'Intelligence n'est pas absolument simple, à plus forte raison l'Ame ne le sera point. De même que l'Intelligence comprend la multitude des idées, de même l'Ame comprend la multitude des âmes [3]. On ne peut donc nier ni l'unité de l'Ame universelle, ni la variété des âmes particulières qu'elle contient dans son sein. Il reste à expliquer pour l'Ame comme pour l'Intelli-

νοῦς αὐτῆς· καὶ ἡ τελείωσις ἀπ' αὐτοῦ πάλιν, οἷον πατρὸς ἐκ θρέψαντος, ὃν οὐ τέλειον ὡς πρὸς αὐτὸν ἐγέννησεν. Ἥτε οὖν ὑπόςασις αὐτῇ, ἀπὸ νοῦ, ὅ τι ἐνεργείᾳ λόγος, νοῦ αὐτῇ ὁρωμένου· ὅταν γὰρ ἐνίδῃ εἰς νοῦν, ἔνδοθεν ἔχει, καὶ οἰκεῖα, ἃ νοεῖ καὶ ἐνεργεῖ· καὶ ταύτας μόνας δεῖ λέγειν ἐνεργείας ψυχῆς, ὅσα νοερῶς, καὶ ὅσα οἴκοθεν, τὰ δὲ χείρω, ἄλλοθεν· καὶ πάθη ψυχῆς τῆς τοιαύτης.

[1] Enn. IV, 1, 1.

[2] Enn., IV, 1, 1. Μένει γὰρ μεθ' ἑαυτῆς ὅλη, περὶ δὲ τὰ σώματά, ἐςι μεμερισμένη, τῶν σωμάτων τῷ οἰκείῳ μερισμῷ οὐ δυναμένων αὐτὴν ἀμερίςως δέξασθαι· ὥςε εἶναι τῶν σωμάτων πάθημα τὸν μερισμὸν, οὐκ αὐτῆς.

[3] Enn. IV, 1, 1. Ἐκεῖ δὲ ὁμοῦ μὲν πᾶς νοῦς καὶ οὐ διακεκριμένος οὐδὲ μεμερισμένος· ὁμοῦ δὲ πᾶσαι ψυχαὶ, ἐν ἑνὶ τῷ κόσμῳ, οὐκ ἐν διατάσει τοπικῇ.

gence, pour l'Ame surtout, comment la variété peut se concilier avec l'unité. Si on maintient l'existence substantielle de l'Ame universelle, comment les âmes individuelles peuvent-elles subsister à part et en soi? Si on maintient l'existence substantielle des âmes individuelles, que devient la substantialité et l'unité de l'Ame universelle? Ce côté de la doctrine de Plotin est de la plus grande importance. Il s'agit de savoir jusqu'à quel point le panthéisme, tant reproché à l'école d'Alexandrie, se montre, dans la manière dont il conçoit le rapport des individus avec la vie universelle.

Le problème est fort difficile à résoudre. Si toutes les âmes viennent d'une Ame universelle, unique, il semble qu'elles doivent toutes vivre d'une vie commune, qu'il n'y a plus d'individus, ce qui est absurde. Et si on rejette l'Ame unique, comment expliquer la nature homogène des âmes et l'unité de la vie universelle? Il est bien vrai que les âmes individuelles sont distinctes entre elles; car mon âme n'est point la vôtre, ni l'âme de tel ou tel homme. Elles se confondent à leur origine, puisqu'elles ont toutes pour principe commun l'Ame universelle; mais une fois sorties de son sein, elles deviennent et demeurent à jamais distinctes [1]. Et encore, quand nous supposons qu'elles se confondent primitivement dans l'unité de leur principe, cela ne signifie point qu'elles ont commencé par être confondues, et qu'ensuite, par un mouvement

---

[1] Enn. IV, ix, 1. Ἄτοπον γὰρ, εἰ μία ἡ ἐμὴ καὶ ἡ ὁτουοῦν ἄλλου· ἐχρῆν γὰρ, ἐμοῦ αἰσθανομένου, καὶ ἄλλον αἰσθάνεσθαι, καὶ ἀγαθοῦ ὄντος, ἀγαθὸν ἐκεῖνον εἶναι. Καὶ ἐπιθυμοῦντος ἐπιθυμεῖν, καὶ ὅλως ὁμοπαθεῖν ἡμᾶς τε πρὸς ἀλλήλους, καὶ πρὸς τὸ πᾶν, ὥστε ἐμοῦ παθόντος, συναισθάνεσθαι τὸ πᾶν.

d'expansion de l'Ame universelle, elles se sont séparées pour subsister chacune à part. Cette hypothèse des âmes renfermées dans leur principe, et s'en échappant ensuite, n'exprime que le rapport logique des âmes individuelles à l'Ame universelle. Quant à l'ordre chronologique, les âmes individuelles coexistent de toute éternité dans le sein de l'Ame universelle, et y subsistent d'une manière distincte, soit entre elles, soit vis-à-vis de leur principe, avant d'en sortir et de se répandre dans le monde sensible.

D'un autre côté, on ne peut considérer l'Ame universelle comme la simple collection des âmes individuelles, car alors on supprimerait l'unité de la vie universelle et le principe même des âmes [1]. Mais ne serait-elle pas divisible en autant de parties qu'il y a d'êtres animés, de même que, dans l'âme de l'homme, l'âme qui fait vivre un organe serait une partie de l'âme totale [2]? Cette hypothèse détruit l'unité de l'Ame universelle aussi bien que de l'âme humaine. Mais, puisque l'Ame est indivisible, ne serait-elle pas tout entière dans chaque âme particulière, comme l'âme humaine est tout entière dans chaque partie du corps [3]? Cela ne saurait être; car alors les âmes ne seraient pas distinctes les unes des autres, pas plus que l'âme qui fait vivre le doigt n'est distincte de celle qui fait vivre tout autre organe [4]. Les âmes, en ce cas, seraient par rapport à l'Ame universelle, comme les organes du

---

[1] Enn. IV, ix, 4. Πάλιν δὲ εἰ μὴ θησόμεθα ἐκείνως, τότε πᾶν ἓν οὐκ ἔςαι, μία τε ἀρχὴ ψυχῶν οὐχ εὑρεθήσεται.

[2] Enn. IV, iii, 3.

[3] Enn. IV, iii, 3.

[4] Enn. IV, iii, 3.

corps, par rapport à l'âme individuelle ; en sorte que l'Ame universelle seule penserait, agirait, verrait, à l'aide des âmes particulières, comme l'âme unie au corps pense, vit et sent, au moyen des organes[1]. Mais alors il n'y aurait pas plusieurs âmes, mais une seule, l'Ame universelle agissant diversement sur toute la Nature, selon la diversité de ses organes.

Maintenant entre les âmes particulières, qui ont chacune leur essence propre, et l'Ame universelle, qui est nécessairement une et indivisible, quel rapport pouvons-nous concevoir ? Il est bien évident que les âmes particulières n'ont pas d'autre principe que l'Ame universelle, dont elles sont des émanations ; que, même après en être sorties, elles ne vivent qu'en elle et par elle ; qu'enfin cette distinction d'Ame universelle et d'âmes particulières se réduit au fond à un seul terme, l'Ame en soi considérée tantôt à l'état d'essence et tantôt à l'état de développement. Ce qui fait la difficulté, c'est que notre intelligence, offusquée par les images des choses sensibles, cherche sans cesse, dans de grossières et fausses analogies, l'explication des rapports des essences intelligibles entre elles. Si on veut trouver dans le monde sensible quelque chose qui ressemble au rapport que nous cherchons, il faut se représenter l'Ame universelle comme la force vitale qui anime une plante immense[2] ; les âmes particulières seraient par rapport à elle comme ces animalcules qui s'engendrent dans la partie inférieure de la plante en pu-

---

[1] Enn. IV, III, 3. Εἴ τε ὡς αἱ αἰσθήσεις, οὐκ ἔνι ἕκαστον ῥυτῶν νοεῖν, ἀλλ' ἐκείνην.

[2] Enn. IV, III, 4. Τῆς μὲν οὖν ἐοικυίας τῇ ἐμφύτῳ μεγάλῳ ψυχῇ, ἢ ἀπόνως τὸ φυτὸν καὶ ἀψόφως διοικεῖ· τῆς κατωτάτω τῆς ψυχῆς τοῦ

tréfaction[1]. Ces animaux, tout en ne subsistant que dans et par la vie générale, ont chacun leur vie propre. Il en est de même des âmes par rapport à l'Ame universelle : confondues dans son sein par leur essence, c'est-à-dire par l'intelligence, centre commun des âmes, elles s'en séparent dans leur puissance, c'est-à-dire dans la partie inférieure de leur être. On pourrait encore se les représenter comme des rayons qui se confondent au foyer, et se distinguent à mesure qu'ils s'en éloignent[2]. Mais ce n'est pas dans le monde sensible que nous pourrons trouver le type vrai du rapport que nous cherchons à concevoir, c'est dans la science, image pure du monde intelligible. Toute science est un système de conséquences qui se ramènent toutes à un principe unique ; chaque conséquence est une conception distincte et séparée, soit des autres, soit du principe commun, et pourtant elle ne subsiste qu'en vertu de ce principe[3]. Ici donc la variété se concilie parfaitement avec l'unité. C'est ainsi qu'on doit concevoir le rapport des âmes particulières à l'Ame universelle ; parce qu'il

παντός· τοῦ δὲ ἡμῶν κάτω, οἷον εἰ εὐλαὶ ἐν σαπέντι μέρει τοῦ φυτοῦ γίγνοιντο· οὕτω γὰρ τὸ σῶμα τὸ ἔμψυχον ἐν τῷ παντί.

[1] Enn. IV, III, 4.

[2] Enn. IV, III, 4. Εἴτε ἐξ ἐκείνου τὰς πάσας, τήν τε τοῦ ὅλου, καὶ τὰς ἄλλας μέχρι τινός· οἷον συνούσας, καὶ μίαν, τῷ μηδενός τινος γίγνεσθαι, τοῖς δὲ πέρασιν αὐτῶν ἐξηρτημένας καὶ συνούσας ἀλλήλαις πρὸς τὰ ἄνω, ὡδὶ καὶ ὡδὶ ἐπιβάλλειν· οἷον φωτὸς ἤδη πρὸς τῇ γῇ μεριζομένου κατ' οἴκους, καὶ οὐ μεμερισμένου, ἀλλ' ὄντος ἑνός.

[3] Enn. IV, III, 2, 4. Ἆρ' οὖν οὕτω μέρος, ὡς θεώρημα τὸ τῆς ἐπιστήμης λέγεται, τῆς ὅλης ἐπιστήμη; αὐτῆς μὲν μενούσης οὐδὲν ἧττον, τοῦ δὲ μερισμοῦ, οἷον προφοράς καὶ ἐνεργείας ἑκάστου οὔσης. Ἐν δὴ τῷ τοιούτῳ ἕκαστον μὲν δυνάμει ἔχει τὴν ὅλην ἐπιστήμην· ἡ δὲ ἐστιν οὐδὲν ἧττον ὅλη.

est difficile de le saisir, il faut bien se garder de le nier. Comment supposer que les âmes subsistent par elles-mêmes et indépendamment de tout principe ? Et d'un autre côté, comment admettre que l'âme de Socrate, qui vit et se conserve dans un corps, aille se perdre dans un principe infiniment meilleur [1] ?

Après ces comparaisons, Plotin s'efforce d'expliquer d'une manière précise comment les âmes peuvent coexister, sans se confondre, dans le sein d'une seule et même âme universelle. D'abord de ce que toutes les âmes se réunissent dans une seule, il ne s'ensuit pas qu'elles aient toutes les mêmes modes d'existence; car, malgré leur identité de principe et même d'essence, elles peuvent ne point éprouver les mêmes affections. Ainsi l'humanité est aussi bien en moi qui suis en mouvement qu'en vous qui êtes en repos; il n'est donc point absurde de soutenir que vous et moi n'avons qu'une seule et même essence, sans que l'identité d'affection s'ensuive nécessairement. Voyez ce qui se passe dans le corps, dont les organes sont affectés diversement, tandis que l'âme unique qui les fait vivre éprouve une sensation générale [2]. Il en est de même

---

[1] Enn. IV, III, 5. Ἀλλ' οὕτω γε Σωκράτης μὲν ἔςαι, ὅταν ἐν σώματι καὶ ἡ Σωκράτους ψυχὴ· ἀπολεῖται δὲ, ὅταν μάλιςα γένηται ἐν τῷ ἀρίςῳ.

[2] Enn. IV, IX, 2. Πρῶτον μὲν οὖν οὐκ, εἰ ἡ ψυχὴ μία ἡ ἐμὴ καὶ ἡ ἄλλου, ἤδη καὶ τὸ συναμφότερον τῷ συναμφοτέρῳ, ταὐτόν· ἐν ἄλλῳ γὰρ καὶ ἐν ἄλλῳ ταὐτὸν ὄν. οὐ τὰ αὐτὰ πάθη ἕξει ἐν ἑκατέρῳ, ὡς ἄνθρωπος ὁ ἐν ἐμοὶ κινουμένῳ, καὶ ἐν σοὶ μὴ κινουμένῳ· ἐν ἐμοὶ μὲν κινούμενος, ἐν σοὶ δὲ ἑςὼς ἔςαι· καὶ οὐκ ἄτοπον, οὐδὲ παραδοξότερον, τὸ ἐν ἐμοὶ καὶ σοὶ ταὐτὸν εἶναι· οὐ δὴ ἀνάγκη αἰσθανομένου ἐμοῦ, καὶ ἄλλον πάντῃ τὸ αὐτὸ πάθος ἔχειν, οὐδὲ γὰρ ἐπὶ τοῦ ἑνὸς σώματος τὸ τῆς ἑτέρας χειρὸς πάθημα ἡ ἑτέρα ᾔσθετο, ἀλλ' ἡ ἐν τῷ ὅλῳ.

des individus au sein de la vie universelle : le tout reste sourd à une multitude d'impressions éprouvées par les parties. En cela, l'Ame universelle ressemble à ces énormes cétacés qui, en raison de la grandeur de leur masse et de l'exiguïté du mouvement tout à la fois, ne ressentent en aucune manière l'impression reçue dans telle partie du corps. Qu'il y ait sympathie entre tous les individus qui appartiennent à une même âme, comme entre les organes qui font partie d'un même corps, cela est naturel, et d'ailleurs attesté par l'expérience ; mais l'identité de sensation entre eux n'est pas nécessaire. Quant à l'Ame universelle elle-même, on ne voit pas que les affections particulières puissent atteindre jusqu'à son essence [1].

Rien ne périt dans le monde intelligible : les intelligences persistent avec leur caractère propre dans l'Intelligence universelle, avant de se répandre dans les âmes et dans la Nature [2]. Il en est de même, à plus forte raison, des âmes, dont la distinction et la séparation doivent être d'autant plus sensibles que leur nature se prête davantage à l'expansion. Que sont les âmes, en effet, sinon des raisons, des intelligences développées [3] ? Il semble que Platon ait confondu l'Ame universelle et les âmes particulières quand il a dit dans le Philèbe que nos âmes sont des parties de l'Ame du monde [4]. Mais il a voulu dire seulement par là que dans l'univers l'âme

---

[1] Enn. IV, ix. 2.
[2] Enn. IV, iii, 5.
[3] Enn. IV, iii, 5. Καὶ λόγος τῆς τοῦ νοῦ ἡ μένουσα (ψυχὴ), καὶ ἀπ' αὐτῆς λόγοι μερικοὶ καὶ ἄϋλοι, ὥσπερ ἐκεῖ.
[4] Enn. IV, iii, 7.

est partout. C'est dans le même sens qu'ailleurs il prétend que toute l'Ame du monde a soin de tout le corps. Dans le Timée, Platon distingue évidemment les âmes particulières de l'Ame universelle, quand il dit que les âmes ont été faites des débris laissés au fond du vase où Dieu avait formé l'Ame du monde [1]. Enfin, quand il parle de la chute des âmes, et qu'il représente l'âme humaine, les ailes brisées, tombant sur la terre, parce qu'elle ne peut plus se soutenir dans le ciel, il distingue les âmes individuelles de l'Ame universelle [2].

Après avoir montré que les âmes, tout en coexistant au sein de l'Ame universelle, demeurent distinctes entre elles, Plotin recherche d'où vient cette distinction. Il est évident qu'elle ne vient pas du lieu, car l'Ame universelle n'habite aucun lieu [3]. Il faut donc qu'elles se distinguent par des propriétés intérieures essentielles. La vraie et seule raison de leur distinction est la différence; mais cette différence ne peut être attribuée à la condition matérielle qu'elles subissent dans leur développement, car elles diffèrent essentiellement, avant d'habiter les corps [4]. Il est donc nécessaire d'admettre dans les âmes des différences primitives et innées dans le sein même de l'Ame qui les contient. Pourquoi ces différences? Plotin en laisse entrevoir la raison. L'Ame universelle se développe

---

[1] Enn. IV, III, 7.
[2] Enn. IV, III, 7.
[3] Enn. VI, IV, 14.
[4] Enn. IV, III, 8. Καὶ νῦν συντόμως λεγέσθω, ὅτι καὶ παρὰ τὰ σώματα μὲν ἂν γίγνοιτο διαφέρειν, καὶ ἐν τοῖς ἤθεσι μάλιςα, καὶ ἐν τοῖς τῆς διανοίας ἔργοις, καὶ ἐκ τῶν προβεβιωμένων βίων.

en vertu de sa puissance, comme tout principe fécond, comme l'Intelligence, comme l'Un lui-même. Or ce développement implique la distinction, l'inégalité, la différence. Les degrés successifs de cette expansion universelle marquent les divers ordres de la hiérarchie des âmes engendrées. Ces âmes diffèrent, soit par leur essence, soit par leurs opérations, soit enfin par les objets de leurs intuitions. Toutes ces différences sont innées et indépendantes des corps que les âmes habitent.

CHAPITRE III.

Plotin. Cosmologie.

Le Temps L'Espace. La Matière. L'Ame du monde. Chute des Ames. Création des Corps. Providence. Destin. Origine du Mal. Système du Monde. Catégories.

L'Intelligence et les idées, l'Ame et les âmes particulières composent le monde intelligible. L'Intelligence ne sort point de sa sphère; simple, immuable dans son acte, comme dans son essence, elle plane à une hauteur infinie au-dessus du temps et de l'espace. L'Ame, simple aussi, indivisible, supérieure au temps et à l'espace, ne reste point enfermée dans son essence. Non seulement elle se développe intérieurement, comme tout principe fécond, comme l'Un, comme l'Intelligence, et, par cet acte tout intérieur, engendre les âmes individuelles, mais encore elle se produit extérieurement, différant en cela de l'Un et de l'Intelligence. C'est alors qu'elle tombe dans les conditions de la réalité sensible, dans le temps, dans l'espace, dans la matière, et franchit ainsi l'extrême limite qui sépare l'*être* du *devenir*. Avant de l'y suivre et de voir comment elle crée, forme, gouverne les substances de ce monde infime, il est nécessaire de considérer les trois choses qui marquent la transition d'un monde à l'autre, à savoir, le temps, le lieu et la matière.

Pour connaître le temps, il faut avoir conçu d'abord l'éternité dont il n'est que l'image [1]. L'éternité n'est pas le repos, pas plus que le temps n'est le mouvement; car si l'éternité était identique avec le repos, comme le repos est le contraire du mouvement, le mouvement ne pourrait être éternel, ce qui est absurde [2]. L'éternité d'ailleurs est tout entière dans un point indivisible, tandis que le repos suppose l'intervalle. Enfin l'éternité se conçoit de l'unité aussi bien que du repos [3]. Donc le repos, l'unité, le mouvement, ne sont que des modes de l'éternité. Quand l'esprit concentre la totalité infinie des actes et des mouvements de l'être dans un point indivisible, de manière à y supprimer toute diversité, toute succession et toute distance, il s'élève à l'idée de l'éternité [4]. L'éternité n'admet ni présent, ni passé, ni futur; ces distinctions n'appartiennent qu'au temps. Elle est l'attribut essentiel de l'Intelligence et de la vie [5]. Toutefois l'Ame, dans le mouvement et dans le temps,

---

[1] Enn. III, vii, 1.
[2] Enn. III, vii, 1.
[3] Enn. III, vii, 1.
[4] Enn. III, vii, 3. Ἡ οὖν τοῦ ὄντος παντελὴς οὐσία, καὶ ὅλη, οὐχ ἡ ἐν τοῖς μέρεσι μόνον, ἀλλὰ καὶ ἡ ἐν τῷ μηδ' ἂν ἔτι ἐλλείψειν, καὶ τῷ μηδὲν ἂν μὴ ὂν αὐτῇ προσγενέσθαι.
[5] Enn. III, vii, 4. — III, vii, 7.

participe encore de l'éternité, de même qu'elle participe, dans le devenir, de l'être et de l'Intelligence. Comment en participe-t-elle? par le temps, dont le mouvement, la durée successive, et le nombre ne sont que des modes [1]. La vie parfaite et universelle ne connaît pas le temps [2], image de l'éternité, comme l'Ame est l'image de l'Intelligence. La vie de l'Intelligence étant l'acte simple, mais infini, de l'être pur et parfait, l'éternité [3] est le point simple et indivisible dans lequel cet acte est compris tout entier. La vie de l'Ame étant un acte complexe qui implique le mouvement et la succession, le temps est la série continue des moments dans laquelle cette vie s'écoule [4]. Il suit de là que le temps est le mode d'action de l'Ame, comme l'éternité est le mode de vie de l'Intelligence. Disons le mode d'action, et non le mode d'existence; car le temps n'est pas inhérent à la nature de l'Ame, comme l'éternité l'est à la nature de l'Intelligence. Par son essence, l'Ame reste dans l'éternité; ce qui est dans le temps, c'est l'œuvre matérielle de l'Ame [5]. Pour elle-même, elle est, soit par son essence, soit par les actes qui lui sont propres, au-dessus du temps; c'est elle qui engendre le temps, par son développement extérieur.

Le lieu n'existe pas indépendamment du monde. Avant le monde, il n'y a point d'espace; il y a seulement l'Ame qui contient le monde, comme l'Intelli-

---

[1] Enn. III, vii, 8, 9.
[2] Enn. III, vii, 10.
[3] Enn. III, vii, 6.
[4] Enn. III, vii, 6.
[5] Enn. III, vii, 13.

gence contient l'Ame, comme l'Un contient l'Intelligence[1]. Le lieu est, comme le temps, propre à l'action de l'Ame ; la vie de l'Intelligence n'en a pas besoin. L'Ame elle-même considérée dans son essence et dans ses actes intérieurs répugne à la condition de l'espace. Elle est donc au-dessus de l'espace, comme elle est au-dessus du temps ; elle engendre le lieu, par l'expansion, comme elle engendre le temps, par l'action successive de ses puissances [2].

Tous ceux qui ont parlé de la matière l'ont représentée comme le sujet et le réceptacle des formes et des idées ; mais là s'arrête l'accord [3]. Quant à savoir quelle est la nature de la matière, quelles essences elle reçoit, et comment elle les reçoit, c'est le véritable point de la difficulté. Les uns, n'admettant pas d'autres êtres que les corps, ne reconnaissent qu'une seule matière, la matière sensible. D'autres admettent deux matières correspondant à deux ordres d'êtres distincts, les êtres sensibles et les êtres intelligibles [4]. Mais cette hypothèse soulève de graves difficultés : d'abord, si la matière est en soi l'informe et l'infini, et qu'il n'y ait rien dans les substances incorporelles qui n'ait en soi sa forme et sa fin [5], il semble que la matière ne puisse s'y rencontrer ; ensuite, si chaque incorporel est simple, la matière lui devient inutile ; puis, la matière paraît propre aux êtres soumis au changement et au devenir, à tel point que ce sont ces phé-

[1] Enn. V, v, 9.
[2] Enn. II, iv, 12.
[3] Enn. II, iv, 1.
[4] Enn. II, iv, 1.
[5] Enn. II, iv, 2.

nomènes qui ont fait supposer l'existence de la matière[1]. Or les êtres incorporels ne peuvent ni changer, ni devenir. Enfin, si la matière se trouve dans le monde intelligible, d'où vient-elle? Si elle est créée, par qui l'a-t-elle été? Si elle est éternelle, elle coexiste donc à l'Intelligence, et concourt avec elle à constituer les êtres intelligibles. Que devient alors la simplicité des essences intelligibles, et comment, résultant d'une union de la matière et de l'Intelligence, n'auraient-elles pas un corps?

Pour résoudre ces difficultés, il faut s'élever tout d'abord à la conception la plus simple et la plus abstraite possible de la matière. Considérée en soi, la matière n'est pas autre chose que l'infini et l'indéterminé[2]. Partout où on rencontre à un degré quelconque ce caractère, soit dans le monde sensible, soit dans le monde intelligible, on peut affirmer la présence du principe matériel[3]. Or, même dans l'intelligible pur, nous retrouvons l'infini et l'indéterminé, non pas l'infini et l'indéterminé en soi, mais seulement par rapport à des êtres qui ont une nature plus parfaite. Ainsi l'Ame est infinie par rapport à la Raison; celle-ci est infinie pour l'Intelligence, laquelle, en tant que multiple, est moins parfaite que le Bien[4]. Tout être du monde intelligible, en regard de son principe immédiat, prend couleur de matière; de même que le corps le plus lumineux devient obscur devant le soleil.

Mais voici une démonstration plus directe. Puisqu'il

[1] Enn. II, iv, 2.
[2] Enn. II, iv, 3.
[3] Enn. II, iv, 3.
[4] Enn. II, iv, 3.

y a des idées, et qu'elles sont multiples et distinctes au sein même de l'Intelligence, il faut bien qu'elles aient un caractère propre. Or, le propre, c'est la forme; le commun, c'est le sujet de la forme ou la matière [1]. En outre, si, comme on le dit avec raison, le monde sensible est une image du monde intelligible, il faut, pour que l'image soit en tout conforme au modèle, qu'il y ait aussi de la matière dans celui-ci [2]. Si, de ce que la matière du monde intelligible possède éternellement la forme et ne fait qu'un avec elle, on concluait qu'elle n'existe pas, il faudrait nier aussi l'existence de la matière sensible [3] : car celle-ci revêt toujours une forme avec laquelle elle ne fait qu'un. Toute la différence est que la matière intelligible n'altère en rien la simplicité de l'être dans lequel elle se trouve, tandis que tout être qui contient une matière sensible est par cela même composé. Du reste, la matière intelligible diffère essentiellement de la matière sensible. Elle est éternelle, universelle, immuable; elle n'altère point la simplicité de l'être qui la contient, et ne change jamais de forme [4]. La matière sensible, au contraire, est temporelle, singulière, mobile, changeant perpétuellement de forme, et altérant tout ce qu'elle touche.

[1] Enn. II, IV, 4. Εἰ οὖν πολλὰ τὰ εἴδη, κοινὸν μὲν τι ἐν αὐτοῖς ἀνάγκη εἶναι· καὶ δὴ καὶ ἴδιον, ᾧ διαφέρει ἄλλο ἄλλου. Τοῦτο δὴ τὸ ἴδιον καὶ ἡ διαφορὰ ἡ χωρίζουσα ἡ οἰκεία ἐστὶ μορφή· εἰ δὲ μορφή, ἔστι καὶ τὸ μορφούμενον, περὶ ὃ ἡ διαφορά· ἔστιν ἄρα καὶ ὕλη ἡ τὴν μορφὴν δεχομένη, καὶ ἀεὶ τὸ ὑποκείμενον.

[2] Enn. II, IV, 4. Ἔτι εἰ κόσμος νοητός ἐστιν ἐκεῖ, μίμημα δὲ οὗτος ἐκείνου, οὗτος δὲ σύνθετος, καὶ ἐξ ὕλης, κἀκεῖ δεῖ ὕλην εἶναι.

[3] Enn. II, IV, 5.

[4] Enn. II, IV, 5.

C'est l'Intelligence qui, en se développant, produit la matière intelligible, principe de la multitude infinie des idées. De même, l'Ame, par l'expansion de ses puissances, engendre la matière sensible, base de ses opérations [1]. Tous les phénomènes du monde sensible [2], la génération, la corruption, la décomposition, la transformation, démontrent l'existence d'une matière propre à ce monde. Quand il y a transformation, qu'est-ce qui change? Ce n'est pas le sujet; car alors il faudrait admettre que l'être se perd dans le non-être par la corruption, et que le non-être engendre l'être dans la génération, ce qui est absurde. Toute transformation, toute transition de la vie à la mort, et de la mort à la vie, n'est que la succession d'une forme à l'autre. Or, pour que cette succession s'opère, il faut un milieu; ce milieu, c'est la matière [3]. La matière n'est ni le principe élémentaire d'Empédocle, ni le mélange (μίγμα) d'Anaxagore, ni l'infini d'Anaximandre, ni l'atome de Leucippe [4]. Il faut bien distinguer la matière elle-même de telle ou telle matière. Le caractère propre de la matière, c'est le défaut absolu de toute forme. Nous disons de forme et non simplement de qualité; car la quantité, l'étendue, la figure, sont des formes, sans être des qualités [5]. Ces formes se rencontrent ordinairement dans la matière sensible; mais aucune d'elles ne lui est inhérente pas même la quantité, la plus simple de

[1] Enn. IV, III, 9; I, VIII, 5.
[2] Enn. II, IV, 6.
[3] Enn. II, IV, 6. Cette démonstration est reproduite d'Aristote.
[4] Enn. II, IV, 7, 8.
[5] Enn. II, IV, 9.

toutes[1]. La quantité n'est inhérente, ni à l'être, ni à la matière. Pour l'être, cela est évident, puisqu'il y a des êtres incorporels, et par conséquent sans quantité, quant à la matière. Le sujet matériel peut bien être un *quantum* (ποσὸν); mais il ne possède pas essentiellement la quantité. Au contraire, en tant que matière, il l'exclut. Il en est de même pour l'étendue [2]. La matière la reçoit avec la quantité et à la suite, mais sans la posséder essentiellement. Ainsi, quand la quantité vient s'adjoindre à la matière, elle ne fait pas qu'y développer une certaine étendue primitivement inhérente à la matière, elle l'y transporte tout entière.

Mais, dira-t-on, si la matière n'est point quantité, à quoi sert-elle dans la formation de l'être sensible [3]? Puisqu'il existe dans la nature tant de choses sans matière, comme le temps, le lieu, l'action, le mouvement, pourquoi la matière serait-elle nécessaire à la formation des corps élémentaires? La réunion de l'étendue, du nombre, du mouvement et des autres qualités, n'y suffit-elle pas? Il est vrai que la matière n'a qu'une fonction, laquelle consiste à recevoir la forme, toute forme possible [4]; mais cette fonction est nécessaire à la formation de l'être sensible : car, sans un sujet qui, comme la matière, soit prêt à recevoir indifféremment toute forme, il est impossible d'expliquer les changements et les trans-

---

[1] Enn. II, IV, 9. Ὅλως δὲ πάσαν ἀσώματον φύσιν, ἄποσον θετέον· ἀσώματος δὲ καὶ ἡ ὕλη.

[2] Enn. II, IV, 11.

[3] Enn. II, IV, 11.

[4] Enn. II, IV, 11.

formations qui s'opèrent dans la nature. Or il n'est pas nécessaire que tout récipient soit étendu. Ainsi l'âme reçoit et contient sans être étendue [1]. Et, d'un autre côté, l'étendue n'est pas propre à la fonction de récipient; car elle est déjà une forme, et, comme telle, ne serait point un sujet capable de recevoir toutes les formes. Enfin, si la matière reçoit la forme, ce n'est point comme étendue, mais comme matière; l'étendue est le lieu, et non pas le sujet dans lequel s'opère le changement [2]. Indépendamment du lieu où les éléments matériels vont se mêler, ils apportent chacun leur matière dans ce mélange; le lieu suppose donc déjà les éléments.

Maintenant, si la matière est sans forme et sans qualité, comment peut-on dire qu'elle est impassible, incorruptible, indivisible? Voici l'explication : toute essence intelligible est incorruptible, impassible, indivisible, parce qu'elle possède l'être en propre [3] ; tout être sensible est corruptible, passible, divisible, parce qu'il ne fait qu'y participer. La matière possède ces attributs dans un sens tout différent. Comme elle est absolument sans forme et sans qualité, elle n'est rien de positif ni de déterminé; elle est le non-être, et c'est comme telle seulement qu'elle n'est ni passible, ni corruptible, ni divisible [4]. En ce sens, l'adjonction de ces attributs ne répugne en rien à la nature même de la matière, laquelle n'en consiste pas moins dans le défaut absolu de toute qualité et de toute forme.

[1] Enn. II, iv, 11.
[2] Enn. II, iv, 11.
[3] Enn. III, vi, 8, 9, 10.
[4] Enn. III, vi, 8, 9, 10.

Mais tout cela ne suffit point encore pour la caractériser exactement. Il faut ajouter que non seulement elle ne possède actuellement aucune qualité, aucune forme, mais encore qu'elle n'en contient aucune virtuellement [1]; car autrement elle ne serait pas capable des contraires. Elle n'est capable des contraires, et en général de toutes les qualités possibles, que parce qu'elle est, non pas un acte, non pas même une puissance, mais une simple possibilité. Dans l'acte, les contraires s'excluent; dans la puissance, ils se repoussent; dans la pure possibilité, ils se concilient toujours [2]. Ainsi le caractère propre de la matière n'est pas seulement le défaut absolu de formes, c'est encore la capacité universelle, et en même temps l'indifférence absolue pour toutes les formes possibles. Entre la matière dont se sert l'artiste et la matière dont Dieu a formé le monde, il y a une profonde différence [3]. Dans l'œuvre de l'artiste, la nature de la matière favorise ou entrave son action. La vraie matière n'apporte au Démiurge qui la travaille ni concours ni obstacle; elle peut recevoir toute forme, sans incliner vers aucune. Comme elle n'aspire vers aucune forme, et qu'elle n'en contient aucune virtuellement, elle n'est ni une tendance ni une puissance; elle n'est qu'une simple possibilité [4]. La puissance proprement dite, sans être l'acte, y parvient en vertu d'une énergie intérieure; la tendance, si elle ne peut y arriver par elle-même, y aspire. Mais ne pourrait-on pas dire

[1] Enn. III, vi, 8, 9, 10.
[2] Enn. III, vi, 8, 9, passim.
[3] Enn. II, iv, 8.
[4] Enn. II, iv, 8.

que le défaut de qualités, qui est le caractère propre de la matière, constitue une sorte de qualité privative, comme la privation de la vue, par exemple, constitue la qualité privative de cécité? Cette difficulté n'est pas sérieuse : le propre de la matière étant d'être sans qualités, c'est abuser des mots que d'appeler qualité la propriété de n'en point avoir [1]. Le nom qui convient à la matière, c'est ἄλλα et non ἄλλον, parce que le singulier est ici trop déterminatif. La matière est privative, en tant qu'elle ne possède ni actuellement ni virtuellement aucune qualité; mais elle ne l'est point, si par privation on entend le défaut de telle qualité seulement [2]. Du reste, l'introduction de la forme n'ôte à la matière ni son caractère de privation [3] (car ici la privation n'est pas un état, mais la capacité de revêtir tous les états possibles); ni son caractère d'indétermination, puisque l'indéterminé n'est pas un accident, mais l'essence même de la matière; ni son caractère d'imperfection, car, par cela même qu'elle est en soi le défaut absolu de toute qualité, elle est le principe même de l'imperfection. Si le mal était une forme, comme le bien, la matière aurait pour caractère, non le mal, mais l'indifférence absolue du mal et du bien; donc c'est cette indifférence même pour une forme quelconque qui est le mal [4].

Puisque la matière n'est qu'une pure possibilité qui ne possède la forme ni actuellement ni virtuellement,

[1] Enn. II, iv, 13.
[2] Enn. II, iv, 14.
[3] Enn. II, iv, 16.
[4] Enn. II, iv, 16.

elle peut être considérée comme le non-être [1]. En effet, nous définissons l'être, ce qui pour être et se conserver, n'a besoin d'aucune autre chose, et se suffit pleinement à lui-même. Donc l'être exclut toute dépendance, toute condition ; il n'attend aucune détermination d'un principe extérieur ; il possède l'essence en soi et par soi de toute éternité. Cela posé, il est évident que l'intelligence est l'être, que l'âme aussi est l'être, mais déjà à un moindre degré, que tout intelligible possède l'être en propre [2]. Quant au corps, il n'est pas l'être, il ne fait qu'y participer ; plus il est inerte et grossier, moins il en participe. Sous ce rapport, la terre vient après l'air, l'air après le feu ; le mouvement, l'être, l'intelligible, sont en raison inverse de la masse [3]. Le corps n'est qu'une éclipse de l'être ; la matière n'étant ni intelligence, ni raison, ni âme, ni forme, ni limite, ni puissance active, ni puissance passive, n'est même pas le plus faible degré de l'être. Elle est le non-être [4], non pas le non-être tel qu'on l'entend, quand on parle des êtres sensibles et contingents, lesquels sont encore une image de l'être, mais le non-être absolu.

Si la matière est le non-être absolu, il est évident que le vrai type de la matière est dans le monde sensible seulement. La matière intelligible n'est pas le

---

[1] Enn. III, vi, 6.
[2] Enn. III, vi, 6.
[3] Enn. III, vi, 6. Ἡ δὲ κίνησις ὥσπερ τις ζωὴ οὖσα, ἐν τοῖς σώμασιν ἦν, καὶ μίμησιν ἔχουσα ταύτης, μᾶλλον ἐςὶ τοῖς ἧττον σώματος ἔχουσιν, ὡς τῆς ἀπολείψεως τοῦ ὄντος ὃ καταλείπει, μᾶλλον τοῦτο σῶμα ποιούσης.
[4] Enn. III, vi, 6.

non-être, puisque le non-être répugne absolument au monde intelligible; elle n'est donc qu'une ombre de la vraie matière. En soi, nul être intelligible n'est matériel; il ne le devient que par comparaison [1]. On peut dire que l'être s'y trouve à un degré moindre; mais il y est toujours, et toujours pur et parfait en soi. En un mot, la matière intelligible n'est qu'une moindre essence, comme l'ombre n'est qu'une moindre lumière. C'est dans l'être sensible que se trouve la vraie matière : celui-là est matériel, non par comparaison [2] seulement avec les êtres supérieurs, mais en soi et absolument. Il porte la matière dans son sein, comme il porte l'imperfection, la misère et le mal.

La matière étant le simple possible, le pur non-être, comment l'âme peut-elle la connaître? Le sens perçoit la qualité d'un corps, l'intelligence connaît la forme, l'idée, l'acte. La matière n'étant ni une qualité sensible, ni une forme ou essence intelligible, échappe à la fois aux sens et à l'intelligence. L'âme ne peut donc la connaître réellement; elle ne fait qu'en concevoir vaguement la nécessité [3]. Pour être exacte, il faut que cette conception reste indécise et flottante comme son objet; car aussitôt qu'elle tend à se fixer en une perception précise, elle n'est plus la conception de la matière en soi, elle devient la représentation d'une matière déterminée [4]. Pour tout autre objet, plus l'âme fait d'efforts pour le penser, mieux elle le comprend. C'est le contraire pour la matière :

[1] Enn. III, vi, 6.
[2] Enn. III, vi, 6.
[3] Enn. II, iv, 10.
[4] Enn. II, iv, 10.

aussi Platon appelait-il λογισμός νόθος le procédé par lequel l'âme conçoit la matière.

Dans le Timée, Platon affirme que la matière participe de l'idée, et qu'en vertu de cette participation, elle passe du beau au laid, du mal au bien [1]. N'est-ce pas vouloir dire qu'elle change et qu'elle est quelque chose de déterminé? Que devient alors son impassibilité et son incapacité absolue de toute forme? Tel n'est pas le sens des paroles de Platon : la matière participe, sans cesser d'être impassible. Elle ne devient réellement ni bonne, ni belle, mais elle sert à manifester le beau et le bien, sans cesser d'être elle-même [2]. Quant à la qualité de mal que Platon paraît lui attribuer, il veut dire seulement qu'elle est incapable par elle-même de toute participation au Bien, comme tous les êtres. En effet, c'est cette incapacité absolue qui fait de la matière le mal, ou plutôt le principe du mal.

Mais si la matière conserve son caractère propre dans la participation, comment concilier cette impassibilité absolue avec la participation elle-même, et comment d'une telle participation peut provenir l'être sensible? Plotin l'explique en développant une théorie de Platon. La matière est, par rapport aux idées, comme le miroir par rapport aux objets; elle les représente et les fait apparaître, mais elle ne contribue en rien à leur donner l'être [3]. Si vous supprimez la matière, il n'y aura ni plus ni moins d'être dans

---

[1] Enn. III, vi, 11.
[2] Enn. III, vi, 11.
[3] Enn. II, vi, 11, 12, 13, 14.

le monde : seulement la matière n'étant plus là, les représentations des idées disparaîtront, de même qu'en supprimant le miroir, on ferait évanouir l'image qu'il produit. En un mot, la matière est un principe d'apparence, mais non d'essence, pour quoi que ce soit [1].

Les idées ne descendent point elles-mêmes du monde intelligible dans la matière ; c'est l'Ame qui, les recevant de l'Intelligence, les transmet à la matière sous la forme de raisons séminales [2]. Ces raisons pénètrent dans la matière sans s'y mêler, de même que l'âme ne se mêle point au sens ni à l'imagination, tout en y faisant son apparition [3]. En y pénétrant, elles y portent la quantité, le nombre, la figure et toutes les qualités propres aux êtres sensibles [4]. La matière n'est pas même la matrice du monde ; car elle est essentiellement stérile et incapable d'être fécondée aussi bien que de féconder [3]. Elle ne concourt donc pas même à la production ; c'est la forme seule qui produit. Le rôle de la matière et de la forme a été bien compris par les anciens mystères, qui nous représentent Hermès avec l'instrument de la génération, et la matière avec les insignes de la stérilité [4]. Ils voulaient dire, tout en la représentant comme la mère du monde, que, si elle

---

[1] Enn. III, vi, 15. Οὐκ ἔχει δὲ δι' ὅτου φανῇ, ἐρημία πάντων οὖσα, ἀλλὰ γίγνεται μὲν αἰτία ἄλλοις τοῦ φαίνεσθαι.

[2] Enn. III, vi, 15. Ὁ δὲ ἐπὶ τῆς ὕλης λόγος ἄλλον ἔχει τρόπον τὸ ἔξω.

[3] Enn. III, vi, 15.

[4] Enn. III, vi, 16. Καὶ μέν τις ἐλθὼν λόγος ἀγαγὼν εἰς ὅσον αὐτὸς ἤθελεν, ἐποίησεν αὐτὴν μέγα, παρ' αὐτοῦ τὸ μέγα περιθεὶς αὐτῇ οὐκ οὔσῃ, τοῦτο δὲ οὐδὲ γενομένῃ.

est le réceptacle de la forme, elle n'en possède pas pour cela la vertu fécondante [1].

Il semble qu'après avoir déterminé la nature et le rôle de la matière, Plotin eût dû en indiquer l'origine. On ne voit pas que cette recherche l'ait préoccupé. Est-ce une lacune de sa doctrine, ou bien considérait-il la question comme oiseuse ? Platon et Aristote avaient reconnu l'existence indépendante du principe matériel, comme condition et sujet de la réalité sensible. C'est à ce principe vague, mais suffisamment distinct, qu'ils rapportaient tout élément matériel des corps. Si Plotin ne s'explique pas sur l'origine de la matière en soi, c'est que, dans son opinion, il n'y a pas lieu de chercher l'origine de ce qui n'existe pas réellement. Mais quand il parle de telle ou telle matière, c'est-à-dire d'un corps, alors il en indique clairement l'origine. Il rapporte à un principe supérieur, à l'Ame, toutes les puissances et toutes les propriétés de la nature, la substance aussi bien que la forme. L'Ame, dans sa pensée, ne se borne point, comme dit Platon, à former le corps ; elle l'engendre en même temps qu'elle le forme. C'est elle qui, en vertu de son inépuisable fécondité, produit l'immense série des êtres sensibles, depuis la matière subtile des astres jusqu'à la plus grossière matière des êtres terrestres. Cette matière est le dernier effort de la puissance de l'Ame, la dernière lueur qu'elle projette dans son rayonnement [2]. Et pourtant, à cet état, elle n'est pas encore la matière pure ; elle n'est qu'un mélange de matière

---

[1] Enn. III, vi, 19.
[2] Enn. IV, iii, 9.

et de forme. Le corps terrestre, dernière émanation des puissances de l'Ame, est un dernier reflet de la lumière intelligible ; ce n'est plus qu'une ombre : mais l'ombre est encore la lumière. Au-delà, c'est la nuit. Il est impossible de fixer le point précis qu'occupe la matière dans l'échelle des émanations de l'Ame, par la raison que la matière n'est point une émanation déterminée, comme les autres. Elle est partout, sans être en aucun lieu ; elle suit constamment l'Ame dans toutes ses manifestations extérieures. Elle apparaît comme une ombre vague et immense qui couvre la nature entière, devenant plus obscure, à mesure que l'âme descend dans la série de ses émanations, et finissant par une nuit épaisse qui borne par en bas le monde sensible, et dont on ne peut mesurer l'étendue et la profondeur [1].

Jusqu'ici Plotin n'a considéré l'Ame que dans ses rapports avec l'Intelligence. Il va la suivre dans le monde du temps, de l'espace et de la matière ; il va la montrer, produisant, formant, conservant et gouvernant le monde. L'Ame universelle est une Raison, tant qu'elle se borne à contempler l'Intelligence ; quand elle crée le monde sensible, elle devient une Puissance. Alors les raisons pures que l'Ame avait recueillies dans sa contemplation se développent en puissances génératrices, en raisons séminales [2]. Ces principes n'appartiennent plus au

---

[1] J'ai cru devoir, afin de la rendre plus claire, développer un peu cette théorie, que Plotin ne fait qu'indiquer.

[2] Enn. II, III, 17. Δεῖ τοίνυν καὶ αὐτὴν, παρὰ νοῦ ἔχουσαν διδόναι· νοῦς δὴ, ψυχῇ δίδωσι τῇ τοῦ παντός· ψυχὴ δὲ παρ' αὐτῆς ἡ μετὰ νοῦν, τῇ μετ' αὐτὴν ἐλλάμπουσα καὶ τυποῦσα.

monde intelligible; ce sont des forces aveugles qui rentrent dans la nature, et dont l'unique fonction est de produire. La pensée et la fin de leur opération créatrice résident dans un monde supérieur [1]. L'Ame inférieure, c'est-à-dire l'Ame à l'état de Puissance naturelle, les porte dans la matière et produit les choses sensibles avec leur concours. Ainsi Plotin distingue deux Ames, l'une qui reçoit de l'Intelligence les raisons des choses, l'autre qui les transmet immédiatement à la matière. Il ne faut pas toutefois s'exagérer la portée de cette distinction; elle ne va point jusqu'à une distinction de substances. Au fond, il s'agit moins de deux Hypostases différentes que de deux fonctions de la même Hypostase, considérée tour à tour en regard de l'Intelligence et de la Nature. Du reste, cette distinction contient en germe la théorie de l'Ame ὑπερκόσμιος, et de l'Ame ἐγκόσμιος, développée ultérieurement par l'école d'Alexandrie.

Maintenant Plotin va montrer comment l'Ame produit et quels êtres elle produit. L'Intelligence produit, sans sortir d'elle-même, et sans que l'acte de la production trouble son repos; c'est ce qui fait qu'elle ne tombe ni dans le temps, ni dans l'espace, ni dans la matière. L'Ame produit avec mouvement [2]; elle subit donc la loi du temps, de l'espace et de la matière. Tant qu'elle se borne à contempler l'Intelligence, elle

---

[1] Enn. II, III, 17. Ὁ γὰρ λόγος ἐν ὕλῃ ποιεῖ, καὶ τὸ ποιοῦν φυσικῶς, οὐ νόησις, οὐδὲ ὅρασις, ἀλλὰ δύναμις τρεπτικὴ τῆς ὕλης, οὐκ εἰδυῖα, ἀλλὰ δρῶσα μόνον.

[2] Enn. V, II, 1. Ἡ δὲ (ψυχὴ) οὐ μένουσα ποιεῖ, ἀλλὰ κινηθεῖσα γεννᾷ εἴδωλον.

reste en elle-même, se nourrissant en repos et en silence de ce ravissant spectacle ; mais, comme elle surabonde de cette vie qu'elle a puisée dans l'Intelligence, elle obéit bientôt à un irrésistible besoin d'expansion, et quittant les voies de la contemplation, elle engendre la sensation et la nature [1]. Tout ce qu'elle produit est son image ; cette image s'affaiblit, sans jamais s'effacer toutefois, à mesure qu'elle s'éloigne du foyer de la puissance productrice. Jamais la force créatrice, dans ses élans les plus excentriques, ne se sépare de son principe. Ainsi l'âme de l'homme (laquelle est identique avec l'Ame du monde) descend jusque dans la plante, et là encore conserve toute son essence [2]. C'est qu'en produisant une substance inférieure à elle-même, elle n'y passe pas tout entière ; ce qu'il y a en elle d'intelligence ne se mêle point à la nature au sein de laquelle elle dépose sa création, mais reste en elle-même.

Les êtres procèdent, dans cette création infinie de l'Ame, du premier au dernier, et chacun dans cette procession conserve la place qui lui est propre [3]. L'être engendré se distingue de l'être générateur et s'y confond tout ensemble ; il s'en détache par la création même, dont l'effet est de le faire exister distinctement ; mais il s'y confond, comme dans son principe constant. Lorsque l'Ame passe dans la plante, elle y forme une certaine image d'elle-même qu'on nomme l'âme végé-

[1] Enn. V, 11, 1. Ἐκεῖ μὲν οὖν βλέπουσα, ὅθεν ἐγένετο, πληροῦται, προελθοῦσα δὲ εἰς κίνησιν ἄλλην καὶ ἐναντίαν, γεννᾷ εἴδωλον αὐτῆς, αἴσθησιν καὶ φύσιν τὴν ἐν τοῖς φυτοῖς.

[2] Enn. V, 11, 1.

[3] Enn V, 11, 2

tative ; si elle passe dans la brute, elle y forme une autre image d'elle-même, l'âme sensitive ; si elle passe dans l'homme, elle y crée une autre image encore, l'âme raisonnable et volontaire ; et chacune de ces âmes reproduit en traits affaiblis une des puissances de l'Ame créatrice [1]. Maintenant, si on coupe une branche de l'arbre que l'Ame habite et qu'elle vivifie, ou si on brûle la racine qui était comme le centre et le foyer dè la vie, que devient l'âme ou la partie de l'âme qui était dans cette branche ou dans cette racine? Elle remonte à sa source ; car on ne peut admettre que, simple émanation d'un principe, elle se contracte et se retire en elle-même [2]. Cela ne peut arriver qu'à une vraie substance. Mais pour la vie qui existe en une substance, remonter à sa source, c'est rentrer dans le sein de l'Ame universelle [3]. Or cette Ame n'est point distincte des âmes particulières, simples émanations qui, s'échappant de son sein, viennent féconder et vivifier telle ou telle partie du monde. Comme tout être intelligible, elle ne se distingue pas par le lieu, mais par l'essence. Aussi le retour de ces émanations particulières à l'Ame, de l'Ame à l'Intelligence, de l'Intelligence au Bien, n'implique aucun déplacement [4]. Pour comprendre la création de l'Ame et comment le monde sensible en sort tout entier, il faudrait se représenter la vie universelle comme une ligne immense sur laquelle chaque être occupe un point, engendrant l'être qui

---

[1] Enn. V, II, 2.
[2] Enn. V, II, 2. Εἰ δὲ μὴ, ἐν ἄλλῃ φυτικῇ · οὐ γὰρ ϛενοχωρεῖται.
[3] Enn. V, II, 2. Εἰ δ' ἀναδράμοι, ἐν τῇ πρὸ αὐτῆς δυνάμει.
[4] Enn. V, II, 2. Ἡ δὲ μέχρι νοῦ, οὐ τόπῳ · οὐδὲν γὰρ ἐν τόπῳ ἦν.

suit, engendré par celui qui précède, et toujours distinct, mais non séparé de l'être générateur et de l'être engendré dans lequel il passe sans s'absorber [1].

C'est ainsi que l'Ame produit toute puissance de vie ou d'être dans le monde sensible, le sens dans les animaux, la nature dans les plantes, ne s'arrêtant dans son expansion infinie qu'à l'extrême limite de l'être sensible, à la matière. Il ne faut pas croire que, dans la réalité, l'Ame crée d'abord l'être sensible, la série infinie des corps [2], depuis le corps céleste étincelant de lumière, jusqu'à la plus obscure et la plus grossière matière, et qu'ensuite elle y répande la forme et la vie. L'effusion de la forme et de la vie est contemporaine de la création de l'être sensible. Il n'y eut aucun temps où l'univers ne fût qu'un assemblage de sujets matériels sans forme et sans vie, où un seul corps subsistât sans une âme, où la matière existât, sans être formée, à l'état de pure matière [3]. Mais si les opérations de l'Ame universelle créant, formant et vivifiant le monde se confondent dans l'ordre du temps, elles n'en sont pas moins distinctes dans l'ordre de la raison ; on peut donc séparer par la pensée et la parole, les choses unies, mais distinctes dans la réalité, pourvu qu'on

---

[1] Enn. V, ii, 2. Ἔςιν οὖν οἷον ζωὴ μακρὰ εἰς μῆκος ἐκταθεῖσα, ἕτερον ἕκαςον τῶν μορίων τῶν ἐφεξῆς, συνεχὲς δὲ πᾶν αὐτῷ ἄλλο δὲ καὶ ἄλλο τῇ διαφορᾷ οὐκ ἀπολλύμενον ἐν τῷ δευτέρῳ τὸ πρότερον.

[2] Enn. IV, iii, 9.

[3] Enn. IV, iii, 9. Δεῖ δὴ τῷ λόγῳ τὴν εἴσοδον καὶ τὴν ἐμψύχωσιν διδασκαλίας καὶ τοῦ σαφοῦς χάριν γίγνεσθαι νομίζειν· ἐπεὶ οὐκ ἦν ὅτε οὐκ ἐψύχωτο τόδε τὸ πᾶν· οὐδ' ἐνῆν ὅτε σῶμα ὑφειςήκει, ψυχῆς ἀπούσης, οὐδὲ ὕλη ποτὲ, ὅ τε ἀκόσμητος ἦν.

tienne compte de cette union [1]. L'Ame, pour se développer, a besoin avant tout d'un lieu [2] : or, ce lieu, théâtre nécessaire et naturel de son expansion, ne préexiste point à l'action de l'Ame. Celle-ci ne le trouve point tout prêt à la recevoir; elle le crée et crée le corps par cela même [3], non pas le corps tel qu'il apparaît à nos sens, tout formé et plein de vie, mais quelque chose qui n'est qu'un espace vide, un simple sujet, pouvant servir à la fois à l'âme de théâtre pour son développement et de réceptacle pour la vie qu'elle doit y répandre. Tout corps est une œuvre de l'Ame, un produit plus ou moins immédiat de son infinie expansion. L'Ame est comme une lumière immense qui s'affaiblit par degrés, à mesure qu'elle s'éloigne de son foyer. Arrivée au terme de son rayonnement, elle se perd dans d'épaisses ténèbres. Mais son regard perce encore ces ténèbres de ses derniers traits, et les dessine, en les illuminant [4]. Ainsi se forme le corps. La puissance expansive de l'Ame commence aux astres et finit à la matière infime et grossière des corps sublunaires, limite extrême où vient expirer le bien [5].

Mais comment l'Ame, essence intelligible, descend-elle si profondément dans la matière? Voici l'explica-

---

[1] Enn. IV, III, 9.

[2] Enn. IV, III, 9. Σώματος μὲν μὴ ὄντος οὐδ' ἂν προέλθοι ψυχή, ἐπεὶ οὐδὲ τόπος ἄλλος ἐςὶν, ὅπου πέφυκεν εἶναι.

[3] Enn. IV, III, 9. Προϊέναι δὲ εἰ μέλλοι, γεννήσει ἑαυτῇ τόπον, ὥςε καὶ σῶμα.

[4] Enn. IV, III, 9. Τῆς δὴ ςάσεως αὐτῆς ἐν αὐτῇ τῇ ςάσει οἱονεὶ ῥωννυμένης, οἷον πολὺ φῶς ἐκλάμψαν, ἐπ' ἄκροις τοῖς ἐσχάτοις τοῦ πυρὸς, σκότος ἐγίνετο, ὅπερ ἰδοῦσα ἡ ψυχὴ, ἐπείπερ ὑπέςη, ἐμόρφωσεν αὐτό.

[5] Enn. I, VIII, 5.

tion de Plotin. L'Ame, image de l'Intelligence, contemple son modèle et devient, en vertu de cette contemplation, une Raison. Or, en tant que Raison, elle renferme en son sein toutes les idées. Seulement elle ne les comprend plus comme l'Intelligence, à l'état d'essences pures, dans une unité indivisible, mais dans une variété divisible à l'infini, à l'état de raisons séminales [1]. L'Ame, pure image de la lumière intelligible, brille tout-à-coup et illumine tout ce qui se trouve auprès d'elle, pénétrant de ses raisons le sujet matériel [2]. C'est ainsi que le monde prend forme et devient une demeure belle et variée prête à recevoir l'âme et déjà digne en tout de ses soins, riche de beauté et d'être, sans qu'il en coûte rien à son auteur, lequel l'a édifiée, en se tenant immobile au-dessus d'elle [3]. Aussi, tout en l'habitant, l'Ame la possède, la domine, sans être jamais possédée ni dominée par elle [4]; car, à vrai dire, ce n'est pas l'Ame qui est dans le corps, mais le corps qui est dans l'Ame : il y est comme un filet dans la mer, pénétré et enveloppé de toutes parts par l'Ame, comme le filet l'est par l'eau [5]. S'il n'en était pas ainsi, l'Ame n'aurait aucun souci d'occuper le corps ; car tout ce qu'elle est,

---

[1] Enn. IV, III, 10. Ζῶσα οὖν ἐν λόγῳ, λόγον δίδωσι τῷ σώματι, εἴδωλον οὗ ἔχει· καὶ γὰρ καὶ εἴδωλον ζωῆς, ὅσον δίδωσι τῷ σώματι, καὶ μορφὰς σωμάτων, ὧν τοὺς λόγους ἔχει· ἔχει δὲ καὶ θεῶν καὶ πάντων. Διὸ πάντα καὶ ὁ κόσμος ἔχει.

[2] Enn. IV, III, 9. Καὶ τοσαύτη ἐςὶν ἡ σκιὰ, ὅσος ὁ λόγος ὁ παρ' αὐτῆς.

[3] Enn. IV, III, 9. Ἄνω γὰρ μένων ἐπιςατεῖ.

[4] Enn. IV, III, 9. Κρατούμενος (κόσμος) οὐ κρατῶν, καὶ ἐχόμενος, ἀλλ' οὐκ ἔχων.

[5] Enn. IV, III, 9. Κεῖται γὰρ ἐν τῇ ψυχῇ ἀν ἐχούσῃ αὐτὸν (κόσμον)

elle l'est par elle-même, sans avoir besoin, pour le développement de son être, de sortir de son essence et de se répandre dans un corps [1].

Pour pouvoir comprendre dans toute son étendue l'œuvre de la création du monde, il faut remonter au principe éternel de cette œuvre, à l'Ame, et de là embrasser dans sa totalité l'immense série des êtres créés [2]. Représentons-nous donc tout d'abord l'Ame assise au sommet du monde sensible, produisant et formant dans le temps et dans le lieu, sans y descendre elle-même, produisant et formant dans un ordre hiérarchique, les corps célestes d'abord, puis les corps des animaux, puis les corps des plantes, puis les corps plus grossiers, et arrivant, par un dernier effort de sa puissance affaiblie, à la plus épaisse matière, comme la lumière dans ses dernières lueurs se perd dans l'ombre [3]. Cette œuvre immense, l'Ame l'accomplit sans effort et sans aucune opération qui suppose intention, examen et délibération [4], comme les œuvres de l'art. Or, l'art est inférieur à la Nature et à l'Ame ; il en reproduit les œuvres par des imitations obscures et faibles, opérant toujours avec un grand appareil de machines [5], et quelque

καὶ οὐδὲν ἄμοιρόν ἐστιν αὐτῆς, ὡς ἂν ἐν ὕδασι δίκτυον τεγγόμενον ζώη, οὐ δυνάμενον δὲ αὐτοῦ ποιεῖσθαι ἐν ᾧ ἐστιν.

[1] Enn. IV, III, 9.

[2] Enn. IV, III, 10.

[3] Enn. IV, III, 10. Ὡς πυρὸς ἔσχατα εἰς ὕστερον, τοῦ πρώτου ἐκ τοῦ ἐσχάτου νοουμένου πυρὸς σκιᾶς.

[4] Enn. IV, III, 10. Ἡ δὲ ποιεῖ οὐκ ἐπακτῷ γνώμῃ, οὐδὲ βουλὴν ἢ σκέψιν ἀναμείνασα.

[5] Enn IV, III, 10.— III, VIII, 1. Δεῖ δὲ καὶ τὸ μοχλεύειν ἀφελεῖν ἐκ τῆς φυσικῆς ποιήσεως.

instrument qu'il emploie, il trouve la matière rebelle à sa direction et se refusant à revêtir la forme que la raison de l'artiste a voulu lui donner. C'est que la matière à laquelle l'artiste s'attaque, tantôt fait obstacle et tantôt fait défaut, et que sur ce théâtre, souvent trop étroit, l'art étouffe ou languit. Mais l'Ame, par la seule puissance de son essence, domine son sujet et l'amène à la forme qu'elle veut, sans qu'il puisse opposer la moindre résistance à sa volonté [1]. Les anciens croyaient faire descendre les Dieux au milieu d'eux, en fabricant des statues. Il y avait là une pensée profonde ; car l'Ame est un Dieu dont la fonction propre est de créer des formes, en vertu des raisons cachées dans les profondeurs de son essence. La statue est donc l'image de l'Ame, en tant que forme, et la vraie représentation d'un Dieu [2].

Ainsi au sommet et au centre du monde intelligible, brille l'Intelligence, soleil divin qui éclaire tous les êtres, type de la Raison. Immédiatement au-dessous se tient l'Ame immobile, comme l'Intelligence à laquelle elle est suspendue, assise sur la limite du monde intelligible, véritable médiateur entre les deux mondes, qui transmet les idées à la Nature, et qui rattache la Nature aux idées, par l'intermédiaire des raisons séminales. Reste une dernière difficulté : comment le sujet matériel participe-t-il de l'idée? Le rapport du monde sensible au monde intelligible ne

---

[1] Enn. IV, III, 10. Ἡ δὲ οὐσίας δυνάμει κυρία σωμάτων, εἰς τὸ γενέσθαι τε καὶ οὕτως ἔχειν, ὡς αὐτὴ ἄγει, οὐ δυναμένων τῶν ἐξ ἀρχῆς ἐναντιοῦσθαι τῇ αὐτῆς βουλήσει.

[2] Enn. IV, III, 11.

ressemble en rien au rapport des choses sensibles entre elles, lequel, tout intime qu'il est [1], implique toujours distinction, séparation de lieu, et par suite impossibilité de participation. C'est même parce que nous nous laissons abuser par une grossière analogie que nous comprenons difficilement et mal le rapport de l'être intelligible à l'être sensible, de l'idée à la matière. D'abord l'idée ne descend pas elle-même dans la matière [2]. Supérieure au lieu comme au temps, en sa qualité d'être intelligible, l'idée reste dans la sphère intelligible, et de là, sans effort et sans mouvement, illumine l'âme [3], laquelle transmet le rayon intelligible, non plus sous forme d'idée, mais sous forme de raison, au sujet matériel le plus voisin. C'est donc la raison séminale seule, et non l'idée elle-même, qui habite la matière. Dans l'œuvre de la formation des êtres, cette raison n'agit pas sur la matière comme la conception de l'artiste, c'est-à-dire extérieurement ; elle agit intérieurement, et, par une action sourde et irrésistible, elle amène la matière à la forme [4]. La participation du monde sensible au monde intelligible n'est donc point immédiate ; elle se fait par un principe intermédiaire, qui est l'âme et la raison. Mais comment l'intelligible est-il présent au sensible, l'intelligence et l'âme à la matière ? La nature peut

---

[1] Enn. VI, v, 7, 8.

[2] Enn. VI, v, 8. Εὔλογον γὰρ καὶ ἀναγκαῖον οἶμαι, μὴ κειμένων τῶν εἰδῶν χωρίς, καὶ αὖ τῆς ὕλης πόρρωθεν, ἄνωθέν ποθεν τὴν ἔλλαμψιν εἰς αὐτὴν γεγονέναι.

[3] Enn. VI, v, 8. Οὐ τῆς ἰδέας διὰ πάσης (ὕλης) διεξελθούσης καὶ πιδραμούσης, ἀλλ' ἐν αὐτῇ μενούσης.

[4] Enn. IV, iv, 14.

nous en donner une idée[1]. La vie sensible circule dans le corps, sans qu'on puisse la fixer ni la circonscrire dans une partie ; elle reste simple, une, infinie, dans un corps multiple, composé, fini. Or, l'être intelligible aussi est une vie, mais parfaitement pure, dont la vie sensible n'est que l'image.

Il ne faut pas oublier que, dans la pensée de Plotin, créer, former et faire vivre ne sont des actes distincts que dans l'ordre logique, et qu'en réalité ces diverses fonctions se confondent dans un acte chronologiquement simple et indivisible. Mais Plotin n'en tient pas moins à cette distinction ; il y tient tellement qu'il la transporte jusque dans la nature de l'Ame. Ainsi, il distingue le Démiurge et l'Ame du monde, attribuant à celle-ci la fonction de vivifier le monde, et à celui-là la fonction de le former et de l'ordonner[2]. Il est bien clair qu'il n'entend réellement point reconnaître par là deux Ames substantiellement distinctes ; c'est toujours la même Ame[3], soit qu'elle reste dans le monde intelligible pour y contempler les idées, soit qu'elle se développe extérieurement et se répande dans le monde sensible, soit que, dans ce monde, son action consiste à vivifier, à former, à conserver, ou à gouverner ; c'est toujours la même Ame, mais avec des fonctions différentes, qu'il faut bien distinguer, si on veut s'expliquer complétement l'œuvre de la création. Bien que Plotin n'exprime nulle part d'une manière formelle la priorité logique de l'acte de la formation

---

[1] Enn. VI, v, 12.
[2] Enn. IV, iv, 10. Ἀλλ' ἐπεὶ τὸ κοσμοῦν διττὸν, τὸ μὲν ὡς τὸν δημιουργὸν λέγομεν, τὸ δὲ ὡς τὴν τοῦ παντὸς ψυχήν.
[3] Enn. IV. iv, 10. Μία γὰρ ψυχὴ καὶ ἓν ἔργον.

sur l'acte par lequel l'Ame meut et fait vivre le monde, cette priorité ressort clairement de sa doctrine sur le Démiurge et l'Ame du monde. Le Démiurge, en effet, forme le monde, sans sortir du monde intelligible qu'il habite toujours ; l'Ame du monde se répand dans la nature entière [1]. Il suit de là, que non seulement elle est inférieure au Démiurge, mais qu'elle le présuppose, et que, logiquement parlant, l'Ame forme le monde, avant de le faire vivre.

On vient de voir comment l'âme produit et forme ; il faut la suivre dans sa nouvelle fonction de puissance motrice et vivifiante. L'Ame communique le mouvement et la vie à la matière, tout en restant immobile et inaltérable. Ce n'est pas de sa propre substance et de la matière qu'elle forme les êtres vivants et les corps ; elle ne mêle rien d'elle-même à la matière ; elle anime les êtres, comme le soleil illumine les corps, sans passer dans les choses qu'elle fait vivre. Il suffit qu'elle projette son image dans les corps, qui la reflètent comme autant de miroirs [2]. Ce serait se faire une fausse idée du rapport de la puissance et de l'essence relativement à l'Ame, que de le comparer au rapport de l'image et de l'exemplaire [3]. L'image n'est pas l'acte pur et simple de l'exemplaire dans le monde sensible ; elle suppose, en outre, une puissance créatrice et une matière. Quand donc l'exemplaire a disparu, il reste encore

---

[1] Enn. IV, ɪv, 10.

[2] Enn. I, ɪ, 8. Ἐπεὶ καὶ τῷ παντὶ ὅλῳ οὖσα μία, ἢ ὅτι φαντάζεται τοῖς σώμασι παρεῖναι, ἐλλάμπουσα εἰς αὐτὰ, καὶ ζῶα ποιοῦσα, οὐκ ἐξ αὐτῆς καὶ σώματος, ἀλλὰ μένουσα μὲν αὐτῇ, εἴδωλα δὲ αὐτῆς διδοῦσα, ὥσπερ πρόσωπον ἐν πολλοῖς κατόπτροις.

[3] Enn. VI, ɪv, 9, 10.

tantôt la matière seule, tantôt l'acte de l'artiste et la matière [1]. Mais la puissance de l'Ame pour produire n'a besoin de rien autre chose que de l'essence ; elle est l'acte de l'essence, et, sous ce rapport, elle en est l'image, mais une image dont l'exemplaire produit à la fois comme type et comme puissance [2]. L'acte, la puissance et l'essence se confondent donc dans l'Ame, eu sorte que partout où se montre l'action de l'Ame, se révèle aussi son essence. Pour comprendre cette ubiquité de l'Ame, en essence aussi bien qu'en puissance, il faut s'élever au-dessus du monde matériel [3]. Un corps ne pénètre pas réellement un autre corps ; toute combinaison, toute union, toute fusion entre objets sensibles, n'est qu'une juxtaposition [4]. Mais l'âme pénètre le corps dans ses plus petites parties, sans rien perdre de son unité et de sa simplicité [5]. L'intelligence pénètre l'âme plus facilement encore. Il est vrai que l'être qu'elle pénètre est intelligible comme elle. La sensation, en nous attestant l'unité de l'être sentant dans la variété des organes sensitifs, peut nous faire comprendre comment la vie universelle pénètre dans toutes les parties du monde, sans cesser d'être une et indivisible [6].

Ainsi l'Ame est présente partout dans le monde, en essence aussi bien qu'en puissance ; elle le pénètre dans toutes ses parties, sans se fractionner ; sans s'é-

[1] Enn. VI, iv, 9, 10.
[2] Enn. VI, iv, 10.
[3] Enn. VI, iv, 11.
[4] Enn. VI, iv, 11.
[5] Enn. VI, iv, 11.
[6] Enn. VI, iv, 12.

tendre, elle l'embrasse et l'enveloppe dans sa totalité : elle est dans le monde, comme l'unité dans les nombres, comme le centre dans la circonférence, comme la lumière dans les objets, comme le son dans l'espace [1]. L'unité se retrouve dans chaque nombre, et pourtant elle ne se partage pas ; le centre répond à tous les points de la circonférence, sans se développer ni s'étendre ; le son traverse l'espace sans se diviser ; la lumière éclaire les objets les plus divers et les lieux les plus distants, sans se briser en fragments. De même l'Ame est, par rapport à l'Univers, comme un centre lumineux rayonnant dans une immense sphère qui l'enveloppe de toutes parts. « Toute âme doit penser, s'écrie Plotin, que c'est l'Ame qui a créé tous les êtres sensibles [2] ; car c'est elle qui a répandu partout la vie sur la terre, dans la mer, dans l'air et dans le ciel ; c'est elle qui a formé le soleil et tout le système des astres, et qui le gouverne avec une sagesse admirable, et tout cela sans abaisser son auguste nature, ni se mêler aux êtres auxquels elle communique la forme, le mouvement et la vie, et sans jamais cesser d'être elle-même, c'est-à-dire toujours essence et vie éternelle, tandis que tout le reste naît ou meurt, selon qu'elle donne ou ôte l'être et la vie. Mais comment la vie se répand-elle à la fois dans le tout et dans chaque être en particulier? Toute âme qui a quelque noblesse et qui est digne de contempler les choses d'en haut, si elle s'est affranchie de l'erreur et s'est dérobée aux objets qui fascinaient les regards des

---

[1] Enn. VI, iv, 9, 10, 11, 12.
[2] Enn. V, i, 2.

âmes vulgaires, se représente la grande Ame du monde rentrant dans le repos, et le monde agité et tumultueux retombant tout-à-coup dans le silence et l'immobilité. Alors qu'elle contemple l'Ame débordant de toutes parts dans cette masse immobile, la vivifiant, l'illuminant et l'ornant, comme les rayons du soleil éclairent et dorent les épaisses ténèbres, et relevant ce grand cadavre de la matière, pour lui souffler une vie immortelle. Tout a changé : le ciel, éternellement mû par l'action de l'âme intelligente, est devenu un être plein de vie et de félicité ; et la présence de l'Ame a fait un tout plein de vie et de beauté de ce qui n'était auparavant qu'une masse inerte, abîme ténébreux de la matière et du non-être, objet d'horreur pour le Dieu, comme dit le poëte. Mais la puissance et la nature de l'Ame se révèle encore avec plus d'éclat dans le gouvernement du monde. L'Ame se communique à toutes les parties de cet immense corps, en sorte que tout être grand ou petit y est animé, et que chaque corps a son âme propre. Quant à la grande Ame, elle ne se divise pas pour pénétrer dans chaque individu ; elle vivifie tout en même temps, et, en restant toujours une, entière, indivisible, semblable en cela à son principe, l'Intelligence, elle maintient dans les liens de l'harmonie et de l'unité ce monde d'une grandeur et d'une variété infinie. C'est l'Ame qui fait que le monde est un Dieu, que le soleil et les astres sont des Dieux. Et nous, que serions-nous sans l'Ame ? Si nous sommes quelque chose, c'est par elle. Et un cadavre n'est-il pas plus vil que le vil fumier ? Mais puisque c'est l'Ame qui des êtres fait des Dieux, il faut qu'elle soit elle-même un Dieu, mais plus auguste. Or, notre âme est faite à l'image de l'Ame universelle. Et si vous la considérez dans toute la pureté de son essence, vous la trouverez semblable à la grande Ame et supérieure à tout ce qui est corps. Sans l'âme, tout corps se réduit à la terre ; et on aura beau y ajouter le feu, l'air ou l'eau, que sera-ce encore ? »

L'Ame universelle produit donc, forme et vivifie le monde. Mais en vertu de sa nature, elle ne peut opérer qu'universellement, et tout ce qu'elle engendre, matière, forme, vie, porte le caractère d'universalité. C'est le Tout qu'elle produit, forme et fait vivre [1]. Mais que deviennent les parties, et quelle puissance leur donne le corps, la forme et la vie? Il faut nous rappeler que l'Ame est comme l'Intelligence, une et multiple, et qu'en elle coexistent distinctement les âmes individuelles, comme les idées coexistent dans l'Intelligence. Or, tout de même que l'Ame universelle tend irrésistiblement, en vertu de sa puissance interne, à sortir de son essence et à se répandre au dehors, pour porter dans tous les corps la forme, la vie universelle, de même chaque âme, étant de même nature que l'Ame universelle, tend à sortir aussi de son essence et à se répandre dans un corps, pour y produire une forme et une vie qui lui soient propres ; de là ce qu'on nomme la descente des âmes.

Pourquoi l'âme individuelle se sépare-t-elle de l'Ame universelle, avec laquelle elle était primitivement et essentiellement confondue? C'est là un point difficile et sur lequel les plus grands philosophes ont hésité. Pythagore, Héraclite, Empédocle, Platon,

---

[1] Enn. IV, III, 10.

ont émis des opinions fort diverses sur la descente des âmes dans un corps. On trouve dans Platon deux doctrines différentes, l'une qui consiste à dire que la descente de l'âme est une chute, et que le corps est pour elle un tombeau; l'autre (exposée dans le Timée), que Dieu, après avoir créé les âmes, les a lancées dans le monde, pour y répandre la forme et la vie [1]. Il ne faut pas s'étonner de la descente de l'âme dans un corps, ni gémir des misères qui l'attendent dans sa nouvelle condition [2]. Cette chute des âmes est une nécessité de leur nature et non point un accident. Toute âme individuelle existait primitivement et en essence dans l'Ame universelle, mais sans se confondre avec elle; elle y conservait son caractère propre et personnel. Or, par cela même qu'elle s'en distinguait, elle devait tendre, et a tendu en effet, à s'en séparer et à se développer d'une manière indépendante. C'est dans ce mouvement d'expansion libre qu'elle s'est éloignée indéfiniment de l'Ame du monde, qu'elle a rencontré le principe opposé à l'âme, la matière, et qu'elle s'y est établie, après l'avoir formée [3]. Cette rencontre est un effet naturel de la puissance de développement inhérente à l'essence de l'âme. L'âme individuelle étant, de même que l'Ame universelle, un principe fécond, tend à se développer extérieurement et à produire; mais comme elle est distincte de l'Ame du monde,

---

[1] Enn. IV, viii, 1, 2, 3.
[2] Enn. IV, viii, 1, 2, 3.
[3] Enn. IV, viii, 4. Ὅταν δὴ τοῦτο διὰ χρόνον ποιῇ, φεύγουσα τὸ πᾶν, καὶ τῇ διακρίσει ἀποσᾶσα καὶ μὴ πρὸς τὸ νοητὸν βλέπῃ, μέρος γινομένη, μονοῦται τε καὶ ἀσθενεῖ, καὶ πολυπραγμονεῖ.

cette distinction, déjà réelle au principe, se marque davantage et devient une vraie séparation dans le développement[1]. En cela, les âmes ne font que suivre la loi commune. Tout principe fécond tend invinciblement à se développer. C'est une nécessité à laquelle obéissent l'Ame universelle, l'Intelligence et l'Un lui-même. Écoutons Plotin raconter poétiquement la descente des âmes. « Les âmes des hommes, ayant vu les images dans le monde sensible, comme dans le miroir de Bacchus, s'élancent d'en haut sur la terre, sans se séparer toutefois en essence de l'Ame et de l'Intelligence. L'Intelligence qui les domine ne descend point avec elles; en sorte que, tandis qu'elles plongent jusque dans les abîmes de la matière, leur tête se tient au-dessus du ciel. Elles descendent d'autant plus avant, que le sujet matériel sur lequel elles ont à veiller a plus besoin de leur action et de leurs soins. Mais Jupiter, le père des âmes, prenant pitié de leurs peines, a fait leurs liens mortels ; il leur accorde un repos à de certains intervalles, les délivrant du corps, afin qu'elles puissent revenir habiter l'Ame universelle, et partager sa vie bienheureuse et pure de tout souci des choses d'ici-bas. Et, en effet, le monde sur lequel l'Ame a pour fonction de veiller se suffit à lui-même, puisqu'il est éternel et immuable dans sa forme et dans son mou-

---

[1] Enn. IV, viii, 6 Εἴπερ οὖν δεῖ μὴ ἓν μόνον εἶναι, ἐχέχρυπτο γὰρ ἂν πάντα, μορφὴν ἐν ἐκείνῳ οὐκ ἔχοντα, οὐδ' ἂν ὑπῆρχέ τι τῶν ὄντων, ϛάντος ἐν αὐτῷ ἐκείνου, οὐδ' ἂν τὸ πλῆθος ἦν αὐτῶν ὄντων τούτων τῶν ἀπὸ τοῦ ἑνὸς γεννηθέντων, μὴ τῶν μετ' αὐτὰ τὴν πρόοδον λαβόντων, ἃ ψυχῶν εἴληχε τάξιν. Τὸν αὐτὸν τρόπον οὐδὲ ψυχὰς ἔδει μόνον εἶναι μὴ τῶν δι' αὐτὰς γενομένων φανέντων, εἴπερ ἑκάϛῃ φύσει τοῦτο ἔνεϛι, τὸ μετ' αὐτὴν ποιεῖν, καὶ ἐξελίττεσθαι, οἷον σπέρματος.

vement. Ainsi, tout dans le monde étant soumis à une commune mesure par une raison unique, les mouvements des âmes, soit qu'elles descendent, soit qu'elles remontent, rentrent dans l'ordre universel. Ce qui le prouve, c'est la symétrie parfaite qui existe entre les mouvements des âmes et les autres mouvements de la vie universelle : ainsi les actions, les fortunes, les destinées, trouvent toujours leurs signes dans les figures et les mouvements des astres ; admirable accord que les anciens avaient observé et qu'ils exprimaient par la musique. Or, il n'en pourrait être ainsi, si toute passion et toute action du Tout n'étaient réglées par des raisons immuables qui gouvernent les mouvements des âmes dans le ciel, au-dessus du ciel et au-dessous. Et d'où vient cet ordre merveilleux ? L'Intelligence reste au-dessus du ciel, et de là, sans sortir de son repos, elle rayonne dans le monde sensible par l'intermédiaire de l'âme qui reçoit l'impression de l'idée et la transmet à tout ce qui la suit. »

Puisque tous les mouvements des âmes rentrent dans l'ordre universel, il s'ensuit que leur descente sur la terre et le choix du corps qu'elles doivent habiter sont réglés d'avance et irrévocablement. A chaque âme son heure ; quand cette heure sonne, les âmes s'élancent et pénètrent dans les corps préparés d'avance à les recevoir, agissant dans ce mouvement comme si elles obéissaient aux forces et aux tractions dont la magie fait usage, et répandant partout la vie dans un temps déterminé [1]. La descente des âmes dans les corps est donc fatale ; mais elle est en même temps

---

[1] Enn. IV, III, 13. Καὶ ἄλλος ἄλλῃ χρόνος, οὗ παραγινομένου, οἷον

libre et spontanée. Car, bien qu'elle n'ait été ni choisie ni consentie par les âmes, elle est libre, en ce que nulle cause extérieure ne vient la déterminer, et qu'elle n'obéit qu'à une impulsion intérieure et naturelle qui est, il est vrai, irrésistible [1]. Qu'y a-t-il de plus nécessaire que la vie de l'Intelligence et que l'acte par lequel elle rayonne vers l'Ame? Et pourtant l'Intelligence est le type suprême de la liberté [2].

Mais la descente des âmes n'explique pas complétement leur contact avec le corps. Pendant que l'âme descend vers la matière, celle-ci, de son côté, sort de l'abîme où elle était cachée, et où l'âme ne peut descendre, pour s'élever vers le principe dont elle attend la forme et la vie. Or, pour que la matière, incapable de mouvement par elle-même, aspire vers l'âme et s'en rapproche, il faut que déjà elle en ait de loin senti le souffle et contracté l'empreinte. Alors, de pure matière, elle devient corps et s'élève vers l'âme, qui, entraînée de son côté vers elle, par un mouvement irrésistible, la rencontre, l'occupe, et lui communique la forme et la vie [3]. Mais d'où vient cette première transformation de la matière pure? De l'Ame, principe

κήρυκος καλοῦντος, κατίασι, καὶ εἰσέδυ εἰς τὸ πρόσφορον σῶμα, ὡς εἰκάσαι τὰ γιγνόμενα οἷον δυνάμεσι μάγων, καὶ ὁλκαῖς τισιν ἰσχυροῖς, κινεῖσθαί τε καὶ φέρεσθαι.

[1] Enn. IV, III, 13. Ἴασι δὲ οὔτε ἑκοῦσαι, οὔτε πεμφυεῖσαι, οὔτε τὸ ἑκούσιον τοιοῦτον, ὡς προελέσθαι, ἀλλὰ ὡς τὸ πηδᾶν κατὰ φύσιν, ἢ πρὸς γάμων φυσικὰς προθεσμίας, ἢ ὡς πρὸς πράξεις τινὲς καλῶν, οὐ λογισμῷ κινούμενοι.

[2] Enn. IV, III, 13.

[3] Enn. IV, III, 15. Ἴασι δὲ ἐκκύψασαι τοῦ νοητοῦ, εἰς οὐρανὸν μὲν πρῶτον· καὶ σῶμα ἐκεῖ προσλαβοῦσαι, δι' αὐτοῦ ἤδη χωροῦσι καὶ ἐπὶ τὰ γεωδέςερα σώματα, εἰς ὅσον ἂν εἰς μῆκος ἐκταθῶσι.

unique de toute forme et de toute vie. C'est l'Ame universelle qui, avant la descente de l'âme particulière dans la matière qu'elle doit habiter, illumine tout de ses rayons et pénètre jusque dans les plus obscures profondeurs de la masse matérielle. Dès lors cette masse commence à se mouvoir et à se former en corps, qui s'élèvent d'autant plus haut qu'ils ont ressenti de plus près l'influence des raisons de l'Ame.

Voilà comment l'Ame répand dans le monde la forme et la vie. Par elle-même elle forme et fait vivre le Tout ; par les âmes individuelles qui s'échappent de son sein, elle forme et fait vivre chaque partie dans le Tout. Le monde n'est donc pas seulement l'œuvre de l'Intelligence et de l'Ame ; chaque Dieu et chaque âme y a travaillé. La fable de Pandore, créée par Prométhée et dotée d'un présent par chacun des autres Dieux, par Vénus de la beauté, par Mercure de l'intelligence, est le symbole de la création du monde [1]. Le morceau d'argile formé par Prométhée, que chaque Dieu et chaque Déesse enrichit à son tour et qui fait l'admiration de tout l'Olympe, c'est la matière primitive qui, recevant de l'Ame divine ou Providence la forme et la vie universelles, et de chaque être du monde intelligible, idée ou âme, une forme et une vie particulières, devient le tout harmonieux et complet qu'on appelle le monde (κόσμον) [2].

Plotin vient d'expliquer comment et pourquoi les âmes descendent dans le monde sensible. Il va dire maintenant dans quel ordre elles y descendent, et si

---

[1] Enn. IV, III, 14.
[2] Enn. IV, III, 14.

toutes s'arrêtent dans les mêmes lieux. Toutes les âmes, quittant le monde intelligible, vont d'abord dans le ciel, et y prennent un corps à travers lequel passent celles qui descendent plus bas que le ciel[1]. Les autres s'y arrêtent et s'y fixent irrévocablement. Parmi celles qui descendent jusque dans la région terrestre, il y en a qui demeurent à la surface de la matière, prêtes à remonter vers le ciel et vers le monde intelligible ; il y en a d'autres qui s'enfoncent dans les profondeurs de la matière, et dont les ailes, appesanties par les épaisses vapeurs qui s'exhalent de ce séjour, ne peuvent plus les porter au séjour divin [2]. Alors se manifestent les différences entre les âmes, soit qu'elles viennent des corps, ou des destinées diverses, ou du genre de vie, ou enfin de la nature primitive des âmes [3]. Les unes vivent à la merci du destin, les autres y succombent; d'autres vivent par elles-mêmes, libres du destin : mais toutes sont également soumises à l'ordre universel. Car tout rentre dans cet ordre qui dérive d'une cause et d'une raison unique, et qui est la même pour tous les êtres. Il n'y a point dans l'univers une série d'êtres qui obéisse à l'ordre, et une autre série qui reste abandonnée au hasard et au caprice : seulement il faut toujours considérer l'ordre et le bien, non par rapport aux individus, mais par rapport au tout [4].

[1] Enn. IV, III, 15.

[2] Enn. IV, III, 15. Καὶ αἱ μὲν ἀπ' οὐρανοῦ εἰς σώματα τὰ κατωτέρω, αἱ δὲ ἀπ' ἄλλων εἰς ἄλλα εἰσκρινόμεναι · αἷς ἡ δύναμις οὐκ ἤρκεσεν ἆραι ἐντεῦθεν διὰ βάρυνσιν καὶ λήθην, πολὺ ἐφελκομέναις ὃ αὐταῖς ἐβαρύνθη.

[3] Enn. IV, III, 15. Γίγνονται δὲ διάφοροι, ἢ σωμάτων εἰς ἃ ἐνεκρίθησαν παραλλαγαῖς, ἢ καὶ τύχαις, ἢ καὶ τροφαῖς.

[4] Enn. IV, III, 16. Οὐ γὰρ τὰ μὲν δεῖ νομίζειν συντετάχθαι, τὰ δὲ

Mais quelle raison a-t-on de croire que les âmes vont d'abord du monde intelligible dans le ciel? Si le ciel est le meilleur lieu du monde sensible (et qui pourrait en douter?), il doit être le plus voisin du monde intelligible. Les corps célestes sont donc les premiers qui doivent recevoir les âmes, étant les plus propres à les recevoir. Le corps terrestre n'est constitué que pour recevoir une âme inférieure, par cela même qu'il est plus éloigné de la nature incorporelle du monde intelligible [1]. Toutes les âmes illuminent d'abord le ciel : il y en a qui s'y fixent irrévocablement ; les autres, tout en y laissant leurs plus purs rayons, passent dans les corps sublunaires qu'elles éclairent de leur lumière affaiblie, et vont ainsi jusqu'aux derniers êtres, sur lesquels elles répandent les dernières clartés d'une lumière qui s'éteint [2]. Ainsi, qu'on s'imagine un centre, autour de ce centre un cercle lumineux qui s'en échappe par le rayonnement, et autour de ce cercle un autre cercle lumineux aussi, mais empruntant sa lumière du cercle qui lui sert de centre ; ensuite au-delà et en dehors de ce centre, de ce cercle intérieur et de ce cercle extérieur, un autre cercle, non plus lumineux, mais seulement illuminé par une lumière étrangère. Qu'on se représente ce cercle comme un rhombe ou une sphère qui reçoit la lumière du troisième cercle, et qui la reçoit d'autant plus vive et abondante qu'elle

κεχαλάσθαι εἰς τὸ αὐτεξούσιον. Εἰ γὰρ κατ' αἰτίας γίγνεσθαι δεῖ καὶ φυσικὰς ἀκολουθίας, καὶ κατὰ λόγον ἕνα καὶ τάξιν μίαν, καὶ τὰ σμικρότερα δεῖ συντετάχθαι καὶ συνυφάνθαι νομίζειν.

[1] Enn. IV, III, 17.
[2] Enn. IV, III, 17.

en est plus proche ; voilà l'image de l'Ame [1]. Comme une grande lumière, elle rayonne de toutes parts, sans sortir de son repos et selon une loi immuable [2]. Quant aux âmes particulières, elles rayonnent chacune dans la sphère étroite du sujet matériel qu'elles ont pour fonction d'animer et de faire vivre, et le gouvernent avec peine et fatigue. De même que le pilote dirige sonn avire sur les flots agités, et, dans l'effort de son travail, s'oublie au point de ne pas voir qu'il s'expose à être confondu dans le naufrage ; de même les âmes sont enchaînées à la destinée des corps qu'elles gouvernent [3]. Si chaque corps était parfait comme le Tout, l'âme qui l'occupe pourrait le former et le gouverner comme fait l'Ame universelle, sans quitter les hauteurs du monde intelligible ; c'est ainsi que, dans le ciel, les âmes veillent sur les corps qu'elles habitent.

Il y a diverses opinions sur la nature des corps célestes. Platon, d'après la doctrine d'Héraclite, pense que ces corps sont soumis comme les autres au flux universel [4]. Aristote, ayant imaginé un cinquième élément, admet l'immutabilité des astres ; et c'est en effet l'opinion la plus raisonnable. Seulement, si on

---

[1] Enn. IV, III, 17. Ἔστι γάρ τι οἷον κέντρον, ἐπὶ δὲ τούτῳ κύκλος ἀπ' αὐτοῦ ἐκλάμπων, ἐπὶ δὲ τούτοις ἄλλος, φῶς ἐκ φωτός·

[2] Enn. IV, III, 17.

[3] Enn. IV, III, 17. Εἶτα δεομένων τῶν ἐλλαμπομένων πλείονος φροντίδος, ὥσπερ χειμαζομένων πλοίων κυβερνῆται ἐναπερείδονται, πρὸς τὸ πλέον τῇ τῶν νεῶν φροντίδι, καὶ ἀμελήσαντες αὐτῶν, ἔλαθον ὡς κινδυνεύειν συνεπισπασθῆναι πολλάκις τῷ τῶν νεῶν ναυαγίῳ, ἔρρεψάν τε πλέον καὶ αὐταὶ καὶ τοῖς ἑαυτῶν· ἔπειτα δὲ κατεσχέθησαν, πεδηθεῖσαι γοητείας δεσμοῖς, σχεθεῖσαι φύσεως κηδεμονίᾳ.

[4] Enn. II, I, 2.

suppose que les corps célestes ne changent pas, il faut savoir si c'est par l'âme ou par le corps que l'être céleste est immuable, tout être céleste étant composé. Si c'est par le corps, il n'est plus besoin de l'âme pour expliquer cette propriété des corps célestes ; il suffit d'admettre l'incorruptibilité des corps en soi. Si c'est par l'âme, il reste à expliquer comment la nature corporelle se prête à cette immutabilité [1]. Or il est évident que ce n'est pas par l'âme que l'être céleste peut changer, la nature de l'âme répugnant essentiellement au changement ; ce ne pourrait donc être que par le corps. Mais tout corps dans le ciel est un feu pur et subtil qui ne peut ni monter ni descendre ; il ne peut monter, puisqu'il est au plus haut point possible, à moins de franchir la limite qui le sépare du monde intelligible ; il ne peut descendre, parce que la loi d'un corps aussi léger est de toujours s'élever, et que, d'ailleurs, l'âme qui l'entoure et le contient préviendrait sa chute [2].

Le ciel, ne pouvant changer ni par l'âme ni par le corps, est donc immuable ; aucun être dans son sein ne vient à naître ni à périr. L'Ame le garde et l'enchaîne dans ses liens puissants. Le feu du ciel est calme et immobile, parce qu'il n'a besoin d'aucun corps étranger pour vivre et agir [3] ; le feu terrestre est inquiet et turbulent, dévorant les aliments qu'on lui jette avec une insatiable avidité. Mais pourquoi les êtres célestes sont-ils immuables, tandis que les corps sublunaires changent? Platon en a donné la raison. Les êtres cé-

---

[1] Enn. II, 1, 2.
[2] Enn. II, 1, 2.
[3] Enn. II, 1, 5.

lestes sont formés par Dieu lui-même, tandis que les êtres sublunaires sont formés par les Dieux, ministres du Dieu suprême. Les corps célestes sont-ils uniquement composés de feu? Platon regarde le feu comme nécessaire aux corps, qui, sans cet élément, ne seraient pas visibles, comme sans la terre, ils ne seraient pas tangibles [1]. Platon veut parler de la lumière; c'est elle, et non le feu, qui est la condition de la visibilité. Tout comme il est à croire qu'il n'y a point de feu dans les corps terrestres, il est vraisemblable que les corps célestes ne contiennent point de terre, car ils ne forment point une masse solide et à trois dimensions. D'ailleurs, dans cette hypothèse, on ne pourrait expliquer la rapidité des mouvements du ciel [2].

Le ciel est un tout parfait qui se suffit à lui-même; rien n'y entre, rien n'en sort [3] : aussi Platon le représente-t-il sans organes. Le mouvement du ciel est circulaire, parce que ce mouvement est le plus parfait symbole de l'action de l'Ame. Il est supérieur à tous les autres mouvements en unité, en universalité, en indépendance [4] ; il est propre à l'universel; c'est parce que l'Ame est universelle, qu'elle le possède. Dans les corps célestes, rien ne fait obstacle au mouvement circulaire ; dans les corps terrestres, il est contrarié par un mouvement d'un autre genre, qui a pour cause la nature grossière des corps [5]. Mais il n'en est pas

[1] Enn. II, I, 6.
[2] Enn. II, I, 6.
[3] Enn. II, I, 8.
[4] Enn. II, II, 4.
[5] Enn. II, II, 2.

moins inhérent à l'essence de l'Ame. L'Ame gravite autour de l'Intelligence, comme l'Intelligence gravite autour du Bien [1]. Le ciel est donc éternel, immuable, souverainement heureux, non seulement dans son ensemble, mais encore dans chacun de ses individus.

Il n'en est pas de même du monde sublunaire. Si le tout y est éternel, immuable, impassible, sans organe, se suffisant à soi-même, libre et heureux, l'individu y est passager, mobile, sujet au devenir, ayant besoin d'une cause étrangère pour vivre et se développer, et possédant des organes par lesquels il subit l'action de cette cause. Dans le monde céleste, les corps n'opposent aucun obstacle à l'action et au gouvernement des âmes. Dans le monde sublunaire, tout corps est plus ou moins chargé d'une matière grossière, qui fait qu'il devient rebelle à la direction de l'âme et la condamne à un gouvernement plein de fatigue, de péril et d'agitation. Toutes les âmes qui descendent jusque dans le monde sensible sublunaire subissent cette triste condition, excepté l'Ame universelle. Celle-là produit, forme, conserve, gouverne toute la nature sans obstacle et sans effort. Enfin, il reste à savoir si la terre elle-même est animée. Platon ne s'explique pas clairement sur ce point. Il semble que la terre doive avoir une âme comme les autres planètes. Mais si elle a une âme, elle sent, juge; et cette conséquence n'a rien d'absurde [2]. Car, si les astres ont des sens, pourquoi la terre aussi n'en aurait-elle pas [3] ? Cette hypothèse est

[1] Enn. II, II, 2.
[2] Enn. IV, IV, 22.
[3] Enn. IV, IV, 25.

d'ailleurs conforme à la croyance générale. La religion nous représente les astres comme des Dieux qui nous entendent, nous voient et exaucent nos prières. Il en est de même de la terre, qui est bien nommée Déesse[1]. Ce qui prouve d'ailleurs que la terre a une âme, c'est le développement des pierres vives et des plantes : quand on les détache de la terre, elles meurent ; la terre est donc pour elles un principe de vie. C'est ce que les oracles et les mystères indiquent, en appelant divinités terrestres Cérès et Vesta[2].

Maintenant, ce monde si parfait, comment l'Ame divine le conservera-t-elle ? C'est ce que Plotin regarde comme trop évident pour avoir besoin d'explication. En effet, la création étant immanente et continuelle, créer et conserver se confondent dans un seul et même acte, simple et éternel.

Plotin aborde enfin le problème de la Providence. Une école célèbre, les Gnostiques, avait soulevé de graves difficultés sur l'origine et la nature de la création, ainsi que sur l'importance, la beauté et la perfection de l'œuvre créée. Plotin s'applique à les résoudre. L'Ame divine gouverne le monde, non par la prévoyance, l'intelligence et le raisonnement, mais par la seule vertu de sa présence[3]. Elle ne le forme pas successivement ; elle l'illumine tout entier, et toujours par la lumière qu'elle puise dans la contemplation incessante du principe supérieur. Elle le gouverne comme elle le crée, toujours par illumination. Ce serait se faire une bien fausse idée du monde que de croire qu'il

[1] Enn. IV, iv, 26.
[2] Enn. IV, iv, 27.
[3] Enn. IV, iv, 12.

ait été créé et qu'il soit gouverné par accident. Il y a contingence dans la création et le gouvernement des individus ; mais la création et le gouvernement du monde, en tant que monde, est nécessaire. D'où vient cette nécessité ? de ce que l'Ame est essentiellement productrice, de même que l'Intelligence et le Bien. Tel phénomène de la création commence et finit ; mais la création elle-même n'a ni commencement ni fin. Le monde est l'acte extérieur, le Verbe en quelque sorte de l'Ame, comme l'Ame est le Verbe de l'Intelligence, comme l'Intelligence est le Verbe de Dieu. Il est donc absurde de représenter, avec quelques uns (les Gnostiques), la création des choses sensibles comme une chute de l'Ame qui se serait par hasard brisé les ailes, en tombant du monde intelligible [1]. Si on ajoute que cette chute n'est point un accident, mais le résultat d'une faute, comment alors l'Ame a-t-elle pu faillir ? Serait-ce de toute éternité ou bien après un temps déterminé ? Si c'est de toute éternité, elle doit faillir dans le présent et dans l'avenir comme dans le passé ; si c'est seulement après un temps déterminé, il reste à expliquer pourquoi elle n'a point failli avant ce temps [2]. On suppose que l'Ame a incliné vers la matière, et on explique ainsi l'origine du monde ; mais cela est bien difficile à concevoir dans toute hypothèse : car si l'Ame se souvient des choses d'en haut, comment aussitôt après sa chute n'a-t-elle pas voulu remonter ? et si elle ne s'en souvient pas, comment a-t-elle pu, sans la mémoire des idées, former la matière [3] ?

[1] Enn. II, ix, 4.
[2] Enn. II, ix, 4.
[3] Enn. II, ix, 4.

Il serait d'ailleurs absurde d'assigner à la création du monde toute autre cause que la nécessité même de production inhérente à la nature de l'Ame. Dira-t-on que c'est pour sa gloire qu'elle a créé le monde [1]? C'est prêter à la divinité les sentiments et les desseins des hommes, et assimiler la création à une œuvre d'art qu'un artiste aurait pu ne pas faire, mais qu'il a faite pour acquérir de la gloire. Enfin, si le monde est l'effet d'une chute, l'Ame doit se repentir, et alors pourquoi tarde-t-elle à faire rentrer dans le néant son œuvre de folie et de malheur [2]? Dira-t-on que le repentir a fait place à un sentiment d'indulgence et de pitié pour le fruit de sa faute? Cette hypothèse, qui représente le monde comme l'effet d'une chute de l'Ame, est si absurde qu'on a senti le besoin de la modifier. On a fait une nouvelle hypothèse, d'après laquelle, soit qu'elle l'ait fait de son propre mouvement, soit qu'elle y ait été déterminée par la raison, elle aurait incliné vers les régions inférieures; ce qui a entraîné les autres âmes à descendre [3]. Cette descente est pour elles une véritable chute, vu la triste condition qu'elles ont à subir. Quant à l'Ame divine, on ne dit pas qu'elle ait failli, mais seulement qu'en inclinant vers la terre, elle a fait pénétrer la lumière dans les ténèbres de la matière [4]. De cette première illumination est résultée une première image de l'Ame, laquelle en a produit une autre plus pâle, qui est

---

[1] Enn. II, ix, 4 Γελοῖον γὰρ, τὸ ἵνα τιμῶτο, καὶ μεταφερόντων ἀπὸ τῶν ἀγαλματοποιῶν τῶν ἐνταῦθα.

[2] Enn. II, ix, 4. Εἰ γὰρ μετέγνω, τί ἀναμένει;

[3] Enn. II, ix, 10.

[4] Enn. II, ix, 10.

le monde ; en sorte que ce monde si beau, si parfait, si heureux, ne serait que la copie d'un simulacre de l'Ame divine. Cette hypothèse ne peut se soutenir. D'abord, si l'Ame ne faillit pas, comment peut-on prétendre qu'elle incline vers les régions inférieures[1] ? Ensuite, si c'est en illuminant les ténèbres que l'Ame crée le monde, à quoi bon lui supposer une inclination vers les choses inférieures ? Quand l'Ame illumine, elle le fait sans changer de nature ni de position, sans incliner. En outre, pourquoi l'Ame seule illumine-t-elle, sans que les principes supérieurs fassent de même ? En attribuant l'illumination à l'Ame seule, on n'en montre pas la nécessité[2]. Enfin pourquoi l'Ame ne produit-elle pas immédiatement le monde ? C'est assigner une bien misérable origine au monde que de le dériver d'un simple simulacre, et non de l'exemplaire lui-même[3]. L'hypothèse de l'illumination est raisonnable, mais à la condition d'en faire sortir directement le monde. Autre difficulté. L'Ame, dit-on, incline vers les régions inférieures ; mais quel est le caractère de cette inclination ? Est-elle naturelle ou supra-naturelle ? Dans le premier cas, pourquoi n'en a-t-il pas toujours été ainsi, et pourquoi le monde n'existe-t-il pas de toute éternité ? Dans le second, il faut remonter plus haut que l'Ame, s'élever jusqu'à l'Intelligence, jusqu'au Bien[4].

[1] Enn. II, ix, 11. Εἰ μὴ κατῆλθεν, ἀλλ' ἐνέλαμψε τὸ σκότος, πῶς ἂν ὀρθῶς λέγοιτο νενευκέναι ;
[2] Enn. II, ix, 11.
[3] Enn. II, ix, 11.
[4] Enn. II, ix, 12.

Ces hypothèses et beaucoup d'autres non moins absurdes qu'on met en avant, ont pour origine la nécessité d'expliquer le mal et l'imperfection qui se rencontre dans le monde [1]. Mais d'abord, en admettant ce mal et cette imperfection, faut-il en conclure, comme on l'a fait, que le principe du monde a failli en le créant? Prenons garde d'exiger de ce monde des conditions de perfection qui répugnent à la nature des choses. Parce qu'il n'a pas la perfection du monde intelligible, on le trouve mauvais. Mais il n'est pas dans sa nature d'être parfait comme l'intelligible pur, dont il n'est que l'image, il est vrai, la plus parfaite possible [2]. De là la nécessité de l'imperfection et du mal. Mais où donc est le monde qui offre une plus fidèle image du Bien et de l'Intelligence? Et s'il n'y en a pas un autre plus parfait, comment pouvons-nous voir avec dédain ce qu'il y a de plus grand et de plus beau après l'Ame et l'Intelligence? Dans ce vaste univers, on ne veut voir et estimer que l'homme; on reconnaît qu'au milieu des misères qui l'accablent, il s'élève jusqu'à l'intelligible, et on soutient que, dans le soleil, dans les astres, dans le ciel tout entier, il n'y a rien qui approche de l'intelligible [3]? Comment refuser l'immortalité à une substance céleste, quand on l'accorde à la nature humaine [4]? Comment ce monde, où

---

[1] Enn. II, ix, 4.

[2] Enn. II, ix, 4. Οὐδὲ τὸ κακῶς γεγονέναι τόνδε τὸν κόσμον δοτέον, τῷ πολλὰ εἶναι ἐν αὐτῷ δυσχερῆ· τοῦτο γὰρ ἀξίωμα μεῖζόν ἐςι περιτιθέντων αὐτῷ, εἰ ἀξιοῦσι τὸν αὐτὸν εἶναι τῷ νοητῷ, ἀλλὰ μὴ εἰκόνα ἐκείνου ἢ τίς ἂν ἐγένετο ἄλλη καλλίων εἰκὼν ἐκείνου;

[3] Enn. II, ix, 5.

[4] Enn. II, ix, 5.

règne un ordre admirable, où il est impossible d'observer la plus faible trace d'irrégularité, ne serait-il pas une image de l'intelligible, lorsqu'on accorde cette vertu au monde sublunaire, si plein de tumulte et de désordre, de l'avis même de nos adversaires? On méprise ce monde, et on en imagine un autre, modèle et type de celui-ci, après lequel on soupire. Mais comment peut-on tant désirer ce monde qui n'est que le modèle de celui qu'on méprise [1]?

On suppose que le Démiurge a failli dans la création, sans quoi il ne fût point descendu jusqu'à une œuvre aussi infime et aussi misérable. Combien est grande l'erreur de ceux qui pensent ainsi! L'œuvre est si peu indigne du Démiurge qu'elle en révèle l'existence et en manifeste la divine nature [2]; car l'ordre, la beauté, la puissance, la vie, sont partout, dans le ciel, sur la terre, dans le ciel surtout, vrai séjour des Dieux, habité par des âmes libres et pures. Et ces astres qui effraient les âmes pusillanimes et troublent les intelligences faibles, ne sont-ils pas des êtres supérieurs en âme et en corps à tout ce qui est ici-bas, gouvernant le monde terrestre avec sagesse, annonçant le mal, mais ne l'engendrant jamais [3]. Et le monde sublunaire lui-même, tel qu'il est, n'est-il pas encore plein d'ordre, de beauté et de vie, malgré les imperfections et les misères qu'y engendre le contact de la matière? C'est une habitude d'une certaine

---

[1] Enn. II, ix, 5.

[2] Enn. II, ix, 8. Ἐπεὶ οὐδὲ τοῦ παντὸς τὴν διοίκησιν ὀρθῶς ἄν τις μέμψαιτο· πρῶτον μὲν ἐνδεικνυμένην τῆς νοητῆς φύσεως τὸ μέγεθος.

[3] Enn. II, ix, 8.

secte d'accuser sans cesse le monde, de voir partout le mal, excepté en soi, de se croire meilleur même que les Dieux, et d'affirmer que, de toutes les choses de ce monde, l'âme est la seule dont les Dieux prennent souci [1]. Plus de modestie sied à la nature humaine en général, et à chaque homme en particulier. On se regarde soi-même comme fils de Dieu [2], et on refuse ce titre aux anciens Dieux. On veut s'élever au-dessus des Dieux sans intermédiaire et sans effort, on parle même de s'élever au-dessus de l'Intelligence. Mais quand on refuse ainsi de prendre pour guide l'Ame et l'Intelligence, on risque de s'égarer loin de la région qu'habitent les Dieux et loin de l'Intelligence [3].

D'ailleurs, ce dédain des choses de ce monde produit un fâcheux effet moral. Il y a deux doctrines à suivre dans la pratique : celle d'Épicure, qui propose le plaisir comme destinée, et la vraie doctrine qui fait de la vertu la fin de la vie. La secte dont nous parlons ici n'admet ni l'une ni l'autre ; elle professe pour le plaisir et pour la vertu une absolue indifférence, et pour la vie elle-même un parfait mépris. Toute sa doctrine morale se réduit à cette maxime : « Contemplez Dieu [4]. » On oublie donc que c'est la vertu qui nous mène à comprendre et à sentir Dieu, et que sans elle Dieu n'est qu'un mot [5].

---

[1] Enn. II, ix, 9.

[2] Doctrine des Gnostiques.

[3] Enn. II, ix, 9. Τὸ δὲ ὑπὲρ νοῦν ἤδη ἐςὶν ἔξω νοῦ πεσεῖν.

[4] Enn. II, ix, 15.

[5] Enn. II, ix, 15. Ἀρετὴ μὲν οὖν εἰς τέλος προϊοῦσα, καὶ ἐν ψυχῇ ἐγγενομένη μετὰ φρονήσεως, Θεὸν δείκνυσιν· ἄνευ δὲ ἀρετῆς ἀληθινῆς Θεὸς λεγόμενος ὄνομά ἐςιν.

Il ne faut pas mépriser les Dieux inférieurs qui habitent ce monde ; car ce sont autant d'intermédiaires, sans lesquels nous tenterions vainement de nous élever vers les Dieux intelligibles. Comment peut-on dire, en effet, qu'on aime Dieu, si on n'aime pas les Dieux? On n'aime pas le père sans aimer les fils [1]. Or les âmes qui sont dans les sphères célestes sont plus voisines en parenté des Dieux intelligibles que les nôtres. Ceux qui professent ce mépris du monde sensible devraient voir qu'il est en contradiction avec leur propre sentiment sur la Providence. Si, comme ils le pensent, Dieu prend souci de nous, est-ce ici-bas, ou dans un autre monde seulement? Si c'est ici-bas, pourquoi ne nous retire-t-il pas de ce monde de misère? Si c'est dans un autre monde, pourquoi nous a-t-il laissés descendre sur cette terre, où sa Providence ne nous accompagne point [2]? Et s'il veille sur nous ici-bas, comme on le prétend, il faut bien qu'il touche par quelque point, et d'une manière quelconque, à ce monde, objet de son dédain. Il n'est sans doute pas nécessaire qu'il y descende ; mais il faut qu'il y intervienne; car si on soutient qu'il n'a aucun rapport avec ce monde, comment sera-t-il en nous [3]? Enfin, n'est-il pas étrange d'admettre que Dieu prend plus soin de l'homme, qui n'est qu'une partie infiniment petite de l'univers, que de l'ensemble, du tout, dans lequel éclatent la beauté et l'harmonie du monde? Mais, dira-t-on, Platon n'a-t-il pas lui-même

---

[1] Enn. II, IX, 16. Ὁ γὰρ τὸ φιλεῖν πρὸς ὁτιοῦν ἔχων καὶ τὸ συγγενὲς πᾶν, οὗ φιλεῖ, ἀσπάζεται, καὶ τοὺς παῖδας, ὧν τὸν πατέρα ἀγαπᾷ.

[2] Enn. II, IX, 16.

[3] Enn. II, IX, 16.

professé le mépris du monde sensible, en condamnant le corps? Il faut bien comprendre l'opinion de Platon : il y a dans le corps la matière et la forme : la matière est digne de tout mépris; mais la forme est la raison séminale elle-même contenue virtuellement dans l'âme qui la produit ensuite au dehors, et la dépose dans la matière. Elle a donc une origine divine : elle tient à l'âme, laquelle tient à l'intelligence; c'est ainsi qu'elle manifeste le monde intelligible. Si on se bornait à mépriser et à condamner ce qui, dans le corps, entraîne l'âme aux actions mauvaises et honteuses, rien ne serait plus sage [1]; mais on se fait gloire de dédaigner le beau dans le corps. C'est là une étrange erreur; car le beau est le côté divin du monde [2]. Mais, pourrait-on dire, si dans le corps l'extérieur est beau, l'intérieur, c'est-à-dire l'essence même du corps, est laid et misérable. Cela est impossible; car, dans tout être, l'extérieur ne fait jamais que manifester l'intérieur. Une belle forme n'est donc que la représentation d'une beauté intérieure, et il est impossible qu'une nature difforme produise jamais la beauté [3]. On soutiendra peut-être qu'en méprisant le monde, on exhorte l'âme à rompre tout commerce avec le corps, tandis qu'en l'admirant, on la retient dans les liens de ce honteux esclavage [4]. Il n'est point nécessaire de rabaisser le monde pour élever l'âme. Ne

---

[1] Enn. II, ix, 17.
[2] Enn. II, ix, 17.
[3] Enn. II, ix, 17. Μηδέ ποτε δὲ οὐδέ ἐςιν ὄντως τι καλὸν ὃν τὰ ἔξω αἰσχρὸν εἶναι τἄνδον. Καὶ γὰρ τὸ ἔξω πᾶν καλὸν κρατήσαντός ἐςι τοῦ ἔνδον.
[4] Enn. II, ix, 18.

faut-il pas d'ailleurs, quoi qu'on fasse, y rester? C'est donc comme si deux hôtes habitaient la même maison, tous deux devant y rester également, avec cette différence que l'un l'admire et l'autre la méprise. Sans doute, ce n'est pas pour lui-même qu'il convient d'aimer le monde, mais pour l'Ame dont il est l'image [1]. Il faut rester, tant que l'ordre universel le veut, dans cette demeure que l'âme elle-même a pris soin de former. Nous ne sommes point ici-bas, nous le savons bien, pour satisfaire aux désirs de ce corps, mais pour conserver la pureté de notre âme [2].

Personne n'attribue au hasard l'ordre admirable qui règne dans toutes les parties du monde. Il faut donc que l'Ame, après l'avoir créé, veille pour le conserver et le maintenir dans la voie du bien; de là la nécessité de la Providence. Platon a dit dans le Timée que l'Intelligence pense les idées dans les êtres vivants. Évidemment il a voulu distinguer par là le Démiurge qui pense les idées à l'état de raisons séminales, de l'Intelligence suprême qui les pense à l'état d'essences pures et parfaites [3]. Mais on a fort mal compris cette doctrine, lorsqu'on a voulu y voir deux Ames, l'une qui contemple, l'autre qui raisonne et devient l'architecte du monde. On a, de cette façon, rabaissé le gouvernement du monde à l'action de l'âme particulière, en lui attribuant la passion et le raisonnement. Mais la vérité est que l'Ame universelle gouverne le monde tout autrement que l'âme particulière ne gouverne

---

[1] Enn. II, ix, 18.

[2] Enn. II, ix, 18. Ἕξεςιν οὖν καὶ μὴ φιλοσωματεῖν καὶ καθαροῖς γίνεσθαι, καὶ τοῦ θανάτου καταφρονεῖν, καὶ τὰ ἀμείνω εἰδέναι.

[3] Enn. IV, iv, 6, 7.

le corps. La première est indépendante du monde, et loin qu'elle y soit enchaînée, c'est elle qui enchaîne le monde ; la seconde, au contraire, sans être l'esclave du corps, en dépend et ne peut s'arracher à cette dépendance que par un effort. L'Ame du monde ne subit jamais, même indirectement, les impressions sensibles [1]. L'âme particulière sent et imagine, bien que sa nature propre soit la pure pensée ; ce qui prouve que, si elle ne pâtit pas immédiatement, elle subit pourtant l'influence du corps.

Comment donc faut-il entendre le gouvernement de la Providence? Soit qu'il s'agisse du Démiurge, soit qu'il s'agisse de l'Ame du monde, aucun de ces deux principes ne procède par réflexion, par pure délibération et par décision dans la création, comme dans le gouvernement de l'univers. Chacun n'a qu'une pensée, qu'un désir, qu'un acte [2]. Quand la Providence conserve, corrige et perfectionne, elle n'opère pas comme l'art du médecin, qui va de l'extérieur à l'intérieur, et qui se fait jour à travers une épaisse et obscure enveloppe jusqu'à l'organe malade, à force de tâtonnements et d'efforts. Le principe qui crée et gouverne procède comme la nature, qui va de l'intérieur à l'extérieur, et par cela même opère à coup sûr. Comme la nature encore, la Providence reste une et indivisible, bien que ses œuvres soient diverses et successives [3]. La Providence ne raisonne point : raisonner, c'est chercher la sagesse. Or Jupiter la possède et ne la cherche pas. Il connaît l'avenir sans mémoire

[1] Enn. IV, iv, 6, 7.
[2] Enn. IV, iv, 10.
[3] Enn. IV, iv, 11.

et sans induction ; sachant la cause de tout, il sait comment tout doit arriver[1]. Quand il crée, il n'hésite et n'essaie pas comme l'artiste ; sa création n'est point un travail, car le travail vient de la nécessité où est l'artiste de dompter les éléments dont il se sert. Mais le Créateur suprême façonne les éléments à son gré et sans trouver de résistance. Pour cela, il n'a besoin que de sa volonté, c'est-à-dire de sa sagesse [2]. Qu'est-ce que la sagesse divine ? Qu'est-ce que la sagesse en général ? La nature, bien qu'elle soit supérieure à l'art, n'est pas encore la sagesse ; elle n'en est que l'image, et même une image pâle et inférieure [3]. Entre elle et la sagesse se trouve l'imagination, véritable reflet de la sagesse dont la nature n'est que l'ombre [4]. La nature est la puissance qui développe instinctivement, mais sûrement, les raisons séminales dans le sein de la matière. L'imagination est la faculté qui aperçoit le rapport des formes sensibles aux idées ; elle inspire l'artiste qui travaille la matière, et lui met sous les yeux l'idéal qui doit lui servir de modèle. Elle est donc plus près de la sagesse que la nature, puisqu'elle conçoit avec conscience une idée, tandis que celle-ci ne fait que développer un germe [5]. La Providence n'est point aveugle comme la nature ;

---

[1] Enn. IV. iv, 12.

[2] Enn. IV, iv, 12.

[3] Enn. IV, iv, 13. Ἀλλὰ τί διοίσει τῆς λεγομένης φύσεως ἡ τοιαύτη φρόνησις, ἢ ὅτι ἡ μὲν φρόνησις πρῶτον, ἡ δὲ φύσις ἔσχατον; ἴνδαλμα γὰρ φρονήσεως ἡ φύσις.

[4] Enn. IV, iv, 13. Ἡ δὲ νόησις φαντασίας κρείττων· φαντασία δὲ, μεταξὺ φύσεως τύπου καὶ νοήσεως.

[5] Enn. IV, iv, 13.

elle n'est point incertaine comme l'art ; elle est sûre, intelligente, immuable, comme la sagesse avec laquelle elle se confond. En contemplant l'œuvre divine, notre raison s'évertue à en deviner les fins ; et cette recherche n'est pas illusoire, car elles y sont réellement [1]. Mais il ne faudrait point en conclure pour l'Ame divine, comme pour l'artiste, qu'elle s'est proposé un but en créant. Il n'y a dans sa pensée ni conception d'un plan ni combinaison des moyens propres à le réaliser. On peut chercher pourquoi la terre est placée au centre du monde, et pourquoi elle est ronde. Mais dans la pensée divine, il n'y a pas eu d'intention : il ne faut point chercher dans quelle fin elle agit [2].

En résumé, la Providence, par rapport au monde, ne ressemble en rien à la prévision de l'artiste qui conçoit son œuvre d'abord et l'exécute ensuite. Le monde est une œuvre coéternelle à son auteur. L'idée qui a servi de modèle n'est point distincte de Dieu, mais est Dieu lui-même ; en sorte que la création du monde n'est que le développement nécessaire de la nature divine [3].

Le monde sensible, n'étant que l'image et la représentation du monde intelligible dans la matière, ne possède en propre aucun des caractères de ce monde ;

---

[1] Enn. V, viii, 7.

[2] Enn. V, viii, 7. Τοῦτο δὴ τὸ πᾶν ἐπείπερ συγχωροῦμεν παρ' ἄλλου αὐτὸ εἶναι, καὶ τοιοῦτον εἶναι, ἆρα οἰώμεθα τὸν ποιητὴν αὐτοῦ ἐπινοῆσαι παρ' αὑτῷ γῆν, καὶ ταύτην ἐν μέσῳ δεῖν ζῆναι, εἶτα ὕδωρ, καὶ ἐπὶ τῇ γῇ τοῦτο, καὶ τὰ ἄλλα ἐν τάξει, μέχρι τοῦ οὐρανοῦ, εἶτα ζῷα πάντα... Ἀλλ' οὔτε ἡ ἐπίνοια δυνατὴ ἡ τοιαύτη.

[3] Enn. III, ii, 2. Τρίφαται γοῦν ἐκ τοῦ κόσμου τοῦ ἀληθινοῦ ἐκείνου αἰώνιος κόσμος ὁ οὗτος.

il ne fait qu'y participer. Ainsi, il renferme de l'ordre, de la beauté, de la vie ; mais l'ordre, la beauté et la vie n'existent que dans le monde des idées [1]. De là le mélange d'ordre et de désordre, de beauté et de laideur, de lumière et d'ombre, qui fait le caractère propre du monde sensible. Donc, quand le mal existerait dans le monde, il ne faudrait point en accuser la bonté de Dieu, le monde étant un acte nécessaire et spontané, et non l'œuvre d'un dessein réfléchi et prémédité. Mais il n'y a point lieu d'accuser la Providence, même en la prenant dans le sens humain du mot ; car il ne faut juger, dans ce monde, de toute chose, que par rapport au tout et à l'ensemble. Autrement c'est juger la forme humaine par Thersite [2]. Plotin fait parler le monde lui-même dans un accès d'enthousiasme : « Si nous prêtions au monde l'oreille attentive
» de l'intelligence, nous l'entendrions sans doute s'é-
» crier : C'est un Dieu qui m'a créé, et de ses mains
» je suis sorti parfait, renfermant dans mon sein tous
» les êtres animés, me suffisant à moi-même, n'ayant
» ni besoin ni désir, puisque tout est réuni en moi, les
» plantes, les animaux, la nature entière des êtres en-
» gendrés, le cortége imposant des Dieux et la troupe
» des démons, les âmes excellentes, et les hommes
» heureux par la vertu [3]. Car ce n'est pas seulement
» la terre qui est riche de plantes et d'animaux de
» toute espèce ; la mer aussi est pleine d'êtres vivants,

---

[1] Enn. III, II, 2.

[2] Enn. III, II, 2. Ἦ νὴ Δία τὰ ἄλλα ζῶα ἀφεὶς, τὸ ἀτελίςατον (cod. Vatic.) λαμβάνοι; ἢ ὅλον τὸ γένος παρεὶς, οἷον τὸ ἀνθρώπου, Θερσίτην εἰς μέσον ἄγοι.

[3] Enn. III, II, 3.

» et l'âme est partout dans l'air, dans l'éther et dans le
» ciel tout entier. Là aussi habitent des âmes d'une na-
» ture excellente, lorsqu'elles communiquent la vie aux
» astres et à toute cette révolution pleine d'harmonie,
» qui imite le mouvement de l'intelligence par la régu-
» larité et l'éternité de ses mouvements autour d'un
» même centre, et qui, comme elle, ne cherche rien en
» dehors d'elle-même. Tout ce qui est en moi aspire vers
» le bien, et chacun l'atteint selon sa puissance ; car le
» ciel tout entier est suspendu au bien : à savoir, mon
» âme, les Dieux qui l'habitent, mes diverses parties,
» les animaux, les plantes, et tout ce que je contiens
» d'êtres qui paraissent inanimés. Et dans cette totalité
» d'êtres, les uns semblent participer de l'être seule-
» ment, les autres de la vie, les autres de la sensibilité,
» les autres de l'intelligence, les autres de toutes les
» puissances de la vie à la fois ; car il ne faut pas de-
» mander des facultés égales pour des organes diffé-
» rents, par exemple, la vue pour le doigt. Quant au
» doigt, pour être lui-même et remplir sa fonction, il
» lui faut autre chose. »

Mais, enfin, comment concilier la providence de Dieu avec l'existence du mal ? Qu'appelle-t-on mal ? Les changements, la douleur, la mort, la faute, le malheur. Tous ces accidents, étrangers au monde intelligible, sont inhérents à la nature même du monde sensible. Demander pourquoi il y a du mal ici-bas, c'est demander pourquoi les êtres de ce monde ne sont point purs et parfaits comme les essences intelligibles[1]. Est-ce le changement, est-ce la mort qui doit nous

---

[1] Enn. II, ix, 4.

surprendre? Mais ce qui n'existe pas par soi (et tel est le caractère des êtres sensibles), ce qui a commencé d'être, ne doit-il pas finir [1]? Est-ce la douleur? Mais elle tient à l'imperfection de notre nature [2]. Est-ce le malheur? Si nous l'avons mérité, nous ne devons pas nous en plaindre ; et s'il nous arrive, sans que nous l'ayons mérité, il faut s'y résigner, aussi bien qu'à la douleur, comme à un accident qui vient de notre imperfection [3]. On s'étonne de la perversité de la nature humaine ; mais il faut songer qu'elle participe à la fois de l'être intelligible et de l'être sensible [4]. D'ailleurs, le mal ne va jamais seul : le plaisir est étroitement lié à la douleur, ainsi que le dit Platon ; la faute est suivie de l'expiation, quelle qu'en soit la forme ; la mort engendre la vie, et la fortune a des retours [5]. Il y a plus, la Providence fait sortir le bien de l'excès même du mal, et, par l'indignation qu'il inspire, exalte l'amour du bien [6].

Mais comment expliquer sous le gouvernement de la Providence l'inégale distribution des biens et des maux, le bonheur des méchants, le malheur des bons [7]? Quand on parle de biens, il faut faire une distinction : il y a les biens de l'âme et les biens du corps. Les biens de l'âme reviennent toujours à celui qui les mérite, et dans la mesure même de son mé-

---

[1] Enn. III, II, 4. Οὐκ ἀχθὲν ὑφ' αὐτοῦ, ὑπ' ἄλλου ἐφθάρη.
[2] Enn. III, II, 4.
[3] Enn. III, II, 4.
[4] Enn. III, II, 8. Ἄνθρωποι δὲ ἐν μέσῳ καὶ κάτω.
[5] Enn. III, II, 15.
[6] Enn. III, II, 4.
[7] Enn. II, IX, 9.

rite¹. Quant aux biens et aux maux du corps, qu'importe au sage? Et encore qui peut affirmer que c'est le hasard qui en règle la distribution? Enfin, quand il arriverait quelquefois que les méchants triomphent, n'est-ce point parce qu'ils sont supérieurs aux bons en prudence, en courage, en activité? Il ne suffit pas d'être bon et de faire des vœux pour mériter de réussir². C'est le plus souvent la faiblesse des bons qui fait l'empire des méchants.

Mais pourquoi la Providence laisse-t-elle l'homme faillir? La Providence fait pour l'homme tout ce qu'elle peut faire sans gêner sa liberté³. Elle l'éclaire et l'inspire; mais elle le laisse agir. Si, outre la lumière et le désir, il en recevait encore la volonté, elle se substituerait entièrement à l'âme. Une action aussi absolument universelle supprimerait non seulement toute liberté, mais encore toute vraie Providence. L'homme est ainsi fait qu'il peut vouloir le mal, mais non le désirer⁴. En le créant avec le désir du bien, Dieu a voulu qu'il fût bon; en le créant avec la volonté, il a voulu qu'il le fût librement⁵. Dieu ne fait point entrer violemment les âmes dans l'ordre du monde; il les y place et les y dispose selon leur convenance, en respectant leur liberté. Le monde est comme une pièce de théâtre, où le vice et le mal jouent

---

¹ Enn. II, ix, 9.
² Enn. III, ii, 8.
³ Enn. III, ii, 9.
⁴ Enn. III, ii, 10.
⁵ Enn. III, ii, 9. Οὐ γὰρ δὴ οὕτω τὴν πρόνοιαν εἶναι δεῖ, ὥςε μηδὲν ἡμᾶς εἶναι· πάντα δὲ οὔσης προνοίας, καὶ μόνης αὐτῆς οὐδ' ἂν εἴη.

leur rôle à côté de la vertu et du bien, où l'esclave est à côté du héros [1]. Il est aussi comme un tableau, dans lequel l'ombre fait ressortir la lumière [2]. Pour apprécier la justice de Dieu et l'ordre de ce monde, il faudrait embrasser la série des destinées de chaque être. On comprendrait alors comment celle-ci est tantôt l'expiation, tantôt la récompense de celle-là. Autant la raison divine est supérieure à la nôtre, autant ses œuvres sont supérieures à nos œuvres. Pour découvrir l'ordre et la justice, c'est l'ensemble qu'il faut considérer et non les parties [3].

Quoi qu'il en soit, le monde étant l'œuvre de la Raison, tout y a sa raison d'existence, qu'on le sache ou qu'on l'ignore, les déluges, les pestes, les volcans, les guerres [4]. Ce qu'il y a de redoutable dans ces fléaux, c'est la mort. Or la mort n'est jamais qu'une métamorphose pour l'être, qui ne meurt pas; le monde est une scène dont les acteurs changent sans cesse de costume, sans changer de nature [5]. La Raison divine est une et simple. Le monde, pour en devenir l'image, doit reproduire cette unité [2]; mais comme il est, par sa nature matérielle, composé et divers, il

[1] Enn. III, II, 11. Ἢ εἴ τις δρᾶμα μέμφοιτο, ὅτι μὴ πάντες ἥρωες ἐν αὐτῷ, ἀλλὰ καὶ οἰκέτης, καὶ τις ἀγροῖκος καὶ φαύλως φθεγγόμενος;

[2] Enn. III, II, 11. Ἡμεῖς δὲ, ὥσπερ οἱ ἄπειροι γραφικῆς τέχνης αἰτιῶνται, ὡς οὐ καλὰ τὰ χρώματα πανταχοῦ.

[3] Enn. III, III, 13.

[4] Enn. III, II, 13.

[5] Enn. III, II, 13. Ὥσπερ δὲ ἐπὶ τῶν θεάτρων ταῖς σκηναῖς, οὕτω χρὴ καὶ τοὺς φόνους θεᾶσθαι, καὶ πάντας θανάτους, καὶ πόλεων ἁλώσεις, καὶ ἁρπαγὰς, μεταθέσεις πάντα καὶ μετασχηματίσεις, καὶ θρήνων καὶ οἰμωγῶν ὑποκρίσεις

[6] Enn. III, II, 16.

ne peut reproduire qu'une unité qui suppose une variété, une unité de concert et d'harmonie. Voilà ce qui fait que l'ordre est la loi essentielle du monde ; il représente autant que possible l'Intelligence [1]. La Raison divine assigne à chacun un but bon en soi et conforme au tout. Elle met dans l'agent le désir constant et invincible d'y parvenir [2]. Mais là s'arrête l'action de la Providence. Chaque être tend à cette fin selon sa nature, et joue dans la vie universelle le rôle que Dieu lui a assigné [3]. Alors commence la fortune et la fatalité ; un acteur peut mal jouer le rôle excellent qui lui a été confié par le poëte. La Raison divine est le poëte qui distribue les rôles dans l'univers. Si un être s'en acquitte mal, en quoi peut-on en accuser la Providence [4] ? Le monde est un drame dont l'idée est une, ainsi que l'action, et dont les rôles sont différents, suivant la nature de chaque être. C'est à la fin de l'œuvre qu'il faut sans cesse s'élever pour en comprendre tous les détails [5].

Maintenant en quoi consiste et d'où vient le mal ? Il est difficile de définir le mal, parce qu'on ne voit pas par quelle faculté l'âme pourrait le connaître. La condition nécessaire, en effet, de toute connaissance, c'est l'identité ou tout au moins l'analogie du sujet qui connaît et de l'objet connu [6]. Ainsi, notre âme peut

---

[1] Enn. III, ii, 16.
[2] Enn. III, ii, 17. Καὶ ἡ ἔφεσις δὲ τοῦ μέρους πρὸς τὸ ὅλον ἕλκει εἰς αὐτὸ, ὃ δύναται.
[3] Enn. III, ii, 17.
[4] Enn. III, ii, 17.
[5] Enn. III, iii, 1.
[6] Enn, I, viii, 1.

connaître le bien, l'intelligence, les idées, l'âme, les raisons, les formes, parce qu'elle a pour principe le bien, et que sa nature contient l'intelligence, l'âme, la raison, et même la forme des corps. Mais comment peut-elle connaître le mal? Le mal, étant contraire au bien, est contraire à tout ce qui en vient et à tout ce qui y ressemble. Si donc il peut être connu, ce n'est que comme contraire du bien. De là la nécessité de définir le bien pour connaître le mal [1].

Le Bien absolu est ce qui se suffit pleinement à soi-même, ce qui ne relève de rien et ce dont tout relève, ce qui produit tout, être, pensée, vie, action, mouvement, sans être lui-même ni l'être ni aucun être [2]. Le Bien n'est pas l'être proprement dit, mais le principe de l'être. L'être, même à l'état de perfection absolue, n'est plus le Bien, il ne fait qu'en participer, il est bon. Plus l'être est parfait et pur, plus il renferme de bien, plus il est bon. L'Intelligence est meilleure que l'Ame, l'Ame universelle meilleure que les âmes particulières, celles-ci meilleures que les corps, les corps subtils meilleurs que les corps grossiers, lesquels sont meilleurs que la matière ; de sorte que l'être est la mesure du bien, et que plus on descend dans l'échelle des êtres, moins on rencontre de bien. Si on arrive ainsi graduellement à la dernière limite de l'être, à ce que nous appelons le non-être, à la matière, on est parvenu jusqu'à la limite du bien, jusqu'au mal. Mais comme la matière n'est pas le non-être absolu, elle n'est pas le contraire du bien ; elle est encore un degré du bien,

---

[1] Enn. I, viii, 2.
[2] Enn. I, viii, 2.

le plus faible, il est vrai, puisqu'elle est le dernier degré de l'être. Il n'y a donc pas la même opposition entre l'être et le non-être, le bien et le mal, qu'entre le repos et le mouvement, l'excès et le défaut, le plus grand et le plus petit [1].

Le Bien est partout avec l'être, depuis le principe même de tout être, jusqu'à la matière; le mal ne commence qu'avec l'imperfection de l'être. Rien n'est mauvais dans le monde intelligible habité par des essences pures et parfaites [2]. L'âme humaine aussi et toute âme qui habite le monde sensible, est essentiellement pure du mal ; elle ne le renferme que par accident, et en vertu de son contact passager avec le corps [3]. Le mal de l'âme, c'est l'erreur, la passion, les désirs de la chair, le trouble, toutes choses qui lui viennent du corps [4]. Par elle-même, l'âme est pure et incline vers l'intelligence; si elle fléchit, si sa vue se trouble et s'obscurcit, c'est parce qu'elle a abaissé ses regards sur la matière; le mal de l'âme vient de ce qu'elle ne dompte pas le mal qui lui vient du corps [5]. Mais si le corps est le mal par rapport à l'âme, il est encore un bien par rapport à la matière.

---

[1] Enn. I, viii, 3. Μὴ ὂν δέ, οὔ τι τὸ παντελῶς μὴ ὂν, ἀλλ' ἕτερον μόνον τοῦ ὄντος. Οὐχ οὕτω δὲ μὴ ὂν, ὡς κίνησις καὶ ϛάσις ἡ περὶ τὸ ὄν, ἀλλ' ὡς εἰκὼν τοῦ ὄντος, ἢ καὶ ἔτι μᾶλλον μὴ ὄν.

[2] Enn. I, viii, 2. Καὶ εἰ ἐνταῦθα (ἐν ψυχῇ) ἔϛη, κακὸν οὐδὲν ἂν ἦν.

[3] Enn. I, viii, 4.

[4] Enn. I, viii, 4.

[5] Enn. I, viii, 4. Ἔπειτα δὲ καὶ τὸ λογιζόμενον εἰ βλάπτοιτο, ὁρᾶν κωλύεται, καὶ τοῖς πάθεσι, καὶ τῷ ἐπισκοτεῖσθαι τῇ ὕλῃ, καὶ πρὸς ὕλην νενευκέναι, καὶ ὅλως οὐ πρὸς οὐσίαν, ἀλλὰ πρὸς γένεσιν ὁρᾶν, ἧς ἀρχὴ ἡ ὕλης φύσις οὕτως οὖσα κακή, ὡς καὶ τὸ μήπω ἐν αὐτῇ μόνον δὲ βλέψαν εἰς αὐτὴν ἀναπιμπλάναι κακοῦ ἑαυτῆς.

La matière, étant le non-être, est le vrai, l'unique principe du mal, intérieur ou extérieur, physique ou moral.

Platon avait bien compris la nature et l'origine du mal, quand il a dit que le mal existe nécessairement [1]. Selon lui, en effet, le mal n'habite ni chez les Dieux, ni dans le ciel, mais sur la terre. Il faut donc fuir d'ici-bas, ce qui ne signifie pas qu'il soit besoin, pour éviter le mal, de quitter cette terre ; il suffit, tout en y restant, d'y purifier son âme des souillures de la matière qui l'entoure et de la laisser ainsi libre et pure, prendre son essor vers l'intelligible [2]. Lorsque l'interlocuteur de Socrate lui objecte que, si les hommes faisaient ce qu'il prescrit, il n'y aurait plus de mal sur la terre, Socrate répond que cela n'est pas possible et que le mal est nécessaire, en tant que contraire du bien [3]. Comment faut-il entendre cette maxime de Platon ? Comment le mal moral (c'est le mal dont parle Platon dans ce passage) peut-il être le contraire du bien, le contraire du vice étant la vertu, laquelle n'est pas le bien en soi, mais un certain bien ? D'ailleurs, y a-t-il opposition entre le bien et le mal ? Il semble que toute opposition suppose, au moins pour les choses de ce monde, un sujet commun au sein duquel elle se produise, et qu'il peut y avoir opposition entre les qualités, mais non entre les substances [4]. Or le bien n'est point une certaine qualité, et le mal

---

[1] Enn. I, viii, 6.
[2] Enn. I, viii, 6.
[3] Enn. I, viii, 6.
[4] Enn. I, viii, 6.

une qualité contraire ; le bien est l'être même de toute chose, comme le mal en est le non-être. Si donc il y a opposition entre le bien et le mal, il est clair que c'est une opposition d'essence et non de qualité, par conséquent une opposition qui ne ressemble en rien à toutes celles dont le monde sensible nous offre l'exemple [1]. Mais il faut comprendre que, lorsque nous parlons du bien, nous sommes fort au-dessus des catégories ordinaires que renferme le monde sensible ; nous sommes dans l'universel, là seulement où, entre le bien et le mal, une opposition d'essence est possible. C'est même cette opposition qui devient le principe nécessaire et suprême de toutes les oppositions de qualités [2]. Voilà dans quel sens Platon a pu dire que le mal est nécessaire, en tant que contraire du bien. C'est qu'en effet, sans cette première opposition du bien et du mal, il serait impossible d'expliquer toutes les autres [3]. Platon indique encore clairement que la matière est l'origine du mal, quand il fait dire au Démiurge dans le Timée : « Vous êtes nés, donc vous ne pouvez être immortels. » C'est en effet parce que l'être est formé de matière qu'il est né [4]. Ainsi, le mal n'est point un accident, il est nécessaire, comme la matière elle-même, dont il est une conséquence rigoureuse [5].

---

[1] Enn. I, viii, 6.
[2] Enn. I, viii, 6.
[3] Enn. I, viii, 6. Ἀρχαὶ γὰρ ἄμφω, ἡ μὲν κακῶν, ἡ δὲ ἀγαθῶν· καὶ πάντα τὰ ἐν τῇ φύσει ἑκατέρα ἐναντία· ὥστε καὶ τὰ ὅλα ἐναντία, καὶ μᾶλλον ἐναντία, ἢ τὰ ἄλλα.
[4] Enn. I, viii, 7.
[5] Enn. I, viii, 7. Καὶ αὕτη ἡ ἀνάγκη τοῦ κακοῦ.

On pourrait objecter contre cette opinion sur l'origine du mal que ce n'est pas la matière elle-même, mais tel état ou telle disposition des corps qui est le principe du mal. Mais si c'est tel état du corps qui produit la passion ou la sensation mauvaise, d'où vient cet état, sinon de la matière [1]? Bien plus, ces états ou dispositions qui engendrent le mal ne sont que des formes du corps. Or, en tant que formes, elles viennent, non de la matière, mais de l'âme; elles sont donc par leur principe et par elles-mêmes pures de tout mal, et ne peuvent produire aucun mauvais effet. Toute forme est bonne par elle-même; toute disposition du corps incline au bien; mais survient la matière qui corrompt toujours plus ou moins la forme, l'état, la disposition du corps, par l'excès ou par le défaut [2].

Le mal étant la matière elle-même, nous ne connaissons pas plus l'un que l'autre; nous ne connaissons que tel mal, ainsi que telle matière. Quant au mal et à la matière, nous en concevons la nécessité sans les connaître. Ayant tel mal sous les yeux, c'est-à-dire l'image du mal, nous concevons le mal en soi. Platon appelle ce procédé de connaissance λογισμὸς νόθος. L'intelligence connaît le mal et la matière, comme l'œil voit les ténèbres, par une fausse vision [3].

Maintenant si la matière est sans qualité, comment peut-elle être mauvaise? C'est précisément pour cela

---

[1] Enn. I, viii, 0.

[2] Enn. I, viii, 8.

[3] Enn. I, viii, 9. Διὸ καὶ νοῦς ἄλλος οὗτος, οὐ νοῦς, τολμήσας ἰδεῖν τὰ μὴ αὐτοῦ· ὥσπερ ὄμμα ἀποστῆσαν αὐτὸ φωτός, ἵνα ἴδῃ τὸ σκοτός, καὶ μὴ ἴδῃ, τῷ καταλιπεῖν τὸ φῶς, ἵνα ἴδῃ τὸ σκότος, μεθ' οὗ οὐκ ἦν ἰδεῖν αὐτό.

qu'elle est le mal [1]. Mais, pourrait-on dire encore, le bien étant la forme, le mal doit être la privation, principe contraire de la forme : or la privation suppose toujours un sujet ; donc le mal n'existe plus par lui-même, mais dans un sujet [2]. S'il en est ainsi, le mal moral ne serait qu'une privation dont le sujet serait l'âme même. Or la privation étant tout autant que la forme, essentielle au sujet, le mal sera essentiel à l'âme. Mais cela répugne à la nature de l'âme qui possède par elle-même le bien, l'être, la vie ; donc le mal ne peut pas lui être essentiel ; donc elle n'est pas, par rapport au mal, un simple sujet, et le mal n'y est point une simple privation du bien [3]. Enfin, si le mal n'est point la privation du bien, ne sera-t-il point simplement un obstacle au bien ? Nullement. Autre chose est le vice et la vertu, autre chose le bien et le mal. La vertu est un moyen dont le but est le bien ; le vice, de même, est un chemin dont le mal est le terme [4]. On commence par le vice, on finit par le mal. Le vice a un caractère humain ; c'est un faux mouvement de l'âme, un mouvement vers le mal, il est vrai, mais qui témoigne encore de la vie de l'âme. Le mal pour elle ne commence qu'au moment où, par le vice, elle s'est abîmée dans la matière [5]. Le vice n'est donc pas

---

[1] Enn. I, viii, 10.
[2] Enn. I, viii, 11.
[3] Enn. I, viii, 11. Ἀλλ' εἰ ἡ στέρησις ἐπιβάλλοντός ἐστι παρεῖναι εἴδους τινός, εἰ τοῦ ἀγαθοῦ στέρησις ἐν ψυχῇ, τὴν δὲ κακίαν ἐν αὐτῇ ποιεῖ τῷ λόγῳ τῷ ἑαυτῆς, ἡ ψυχὴ οὐδὲν ἔχει ἀγαθὸν, οὐ τοίνυν οὐδὲ ζωὴν, οὖσα ψυχή.
[4] Enn. I, viii, 13.
[5] Enn. I, viii, 13.

le mal. Mais, dira-t-on encore, à quoi bon supposer un mal absolu, la matière, pour expliquer le vice? Ne suffit-il pas de dire qu'il est une certaine faiblesse de l'âme? Sans doute on peut ainsi définir le vice ; mais il ne faut pas moins rechercher d'où vient cette faiblesse. Si elle ne vient pas de l'âme, et elle n'en peut venir, puisque toutes les âmes pures de matière sont exemptes de faiblesse, elle vient nécessairement de la matière [1].

Il reste à expliquer comment elle en vient. Quand on dit que l'âme entre dans la matière ou qu'elle en sort, il faut bien comprendre qu'il n'y a pas un lieu pour l'âme et un autre lieu pour la matière. Tout lieu est saint, car il est plein d'âmes [2] ; ce lieu, qui est le même pour l'âme et la matière, c'est le corps [3]. L'âme n'y entre ni n'en sort : elle subit son influence ou s'en affranchit ; elle se confond avec le corps ou s'en distingue, sans changer de lieu [4]. Par elle-même, l'âme n'a pas besoin d'un sujet qui lui serve de théâtre pour son développement [5] : elle se suffit à soi-même, et n'a le besoin et le désir que de l'intelligence et du bien. Elle vit alors libre et pure, recueillie dans son essence. Mais l'âme n'est pas seulement une essence, elle est encore une puissance, et comme puissance, elle tend

---

[1] Enn. I, viii, 54.

[2] Enn. I, viii, 14. Πᾶς δὲ ὁ χῶρος ἱερός, καὶ οὐδέν ἐστιν, ὃ ἄμοιρόν ἐστι ψυχῆς.

[3] Enn. I, viii, 14. Οὐ γὰρ χωρὶς μὲν ὁ τόπος τῇ ὕλῃ, χωρὶς, δ' αὖ ὁ τῆς ψυχῆς.

[4] Enn I, viii, 14. Ἀλλ' ὁ τόπος τῇ ψυχῇ χωρὶς, τὸ μὴ ἐν ὕλῃ.

[5] Enn. I, viii, 14. Τοῦτο δὴ, τὸ μὴ ἐν ὑποκειμένῳ τῇ ὕλῃ γενέσθαι.

au développement extérieur et à la production [1]. C'est alors qu'elle a besoin d'un théâtre, c'est-à-dire d'un corps, et qu'elle rencontre la matière. L'âme ne peut toucher à la matière par son essence, mais elle y touche par sa puissance, et c'est par ce côté seulement que la matière peut solliciter, troubler, séduire et entraîner l'âme avec elle. C'est l'existence du mal qui révèle la matière : comment la nier, quand tout nous la rappelle, le désir du bien, la répugnance du mal, la douleur, la crainte, toutes les passions de la sensibilité, toutes les erreurs du jugement? Comment croire que dans l'homme il n'y a que l'âme [2]? S'il en était ainsi, l'âme étant essentiellement libre, pure, impassible, immuable, tant de misère resterait un inexplicable énigme [3]. Mais si le mal est dans le monde, il n'apparaît point à l'âme dans toute l'horreur de sa nature. L'âme ne le voit pas [4]; elle le conçoit et le devine sous la forme corporelle qui le couvre; car cette forme est encore un reflet du beau. Le mal est comme un esclave que la beauté enveloppe de ses chaînes d'or. Tant il est vrai que, même en le contemplant, l'âme a encore sous les yeux l'image du bien [5]!

[1] Enn. I, viii, 14. Δυνάμεις δὲ ψυχῆς πολλαί· καὶ ἀρχὴν καὶ μέσα καὶ ἔσχατα ψυχὴ ἔχει· ὕλη δὲ παροῦσα προσαιτεῖ, οἷον καὶ ἐνοχλεῖ, καὶ εἰς τὸ εἴσω παρελθεῖν ἐθέλει.

[2] Enn. I, viii, 15.

[3] Enn. II, viii, 15.

[4] Enn. I, viii, 15.

[5] Enn. I, viii, 15. Τὸ δὲ κακὸν οὐ μόνον ἐςὶ κακὸν διὰ δύναμιν ἀγαθοῦ καὶ φύσιν, ἐπείπερ ἐφάνη ἐξ ἀνάγκης περιληφθὲν δεσμοῖς τισι καλοῖς, οἷα δεσμωταί τινες χρυσῷ, κρύπτεται τούτοις, ἵνα οὖσα, μὴ ὁρᾶτο τοῖς θεοῖς· καὶ ἄνθρωποι ἔχοιεν, μὴ ἀεὶ τὸ κακὸν βλέπειν, ἀλλ' ὅταν καὶ βλέπωσιν, εἰδώλοις τοῦ καλοῦ εἰς ἀνάμνησιν συνῶσιν.

Après avoir fait connaître les caractères généraux de la Providence, Plotin entre dans les détails de son gouvernement. Gouverne-t-elle le monde tout entier par elle-même ou par des intermédiaires ? Qu'est-ce que le Destin ? En quoi diffère-t-il de la Providence, et comment se concilie-t-il avec elle ? En quoi consiste l'influence des astres ? Comment les êtres que le Destin ou la Providence gouverne conservent-ils néanmoins la liberté et la spontanéité de leurs mouvements ? Il est certain qu'il y a des causes à tout ce qui arrive. Ces causes sont prochaines ou éloignées, individuelles ou générales [1]. Notre esprit ne s'arrête point aux causes prochaines et particulières, parce qu'il ne peut imaginer aucun individu hors de l'ordre universel. Indépendamment de cette conception, l'expérience nous conduit à supposer des causes générales et éloignées; car s'il n'y a rien au-delà des causes prochaines et particulières, pourquoi les mêmes causes ne produisent-elles pas toujours les mêmes effets ? Il faut donc remonter à des causes d'un ordre supérieur qui modifient l'action des premières [2].

Sur la nature de ces causes, on compte diverses opinions. Les unes, posant les atomes comme premiers principes des choses, expliquent tout par le mouvement naturel des atomes : c'est la doctrine de la nécessité [3]. Les autres, remontant à Dieu, font dériver immédiatement de sa nature toutes choses, les individus comme l'ensemble, les actions personnelles

---

[1] Enn. III, 1, 1.
[2] Enn. III, 1, 2.
  Enn. III, 1, 2.

comme la vie universelle ¹. Selon d'autres, ce n'est plus Dieu qui produit directement toutes choses, ce sont les astres, ministres et organes de la puissance divine ². D'autres enfin supposent un enchaînement inflexible de causes, qui détermine fatalement tout effet ³. Toutes ces hypothèses ont cela de commun qu'elles soumettent les êtres et leurs mouvements à une invincible nécessité, et s'expriment par un seul mot, le destin. Dans toutes ces doctrines, il s'agit de savoir s'il est possible d'expliquer par une seule cause ou un seul ordre de causes tous les êtres de ce monde, et dans chaque être tous les actes de la vie ⁴.

Dans l'hypothèse des atomes ou autres principes matériels, c'est la nécessité qui règne, et encore une nécessité aveugle qui exclut tout plan, toute direction constante dans l'univers, et supprime toute possibilité de prédiction et de prévoyance ⁵. Du reste, il n'est pas plus facile de concilier la liberté des mouvements individuels avec cette nécessité de caprice et de hasard qu'avec une nécessité d'ordre et de raison. Comment expliquer, par un concours d'atomes, les actions et les affections des âmes, leurs mouvements impétueux, leurs retours imprévus, leur résistance aux impulsions du corps, les diverses vocations des hommes, souvent en contradiction avec les lieux, les corps, les circonstances ⁶ ? Tout cela échappe à l'action des causes

---

[1] Enn. III, I, 3.
[2] Enn. III, I, 2.
[3] Enn. III, I, 2.
[4] Enn. III, I, 2.
[5] Enn. III, I, 3.
[6] Enn. III, I, 3.

purement matérielles. Mais ne pourrait-on pas supposer une certaine Ame qui, répandue partout, ferait vivre et agir chaque être en particulier? Le monde entier alors serait un grand Animal dont chacun de nous ferait partie, et dans lequel il vivrait, comme chaque organe vit dans l'animal humain. Nous n'aurions point alors une vie et une action qui nous fût propre [1]. C'est l'Ame qui vivrait et agirait en nous. Dans cette hypothèse, il ne faut plus parler des causes particulières; elles ont toutes disparu dans l'unité de l'être universel. C'est cet être seul qui est, qui vit, qui raisonne, qui pense dans les êtres individuels, lesquels ne sont plus que des organes de sa vie, comme les sens dans l'homme ne sont que les organes de la pensée et de la sensation de l'âme [2]. Une pareille hypothèse répugne à notre conscience. Nous savons et nous croyons fermement, par le sentiment de ce qui se passe en nous, que les individus (les âmes) vivent, agissent, pensent, d'une vie, d'une action, d'une pensée, qui leur est propre [3].

Si on rapporte tout ce qui arrive à un enchaînement

---

[1] Enn. III, 1, 4.

[2] Enn. III, 1, 4. Τὸν αὐτὸν τρόπον εἰ καὶ ἐπὶ τοῦ παντὸς ἓν ἔςαι τὸ πᾶν, ποιοῦν καὶ πάσχον, καὶ οὐκ ἄλλο παρ' ἄλλου, κατ' αἰτίας τὴν ἀναγωγὴν ἀεὶ ἐφ' ἕτερον ἐχούσας, οὐ δὴ ἀληθὲς κατ' αἰτίας τὰ πάντα γίγνεσθαι, ἀλλ' ἓν ἔςαι τὰ πάντα. Ὥςε οὔτε ἡμεῖς, οὔτε τι ἡμέτερον ἔςγον · οὐδὲ λογιζόμεθα αὐτοί · ἀλλ' ἑτέρου λογισμὸς τὰ ἡμέτερα βουλεύματα, οὐδὲ πράττομεν ἡμεῖς, ὥσπερ οὐδὲ οἱ πόδες λακτίζουσιν · ἀλλ' ἡμεῖς διὰ μερῶν τῶν ἑαυτῶν.

[3] Enn. III, 1, 4. Ἀλλ' γὰρ δεῖ καὶ ἕκαςον εἶναι, καὶ πράξεις ἡμετέρας, καὶ διανοίας ὑπάρχειν, καὶ τὰς ἑκάςου καλάς τε καὶ αἰσχρὰς πράξεις, παρ' ἑαυτοῦ ἑκάςου, ἀλλὰ μὴ τῷ παντὶ τὴν γοῦν τῶν αἰσχρῶν ποίησιν ἀνατιθέναι.

inflexible de causes, il sera tout aussi difficile d'expliquer la liberté ; car, de ce principe que tout phénomène est invariablement déterminé par ce qui précède, il suit que tout arrive et devait arriver de telle manière plutôt que de telle autre [1]. Le monde n'est plus qu'une série de mouvements produits par une impulsion primitive. Les âmes, même les âmes des hommes, quelle que soit leur activité, ne sont pas plus libres que les enfants, que les fous eux-mêmes, que le feu ou la pierre [2].

Mais n'est-ce pas au cours des astres qu'il faut rapporter tout ce qui arrive? D'abord cette hypothèse soulève les mêmes difficultés que les précédentes; elle détruit la liberté des êtres individuels. Les âmes roulent comme tout le reste, comme la plante et la pierre, entraînées par le courant irrésistible de la vie universelle [3]. Il est impossible, d'un autre côté, de nier entre le monde sensible et le monde céleste une constante correspondance, qui fait que les mouvements et les actions des êtres individuels suivent ou accompagnent les mouvements des astres ; en sorte que, lorsqu'on connaît les uns, on peut prévoir et prédire les autres. Cette observation a conduit à supposer que les astres sont les causes des phénomènes qu'ils précèdent et annoncent. On a donc attribué aux astres une influence

---

[1] Enn. III, 1, 7.

[2] Enn. III, 1, 7. Τοιοῦτόν τε τὸ ἡμέτερον ἔσαι, οἷον καὶ τὸ τῶν ἄλλων ζώων καὶ τὸ τῶν νηπίων, καθ' ὁρμὰς τυφλὰς ἰόντων, καὶ τὸ τῶν μαινομένων· ὁρμῶσι γὰρ καὶ οὗτοι, καὶ νὴ Δία οἱ πυρὸς ὁρμαὶ, καὶ πάντων ὅσα δουλεύοντα τῇ αὑτῶν κατασκευῇ φέρεται κατὰ ταύτην.

[3] Enn III, 1, 5.

sur tous les phénomènes du monde que nous habitons, sur les désirs, les sentiments et les volontés de l'âme, comme sur les mouvements des corps, sur la bonne et sur la mauvaise fortune, sur les vertus et les vices [1]. L'influence des astres, si elle existe, ne va point jusqu'à tout produire, le mal comme le bien, dans le monde. Les astres sont des êtres composés, comme nous, d'âmes et de corps. En tant qu'ils agissent comme âmes, ils ne peuvent produire que du bien ; en tant qu'ils agissent comme corps, on ne comprend plus leur influence sur l'âme [2]. On conçoit qu'en agissant en vertu de certaines propriétés physiques, ils déterminent tel ou tel acte physique dans le corps ; mais qu'ils influent sur le talent et la vocation d'un homme, et même qu'ils fassent qu'il a un frère ou qu'il n'en a pas, qu'il est riche ou pauvre, c'est ce qu'il est difficile de comprendre [3].

Mais si les astres, étant bons, doivent constamment produire le bien, ne pourrait-on pas expliquer la diversité d'influence qui leur est attribuée par la différence des lieux qu'ils parcourent et des figures qu'ils décrivent dans leur mouvement [4] ? Cela serait difficile à admettre ; car les lieux et les figures ne sont pour les astres que des incidents qui ne peuvent changer leur nature ni modifier essentiellement leur action. Les astres n'agissent point sur les âmes, ni sur les corps, indépendamment de l'Ame universelle ; ils ne font

[1] Enn. II, III, 1.
[2] Enn. II, III, 2.
[3] Enn. II, III, 2.
[4] Enn. II, III, 3.

qu'en transmettre l'action[1]. Les astrologues se trompent à cet égard. Les astres n'entretiennent aucun commerce avec nous ; ils sont pour nous tout au plus comme les oiseaux pour les augures ; c'est à leur insu qu'ils annoncent l'avenir. Ils sont signes et non causes des événements[2]. Cela est si vrai qu'ils annoncent que tel effet aura telle cause ; donc ils ne sont point causes eux-mêmes. Ce n'est point à eux qu'appartient le gouvernement du monde ; c'est à Dieu[3]. Les astres n'ont réellement pas d'influence sur notre vie ; le rapport entre eux et nous n'est autre que le rapport entre les parties du tout[4]. En vertu de l'ordre parfait et de la merveilleuse symétrie qui règne entre toutes les parties du monde, tout changement qui survient dans une partie a son contre-coup dans une autre partie ; tout mouvement dans une sphère coïncide avec un mouvement dans une autre, et c'est là ce qui fait que tel phénomène du monde sublunaire peut être signe, sans avoir été cause[5]. Voilà comment les astres peuvent annoncer la destinée, la bonne ou la mauvaise fortune, la paix ou la guerre, la naissance ou la mort[6].

Maintenant il reste à savoir s'ils interviennent réellement dans le gouvernement du monde que nous habitons, et dans quelle mesure ils y interviennent. Les êtres du monde sublunaire sont des âmes ou des corps. Les

[1] Enn. II, III, 3.
[2] Enn. III, I, 3.
[3] Enn. II, III, 5.
[4] Enn. II, III, 6.
[5] Enn. II, III, 6.
[6] Enn. II, III, 5, 6.

âmes sont elles-mêmes causes des mouvements et des actes intérieurs [1]. La vertu vient de leur essence ; le vice dérive de leur commerce volontaire avec les corps : elles se gouvernent donc elles-mêmes. Elles ressentent l'influence d'un principe supérieur, qui ne gêne en rien la liberté, qui inspire et éclaire la volonté sans la contraindre ; mais ce n'est point aux astres qu'il convient d'attribuer cette influence, c'est à l'Ame divine, à l'Intelligence, au Bien. Quant aux corps, c'est encore l'Ame du monde qui les gouverne, puisqu'elle gouverne tout [2]. La puissance vivifiante de l'Ame universelle et des astres agit sur les hommes comme la lumière et la chaleur, dont l'influence est nuisible ou salutaire, selon la constitution et la disposition des organes [3]. Ni les Dieux ni les astres ne sont responsables du mal qui arrive ; c'est la nécessité matérielle qui intervient [4] et amène le mal à sa suite : les Dieux et les astres font toujours le bien. L'action des astres est générale, uniforme, immuable, comme celle de l'Ame du monde [5] ; elle a pour cause immédiate l'harmonie universelle, qui vient elle-même de l'Ame divine, et qui fait que non seulement tous les êtres correspondent entre eux, mais encore qu'ils agissent les uns sur les autres, sans que cette action détruise la liberté et la spontanéité de leurs mouvements intérieurs [6].

[1] Enn. II, III, 8.
[2] Enn. IV, IV, 32, 33.
[3] Enn. IV, IV, 38, 39.
[4] Enn. IV, IV, 34, 35.
[5] Enn. IV, IV, 32, 33.
[6] Enn. IV, IV, 32, 33.

La magie repose tout entière sur cette correspondance et sur cette influence universelle ; l'art magique tire toute sa force des attractions et des répulsions que la nature a établies entre les êtres. C'est là ce qui explique la vertu des talismans, des mouvements, des sons, des paroles. Entre les diverses parties du monde comme entre les membres du corps, il existe un lien sympathique qui fait que celle-ci est émue de ce qui se passe dans celle-là. L'univers est comme une lyre dont il suffit de faire vibrer une corde pour ébranler tout le système [1]. La vraie magie a pour principe l'amour et la haine, qui se disputent l'empire du monde. Mais quand la magie invoque les Dieux célestes, et par là prétend obtenir des faveurs particulières, indépendantes de l'ordre éternel et immuable du monde, elle tombe dans la superstition ou dans le mensonge [2]. Les faveurs des astres se distribuent conformément aux lois de l'harmonie universelle, et non au gré d'une volonté capricieuse [3]. Tout ce qui dans le monde est corps ou entre en contact avec le corps, est sujet aux influences magiques. L'âme y échappe

---

[1] Enn. IV, IV, 41. Εἰ δὲ καὶ ἐν ἄλλῃ λύρᾳ ἡ κίνησις ἀπ' ἄλλης ἔρχεται ὅσον τὸ συμπαθές.

[2] Enn. IV, IV, 49. Τὰς δὲ γοητείας πῶς ; ἢ τῇ συμπαθείᾳ καὶ τῷ πεφυκέναι συμφωνίαν εἶναι ὁμοίων, καὶ ἐναντίωσιν ἀνομοίων, καὶ τῇ τῶν δυνάμεων τῶν πολλῶν ποικιλίᾳ εἰς ἓν ζῶον συντελούντων· καὶ γὰρ μηδενὸς ἄλλου μηχανωμένου, πολλὰ ἕλκεται καὶ γοητεύεται · καὶ ἡ ἀληθινὴ μαγεία ἡ ἐν τῷ παντὶ φιλία, καὶ τὸ νεῖκος αὖ.

[3] Enn. IV, IV, 42. Ὥστε οὔτε μνήμης διὰ τοῦτο δεήσει τοῖς ἄστροις, οὗπερ χάριν καὶ ταῦτα πεπραγμάτευται, οὔτε αἰσθήσεων ἀναπεμπομένων· οὔτε ἐπινεύσεις τοῦτον τὸν τρόπον εὐχαῖς, ὡς οἴονταί τινες, προαιρετικάς τινας, ἀλλὰ καὶ μετ' εὐχῆς γίγνεσθαί τι δοτέον, καὶ εὐχῆς ἄνευ παρ' αὐτῶν ᾗ μέρη καὶ ἑνός.

dans tous ses actes intérieurs, et, retirée en elle-même, en brave toutes les séductions [1]. Mais dans ses actes extérieurs, elle retombe sous l'empire des puissances magiques. La raison en est que, dans l'acte intérieur, dans la contemplation, par exemple, l'âme ne sort pas d'elle-même, et n'aspire pas vers un objet qui lui soit extérieur; elle n'est donc point soumise à l'attraction naturelle et nécessaire que l'être extérieur exerce en vertu de l'harmonie universelle : elle rentre en elle-même au contraire, et s'enfonce dans les profondeurs de son essence. Or nulle cause extérieure ne peut produire en elle ce mouvement de concentration. Voilà pourquoi la contemplation, qui est la plus pure vie de l'âme, échappe à toutes les prises de l'art magique [2].

En résumé, voici à quoi se réduit l'influence des astres. S'il s'agit de l'ensemble du monde, c'est l'Ame seule qui le gouverne par elle-même, sans employer d'intermédiaires. S'il s'agit des détails, c'est encore l'Ame qui gouverne; mais ici les astres deviennent les organes et les ministres de sa puissance. Les astres ne se bornent donc pas à annoncer les événements extérieurs: ils contribuent, sous l'action de l'Ame universelle, à les produire. Dans quelle mesure, voilà ce qu'il faut déterminer [3]. C'est l'Ame qui forme elle-même le meilleur, et laisse le moins bon se former des

---

[1] Enn. IV, iv, 44.

[2] Enn. IV, iv, 44. Μόνη δὲ λείπεται ἡ θεωρία ἀγοήτευτος εἶναι, ὅτι μηδεὶς πρὸς αὐτὸν γεγοήτευται· εἷς γάρ ἐςι, καὶ τὸ θεωρούμενον αὐτός ἐςι, καὶ ὁ λόγος οὐκ ἠπατημένος· ἀλλ' ὃ δεῖ, ποιεῖ, καὶ τὴν αὐτοῦ ζωὴν καὶ τὸ ἔργον ποιεῖ.

[3] Enn. II, iii, 12.

raisons séminales. Elle n'a besoin ni de produire elle-même les choses sensibles, ni de provoquer les raisons séminales à les produire. Elle veille d'une manière générale à ce que la matière ne triomphe pas et ne trouble point l'ordre général du monde. Pour le reste, elle le laisse faire à ses ministres, aux astres[1]. L'action des astres ne crée point les êtres; car elle ne produit ni la matière ni la forme. Elle ne fait qu'aider au développement de la raison séminale, qui est le vrai principe producteur de la forme. Elle est toujours bienfaisante; car c'est l'âme sidérale elle-même qui agit, et non le corps[2]. Mais, en tombant dans le corps et dans la matière, elle se corrompt et s'altère. Ainsi nos corps ne reçoivent jamais des astres que des impressions pures et de légitimes désirs; mais ces impressions et ces désirs se transforment et se dénaturent dans le commerce avec la matière[3].

Si on veut ne rien laisser sans cause, et tout faire rentrer dans l'ordre universel, sans détruire la liberté et la personnalité des êtres individuels, on reconnaîtra deux principes auxquels on ramènera tout ce qui arrive dans le monde, l'un pour les âmes, qui sera la Providence, l'autre pour les corps, qui sera le Destin[4]. Au fond, la Providence et le Destin ne sont pas deux principes différents, mais deux modes distincts d'un même principe, l'Ame divine[5]. La Providence gouverne les âmes par une action

[1] Enn. II, III, 16.
[2] Enn. II, III, 12.
[3] Enn. II, III, 14.
[4] Enn. III, I, 9.
[5] Enn. III, I, 9.

qui éclaire, persuade, inspire, excite, mais n'enchaîne et ne contraint pas. Le Destin gouverne par une action qui enchaîne et contraint. Un même être peut obéir à la double action de la Providence et du Destin. C'est le cas de la nature humaine, qui est libre et esclave tout ensemble : libre quant à l'âme qui obéit sans contrainte et volontairement à l'action de la Providence, esclave quant au corps qui subit la loi du Destin. C'est ainsi que tous les êtres, même les natures libres, rentrent dans le gouvernement de Dieu, sans perdre leur liberté et leur personnalité [1]. L'Ame du monde est donc tout à la fois la Providence et le Destin, selon qu'elle gouverne des âmes ou des corps. Les organes de la Providence se nomment *Dieux*; les organes du Destin se nomment *Démons*. La distinction des Dieux et des Démons correspond exactement à celle de la Providence et du Destin [2]. C'est toujours dans ce sens qu'a parlé Platon. Ainsi, à propos de l'accomplissement et du choix des destinées, il fait intervenir les Démons dans cette dernière opération : « Chacune des Parques, dit-il, a sa fonc-
» tion. Clotho forme et mêle les destinées, Lachésis
» les distingue, et Atropos les livre au Démon, qui est
» chargé de les accomplir [3]. » Ce qui veut dire que dans l'homme le corps et la vie sont soumis au Destin, tandis que l'âme supérieure est libre et ne reconnaît point la loi de ce monde. Il en est du monde comme de l'homme. Il a aussi un corps vivant et une âme supérieure et indépendante; comme corps vivant, le

---

[1] Enn. III, III, 3.
[2] Enn. II, IV, 6. — II, III, 9.
[3] Enn. II, III, 15.

monde n'est qu'un Démon ; comme âme supérieure, il est un Dieu [1]. C'est ainsi qu'il est à la fois soumis à la Providence et au Destin.

CHAPITRE IV.

Plotin. Logique.

Des Catégories. Critique des théories d'Aristote et des Stoïciens sur les Catégories. Théorie de Plotin.

Nous avons parcouru avec Plotin tous les degrés et toutes les formes de l'être à travers le monde intelligible et le monde sensible, depuis Dieu jusqu'à la matière. Avant de descendre dans les détails de sa psychologie, nous nous arrêterons quelque temps sur une question qui a singulièrement préoccupé la philosophie ancienne depuis Aristote, et qui a reçu du génie élevé et profond de Plotin de nouveaux développements. Nous voulons parler du problème des catégories. La philosophie a été définie avec raison la science de l'être ; la science de l'être n'est complète qu'autant qu'elle a épuisé toutes les catégories sous lesquelles l'être peut être considéré. C'est donc une question très importante que de savoir combien il y a de catégories ou de genres dans l'être [2]. Il faut écarter tout d'abord la doctrine qui ramène tous les genres de l'être à un seul et celle qui en compte autant que d'individus ; car la science ne comporte ni l'unité absolue, dans laquelle tout vient se con-

[1] Enn. II, III, 9.
[2] Enn. VI, I, 1.

fondre, ni l'infinie variété qui exclut toute unité [1].

Plotin expose et soumet à la critique la doctrine péripatéticienne qui admet dix catégories : la substance, la relation, la qualité, la quantité, le temps, le lieu, l'action, la passion, l'habitude, la position.

La catégorie de la substance comprend des substances essentiellement différentes, et qui appartiennent, les unes au monde intelligible, et les autres au monde sensible. Qu'ont de commun, par exemple, l'intelligence, l'âme, le corps, la matière ? Ce genre n'a pas une réalité propre; si on en détache successivement les différences, il n'en reste plus rien. Donc il n'est pas une véritable idée [2]. La catégorie de la *quantité*, telle que la définissent les Péripatéticiens, s'applique au nombre, au lieu, au temps, au mouvement; mais ce genre, ainsi entendu, renferme des éléments fort divers, et se réduit, comme le genre de la substance, à une pure abstraction. C'est le nombre, et non la quantité, qui est un véritable genre [3]; car le nombre est la mesure de tout, du mouvement, de l'étendue, du discours [4]. Il semble que la catégorie de la *relation* n'exprime point l'existence; que la relation n'existe pas dans les choses, mais dans l'esprit qui les rapproche. Mais si on admet qu'indépendamment de l'esprit, la relation

---

[1] Enn. VI, 1, 1. L'école d'Elée et l'école de Protagoras.

[2] Enn. VI, 1, 2. Αἱ δὲ πρῶται λεγόμεναί οὐσίαι, πρὸς τὰς δευτέρας τι ἂν ἔχοιεν κοίνον;

[3] Enn. VI, 1, 4, 5.

[4] Enn. VI, 1, 4. Τί οὖν, μόνον τοὺς ἀριθμοὺς φήσομεν ποσόν ; ἀλλ' εἰ μὲν τοὺς καθ' αὐτοὺς ἀριθμοὺς, οὐσίαι λέγονται οὗτοι, καὶ μάλιςα τῷ καθ' αὑτοὺς εἶναι.

existe réellement entre les choses, il faut alors reconnaître qu'elle est une propriété bien vague et bien obscure, qui ne peut être définie que par un acte de l'esprit [1]. D'ailleurs, les relations les plus diverses sont comprises sous un seul genre. La catégorie de qualité aussi comprend les éléments les plus divers; elle renferme les êtres en acte et les êtres en puissance [2]. Or les êtres essentiellement en acte ne sont point susceptibles de qualité, puisqu'en eux la qualité se confond avec l'essence. Ainsi les êtres intelligibles n'ont point de qualité, et pourtant la définition des Péripatéticiens les fait rentrer dans la catégorie de la qualité. D'une autre part, on ne peut réunir sous le même genre les propriétés de l'intelligence, celles de l'âme et celles du corps; car, en confondant des êtres aussi profondément distincts, on détruit l'ordre naturel des choses [3]. La contiguïté de temps est une catégorie qui se confond avec le temps ou qui s'en distingue. Dans le premier cas, il ne fallait pas en faire un genre à part; dans le second, ce genre retombe dans la catégorie de relation [4]. Même observation à faire sur la contiguïté de lieu [5]. Quant aux catégories de l'action et de la passion, il serait mieux de les réunir dans un même genre, puisqu'elles s'impliquent réciproquement dans la définition des Péripatéticiens [6]. Ce genre serait alors le

[1] Enn. VI, 1, 7.
[2] Enn. VI, 1, 10, 11, 12.
[3] Enn. VI, 1, 11, 12.
[4] Enn. VI, 1, 13.
[5] Enn. VI, 1, 14.
[6] Enn. VI, 1, 15, 16, 17.

mouvement, dont l'action et la passion ne sont que deux modes corrélatifs. D'un autre côté, la catégorie de l'action confond des actes essentiellement distincts, l'acte qui suppose la faculté ou la puissance, et l'acte qui, loin de la supposer, l'exclut[1]. La catégorie de la manière d'être (ἕξις) est arbitraire; elle se réduit à la qualité, du moment qu'elle suppose la possession d'une chose quelconque; et, quand elle ne la suppose pas, comment et à quel signe la reconnaîtra-t-on pour une catégorie distincte[2]? La catégorie de la position rentre évidemment et pour tous les cas dans la catégorie de relation; car la position d'un corps. par exemple, n'est jamais que sa relation avec tel ou tel lieu[3].

Voilà pour la théorie des Péripatéticiens. La critique de Plotin en fait ressortir un double vice. Elle est, à son sens, réductible et incomplète tout à la fois : réductible, en ce qu'elle renferme comme genres primitifs des genres évidemment dérivés; incomplète, en ce qu'elle omet des genres véritables, comme le mouvement pour le monde sensible, et tous les principes du monde intelligible. Car il est bien évident que la théorie des Péripatéticiens ne comprend ni n'explique l'intelligence, l'âme, et tout l'ordre des essences pures et parfaites.

Les Stoïciens ont réduit les dix catégories à quatre : le sujet, la qualité, la manière d'être, la relation, prétendant y faire tout rentrer; mais cette réduction

---

[1] Enn. VI, ɪ, 18.
[2] Enn. VI, ɪ, 23.
[3] Enn. VI, ɪ, 23.

soulève sur certains points de graves difficultés [1]. D'abord il est clair que les êtres incorporels n'y rentrent pas. En tant qu'êtres simples et indépendants, ils excluent tout sujet, toute qualité, toute relation. Mais même au point de vue du monde sensible, c'est une très grave erreur de faire dériver toute substance du sujet matériel [2]. Ce sujet se compose de matière et de forme : or, comme c'est le meilleur en tout qui est principe, la matière n'est principe de rien, puisqu'elle est inférieure à tout. Donc, dans le sujet matériel, le principe de l'être, c'est la forme ou plutôt l'acte générateur de la forme, principe dont la théorie des Stoïciens ne fait pas même mention [3]. Que si, par le sujet matériel, on n'entend pas la matière pure, mais un corps, il restera à expliquer d'où vient la forme, quantité, grandeur [4], etc. Parce qu'on peut dans un sens présenter la matière comme le sujet qui contient tout, il n'en faut pas conclure qu'elle est le principe de toute substance; la matière contient tout, non comme la source et la puissance d'où découlent tous les êtres, ni même comme le germe des choses, mais comme une pure possibilité [5]. Elle est vide, non seulement de réalité, mais de virtualité, et rien n'est moins propre que la matière à engendrer quoi que ce soit. La catégorie de la qualité ne peut pas exister dans la doctrine des Stoïciens. Car ou la qualité est autre chose que le sujet matériel et n'en vient pas, ce qui

[1] Enn. VI, 1, 24, 25, 26, 27.
[2] Enn. VI, 1, 26.
[3] Enn. VI, 1, 26.
[4] Enn. VI, 1, 26.
[5] Enn. VI, 1, 27.

est contraire à la doctrine générale ; ou elle n'est qu'un résultat du composé qui est le sujet, et alors le sujet ayant pour principe la matière, la qualité rentre dans la substance matérielle [1]. Quant aux catégories de la manière d'être et de la relation, l'une n'existe pas en soi, l'autre se confond avec la catégorie de la qualité. Cette théorie peut donc, encore moins que la précédente, comprendre tous les modes et tous les principes de l'être [2].

Plotin, après cette critique, expose sa propre théorie, en annonçant toutefois qu'il se conformera en tout à l'opinion de Platon. D'abord, avant d'établir les catégories de l'être, il faut les distinguer et les séparer du *non-être* et du *paraître* [3]. La connaissance du non-être est l'opinion, la connaissance de l'être est la science. Comme il est évident que la même théorie des catégories ne peut convenir à la fois au monde intelligible et au monde sensible [4], il s'agit d'abord de voir si le monde intelligible est susceptible de catégories, et s'il l'est, de quelles catégories. La méthode à suivre ici consiste à analyser les êtres du monde intelligible, et à noter les éléments purement intelligibles dont ils se composent [5].

Il n'y a que l'être multiple qui soit susceptible de catégories ; ce qui est absolument simple et un les exclut entièrement [6]. Le monde intelligible comprend

[1] Enn. VI, i, 28.
[2] Enn. VI, ii, 1.
[3] Enn. VI, ii, 3, 4, 5.
[4] Enn. VI, ii, 3, 4, 5.
[5] Enn. VI, ii, 6, 9. 13.
[6] Enn. VI, ii, 3, 4, 5.

trois principes : l'Un, l'Intelligence, l'Ame. L'Un, en vertu de son absolue simplicité, n'admet point de catégories. De plus, il ne peut être considéré lui-même comme une catégorie, ne pouvant être affirmé de rien. Enfin il n'y a de catégories que de l'être, et l'Un n'est pas l'être, il en est le principe [1]. Il faut en dire autant du Bien, qui est identique à l'Un [2]. L'Intelligence est une aussi, mais non pas de cette unité absolue qui exclut toutes les distinctions ; elle est une et multiple, car elle est à la fois intelligente et intelligible ; s'il n'y a pas dualité, il y a distinction. L'Intelligence suppose donc déjà deux éléments, l'identité et la différence [3]. D'une autre part l'Intelligence est un acte : or l'acte excluant la puissance, exclut aussi le mouvement et le repos. L'Intelligence n'implique donc logiquement que l'identité et la différence, c'est-à-dire deux catégories seulement ; l'identité et la différence sont les premiers genres du monde intelligible [4]. L'Ame est également une et simple, mais moins simple que l'Intelligence. Non seulement on peut y distinguer l'identité et la différence, mais en elle l'essence et la vie sont distinctes ; l'essence est la vie latente, et la vie est l'essence qui rayonne [5]. Dans la vie, il faut encore distinguer le mouvement et le repos. Ainsi deux catégories propres à l'intelligence, quatre catégories propres à l'âme, en tout six catégories pour le monde intelligible : l'iden-

[1] Enn. VI, II, 9.
[2] Enn. VI, II, 17.
[3] Enn. VI, II, 13.
[4] Enn. VI, II, 13.
[4] Enn. VI, II, 6

tité, la différence, l'essence, la vie, le mouvement et le repos. Quant aux autres catégories, ou elles n'appartiennent pas au monde intelligible, ou elles peuvent se réduire à celles-là. La catégorie du nombre et de l'étendue dérivent, l'une de la catégorie du repos, l'autre de la catégorie du mouvement [1]. La beauté, la science, la raison, la vertu sont des genres réductibles aux six catégories primitives [2], lesquelles sont irréductibles, soit entre elles, soit à une catégorie supérieure. La qualité n'est point une catégorie du monde intelligible, parce que, dans les êtres de ce monde, elle ne se distingue jamais de l'essence [3]. Quant à la manière d'être, à la relation, au lieu, à la position, à l'action et à la passion, tous ces modes d'existence supposent une complexité et une dépendance qui répugnent à la nature de l'être intelligible. L'Intelligence ne comprend distinctement que deux catégories, l'identité et la différence ; mais on peut dire dans un certain sens qu'elle comprend, aussi bien que l'Ame, tous les genres du monde intelligible : seulement elle les contient à l'état d'idées pures, lesquelles, en se réalisant dans l'Ame, deviennent de véritables genres de l'être [4]. La quantité, la qualité, le repos, le mouvement, l'essence, se retrouvent donc à la fois dans l'Intelligence et dans l'Ame, mais en modes et en genres dans l'Ame, et seulement en idées dans l'Intelligence.

Il reste à faire les mêmes recherches pour le monde sensible, en employant la même méthode, c'est-à-dire

[1] Enn. VI, ii, 13.
[2] Enn. VI, ii, 18.
[3] Enn. VI, ii, 14, 15, 16.
[4] Enn. VI, ii, 19, 20.

en décomposant les êtres de ce monde dans leurs principes élémentaires [1]. Les principes du monde sensible sont l'âme et le corps. Mais l'âme n'appartient pas à ce monde ; elle y produit, forme, conserve et gouverne les êtres : elle y est comme puissance, mais non en essence. Le vrai séjour de l'âme, c'est le monde intelligible. Il faut donc l'éliminer, au moins en tout ce qui concerne sa nature propre. Il ne reste plus à considérer que le corps et le rapport du corps avec l'âme dans le monde sensible, et à déterminer le nombre et la nature des genres qui dérivent de ce double principe [2]. Le corps se compose de matière et de forme. La matière n'est pas un genre, car elle ne contient pas d'espèces : elle contient la forme dans un sens, mais non pas comme espèce. La forme est indépendante de la matière et vient d'ailleurs [3]. En outre le genre étant toujours un mode de l'être, est l'être considéré d'une certaine façon. Mais la matière est le non-être : elle n'est donc point le genre de l'essence.

La forme ne peut constituer un genre, mais pour d'autres raisons. La forme n'est pas l'être, mais le principe de l'être. Or toute catégorie suppose l'être, dont elle n'est qu'un mode. L'être, dans le monde sensible, n'est ni la matière, vrai non-être, ni la forme, principe de l'être; c'est le sujet qui en résulte [4]. Or le sujet forme la catégorie de la substance ; car si on le considère par rapport à la qualité, à la manière, à la quantité, au mouvement, on

[1] Enn. VI, III, 1.
[2] Enn. VI, III, 3.
[3] Enn. VI, III, 2.
[4] Enn. VI, III, 4.

trouve qu'il est en toute chose ce qui existe en soi : en sorte que tout peut être affirmé du sujet, mais que le sujet ne peut être affirmé de rien. Quand on dit que Socrate est un homme, cela ne signifie point que le sujet homme soit affirmé de Socrate, comme l'attribut de la substance; c'est comme si on disait : Socrate est Socrate [1]. C'est donc le sujet seul qui forme la catégorie de substance ; la matière et la forme ne fournissent aucune catégorie, pas plus celle de substance qu'une autre. Car si on décompose le sujet dans ses deux éléments (matière et forme), on voit que la matière et la forme sont les principes, et non les attributs du sujet. D'un autre côté, la forme n'est point une qualité par rapport à la matière, pas plus que la matière n'en est une par rapport à la forme. Soit donc que l'on considère la forme et la matière relativement au sujet, soit qu'on les compare entre elles, il est impossible d'en faire sortir une catégorie quelconque.

Les catégories du monde sensible peuvent être réduites à cinq : la substance, la relation, la quantité, la qualité et le mouvement [2].

La substance est corporelle ou incorporelle : la substance incorporelle se définit, par opposition à la substance corporelle, ce qui est en soi et par soi [3]. La substance corporelle se définit, par opposition aux accidents, ce qui existe de soi, l'accident existant toujours dans un sujet [4]. Il suit de cette double définition qu'il y a plus d'être dans la substance incorporelle que dans

[1] Enn. VI, III, 5.
[2] Enn. VI, III, 3.
[3] Enn. VI, III, 6, 7.
[4] Enn. VI, III, 6, 7.

la substance corporelle, et plus d'être dans celle-ci que dans l'accident. D'un autre côté, si on compare la forme, la matière et le sujet, on trouvera qu'il y a plus d'être dans la forme, image de la substance incorporelle, que dans la matière, qui en est tout le contraire, et qu'enfin il y a plus d'être dans le sujet qui comprend la forme que dans la matière pure [1]. Du reste, la substance sensible n'est pas une essence dans toute la rigueur du mot. Une vraie essence est simple, pure de toute matière, et par suite non sujette aux accidents. La catégorie de qualité ne présente aucune difficulté ; cette catégorie comprend le beau et le laid, le bon et le mauvais [2], etc. La catégorie de quantité comprend le nombre et l'étendue ; l'égalité et l'inégalité appartiennent au nombre. Le plus et le moins, le temps, le lieu, rentrent dans la relation. Ces deux catégories ont pour principe la forme et la matière [3]. Les contraires ne constituent pas un mode spécial de l'être qui puisse être ramené à une catégorie particulière [4]. Ils se rapportent tantôt à la qualité, tantôt à la quantité, tantôt à la relation. La catégorie du mouvement suppose, comme principes, la puissance et l'acte ; mais elle ne les comprend point comme espèce, pas plus que la substance ne comprend la matière et la forme. Elle implique la diversité, la vie, la vertu, la force, etc. [5]. Le repos est un genre aussi bien que le mouvement. Dans l'intelligible pur, le mouvement et le repos se

[1] Enn. VI, III, 7.
[2] Enn. VI, III, 10.
[3] Enn. VI, III, 11.
[4] Enn. VI, III, 18, 19.
[5] Enn. VI, III, 21, 22, 23.

confondent dans l'acte et n'existent point distinctement[1]. Mais l'acte est supérieur au monde sensible, et ne s'y rencontre point. Le repos et le mouvement le supposent toujours, non plus comme genre supérieur, mais comme principe du monde intelligible[2].

Telle est la doctrine de Plotin sur les catégories. L'esprit platonicien du philosophe alexandrin s'y révèle clairement. Il expose les idées péripatéticiennes et stoïciennes pour les réfuter plutôt que pour les reproduire ; il retranche de la théorie d'Aristote tout ce qui répugne à son propre système, et ramène la doctrine des catégories à la théorie des idées. Jusque là le monde intelligible n'avait point trouvé place dans la doctrine des catégories ; Plotin l'y fait rentrer à l'aide d'une méthode supérieure. Sa théorie embrasse tous les êtres sensibles et toutes les essences intelligibles ; elle comprend l'Intelligence aussi bien que l'Ame et la Nature.

CHAPITRE V.

Plotin. Psychologie.

Théorie de l'essence de l'âme et de ses rapports avec le corps. Énumération et analyse de ses facultés. Sensation. Imagination Mémoire. Raisonnement. Volonté. Intelligence ou contemplation. Amour ou extase.

L'homme est un être double : ce qu'on est convenu d'appeler le corps, par opposition à l'âme, n'est pas simplement la masse matérielle, c'est la matière ayant

---

[1] Enn. VI, III, 27.
[2] Enn. VI, III, 27.

forme et vie ; en sorte que dans le corps proprement dit, il y a déjà une certaine âme, comme il y en a partout. Mais l'âme, quand on l'oppose au corps et non plus à la matière, prend un caractère déterminé : c'est l'essence même de l'homme, le principe qui le distingue de tous les êtres de la nature, lesquels ont aussi des âmes. La science de l'homme comprend deux ordres de recherches bien distinctes :

1° Considérer d'une manière générale, en tant qu'âme, la nature de l'âme humaine, et en quel rapport elle est avec le corps.

2° Considérer la nature intime de l'âme humaine, et déterminer les facultés qui lui sont propres dans le développement de la vie totale.

L'âme humaine est-elle une essence véritable, distincte et séparable du corps, ou bien n'est-elle que le corps proprement dit, ou une harmonie, ou une entéléchie du corps? L'âme n'est point un corps : en effet, l'essence de l'âme, c'est d'être un principe de vie ; or ce n'est ni dans la forme du corps, ni dans les éléments dont il se compose, ni dans l'arrangement des éléments, qu'on peut trouver le principe de la vie [1]. Il y a plus : nul corps dans la nature n'est simple que par sa forme, laquelle lui vient d'une certaine raison séminale déposée dans le sein de la matière par l'Ame du monde [2]. Si on soutient que ce sont les atomes qui, par leur réunion, forment l'âme, l'unité de la vie totale devient inexplicable [3]. Mais pourquoi un atome ne serait-il

---

[1] Enn. IV, vii, 1.
[2] Enn. IV, vii, 2.
[3] Enn. IV, vii, 3.

pas principe de la vie pour le corps entier ? En ce cas, comme tout corps peut toujours se décomposer en forme et en matière, dans lequel des deux principes placera-t-on le principe de la vie ? Ce ne peut être dans la matière ; c'est donc dans la forme. Mais alors on sort du système, puisque la forme vient de l'âme. Fait-on de la forme une affection de la matière, il reste à expliquer d'où lui vient cette affection ; car la matière ne se donne à elle-même ni la forme ni la vie [1].

Les Stoïciens, forcés par l'évidence de reconnaître que le corps ne suffit pas pour expliquer la vie, supposent que l'âme est un souffle d'un certain caractère [2]. Mais que veut-on dire par là ? Ce souffle vient-il de la matière, et le caractère qu'on lui attribue en vient-il également ? S'il en vient, c'est un mystère à expliquer ; s'il n'en vient pas, il faut donc admettre un principe autre que la matière, d'où il vienne [3].

D'ailleurs, si l'âme est un corps, elle change sans cesse. Mais sans l'identité du sujet, comment expliquer la mémoire [4] ? D'un autre côté, elle ne peut ni sentir ni penser, puisque tout corps est étendu, et comme tel, répugne à l'unité et à la simplicité, qui

---

[1] Enn. IV, vii, 3.
[2] Enn. IV, vii, 4.
[3] Enn. IV, vii, 4.
[4] Enn. IV, vii, 5. Ἀλλ' οὐχ' ὥσπερ ξένη ψυχὴ αὕτη ἐν ἀγνοίᾳ ἔσται, ὧν ἡ ἑτέρα οἶδε, καὶ ὥσπερ ὁ ἄλλος ὄγκος ἡμῶν, τὸ μέν τι ἀπορρεύσεται αὐτοῦ, τὸ δέ τι προσελεύσεται, οὐδὲν δὲ ἔσται τὸ αὐτό; πῶς οὖν ἡμῖν αἱ μνῆμαι, πῶς δὲ ἡ γνώρισις οἰκείων οὐδέ ποτε τῇ αὐτῇ ψυχῇ χρωμένων;

sont les conditions de toute sensation, de toute pensée[1]. En effet, ce n'est pas l'organe qui sent et perçoit, c'est l'âme par l'organe. L'âme est le centre auquel aboutissent toutes les impressions des organes ; il faut donc que ce centre soit un principe simple et un [2]. Si l'âme est un corps, c'est le corps qui sent. Dès lors, comme la sensation est partout, il faudra qu'elle ait parcouru toutes les parties du corps, à commencer par l'organe qui pâtit. Or la sensation est instantanée ; ce qui ne peut s'expliquer que par un principe simple et un [3]. Enfin si l'âme est un corps, comment expliquer l'intelligence et la vertu ? L'intelligence étant l'intuition des choses incorporelles, comment le corps peut-il avoir cette intuition [4] ? Et quand on admettrait qu'il n'y a pas de substances incorporelles, et que ce que l'on appelle de ce nom n'est que la forme ou le genre du corps, il n'en serait pas moins difficile de comprendre comment un corps peut percevoir la forme immatérielle des choses matérielles. Quant aux vertus et aux qualités, si l'âme n'est qu'un corps, elles devraient changer avec ce corps [5]. Non seulement l'âme n'est point un corps, mais elle n'est pas même corporelle. Autrement comment

[1] Enn. IV, vii, 6. Ὅτι δὲ εἰ σῶμα εἴη ἡ ψυχή, οὔτε τὸ αἰσθάνεσθαι, οὔτε τὸ νοεῖν, οὔτε τὸ ἐπίςασθαι, οὔτε ἀρετὴ, οὔτε τι τῶν καλῶν ἔςαι, ἐκ τῶνδε δῆλον.

[2] Enn. IV, vii, 6. Δεῖ τοίνυν τοῦτο ὥσπερ κέντρον εἶναι, γραμμὰς δὲ συμβαλλούσας ἐκ περιφερείας κύκλου, τὰς πανταχόθεν αἰσθήσεις πρὸς τοῦτο περαίνειν, καὶ τοιοῦτον τὸ ἀντιλαμβανόμενον εἶναι, ἓν ὄντως.

[3] Enn. IV, vii, 7.

[4] Enn. IV, vii, 8. Εἰ οὖν τὸ νοεῖν ἐςι τὸ ἄνευ σώματος ἀντιλαμβάνεσθαι, πολὺ πρότερον δεῖ μὴ σῶμα αὐτὸ τὸ νοῆσον εἶναι.

[5] Enn. IV, vii, 8.

pourrait-elle être une et simple ¹ ? Quant à dire que l'étymologie même du mot témoigne de la nature matérielle de l'âme, que ψυχρόν signifiant le froid, ψυχή doit être le principe du froid, c'est-à-dire un véritable souffle dans le sens propre du mot, un tel argument ne mérite pas de réponse ². Combien ils comprennent peu l'ordre véritable de la génération des êtres, ceux qui font ainsi du corps l'âme elle-même ou le principe de l'âme ! Car c'est toujours le meilleur qui engendre le pire ; le Bien engendre l'Intelligence, celle-ci l'Ame, et l'Ame la Nature, le principe engendré étant toujours inférieur au principe générateur ³.

Il vient d'être démontré que l'âme n'est point un corps ; mais ne serait-elle pas une harmonie du corps ? Cela est impossible. L'harmonie est un effet, et l'âme est une cause ; l'harmonie est donc un effet de l'âme, et non l'âme elle-même ⁴. Ne serait-elle pas une entéléchie, c'est-à-dire simplement l'acte d'un corps organisé qui a la vie en puissance, ainsi que le prétendent les Péripatéticiens ⁵ ? Dans cette hypothèse, l'âme serait divisible comme le corps, et en suivrait les développements et les variations ⁶. D'ailleurs, si l'âme était une entéléchie, il n'y aurait plus de lutte de la raison contre la passion ; l'être humain tout en-

---

¹ Enn. IV, vii, 8.
² Enn. IV, vii, 8.
³ Enn. IV, vii, 8.
⁴ Enn. IV, vii, 8. Καὶ γὰρ ὅτι μὲν πρότερον ἡ ψυχή, ἡ δ' ἁρμονία ὕςερον καὶ ὡς τὸ μὲν ἄρχει καὶ ἐπιςατεῖ τῷ σώματι, καὶ μάχεται πολλαχῆ, ἁρμονία δὲ οὐκ ἂν οὖσα ταῦτα ποιοῖ. Cet argument est reproduit du Phédon.
⁵ Enn. IV, ii, 3.
⁶ Enn. IV, ii, 3.

tier ne serait qu'un seul et même principe, qui n'éprouverait partout qu'un seul et même sentiment [1] sans jamais être en désaccord avec lui-même. D'ailleurs, les sensations seules peuvent avoir lieu dans cette hypothèse ; les pensées pures sont impossibles. C'est pourquoi les partisans de cette doctrine introduisent dans la nature humaine une autre âme, à savoir, l'intelligence pure, qu'ils font immortelle [2]. En outre, si l'âme n'est que l'acte du corps, elle n'est point un principe indépendant, elle n'a pas de facultés qui lui soient propres. Comment pourra-t-elle alors penser, raisonner, se souvenir sans le corps [3] ? Cette définition serait plus vraie pour les plantes ; et encore est-il nécessaire, pour pouvoir expliquer la vie végétale, d'admettre dans les plantes un principe interne, qui, loin de se confondre avec le principe de la vie extérieure et générale, réagit contre ce principe et maintient par sa résistance l'unité et l'identité de la plante [4]. L'âme n'est donc pas une simple forme, même une forme de l'être vivant ; c'est une véritable substance qui vit par elle-même et se suffit pleinement par rapport au corps [5].

[1] Enn. IV, ii, 3. Καὶ μὴν ἐντελεχείας οὔσης, οὐδὲ ἐναντίωσιν λόγου πρὸς ἐπιθυμίας· ἓν δὲ καὶ ταὐτὸν δι' ὅλου πεπονθέναι τὸ πᾶν, οὐ διαφωνοῦν ἑαυτῷ.

[2] Enn. IV, ii, 3. Αἰσθήσεις δὲ μόνον δυνατὸν ἴσως γίνεσθαι, τὰς δὲ νοήσεις ἀδύνατον. Διὸ καὶ αὐτοὶ ἄλλην ψυχὴν τὸν νοῦν εἰσάγουσιν, ὃν ἀθάνατον τίθενται.

[3] Enn. IV, ii, 3.

[4] Enn. IV, ii, 3.

Enn. IV, ii, 3. Ἀλλ' ἔστιν οὐσία, οὐ παρὰ τὸ ἐν σώματι ἱδρῦσθαι τὸ εἶναι τινος τὸ εἶναι λαμβάνουσα, ἀλλ' οὖσα πρὶν καὶ τοῦδε γίνεσθαι, οἷον ζῴου, οὐ τὸ σῶμα τὴν ψυχὴν γεννήσει.

Cela posé, il n'est pas difficile de démontrer que l'âme est immortelle ; car l'immortalité n'est qu'une conséquence de sa nature. L'âme étant une essence indépendante et séparable du corps, simple et indivisible, sans figure, sans couleur, sans pesanteur, immuable, incorruptible, même dans son contact avec les choses sensibles, enfin principe de vie et de mouvement pour la matière, ces divers attributs ne révèlent-ils pas son origine divine et sa nature immortelle [1] ? Si l'âme était de ce monde, comment posséderait-elle la sagesse, l'intelligence et l'amour, facultés des êtres divins [2] ? Et qu'on ne dise pas que ces attributs ne sont point essentiels à sa nature. Ce n'est point hors d'elle, mais en elle-même que l'âme contemple les choses divines. Le contact du corps est à l'âme ce que la rouille est à l'or. Quand elle est dégagée de ce contact, elle recouvre sa pureté primitive, et alors elle revoit dans tout leur éclat les divines images du Bien, un moment obscurcies par la rouille de la matière [3]. En outre, l'âme étant le principe de la vie, et la vie étant immortelle, comment l'âme ne le serait-elle pas elle-même ? Comment d'ailleurs une essence, une, simple, indivisible, périrait-elle par la dissolution des parties [4] ? Enfin l'âme du monde

[1] Enn. IV, vii, 9.
[2] Enn. IV, vii, 10.
[3] Enn. IV, vii, 10. Καὶ τοῦ ὃ πρότερον ἦν, ὥσπερ ἀγάλματα ἐν αὐτῇ ἱδρυμένα ὁρῶσα, οἷα ὑπὸ χρόνου ἰοῦ πεπληρωμένα, καθαρὰ ποιησαμένη· οἷον εἰ χρυσὸς ἔμψυχος εἴη, εἶτα ἀποκρουσάμενος ὅσον γεηρὸν αὐτῷ, ἐν ἀγνοίᾳ, πρότερον ἑαυτοῦ ὤν, ὅτι μὴ χρυσὸν ἑώρα, τότε δὴ αὐτὸν ἤδη τοῦ χρήματος θαυμάσειεν, ὁρῶν μεμονωμένον, καὶ ὡς οὐδὲν ἄρα ἔδει αὐτῷ κάλλους ἐπακτοῦ, ἐνθυμοῖτο αὐτὸς κρατιςεύων, εἴ τις αὐτὸν ἐφ' ἑαυτοῦ ἐῴη εἶναι.
[4] Enn. IV, vii, 12.

étant immortelle, l'âme humaine, qui est de même nature, ne peut pas ne pas l'être également [1].

Il semble étonnant que Plotin insiste avec tant de développement et de force sur la nature immatérielle, immortelle, indépendante de l'âme humaine, lorsque déjà, dans sa théorie générale des principes des choses, il a compris l'Ame universelle et toutes les âmes particulières parmi les essences intelligibles, dont les attributs sont la simplicité, l'indépendance et l'immortalité. Mais il faut considérer que deux grandes écoles, les Péripatéticiens et les Stoïciens, avaient soutenu la thèse contraire, et qu'elles avaient répandu, par une argumentation subtile et spécieuse, des doutes qu'il importait de dissiper. C'est pour cela que Plotin s'attache à démontrer par des arguments nombreux et décisifs : 1° que l'âme n'est point un corps, ainsi que le voulaient les Stoïciens ; 2° qu'elle n'est pas une simple forme du corps, une entéléchie, comme le prétendait Aristote.

Mais que devient l'âme immortelle après la mort, et comment faut-il entendre cette immortalité [2] ? Bien que Plotin ne s'en explique pas catégoriquement, la solution de ce problème ressort clairement de sa doctrine générale sur le rapport des âmes individuelles à l'âme universelle. Si, comme il l'affirme, la chute des âmes dans les corps est le principe de leur individualité, la mort, en les détachant de la matière, les fait rentrer dans le sein de l'Ame universelle. Là elles perdent leur existence individuelle, mais non leur essence. Au contraire, l'essence véritable étant en

[1] Enn. IV, vii, 13.
[2] Enn. IV, ii, 3.

raison inverse de l'individualité, elles ne recouvrent que par leur réunion à leur principe cette pleine et pure essence qu'elles avaient perdue dans l'isolement de l'existence individuelle. C'est là le sens des paroles que Porphyre attribue à Plotin au moment de sa mort : « qu'il s'efforçait de rendre au Dieu universel la partie divine de soi-même [1]. »

Plotin recherche ensuite en quel rapport l'âme est avec le corps. L'âme est indivisible, quant à son essence ; ce n'est qu'en tant que ses puissances se répandent dans le corps qu'elle peut être conçue comme divisible. Et alors même, elle ne se divise pas comme le corps en parties distinctes et exactement correspondantes aux parties corporelles. Elle se divise en ce sens seulement qu'elle se communique à toutes les parties du corps. Mais elle reste tout entière dans chaque partie ; elle n'est donc pas divisible en elle-même, mais par rapport au corps. Le corps étant divisible, l'âme ne peut agir sur lui qu'en s'accommodant à sa nature, c'est-à-dire en se divisant pour le pénétrer tout entier. C'est le corps qui divise la vie en la recevant [2], comme le prisme fractionne la lumière, qui est par elle-même simple et indivisible. Mais n'est-il pas absurde d'admettre à la fois la divisibilité et l'indivisibilité de l'âme? Cette prétendue contradiction est la loi même de la vie. Si l'âme n'était pas indivisible, comment pourrait-elle sentir, comparer, penser, chaque organe étant affecté individuellement [3] ? Si elle

---

[1] Porph., *Vie de Plotin*, 2. Καὶ φήσας πειρᾶσθαι τὸ ἐν ἡμῖν θεῖον ἀνάγειν πρὸς τὸ ἐν τῷ παντὶ θεῖον.

[2] Enn. IV, ii, 1.

[3] Enn. IV, ii, 2.

n'était pas divisible, elle resterait tout entière en elle-même, et ne se communiquerait point au corps. Comment alors expliquer la vie qui circule dans toutes les parties du corps [1] ?

Mais comment faut-il concevoir la présence et l'expansion de l'âme dans le corps ? L'âme n'est pas dans le corps comme dans un vase ou dans un lieu ; elle n'y est point, comme la partie dans le tout, ou le tout dans la partie, ni comme la qualité dans le sujet, ni comme la forme dans la matière [2]. Aucune de ces comparaisons ne peut donner la véritable idée du rapport de l'âme avec le corps. Loin que le corps contienne l'âme, il est plus vrai de dire que c'est l'âme qui contient le corps. Ce qui fait notre erreur, c'est que ne voyant pas l'âme, mais seulement un corps vivant, nous renfermons l'âme avec la vie dans ce corps. Mais s'il était possible d'apercevoir et de sentir l'âme, elle apparaîtrait comme un immense filet qui enveloppe le corps de toutes parts [3]. L'âme ne réside donc pas dans le corps ; elle y préside comme le pilote préside au navire, avec cette différence que le pilote ne remplit pas le navire, comme l'âme fait le corps [4].

[1] Enn. IV, ii, 2.
[2] Enn. IV, iii, 20.
[3] Enn. IV, iii, 20. Πῶς οὖν ἐν τῷ σώματι ἡ ψυχὴ λέγεται πρὸς πάντως; ἢ ἐπειδὴ οὐχ ὁρατὸν ἡ ψυχή, ἀλλὰ τὸ σῶμα· σῶμα οὖν ὁρῶντες, ἔμψυχον δὲ συνιέντες ὅτι κινεῖται καὶ αἰσθάνεται, ἔχειν φαμὲν ψυχὴν αὐτό· ἐν αὐτῷ ἄρα τῷ σώματι τὴν ψυχὴν εἶναι, ἀκολούθως ἂν λέγοιμεν. Εἰ δέ γε ὁρατὸν ἡ ψυχὴ Καὶ αἰσθητὸν ἦν, περιειλημμένον πάντῃ τῇ ζωῇ, καὶ μέχρις ἐσχάτων οὖσα εἰς ἴσον, οὐκ ἂν ἔφαμεν τὴν ψυχὴν ἐν τῷ σώματι εἶναι, ἀλλ' ἐν τῷ κυριωτέρῳ τὸ μὴ τοιοῦτον, καὶ ἐν τῷ συνέχοντι τὸ συνεχόμενον, καὶ ἐν τῷ μὴ ῥέοντι, τὸ ῥέον.
[4] Enn. IV, iii, 21.

Il n'y a point d'image dans le monde sensible qui puisse donner une juste idée de la présence de l'âme dans le corps ; pourtant c'est approcher de la vérité, que de comparer l'âme à la lumière qui se répand dans l'air sans s'y mêler et sans rien perdre de sa pureté [1]. Et quand on parle de l'effusion de l'âme dans le corps, c'est de l'âme sensitive et végétative qu'il s'agit, et non de la raison et de l'intelligence, dont l'essence répugne à toute action sur le corps [2]. L'âme est présente au corps, non par son essence, mais par ses puissances ou facultés [3]. La variété des facultés n'altère en rien l'unité de l'âme, chaque faculté n'étant pas une partie de l'âme, mais l'âme tout entière. Chaque faculté, en tant qu'âme, est présente au corps tout entier; mais en tant que faculté spéciale, elle n'agit que là où elle trouve un instrument. C'est en ce sens qu'on peut assigner à chaque faculté un organe particulier pour siége de son développement : à la pensée, la tête; au désir et à la volonté, le cœur ; aux appétits, le bas-ventre ; à la nutrition, le foie [4].

Après ces considérations générales sur la nature de l'âme et sur ses rapports avec le corps, Plotin s'attache à déterminer les facultés qui lui sont propres dans le développement de la vie totale. Nous le suivrons pas à pas dans cette ingénieuse et profonde ana-

---

[1] Enn., IV, III, 22. Καὶ γάρ αὖ καὶ τοῦτο παρὸν, οὐ πάρεςι, καὶ δι' ὅλου παρὸν, οὐδενὶ μίγνυται, καὶ ἕςηκε μὲν αὐτὸ, τὸ δὲ παραρρεῖ.

[2] Enn. IV, III, 23.

[3] Enn. IV, III, 22. Τῶν μὲν ἄλλων δυνάμεων οὐδὲ παρουσίαν τῷ σώματι λεκτέον τῆς ψυχῆς εἶναι· ὧν δὲ δεῖται, ταῦτα παρεῖναι· καὶ παρεῖναι οὐκ ἐνιδρυθέντα τοῖς μέρεσιν αὐτοῦ, οὐδ' οὖ τῷ ὅλῳ.

[4] Enn IV, III, 23.

lyse, dont les procédés et les résultats sont également remarquables.

Si l'homme était un être simple, une pareille recherche serait inutile ; car il serait évident que toutes ses facultés appartiennent au même principe. Mais il est composé d'âme et de corps, c'est-à-dire de deux principes essentiellement distincts. Et en outre le rapport de l'âme et du corps engendre un troisième principe qui tient le milieu entre les deux et qu'on appelle le principe animal (τὸ ζῶον)[1]. Ces trois principes ont chacun leurs facultés propres, et c'est le concours de ces facultés diverses qui produit la totalité des actes de la vie si complexe et si variée de l'homme. Il s'agit de savoir, dans cette multitude de facultés, quelles appartiennent à l'âme proprement dite, quelles au corps, quelles au principe animal, afin d'arriver, par l'élimination des opérations étrangères à l'âme, à la connaissance de ses véritables actes et, par suite, de sa nature intime et de son essence propre.

Le développement complet de la vie met en jeu les facultés suivantes : la nutrition, la reproduction, la locomotion, la passion, la sensation, l'appétit, le désir, l'opinion, la perception, l'imagination, soit sensible, soit intelligible, la mémoire, le raisonnement, la volonté, la pensée, l'amour.

La nutrition, la reproduction et la locomotion sont évidemment des actes étrangers à l'âme ; c'est le corps seul qui se nourrit, qui se reproduit, qui se meut. L'âme proprement dite n'y a aucune part. Quel que

[1] Enn. I, 1, 7.

soit le rapport de l'âme et du corps, il est évident que l'âme se sert du corps, comme la cause se sert de l'instrument [1]. Or il n'est pas naturel que la cause subisse toutes les affections de l'instrument. Toutes les propriétés et facultés du corps sont donc et restent toujours étrangères à l'âme. Quant à la passion (πάθος), il est également impossible de la rapporter à l'âme; elle ne jouit ni ne souffre, pas plus qu'elle ne tisse : c'est l'animal seul qui pâtit [2].

Sensation (αἴσθησις). Est-ce l'âme qui sent? La sensation, dans la doctrine de Plotin, n'est pas le plaisir ou la douleur; c'est le sentiment qui les suit [3]. Le plaisir, la douleur, sont des passions : c'est le corps qui souffre ou jouit, le corps en tant qu'il est animé par le principe vital. La sensation n'est point dans l'âme une pure impression ni une simple trace des objets sensibles. Il faudrait pour cela que l'âme fût une puissance passive qui, comme une cire molle, recevrait l'impression du corps [4]. Quand l'âme voit un objet, c'est en dehors d'elle-même, et à une certaine distance; de plus, c'est l'objet même qu'elle voit, et non une image matérielle renfermée dans l'organe de la

---

[1] Enn. I, 1, 4.

[2] Enn. I, 1, 4. Καὶ γὰρ ἄτοπόν φησι τὴν ψυχὴν ὑφαίνειν λέγειν, ὥςε καὶ ἐπιθυ-μεῖν, καὶ λυπεῖσθαι · ἀλλὰ τὸ ζῶον μᾶλλον.

[3] Enn. IV, IV, 19. Ἀλλ' οὖν τὴν αἴσθησιν αὐτὴν οὐκ ὀδύνην λεκτέον, ἀλλὰ γνῶσιν ὀδύνης.

[4] Enn. IV, VI, 1. Δῆλον δὲ δήπου ἐν παντὶ, ὡς αἴσθησιν ὁτουοῦν λαμβάνοντες δι' ὁράσεως, ἐκεῖ ὁρῶμεν καὶ τῇ ὄψει προσβάλλομεν οὗ τὸ ὁρατόν ἐςιν ἐπ' εὐθείας κείμενον, ὡς ἐκεῖ δηλονότι τῆς ἀντιλήψεως γιγνομένης, καὶ πρὸς τὸ ἔξω τῆς ψυχῆς βλεπούσης, ὅτε μηδενὸς οἶμαι τύπου ἐν αὐτῇ γενομένου, ἢ γενομένου, οὐδὲ τῷ σφραγῖδα λαμβανούσης, ὥσπερ ἐν κηρῷ δακτυλίου, βλεπούσης.

vision. Supposer que l'âme ne voit que les images des objets, c'est la condamner à ne voir que des ombres [1].

Mais si la sensation n'est point une impression ni une image de l'objet sensible, qu'est-elle donc, et comment l'expliquer? La sensation, comme l'imagination et le souvenir qui en viennent, n'est point une passion, mais une action. L'âme en effet est une puissance active, une cause : or le propre d'une cause est de ne pâtir en rien, mais de pouvoir et de faire son œuvre par elle-même [2]. Notre imagination ne pouvant croire qu'une puissance puisse connaître son objet, si elle n'en reçoit l'impression, suppose que l'âme pâtit par le contact. Mais la vérité est que l'âme ne connaît quoi que ce soit que par un acte : elle agit dans la sensation, comme dans tous les phénomènes qui lui sont propres; c'est en agissant sur le corps qu'elle en fait un objet de sensation. Quand les impressions des corps, soit des images, soit des sons, arrivent à l'âme, elles se présentent à elle, comme les lettres écrites à celui qui veut lire; l'âme alors, en vertu de sa puissance et de son essence, reconnaît, fixe et détermine ces impressions, à mesure qu'elles s'approchent d'elle, et entrent dans le champ de la vision ou de l'audition [3]. Maintenant que la nature de la sensation est

---

[1] Enn. IV, vi, 1. Τὸ δὲ μέγιςον ἁπάντων, εἰ γὰρ τύπους λαμβάνοιμεν ὧν ὁρῶμεν, οὐκ ἔςαι βλέπειν αὐτὰ ἃ ὁρῶμεν, ἰδάλματα δὲ ὁραμάτων καὶ σκιάς.

[2] Enn. IV, vi, 2. Τοῦτο γὰρ δυνάμεως, οὐ τὸ παθεῖν τι, ἀλλὰ τὸ δυνηθῆναι, καὶ ἐφ' ᾧ τέτακται ἐργάσασθαι,

[3] Enn. IV, vi, 2. Τὴν μέντοι δύναμιν καὶ τὴν τῆς ψυχῆς οὐσίαν οἷον ἀναγνῶναι τοὺς τύπους ἐν τῷ ἀέρι γεγραμμένους, ἐλθόντας πλησίον, εἰς ὃ ἐλθόντες πεφύκασιν ὁρᾶσθαι.

définie, pour savoir si elle appartient à l'âme, il faut remonter à la nature de celle-ci. Il y a des êtres dont l'essence et la nature sont distinctes, de telle sorte qu'en eux l'essence n'est point la nature même, mais le principe de la nature. L'identité d'essence et de nature est le caractère propre des êtres simples ; la distinction d'essence et de nature est le caractère propre des êtres composés [1]. Il est bien évident que la sensation répugne à l'essence de l'âme. Si donc elle se rattache à l'âme, ce ne peut être qu'à sa nature. Mais pour cela il faut que dans l'âme autre chose soit l'essence, autre chose soit la nature ; il faut, en un mot, qu'elle ne soit point un être simple. Or la simplicité de l'âme ne peut être mise en doute [2] : donc sa nature est identique à son essence ; et, par cela seul que la sensation répugne à cette essence, elle répugne à l'âme elle-même [3]. D'ailleurs l'âme, qui est l'être pur, aspirerait par la sensation au non-être [4] : or elle n'a besoin d'aucun principe inférieur pour vivre et agir ; elle se suffit pleinement en qualité d'essence impassible, elle peut vivre et agir par elle-même [5].

Mais quel est donc le principe qui sent dans l'homme, si ce n'est pas l'âme? Il est bien évident que ce n'est pas le corps non plus. Le corps se nourrit, se reproduit, se meut, pâtit ; tous ces actes étant extérieurs,

---

[1] Enn. I, 1, 2.

[2] Enn. I, 1, 4.

[3] Enn. I, 1, 2. Οὕτω γὰρ καὶ τὸ ἀθάνατον ἀληθὲς λέγειν, εἴπερ δεῖ τὸ ἀθάνατον καὶ ἄφθαρτον ἀπαθὲς εἶναι, ἄλλῳ ἑαυτοῦ πως διδὸν, αὐτὸ δὲ παρ' ἄλλου μηδέν.

[4] Enn. I, 1, 2. Οὕτω γὰρ ἂν σπεύδοι εἰς τὸ μὴ εἶναι, ὅ ἐστι.

[5] Enn. I, 1, 2. Αὔταρκες γὰρ τόδε ἁπλοῦν ἐν οὐσίᾳ.

composés, successifs, locaux, sont conformes à la nature du corps. Mais la sensation, acte intérieur, instantané, universel, y répugne essentiellement. Or, puisque ce n'est ni le corps, ni l'âme qui sent, il faut que ce soit le principe intermédiaire, l'animal [1]. C'est même là la propriété essentielle et caractéristique de ce principe.

On dit avec raison qu'entre l'âme et le corps il y a le rapport de la cause à l'instrument, du moteur au mobile; mais on n'explique pas comment l'âme peut mouvoir le corps, comment elle peut s'en servir [2]. Qu'un corps en meuve un autre, rien de plus simple, puisque ce sont deux substances de même nature; mais qu'une substance simple comme l'âme agisse sur une substance composée comme le corps, c'est ce que l'on ne comprend pas aisément. L'âme agit-elle sur le corps par une impulsion mécanique, ou bien par mélange et par diffusion [3], ou bien comme une idée, ou comme une providence? Et s'il y a communication entre l'âme et le corps, l'âme conserve-t-elle son essence pure et parfaite? Le corps, masse inerte, gagne sans doute à cette communication le mouvement et la vie; mais l'âme, principe et fin de toute la nature, l'âme, essence simple, impassible, n'y perd-elle pas son unité et son impassibilité? Nullement. Elle reste simple, pure, impassible, tout en communiquant avec le corps [4]. Elle pénètre le corps

---

[1] Enn. I, 1, 7. Τὴν τοῦ ζώου φύσιν ἕτερόν τι, οὗ αἰσθάνεσθαι, καὶ τὰ ἄλλα ὅσα ζώου πάθη εἴρηται.

[2] Enn. I, 1, 4.

[3] Enn. I, 1, 4.

[4] Enn. I, 1, 4. Ἀλλ' ἔστιν ἀπαθὲς εἶναι τὸ διαπλακέν.

comme la lumière pénètre les objets, sans rien perdre de la pureté de son essence [1]. Mais cela n'est possible qu'autant qu'on reconnaît entre l'âme et le corps l'animal proprement dit (τὸ ζῶον), lequel transmettant à l'âme les impressions du corps, et au corps l'impulsion des puissances de l'âme, permet à l'âme de communiquer avec le corps, tout en conservant sa pureté et sa simplicité. Le principe animal n'est pas un être à part dans l'homme, comme le corps ou l'âme [2] : c'est une puissance de l'âme, immobile par elle-même, et qui n'entre en action que sous l'impulsion de l'âme. C'est l'âme qui communique la vie et la sensation, mais l'animal seul vit et sent. La vie et la sensation touchent à l'âme et au corps, mais elles ne sont propres ni à l'une ni à l'autre.

La sensation, étant l'acte par lequel le principe animal opère la communication entre l'âme et le corps, n'est ni une impression matérielle, comme le mouvement, la passion, ni un acte pur de l'âme, comme la pensée. La sensation n'est pas propre à l'âme, mais elle y touche comme à son terme : elle tient le milieu entre la passion et la pensée ; elle unit les deux vies, la vie pure de l'âme et la vie grossière du corps. Mais comment peut-elle servir de lien? Voici l'explication très ingénieuse de Plotin. D'une part, il faut distinguer dans le corps le cadavre et la vie, la masse matérielle et le principe vital; de l'autre, il faut distinguer dans

---

[1] Enn. I, 1, 4. Καὶ ἔςι ψυχὴν διαπεφοιτηκυῖαν μήτι πάσχειν τά ἐκείνου πάθη, ὥσπερ καὶ τὸ φῶς, καὶ μάλιςα εἰ οὕτω δι' ὅλου ὡς διαπεπλέχθαι.

[2] Enn. I, 1, 7. Ἀλλὰ πῶς ἡμεῖς αἰσθανόμεθα; ἢ ὅτι οὐκ ἀπηλλάγημεν τοῦ τοιούτου ζώου.

l'âme l'essence purement intelligible et la puissance, qui, sans être elle-même sensible, contracte l'empreinte de l'impression sensible. Entre l'essence intelligible et la masse matérielle, c'est-à-dire entre les extrêmes, nulle communication n'est possible; mais entre les moyens, c'est-à-dire entre le principe vital et l'âme sensitive, le rapport a lieu naturellement [1]. C'est par le principe sensible que l'âme perçoit la forme de la sensation, qu'elle se souvient, qu'elle imagine. Cela explique comment elle est avertie de ce qui se passe dans le corps, sans en éprouver aucune affection. Il faut que l'âme ait le sentiment et la perception de la douleur ou du plaisir, pour être avertie de ce qui se passe en elle; et, d'un autre côté, il ne faut pas qu'elle-même jouisse ou souffre; car alors agitée et troublée par la douleur, elle ne pourrait en indiquer ni la cause ni le siége au médecin [2].

L'âme ne sent pas elle-même l'impression du corps; mais elle perçoit la forme de cette impression, c'est-à-dire l'élément intelligible renfermé dans toute sensation que lui transmet le principe animal [3]. La sensation de l'âme, s'il est permis de se servir de ce mot, a pour objet la forme du corps; elle est donc plus vraie que la sensation de l'animal. Cette sensation supérieure, que Plotin

[1] Enn. IV, iv, 18. Καὶ αὐτὸ τὸ σῶμα ἐν ᾧ καὶ ψυχὴ καὶ φύσις οὐ τοιοῦτον εἶναι δεῖ; οἷον τὸ ἄψυχον.

[2] Enn. IV, iv, 19.

[3] Enn. I, i, 7. Τὴν δὲ τῆς ψυχῆς τοῦ αἰσθάνεσθαι δύναμιν οὐ τῶν αἰσθητῶν εἶναι δεῖ· τῶν δὲ ἀπὸ τῆς αἰσθήσεως ἐγγινομένων τῷ ζῴῳ τύπων ἀντιληπτικὴν εἶναι μᾶλλον. Νοητὰ γὰρ ἤδη ταῦτα ὡς τὴν αἴσθησιν τὴν ἔξω εἴδωλον εἶναι ταύτης· ἐκείνην δὲ ἀληθεςέραν τῇ οὐσίᾳ οὖσαν, εἰδῶν μόνον ἀπαθῶς εἶναι θεωρίαν. Ici εἰδῶν signifie images et non idées.

distingue de la sensation animale, répond à l'ἐπαίσθησις des anciens et à la *perception* des modernes. C'est un commencement de pensée, un premier degré de l'activité de l'âme. La sensation intelligible marque la transition de la vie animale à la vie spirituelle.

L'*Appétit* (ἐπιθυμία) ne vient ni de l'âme ni du corps, mais du principe animal. Le corps pâtit, l'animal appète, l'âme obéit ou résiste à l'appétit [1]. Ce qui prouve que c'est l'animal et non l'âme qui appète, c'est la diversité des appétits, et surtout les variations que l'âge leur fait subir. Si l'âme en était le sujet et le principe, comme elle est simple et immuable, il serait impossible d'expliquer cette diversité et ces changements [2]. Le Désir (ὄρεξις), entendu comme un simple mouvement de l'âme vers les choses sensibles, se confond avec l'appétit. Entre l'appétit et la colère (χολὴ) [3], il y a une étroite relation. Ἐπιθυμία et χολὴ expriment plutôt deux degrés d'un même mouvement de l'âme sensible que deux mouvements réellement distincts [4]. L'appétit vient du principe végétatif dans l'animal, et la colère du principe sanguin et bilieux ; le premier a son siège au-dessous du cœur, tandis que le second a le sien dans le cœur même.

---

[1] Enn. IV, IV, 20. Καὶ τῶν σώματι ὧν δὲ ἐπιθυμιῶν τὴν ἀρχὴν, ἐκ τοῦ οὕτω κοινοῦ καὶ τῆς τοιαύτης σωματικῆς φύσεως ἀκόλουθον τίθεσθαι γίνεσθαι. Οὔτε γὰρ τῷ ὁπωσοῦν ἔχοντι σώματι δοτέον τὴν ἀρχὴν τῆς ὀρέξεως καὶ προθυμίας,

[2] Enn. IV, IV, 21. Ὅτι δὲ τοῦτό (σῶμα) ἐστι περὶ ὃ ἡ ἀρχὴ τῆς ἐπιθυμίας, καὶ αἱ ἡλικίαι μαρτυροῦσιν αἱ διάφοροι.

[3] Χολή exprime un fait de l'âme très difficile à nommer dans notre langue, *colère*, *énergie*, *caractère*, *passion* dans le sens moderne du mot.

[4] Enn. IV, IV, 28.

L'Opinion (δόξα) est déjà un acte de l'âme, non pas un acte pur comme la pensée, mais un acte qui a pour origine cette sensation supérieure qu'on pourrait appeler perception. Elle touche du reste de plus près à l'âme que la sensation, en ce qu'elle est plus indépendante et moins voisine du corps [1].

L'Imagination est ou sensible ou intellectuelle [2]. L'imagination sensible est un reflet de la sensation, et rentre tout-à-fait dans le principe animal. L'imagination intellectuelle participe de l'animal et de l'âme; véritable miroir de l'intelligence, elle a pour fonction de représenter en images les choses intelligibles : elle doit être considérée comme un acte de l'âme proprement dite [3]. Ces deux imaginations sont entre elles dans le même rapport que les principes d'où elles viennent. Partout où se produit l'imagination intellectuelle, elle éclipse l'imagination sensible; les images éclatantes et pures du monde intelligible font pâlir les grossières représentations du monde sensible, de même que la pensée pure fait oublier l'opinion [4].

La *Mémoire* est comme la perception, comme l'imagination intellectuelle, un acte de l'âme, mais un acte qui tient encore à la sensation [5]. Il n'est

---

[1] Enn. I, 1, 7. Ἀπὸ δὲ τούτων τῶν εἰδῶν, ἀφ' ὧν ψυχὴ ἤδη παραδέχεται μόνη τὴν τοῦ ζώου ἡγεμονίαν διάνοιαι δὴ καὶ δόξαι, καὶ νοήσεις, ἔνθα δὴ ἡμεῖς μάλιστα.

[2] Enn. IV, iii, 31. Ἀλλ' εἰ τοῦ φαντασικοῦ, ἡ μνήμη, ἑκατέρα δὲ ἡ ψυχὴ μνημονεύειν εἴρηται. δύο τὰ φαντασικά.

[3] Enn. IV, iii, 30. Ὁ δὲ λόγος ἀναπτύξας, καὶ ἐπάγων ἐκ τοῦ νοήματος εἰς τὸ φαντασικόν, ἔδειξε τὸ νόημα, οἷον ἐν κατόπτρῳ.

[4] Enn. IV, iii, 31.

[5] Enn. IV, iii, 26. Τῆς δὲ ψυχῆς τὸ μνημονεύειν οὐχ ἧττον εἴη.

pas un acte pur et parfait comme la pensée : car il implique la variété, la succession, la transition de la puissance à l'acte, tandis que la pensée est un acte pur, simple, indivisible, immanent. Le souvenir reproduit toujours la notion d'une chose adventice et passagère, tandis que la pensée ne s'attache qu'à l'immuable et à l'éternel. On ne se souvient ni de Dieu, ni de l'Être, ni de l'Intelligence [1].

De ce que l'âme ne se souvient pas de choses adventices et corporelles, il ne s'ensuit pas que ce soit le corps qui se souvienne; il est la condition, non le sujet du souvenir [2]. Et en effet la mémoire reproduisant la sensation intellectuelle, laquelle est un acte de l'âme, quel autre principe que celle-ci pourrait s'en souvenir? On a supposé (les Stoïciens) que le souvenir est une trace sensible empreinte dans l'âme; la nature de l'âme ne se prête pas à cette hypothèse : comme elle est essentiellement une énergie, tout en elle est action [3]. La sensation est une action simple, la mémoire est une action persévérante et continue; c'est l'activité de l'âme qui se redouble. Tout ce que perçoit l'âme, essences intelligibles ou formes corporelles, elle le perçoit par assimilation. Il en est de même de la mémoire; le souvenir se confond comme la perception primitive avec son objet. L'âme ne reçoit point en elle, comme dans un récipient, l'objet intelligible de son souvenir; elle le possède et le voit intérieurement, ou plutôt elle n'est elle-même que cet

---

[1] Enn. IV, III, 25. Μνήμην δὴ περὶ θεὸν, οὐδὲ περὶ τὸ ὂν καὶ νοῦν θετέον.

[2] Enn. IV, IV, 26.

[3] Enn. IV, VI, 2.

intelligible primitivement obscur : par le souvenir, elle ne fait que passer de l'obscurité à la lumière, du sommeil au réveil, de la puissance à l'acte [1]. Dans la perception des choses sensibles, l'âme tire en quelque sorte l'objet d'elle-même, pour le faire briller au dehors et le transformer en objet de spectacle par le travail de sa propre activité. Par suite de ce travail tout intérieur, l'âme reste longtemps affectée, comme si l'objet était présent, et plus elle a insisté sur son opération, plus l'impression est durable. Ce qui fait que l'enfance a plus de mémoire que la jeunesse ou l'âge mûr, c'est que n'étant point distraite par un grand nombre de sensations, elle tient ses regards longtemps attachés sur un objet. Le même principe explique les vicissitudes et les degrés de la mémoire [2]. Dans l'hypothèse de l'impression qui reste et se grave dans l'âme, cette interruption et cette inégalité du souvenir serait inexplicable. Ce principe explique encore pourquoi la fréquence des souvenirs développe tant la mémoire. C'est qu'il est de l'essence d'une énergie pure comme l'âme d'agir d'autant plus et d'autant mieux qu'elle agit plus souvent.

Mais si le souvenir n'est pas un acte du corps, c'est-à-dire une passion, ne serait-il pas un acte du principe animal, de ce principe qui sent, qui appète, qui désire? Il est certain que le souvenir ne se rattache à aucune de

---

[1] Enn. IV, vi, 3. Γιγνώσκει γάρ τῷ αὐτά πως εἶναι· γιγνώσκει γάρ οὐ τῷ ἐνιζάνειν αὐτά, ἀλλὰ τῷ πῶς ἔχειν αὐτά, καὶ ὁρᾶν αὐτὰ, καὶ εἶναι αὐτὰ ἀμυδρότερον, καὶ γίγνεσθαι ἐκ τοῦ ἀμυδροῦ, τῷ οἷον ἐγείρεσθαι ἐναργεςέρα, καὶ ἐκ δυνάμεως εἰς ἐνέργειαν ἰέναι.

[2] Enn. IV, vi, 3.

ces facultés[1]. Le souvenir suppose la sensation, puisqu'il la reproduit ; mais, comme il n'en reproduit que la forme intelligible, il en diffère essentiellement [2]. L'appétit garde une affection de l'objet absent ; mais cette affection n'est point un véritable souvenir : la preuve en est que la mémoire calme et pure ne connaît pas l'appétit [3]. Donc le souvenir appartient à l'âme proprement dite. Il a la sensation pour condition, mais non pour objet. Son véritable objet est la forme intelligible de la sensation, en sorte que le souvenir est déjà une *intellection*, et non une impression ou une impulsion produite par le sensible [4]. Le souvenir s'attache, non au sensible, mais à ce qui, dans le sensible, ne passe ni ne s'altère, à l'élément intelligible. C'est dans l'âme elle-même et dans le monde intelligible qu'elle porte, et non dans le monde extérieur, qu'il faut chercher l'objet du souvenir. L'âme fixe et affermit la mémoire, en l'attachant à l'éternel et à l'immuable, tandis que le corps tend à le faire chanceler et évanouir, en l'attirant vers ce qui passe et change. Voilà comment il est vrai de dire que l'âme engendre le souvenir, tandis que le corps le détruit. Le corps est ici le Léthé, fleuve de l'oubli [5].

Maintenant suivons la mémoire dans une vie supérieure. Puisqu'elle est un acte de l'âme, elle est une des

---

[1] Enn. IV, III. 28.

[2] Enn. IV, III, 27.

[3] Enn. IV, III, 28.

[4] Enn. IV, III, 26. Οὐδ' ὥσπερ αἱ ἐνσφραγίσεις, οὐδ' ἀντερείσεις, ἢ τυπώσεις, ὅτι μηδ' ὠθισμός, μηδ' ὥσπερ ἐν κηρῷ, ἀλλ' ὁ τρόπος οἷον νόησις, καὶ ἐπὶ τῶν αἰσθητῶν.

[5] Enn. IV, III, 26 Μόνης δὲ οὔσης αὐτῆς (ψυχῆς) ἀνάγκη τὴν τοῦ

facultés qui persistent après la séparation de l'âme et du corps; reste à savoir de quoi l'âme se souvient[1]. Elle ne garde pas le souvenir des choses d'ici-bas : ce n'est pas qu'elle les ignore réellement ; comme elle possède les principes de toutes choses, on peut dire qu'elle connaît tous les êtres intelligibles ; mais le contact de l'âme avec les essences pures a pour effet d'épurer le souvenir, en le dépouillant de toute trace sensible, et de le transformer en une pure intuition qui embrasse simultanément les idées des choses dont l'âme ici-bas ne se souvenait que successivement[2]. C'est en effet le propre de toute intelligence dans le monde divin, de contempler les choses dans leur unité et dans leur variété, dans leur développement et dans leur succession logique, mais sans distinction de temps et de lieu. S'il est permis de comparer l'intuition de l'intelligence à la vue, l'âme, dans l'autre monde, voit le système entier des idées, comme l'œil voit un arbre, distinguant toutes les parties qui composent le tout, mais les embrassant dans un seul regard[3]. Pour que le souvenir des choses d'ici-bas accompagne l'âme dans le séjour divin, il faut qu'il subisse une transformation : des deux parties qui composent la vie terrestre, la mémoire ne conserve et n'emporte que l'élément intelligible[4]. Ainsi l'âme

σώματος φύσιν κινουμένην καὶ ῥέουσαν λήθης αἰτίαν, ἀλλ' οὐ μνήμης εἶναι· διὸ καὶ ὁ τῆς Λήθης ποταμὸς οὗτος ἂν ὑπονοοῖτο.

[1] Enn. IV, IV, 1.
[2] Enn. IV, IV, 1.
[3] Enn., IV, IV, 1. Ἔςι γὰρ καὶ τάξει, οἷον εἰ φυτοῦ ἡ τάξις ἐκ ῥιζῶν ὁρξαμένη ἕως τὸ ἄνω, τῷ θεωμένῳ οὐκ ἔχει ἄλλως· ἢ τάξει τὸ πρότερον καὶ τὸ ὕςερον ἅμα τὸ πᾶν θεωμένῳ.
[4] Enn. IV, IV, 4.

se souvient des figures et des formes, mais seulement en ce qu'elles ont d'essentiel et d'idéal. Elle se souvient des mœurs et des vertus, parce que les mœurs et les vertus tiennent à la nature intelligible [1], mais non des passions, des sensations et des appétits qui viennent du sensible. Elle se souvient encore des affections qui ont pour objet la famille et la patrie [2]; mais ce n'est plus le souvenir obscur, agité de la sensibilité, c'est le souvenir calme, pur et clair de l'intelligence. De toute sa vie passée, l'âme ne conserve que le vrai, le beau, le bien, le divin. Hercule se souvenait avec orgueil dans le ciel des triomphes de sa force et de son courage. La mémoire du sage néglige les combats du corps, et ne se souvient que des triomphes de la vertu [3].

Mais revenons au souvenir tel qu'il se produit dans les conditions de la vie actuelle. La mémoire est propre à l'âme, et en cela diffère essentiellement de la passion, de l'appétit, du désir, de la sensation et même de l'imagination. Mais elle n'est pas une faculté pure de l'âme comme la pensée et la contemplation. Elle est nécessaire à l'âme humaine, qui connaît successivement et par voie indirecte; mais les âmes célestes n'en ont nul besoin. Leur pensée n'est pas, comme la nôtre, un effort et un travail : c'est un acte simple et uniforme; elles connaissent tout idéalement, les choses sensibles, comme les idées elles-mêmes [4].

---

[1] Enn. IV, iv, 5.
[2] Enn. IV, iii, 32.
[3] Enn. IV, iii, 32. Ὁ δὲ (σοφὸς) καὶ ταῦτα σμικρὰ ἡγούμενος, καὶ μετατιθεὶς εἰς ἁγιώτερον τόπον, καὶ ἐν τῷ νοητῷ γεγενημένος, καὶ ὑπὲρ τὸν Ἡρακλέα ἰσχύσας τοῖς ἄθλοις, οἷα ἀθλεύουσι σοφοί.
[4] Enn. IV, iv, 6.

Leur vie est simple et immuable comme leur pensée; elles ne se souviennent pas plus d'avoir vécu à telle époque que d'avoir contemplé Dieu [1]. Si les âmes célestes n'ont pas besoin de la mémoire pour connaître, les Dieux peuvent encore plutôt s'en passer. C'est par une simple et constante intuition, et non par un acte de mémoire, que Jupiter comprend l'infinité des mouvements du monde [2].

Le *Raisonnement* (διάνοια) n'est pas un acte pur de l'âme, comme la pensée; c'est une opération complexe [3], ainsi que l'indique son étymologie, par laquelle l'âme remonte péniblement des formes sensibles aux raisons intelligibles. Le raisonnement a donc pour point de départ la sensation, et pour terme la raison. Voilà pourquoi le Dieu qui crée et gouverne le monde ne raisonne pas. Raisonner, c'est chercher la sagesse; ce n'est point encore être sage. Or Jupiter possède la sagesse sans la chercher : il ne délibère ni ne discourt; il voit et contemple. Le raisonnement est donc, comme la mémoire, une faculté de l'âme, mais non un acte pur de son essence [4]. L'âme ne raisonne pas avant d'entrer dans le corps et lorsqu'elle en est sortie; une fois tombée dans le corps, elle perd quelque chose de la pureté et de l'énergie de son essence. De là le besoin pour elle de raisonner pour connaître, besoin qui trahit toujours l'affaiblissement de l'intelligence [5]. Le raisonnement

---

[1] Enn. IV, IV, 7.
[2] Enn. IV, IV, 9.
[3] Enn. IV, IV, 12.
[4] Enn. IV, IV, 12.
[5] Enn. IV, III, 18.

intervient dans les arts, lorsque l'artiste hésite devant l'obstacle qu'il a rencontré; mais là où il n'y a du côté de la matière ni obstacle ni défaut, l'art triomphe et produit instantanément et sans raisonnement [1]. De même, le corps est pour l'âme un obstacle à l'intuition du vrai; d'où la nécessité de raisonner dans notre condition actuelle. Mais, dira-t-on, si les âmes ne raisonnent point, elles ne sont donc plus raisonnables? Elles le seront d'autant plus qu'elles auront moins besoin de raisonner [2]; car alors la raison en elles au lieu de s'exercer par une opération complexe et successive, se produira tout-à-coup par un acte simple et immanent, pur reflet de l'intelligence [3]. C'est là le seul exercice de la raison qui ne répugne point à l'essence de l'âme, et alors le langage nécessaire au raisonnement ordinaire devient inutile [4]. C'est ainsi sans doute que raisonnent les âmes célestes; elles agissent sans se proposer un but et sans délibérer [5]. Elles se connaissent les unes les autres par la simple intuition, sans avoir besoin ni du langage ni de l'induction, comme il nous arrive quelquefois de connaître nos semblables sans qu'ils nous parlent, et par la simple vertu du regard qui pénètre dans l'intérieur des âmes à travers l'enveloppe matérielle [6]. Dans le monde céleste, tout corps est pur et transparent dans toutes ses parties : chacun est

---

[1] Enn. IV, III, 18.
[2] Enn. IV, III, 18.
[3] Enn. IV, III, 18.
[4] Enn. IV, III, 18.
[5] Enn. IV, III, 18.
[6] Enn. IV, III, 18.

toute lumière, et chacun aussi est tout œil ; rien ne peut être caché ou simulé [1]. Quant aux démons qui habitent l'air, il n'est pas étonnant qu'ils raisonnent et se servent de la voix, car ce sont des êtres vivants et non des Dieux, comme les âmes célestes [2].

Aucune des facultés qui viennent d'être énumérées ne révèle encore l'essence pure de l'âme. La nutrition, la reproduction, la locomotion, appartiennent au corps. La sensation, l'imagination sensible, l'opinion, l'appétit, le désir, la colère ($\chi o \lambda \acute{\eta}$), se rattachent à l'âme sensible, principe intermédiaire entre le corps et l'âme proprement dite. La mémoire et l'imagination intellectuelle, le raisonnement (et par là il faut entendre tout procédé complexe de connaissance), relèvent de l'âme, mais sans être des actes purs et parfaits de son essence. Au raisonnement et à la mémoire finit la vie sensible ; au-delà est la vie pure de l'âme.

Volonté ($\theta \acute{\epsilon} \lambda \eta \sigma \iota \varsigma$). L'activité de la nature humaine ne se produit pas seulement par l'appétit et le désir ; elle se manifeste encore par la volonté. C'est l'animal qui appète et qui désire ; mais c'est l'âme elle-même qui veut [3]. La volonté n'est pas seulement propre à l'âme comme la mémoire, le raisonnement, la délibération ; elle en est un acte pur [4]. A vrai dire, la volonté n'est pas une faculté de l'âme ; elle en est l'attribut essentiel. L'âme est, par essence, indépendante de toute influence extérieure, elle est donc libre. La liberté ne réside point dans l'appétit, ni dans le $\theta \upsilon \mu \grave{o} \varsigma$;

[1] Enn. IV, III, 18.
[2] Enn. IV, III, 18.
[3] Enn. VI, VIII, 4.
[4] Enn. VI, VIII, 7.

les êtres dont toute l'activité se borne à ces deux facultés, les enfants et les aliénés, ne sont pas libres. La liberté réside dans l'acte pur de l'âme, dans la volonté [1].

Autre chose est la liberté, autre chose la volonté. L'acte volontaire n'a lieu que lorsque le pouvoir d'agir est accompagné de la conscience de ce qu'on fait [2]. Pour qu'il y ait liberté, il suffit que le pouvoir d'agir n'éprouve aucune contrainte extérieure : ainsi tuer un homme sans le savoir est un acte libre, mais non volontaire [3]. La liberté dans l'homme n'est pas un pouvoir d'agir quelconque [4] : elle ne réside ni dans le désir, ni dans l'appétit, ni dans la colère, ni dans aucune action extérieure à l'âme. Le pouvoir d'agir ne s'exerce pleinement et librement que dans l'intérieur de notre être. Pouvoir agir sur elle-même et en elle-même, pouvoir développer sans obstacle toutes les facultés propres à son essence, pouvoir vivre d'une vie pure et parfaite, conformément à sa nature, voilà en quoi consiste la vraie liberté [5]. Le principe absolument un et simple dans lequel la nature et la puissance,

---

[1] Enn. VI, viii, 2. Ἀλλ' εἰ μὲν θυμῷ καὶ ἐπιθυμίᾳ, καὶ παισὶ καὶ θηρίοις τὸ ἐπ' αὐτοῖς τι εἶναι δώσομεν.

[2] Enn. VI, viii, 1. Ἑκούσιον μὲν γὰρ πᾶν, ὃ μὴ βίᾳ μετὰ τοῦ εἰδέναι, ἐφ' ἡμῖν δὲ, ὃ καὶ κύριοι πρᾶξαι.

[3] Enn. VI, viii, 2.

[4] Enn. VI, viii, 2.

[5] Enn. VI, viii, 3. Διὸ καὶ τοῖς φαύλοις κατὰ ταύτας πράττουσι τὰ πολλὰ οὔτε τὸ ἐπ' αὐτοῖς οὔτε τὸ ἑκούσιον δώσομεν, τῷ δὲ διὰ νοῦ τῶν ἐνεργείας ἐλευθέρῳ τῶν παθημάτων τοῦ σώματος τὸ αὐτεξούσιον δώσομεν, εἰς ἀρχὴν τὸ ἐφ' ἡμῖν καλλίστην ἀνάγοντες τὴν τοῦ νοῦ ἐνέργειαν καὶ τὰς ἐντεῦθεν προτάσεις ἐλευθέρας ὄντως δώσομεν, καὶ τὰς ὀρέξεις τὰς ἐκ τοῦ νοεῖν ἐγειρομένας οὐκ ἀκουσίους εἶναι δώσομεν, καὶ τοῖς

l'essence et les facultés se confondent, n'est pas libre, en ce sens qu'il n'a pas d'objet sur lequel il puisse agir. Il n'est pas libre, dans le sens humain du mot, c'est-à-dire en tant qu'il se possède lui-même et qu'il soit maître de ses facultés [1]. D'une autre part, l'être composé d'âme et de corps, un par l'essence et divers par les facultés, comme l'homme, n'est pas libre non plus, en ce sens que le pouvoir d'agir ne dispose point des mouvements, des passions et des appétits du corps. Le libre arbitre ne se rencontre véritablement que dans l'être simple au sein duquel l'essence et l'action, la nature et la puissance sont identiques, quoique distinctes; et alors elle n'est autre chose que l'empire que cet être possède sur les facultés qui lui sont propres [2].

On vient de voir que tout être est libre, lorsqu'il agit selon sa nature. Or la nature de tout être tend nécessairement au bien; donc la liberté et la volonté ne sont que l'acte de l'âme par lequel elle tend au bien [3]. Tout mouvement qui l'écarte ou l'éloigne de ce but est involontaire et fatal; tout mouvement qui l'y conduit ou l'y pousse est volontaire; le désir et l'appétit du bien sont de vrais actes de liberté [4].

Θεοῖς τοῦτον ζῶσι τὸν τρόπον, ὅσοι νῷ καὶ ὀρέξει τῇ κατὰ νοῦν ζῶσι, φήσομεν παρεῖναι.

[1] Enn. VI, viii, 12. Ὅπου δὲ οὐ δύο, ὡς ἑνός, ἀλλὰ ἓν (ἢ γὰρ ἐνέργεια μόνον, ἢ οὐδ' ὅλως ἐνέργεια), οὐδὲ τὸ κύριον αὐτοῦ ὀρθῶς.

[2] Enn. VI, viii, 12. Λεκτέον τοίνυν πρὸς ταῦτα ὧδε, ὡς ἕκαστος μὲν ἡμῶν κατὰ μὲν τὸ σῶμα πόρρω ἂν εἴη οὐσίας, κατὰ δὲ τὴν ψυχὴν, καὶ ὃ μάλιστά ἐσμεν, μετέχομεν οὐσίας, καί ἐσμέν τις οὐσία. Τοῦτο δὲ ἐστιν οἷον σύνθετόν τι ἐκ διαφορᾶς καὶ οὐσίας, οὔκουν κυρίως οὐσία, οὐδ' αὐτὸ οὐσία· διὸ οὐδὲ κύριοι τῆς αὐτῶν οὐσίας.

[3] Enn. VI, viii, 4.

[4] Enn. VI, viii, 4. Πῶς δὲ πρὸς τὸ ἀγαθόν τι φερόμενον ἠναγκασ-

Mais, dira-t-on, comment la liberté peut-elle consister à suivre irrésistiblement sa nature? Cette objection est facile à résoudre dans la doctrine de Plotin. Si un être est libre, par cela même qu'il est indépendant de toute cause extérieure, la nécessité intérieure n'est point un obstacle à la liberté. Et comme d'une autre part, en tendant au beau et au bien, l'âme ne fait qu'obéir à sa nature, c'est dans cette tendance nécessaire que Plotin retrouve surtout la liberté. Plus l'âme obéit à l'intelligence et au bien, plus elle est libre [1].

A la suite de la liberté vient la vertu. La vertu n'est pas la simple tendance de l'âme vers le bien, car alors elle ne serait rien de plus que la liberté. Elle n'est pas non plus l'effort de l'âme qui lutte contre les passions et les causes extérieures. Cet effort n'est qu'une préparation à la vertu. La vertu ne paraît dans l'âme que lorsque la tempête des passions domptées par le triomphe de la volonté, a fait place au repos, au calme et à la paix. C'est une disposition constante, une habitude solide de la volonté [2]. Par la vertu, l'âme tend à se confondre avec son essence, et par conséquent à devenir intelligence. Et en effet, l'âme n'est primitivement qu'une puissance qui tend au bien, sans le posséder : or l'effet de la vertu sur l'âme est de transformer cette tendance en un acte constant et permanent de possession. Mais posséder le bien est le caractère propre de l'intelligence, de même qu'y tendre est

μένον ἂν εἴη, ἑκουσίου τῆς ἐφέσεως οὔσης, εἰ εἰδὼς, ὅτι ἀγαθὸν, ὡς ἐπ' ἀγαθὸν ἴοι, τὸ γὰρ ἀκούσιον ἀπαγωγὴ ἀπὸ τοῦ ἀγαθοῦ, καὶ πρὸς τὸ ἠναγκασμένον, εἰ πρὸς τοῦτο φέροιτο, ὃ μὴ ἀγαθὸν αὐτῷ.

[1] Enn. VI, viii, 4.
[2] Enn. VI, viii, 5.

le caractère propre de l'âme[1]. Donc la vertu, en changeant la tendance en possession, transforme l'âme en intelligence[2]. Parvenue à cet état, l'âme est vraiment libre, l'intelligence étant le vrai type de la liberté; mais alors elle est sortie des limites de la vertu. La vertu proprement dite cesse et fait place à la vie pure et parfaite de l'intelligence. La volonté et la vertu ne font qu'aspirer au bien; l'intelligence seule le possède[3].

L'acte intérieur de l'âme, la pensée pure, ne coûte point d'efforts et ne laisse pas de fatigue; mais il ne faut pas croire qu'il se produise primitivement et naturellement[4]. Tous les principes de la nature humaine, le corps, l'animal, l'âme, l'intelligence, existent déjà au début de la vie, dans l'âge des grossières passions. Mais alors les principes inférieurs seulement se développent et agissent sur l'âme; l'intelligence se tient à l'écart, non pas immobile, puisque son essence est d'agir, mais dirigeant son action vers les essences supérieures[5]. Ce n'est que par la constance et l'énergie de son action extérieure que l'âme arrive à la vie parfaite de l'intelligence. Naturellement et au

[1] Enn. VI, viii, 4, 6.
[2] Enn. VI, viii, 5. Εἰ οὖν οἷον νοῦς τις ἄλλος ἐςὶν ἀρετὴ καὶ ἕξις οἷον νοωθῆναι τὴν ψυχὴν ποιοῦσα πάλιν αὖ ἥκει οὐκ ἐν πράξει τὸ ἐφ' ἡμῖν, ἀλλ' ἐν νῷ ἡσύχῳ τῶν πράξεων.
[3] Enn. VI, viii, 6. Ἡ γὰρ βούλησις θέλει τὸ ἀγαθόν· τὸ δὲ νοεῖν ἀληθῶς ἐςιν ἐν τῷ ἀγαθῷ. Ἔχει οὖν ἐκεῖνος, ὅπερ ἡ βούλησις θέλει, καὶ εὖ τυχοῦσα ἂν ταύτῃ νόησις γίγνεται.
[4] Enn. VI, i, 9. Δυνατὸν γὰρ καὶ ἔχειν, καὶ μὴ πρόχειρον ἔχειν.
[5] Enn. I, i, 11. Παίδων δὲ ὄντων, ἐνεργεῖ μὲν τὰ ἐκ τοῦ συνθέτου, ὀλίγα δὲ ἐλλάμπει ἐκ τῶν ἄνω εἰς αὐτό· ὅταν δὲ ὀργῇ εἰς ἡμᾶς, ἐνεργεῖ πρὸς τὸ ἄνω.

début, elle est profondément engagée dans les liens du corps et ne s'en dégage qu'en le domptant par un effort persévérant. Chaque vertu n'est que l'action de l'âme imprimant à telle faculté inférieure, passion, sensation, appétit, désir, une direction conforme au bien. Chaque vertu correspond donc à un principe inférieur, la tempérance à l'appétit, le courage à l'effort, la prudence à l'opinion, à l'imagination, etc. Les faiblesses et les souillures de l'âme ne viennent pas d'elle-même, mais de son contact avec les êtres sensibles. Tout impassible qu'est l'âme [1], c'est elle qui pèche, et non tout autre principe : seulement la cause de la faute est hors d'elle. L'âme peut pécher et faillir, en tant qu'âme sensible ; comme âme pure et comme intelligence, elle ne le peut pas [2]. La vertu est le chemin de la vie parfaite. Platon considérait ainsi les vertus diverses, la tempérance, le courage, les appelant *purificatives*. Et en effet, elles ne sont vertus qu'en tant qu'elles conduisent l'âme à sa fin, qui est la contemplation. Elles purifient l'âme, c'est-à-dire qu'elles la délivrent d'un mal [3]. L'âme alors devient libre ; mais cette liberté n'est point la parfaite indifférence d'action quant au bien et au mal. Après la purification, l'âme, livrée à elle-même, obéit à sa nature, qui est d'incliner au bien. L'élan de l'âme vers l'intelligence, vers le bien, voilà l'état naturel et constant de l'âme purifiée [4].

---

[1] Enn. I, 1, 9, 12.
[2] Enn. VI, viii, 9. Ἔστι τοίνυν ἐκείνης ἡμῖν τῆς ψυχῆς ἡ φύσις ἀπηλλαγμένη αἰτίας κακῶν, ὅσα ἄνθρωπος καὶ ποιεῖ καὶ πάσχει.
[3] Enn. I, ii, 3.
[4] Enn. I, ii, 3.

Mais comment l'âme s'y prend-elle pour opérer cette purification ? Comment se délivre-t-elle de l'appétit, de la colère, du plaisir, de la douleur, et parvient-elle à se dégager du corps ? en se détachant des lieux dont l'influence pèse sur elle, en se retirant du tumulte des passions, en ne permettant au corps que les plaisirs nécessaires ou propres à le guérir de ses douleurs, à le reposer de ses fatigues, à le stimuler dans ses langueurs[1]. Ainsi elle modère la colère, et même la calme tout-à-fait, s'il est possible ; sinon, elle la renferme tout entière dans le principe animal. De même l'âme se tient en garde contre les surprises de la peur, et surveille les brusques mouvements du corps ; elle ne cède qu'aux mouvements nécessaires à la santé des organes[2]. Quant aux plaisirs de l'amour, l'âme ne permet que les plaisirs naturels, et encore elle les transforme en plaisirs de l'imagination ; en substituant partout la forme à la matière, elle purifie tout ce qu'elle touche[3]. Si l'on attribue des vertus à la vie pure et parfaite de l'âme, si l'on parle encore de tempérance, de courage, de justice, de prudence, les mots alors prennent un tout autre sens[4]. La tempérance n'est plus que la conversion de l'âme vers elle-même ; la justice n'est que l'élan libre de l'âme vers ce qui lui convient ; le courage est la persévérance de l'âme dans son indépendance et dans sa pureté ; la prudence est la pure contemplation des idées[5].

[1] Enn. I, ii, 6.
[2] Enn. I, ii, 5.
[3] Enn. I, ii, 5.
[4] Enn. II, ii, 6, 7
[5] Enn. I, ii, 6, 7.

La fin et l'espérance de la nature humaine n'est point de se purifier du mal qui la souille primitivement, mais de posséder le bien et de devenir Dieu [1]. Si la purification est instinctive, l'âme devient Dieu et démon tout ensemble. Si elle est l'œuvre de la réflexion et de la volonté, l'âme devient un Dieu de l'ordre immédiatement inférieur au Dieu suprême [2]. L'exercice des vertus purificatives est le vrai et seul moyen légitime d'affranchir l'âme des liens du corps. Il ne faut pas l'y arracher brusquement par une mort volontaire. Pour sortir du corps, l'âme n'a pas besoin de changer de lieu; sans cesser d'être présente au corps, elle en est toujours indépendante par essence, et elle peut l'être aussi en action par l'effet de la vertu [3]. L'âme n'abandonne réellement le corps que lorsque tous les liens qui l'y attachaient sont rompus [4]. Alors l'harmonie que Dieu avait établie entre elle et le corps ayant cessé, le corps se détache de l'âme, et celle-ci s'en va, libre et pure, reprendre sa place au séjour des essences intelligibles. Quand on sort volontairement de la vie, ce n'est pas le corps qui quitte l'âme; c'est l'âme qui fait effort pour se séparer du corps, et cela par un acte violent, qui ne s'accomplit que dans la passion, la souffrance, le chagrin ou la colère [5].

[1] Enn. I, II, 1.

[2] Enn. I, II, 6.

[3] Enn. I, 1, 9. Οὐκ ἐξάξει, ἵνα μὴ ἐξίῃ. Ἐξελεύσεται γὰρ ἔχουσά τι, ἵνα καὶ ἐξέλθῃ.

[4] Enn. I, 1, 9. Πῶς οὖν ἀφίσταται τὸ σῶμα; ὅταν μηδὲν ἔτι δεδεμένον ᾖ τῆς ψυχῆς, ἀδυνατοῦντος ἔτι τοῦ σώματος συνδεῖν, τῆς ἁρμονίας αὐτοῦ οὐκέτι οὔσης, ἣν ἔχον, εἶχε τὴν ψυχήν.

[5] Enn. I, 1, 9. Καὶ ὅτε λύει οὐκ ἀπαθής, ἀλλ' ἢ δυσχέρανσις, ἢ λύπη, ἢ θυμός.

Mais n'est-il pas sage de prévenir le délire ou la folie qu'on sent approcher ? D'abord la folie n'arrive guère au juste ; et si elle lui arrive, il faut se résigner à la nécessité [1]. D'ailleurs, le poison qui arrache l'âme au corps ne la délivre point des vices et des infirmités qu'elle a contractés dans son commerce avec la matière [2]. Il y a un temps marqué pour notre vie ici-bas ; il faut respecter l'arrêt du destin ; et puisque chacun garde dans le cours universel de l'existence le rang auquel l'a élevé l'épreuve actuelle, tant qu'il reste quelque chose à faire pour que l'épreuve soit complète, il ne convient pas qu'il l'abrège brusquement [3].

Intelligence et Contemplation (νοῦς, θεωρία). La vraie fin de l'âme n'est point la vertu ; c'est la contemplation du vrai et du beau, c'est l'amour et la possession du bien. Voilà la vie pure et parfaite, dont la vertu n'est qu'une introduction nécessaire. Il y a des âmes qui ne s'élèvent point au-dessus de la vie du corps ; leurs ailes sont tellement chargées des vapeurs sensibles qu'elles ne peuvent se soulever au-dessus de la fange des passions. D'autres, se dégageant des liens de la vie simple, parviennent jusqu'à la vertu, mais sans pouvoir s'élever plus haut [4]. D'autres enfin, à travers la vertu, s'élancent dans la contemplation. Celles-là, de leurs ailes libres et pures, percent rapidement les brouillards et les nuages du monde sensible, et arrivent jusqu'au foyer

---

[1] Enn. I, 1, 9.

[2] Enn. I, 1, 9.

[3] Enn. I, 1, 9. Εἰ δὲ οἷος ἕκαστος ἔξεισι, ταύτην ἴσχει ἐκεῖ τάξιν εἰς τὸ προκόπτειν, οὔσης ἐπιδόσεως, οὐκ ἐξακτέον.

[4] Enn. V, ix, 1.

de la lumière intelligible ; et là, dédaignant tout ce qu'elles ont laissé au-dessous d'elles, se reposent, comme après un long voyage, dans leur vraie patrie [1].

Mais l'âme n'arrive point brusquement à contempler l'intelligible. Il ne suffit pas de dire qu'elle y parvient par la vertu. La vertu est une condition, non un intermédiaire de la contemplation ; elle y prépare l'âme en ce qu'elle la rend libre et pure ; mais elle ne la guide point dans l'intervalle qui la sépare de la lumière intelligible. L'intermédiaire qui conduit l'âme à la contemplation de l'intelligible est la beauté [2]. Quelles sont les diverses formes, quelle est l'essence de la beauté [3] ? Le beau affecte particulièrement le sens de la vue. Cependant l'oreille le perçoit aussi, soit dans la composition du discours, soit dans les divers genres de musique ; car des chants et des rhythmes sont également beaux. Nous retrouvons également le beau dans les sentiments, les mœurs, les habitudes de la vie, dans les sciences, et dans les différentes vertus [4]. Il y a des êtres, les êtres corporels par exemple, dont la beauté est accidentelle et non inhérente à l'essence même du sujet, tandis que d'autres, comme la vertu, sont beaux d'une beauté qui leur est propre. Ainsi être beau, être corps, sont deux propriétés bien différentes [5]. Les corps nous paraissent tantôt beaux et tantôt difformes. Quel est donc le principe de la beauté dans

[1] Enn. V, ix, 1.
[2] Enn. V, ix, 2.
[3] Ici nous traduisons le plus souvent.
[4] Enn. I, vi, 1.
[5] Enn. I, vi, 1.

les corps? Quel est cet aimant qui attire, qui entraîne, qui charme le regard de ceux qui l'aperçoivent? L'opinion commune prétend que c'est l'heureuse combinaison des parties entre elles et par rapport à l'ensemble, unie à la grâce des couleurs qui fait la beauté ; en sorte que l'homme et tous les êtres de la nature seront beaux, s'ils sont formés suivant des proportions exactes et uniformes [1]. Mais dans cette opinion, le simple ne saurait être beau ; il n'y aura de beau que le composé. Les parties isolées n'auront pas elles-mêmes aucune beauté ; elles ne seront belles que par leur relation avec l'ensemble [2]. Et pourtant, si l'ensemble est beau, il faut que les parties aussi soient belles. Le beau ne saurait résulter d'un assemblage de parties difformes ; si la beauté est dans l'ensemble, il faut qu'elle se répande dans toutes les parties. Suivant cette même doctrine, les plus belles couleurs, comme la lumière du soleil, les couleurs simples et qui n'empruntent point leur beauté à l'harmonie de leurs combinaisons, seront exclues du domaine de la beauté [3]. Comment l'or sera-t-il beau? Comment les feux scintillants de la nuit, comment les astres seront-ils beaux à contempler [4] ? Il faudra aussi exclure les sons simples ; et pourtant chaque son est beau par lui-même et reste beau, lors même qu'il est complétement isolé. Donc la beauté est indépendante des proportions [5]. D'un autre côté,

[1] Enn. I, vi, 1.
[2] Enn. I, vi, 1.
[3] Enn. I, vi, 1.
[4] Enn. I, vi, 1. Χρυσός τε δὴ πῶς καλόν ; καὶ νυκτὸς ἡ ἀστραπὴ, ἢ ἄστρα ὁρᾶσθαι τῷ καλῷ ;
[5] Enn. I, vi, 1.

tandis que les mêmes proportions subsisteront, la même figure pourra sembler tantôt belle, tantôt hideuse et difforme; ce qui prouve qu'autre chose est la proportion et autre chose la beauté, et que la proportion elle-même emprunte sa beauté [1] à un principe supérieur. Si l'on passe à un autre ordre d'idées, on ne saurait soutenir que la beauté dans les sentiments et dans le langage dépende de la proportion : car comment concevoir la proportion dans les sentiments, dans les lois, dans les sciences? Comment admettre que les spéculations soient belles par symétrie [2] ? D'ailleurs ne serait-il point absurde de dire que la beauté découle de la proportion, quand cette proportion se retrouve dans ce qu'il y a de plus contraire à la beauté [3] ? Ainsi, prétendre que la sagesse est simplicité d'esprit et que la justice est une sottise généreuse, sont deux propositions qui s'accordent parfaitement. Où en est la beauté [4] ? Ensuite toute vertu de l'âme est une beauté beaucoup plus vraie que celles que nous venons de nommer. Or, comment l'âme serait-elle proportionnelle, puisqu'on n'y retrouve ni la quantité ni le nombre? L'âme étant divisée en plusieurs facultés, qui pourra déterminer le rapport dans lequel s'opère la combinaison de ces facultés ? Enfin comment

---

[1] Enn. I, vi, 1. Ὅταν δὲ δὴ καὶ τῆς αὐτῆς συμμετρίας μενούσης, ὁτὲ μὲν καλὸν τὸ αὐτὸ πρόσωπον, ὁτὲ δὲ μὴ φαίνεται, πῶς οὐκ ἄλλο δεῖ ἐπὶ τῷ συμμέτρῳ λέγειν τὸ καλὸν εἶναι, καὶ τὸ σύμμετρον καλὸν εἶναι δι' ἄλλο;

[2] Enn. I, vi, 1. Θεωρήματα γὰρ σύμμετρα πρὸς ἄλληλα, πῶς ἂν εἴη;

[3] Enn. I, vi, 1.

[4] Enn. I, vi, 1.

y aurait-il beauté dans l'intelligence pure, si la beauté n'est que proportion [1] ?

Mais si la beauté ne consiste pas dans la proportion, quel en est donc le principe? Lorsque apparaît la beauté sensible, l'âme la reconnaît comme quelque chose d'intime et de sympathique à sa propre essence; elle l'accueille et se l'assimile [2]. Mais qu'elle rencontre un objet difforme, elle recule, le répudie et le repousse comme étranger et antipathique à sa propre nature [3]. Nous disons, pour expliquer cette attraction ou cette répulsion, que l'âme étant telle qu'elle est, c'est-à-dire d'une essence supérieure à tous les autres êtres, sitôt qu'elle aperçoit au dehors un être identique ou du moins analogue à son essence, elle se réjouit et s'exalte, se replie sur elle-même et sur son essence intime. Or, d'où viendrait cette sympathie de l'âme pour le beau, s'il n'existait pas entre eux une certaine affinité de nature [4]? L'âme se réjouit à la vue du beau, parce qu'elle y retrouve sa propre image. L'image de l'âme en effet n'est-elle pas la forme des choses extérieures? Or c'est la forme qui est le principe de la beauté; c'est elle qui, pénétrant à la fois l'ensemble et les parties d'un tout, en fait un objet beau de tout point [5].

Mais laissons la forme et la beauté sensible qu'elle produit, et élevons-nous vers les beautés d'un ordre supérieur. De même que nous ne pourrions parler de

---

[1] Enn. I, vi, 1. Τὸ δὲ τοῦ νοῦ κάλλος μονουμένου, τί ἂν εἴη;

[2] Enn. I, vi, 2.

[3] Enn. I, vi, 2.

[4] Enn. I, vi, 2. Τίς οὖν ὁμοιότης τοῖς τῇδε πρὸς τὰ ἐκεῖ καλά;

[5] Enn. I, vi, 2.

la beauté corporelle, si le sens de la vue nous manquait, de même aussi l'âme ne pourrait comprendre ni goûter la beauté des sentiments, de la science, de la vertu, si elle ne possédait toutes ces choses en elle-même. Pourrions-nous parler de l'éclat de la vertu, si nous n'avions contemplé la face de la justice, devant laquelle pâlissent l'étoile du soir et l'étoile du matin [1]? Toute beauté corporelle émeut l'âme ; mais rien n'égale son admiration pour la beauté de la vertu [2]. D'où vient cette beauté supérieure qui, comme une auréole, couronne toutes les vertus? Pour le comprendre, il faut raisonner par les contraires et chercher ce que c'est que la laideur par rapport à l'âme [3]. L'âme devient laide, lorsque, entraînée par un penchant irrésistible vers les puissances sensuelles, elle se plonge dans le commerce de la matière, au point de se confondre avec elle, et perd dans ce contact fâcheux sa pureté originelle [4]. Tel un homme tombé dans un bourbier infect ne présenterait plus à l'œil sa beauté primitive effacée par l'empreinte de la fange qui l'a souillé. La laideur, chez cet homme, ne venant que de la superposition d'une substance étrangère, s'il veut recouvrer sa beauté primitive, il lui faudra se purifier de ces souillures. Ainsi la laideur de l'âme, c'est de n'être ni pure ni vraie. Semblable à l'or, qui est toujours beau quand il est pur, l'âme ne brille de

---

[1] Enn. I, vi, 4. Οὐδὲ περὶ ἀρετῆς φέγγους, τοῖς μηδὲ φαντασθεῖσιν, ὡς καλὸν τὸ τῆς δικαιοσύνης καὶ σωφροσύνης πρόσωπον, καὶ οὔτε ἕσπερος οὔτε ἕως οὕτω καλά.

[2] Enn. I, vi, 4.

[3] Enn. I, vi, 5.

[4] Enn. I, vi, 5.

la beauté qui lui est propre que lorsqu'elle a été, par la purification, ramenée à sa nature primitive [1]. L'âme alors devient une figure, un verbe, une émanation de l'intelligible et du divin, principe et source de toute beauté [2]. Être, intelligence, beauté, tout cela exprime une seule et même nature qui est la Beauté en soi, type suprême de toute beauté. Vient ensuite l'âme, dont la beauté éclate dans les sentiments et dans les actes ; enfin paraît la nature dont la beauté se manifeste par les formes et les proportions. Comme l'intelligence produit l'âme et l'âme la nature, de même de la Beauté en soi émane la beauté de l'âme, laquelle produit la beauté du corps. Mais quel est donc l'organe par lequel on peut apercevoir cette beauté ineffable, cette beauté enfermée, pour ainsi dire, dans le fond d'un sanctuaire, et qui n'apparaît jamais au dehors, fuyant les regards profanes qui la souilleraient [3] ? Ici l'enthousiasme de Plotin éclate en accents dignes des plus beaux dialogues de Platon. « Qu'il avance hardiment, qu'il pénètre au fond du sanctuaire, celui qui a fermé les yeux au spectacle des beautés terrestres ! qu'il les ouvre pour contempler la vraie beauté, type originel de ces pâles et impures images aux-

---

[1] Enn. I, vi, 5. Καὶ ἔςι τοῦτο αἶσχρος ψυχῇ, μὴ καθαρᾷ, μὴ δὲ εἰ-λικρινεῖ εἶναι, ὥσπερ χρυσῷ, ἀναπεπλῆσθαι δὲ τοῦ γεώδους ; ὃ εἴ τις ἀφέλοι, καταλέλειπται χρυσός, καὶ ἔςι καλός, μονούμενος μὲν τῶν ἄλλων, αὐτῷ δὲ συνὼν μόνῳ.

[2] Enn. I, vi, 5. Γίνεται οὖν ἡ ψυχὴ καθαρθεῖσα εἶδος· καὶ λόγος, καὶ πάντη ἀσώματος, καὶ νοερά, καὶ ὅλη τοῦ θείου, ὅθεν ἡ πηγὴ τοῦ καλοῦ.

[3] Enn. I, vi, 8. Τίς οὖν ὁ τρόπος ; τίς μηχανή ; πῶς τις θεάσηται κάλλος ἀπήχανον, οἷον ἔνδον ἐν ἁγίοις ἱεροῖς μένον, οὐδὲ προϊὸν εἰς τὸ ἔξω, ἵνα τις καὶ βέβηλος ἴδῃ.

quelles l'opinion donne ce nom [1]. Ces beautés fugitives ressemblent aux formes mobiles reflétées par les eaux, et dont un apologue ingénieux dit que l'insensé qui voulut les prendre disparut entraîné par le courant ; l'âme qui s'élancerait pour les saisir n'irait-elle pas se plonger et se perdre dans ces profondeurs ténébreuses abhorrées de l'intelligence [2] ? C'est ici qu'il faut nous écrier : Fuyons, fuyons dans notre chère patrie ! Mais comment fuir ? comment échapper ? se demande Ulysse, dans cette admirable allégorie qui nous le représente échappant à tout prix à l'empire magique de Circé ou de Calypso, sans que le plaisir des yeux ni le spectacle des beautés corporelles puissent le retenir sur ces bords enchantés. Notre patrie, notre père à nous, sont aux lieux que nous avons quittés [3]. Comment y revenir ? Nos pieds sont impuissants pour nous y conduire ; ils ne sauraient que nous transporter d'un coin de la terre à l'autre. Ce ne sont pas non plus des navires qu'il nous faut, ni des chars emportés par de rapides coursiers ; laissons de côté ces inutiles secours. Pour revoir cette chère patrie, il n'est besoin que d'ouvrir les yeux de l'âme en fermant ceux du corps [4]. »

---

[1] Enn. I, vi, 8.

[2] Enn. I, vi, 8.

[3] Enn. I, vi, 8. Φεύγωμεν δὴ φίλην ἐς πατρίδα, ἀληθέςερον ἄν τις παρακελεύοιτο. Τίς οὖν ἡ φυγή; καὶ πῶς ἀναξόμεθα, οἷον ἀπὸ μάγου Κίρκης φησὶν ἢ Καλυψοῦς Ὀδυσσεὺς αἰνιττόμενος, δοκεῖ μοι, μεῖναι οὐκ ἀρεσθείς, καίτοι ἔχων ἡδονὰς δι' ὀμμάτων, καὶ κάλλει πολλῷ αἰσθητῷ συνών. Πατρὶς δὲ ἡμῖν ὅθεν παρήλθομεν, καὶ πατὴρ ἐκεῖ.

[4] Enn. I, vi, 8. Ἀλλὰ ταῦτα πάντα ἀφεῖναι δεῖ, καὶ μὴ βλέπειν, ἀλλ' οἷον μύσαντα, ὄψιν ἄλλην ἀλλάξασθαι.

Comment doit s'opérer cette vision intérieure? L'âme ne peut tout d'abord contempler les vertus trop éclatantes. Il faut qu'après avoir détaché son regard des beautés corporelles, elle contemple les mœurs, puis les vertus, ces œuvres admirables produites par les artistes, qu'on nomme les gens de bien [1]. Mais pour découvrir la beauté des sentiments et des actions chez les autres, il faut que notre âme les possède en elle-même. « Rentre donc en toi-même, s'écrie Plotin, et si tu n'y trouves pas encore la beauté, fais comme l'artiste qui retranche, enlève, polit, épure sans relâche [2], jusqu'à ce qu'il ait orné sa statue de tous les dons de la beauté ; retranche aussi de ton âme tout ce qui n'est point droit; purifie ou illumine tout ce qui est impur et ténébreux ; ne cesse point d'embellir et de perfectionner ton image, jusqu'à ce que la lumière étincelante de la vertu en jaillisse sous tes yeux, et que tu contemples ta sagesse ferme et inébranlable, au sein d'une pureté sainte et incorruptible [3]. Alors, plein de confiance en toi et n'ayant plus besoin de guide, regarde en ton âme, tu y découvriras la beauté. Que chacun de nous devienne beau et divin, s'il veut contempler la beauté

---

[1] Enn I, vi, 9.
[2] Enn. I, vi, 9. Κἂν μήπω σαυτὸν ἴδῃς καλὸν, οἷα ποιητὴς ἀγάλματος, ὃ δεῖ καλὸν γενέσθαι, τὸ μὲν ἀφαιρεῖ, τὸ δὲ ἀπέξεσε, τὸ δὲ λεῖον, τὸ δὲ καθαρὸν ἐποίησεν, ἕως ἔδειξε καλὸν ἐπὶ τῷ ἀγάλματι πρόσωπον.
[3] Enn. I, vi, 9. Οὕτω καὶ σὺ ἀφαίρει ὅσα περιττὰ, καὶ ἐπεύθυνε ὅσα σκολιὰ, ὅσα σκοτεινὰ καθαίρων, ἐργάζου εἶναι λαμπρὰ, καὶ μὴ παύσῃ τεκταίνων τὸ σὸν ἄγαλμα, ἕως ἂν ἐκλάμψειέ σοι τῆς ἀρετῆς ἡ θεοειδὴς ἀγλαΐα, ἕως ἂν ἴδῃς σωφροσύνην, ἐν ἁγνῷ βεβῶσαν καθαρῷ.

et la divinité. Jamais l'œil n'eût aperçu le soleil, s'il n'en avait pris d'abord la forme [1]. »

C'est donc par le spectacle du beau hors d'elle et en elle-même, dans la nature et dans la conscience, que l'âme parvient à s'ouvrir l'horizon du monde intelligible. De la beauté physique qui l'a laissée inquiète et agitée, elle s'élève à la beauté de la vertu et de la science, qui la remplit d'une douce et pure ivresse, sans la satisfaire entièrement ; car elle sent que cette beauté supérieure n'est qu'une beauté d'emprunt. N'y a-t-il pas, en effet, des âmes laides comme il y en a de belles ? L'âme n'est donc pas belle par elle-même. Ne pouvant en rester là, notre âme s'élève jusqu'à l'intelligence, s'y arrête et s'y repose comme au principe même de la beauté [2]. Mais, en présence de ce monde si nouveau pour elle, l'âme éperdue se sent frappée d'une stupeur profonde ; elle se voile la face et se recueille pour se reconnaître [3]. Telle est en effet la splendeur du monde intelligible, qu'il couvre de lumière ceux qui le contemplent [4]. C'est un soleil trop éclatant pour les yeux mêmes des Dieux ; seul entre tous, Jupiter le contemple, et avec Jupiter, l'âme qui, par la purification, s'est élevée jusqu'au principe de la beauté [5]. Alors elle n'est pas seulement ravie par ce spectacle, elle est transfigurée par la lumière qui est

---

[1] Enn. I, vi, 9. Οὐ γὰρ ἂν πώποτε εἶδεν ὀφθαλμὸς ἥλιον, ἡλιοειδὴς μὴ γεγενημένος · οὐδὲ τὸ καλὸν ἂν ἴδοι ψυχὴ, μὴ καλὴ γενομένη.

[2] Enn. V, ix, 2.

[3] Enn. V, ix, 10.

[4] Enn. V, ix, 10. Ἀποστίλβει γὰρ πάντα, καὶ πληροῖ τοὺς ἐκεῖ γενομένους, ὡς καλοὺς καὶ αὐτοὺς γενέσθαι.

[5] Enn. V, ix, 10.

répandue autour d'elle. De même que ceux qui ont gravi une haute montagne brillent tout-à-coup, au sommet, des couleurs du sol reflétées par la lumière, de même l'âme n'a pas plus tôt contemplé le monde intelligible qu'elle en revêt la couleur, c'est-à-dire la beauté [1]. C'est ainsi que, de simple puissance contemplative, elle devient objet de contemplation, que de belle qu'elle était, elle devient la beauté elle-même. Dans cet état, l'âme jouit d'une félicité pure et sereine comme l'intelligence avec laquelle elle se confond. Cette félicité veut le repos et non le mouvement ; c'est une douce ivresse qui n'a rien de commun avec la volupté des sens. Tel est le sens des expressions des poëtes parlant du bonheur des Dieux, de l'ivresse du nectar, des festins de l'Olympe, du rire des Dieux et de Jupiter lui-même [2].

Amour et *Extase* (ἔρως, ἐκστασις). La contemplation ne peut pas être le dernier état de l'âme. Dans l'ordre des principes, avant l'Ame vient l'Intelligence ; avant l'Intelligence, le Bien. De même dans l'âme, avant la vertu, vient la contemplation, et avant la contemplation doit venir un état correspondant au Bien.

---

[1] Enn. V, viii, 10. Ὁποῖα πολλάκις ἄνθρωποι, εἰς ὑψηλοὺς ἀναβαίνοντες τόπους, τὸ ξανθὸν χρῶμα ἐχούσης τῆς γῆς τῆς ἐκεῖ, ἐπλήσθησαν ἐκείνης τῆς χρόας, ὁμοιωθέντες, τῇ ἐφ' ἧς ἐβεβήκεσαν. Ἐκεῖ δὲ χρόα ἡ ἐπανθοῦσα κάλλος ἐςί, μᾶλλον δὲ πᾶ· χρόα καὶ κάλλος ἐκ βάθους.

[2] Enn., VI, vii, 30. Τῇ δὲ καθαρὸν καὶ εἰλικρινὲς τὸ ἐνέργημα, καὶ ἡ ζωὴ ἐν διαθέσει φαιδρᾷ τὴν τοιαύτην τοῦ νοῦ κατάςασιν ἀσμενιςὴν καὶ αἱρετωτάτην εἶναι τιθέμενοι, ἡδονῇ μεμίχθαι λέγουσιν, ἀπορίᾳ οἰκείας προσηγορίας, οἷα ποιοῦσι καὶ τὰ ἄλλα ὀνόματα παρ' ἡμῖν ἀγαπώμενα μεταφέροντες, τὸ μεθυσθεὶς ἐπὶ τοῦ νέκταρος, καὶ ἐπὶ δαῖτα, καὶ ἐπὶ ἐςίασιν, καὶ τὸ μείδησε δὲ πατὴρ, οἱ ποιηταί.

« Où donc, s'écrie Plotin dans un mouvement d'enthousiasme, où donc est celui qui a créé cette beauté si éclatante et cette vie si parfaite? Où est celui qui a engendré la première essence? Voyez-vous la beauté qui brille dans toutes ces idées si diverses? N'est-il pas beau pour l'âme d'y fixer son séjour? Mais il faut chercher d'où viennent ces êtres qui ont la beauté pour fondement, et pourquoi ils sont beaux. Celui qui les a engendrés ne peut être aucun d'eux ; car alors il serait quelqu'un d'entre eux, et seulement une partie dans le tout. Il ne peut être ni une telle forme, ni une telle puissance, ni l'ensemble de toutes les formes et de toutes les puissances qui sont ou qui deviennent dans l'univers. Il faut qu'il soit supérieur à tout cela : il n'y a de vrai principe que ce qui est sans idée (ἀνείδεον), sans forme, et d'où vient toute forme intellectuelle... Le Premier, étant l'objet suprême du désir, doit être le plus désiré et le plus aimé, par cela même qu'il ne présente aucune figure ni aucune forme que l'imagination puisse saisir. L'amour qu'il inspire doit être immense : car ici l'amour est sans bornes comme son objet; il domine tout amour, de même que la beauté de son objet dépasse toute beauté. Comme objet suprême du désir, le premier est le principe de la beauté. Puissance génératrice de tout ce qui est beau, il est en même temps la fleur où s'épanouit toute beauté[1]. »

Mais comment l'âme parvient-elle au suprême objet de l'amour? Plotin vient de nous la montrer s'éle-

---

[1] Enn. VI, VII, 32. Δύναμις οὖν παντὸς καλοῦ ἄνθος ἐςὶ κάλλους καλλοποιόν.

vant par la vertu jusqu'à la contemplation, et entrant dans le monde intelligible, dont la pure lumière la transfigure tout-à-coup. C'est alors qu'elle laisse sur le seuil du monde intelligible toute science et toute pensée, et qu'elle s'envole sur les ailes des idées jusqu'au sommet de l'intelligence [1]. Parvenue à cette hauteur, il semble qu'elle ne puisse plus monter. Mais voilà que tout-à-coup, soulevée comme par le flot de l'intelligence qui s'enfle et s'élève jusqu'au-delà du monde intelligible lui-même, elle se trouve en face du bien [2]. Alors il se passe en elle quelque chose de nouveau et de profondément différent de tout ce qu'elle avait éprouvé et senti jusque là. Quand l'âme désire et aime l'intelligence, elle sent jusque dans l'enthousiasme dont elle est saisie que ce n'est pas comme intelligence, mais comme bien qu'elle la désire et l'aime [3]. De même que ceux qui voient les corps n'aiment en eux que la beauté qui y reluit ; de même, c'est le reflet du bien qui, en toute chose, excite, inspire et échauffe l'âme [4]. Avant que l'âme en ait senti

---

[1] Enn. VI, vii, 36.

[2] Enn. VI, vii, 36. Ἐξενεχθεὶς δὲ τῷ αὐτῷ τοῦ νοῦ οἷον κύματι, καὶ ὑψῶν ὑπ' αὐτοῦ οἷον οἰδήσαντος ἀρθεὶς εἰσεῖδεν ἐξαίφνης, οὐκ ἰδὼν ὅπως ἀλλ' ἡ θέα πλήσασα φωτὸς τὰ ὄμματα, οὐ δι' αὐτοῦ πεποίηκεν ἄλλο ὁρᾶν, ἀλλ' αὐτὸ τὸ φῶς τὸ ὅραμα ἦν.

[3] Enn. VI, vii, 20. Εἰ δὲ καὶ ζωῆς ἐφίεται καὶ τοῦ ἀεὶ εἶναι καὶ ἐνεργεῖν, οὐχ ᾗ νοῦς ἂν εἴη τὸ ἐφετόν, ἀλλ' ᾗ ἀγαθόν· καὶ ἀπὸ ἀγαθοῦ καὶ εἰς ἀγαθὸν ἐπεὶ καὶ ἡ ζωὴ οὕτως.

[4] Enn. VI, vii, 22. Ὅταν οὖν τὸ φῶς τοῦτο τις ἴδῃ, τότε δὴ καὶ κινεῖται ἐπ' αὐτὰ, καὶ τοῦ φωτὸς τοῦ ἐπιθέντος ἐπ' αὐτοῖς γλιχόμενος εὐφραίνεται. Ὥσπερ καὶ τῶν ἐνταῦθα σωμάτων οὐ τῶν ὑποκειμένων ἐστὶν ὁ ἔρως, ἀλλὰ τοῦ ἐμφανταζομένου κάλλους ἐπ' αὐτοῖς.

la douce influence, elle reste froide et engourdie, même devant la beauté et l'intelligence. Ni l'une ni l'autre n'a la vertu de faire naître le désir et l'amour [1]. C'est le bien qui pénètre la beauté d'une douce flamme et en fait un objet aimable. Privée du bien, elle serait pour l'âme une lumière sans chaleur, comme le cadavre est pour les sens une forme sans vie. L'objet ne devient désirable que lorsque le bien l'illumine et le colore, en quelque sorte, donnant à ce qui est désiré les grâces et à ce qui désire les amours. L'âme, aussitôt qu'elle en a reçu l'émanation, s'émeut, entre en délire sous l'aiguillon caché qui la presse, et alors naît l'amour [2]. Elle n'a pas plus tôt senti cette chaleur secrète qu'elle s'éveille et ouvre ses ailes. Alors celui qui donne l'amour l'emporte, lui fait franchir l'intelligence et la dépose sur le seuil du bien. Parvenue là, elle a atteint le terme de son vol. Tant qu'elle s'arrête à l'intelligence, elle contemple un spectacle noble et beau, mais elle ne possède point encore ce qu'elle cherche [3]. Le plus beau visage n'attire point, si à la beauté ne s'a-

---

[1] Enn. VI, vii, 22. Πρὸ τοῦ δὲ οὐδὲ πρὸς τὸν νοῦν κινεῖται, καίπερ καλὸν ὄντα, ἀργόν τε γὰρ τὸ κάλλος αὐτοῦ, πρὶν τοῦ ἀγαθοῦ φῶς λάβῃ, ὑπτία τε ἀναπέπτωκεν ἡ ψυχὴ παρ' αὐτῆς, καὶ πρὸς πᾶν ἀργῶς ἔχει, καὶ παρόντος νοῦ ἐςὶ πρὸς αὐτὸν νωθής.

[2] Enn. VI, vii, 22. Ἐφετὸν δὲ γίγνεται· ἐπιχρώσαντος αὐτὸ τοῦ ἀγαθοῦ, ὥσπερ χάριτας δόντος αὐτοῖς, καὶ εἰς τὰ ἐφιέμενα ἔρωτας· καὶ τοίνυν ψυχὴ λαβοῦσα εἰς αὐτὴν ἐκεῖθεν ἀπορροὴν κινεῖται, καὶ ἀναβακχεύεται, καὶ οἴςρων πίμπλαται, καὶ ἔρως γίγνεται.

[3] Enn. VI, vii, 22. Ἐπειδὰν δὲ ἥκῃ εἰς αὐτὴν ὥσπερ θερμασία ἐκεῖθεν, ῥώννυταί τε καὶ ἐγείρεται καὶ ὄντως πτεροῦται. — Infrà. Καὶ ἕως τί ἐςιν ἀνωτέρω τοῦ παρόντος, αἴρεται φύσει ἄνω, αἰρομένη ὑπὸ τοῦ δόντος τὸν ἔρωτα, καὶ νοῦν μὲν ὑπεραίρει· οὐ δύναται δὲ ὑπὲρ τὸ ἀγαθὸν δραμεῖν.

jouté le charme de la grâce ; c'est que le beau est plutôt ce qui resplendit dans la proportion que la proportion elle-même. Pourquoi la beauté brille-t-elle de tout son éclat sur la face d'un vivant, tandis qu'on n'en trouve après la mort que le vestige, alors même que les chairs et les proportions n'en sont point encore altérées [1]? Pourquoi, entre plusieurs statues, les plus vivantes paraissent-elles plus belles que d'autres mieux proportionnées? Pourquoi enfin la laideur vivante est-elle plus belle que la beauté en peinture [2]? N'est-ce point parce que la vie est plus désirable que la forme? Or l'âme d'où vient la vie est une image du bien plus pure que la forme [3] ; c'est le bien qui la colore, pour ainsi dire, de sa lumière, qui l'éveille, la soulève, l'attire à lui, et la fait autant que possible à son image [4]. Enfin la beauté, tout en élevant l'âme au-dessus des choses sensibles, la trouble et lui communique un plaisir mêlé de peine. Le beau nous détourne quelquefois du bien, de même que l'objet aimé fait oublier son père à l'amant [5]. L'influence du bien est toujours douce, pure, salutaire.

[1] Enn. VI, vii, 22. Οἷον γὰρ προσώπῳ πελάζει, καλῷ μὲν, οὔπω δὲ ὄψιν κινεῖν δυναμένῳ, ᾧ μὴ ἐμπρέπει χάρις ἐπιθέουσα τῷ κάλλει. Διὸ καὶ ἐνταῦθα φατέον μᾶλλον τὸ κάλλος, τὸ ἐπὶ τῇ συμμετρίᾳ ἐπιλαμπόμενον, ἢ τὴν συμμετρίαν εἶναι. Διὰ τί γὰρ ἐπὶ μὲν ζῶντος προσώπου μᾶλλον τὸ φέγγος τοῦ καλοῦ, ἴχνος δ' ἐπὶ τεθνηκότος;

[2] Enn. VI, vii, 22.

[3] Enn. VI, vii, 33. Τὸ δ' ἐπὶ τῇ ὕλῃ εἶδος παρὰ ψυχῆς.

[4] Enn. VI, vii, 22. Τοῦτο δ' ὅτι ψυχὴν ἔχει· τοῦτο δ' ὅτι ἀγαθοειδέςερον· τοῦτο δ' ὅτι ἀγαθοῦ ἀμηγέπη φωτὶ κέχρωςται, καὶ χρωσθεῖσα ἐγήγερται, καὶ ἀνακεκούφισται, καὶ ἀνακουφίζει ὃ ἔχει καὶ ὡς οἷόν τε αὐτῷ ἀγαθοποιεῖ αὐτὸ καὶ ἐγείρει.

[5] Enn. V, v, 12. Καὶ ἔςι δὲ τὸ μὲν ἤπιον καὶ προσηνὲς καὶ ἁβρό-

L'âme, en arrivant à Dieu, fait comme le visiteur qui, après avoir considéré les ornements d'une maison, ne la regarde plus dès qu'il en a aperçu le maître [1]. Ici le maître n'est pas un homme, mais un Dieu; et ce Dieu ne se contente pas d'apparaître au spectateur, il le pénètre et le remplit tout entier [2]. Le bien n'est pas comme la beauté, comme l'intelligence, un objet de contemplation, mais d'amour. L'âme, tout entière à cet amour, se dépouille de toute forme, même intelligible [3]; car toute forme est un obstacle qu'il lui faut écarter, si elle veut enfin se trouver en présence du Bien, seule à seul avec lui [4]. C'est dans ce recueillement absolu qu'elle voit tout-à-coup en elle-même paraître le Dieu; elle le voit face à face; elle ne fait plus qu'un avec lui [5]. Telle est l'intimité de cette union, que l'âme ne se sent plus distincte de l'objet de son amour; car c'est le propre de l'amour de fondre en une seule et même nature celui qui aime et celui qui est aimé. Elle ne sent plus son corps, ni qu'elle est dans un corps; elle ne s'affirme plus comme vivante, comme

τερον, καὶ ὡς ἐθέλει τις παρὸν αὐτῷ. Τὸ δὲ θάμβος ἔχει καὶ ἔκπληξιν καὶ συμμιγῆ τῷ ἀλγύνοντι τὴν ἡδονήν. Καὶ γὰρ αὖ καὶ ἕλκει ἀπὸ τοῦ ἀγαθοῦ τοὺς οὐκ εἰδότας, ὥσπερ ἀπὸ πατρὸς τὸ ἐρώμενον.

[1] Enn. VI, vii, 35.

[2] Enn. VI, vii, 35. Καὶ οὗτος οὐ κατ' ὄψιν φανείς, ἀλλὰ τὴν ψυχὴν ἐμπλήσας τοῦ θεωμένου.

[3] Enn. VI, vii, 34. Ἐπεὶ καὶ ψυχὴ ὅταν αὐτοῦ ἔρωτα σύντονον λάβῃ, ἀποτίθεται πᾶσαν, ἣν ἔχει μορφήν, καὶ ἥτις ἂν καὶ νοητοῦ ᾖ ἐν αὐτῇ.

[4] Enn. VI, vii, 34. Ἀλλὰ δεῖ μήτε κακὸν μήτε αὖ ἀγαθὸν μηδὲν ἄλλο πρόχειρον ἔχειν, ἵνα δέξηται μόνη μόνον.

[5] Enn. VI, vii, 34. Μεταξὺ γὰρ οὐδὲν, οὐδ' ἔτι δύο, ἀλλ' ἓν ἄμφω.

humaine, comme essence pure : elle perd jusqu'à la conscience [1]. En cet état, l'illusion n'est plus possible ; car il n'y a rien de plus vrai que la vérité même. L'âme est tout ce qu'elle dit ; elle l'est même avant de le dire ; elle le témoigne, non par la parole, mais par un sentiment muet et infaillible d'ineffable félicité [2]. Parvenue à cette hauteur, elle ne peut plus que descendre ; la pensée elle-même est une chute, quand l'âme en est à l'amour [3]. Lorsque ce feu divin la pénètre, richesses, formes, science, vertu, beauté, intelligence, tout ce qu'elle poursuivait jusque là avec tant d'ardeur la laisse froide et indifférente [4]. L'amour, l'absorption en Dieu, l'extase, en un mot, est la fin et le terme suprême de la vie de l'âme. Mais comment l'âme passe-t-elle de la pensée à l'amour, de l'intelligible au divin? Tout-à-l'heure Plotin nous a représenté cette transition par une éclatante image ; mais comparer l'intelligence à la vague qui s'enfle et élève le spectateur qu'elle porte à un horizon supérieur, n'est point résoudre la difficulté. Plotin le sent et imagine un intermédiaire pour expliquer la transition. L'intelligence possède la double faculté de voir ce qui est en elle et d'apercevoir ce qui est au-

---

[1] Enn. VI, vii, 34. Οὐ γὰρ ἂν διακρίναις ἔτι, ἕως πάρεςι, καὶ οὔτε σώματος ἔτι αἰσθάνεται, ὅτι ἐςὶν ἐν αὐτῷ, οὔτε ἑαυτὴν ἄλλο τι λέγει οὐκ ἄνθρωπον, οὐ ζῶον, οὐκ ὄν.

[2] Enn. VI, vii, 34. Οὐ γὰρ ἐςιν ἀπάτη ἐκεῖ, ἤπου ἂν τοῦ ἀληθοῦς ἀληθέςερον τύχοι. Ὃ οὖν λέγει, ἐκεῖνο ἔςι, καὶ ὕςερον λέγει, καὶ σιωπῶσα δὲ λέγει, καὶ εὐπαθοῦσα οὐ ψεύδεται, ὅτι εὐπαθεῖ.

[3] Enn. VI, vii, 34. Οὔτε γὰρ ἀνωτέρω τρέχει, τά τε ἄλλα πάντα κατιούσης, κἂν ᾖν ἄνω.

[4] Enn. VI, vii, 34.

dessus par un effort et une sorte d'intuition [1]. La première contemplation appartient à la simple intelligence; la seconde, à l'intelligence ivre d'amour [2]. Pour que l'âme arrive à sentir le Dieu, il faut que ces deux facultés se confondent. C'est l'action du Bien, qui, s'étendant sur l'âme, opère cette fusion et communique à l'âme l'heureuse vision et l'ineffable sentiment de lui-même [3]. Dieu est présent à tout ce qui lui ressemble : pour être prêt à le recevoir, l'âme doit se faire à son image. Puisque Dieu est au-dessus du mouvement, de la vie, de l'intelligence, l'âme ne doit plus ni se mouvoir, ni vivre, ni penser [4]. Dieu est l'Un; l'âme se fera donc une et simple autant que possible [5].

Une image du monde sensible peut donner une idée du rapport de l'âme avec Dieu. L'action du centre sur tous les points de la circonférence dans la vie universelle peut représenter l'attraction que le Bien exerce sur les âmes [6]. Seulement l'action du centre sur la circonférence est affaiblie par les inter-

---

[1] Enn. VI, vii, 35. Καὶ τὸν νοῦν τοίνυν τὴν μὲν ἔχειν δύναμιν εἰς τὸ νοεῖν, ᾗ τὰ ἐν αὐτῷ βλέπει, τὴν δὲ, ᾗ τὰ ἐπέκεινα αὐτοῦ ἐπιβολῇ τινι καὶ παραδοχῇ.

[2] Enn. VI, vii, 35 Καὶ ἐστιν ἐκείνη μὲν ἡ θέα νοῦ ἔμφρονος, αὕτη δὲ νοῦς ἐρῶν. Ὅταν ἄφρων γένηται μεθυσθεὶς τοῦ νέκταρος, τότε ἐρῶν γίγνεται.

[3] Enn. VI, vii, 35. Ἐκταθὲν δὲ τὸ ἀγαθὸν ἐπ' αὐτοῖς... ἐπιδραμὸν καὶ ἑνῶσαν τὰ δύο ἔπεςιν αὐτοῖς μακαρίαν διδοὺς αἴσθησιν καὶ θέαν.

[4] Enn. VI, vii, 35. Διὸ οὐδὲ κινεῖται ἡ ψυχὴ τότε, ὅτι μηδ' ἐκεῖνο, οὐδὲ ψυχὴ τοίνυν, ὅτι μηδὲ ζῇ ἐκεῖνο, ἀλλὰ ὑπὲρ τὸ ζῆν, οὐδὲ νοῦς, ὅτι μηδὲ νοεῖ. Ὁμοιοῦσθαι γὰρ δεῖ· νοεῖ δὲ οὐδ' ἐκεῖνο, ὅτι οὐδὲ νοεῖ.

[5] Enn. VI, ix, 4. Ἀποςὰς πάντων μόνος εἶναι.

[6] Enn. VI, ix, 8.

médiaires qui l'en séparent, tandis que le rayon divin tombe directement sur les âmes. Comme chacune d'elles ne plonge dans le corps que par sa partie inférieure, elle élève la tête au-dessus de la matière et communique par son centre, c'est-à-dire par son essence avec le centre universel [1]. Du reste, Dieu agit sans sortir de son immobilité ; ce n'est pas lui qui nous désire : c'est nous qui le désirons. Les âmes tournent autour de Dieu, comme un chœur de chanteurs autour du chorège ; toute âme qui s'éloigne de Dieu sort du concert divin et perd le sentiment de l'harmonie [2]. Dans ce chœur, l'âme voit le Principe de la vie, de l'être, du bien, de la sagesse, de l'âme [3]. Tout enchaînées que soient nos âmes aux corps, elles ne sont pas pour cela séparées de Dieu. Dieu est présent à tout, et aucun être n'est séparé de lui par la distance [4]. Son action incessante conserve les êtres, en même temps qu'elle les inspire : Dieu ne se retire jamais

---

[1] Enn. VI, ix, 8. Νῦν δὲ ἐπεὶ μέρος ἡμῶν κατέχεται ὑπὸ τοῦ σώματος, οἷον εἴ τις τοὺς πόδας ἔχει ἐν ὕδατι, τῷ δ' ἄλλῳ σώματι ὑπερέχοι, τῷ δὴ μὴ βαπτισθέντι τῷ σώματι ὑπεράντες, τούτῳ συνάπτομεν κατὰ τὸ ἑαυτῶν κέντρον, τῷ οἷον πάντων κέντρῳ, καθάπερ τῶν μεγίστων κύκλων τὰ κέντρα, τῷ τῆς σφαίρας τῆς περιεχούσης κέντρῳ ἀναπαυόμενοι.

[2] Enn. VI, ix, 8. Ἡμεῖς δὲ ὅταν μὴ ἔχωμεν, κἀκεῖνο μὲν ἡμῶν οὐκ ἐφίεται, ὥςτε περὶ ἡμᾶς εἶναι, ἡμεῖς δὲ ἐκείνου, ὥςτε ἡμεῖς περὶ ἐκεῖνο, καὶ ἀεὶ μὲν περὶ αὐτό, οὐκ ἀεὶ δὲ εἰς αὐτὸ βλέπομεν· ἀλλ' οἷον χορὸς ἐξᾴδων, καίπερ ἔχων περὶ τὸν κορυφαῖον, τραπείη ἂν εἰς τὸ ἔξω τῆς θέας, ὅταν δὲ ἐπιστρέψῃ, ᾄδει τε καλῶς καὶ ὄντως περὶ αὐτὸν ἔχει.

[3] Enn. VI, ix, 9.

[4] Enn. VI, ix, 9. Οὐ γὰρ ἀποτετμήμεθα, οὐδὲ χωρίς ἐσμεν, εἰ καὶ παρεμπεσοῦσα ἡ σώματος φύσις πρὸς αὐτὴν ἡμᾶς εἵλκυσεν.

d'eux [1]. On est près ou loin du Bien, selon qu'on en participe plus ou moins. C'est cette participation de l'Ame à Dieu qui engendre la beauté, la justice, la vertu, l'amour; c'est elle qui engendre tous les Dieux. Vénus en sort, non pas cette Vénus sensible et impure que les poëtes font naître de l'écume de la mer, mais la Vénus céleste, la divine fille de Jupiter [2]. Tout âme est Vénus et mère de l'amour ; car l'amour pur naît de l'union de l'âme avec la beauté intelligible : le commerce de l'âme avec la beauté sensible engendre l'amour impur [3].

Mais pourquoi l'âme ne se fixe-t-elle pas sans retour dans cette union ineffable avec Dieu, quand elle a eu le bonheur d'y atteindre? Parce que le corps la sollicite sans cesse et l'enlève à ce commerce divin pour la replonger dans la vie sensible. Ce n'est qu'après la mort que l'union de l'âme avec Dieu pourra être constante et durable [4]. Les paroles manquent pour expliquer le ravissement de l'âme en Dieu. On ne peut le représenter comme une vision ; car toute opération de ce genre suppose un spectateur distinct du spectacle. Dans la vision qui a le Bien pour objet, l'âme qui contemple ne fait qu'un avec le Dieu contemplé [5]. C'est pour cela

---

[1] Enn. VI, ix, 9. Ἀλλ' ἐν πνέομεν καὶ σωζόμεθα, οὐ δόντος, εἶτα ἀποστάντος ἐκείνου, ἀλλ' ἀεὶ χορηγοῦντος, ἕως ἂν ᾖ, ὅπερ ἐστί.

[2] Enn. VI, ix, 9.

Enn. VI, ix, 9

[4] Enn. VI, ix, 10. Πῶς οὖν οὐ μένει ἐκεῖ; ἢ ὅτι μήπω ἐξελήλυθεν ὅλως. Ἔσται δὲ ὅτε καὶ τὸ συνεχὲς ἔσται τῆς θέας, οὐκ ἔτι ἐνοχλουμένῳ οὐδεμίαν ἐνόχλησιν τοῦ σώματος.

[5] Enn. VI, ix, 10. Τότε μὲν οὖν οὔτε ὁρᾷ, οὔτε διακρίνει ὁ, τι ὁρῶν, οὐδὲ φαντάζεται δύο, ἀλλ' οἷον ἄλλος γενόμενος.

que l'institution des mystères défendait d'ouvrir le sanctuaire à ceux qui n'étaient point initiés. Le véritable initié s'identifiait avec l'objet de sa contemplation [1] ; il s'était dépouillé de toutes ses facultés, du mouvement, de la passion, du désir, de la raison, de la pensée, même de la personne, pour se laisser ravir et posséder par le Dieu. C'est alors que, tout entière à son objet, son âme goûtait un repos ineffable dans la pure abstraction de sa propre essence, après avoir franchi le chœur des vertus et le monde intelligible [2]. Elle avait fait comme celui qui laisse derrière lui les statues qu'il a rencontrées en entrant au temple et va droit au sanctuaire [3]. L'état inexprimable de l'âme ravie en Dieu n'est point une simple contemplation ; dans cet acte suprême, l'âme se retire d'elle-même, se simplifie, s'abandonne à son objet; elle aspire, non plus à la simple vision, mais au contact; et enfin, parvenue à son but, elle se fixe et se repose autour du Dieu qu'elle embrasse de toutes parts [4]. Telle est l'extase, seul procédé par lequel Dieu se laisse saisir [5]. L'âme en extase est sortie de l'être pour entrer dans le divin ;

---

[1] Enn. VI, ix, 11. Ἐπεὶ τοίνυν δύο οὐκ ἦν, ἀλλ' ἓν ἦν αὐτὸς ὁ ἰδὼν πρὸς τὸ ἑωραμένον, ὡς ἂν μὴ ἑωραμένον, ἀλλ' ἡνωμένον.

[2] Enn. VI, vii, 11. Οὐ γάρ τι ἐκινεῖτο παρ' αὐτῷ, οὐ θυμὸς, οὐκ ἐπιθυμία ἄλλου παρῆν αὐτῷ ἀναβεβηκότι, ἀλλ' οὐδὲ λόγος, οὐδέ τις νόησις, οὐδ' ὅλως αὐτὸς, εἰ δεῖ καὶ τοῦτο λέγειν, ἀλλ' ὥσπερ ἁρπασθεὶς ἢ ἐνθουσιάσας ἡσυχῇ ἐν ἐρήμῳ καταστάσει γεγένηται ἀτρεμεῖ τῇ αὐτοῦ οὐσίᾳ.

[3] Enn. VI, vii, 11.

[4] Enn. VI, vii, 11. Τὸ δὲ ἴσως ἦν οὐ θέαμα, ἀλλὰ ἄλλος τρόπος τοῦ ἰδεῖν, ἔκστασις, καὶ ἅπλωσις, καὶ ἐπίδοσις αὑτοῦ, καὶ ἔφεσις πρὸς ἁφὴν καὶ στάσις καὶ περινόησις πρὸς ἐφαρμογήν.

[5] Enn. VI, vii, 11. Εἰ δέ ἄλλως βλέποι, οὐδὲν πάρεστι.

car elle n'est plus une essence, mais quelque chose de supérieur, un Dieu [1]. Quand elle est déchue de cet état, elle peut y remonter graduellement par la vertu, par la sagesse, par l'intelligence. Telle est la vie des Dieux et des hommes divins et bienheureux, affranchis des biens et des voluptés d'ici-bas ; c'est la société de l'âme, seule à seul, avec Dieu [2].

Maintenant ne semble-t-il pas étrange de considérer comme le terme suprême de la perfection un état dans lequel l'âme perd la pensée et la conscience d'elle-même ? Si tel est l'effet de l'amour, en quoi est-il supérieur à la science, à la vertu, à la vie pure et parfaite de la pensée ? C'est là le point le plus délicat de la doctrine de Plotin. Pour être comprise, sa pensée a besoin de développement. Plotin reconnaît dans la nature humaine des principes *extérieurs*, comme le corps, le principe animal, et des principes *intérieurs*, comme l'âme, l'intelligence, le bien. La conscience, telle qu'il l'entend, n'est pas simplement le sentiment de l'individualité personnelle ; ce sentiment n'en est que le premier degré. L'âme n'arrive à la pleine conscience d'elle-même que dans la contemplation de son essence. Jusque là elle ne se connaît pas en elle-même, mais seulement comme distincte du corps et du principe animal. C'est en vertu de ce rapport et de cette opposition qu'elle se reconnaît comme un être à part, un individu. A mesure qu'elle s'éloigne de l'extérieur, elle tend à rentrer en elle-même, à s'y recueillir, à se posséder, à se reconnaître ; en sorte que plus la vie est

---

[1] Enn. VI, vii, 11. Καὶ οὐκ ἐν τῷ ὄντι, ἐν ἐκείνῳ. Γίγνεται γὰρ καὶ αὐτός τις οὐκ οὐσία, ἀλλ' ἐπέκεινα οὐσίας.

[2] Enn. VI, vii, 11. Φυγὴ μόνου πρὸς μόνον.

intérieure et pure, plus l'âme a conscience d'elle-même. Il ne faut pas oublier que, selon Plotin, autre chose est l'individualité, autre chose l'essence de l'homme, à tel point que l'essence est en raison inverse de l'individualité ! Dans sa pensée, l'existence individuelle et personnelle de l'âme a sa racine dans une circonstance tout extérieure. L'âme humaine n'est devenue un être individuel et n'a eu conscience de son individualité qu'après s'être séparée et détachée de son principe [1]. Or, en vertu de son essence, elle tend à rentrer dans l'âme et dans l'intelligence universelles. Donc, à mesure que le sentiment de l'existence individuelle s'affaiblit et s'efface dans l'âme, la conscience de son essence, et par conséquent d'elle-même, devient plus claire et plus profonde ; c'est ainsi que cette conscience, obscure dans la sensation, se dégage dans la vertu, et devient parfaitement claire dans la contemplation. En effet, comme l'âme y rencontre un objet supérieur, mais identique avec son essence, la contemplation de cet objet redouble en elle le sentiment de sa propre nature. Plus elle contemple, et plus elle se sent âme, plus elle a le sentiment de sa vertu et de sa grandeur infinie [2]. L'amour, qui confond et absorbe

---

[1] Enn. IV, IV, 3. Ἐξελθοῦσα δὲ ἐκεῖθεν καὶ οὐκ ἀνασχομένη τὸ ἓν, τὸ δὲ αὐτῆς ἀσπασαμένη, καὶ ἕτερον ἐθελήσασα εἶναι, καὶ οἷον προκύψασα, μνήμην ὡς ἔοικεν ἑαυτῆς λαμβάνει.

[2] Enn. IV, IV, 2. Ἀλλ' ἡ ψυχὴ ἐν τῷ νοητῷ οὖσα, τοῦτο πάσχει τὸ ἄλλο καὶ ἄλλο πρὸς αὐτήν, καὶ τὰ ἐν αὐτῇ· ἢ καθαρῶς ἐν τῷ νοητῷ οὖσα, ἔχει τὸ ἀμετάβλητον καὶ αὐτή. Καὶ γὰρ αὐτή ἐστιν ἃ ἐστίν· ἐπεὶ καὶ ὅταν ἐν ἐκείνῳ ᾖ τῷ τόπῳ, εἰς ἕνωσιν ἐλθεῖν τῷ νῷ ἀνάγκη, εἴπερ ἐπεστράφη· στραφεῖσα γὰρ, οὐδὲν μεταξὺ ἔχει. Εἴς τε νοῦν ἐλθοῦσα ἥρμοσται. Καὶ ἁρμοσθεῖσα ἥνωται, οὐκ ἀπολλυμένη, ἀλλ' ἕν ἐστιν ἄμφω καὶ

l'âme en Dieu, détruit toute conscience de l'essence, même universelle ; mais il fortifie, il exalte le sentiment de la nature de l'âme, confondue avec la nature divine. L'âme ne s'y sent plus comme être individuel, comme vie, comme intelligence, mais comme Dieu. C'est en Dieu seul qu'elle a conscience de sa divinité ; c'est donc par l'extase qu'elle arrive à la parfaite connaissance d'elle-même. Tel est, selon Plotin, le vrai sens du γνῶθι σεαυτόν. Et qu'importe que, dans cette union avec Dieu, l'âme perde la connaissance de son sentiment ? Sans doute elle ne sait pas qu'elle sent, puisque l'amour détruit tout savoir. Mais le sentiment n'entraîne pas nécessairement la conscience ; au contraire, il l'exclut[1]. Plus il est énergique et pur, moins il est accompagné de conscience. Tant que l'âme sait qu'elle sent, elle se distingue et se sépare en quelque sorte de l'objet de son amour ; mais quand elle a perdu la conscience même de son sentiment, c'est alors qu'elle est véritablement ce qu'elle sent, et qu'elle ne fait qu'un avec son objet. C'est en ce sens que l'âme conserve le sentiment d'elle-même dans le monde qu'elle habite après la mort. L'extase, pour l'âme condamnée à vivre ici-bas, n'est qu'un accident heu-

δύο. Οὕτως οὖν ἔχουσα οὐκ ἂν μεταβάλλοι, ἀλλὰ ἔχοι ἂν ἀτρέπτως πρὸς νόησιν, ὁμοῦ ἔχουσα τὴν συναίσθησιν αὐτῆς, ὡς ἐν ἅμα τῷ νοητῷ τούτῳ γενομένη.

[1] Enn. IV, IV, 3. Δεῖ δὲ τὴν μνήμην λαμβάνειν οὐ μόνον ἐν τῷ οἷον αἰσθάνεσθαι ὅτι μνημονεύει, ἀλλὰ καὶ ὅταν διακέηται κατὰ τὰ πρόσθεν παθήματα ἢ θεάματα. Γένοιτο γὰρ ἂν καὶ μὴν παρακολουθοῦντα ὅτι ἔχει, ἔχειν παρ' αὐτῷ ἰσχυροτέρως, ἢ εἰ εἰδείη· εἰδὼς μὲν γὰρ τάχα ἂν εἰς ἄλλο ἔχοι, ἄλλος αὐτὸς ὤν· ἀγνοῶν δὲ ὅτι ἔχει, κινδυνεύειν εἶναι ἔχει· ὃ δὴ πάθημα μᾶλλον πεσεῖν ποιεῖ τὴν ψυχήν.

reux, bien qu'elle soit l'état le plus conforme à sa nature. La matière pèse sur elle, l'enchaîne et la trouble. Mais dans le monde intelligible, d'où elle est sortie et où elle se retire après la mort, l'âme, libre de tout obstacle et pure de tout contact, recommence sans effort et continue sans fatigue la vie parfaite qui lui convient, vie toute de contemplation et d'amour. L'extase n'y est plus cet éclair qui brillait çà et là dans la sombre nuit de la vie sensible; c'est une pure et douce lumière qui ne cesse jamais d'éclairer l'âme [1]. Le séjour permanent de l'âme en Dieu est la destinée des âmes pures qui n'ont rien gardé du corps. Essences libres et incorporelles, après la mort elles vont là où est l'intelligible, le divin et Dieu lui-même; ce Dieu que, dans la vie actuelle, l'âme la plus privilégiée ne peut qu'effleurer rapidement, elle le possède ou plutôt l'habite définitivement [2]. Cette félicité ineffable n'est pas de ce monde. L'état habituel des âmes vertueuses ici-bas, c'est le bonheur.

Le problème du bonheur, agité par toutes les écoles, trouve dans la philosophie de Plotin une solution aussi neuve que profonde. L'opinion qui étend le bonheur à tout ce qui existe ne paraît pas digne d'une réfutation sérieuse à Plotin, et semble n'avoir été citée par lui que comme une conséquence extrême du principe que le bonheur consiste à suivre le cours de la nature. Mais il

[1] Enn. IV, iv, 1, 2, 3.
[2] Enn. IV, iii, 24. Ταῖς δὲ τῶν ψυχῶν καθαραῖς οὔσαις, καὶ μηδὲν μηδαμῆ ἐφελκομέναις τοῦ σώματος, ἐξ ἀνάγκης οὐδαμοῦ σώματος ὑπάρξει εἶναι. Εἰ οὖν εἰσὶ καὶ μηδαμοῦ σώματος, οὐ δὲ γὰρ ἔχουσι σῶμα, οὗ ἐστιν ἡ οὐσία καὶ τὸ ὄν, καὶ τὸ θεῖον ἐν τῷ Θεῷ· ἐνταῦθα καὶ μετὰ τούτων, καὶ ἐν τούτῳ ἡ τοιαύτη ψυχὴ ἔσται.

s'applique à réfuter la doctrine qui cherche le bonheur parmi les êtres qui sentent, et qui le fait consister dans le sentiment qu'ils éprouvent de cet état [1]. Pour se sentir heureux, il faut déjà l'être ; donc le sentiment n'est point le principe, mais le résultat du bonheur. En outre, être heureux ou bien vivre, c'est vivre selon le bien. Or le bien, ou au moins le meilleur, n'est pas le sentiment, mais la raison et la pensée [2]. Est-ce donc dans la raison qu'il faut placer le bonheur? Pas encore ; car la raison n'est point une fin, mais seulement une faculté excellente de l'âme pour arriver à une fin [3]. D'ailleurs, faire résider le bonheur dans la raison, c'est le placer dans un accident, non dans l'essence même de la vie [4]. Les êtres intelligibles n'ont point la raison, et pourtant leur vie n'en est que plus parfaite et plus heureuse. Mais si le bonheur est essentiel à la vie, il faudra admettre que partout où est la vie est aussi le bonheur, et au même degré que la vie. Le bonheur alors serait commun à toute la nature. Cette conséquence n'est pas nécessaire. Le bonheur est sans doute attaché à la vie et en suit les divers degrés. Mais le vrai bonheur n'appartient qu'à la vraie vie, à la vie parfaite, laquelle n'est pas de ce monde [5]. La vie des êtres sensibles n'est qu'une ombre de la vie, ce qui fait que leur bonheur n'est qu'une ombre du bonheur. Tout au plus peut-on dire

---

[1] Enn. I, iv, 2.

[2] Enn. I, iv, 2. Ἀλλ' εἰ ὅτι τοῦτο τὸ ἀγαθὸν, οὐκ αἰσθήσεως τοῦτο ἔργον ἤδη, ἀλλ' ἑτέρας μείζονος ἢ κατ' αἴσθησιν δυνάμεως.

[3] Enn. I, iv, 3.

[4] Enn. I, iv, 3.

[5] Enn. I, iv, 3.

que l'homme possède par instants la vie et aussi par instants le bonheur; la vie, la perfection, le bonheur sont choses identiques [1]. Ainsi la question du bonheur ici-bas se réduit à savoir si l'homme peut y mener une vie parfaite. S'il ne le peut, le bonheur n'est pas de ce monde, et il faut le renvoyer aux Dieux.

Il est un signe auquel l'âme peut reconnaître qu'elle est en possession de la vie parfaite et du bonheur: c'est le calme et le repos produit par le silence absolu des désirs et des besoins. Quand l'âme est parvenue à cet état, rien ne peut troubler ni détruire son bonheur [2]. Mais ici viennent les objections en foule. La douleur, la maladie, la langueur et l'inertie du corps ne sont-elles pas un obstacle au bonheur? Le bonheur est possible chez les Dieux dont l'essence est pure; mais l'homme, être composé d'âme et de corps, ne porte-t-il pas toujours et partout le poids de sa triste nature [3]? La réponse à cette objection est facile. Le bonheur est un et simple; il est propre à l'âme et ne peut venir que d'elle. Il n'y a ni secours à attendre ni obstacle à craindre du corps dont il ne vient pas. Il n'y a qu'un bien comme il n'y a qu'une âme et qu'une vie, l'âme pure et la vie parfaite [4]. La possession de ce

---

[1] Enn. I, IV, 3. Ὅτι δὲ ἡ τελεία ζωὴ, καὶ ἡ ἀληθινὴ καὶ ὄντως, ἐν ἐκείνῃ τῇ νοερᾷ φύσει καὶ ὅτι αἱ ἄλλαι ἀτελεῖς, καὶ ἰνδάλματα ζωῆς, καὶ οὐ τελείως, οὐδὲ καθαρῶς; καὶ οὐ μᾶλλον ζωαὶ ἢ τοὐναντίον, πολλάκις μὲν εἴρηται.

[2] Enn. I, IV, 4.

[3] Enn. I, IV, 5.

[4] Enn. I, IV, 6. Εἰ δὲ τὸ τέλος ἕν τι εἶναι, ἀλλ' οὐ πολλὰ δεῖ ἐκεῖνο χρὴ λαμβάνειν μόνον, ὃ ἔσχατόν τέ ἐστι καὶ τιμιώτατον, καὶ ὃ ἡ ψυχὴ ζητεῖ ἐν αὑτῇ ἐγκολπίσασθαι.

bien, de ce seul bien, fait le bonheur. Tous les biens et tous les maux sont indifférents par eux-mêmes; on les considère comme des biens ou des maux parce qu'ils sont des moyens ou des obstacles. Ainsi la bonne ou la mauvaise fortune, la santé ou la maladie peuvent être des biens ou des maux par leur rapport au vrai bien de l'âme et au bonheur. Mais ces choses sont si peu des biens et des maux par elles-mêmes, qu'elles deviennent alternativement bonnes ou mauvaises selon leur rapport au bien [1]. Si la maladie fait languir l'âme, elle est un mal; mais si au contraire elle exalte son énergie, elle est un bien. La santé est un bien quand elle dispose l'âme à l'activité, elle est un mal quand elle l'engourdit [2]. La poursuite et la possession du bonheur et du bien ne dépendent essentiellement d'aucune de ces choses. L'âme peut toujours y arriver par la seule énergie de son essence. Les fléaux extérieurs que l'on énumère ne sont des obstacles que pour les âmes faibles.

Mais, dira-t-on encore, l'homme n'est point heureux dans le sommeil, dans le délire, dans la léthargie et dans d'autres états involontaires où il a perdu le sentiment de ce qui se passe en lui. C'est une grossière erreur que de placer la vraie vie et le bonheur dans le sentiment. La vie, comme le bonheur, est dans l'énergie pure et parfaite de l'essence [3]. L'acte, pour être parfait, n'a pas besoin d'être réfléchi dans la sensibilité. Ainsi l'acte de l'intelligence est libre et

---

[1] Enn. I, iv, 14
[2] Enn. I, iv, 14
[3] Enn. I, iv, 9. Καὶ ἔστιν ἡ τῆς οὐσίας αὐτὴ ἐνέργεια ἐν αὐτῷ, καὶ ἡ τοιαύτη ἄϋπνος ἐνέργεια.

pur de tout sentiment, puisqu'en lui se confondent la pensée et l'être. Ce n'est que dans l'âme, être complexe, que la vie se réfléchit dans le sentiment comme dans un miroir [1]. Quand une cause quelconque a brisé l'harmonie entre l'âme et le corps, comme il arrive dans la léthargie et dans l'extrême souffrance, la vie de l'âme cesse de se réfléchir dans la sensibilité, et alors le sentiment disparaît. Mais la vie elle-même n'a point cessé; au contraire, elle s'est retirée au fond de l'âme et s'y dérobe aux regards de la conscience [2]. N'est-ce pas d'ailleurs le caractère des plus sublimes actions, d'être faites sans conscience et sans réflexion ? La conscience et la réflexion, loin d'être le signe de l'énergie de la vie intérieure, en révèlent l'affaiblissement [3]. La plus pure activité, la vie la plus parfaite n'a point d'écho dans la conscience.

L'homme vertueux est infailliblement heureux, et heureux en proportion même de sa vertu [4]. C'est dans le sanctuaire même de l'essence qu'il faut placer le

---

[1] Enn. I, iv, 10. Δεῖ γὰρ τὸ πρὸ ἀντιλήψεως ἐνέργημα εἶναι, εἴπερ τὸ αὐτὸ, τὸ νοεῖν καὶ εἶναι. Καὶ ἔοικεν ἡ ἀντίληψις εἶναι καὶ γίνεσθαι, ἀνακάμπτοντος τοῦ νοήματος, καὶ τοῦ ἐνεργοῦντος τοῦ κατὰ τὸ ζῆν τῆς ψυχῆς, οἷον ἀπωσθέντος πάλιν, ὥσπερ ἐν κατόπτρῳ περὶ τὸ λεῖον καὶ λαμπρὸν ἡσυχάζον.

[2] Enn. I, iv, 10. Λανθάνει δὲ ἴσως, τῷ μὴ περὶ ὁτιοῦν τῶν αἰσθητῶν.

[3] Enn. I, iv, 10. Πολλὰς δ' ἄν τις εὕροι καὶ ἐγρηγορότων καλὰς ἐνεργείας, καὶ θεωρίας, καὶ πράξεις, ὅτε θεωροῦμεν, καὶ ὅτε πράττομεν τὸ παρακολουθεῖν ἡμᾶς αὐταῖς οὐκ ἐχούσας... ὥστε τὰς παρακολουθήσεις κινδυνεύειν ἀμυδροτέρας αὐτὰς τὰς ἐνεργείας, αἷς παρακολουθοῦσι, ποιεῖν· μόνας δὲ αὐτὰς οὔσας, καθαρὰς τότε εἶναι, καὶ μᾶλλον ἐνεργεῖν, καὶ μᾶλλον ζῆν.

[4] Enn. I, iv, 11.

bonheur, là où l'âme peut toujours agir, où nulle impression ne peut la troubler, où elle n'entend pas les cris de la bête enfermée dans le taureau de Phalaris [1]. Il faut toujours se souvenir de cette maxime de Platon : « que c'est par rapport au souverain bien qu'on doit » juger de la sagesse et du bonheur. » C'est là la seule chose dont il faille tenir compte ; tout le reste se réduit à un changement de situation [2]. Le corps n'est qu'un instrument au service de l'âme. Quand l'homme vient à mourir, l'âme ne fait que laisser là un instrument usé, comme le musicien jette sa lyre. Seulement, le corps est une lyre qui, loin de soutenir et d'aider la voix de l'âme, la voile et la trouble. Quand l'âme ne peut plus s'en servir, elle chante sans instrument, et son chant n'en est que plus pur et plus éclatant [3].

La félicité est comme la vie parfaite avec laquelle elle se confond, un acte simple, indivisible, immanent, non susceptible de degrés. Elle est tout entière dans un état présent de l'âme, auquel le souvenir du passé ne peut rien ajouter [4]. Mais, pourrait-on objecter, puisque le temps augmente le malheur, ne semble-t-il pas qu'il doive produire le même effet sur le bonheur? Il faut répondre que la conséquence n'est nullement nécessaire. Car entre le malheur, accident d'une vie

---

[1] Enn. I, iv, 13. Τὸ δὲ μέγιςον μάθημα πρόχειρον ἀεὶ καὶ μετ' αὑτοῦ· καὶ τοῦτο μᾶλλον, κἂν ἐν τῷ Φαλάριδος ταύρῳ λεγομένῳ ᾖ.

[2] Enn. I, iv, 16.

[3] Enn. I, iv, 16. Οἷον εἰ μουσικὸς λύρας ἕως οἷόντε χρῆσθαι· εἰ δὲ μή, ἄλλην ἀλλάξεται, ἢ ἀφήσει τὰς λύρας χρήσεις, καὶ τοῦ εἰς λύραν ἐνεργεῖν ἀφέξεται, ἄλλο ἔργον ἄνευ λύρας ἔχων, καὶ κειμένην πλησίον περιόψεται, ᾄδων ἄνευ ὀργάνων.

[4] Enn. I, v, 1.

mobile et passionnée, et le bonheur qui est la vie elle-même dans toute sa pureté et toute sa perfection, il y a la différence du mobile à l'immuable, du temps à l'éternité [1]. Mais, dira-t-on, le désir de vivre toujours étant le plus puissant désir qui anime la nature humaine, la plus grande félicité n'est-elle pas dans la satisfaction de ce désir? Il répugne à la nature de la vraie félicité de s'accroître par cette succession perpétuelle. Autrement il faudrait dire que c'est le temps et non la vertu qui est la mesure de la félicité, et que les Dieux ne jouissent pas d'une félicité parfaite [2]. Le temps, il est vrai, mesure le bonheur des êtres sensibles, mais il ne peut rien sur la vraie félicité; acte pur de l'essence de l'âme en contemplation, la félicité échappe à la durée. Jusqu'à ce que l'âme y arrive, la vie est soumise à la loi du temps, et avec la vie, l'ombre de bonheur qui s'y attache; mais lorsque l'âme est parvenue à la pure félicité, elle s'arrête et se fixe dans un acte qui exclut le mouvement et la succession [3].

[1] Enn. I, v, 6.
[2] Enn. I, v, 2.
[3] Enn. I, v, 7.

FIN DU PREMIER VOLUME.

ERRATA

DU PREMIER VOLUME.

TEXTE.

Pag. 182, lig. 12, *au lieu de :* de, *lisez :* sur.
  242   21   le dernier, *lisez :* la dernière.
  384   21   l'extérieur, *lisez :* l'intérieur.
  Ib.,   22   l'intérieur, *lisez :* l'extérieur.
  417   19   imminent, *lisez :* immanent.
  577   18   ta, *lisez :* la.

NOTES.

Pag. 13, lig. 7, *au lieu de :* τοῦ, *lisez :* τοῦ.
   19   2   λό ον, *lisez :* λόγον.
   42   12   χθειρομένοις, *lisez :* φθειρομένοις.
   48   1   ἀδύνατον, *lisez :* ἀδύνατον.
   85   1   Matth., *lisez :* Math.
  255   10   τῶ, *lisez :* τῷ.
  263   2   ἤ, *lisez :* ἤ.
  265   11   λόγον, *lisez :* λόγων.
  311   7   λέγη, *lisez :* λέγῃ.
  349   14   νώσει, *lisez :* ἑνώσει.
  358   5   ἤ, *lisez :* ἤ.
  368   7   ἔλθη, *lisez :* ἔλθῃ.
  420   9   μὴστασίμῳ, *lisez :* μὴ στασίμῳ.
  421   8   αρχεσθῆ, *lisez :* αρχεσθῇ.
  467   6   πιδραμούσης, *lisez :* ἐπιδραμούσης.
  496   4   ἔνδαλμα, *lisez :* ἴνδαλμα.
  497   8   ο ὗτος, *lisez :* οὗτος.
  519   1   ἤ, *lisez :* ἡ.
  546   3   ἐπι-θυμεῖν, *lisez :* ἐπιθύμειν.
  547   2   ὥσπερ, *lisez :* ὥσπερ.

TABLE DES MATIÈRES

DU PREMIER VOLUME.

Préface. 1

PREMIÈRE PARTIE.

Introduction.

LIVRE PREMIER.

Chapitre Ier. Platon. 1
Chapitre II. Aristote. 36
Chapitre III. Décadence de la philosophie grecque. Le Stoïcisme. 78

LIVRE DEUXIÈME.

Chapitre Ier. Établissement de la philosophie grecque en Orient. Influence du Platonisme sur la fusion des doctrines grecques et orientales. . 100
Chapitre II. École juive. Ses origines. Théologie des Hébreux. La Genèse. Les Livres de Salomon. Les livres de la Sagesse et de l'Ecclésiastique. Aristobule et Philon. Influence de la philosophie grecque. 125
Chapitre III. Le Christianisme. Doctrine primitive. Saint Matthieu. Saint Paul. Saint Jean. . . . 167

Chapitre IV. La Gnose. Caractère général et origine de la Gnose. Simon-le-Mage. Saturnin. Basilide. Valentin. Danger du Christianisme compris par les Pères de l'Église. 201

Chapitre V. Philosophie des Pères de l'Église. Saint Justin. Athénagore. Tatien. Tertullien. École chrétienne d'Alexandrie. Saint Clément. Origène. Influence de la philosophie grecque sur la théologie chrétienne. Athanase. Symbole de Nicée. 223

LIVRE TROISIÈME.

Chapitre Ier. Écoles grecques. Transformation du Platonisme. Tendance éclectique. Influence de l'Orient. Alcinoüs. Plutarque. Numénius. 303

DEUXIÈME PARTIE.

Analyse.

LIVRE PREMIER.

Chapitre Ier. Potamon. Ammonius Saccas. Origène. Longin. 339

Chapitre II. Plotin. Théologie. — Méthode. Théorie de l'Un. Théorie de l'Intelligence. Théorie de l'Ame. 360

Chapitre III. Cosmologie. — Le temps. L'espace. La matière. L'âme du monde. Chute des âmes. Création des corps. Providence. Destin. Origine du mal. Système du monde Catégories. 442

Chapitre IV. Logique. — Des catégories. Critique des théories d'Aristote et des Stoïciens sur les catégories. Théorie de Plotin. 523

Chapitre V. Psychologie. — Théorie de l'essence de l'âme et de ses rapports avec le corps. Énumération et analyse de ses facultés. Sensation. Imagination. Mémoire. Raisonnement. Volonté. Intelligence ou contemplation. Amour ou extase. 534

FIN DE LA TABLE DU PREMIER VOLUME.

LIBRAIRIE
GERMER BAILLIÈRE

CATALOGUE

DES

LIVRES DE FONDS

(N° 2)

OUVRAGES HISTORIQUES

ET PHILOSOPHIQUES

AVRIL 1874

PARIS

17, RUE DE L'ÉCOLE-DE-MÉDECINE, 17

BIBLIOTHÈQUE

DE

PHILOSOPHIE CONTEMPORAINE

Volumes in-18 à 2 fr. 50 c.

Cartonnés 3 fr.

H. Taine.
LE POSITIVISME ANGLAIS, étude sur Stuart Mill. 1 vol.
L'IDÉALISME ANGLAIS, étude sur Carlyle. 1 vol.
PHILOSOPHIE DE L'ART. 1 vol.
PHILOSOPHIE DE L'ART EN ITALIE. 1 vol.
DE L'IDÉAL DANS L'ART. 1 vol.
PHILOSOPHIE DE L'ART DANS LES PAYS-BAS. 1 vol.
PHILOSOPHIE DE L'ART EN GRÈCE. 1 vol.

Paul Janet.
LE MATÉRIALISME CONTEMPORAIN. Examen du système du docteur Büchner. 1 vol.
LA CRISE PHILOSOPHIQUE. MM. Taine, Renan, Vacherot, Littré. 1 vol.
LE CERVEAU ET LA PENSÉE. 1 vol.

Odysse-Barot.
PHILOSOPHIE DE L'HISTOIRE. 1 vol.

Alaux.
PHILOSOPHIE DE M. COUSIN. 1 vol.

Ad. Franck.
PHILOSOPHIE DU DROIT PÉNAL. 1 vol.
PHILOSOPHIE DU DROIT ECCLÉSIASTIQUE. 1 vol.
LA PHILOSOPHIE MYSTIQUE EN FRANCE AU XVIIIe SIÈCLE. 1 vol.

Charles de Rémusat.
PHILOSOPHIE RELIGIEUSE. 1 vol.

Émile Saisset.
L'AME ET LA VIE, suivi d'une étude sur l'Esthétique franç. 1 vol.
CRITIQUE ET HISTOIRE DE LA PHILOSOPHIE (frag. et disc.). 1 vol.

Charles Lévêque.
LE SPIRITUALISME DANS L'ART. 1 vol.
LA SCIENCE DE L'INVISIBLE. Étude de psychologie et de théodicée. 1 vol.

Auguste Laugel.
LES PROBLÈMES DE LA NATURE. 1 vol.
LES PROBLÈMES DE LA VIE. 1 vol.
LES PROBLÈMES DE L'AME. 1 vol.
LA VOIX, L'OREILLE ET LA MUSIQUE. 1 vol.
L'OPTIQUE ET LES ARTS. 1 vol.

Challemel-Lacour.
LA PHILOSOPHIE INDIVIDUALISTE. 1 vol.

L. Büchner.
SCIENCE ET NATURE, trad. de l'allem. par Aug. Delondre. 2 vol.

Albert Lemoine.
LE VITALISME ET L'ANIMISME DE STAHL. 1 vol.
DE LA PHYSIONOMIE ET DE LA PAROLE. 1 vol.

Milsand.
L'ESTHÉTIQUE ANGLAISE, étude sur John Ruskin. 1 vol.

A. Véra.
ESSAIS DE PHILOSOPHIE HÉGÉLIENNE. 1 vol.

Beaussire.
ANTÉCÉDENTS DE L'HÉGÉLIANISME DANS LA PHILOS. FRANÇ. 1 vol.

Bost.
LE PROTESTANTISME LIBÉRAL. 1 vol.

Francisque Bouillier.
DU PLAISIR ET DE LA DOULEUR. 1 vol.
DE LA CONSCIENCE. 1 vol.

Ed. Auber.
PHILOSOPHIE DE LA MÉDECINE. 1 vol.

Leblais.
MATÉRIALISME ET SPIRITUALISME, précédé d'une Préface par M. E. Littré. 1 vol.

Ad. Garnier.
DE LA MORALE DANS L'ANTIQUITÉ, précédé d'une Introduction par M. Prévost-Paradol. 1 vol.

Schœbel.
PHILOSOPHIE DE LA RAISON PURE. 1 vol.

Beauquier.
PHILOSOPH. DE LA MUSIQUE. 1 vol.

Tissandier.
DES SCIENCES OCCULTES ET DU SPIRITISME. 1 vol.

J. Moleschott.
LA CIRCULATION DE LA VIE. Lettres sur la physiologie, en réponse aux Lettres sur la chimie de Liebig, trad. de l'allem. 2 vol.

Ath. Coquerel fils.
ORIGINES ET TRANSFORMATIONS DU CHRISTIANISME. 1 vol.
LA CONSCIENCE ET LA FOI. 1 vol.
HISTOIRE DU CREDO. 1 vol.

Jules Levallois.
DÉISME ET CHRISTIANISME. 1 vol.

Camille Selden.
LA MUSIQUE EN ALLEMAGNE. Étude sur Mendelssohn. 1 vol.

Fontanès.
LE CHRISTIANISME MODERNE. Étude sur Lessing. 1 vol.

Saigey.
LA PHYSIQUE MODERNE. 1 vol.

Mariano.
LA PHILOSOPHIE CONTEMPORAINE EN ITALIE. 1 vol.

Faivre.
DE LA VARIABILITÉ DES ESPÈCES. 1 vol.

Letourneau.
PHYSIOLOGIE DES PASSIONS. 1 vol.

Stuart Mill.
AUGUSTE COMTE ET LA PHILOSOPHIE POSITIVE, trad. de l'angl. 1 vol.

Ernest Bersot.
LIBRE PHILOSOPHIE. 1 vol.

A. Réville.
HISTOIRE DU DOGME DE LA DIVINITÉ DE JÉSUS-CHRIST. 1 vol.

W. de Fonvielle.
L'ASTRONOMIE MODERNE. 1 vol.

C. Coignet.
LA MORALE INDÉPENDANTE. 1 vol.

E. Boutmy.
PHILOSOPHIE DE L'ARCHITECTURE EN GRÈCE. 1 vol.

Et. Vacherot.
LA SCIENCE ET LA CONSCIENCE. 1 vol.

Ém. de Laveleye.
DES FORMES DE GOUVERNEMENT. 1 vol.

Herbert Spencer.
CLASSIFICATION DES SCIENCES. 1 v.

Gauckler.
LE BEAU ET SON HISTOIRE.

Max Müller.
LA SCIENCE DE LA RELIGION. 1 v.

Léon Dumont.
HAECKEL ET LA THÉORIE DE L'ÉVOLUTION EN ALLEMAGNE. 1 vol.

Bertauld.
L'ORDRE SOCIAL ET L'ORDRE MORAL. 1 vol.

Th. Ribot.
PHILOSOPHIE DE SCHOPENHAUER. 1 vol.

BIBLIOTHÈQUE DE PHILOSOPHIE CONTEMPORAINE
FORMAT IN-8.
Volumes à 5 fr., 7 fr. 50 c. et 10 fr.

JULES BARNI. **La Morale dans la démocratie.** 1 vol. 5 fr.

AGASSIZ. **De l'Espèce et des Classifications**, traduit de l'anglais par M. Vogeli. 1 vol. in-8. 5 fr.

STUART MILL. **La Philosophie de Hamilton.** 1 fort vol. in-8, traduit de l'anglais par M. Cazelles. 10 fr.

STUART MILL. **Mes Mémoires.** Histoire de ma vie et de mes idées, traduit de l'anglais par M. E. Cazelles, 1 vol. in-8 5 fr.

STUART MILL. **Système de logique** déductive et inductive. Exposé des principes de la preuve et des méthodes de recherche scientifique, traduit de l'anglais par M. Louis Peisse, 2 vol. 20 fr.

DE QUATREFAGES. **Ch. Darwin et ses précurseurs français.** 1 vol. in-8. 5 fr.

HERBERT SPENCER. **Les premiers Principes.** 1 fort vol. in-8, traduit de l'anglais par M. Cazelles. 10 fr.

HERBERT SPENCER. **Principes de psychologie**, traduit de l'anglais par MM. Th. Ribot et Espinas. T. Ier, 1 vol. in-8. 10 fr.

AUGUSTE LAUGEL. **Les Problèmes** (Problèmes de la nature, problèmes de la vie, problèmes de l'âme). 1 fort vol. in-8. 7 fr. 50

ÉMILE SAIGEY. **Les Sciences au XVIIIe siècle**, la physique de Voltaire. 1 vol. in-8. 5 fr.

PAUL JANET. **Histoire de la science politique** dans ses rapports avec la morale, 2e édition, 2 vol. in-8. 20 fr.

TH. RIBOT. **De l'Hérédité.** 1 vol. in-8. 10 fr.

HENRI RITTER. **Histoire de la philosophie moderne**, traduction française précédée d'une introduction par M. P. Challemel-Lacour, 3 vol. in-8. 20 fr.

ALF. FOUILLÉE. **La liberté et le déterminisme.** 1 v. in-8. 7 f. 50

BAIN. **Des Sens et de l'Intelligence.** 1 vol. in-8, trad. de l'anglais par M. Cazelles. 10 fr.

BAIN. **La Logique inductive et déductive**, traduit de l'anglais par M. Compayré. 2 vol. (*Sous presse.*)

DE LAVELEYE. **La propriété primitive**, 1 v. in-8. (*Sous presse.*)

HARTMANN. **Philosophie de l'Inconscient**, traduit de l'allemand. 1 vol. (*Sous presse.*)

ÉDITIONS ÉTRANGÈRES
Éditions anglaises.

AUGUSTE LAUGEL. **The United-States during the war.** 1 beau vol. in-8 relié. 7 shill. 6 p.

ALBERT RÉVILLE. **History of the doctrine of the deity of Jesus-Christ.** 1 vol. 3 sh. 6 p.

H. TAINE. **Italy** (Naples et Rome). 1 beau vol. in-8 relié. 7 sh. 6 d.

H. TAINE. **The Philosophy of art.** 1 vol. in-18, rel. 3 shill.

PAUL JANET. **The Materialism of present day**, translated by prof. Gustave Masson. 1 vol. in-18, rel. 3 shill.

Éditions allemandes.

JULES BARNI. **Napoléon Ier und sein Geschichtschreiber Thiers** 1 vol. in-18. 1 thal.

PAUL JANET. **Der Materialismus unserer Zeit**, übersetzt von Prof. Reichlin-Meldegg mit einem Vorwort von prof. von Fichte. 1 vol. in-18. 1 thal.

H. TAINE. **Philosophie der Kunst.** 1 vol. in-18. 1 thal.

BIBLIOTHÈQUE D'HISTOIRE CONTEMPORAINE

Volumes in-18, à 3 fr. 50 c. — Cartonnés, 4 fr.

Carlyle.
HISTOIRE DE LA RÉVOLUTION FRANÇAISE, traduit de l'angl. 3 vol.

Victor Meunier.
SCIENCE ET DÉMOCRATIE. 2 vol.

Jules Barni.
HISTOIRE DES IDÉES MORALES ET POLITIQUES EN FRANCE AU XVIIIe SIÈCLE. 2 vol.
NAPOLÉON Ier ET SON HISTORIEN M. THIERS. 1 vol.
LES MORALISTES FRANÇAIS AU XVIIIe SIÈCLE. 1 vol.

Auguste Laugel.
LES ÉTATS-UNIS PENDANT LA GUERRE (1861-1865). Souvenirs personnels. 1 vol.

De Rochau.
HISTOIRE DE LA RESTAURATION, traduit de l'allemand. 1 vol.

Eug. Véron.
HISTOIRE DE LA PRUSSE depuis la mort de Frédéric II jusqu'à la bataille de Sadowa. 1 vol.
HISTOIRE DE L'ALLEMAGNE depuis la bataille de Sadowa jusqu'à nos jours, 1 vol.

Hillebrand.
LA PRUSSE CONTEMPORAINE ET SES INSTITUTIONS. 1 vol.

Eug. Despois.
LE VANDALISME RÉVOLUTIONNAIRE. Fondations litt., scientif. et artist. de la Convention. 1 vol.

Bagehot.
LA CONSTITUTION ANGLAISE, trad. de l'anglais. 1 vol.
LOMBARD STREET, le marché financier en Angl., tr. de l'angl. 1 v.

Thackeray.
LES QUATRE GEORGE, trad. de l'anglais par M. Lefoyer. 1 vol.

Émile Montégut.
LES PAYS-BAS. Impressions de voyage et d'art. 1 vol.

Émile Beaussire.
LA GUERRE ÉTRANGÈRE ET LA GUERRE CIVILE. 1 vol.

Édouard Sayous.
HISTOIRE DES HONGROIS et de leur littérature politique de 1790 à 1815. 1 vol.

Éd. Bourloton.
L'ALLEMAGNE CONTEMPORAINE. 1 v.

Boert.
LA GUERRE DE 1870-1871 d'après le colonel fédéral suisse Rustow. 1 vol.

Herbert Barry.
LA RUSSIE CONTEMPORAINE, traduit de l'anglais. 1 vol.

H. Dixon.
LA SUISSE CONTEMPORAINE, traduit de l'anglais. 1 vol.

Louis Teste.
L'ESPAGNE CONTEMPORAINE, journal d'un voyageur. 1 vol.

J. Clamageran.
LA FRANCE RÉPUBLICAINE. 1 vol.

E. Duvergier de Hauranne.
LA RÉPUBLIQUE CONSERVATRICE. 1 v.

H. Reynald.
HISTOIRE DE L'ESPAGNE, depuis la mort de Charles III jusqu'à nos jours. 1 vol.

FORMAT IN-8.

Sir G. Cornewall Lewis.
HISTOIRE GOUVERNEMENTALE DE L'ANGLETERRE DE 1770 JUSQU'A 1830, trad. de l'anglais. 1 vol. 7 fr.

De Sybel.
HISTOIRE DE L'EUROPE PENDANT LA RÉVOLUTION FRANÇAISE. 2 vol. in-8. 14 fr.

Taxile Delord.
HISTOIRE DU SECOND EMPIRE, 1848-1870.
1869. Tome Ier, 1 vol. in-8. 7 fr.
1870. Tome II, 1 vol. in-8. 7 fr.
1872. Tome III, 1 vol. in-8 7 fr.
1874. Tome IV, 1 vol. in-8. 7 fr.
1874. Tome V, 1 vol. in-8. 7 fr.

REVUE	REVUE
Politique et Littéraire	Scientifique
(Revue des cours littéraires, 2ᵉ série.)	(Revue des cours scientifiques 2ᵉ série.)

Directeurs : MM. Eug. YUNG et Ém. ALGLAVE

La septième année de la **Revue des Cours littéraires** et de la **Revue des Cours scientifiques**, terminée à la fin de juin 1871, clôt la première série de cette publication.

La deuxième série a commencé le 1ᵉʳ juillet 1871, et depuis cette époque chacune des années de la collection commence à cette date. Des modifications importantes ont été introduites dans ces deux publications.

REVUE POLITIQUE ET LITTÉRAIRE

La *Revue politique* continue à donner une place aussi large à la littérature, à l'histoire, à la philosophie, etc., mais elle a agrandi son cadre, afin de pouvoir aborder en même temps la politique et les questions sociales. En conséquence, elle a augmenté de moitié le nombre des colonnes de chaque numéro (48 colonnes au lieu de 32).

Chacun des numéros, paraissant le samedi, contient régulièrement :

Une *Semaine politique* et une *Causerie politique* où sont appréciés, à un point de vue plus général que ne peuvent le faire les journaux quotidiens, les faits qui se produisent dans la politique intérieure de la France, discussions de l'Assemblée, etc.

Une *Causerie littéraire* où sont annoncés, analysés et jugés les ouvrages récemment parus : livres, brochures, pièces de théâtre importantes, etc.

Tous les mois la *Revue politique* publie un *Bulletin géographique* qui expose les découvertes les plus récentes et apprécie les ouvrages géographiques nouveaux de la France et de l'étranger. Nous n'avons pas besoin d'insister sur l'importance extrême qu'a prise la géographie depuis que les Allemands en ont fait un instrument de conquête et de domination.

De temps en temps une *Revue diplomatique* explique au point de vue français les événements importants survenus dans les autres pays.

On accusait avec raison les Français de ne pas observer avec assez d'attention ce qui se passe à l'étranger. La *Revue* remédie à ce défaut. Elle analyse et traduit les livres, articles, discours ou conférences qui ont pour auteurs les hommes les plus éminents des divers pays.

Comme au temps où ce recueil s'appelait la *Revue des cours littéraires* (1864-1870), il continue à publier les principales leçons du Collége de France, de la Sorbonne et des Facultés des départements.

Les ouvrages importants sont analysés, avec citations et extraits, dès le lendemain de leur apparition. En outre, la *Revue politique* publie des articles spéciaux sur toute question que recommandent à l'attention des lecteurs, soit un intérêt public, soit des recherches nouvelles.

Parmi les collaborateurs, nous citerons :

Articles politiques. — MM. de Pressensé, Ernest Duvergier de Hauranne, H. Aron, Em. Beaussire, Anat. Dunoyer, Clamageran.

Diplomatie et pays étrangers. — MM. Albert Sorel, Reynald, Léo Quesnel, Louis Leger.

Philosophie. — MM. Janet, Caro, Ch. Lévêque, Véra, Léon Dumont, Fernand Papillon, Th. Ribot, Huxley.

Morale. — MM. Ad. Franck, Laboulaye, Jules Barni, Legouvé, Ath. Coquerel, Bluntschli.

Philologie et archéologie. — MM. Max Müller, Eugène Benoist, L. Havet, E. Ritter, Maspéro, George Smith.

Littérature ancienne. — MM. Egger, Havet, George Perrot, Gaston Boissier, Geffroy, Martha.

Littérature française. — MM. Ch. Nisard, Lenient, L. de Loménie, Édouard Fournier, Bersier, Gidel, Jules Claretie, Paul Albert.

Littérature étrangère. — MM. Mézières, Büchner.

Histoire. — MM. Alf. Maury, Littré, Alf. Rambaud, H. de Sybel.

Géographie, Economie politique. — MM. Levasseur, Himly, Gaidoz, Alglave.

Instruction publique. — Madame C. Coignet, M. Buisson.

Beaux-arts. — MM. Gebhart, C. Selden, Justi, Schnaase, Vischer.

Critique littéraire. — MM. Eugène Despois, Maxime Gaucher.

Ainsi la *Revue politique* embrasse tous les sujets. Elle consacre à chacun une place proportionnée à son importance. Elle est, pour ainsi dire, une image vivante, animée et fidèle de tout le mouvement contemporain.

REVUE SCIENTIFIQUE

Mettre la science à la portée de tous les gens éclairés sans l'abaisser ni la fausser, et, pour cela, exposer les grandes découvertes et les grandes théories scientifiques par leurs auteurs mêmes ;

Suivre le mouvement des idées philosophiques dans le monde savant de tous les pays :

Tel est le double but que la *Revue scientifique* poursuit depuis dix ans avec un succès qui l'a placée au premier rang des publications scientifiques d'Europe et d'Amérique.

Pour réaliser ce programme, elle devait s'adresser d'abord aux Facultés françaises et aux Universités étrangères qui comptent dans leur sein presque tous les hommes de science éminents. Mais, depuis deux années déjà, elle a élargi son cadre afin d'y faire entrer de nouvelles matières.

En laissant toujours la première place à l'enseignement supérieur proprement dit, la *Revue scientifique* ne se restreint plus désormais aux leçons et aux conférences. Elle poursuit tous les développements de la science sur le terrain économique, industriel, militaire et politique.

Elle publie les principales leçons faites au Collége de France, au Muséum d'histoire naturelle de Paris, à la Sorbonne, à l'Institution royale de Londres, dans les Facultés de France, les universités d'Allemagne, d'Angleterre, d'Italie, de Suisse, d'Amérique, et les institutions libres de tous les pays.

Elle analyse les travaux des Sociétés savantes d'Europe et d'Amérique, des Académies des sciences de Paris, Vienne, Berlin, Munich, etc., des Sociétés royales de Londres et d'Édimbourg, des Sociétés d'anthropologie, de géographie de chimie, de botanique, de géologie, d'astronomie, de médecine, etc.

Elle expose les travaux des grands congrès scientifiques, les Associations *française*, *britannique* et *américaine*, le congrès des naturalistes allemands, la Société helvétique des sciences naturelles, les congrès internationaux d'anthropologie préhistorique, etc.

Enfin, elle publie des articles sur les grandes questions de philosophie naturelle, les rapports de la science avec la politique, l'industrie et l'économie sociale, l'organisation scientifique des divers pays, les sciences économiques et militaires, etc.

Parmi les collaborateurs nous citerons :

Astronomie, météorologie. — MM. Leverrier, Faye, Balfour-Stewart, Janssen, Normann Lockyer, Vogel, Wolf, Miller, Laussedat, Thomson, Rayet, Secchi, Briot, Herschell, etc.

Physique. — MM. Helmholtz, Tyndall, Jamin, Desains, Carpenter, Gladstone, Grad, Boutan, Becquerel, Cazin, Fernet, Onimus, Bertin.

Chimie. — MM. Wurtz, Berthelot, H. Sainte-Claire Deville, Bouchardat, Grimaux, Jungfleisch, Mascart, Odling, Dumas, Troost, Peligot, Cahours, Graham, Friedel, Pasteur.

Géologie. — MM. Hébert, Bleicher, Fouqué, Gaudry, Ramsay, Sterry-Hunt, Contejean, Zittel, Wallace, Lory, Lyell, Daubrée.

Zoologie. — MM. Agassiz, Darwin, Haeckel, Milne Edwards, Perrier, P. Bert, Van Beneden, Lacaze-Duthiers, Pasteur, Pouchet, Joly, De Quatrefages, Faivre, A. Moreau, E. Blanchard, Marey.

Anthropologie. — MM. Broca, De Quatrefages, Darwin, De Mortillet, Virchow, Lubbock, K. Vogt.

Botanique. — MM. Baillon, Brongniart, Cornu, Faivre, Spring, Chatin, Van Tieghem, Duchartre.

Physiologie, anatomie. — MM. Claude Bernard, Chauveau, Fraser, Gréhant, Lereboullet, Moleschott, Onimus, Ritter, Rosenthal, Wundt, Pouchet, Ch. Robin, Vulpian, Virchow, P. Bert, du Bois-Reymond, Helmholtz, Frankland, Brücke.

Médecine. — MM. Chauffard, Chauveau, Cornil, Gubler, Le Fort, Verneuil, Broca, Liebrich, Lorain, Axenfeld, Lasègue, G. Sée, Bouley, Giraud-Teulon, Bouchardat.

Sciences militaires. — MM. Laussedat, Le Fort, Abel, Jervois, Morin, Noble, Reed, Usquin.

Philosophie scientifique. — MM. Alglave, Bagehot, Carpenter, Léon Dumont, Hartmann, Herbert Spencer, Laycock, Lubbock, Tyndall, Gavarret, Ludwig.

Prix d'abonnement :

Une seule revue séparément	Six mois.	Un an.	Les deux revues ensemble	Six mois.	Un an.
Paris	12^f	20^f	Paris	20^f	36^f
Départements	15	25	Départements	25	42
Étranger	18	30	Étranger	30	50

L'abonnement part du 1er juillet, du 1er octobre, du 1er janvier et du 1er avril de chaque année.

Chaque volume de la première série se vend : broché...... 15 fr.
relié....... 20 fr.
Chaque année de la 2e série, formant 2 vol., se vend : broché.. 20 fr.
relié.... 25 fr.

Prix de la collection de la première série :

Prix de la collection complète de la *Revue des cours littéraires* (1864-1870), 7 vol. in-4............................ 105 fr.

Prix de la collection complète des deux *Revues* prises en même temps, 14 vol. in-4................................. 182 fr.

Prix de la collection complète des deux séries :

Revue des cours littéraires et *Revue politique et littéraire* (décembre 1863 — juillet 1874), 13 vol. in-4............... 165 fr.

— Avec la *Revue des cours scientifiques* et la *Revue scientifique*, 22 vol. in-4....................................... 290 fr.

BIBLIOTHÈQUE SCIENTIFIQUE
INTERNATIONALE

Le premier besoin de la science contemporaine, — on pourrait même dire d'une manière plus générale des sociétés modernes, — c'est l'échange rapide des idées entre les savants, les penseurs, les classes éclairées de tous les pays. Mais ce besoin n'obtient encore aujourd'hui qu'une satisfaction fort imparfaite. Chaque peuple a sa langue particulière, ses livres, ses revues, ses manières spéciales de raisonner et d'écrire, ses sujets de prédilection. Il lit fort peu ce qui se publie au delà de ses frontières, et la grande masse des classes éclairées, surtout en France, manque de la première condition nécessaire pour cela, la connaissance des langues étrangères. On traduit bien un certain nombre de livres anglais ou allemands ; mais il faut presque toujours que l'auteur ait à l'étranger des amis soucieux de répandre ses travaux, ou que l'ouvrage présente un caractère pratique qui en fait une bonne entreprise de librairie. Les plus remarquables sont loin d'être toujours dans ce cas, et il en résulte que les idées neuves restent longtemps confinées, au grand détriment des progrès de l'esprit humain, dans le pays qui les a vues naître. Le libre échange industriel règne aujourd'hui presque partout ; le libre échange intellectuel n'a pas encore la même fortune, et cependant il ne peut rencontrer aucun adversaire ni inquiéter aucun préjugé.

Ces considérations avaient frappé depuis longtemps un certain nombre de savants anglais. Au congrès de l'Association britannique à Édimbourg, ils tracèrent le plan d'une *Bibliothèque scientifique internationale*, paraissant à la fois en anglais, en français et en allemand, publiée en Angleterre, en France, aux États-Unis, en Allemagne, et réunissant des ouvrages écrits par les savants les plus distingués de tous les pays. En venant en France pour chercher à réaliser cette idée, ils devaient naturellement s'adresser à la *Revue scientifique*, qui marchait dans la même voie, et qui projetait au même moment, après les désastres de la guerre, une entreprise semblable destinée à étendre en quelque sorte son cadre et à faire connaître plus rapidement en France les livres et les idées des peuples voisins.

La *Bibliothèque scientifique internationale* n'est donc pas une entreprise de librairie ordinaire. C'est une œuvre dirigée par les auteurs mêmes, en vue des intérêts de la science, pour la populariser sous toutes ses formes, et faire connaître immédiatement dans le monde entier les idées originales, les directions nouvelles, les découvertes importantes qui se font jour dans tous les pays. Chaque savant exposera les idées qu'il a introduites dans la science et condensera pour ainsi dire ses doctrines les plus originales.

On pourra ainsi, sans quitter la France, assister et participer au mouvement des esprits en Angleterre, en Allemagne, en Amérique, en Italie, tout aussi bien que les savants mêmes de chacun de ces pays.

La *Bibliothèque scientifique internationale* ne comprendra point seulement des ouvrages consacrés aux sciences physiques et naturelles; elle abordera aussi les sciences morales comme la philosophie, l'histoire, la politique et l'économie sociale, la haute législation, etc.; mais les livres traitant des sujets de ce genre se rattacheront encore aux sciences naturelles, en leur empruntant les méthodes d'observation et d'expérience qui les ont rendues si fécondes depuis deux siècles.

Cette collection paraît à la fois en français, en anglais, en allemand et en Russe : à Paris, chez Germer Baillière ; à Londres, chez Henry S. King et Cie ; à New-York, chez Appleton ; à Leipzig, chez Brockaus ; et à Saint-Pétersbourg, chez Koropchevski et Goldsmith.

EN VENTE : *Volumes cartonnés avec luxe.*

J. TYNDALL. **Les glaciers et les transformations de l'eau**, avec figures. 1 vol. in-8. 6 fr.

MAREY. **La machine animale**, locomotion terrestre et aérienne, avec de nombreuses figures. 1 vol. in-8. 6 fr.

BAGEHOT. **Lois scientifiques du développement des nations** dans leurs rapports avec les principes de la sélection naturelle et de l'hérédité. 1 vol. in-8. 6 fr.

BAIN. **L'esprit et le corps.** 1 vol. in-8. 6 fr.

PETTIGREW. **La locomotion chez les animaux**, marche, natation, vol. 1 vol. in-8 avec figures. 6 fr.

HERBERT SPENCER. **La science sociale.** 1 vol. 6 fr.

Liste des principaux ouvrages qui sont en préparation :

AUTEURS FRANÇAIS

Claude Bernard. Phénomènes physiques et Phénomènes métaphysiques de la vie.

Henri Sainte-Claire Deville. Introduction à la chimie générale.

Émile Alglave. Physiologie générale des gouvernements.

A. de Quatrefages. Les races nègres.

A. Wurtz. Atomes et atomicité.

Berthelot. La synthèse chimique.

H. de Lacaze-Duthiers. La zoologie depuis Cuvier.

Friedel. Les fonctions en chimie organique.

Taine. Les émotions et la volonté.

Quetelet. La moyenne de l'humanité.

Van Beneden. Les commensaux et les parasites dans le règne animal.

Alfred Grandidier. Madagascar.

Debray. Les métaux précieux.

AUTEURS ANGLAIS

Huxley. Mouvement et conscience.

W. B. Carpenter. La physiologie de l'esprit.

Ramsay. Structure de la terre.

Sir J. Lubbock. Premiers âges de l'humanité.

Balfour Stewart. La conservation de la force.

Charlton Bastian. Le cerveau comme organe de la pensée.

Norman Lockyer. L'analyse spectrale.

W. Odling. La chimie nouvelle.

Lawder Lindsay. L'intelligence chez les animaux inférieurs.

Stanley Jevons. Les lois de la statistique.

Michael Foster. Protoplasma et physiologie cellulaire.

Mandsley. La responsabilité dans les maladies.

Ed. Smith. Aliments et alimentation.

K. Clifford. Les fondements des sciences exactes.

AUTEURS ALLEMANDS

Virchow. Physiologie pathologique.

Rosenthal. Physiologie générale des muscles et des nerfs.

Bernstein. Physiologie des sens.

Hermann. Physiologie de la respiration.

O. Liebreich. Fondements de la toxicologie.

Steinthal. Fondements de la linguistique.

Vogel. Chimie de la lumière.

AUTEURS AMÉRICAINS

J. Dana. L'échelle et les progrès de la vie.

S. W. Johnson. La nutrition des plantes.

Austin Flint. Les fonctions du système nerveux.

W. D. Whitney. La linguistique moderne.

OUVRAGES
De M. le professeur VÉRA
Professeur à l'université de Naples.

INTRODUCTION
A LA
PHILOSOPHIE DE HEGEL
1 vol. in-8, 1864, 2ᵉ édition.... 6 fr. 50

LOGIQUE DE HEGEL
Traduite pour la première fois, et accompagnée d'une Introduction et d'un commentaire perpétuel.
2 volumes in-8, 1874, 2ᵉ édition.   14 fr.

PHILOSOPHIE DE LA NATURE
DE HEGEL
Traduite pour la première fois, et accompagnée d'une Introduction et d'un commentaire perpétuel.
3 volumes in-8. 1864-1866........ 25 fr.
Prix du tome II... 8 fr. 50.—Prix du tome III... 8 fr. 50

PHILOSOPHIE DE L'ESPRIT
DE HEGEL
Traduite pour la première fois, et accompagnée d'une Introduction et d'un commentaire perpétuel.
1867. Tome 1ᵉʳ, 1 vol. in-8. 9 fr.
1870. Tome 2ᵉ, 1 vol. in-8. 9 fr.

L'Hégélianisme et la philosophie. 1 vol. in-18. 1861. 3 fr. 50

Mélanges philosophiques. 1 vol. in-8. 1862.   5 fr.

Essais de philosophie hégélienne (de la *Bibliothèque de philosophie contemporaine*). 1 vol.   2 fr. 50

Platonis, Aristotelis et Hegelii de medio termino doctrina. 1 vol. in-8. 1845.   1 fr. 50

Strauss. L'ancienne et la nouvelle foi. 1873, in-8. 6 fr.

RECENTES PUBLICATIONS

HISTORIQUES ET PHILOSOPHIQUES

Qui ne se trouvent pas dans les deux Bibliothèques,

ACOLLAS (Émile). **L'enfant né hors mariage.** 3ᵉ édition. 1872, 1 vol. in-18 de x-165 pages. 3 fr.
ACOLLAS (Émile). **Manuel de droit civil,** contenant l'exégèse du code Napoléon et un exposé complet des systèmes juridiques.
Tome premier (premier examen), 1 vol. in-8. 10 fr.
Tome deuxième (deuxième examen), 1 vol. in-8. 10 fr.
Tome troisième (troisième examen), première partie. 1 vol. in-8. 5 fr.
ACOLLAS (Émile). **Trois leçons sur le mariage.** In-8. 1 fr. 50
ACOLLAS (Émile). **L'idée du droit.** In-8. 1 fr. 50
ACOLLAS (Émile). **Nécessité de refondre l'ensemble de nos codes,** et notamment le code Napoléon, au point de vue de l'idée démocratique. 1866, 1 vol. in-8. 3 fr.
Administration départementale et communale. Lois — Décrets — Jurisprudence, conseil d'État, cour de Cassation, décisions et circulaires ministérielles, in-4. 8 fr.
ALAUX. **La religion progressive.** 1869, 1 vol. in-18. 3 fr. 50
ALGLAVE (Émile). **Action du ministère public** et théorie des droits d'ordre public en matière civile. 1872, 2 beaux vol. gr. in-8. 16 fr.
ALGLAVE (Émile). **Organisation des juridictions civiles chez les Romains** jusqu'à l'introduction des *judicia extraordinaria.* 1 vol. in-8. 2 fr. 50
ARISTOTE. **Rhétorique** traduite en français et accompagnée de notes par J. Barthélemy Saint-Hilaire. 1870, 2 vol. in-8. 16 fr.
ARISTOTE. **Psycologie** (opuscules) traduite en français et accompagnée de notes par J. Barthélemy Saint-Hilaire. 1 vol. in-8. 10 fr.
AUDIFFRET-PASQUIER. **Discours devant les commissions de la réorganisation de l'armée et des marchés.** in-4. 2 fr. 50
L'art et la vie. 1867. 2 vol. in-8. 7 fr.
L'art et la vie de Stendhal. 1869, 1 fort vol. in-8. 6 fr.
BAGEHOT. **Lois scientifiques du développement des nations** dans leurs rapports avec les principes de l'hérédité et de la sélection naturelle. 1873, 1 vol. in-8 de la *Bibliothèque scientifique internationale,* cartonné à l'anglaise. 6 fr.
BARNI (Jules). **Napoléon Iᵉʳ,** édition populaire. 1 vol. in-18. 1 fr.
BARNI (Jules). **Manuel républicain.** 1872, 1 vol. in-18. 1 fr. 50
BARNI (Jules). **Les martyrs de la libre pensée,** cours professé à Genève. 1862, 1 vol. in-18. 3 fr. 50
BARNI (Jules). Voy. KANT.
BARTHÉLEMY SAINT-HILAIRE. **La rhétorique d'Aristote.** 2 vol. gr. in-8. 16 fr.

BARTHÉLEMY SAINT-HILAIRE. **La psychologie d'Aristote.**
1 vol. gr. in-8. 10 fr.

BARTHÉLEMY SAINT-HILAIRE. **De la logique d'Aristote.** 2 vol. in-8. 10 fr.

BARTHÉLEMY SAINT-HILAIRE. **L'École d'Alexandrie.** 1 vol. in-8. 6 fr.

BARTHEZ. **Nouveaux éléments de la science de l'homme,** par P. J. Barthez, médecin de S. M. Napoléon Ier. 3e édition, augmentée du Discours sur le génie d'Hippocrate, de Mémoires sur les fluxions et les coliques iliaques, sur la thérapeutique des maladies, sur l'évanouissement, l'extispide, la fascination, le faune, la femme, la force des animaux; collationnée et revue par M. E. Barthez, médecin de S. A. le Prince impérial et de l'hôpital Sainte-Eugénie, etc. 1858, 2 vol. in-8 de 1010 p. 6 fr.

BAUTAIN. **La philosophie morale.** 2 vol. in-8. 12 fr.

BLANCHARD. **Les métamorphoses, les mœurs et les instincts des insectes,** par M. Émile BLANCHARD, de l'Institut, professeur au Muséum d'histoire naturelle. 1868, 1 magnifique volume in-8 jésus, avec 160 figures intercalées dans le texte et 40 grandes planches hors texte. Prix, broché. 30 fr.
Relié en demi-maroquin. 35 fr.

BLANQUI. **L'éternité par les astres,** hypothèse astronomique. 1872, in-8. 2 fr.

BORDAS-DEMOULIN. **Mélanges philosophiques et religieux.** 1 vol. in-8. 7 fr. 50

BORELY (J.). **Nouveau système électoral, représentation proportionnelle de la majorité et des minorités.** 1870, 1 vol. in-18 de xviii-194 pages. 2 fr. 50

BORELY. **De la justice et des juges,** projet de réforme judiciaire. 1871, 2 vol. in-8. 12 fr.

BOUCHARDAT. **Le travail,** son influence sur la santé (conférences faites aux ouvriers). 1863, 1 vol. in-18. 2 fr. 50

BOUCHARDAT et H. JUNOD. **L'eau-de-vie et ses dangers,** conférences populaires. 1 vol. in-8. 1 fr.

BERSOT. **La philosophie de Voltaire.** 1 vol in-12. 2 fr. 50

ÉD. BOURLOTON et E. ROBERT. **La Commune** et ses idées à travers l'histoire. 1872, 1 vol. in-18. 3 fr. 50

BOUCHUT. **Histoire de la médecine et des doctrines médicales.** 1873, 2 forts vol. in-8. 16 fr.

BOUCHUT et DESPRÉS. **Dictionnaire de médecine et de thérapeutique médicale et chirurgicale,** comprenant le résumé de la médecine et de la chirurgie, les indications thérapeutiques de chaque maladie, la médecine opératoire, les accouchements, l'oculistique, l'odontechnie, l'électrisation, la matière médicale, les eaux minérales, et *un formulaire spécial pour chaque maladie.* 1873. 2e édit. très-augmentée. 1 magnifique vol. in-4, avec 750 fig. dans le texte. 25 fr.

BOUILLET (Adolphe). **L'armée d'Henri V. — Les bourgeois gentilshommes de 1871.** 1 vol. in-12. 3 fr. 50

BOUILLET (Adolphe). **L'armée d'Henri V. — Les bourgeois gentilshommes.** Types nouveaux et inédits. 1 vol. in-18. 2 fr. 50

BRIERRE DE BOISMONT. **Des maladies mentales**, 1867, brochure in-8 extraite de la *Pathologie médicale* du professeur Requin. 2 fr.

BRIERRE DE BOISMONT. **Des hallucinations, ou Histoire raisonnée des apparitions**, des visions, des songes, de l'extase, du magnétisme et du somnambulisme. 1862, 3ᵉ édition très-augmentée. 7 fr.

BRIERRE DE BOISMONT. **Du suicide et de la folie suicide.** 1865, 2ᵉ édition, 1 vol. in-8. 7 fr.

CHASLES (Philarète). **Questions du temps et problèmes d'autrefois.** Pensées sur l'histoire, la vie sociale, la littérature. 1 vol. in-18, édition de luxe. 3 fr.

CHASSERIAU. **Du principe autoritaire et du principe rationnel.** 1873, 1 vol. in-18. 3 fr. 50

CLAVEL. **La morale positive.** 1873, 1 vol. in-18. 3 fr.

Conférences historiques de la Faculté de médecine faites pendant l'année 1865. (*Les Chirurgiens érudits*, par M. Verneuil. — *Gui de Chauliac*, par M. Follin. — *Celse*, par M. Broca. — *Wurtzius*, par M. Trélat. — *Rioland*, par M. Le Fort. — *Levret*, par M. Tarnier. — *Harvey*, par M. Béclard. — *Stahl*, par M. Lasègue. — *Jenner*, par M. Lorain. — *Jean de Vier et les sorciers*, par M. Axenfeld. — *Luennec*, par M. Chauffard. — *Sylvius*, par M. Gubler. — *Stoll*, par M. Parrot.) 1 vol. in-8. 6 fr.

COQUEREL (Charles). **Lettres d'un marin à sa famille.** 1870, 1 vol. in-18. 3 fr. 50

COQUEREL (Athanase). Voyez *Bibliothèque de philosophie contemporaine*.

COQUEREL fils (Athanase). **Libres études** (religion, critique, histoire, beaux-arts). 1867, 1 vol. in-8. 5 fr.

COQUEREL fils (Athanase). **Pourquoi la France n'est-elle pas protestante?** Discours prononcé à Neuilly le 1ᵉʳ novembre 1866. 2ᵉ édition, in-8. 1 fr.

COQUEREL fils (Athanase). **La charité sans peur**, sermon en faveur des victimes des inondations, prêché à Paris le 18 novembre 1866. In-8. 75 c.

COQUEREL fils (Athanase). **Évangile et liberté**, discours d'ouverture des prédications protestantes libérales, prononcé le 8 avril 1868. In-8. 50 c.

COQUEREL fils (Athanase). **De l'éducation des filles**, réponse à Mgr l'évêque d'Orléans, discours prononcé le 3 mai 1868. In-8. 1 fr.

CORLIEU. **La mort des rois de France** depuis François Ier jusqu'à la Révolution française, 1 vol. in-18 en caractères elzéviriens, 1874. 3 fr. 50

Conférences de la Porte-Saint-Martin pendant le siége de Paris. Discours de MM. *Desmarets* et *de Pressensé*. — Discours de M. *Coquerel*, sur les moyens de faire durer la République. — Discours de M. *Le Berquier*, sur la Commune. — Discours de M. *E. Bersier*, sur la Commune. — Discours de M. *H. Cernuschi*, sur la Légion d'honneur. In-8. 1 fr. 25

CORNIL. **Leçons élémentaires d'hygiène**, rédigées pour l'enseignement des lycées d'après le programme de l'Académie de médecine. 1873, 1 vol. in-18 avec figures intercalées dans le texte. 2 fr. 50

Sir G. CORNEWALL LEWIS. **Histoire gouvernementale de l'Angleterre de 1770 jusqu'à 1830**, trad. de l'anglais et précédée de la vie de l'auteur, par M. Mervoyer. 1867, 1 vol. in-8 de la *Bibliothèque d'histoire contemporaine*. 7 fr.

Sir G. CORNEWALL LEWIS. **Quelle est la meilleure forme de gouvernement?** Ouvrage traduit de l'anglais; précédé d'une Étude sur la vie et les travaux de l'auteur, par M. Mervoyer, docteur ès lettres. 1867, 1 vol. in-8. 3 fr. 50

DAMIRON. **Mémoires pour servir à l'histoire de la philosophie au XVIIIe siècle.** 3 vol. in-8. 12 fr.

DELAVILLE. **Cours pratique d'arboriculture fruitière** pour la région du nord de la France, avec 269 fig. In-8. 6 fr.

DELEUZE. **Instruction pratique sur le magnétisme animal**, précédée d'une Notice sur la vie de l'auteur. 1853. 1 vol. in-12. 3 fr. 50

DELORD (Taxile). **Histoire du second empire. 1848-1870.**
  1869. Tome Ier, 1 fort vol. in-8. 7 fr.
  1870. Tome II, 1 fort vol. in-8. 7 fr.
  1873. Tome III, 1 fort vol. in-8. 7 fr.
  1874. Tome IV, 1 fort vol. in-8. 7 fr.
  1874. Tome V, 1 fort vol. in-8. 7 fr.

DENFERT (colonel). **Des droits politiques des militaires.** 1874, in-8. 75 c.

DOLLFUS (Charles). **De la nature humaine.** 1868, 1 vol. in-8. 5 fr.

DOLLFUS (Charles). **Lettres philosophiques.** 3e édition. 1869, 1 vol. in-18. 3 fr. 50

DOLLFUS (Charles). **Considérations sur l'histoire. Le monde antique.** 1872, 1 vol. in-8. 7 fr. 50

DUGALD-STEVART. **Éléments de la philosophie de l'esprit humain**, traduit de l'anglais par Louis Peisse, 3 vol. in-12. 9 fr.

DU POTET. **Manuel de l'étudiant magnétiseur.** Nouvelle édition. 1868, 1 vol. in-18. 3 fr. 50

DU POTET. **Traité complet de magnétisme**, cours en douze leçons. 1856, 3ᵉ édition, 1 vol. de 634 pages. 7 fr.

Éléments de science sociale. Religion physique, sexuelle et naturelle, ouvrage traduit sur la 7ᵉ édition anglaise. 1 fort vol. in-18, cartonné. 4 fr.

ÉLIPHAS LÉVI. **Dogme et rituel de la haute magie.** 1861, 2ᵉ édit., 2 vol. in-8, avec 24 fig. 18 fr.

ÉLIPHAS LÉVI. **Histoire de la magie**, avec une exposition claire et précise de ses procédés, de ses rites et de ses mystères. 1860, 1 vol. in-8, avec 90 fig. 12 fr.

ÉLIPHAS LÉVI. **La science des esprits**, révélation du dogme secret des Kabbalistes, esprit occulte de l'Évangile, appréciation des doctrines et des phénomènes spirites. 1865, 1 v. in-8. 7 fr.

L'Europe orientale. Son état présent, sa réorganisation, avec deux tableaux ethnographiques, 1873. 1 vol. in-18. 3 fr. 50

FAU. **Anatomie des formes du corps humain**, à l'usage des peintres et des sculpteurs. 1866, 1 vol. in-8 et atlas de 25 planches. 2ᵉ édition. Prix, fig. noires. 20 fr.

    Prix, figures coloriées. 35 fr.

FERRON (de). **Théorie du progrès** (Histoire de l'idée du progrès. — Vico. — Herder. — Turgot. — Condorcet. — Saint-Simon. — Réfutation du césarisme). 1867, 2 vol. in-18. 7 fr.

FERRON (de). **La question des deux Chambres.** 1872, in-8 de 45 pages. 1 fr.

EM. FERRIÈRE. **Le darwinisme.** 1872, 1 vol. in-18. 4 fr. 50

FICHTE. **Méthode pour arriver à la vie bienheureuse,** traduit par Francisque Bouiller. 1 vol. in-8. 8 fr.

FICHTE. **Destination du savant et de l'homme de lettres,** traduit par M. Nicolas. 1 vol. in-8. 3 fr.

FICHTE. **Doctrines de la science.** Principes fondamentaux de la science de la connaissance, trad. par Grimblot. 1 vol. in-8. 9 fr.

FOUCHER DE CAREIL. **Leibniz, Descartes, Spinoza.** In-8. 4 fr.

FOUCHER DE CAREIL. **Lettres et opuscules de Leibniz.** 1 vol. in-8. 3 fr. 50

FOUILLÉE (Alfred). **La philosophie de Socrate.** 2 vol. in-8. 16 fr.

FOUILLÉE (Alfred). **La philosophie de Platon.** 2 vol. in-8. 16 fr.

FOUILLÉE (Alfred). **La liberté et le déterminisme.** 1 fort vol. in-8. 7 fr. 50

FOUILLÉE (Alfred). **Platonis hippias minor sive Socratica,** 1 vol. in-8. 2 fr.

FRIBOURG. **Du paupérisme parisien,** de ses progrès depuis vingt-cinq ans. 1 fr. 25

GALUPPI. **Lettres philosophiques** sur les vicissitudes de la philosophie relativement à l'origine et aux principes des connaissances humaines, depuis Descartes jusqu'à Kant. 1 vol. in-8. 4 fr.

HAMILTON (William). **Fragments de Philosophie,** traduits de l'anglais par Louis Peisse. 7 fr. 50

HERZEN (Alexandre). **Œuvres complètes.** Tome Ier. *Récits et nouvelles.* 1874, 1 vol. in-18. 3 fr. 50

HUMBOLDT (G. de). **Essai sur les limites de l'action de l'État,** traduit de l'allemand, et précédé d'une Étude sur la vie et les travaux de l'auteur, par M. Chrétien, docteur en droit. 1867, in-18. 3 fr. 50

ISSAURAT. **Moments perdus de Pierre-Jean,** observations, pensées, rêveries antipolitiques, antimorales, antiphilosophiques, antimétaphysiques, anti tout ce qu'on voudra. 1868, 1 v. in-18. 3 fr.

ISSAURAT. **Les alarmes d'un père de famille,** suscitées, expliquées, justifiées et confirmées par lesdits faits et gestes de Mgr. Dupanloup et autres. 1868, in-8. 1 fr.

JANET (Paul). **Histoire de la science politique** dans ses rapports avec la morale. 2 vol. in-8. 20 fr.

JANET (Paul). **Études sur la dialectique** dans Platon et dans Hegel. 1 vol. in-8. 6 fr.

JANET (Paul). **Œuvres philosophiques de Leibniz.** 2 vol. in-8. 16 fr.

JANET (Paul). **Essai sur le médiateur plastique de Cudworth.** 1 vol. in-8. 6 fr.

JAVARY. **De la certitude.** 1 vol. in-8. 6 fr.

JAVARY. **De l'idée du progrès.** 1 vol. in-8. 4 fr.

KANT. **Critique de la raison pure,** précédé d'une préface par M. Jules BARNI. 1870, 2 vol. in-8. 16 fr.

KANT. **Critique de la raison pure,** traduit par M. Tissot. 2 vol. in-8. 16 fr.

KANT. **Éléments métaphysiques de la doctrine du droit,** suivis d'un Essai philosophique sur la paix perpétuelle, traduits de l'allemand par M. Jules BARNI. 1854, 1 vol. in-8. 8 fr.

KANT. **Principes métaphysiques du droit** suivi du *projet de paix perpétuelle,* traduction par M. Tissot. 1 vol. in-8. 8 fr.

KANT. **Eléments métaphysiques de la doctrine de la vertu**, suivi d'un Traité de pédagogie, etc. ; traduit de l'allemand par M. Jules BARNI, avec une introduction analytique. 1855, 1 vol. in-8. 8 fr.

KANT. **Principes métaphysiques de la morale**, augmenté des *fondements de la métaphysique des mœurs*, traduction par M. Tissot. 1 vol. in-8. 8 fr.

KANT. **La logique**, traduction de M. Tissot. 1 vol. in-4. 4 fr.

KANT. **Mélanges de logique**, traduction par M. Tissot, 1 vol. in-8. 6 fr.

KANT. **Prolégomènes à toute métaphysique future** qui se présentera comme science, traduction de M. Tissot, 1 vol. in-8. 6 fr.

KANT. **Anthropologie**, suivi de divers fragments relatifs aux rapports du physique et du moral de l'homme et du commerce des esprits d'un monde à l'autre, traduction par M. Tissot. 1 vol. in-8. 6 fr.

KANT. **Examen de la critique de la raison pratique**, traduit par J. Barni. 1 vol. in-8. 6 fr.

KANT. **Éclaircissements sur la critique de la raison pure**, traduit par J. Tissot. 1 vol. in-8. 6 fr.

KANT. **Critique du jugement**, suivie des *observations sur les sentiments du beau et du sublime*, traduit par J. Barni. 2 vol. in-8. 12 fr.

KANT. **Critique de la raison pratique**, précédée des *fondements de la métaphysique des mœurs*, traduit par J. Barni. 1 vol. in-8. 6 fr.

LABORDE. **Les hommes et les actes de l'insurrection de Paris** devant la psychologie morbide. Lettres à M. le docteur Moreau (de Tours). 1 vol. in-18. 3 fr. 50

LACHELIER. **Le fondement de l'induction.** 3 fr. 50

LACHELIER. **De natura syllogismi** apud facultatem litterarum Parisiensem, hæc disputabat. 1 fr. 50

LACOMBE. **Mes droits.** 1869, 1 vol. in-12. 2 fr. 50

LANGLOIS. **L'homme et la Révolution**. Huit études dédiées à P. J. Proudhon. 1867, 2 vol. in-18. 7 fr.

LE BERQUIER. **Le barreau moderne.** 1871, 2ᵉ édition, 1 vol. in-18. 3 fr. 50

LE FORT. **La chirurgie militaire** et les Sociétés de secours en France et à l'étranger. 1873, 1 vol. gr. in-8, avec fig. 10 fr.

LEFRANC. **De l'esprit moderne** au point de vue religieux. 1 vol. 5 fr.

LEIBNIZ. **Œuvres philosophiques**, avec une Introduction et des notes par M. Paul Janet, 2 vol. in-8. 16 fr.

LITTRÉ. **Auguste Comte et Stuart Mill**, suivi de *Stuart Mill et la philosophie positive*, par M. G. Wyrouboff. 1867, in-8 de 86 pages. 2 fr.

LITTRÉ. **Application de la philosophie primitive** au gouvernement des Sociétés. In-8. 3 fr. 50

LORAIN (P.). **Jenner et la vaccine.** Conférence historique. 1870, broch. in-8 de 48 pages. 1 fr. 50

LORAIN (P.). **L'assistance publique.** 1871, in-4 de 56 p. 1 fr.

LUBBOCK. **L'homme avant l'histoire,** étudié d'après les monuments et les costumes retrouvés dans les différents pays de l'Europe, suivi d'une Description comparée des mœurs des sauvages modernes, traduit de l'anglais par M. Ed. BARBIER, avec 156 figures intercalées dans le texte. 1867, 1 beau vol. in-8, prix broché. 15 fr.

Relié en demi-maroquin avec nerfs. 18 fr.

LUBBOCK. **Les origines de la civilisation.** État primitif de l'homme et mœurs des sauvages modernes. 1873. 1 vol. grand in-8 avec figures et planches hors texte. Traduit de l'anglais par M. Ed. BARBIER. 15 fr.

Relié en demi-maroquin avec nerfs. 18 fr.

MARAIS (Aug.). **Garibaldi et l'armée des Vosges.** 1872, 1 vol. in-18. 1 fr. 50

MAURY (Alfred). **Histoire des religions de la Grèce antique.** 3 vol. in-8. 24 fr.

MAURY (Alfred). **Les forêts de la Gaule** et de l'ancienne France. 1 vol. in-8. 6 fr.

MAX MULLER. **Amour allemand.** Traduit de l'allemand. 1 vol. in-18 imprimé en caractères elzéviriens. 3 fr. 50

MAZZINI. **Lettres à Daniel Stern** (1864-1872), avec une lettre autographiée. 1 v. in-18 imprimé en caractères elzéviriens. 3 fr. 50

MENIÈRE. **Cicéron médecin,** étude médico-littéraire. 1862, 1 vol. in-18. 1 fr. 50

MENIÈRE. **Les consultations de madame de Sévigné**, étude médico-littéraire. 1864, 1 vol. in-8. 3 fr.

MERVOYER. **Étude sur l'association des idées.** 1864, 1 vol. in-8. 6 fr.

MEUNIER (Victor). **La science et les savants.**
1re année, 1864. 1 vol. in-18. 3 fr. 50
2e année, 1865. 1er semestre, 1 vol. in-18. 3 fr. 50
2e année, 1865. 2e semestre, 1 vol. in-18. 3 fr. 50
3e année, 1866. 1 vol. in-18. 3 fr. 50
4e année, 1867. 1 vol. in-18. 3 fr. 50

MICHELET (J.). **Le Directoire et les origines des Bonaparte.** 1872, 1 vol. in-8. 6 fr.

MILSAND. **Les études classiques** et l'enseignement public. 1873, 1 vol. in-18. 3 fr. 50

MILSAND. **Le code et la liberté.** Liberté du mariage, liberté des testaments. 1865, in-8. 2 fr.

MIRON. **De la séparation du temporel et du spirituel.** 1866, in-8. 3 fr. 50

MORER. **Projet d'organisation de collèges cantonaux,** in-8 de 64 pages. 1 fr. 50

MORIN. **Du magnétisme et des sciences occultes.** 1860, 1 vol. in-8. 6 fr.

MUNARET. **Le médecin des villes et des campagnes.** 4e édition, 1862, 1 vol. grand in-18. 4 fr. 50

NAQUET (A.). **La république radicale.** 1873, 1 vol. in-18. 3 fr. 50

NOURRISSON. **Essai sur la philosophie de Bossuet.** 1 vol. in-8. 4 fr.

OGER. **Les Bonaparte** et les frontières de la France. In-18. 50 c.

OGER. **La République.** 1871, brochure in-8. 50 c.

OLLÉ-LAPRUNE. **La philosophie de Malebranche.** 2 vol. in-8. 16 fr.

PARIS (comte de). **Les associations ouvrières en Angleterre** (trades-unions). 1869, 1 vol. gr. in-8. 2 fr. 50
Édition sur papier de Chine : broché. 12 fr.
— reliure de luxe. 20 fr.

PUISSANT (Adolphe). **Erreurs et préjugés populaires.** 1873, 1 vol. in-18. 3 fr. 50

RIBOT (Paul). **Matérialisme et spiritualisme.** 1873, in-8. 6 fr.

RIBOT (Th.) **La psychologie anglaise contemporaine** (James Mill, Stuart Mill, Herbert Spencer, A. Bain, G. Lewes, S. Bailey, J.-D. Morell, J. Murphy). 1870, 1 vol. in-18. 3 fr. 50

RIBOT (Th.). **De l'hérédité.** 1873, 1 vol. in-8. 10 fr.

RITTER (Henri). **Histoire de la philosophie moderne**, traduction française précédée d'une introduction par P. Challemel-Lacour. 3 vol. in-8. 20 fr

RITTER (Henri). **Histoire de la philosophie chrétienne,** trad. par M. J. Trullard. 2 forts vol. 15 fr.

RITTER (Henri). **Histoire de la philosophie ancienne,** trad par Tissot. 4 vol. 30 fr·

SAINT-MARC GIRARDIN. **La chute du second Empire.** In-4. 4 fr. 50

SALETTA. **Principe de logique positive,** ou traité de scepticisme positif. Première partie (de la connaissance en général). 1 vol. gr. in-8. 3 fr. 50

SCHELLING. **Écrits philosophiques** et morceaux propres à donner une idée de son système, trad. par Ch. Bénard. In-8. 9 fr.

SCHELLING. **Bruno** ou du principe divin, trad. par Husson. 1 vol. in-8. 3 fr. 50

SIÈREBOIS. **Autopsie de l'âme.** Identité du matérialisme et du vrai spiritualisme. 2ᵉ édit. 1873, 1 vol. in-18. 2 fr. 50

SIÈREBOIS. **La morale** fouillée dans ses fondements. Essai d'anthropodicée. 1867, 1 vol. in-8. 6 fr.

SOREL (ALBERT). **Le traité de Paris du 20 novembre 1815.** Leçons professées à l'École libre des sciences politiques par M. Albert SOREL, professeur d'histoire diplomatique. 1873, 1 vol. in-8. 4 fr. 50

THÉVENIN. **Hygiène publique,** analyse du rapport général des travaux du conseil de salubrité de la Seine, de 1849 à 1858. 1863, 1 vol. in-18. 2 fr. 50

THULIÉ. **La folie et la loi.** 1867, 2ᵉ édit., 1 vol. in-8. 3 fr. 50

THULIÉ. **La manie raisonnante du docteur Campagne.** 1870, broch. in-8 de 132 pages. 2 fr.

TIBERGHIEN. **Les commandements de l'humanité.** 1872, 1 vol. in-18. 3 fr.

TIBERGHIEN. **Enseignement et philosophie.** 1873, 1 vol. in-18. 4 fr.

TISSOT. Voyez KANT.

TISSOT. **Anthropologie spéculative générale.** 2 vol. in-8. 12 fr.

VACHEROT. **Histoire de l'école d'Alexandrie.** 3 vol. in-8.
24 fr.

VALETTE. **Cours de Code civil** professé à la Faculté de droit de Paris. Tome I, première année (Titre préliminaire — Livre premier). 1873, 1 fort vol. in-18. 8 fr.

VALMONT. **L'espion prussien.** 1872, roman traduit de l'anglais. 1 vol. in-18. 3 fr. 50

VÉRA. **Strauss. L'ancienne et la nouvelle foi.** 1873, in-8.
6 fr.

VILLIAUME. **La politique moderne,** traité complet de politique. 1873, 1 beau vol. in-8. 6 fr.

WEBER. **Histoire de la philosophie européenne.** 1871, 1 vol. in-8. 10 fr.

L'armée d'Henri V. — Les bourgeois gentilshommes de 1871. 1 vol. in-18. 3 fr. 50

L'armée d'Henri V. — Les bourgeois gentilshommes, types nouveaux et inédits. 1 vol. in-18. 2 fr. 50

Annales de l'Assemblée nationale. Compte rendu *in extenso* des séances, annexes, rapports, projets de loi, propositions, etc. Prix de chaque volume. 15 fr.
Vingt volumes sont en vente.

Loi de recrutement des armées de terre et de mer, promulguée le 16 août 1872. Compte rendu *in extenso* des trois délibérations. — Lois des 10 mars 1818, 21 mars 1832, 21 avril 1855, 1er février 1868. 1 vol. gr. in-4 à 3 colonnes.
12 fr.

ENQUÊTE PARLEMENTAIRE SUR LES ACTES DU GOUVERNEMENT
DE LA DÉFENSE NATIONALE

DÉPOSITIONS DES TÉMOINS :

TOME PREMIER. Dépositions de MM. Thiers, maréchal Mac-Mahon, maréchal Le Bœuf, Benedetti, duc de Gramont, de Talhouët, amiral Rigault de Genouilly, baron Jérôme David, général de Palikao, Jules Brame, Clément Duvernois, Dréolle, Rouher, Piétri, Chevreau, général Trochu, J. Favre, J. Ferry, Garnier-Pagès, Emmanuel Arago, Pelletan, Ernest Picard, J. Simon, Magnin, Dorian, Ét. Arago, Gambetta, Crémieux, Glais-Bizoin, général Le Flô, amiral Fourichon, de Kératry.

TOME DEUXIÈME. Dépositions de MM. de Chaudordy, Lanrier, Cresson, Dréo, Ranc, Rampont, Steenackers, Fernique, Robert, Schneider, Buffet, Lebreton et Hébert, Bellangé, colonel Alavoine, Gervais, Bécherelle, Robin, Muller, Boutefoy, Meyer, Clément et Simonneau, Fontaine, Jacob, Lemaire, Petetin, Guyot-Montpayroux, général Soumain, de Legge, colonel Vabre, de Crisenoy, colonel Ibos, Hémar, Frère, Read, Kergall, général Schmitz, Johnston, colonel Dauvergne, Didier, de Lareinty, Arnaud de l'Ariége, général Tamisier, Baudouin de Mortemart, Ernault, colonel Chaper, général Mazure, Béranger, Le Royer, Ducarre, Challemel-Lacour, Rouvier, Autran, Esquiros, Gent, Naquet, Thourel, Gatien-Arnoult, Fourcad.

TOME TROISIÈME. Dépositions militaires de MM. de Freycinet, de Serres, le général Lefort, le général Ducrot, le général Vinoy, le lieutenant de vaisseau Farcy, le commandant Amet, l'amiral Pothuau, Jean Brunet, le général de Beaufort-d'Hautpoul, le général de Valdan, le général d'Aurelle de Paladines, le général Chanzy, le général Martin des Pallières, le général de Sonis, le général Crouzat, le général de la Motterouge, le général Fiéreck, l'amiral Jauréguiberry, le général Faidherbe, le général Paulze d'Ivoy, Testelin, le général Bourbaki, le général Clinchant, le colonel Leperche, le général Pallu de la Barrière, Rolland, Keller, le général Billot, le général Borel, le général Pellissier, l'intendant Friant, le général Cremer, le comte de Chaudordy.

TOME QUATRIÈME. Dépositions de MM. le général Bordone, Mathieu, de Laborie, Luce-Villiard, Castillon, Debussehère, Darcy, Chenet, de La Taille, Baillehache, de Grancey, L'Hermite, Pradier, Middleton, Frédéric Morin, Thoyot, le maréchal Bazaine, le général Boyer, le maréchal Canrobert, le général Ladmirault, Prost, le général Bressoles, Josseau, Spuller, Corbon, Dalloz, Henri Martin, Vacherot, Marc Dufraisse, Raoul Duval, Delille, de Laubespin, frère Dagobertus, frère Alcas, l'abbé d'Hulst, Bourgoin, Eschassériaux, Silvy, Le Nordez, Gréard, Guibert, Périn ; errata et note à l'appui de la déposition de M. Darcy, annexe à la déposition de M. Testelin, note de M. le colonel Denfert, note de la Commission.

RAPPORTS :

TOME PREMIER Rapport de M. *Chaper* sur les procès-verbaux des séances du Gouvernement de la Défense nationale. — Rapport de M. *de Sugny* sur les événements de Lyon sous le Gouvernement de la Défense nationale. — Rapport de M. *de Rességuier* sur les actes du Gouvernement de la Défense nationale dans le sud-ouest de la France.

TOME DEUXIÈME. Rapport de M. *Saint-Marc Girardin* sur la chute du second Empire. — Rapport de M. *de Sugny* sur les événements de Marseille sous le Gouvernement de la Défense nationale.

TOME TROISIÈME. Rapport de M. le comte *Daru*, sur la politique du Gouvernement de la Défense nationale à Paris.

TOME QUATRIÈME. Rapport de M. *Chaper*, sur l'examen au point de vue militaire des actes du Gouvernement de la Défense nationale à Paris.

TOME CINQUIÈME. Rapport de M. *Boreau-Lajanadie*, sur l'emprunt Morgan. — Rapport de M. *de la Borderie*, sur le camp de Conlie et l'armée de Bretagne. — Rapport de M. *de la Sicotière*, sur l'affaire de Dreux.

TOME SIXIÈME. Rapport de M. *de Rainneville* sur les actes diplomatiques du Gouvernement de la Défense nationale. — Rapport de M. *A. Lallié* sur les postes et les télégraphes pendant la guerre. — Rapport de M. *Delsol* sur la ligne du Sud Ouest. — Rapport de M. *Perrot* sur la défense nationale en province.

(*Première partie.*)

Prix de chaque volume... 15 fr.

RAPPORTS SE VENDANT SÉPARÉMENT

DE RESSÉGUIER. — Les événements de Toulouse sous le Gouvernement de la Défense nationale. In-4. 2 fr. 50
SAINT-MARC GIRARDIN. — La chute du second Empire. In-4. 4 fr. 50
DE SUGNY. — Les événements de Marseille sous le Gouvernement de la Défense nationale. In-4. 10 fr.
DE SUGNY. — Les événements de Lyon sous le Gouvernement de la Défense nationale. In-4. 7 fr.
DARU. — La politique du Gouvernement de la Défense nationale à Paris. In-4. 15 fr.
CHAPER. — Examen au point de vue militaire des actes du Gouvernement de la Défense à Paris. In-4. 15 fr.
CHAPER. — Les procès-verbaux des séances du Gouvernement de la Défense nationale. In-4. 5 fr.
BOREAU-LAJANADIE. — L'emprunt Morgan. In-4. 4 fr. 50
DE LA BORDERIE. — Le camp de Conlie et l'armée de Bretagne. in-4. 10 fr.
DE LA SICOTIÈRE. L'affaire de Dreux. In-4. 2 fr. 50

ENQUÊTE PARLEMENTAIRE

SUR

L'INSURRECTION DU 18 MARS

édition contenant *in-extenso* les trois volumes distribués à l'Assemblée nationale.

1° RAPPORTS. Rapport général de M. Martial Delpit. Rapports de MM. *de Meaux*, sur les mouvements insurrectionnels en province ; *de Massy*, sur le mouvement insurrectionnel à Marseille ; *Meplain*, sur le mouvement insurrectionnel à Toulouse ; *de Chamaillard*, sur les mouvements insurrectionnels à Bordeaux et à Tours ; *Delille*, sur le mouvement insurrectionnel à Limoges ; *Vacherot*, sur le rôle des municipalités ; *Ducarre*, sur le rôle de l'Internationale ; *Boreau-Lajanadie*, sur le rôle de la presse révolutionnaire à Paris ; *de Cumont*, sur le rôle de la presse révolutionnaire en province ; *de Saint-Pierre*, sur la garde nationale de Paris pendant l'insurrection ; *de Larochetheulon*, sur l'armée et la garde nationale de Paris avant le 18 mars. — Rapports de MM. les *premiers présidents de Cour d'appel* d'Agen, d'Aix, d'Amiens, de Bordeaux, de Bourges, de Chambéry, de Douai, de Nancy, de Pau, de Rennes, de Riom, de Rouen, de Toulouse. — Rapports de MM. les *préfets* de l'Ardèche, des Ardennes, de l'Aude, du Gers, de l'Isère, de la Haute-Loire, du Loiret, de la Nièvre, du Nord, des Pyrénées-Orientales, de la Sarthe, de Seine-et-Marne, de Seine-et-Oise, de la Seine-Inférieure, de Vaucluse. — Rapports de MM. les chefs de légion de gendarmerie.

2° DÉPOSITIONS de MM. Thiers, maréchal Mac-Mahon, général Trochu, J. Favre, Ernest Picard, J. Ferry, général Le Flô, général Vinoy, Choppin, Cresson, Leblond, Edmond Adam, Metteval, Hervé, Bethmont, Ansart, Marseille, Claude, Lagrange, Macé, Nusse, Mouton, Garcin, colonel Lambert, colonel Guillard, général Appert, Gerspach, Barral de Montaud, comte de Mun, Floquet, général Cremer, amiral Saisset, Schœlcher, Tirard, Dubail, Denormandie, Vautrain, François Favre, Bellaigne, Vacherot, Degorce-Denneucque, Desmarest, colonel Montaign, colonel Ibos, général d'Aurelle de Paladines, Roger du Nord, Baudouin de Mortemart, Lavigne, Ossude, Ducros, Turquet, de Plœuc, amiral Pothuau, colonel Langlois, Lucuing, Danet, colonel Le Mains, colonel Vabre, Héligon, Tolain, Fribourg, Dunoyer, Testu, Corbon, Ducarre.

3° PIÈCES JUSTIFICATIVES. Déposition de M. le général Ducrot, Procès-verbaux du Comité central, du Comité de salut public, de l'Internationale, de la délégation des vingt arrondissements, de l'Alliance républicaine, de la Commune. — Lettre du prince Czartoryski sur les Polonais. — Réclamations et errata.

Édition populaire contenant *in extenso* les trois volumes distribués
aux membres de l'Assemblée nationale.

Prix : **16** francs.

COLLECTION ELZÉVIRIENNE

Lettres de Joseph Mazzini à Daniel Stern (1864-1872), avec une lettre autographiée. 3 fr. 50

Amour allemand, par MAX MULLER, traduit de l'allemand. 1 vol. in-18. 3 fr. 50

La mort des rois de France depuis François Ier jusqu'à la Révolution française, études médicales et historiques, par M. le docteur CORLIEU. 1 vol. in-18. 3 fr. 50

BIBLIOTHÈQUE POPULAIRE

Napoléon Ier, par M. Jules BARNI, membre de l'Assemblée nationale. 1 vol. in-18. 1 fr.

Manuel républicain, par M. Jules BARNI, membre de l'Assemblée nationale. 1 vol. in-18. 1 fr.

Les Bourgeois gentilshommes de l'ordre moral. — L'armée d'Henri V par A. Ravillet. 1 vol. in-18.

Garibaldi et l'armée des Vosges, par M. Aug. MARAIS. 1 vol. in-18. 1 fr. 50

Le paupérisme parisien, ses progrès depuis vingt-cinq ans, par E. FRIBOURG. 1 fr. 25

ÉTUDES CONTEMPORAINES

Les bourgeois gentilshommes. — L'armée d'Henri V, par Adolphe BOUILLET. 1 vol. in-18. 3 fr. 50

Les bourgeois gentilshommes. — L'armée d'Henri V. Types nouveaux et inédits, par A. BOUILLET. 1 v. in-18. 2 fr. 50

L'espion prussien, roman anglais par V. VALMONT, traduit par M. J. DUBRISAY. 1 vol. in-18. 3 fr. 50

La Commune et ses idées à travers l'histoire, par Edgar BOURLOTON et Edmond ROBERT. 1 vol. in-18. 3 fr. 50

La république radicale, par A. NAQUET, membre de l'Assemblée nationale. 1 vol. in-18. 3 fr. 50

Du principe autoritaire et du principe rationnel, par M. Jean Chasseriau. 1873. 1 vol. in-18. 3 fr. 50

La République radicale, par A. NAQUET, membre de l'Assemblée nationale. 1 vol. in-18. 3 fr. 50

PUBLICATIONS
DE L'ECOLE LIBRE DES SCIENCES POLITIQUES

ALBERT SOREL. **Le traité de Paris du 20 novembre 1815.**
— I. Les cent-jours. — II. Les projets de démembrement. —
III. La sainte-alliance. Les traités du 20 novembre, par M. Albert
Sorel, professeur d'histoire diplomatique à l'École libre des
sciences politiques. 1 vol. in-8 de 153 pages.   4 fr. 50

RÉCENTES PUBLICATIONS SCIENTIFIQUES

AGASSIZ. **De l'espèce et des classifications en zoologie**
1 vol. in-8.   5 fr.

ARCHIAC (D'). **Leçons sur la faune quaternaire**, professées
au Muséum d'histoire naturelle. 1865, 1 vol. in-8.   3 fr. 50

BAIN. **Les sens et l'intelligence**, trad. de l'anglais, 1874,
1 vol. in-8.   10 fr.

BAGEHOT. **Lois scientifiques du développement des nations.** 1873, 1 vol. in-4, cartonné.   6 fr.

BÉRAUD (B. J.). **Atlas complet d'anatomie chirurgicale topographique**, pouvant servir de complément à tous les ouvrages d'anatomie chirurgicale, composé de 109 planches représentant plus de 200 gravures dessinées d'après nature par M. Bion, et avec texte explicatif. 1865, 1 fort vol. in-4.

     Prix : fig. noires, relié.   60 fr.
     — fig. coloriées, relié.   120 fr.

Ce bel ouvrage, auquel on a travaillé pendant sept ans, est le plus complet qui ait été publié sur ce sujet. Toutes les pièces disséquées dans l'amphithéâtre des hôpitaux ont été reproduites d'après nature par M. Bion, et ensuite gravées sur acier par les meilleurs artistes. Après l'explication de chaque planche, l'auteur a ajouté les applications à la pathologie chirurgicale, à la médecine opératoire, se rapportant à la région représentée.

BERNARD (Claude). **Leçons sur les propriétés des tissus vivants** faites à la Sorbonne, rédigées par Emile ALGLAVE, avec 94 fig. dans le texte. 1866, 1 vol. in-8. 8 fr.

BLANCHARD. **Les Métamorphoses, les Mœurs et les Instincts des Insectes,** par M. Emile Blanchard, de l'Institut, professeur au Muséum d'histoire naturelle. 1868, 1 magnifique volume in-8 jésus, avec 160 figures intercalées dans le texte et 40 grandes planches hors texte. Prix, broché. 30 fr.
Relié en demi-maroquin. 35 fr.

BLANQUI. **L'éternité par les astres,** hypothèse astronomique, 1872, in-8. 2 fr.

BOCQUILLON. **Manuel d'histoire naturelle médicale.** 1871, 1 vol. in-18, avec 415 fig. dans le texte. 14 fr.

BOUCHARDAT. **Manuel de matière médicale,** de thérapeutique comparée et de pharmacie. 1873, 5e édition, 2 vol. gr. in-18. 16 fr.

BOUCHUT. **Histoire de la médecine et des doctrines médicales.** 1873, 2 vol. in-8. 16 fr.

BUCHNER (Louis). **Science et Nature,** traduit de l'allemand par A. Delondre. 1866, 2 vol. in-18 de la *Bibliothèque de philosophie contemporaine*. 5 fr.

CLÉMENCEAU. **De la génération des éléments anatomiques,** précédé d'une Introduction par M. le professeur Robin. 1867, in-8. 5 fr.

Conférences historiques de la Faculté de médecine faites pendant l'année 1865 (*les Chirurgiens érudits*, par M. Verneuil.—*Guy de Chauliac*, par M. Follin.—*Celse*, par M. Broca. — *Wurtzius*, par M. Trélat. — *Rioland*, par M. Le Fort.— *Leuret*, par M. Tarnier. — *Harvey*, par M. Béclard. — *Stahl*, par M. Lasègue. — *Jenner*, par M. Lorain. — *Jean de Vier*, par M. Axenfeld. — *Laennec*, par M. Chauffard. — *Sylvius*, par M. Gubler. — *Stoll*, par M. Parot). 1 vol. in-8. 6 fr.

DUMONT (L. A.). **Hæckel et la théorie de l'évolution en Allemagne.** 1873, 1 vol. in-18: 2 fr. 50

DURAND (de Gros). **Essais de physiologie philosophique.** 1866, 1 vol. in-8. 8 fr.

DURAND (de Gros). **Ontologie et psychologie physiologique.** Études critiques. 1871, 1 vol. in-18. 3 fr. 50

DURAND (de Gros). **Origines animales de l'homme**, éclairées par la physiologie et l'anatomie comparative. Grand in-8, 1871, avec fig. 5 fr.

DURAND-FARDEL. **Traité thérapeutique des eaux minérales** de la France, de l'étranger et de leur emploi dans les maladies chroniques. 2ᵉ édition, 1 vol. in-8 de 780 p. avec cartes coloriées. 9 fr.

FAIVRE. **De la variabilité de l'espèce.** 1868, 1 vol. in-18 de la *Bibliothèque de philosophie contemporaine*. 2 fr. 50

FAU. **Anatomie des formes du corps humain**, à l'usage des peintres et des sculpteurs. 1866, 1 vol. in-8 avec atlas in-folio de 25 planches.
    Prix : fig. noires. 20 fr.
    — fig. coloriées. 35 fr.

W. DE FONVIELLE. **L'Astronomie moderne.** 1869, 1 vol. de la *Bibliothèque de philosophie contemporaine*. 2 fr. 50

GARNIER. **Dictionnaire annuel des progrès des sciences et institutions médicales**, suite et complément de tous les dictionnaires. 1 vol. in-12 de 600 pages. 7 fr.

GRÉHANT. **Manuel de physique médicale.** 1869, 1 volume in-18, avec 469 figures dans le texte. 7 fr.

GRÉHANT. **Tableaux d'analyse chimique** conduisant à la détermination de la base et de l'acide d'un sel inorganique isolé, avec les couleurs caractéristiques des précipités. 1862, in-4, cart. 3 fr. 50

GRIMAUX. **Chimie organique élémentaire**, leçons professées à la Faculté de médecine. 1872, 1 vol. in-18 avec figures. 4 fr. 50

GRIMAUX. **Chimie inorganique élémentaire.** Leçons professées à la Faculté de médecine, 1874, 1 vol. in-8 avec fig. 5 fr.

GROVE. **Corrélation des forces physiques**, traduit par M. l'abbé Moigno, avec des notes par M. Séguin aîné. 1 vol. in-8. 7 fr. 50

JAMAIN. **Nouveau Traité élémentaire d'anatomie descriptive et de préparations anatomiques.** 3ᵉ édition, 1867, 1 vol. grand in-18 de 900 pages, avec 223 fig. intercalées dans le texte. 12 fr.

JANET (Paul). **Le Cerveau et la Pensée.** 1867, 1 vol. in-18 de la *Bibliothèque de philosophie contemporaine*. 2 fr. 50

LAUGEL. **Les Problèmes** (problèmes de la nature, problèmes de la vie, problèmes de l'âme), 1873, 2ᵉ édition, 1 fort vol. in-8. 7 fr. 50

LAUGEL. **La Voix, l'Oreille et la Musique.** 1 vol. in-18 de la *Bibliothèque de philosophie contemporaine.* 2 fr. 50

LAUGEL. **L'Optique et les Arts.** 1 vol. in-18 de la *Bibliothèque de philosophie contemporaine.* 2 fr. 50

LE FORT. **La chirurgie militaire** et les sociétés de secours en France et à l'étranger. 1873, 1 vol. gr. in-8 avec figures dans le texte. 10 fr.

LEMOINE (Albert). **Le Vitalisme et l'Animisme de Stahl.** 1864, 1 vol. in-18 de la *Bibliothèque de philosophie contemporaine.* 2 fr. 50

LEMOINE (Albert). **De la physionomie et de la parole.** 1865. 1 vol. in-18 de la *Bibliothèque de philosophie contemporaine.* 2 fr. 50

LEYDIG. **Traité d'histologie comparée de l'homme et des animaux**, traduit de l'allemand par M. le docteur LABILLONNE. 1 fort vol. in-8 avec 200 figures dans le texte. 1866. 15 fr.

LONGET. **Traité de physiologie.** 3ᵉ édition, 1873, 3 vol. gr. in-8. 36 fr.

LUBBOCK. **L'Homme avant l'histoire**, étudié d'après les monuments et les costumes retrouvés dans les différents pays de l'Europe, suivi d'une description comparée des mœurs des sauvages modernes, traduit de l'anglais par M. Ed. BARBIER, avec 156 figures intercalées dans le texte. 1867. 1 beau vol. in-8, broché. 15 fr.
    Relié en demi-maroquin avec nerfs. 18 fr.

LUBBOCK. **Les origines de la civilisation**, état primitif de l'homme et mœurs des sauvages modernes, traduit de l'anglais sur la seconde édition. 1873, 1 vol. in-8 avec figures et planches hors texte. 15 fr.
    Relié en demi-maroquin. 18 fr.

MAREY. **Du mouvement dans les fonctions de la vie.** 1868, 1 vol. in-8, avec 200 figures dans le texte. 10 fr.

MAREY. **La machine animale**, 1873, 1 vol. in-8 avec 200 fig. cartonné à l'anglaise. 6 fr.

MOLESCHOTT (J.). **La Circulation de la vie**, Lettres sur la physiologie en réponse aux Lettres sur la chimie de Liebig, traduit de l'allemand par M. le docteur CAZELLES. 2 vol. in-18 de la *Bibliothèque de philosophie contemporaine.* 5 fr.

MUNARET. **Le médecin des villes et des campagnes**, 4ᵉ édition, 1862. 1 vol. gr. in-18. 4 fr. 50

ONIMUS. **De la théorie dynamique de la chaleur dans les sciences biologiques**. 1866. 3 fr.

QUATREFAGES (de). **Charles Darwin et ses précurseurs français**. Étude sur le transformisme. 1870, 1 vol. in-8. 5 fr.

RICHE. **Manuel de chimie médicale**. 1874, 2ᵉ édition, 1 vol. in-18 avec 200 fig. dans le texte. 8 fr.

ROBIN (Ch.). **Journal de l'anatomie et de la physiologie normales et pathologiques de l'homme et des animaux**, dirigé par M. le professeur Ch. Robin (de l'Institut), paraissant tous les deux mois par livraison de 7 feuilles gr. in-8 avec planches.
Prix de l'abonnement, pour la France. 20 fr.
— pour l'étranger. 24 fr.

ROISEL. **Les atlantes**. 1874, 1 vol. in-8. 7 fr.

SAIGEY (Émile). **Les sciences au XVIIIᵉ siècle. La physique de Voltaire**. 1873, 1 vol. in-8. 5 fr.

SAIGEY (Émile). **La Physique moderne**. Essai sur l'unité des phénomènes naturels. 1868, 1 vol. in-18 de la *Bibliothèque de philosophie contemporaine*. 2 fr. 50

SCHIFF. **Leçons sur la physiologie de la digestion**, faites au Muséum d'histoire naturelle de Florence. 2 vol. gr. in-8. 20 fr.

SPENCER (Herbert). **Classification des sciences**. 1872, 1 vol. in-18. 2 fr. 50

SPENCER (Herbert). **Principes de psychologie**, trad. de l'anglais. Tome Iᵉʳ. 1 vol. in-8. 10 fr.

TAULE. **Notions sur la nature et les propriétés de la matière organisée**. 1866. 3 fr. 50

TYNDALL. **Les glaciers et les transformations de l'eau**. 1873, 1 vol. in-18 avec figures cartonné. 6 fr.

VULPIAN. **Leçons de physiologie générale et comparée du système nerveux**, faites au Muséum d'histoire naturelle, recueillies et rédigées par M. Ernest Brémond. 1866, 1 fort vol. in-8. 10 fr.

VULPIAN. **Leçons sur l'appareil vaso-moteur** (physiologie et pathologie). 2 vol. in-8. (*Sous presse.*)

www.ingramcontent.com/pod-product-compliance
Lightning Source LLC
Chambersburg PA
CBHW071150230426
43668CB00009B/905